Henner Löffler

Doderer-ABC

HENNER LÖFFLER

DODERER-ABC

Ein Lexikon für Heimitisten

VERLAG C.H.BECK

Löffler, Henner:
Doderer-ABC : ein Lexikon für Heimitisten /
Henner Löffler. – 2. Aufl. – München : Beck, 2001
ISBN 3 406 46188 3

ISBN 3 406 46188 3

Zweite Auflage 2001

Gesamtherstellung: fgb · freiburger graphische betriebe, Freiburg
Gedruckt auf säurefreiem, alterungsbeständigem Papier
(hergestellt aus chlorfrei gebleichtem Zellstoff)
Printed in Germany

www.beck.de

Einleitung

Das Werk des österreichischen Dichters Heimito von Doderer fordert viel vom Leser.

Zunächst eine außergewöhnliche Aufmerksamkeit und die Bereitschaft wie Fähigkeit, genau und gründlich längere und sehr komplexe Textmassen aufzunehmen. Oder aber die äußerste Reduktion der Kurz- auf die Kürzestgeschichte nachzuvollziehen.

Dann aber auch die Bereitschaft zu einem sehr sprachlichen Lesen, die Offenheit, sich in der Sprache zu bewegen und die Inhalte (welche, für sich genommen, ein dummes Urteil wie das von Gesellschaftsromanen leicht erzeugen können und auch erzeugt haben) als mit dieser verbunden und aus ihr lebend, ebenso aber in sie zwangsläufig einmündend, zu perzipieren. Das Empfinden der absoluten und durchgängigen Einheit von Inhalt und Form, welch letztere für Doderer in einer seiner typischen Extrem-Formulierungen sogar die „Entelechie des Inhalts" (WD 163[1]) ist, ist unerläßliche Voraussetzung einer gesamtheitlichen Rezeption.

Diese Prosa ist nicht nur eindringlich und außergewöhnlich, sondern eben auch Bestandteil des Geschehens und darin verwoben. Dieser Dichter führt uns Möglichkeiten der Sprache vor, die ausgefallen und einmalig sind, aber auch individuell und typisch (wer Doderer gründlich gelesen hat, würde einen neu aufgefundenen Text aus der mittleren und späten Schaffensperiode automatisch als von ihm verfaßt identifizieren können). Sie sind sperrig und befremdlich, voller Idiosynkrasien, Skurrilitäten, Eigen- und Altertümlichkeiten, gleichzeitig oft von radikaler Modernität. Lange und komplizierte Satzgebilde, durchsetzt mit Parenthesen und Zwischenbemerkungen, Ansprache des Lesers, Verfremdung, sind ebenso typisch wie griffige Kurz-Formulierungen, „sprachliche Schnäpse" (DS 677).

So erwartet der Dichter aber auch Humor vom Leser, die Fähigkeit, seine skurrilen und oft grotesken Formulierungen zu mögen, das ständige Spiel mit der Sprache, den Wortwitz, die An-

1 Zu Abkürzungen und Zitierweise s. Literaturverzeichnis.

spielungen und Verdrehungen, Überraschungen und Übertreibungen zu verstehen. Doderer ist ein komischer Autor in der Tradition eines Laurence Sterne oder Samuel Beckett (*Murphy, Watt*).

Besonders intensiv ist dieser Humor oft in den Zwischenbemerkungen des Autors zu finden. Doderer mischt sich gerne ein.

Er fordert den Rezipienten jedoch auch heraus: nämlich zur Stellungnahme, sei es Zuneigung oder Ablehnung. Lauwarme Reaktionen auf seine Texte sind selten, sie beruhen oft auch auf absoluter Unkenntnis. Es nimmt dann auch nicht wunder, daß und da er kein vielgelesener Autor ist. Die Auflagenzahlen seiner Bücher sind für die lange Dauer ihrer Verfügbarkeit klein bis mittel; daß es dennoch alle Werke ständig im Handel gibt, sogar ausgefallene wie die Tagebücher, deren geringe Absatzzahlen alles andere als überraschend waren, ist nur verlegerischer Treue zuzuschreiben. Daß Doderers Verehrer (er ist übrigens in nicht geringem Maße ein writer's writer) dann aber alles kennen und ihm durch ständiges Wieder-Lesen, was nicht nur ständiges Wieder-, sondern Neu-Entdecken ist, eng verbunden sind, ist die andere Seite dieser scharfen Scheidemünze.

Doderer nimmt aber den (→) Leser, den er als idealen erhofft, auch ernst, er behandelt ihn wie seinesgleichen und macht ihm ein Kompliment, indem er ihm die Fähigkeit und den Willen zur (→) Apperzeption, welche die Lektüre voraussetzen, zutraut.

Es ist angesichts der hohen Anforderungen nicht erstaunlich, daß die kritische und wissenschaftliche Rezeption sich durch eine große Bandbreite auszeichnet. Im Gebirge der Literatur zu Doderer gibt es einige bedeutende Massive (Dietrich Weber vor allem mit dem frühen und heute noch gültigen Standardwerk von 1963 – Doderer schrieb noch, als es erschien – und Wendelin Schmidt-Dengler mit einer Vielzahl von editorischen und essayistischen Arbeiten), aber ebenso viele flache Hügel. Schließlich aber eine ganze Reihe – um im Bilde zu bleiben – spitzer Erhebungen, die sich nur mit einzelnen Aspekten befassen, sei es auch auf verdienstvolle Weise.[2] Insofern enthält dieses Reper-

2 Hier sind an größeren Untersuchungen besonders Wolff 1969 (zu DW), Helmstetter 1995 (zu Erzähltechniken in DS), Hesson (DD), Loew-Cadonna 1991 (1) (EM), Voracek (Namen) und Sommer 1994 (zur Metaphorik in DS) zu nennen. Wer sich näher mit Doderer auseinandersetzen will, kommt an diesen Titeln sowie an den Sammelbänden nicht vorbei.

torium einerseits Kritik an einzelnen Arbeiten, andererseits umfassende Verweise für die LeserInnen, die sich weiter in ein Thema vertiefen wollen.

In der Summe ist die Literatur gerade im Hinblick auf umfassende Ansätze enttäuschend, wenngleich in den letzten dreißig Jahren, oft in Verbindung mit Symposien, viele interessante Analysen einzelner Aspekte Dodererschen Schreibens vorgelegt wurden. Es fehlt jedoch eine neue und umfassende Werkanalyse, die auf dem Boden des aktuellen Erkenntnisstandes das Werk als Ganzes würdigt. Die vorliegende Arbeit erhebt diesen Anspruch nicht, sieht sich jedoch als Baustein zu einer solchen.

Diese Sammlung von einhundert Stichworten zur Prosa Doderers soll helfen, seine Romane und Erzählungen besser zu verstehen und einzuordnen. Sie hebt dabei vor allem auf die komplexesten Werke ab, ‚Ein Mord den jeder begeht', die großen ‚Wiener' Romane ‚Die Strudlhofstiege', ‚Die Dämonen' und ‚Die Wasserfälle von Slunj', die hier auch als ‚Wiener Trilogie' neu in Zusammenhang gestellt und definiert werden, sowie auf ‚Der Grenzwald', den zweiten, leider unvollendeten Teil des ‚Roman No 7'. Sie bemüht sich dennoch, das Werk vor EM und das späte DM, die das Schicksal teilen, nicht genügend beachtet zu werden, einzubeziehen.

Der Titel ergibt sich aus der Definition Doderers eines ‚Repertoriums' als „‚Begreifbuch von höhern und niedern Lebens-Sachen' in der Form eines Lexikons" (erstmalig TT III 373–8.9.1945). Es soll also ein Begreifbuch für zentrale und weniger zentrale Chiffren, Motive, Strukturen, Techniken und Gesetzmäßigkeiten in Doderers Prosa sein.

Dieses Kompendium ist folglich in der Gänze durchaus arbiträr, erhebt aber Anspruch auf Vollständigkeit bei einzelnen Themen, wo dies ausdrücklich konstatiert wird, so bei Chronologie und Personal der Wiener Romane. Die Auswahl von Stichworten ist subjektiv, die Subjektivität wird nur fallweise begründet. Dennoch werden fast alle für die Prosa Doderers wichtigen Aspekte untersucht und damit das Ziel, Doderers Werke zur Gänze zu erfassen, asymptotisch angestrebt. Dort, wo dies nicht der Fall ist, nämlich bei solchen Aspekten, die in der Literatur bereits so umfassend abgehandelt worden sind, daß nichts Wesentliches mehr hinzuzufügen ist, wird auf diese verwiesen. Beispiele hierfür sind Begriffe wie ‚Divertimenti' oder ‚Glück'. Nur

‚Apperzeption' erscheint trotz besonders umfassender Literatur dazu unverzichtbar, da dieser Begriff so sehr im Zentrum des Dodererschen Denkens und Schreibens steht, daß er als eigenes Stichwort behandelt und nochmals erläutert wird.

Einzelne Stichworte, die vordergründig recht überflüssig erscheinen, gewinnen ihren Wert durch die Einbettung in den Gesamtkosmos; andere entspringen dem Versuch, auch Doderers skurrilen Sprach-Humor in dieser Analyse zu berücksichtigen. Solche möglicherweise etwas abwegig erscheinenden Themen sind in der Regel bislang auch in der Literatur zu kurz gekommen. Dazu gehören ‚Beutelstich', ‚Brachialitäten' oder ‚Timurisation'. Dabei paßt sich hier die Sprache der Untersuchung der des Objektes an, nimmt dieses so ernst, wie es gewißlich nicht genommen werden soll.

Topographische und chronologische Ansätze sind deshalb so ausführlich vorhanden, weil Doderer beidem hohe Priorität zumaß und darüber hinaus ein enger Zusammenhang zwischen beidem und dem Zentralpunkt Doderers, der Erinnerung, besteht. Das Personal von DS und DD wird deshalb so ausführlich erörtert, weil nur so die Komplexität dieser Romane erfaßt und die Zusammenhänge richtig verstanden werden können. Interpretatorische Bemühungen finden sich vor allem dort, wo in der Literatur nichts vorliegt und neue Erkenntnisse gewonnen werden können. Beides ist bei einer Erzählung wie ‚Trethofen' der Fall, bei den großen Romanen indes nur eingeschränkt. Außerdem finden sich viele Interpretationen integriert in Stichworte, die nur einzelne Aspekte eines Werkes behandeln. So wirkt der Ansatz vom Einzelpunkt her, vom Gemeinsamen, vom Formalen und nicht oder selten vom Titel.

Oft wird auch ein Thema in ein quantitativ oder qualitativ kleineres eingeordnet, weil das kleinere spezifischer und exemplarischer ist; oder ein weniger bedeutendes Thema wird einem verwandten angegliedert. Als Beispiele können ‚Möbel' (in → Büffet) und ‚Bildende Kunst' (in → Musik) dienen. Das Register hilft dabei, die erwünschte zusammenhängende Lektüre beseitigt das Problem am einfachsten.

Dieses – unsystematisch anmutende – Vorgehen läßt sich auch anderswo finden, wenn z. B. ausgehend von der mangelnden Topographie von EF unter dem entsprechenden Stichwort auch Grundsätzliches zu EF ausgeführt wird oder wenn die Stichworte Krebse und Raxalpe auch dem Nachweis der Verknüpfung von DW und DS dienen. Eine strenge Behandlung jedes Themas unter einem eigenen Stichwort ist bei der ungeheuren Komplexität Dodererschen Schreibens schlichterdings nicht möglich, und die Bildung von Stichworten, die nur aus Verweisen bestehen, sollte vermieden werden. Dies scheint auch deshalb sinnvoll, weil die vorliegende Arbeit zwar ermöglicht, Stichworte bei einzelnen Apperzeptionsproblemen zu Rate zu ziehen, in erster Linie jedoch für eine komplette Lektüre (bei absolut willkürlicher Reihenfolge) gedacht ist und nur als solche gesamtanalytischen und interpretatorischen Sinn erhält. Die einzelnen Stichworte können damit auch als Hypothesen-Bausteine zu einer Theorie der Prosa Doderers betrachtet werden.

Die Formulierung entspringt in der Regel einem ebenso analytisch-essayistischen Ansatz wie einem empirischen, der auch statistische Erfassungen nicht verschmäht. Ich habe mich bemüht, eine Klammer zu bilden, die eine Analyse der Dodererschen Art zu schreiben begründet. Diese Analyse steht nirgendwo zusammengefaßt, ansatzweise unter (→) Eckpfeiler und Erinnerung, sondern ergibt sich aus den einzelnen Ansätzen.

Dieses Vorgehen mit seiner Beharrung auf dem Wieder-Lesen, dem Detail, sei es chronologischer, topographischer, naturwissenschaftlicher oder metaphorischer Natur, entspricht dem literaturkritischen Ansatz eines Schriftstellers, der – im Gegensatz zu Doderer – auch als akademischer Lehrer tätig war und eine umfassende Literaturtheorie entwickelt hat, der aber als Dichter selbst wie in seiner Biographie eine Reihe verblüffender Parallelen zu seinem Zeitgenossen aufweist. Es ist dies Vladimir Nabokov.[3]

Die totale Interdependenz des Werkes spiegelt sich in einer weitgehenden Interdependenz dieser Arbeit, die deshalb auch in reichem Maße vom lexikalisch-häßlichen → -Zeichen Gebrauch machen muß. Insgesamt ist das Werk über mehr als vierzig Jahre hinweg so stark verflochten, bildet so sehr einen geschlossenen Kosmos, daß man Doderer zustimmen kann, wenn er behauptet, ein Schriftsteller schreibe im Grunde immer nur an einem einzigen Buche.

Biographische Bezüge werden nur in besonders wichtigen Ausnahmefällen hergestellt. Daß Doderers Prosa in einem kaum ansatzweise erforschten und auch nur schwer erforschbaren Umfang auto-

3 S. Lectures on Literature, passim, bes. S. 1, 12, 258 ff.

biographisch ist,[4] wenn auch nicht in der Form des Erzählens, sondern des Verarbeitens und poetischen Einbringens von (→) Erinnerung im Prozeß „Überwindung des Direkt-Autobiographischen",[5] ist in bezug auf einzelne Personen bekannt und nachlesbar.[6]

Es kann aber, weit über diese biographisch erfaßbaren, also objektiven oder objektivierbaren Bezüge hinaus, behauptet werden, und dies ist, jeweils singulär betrachtet, keineswegs neu, daß in zentralen Punkten wie

- Aura, Stimmung, Stille, Kühle
- Farben, Möbel, Topographie
- Ängste, erotische Muster, Geruch und Geschmack
- Krieg, Gefangenschaft und Heimkehr
- Tiere, Jahreszeiten, Licht und Natur, Landschaften[7]

Doderers Prosa stets und umfassend autobiographisch ist eben im Sinne von ‚auf Erinnerungen bewußter wie unbewußter Art aus Kindheit und Jugend' basierend, die im Schreiben herangeholt, verdeutlicht und verarbeitend überwunden werden. Dies ist primär ein Prozeß, der dem Verfasser dient, erst sekundär dem Leser.[8] Zu-

4 Man denke an die omnipräsenten weißen Möbel und Türen (→ Büffet). Es ist im übrigen sehr fraglich, ob mit einer Entschlüsselung der Bezüge im einzelnen irgend jemandem gedient wäre. Wenn, gehörte dies in die biographische Abteilung. Für das Verständnis der Texte wäre es kein Fortschritt.

5 DE-Meine neun Lebensläufe 489. Doderer karikiert dies beispielhaft: „Ich bin im Jahre 1896 zu Unkel am Rhein als Sohn einfacher aber unappetitlicher Leute geboren."

6 Gusti – Grete, Helga – Etelka, Astri – Asta, Eltern HvD – Eltern Stangeler, Lotte Paumgarten = Quapp, Mayer = Körger, Dressel = Eulenfeld, Kornfeld = K. usw.; S. Schmidt-Dengler 1996, Fleischer 1996 und Wolff 1996.

7 Am schönsten in der Lyrik: „Berge schauen in's Flachland aus. Und wir wissen längst, was wir hatten. Denk, du warst ein Kind: alter Zaun mit grauen Latten, Gaisblatt, Löwenzahn und Schatten, Sonn' und Sommerwind!" (Lange Rhythmen, 1933, aus: Ein Weg im Dunklen, München 1957).

8 Der dritte (→) Eckpfeiler Dodererschen Erzählens neben den erwähnten Punkten totaler Interdependenz und totaler, aber indirekter Autobiographie ist die durchgehende Metaphorisierung. Alle drei Punkte sind aber untrennbar miteinander verbunden und bedingen sich.

grunde liegt dem eine tiefe Angst, das Vergangene könne verloren gehen. Nur in der Sprache „kann das aufbewahrt werden, was sonst den Abhang der Geschichte hinunterkollert".[9] Aber auch hier werden Bezüge nur unsystematisch erfaßt, dort, wo es subjektiv wichtig erscheint oder wo sie eindeutig herstellbar sind.

Die gleiche Zurückhaltung wie gegenüber der Biographie findet sich gegenüber Doderers theoretischen Konzepten. Man kann mit einiger Bosheit durchaus zwei Personen sehen, die nur den Namen gemein haben, den Literaturhersteller und den Literatur-, vor allem aber den Politiktheoretiker. Aber auch dies läßt sich am ehesten an einzelnen Beispielen festmachen (→ Dämonen, Eckpfeiler, Politischer Schriftsteller, roman muet), es gibt kein Stichwort ‚Theorie'.

Stichpunkte, die Doderer in seinem ‚Repertorium' umfassend – sei es auch in seiner gelegentlich skurrilen Subjektivität – behandelt, werden herangezogen, aber nur dann erweitert, wenn dies für das Verständnis der Prosa wichtig ist. Die philosophischen Ansichten des Dichters, die hier erkennbar sind, und seine bis zur Absurdität apodiktischen Definitionen, immer gemildert durch eine sanfte Ironie, sind ebensowenig als solche Thema wie die Biographie.

Dieses Buch ist insgesamt jedenfalls kein Doderer-Werk-Lexikon, erst recht keine Darstellung des Dichters, sondern eher eine „Einführung für Fortgeschrittene" in seine Prosa oder eine Hilfe bei der ersten Lektüre. Trotz des bewußten Verzichts auf absolute Vollständigkeit und ungeachtet der Forderung nach zusammenhängender Lektüre wird in einem anhängenden Register der Versuch unternommen, solche im Werk wesentlichen Begriffe mit Verweisen zu versehen, die unter einer anderen Überschrift, sei es auch nur ansatzweise, behandelt werden.

Die Tagebücher Doderers werden bei der Analyse der Prosa unterstützend herangezogen, sie sind selbst nicht Gegenstand des Buches. Sie wären jedoch ein faszinierendes Sujet für eine eigene Untersuchung. Zu Recht hat Wendelin Schmidt-Dengler[10] auf den

9 Schmidt-Dengler 1995 (1), S. 171.

10 1986 (2), S. 557; an Studien zu den Tagebüchern gibt es die unveröffentlichte Magisterarbeit von Simone Haubold, ferner die Nachworte zu TC IV und V von Schmidt-Dengler. Zusammenfassend stellt er an anderer Stelle fest, daß diese ein „Bollwerk ... gegen das Chaos, von diesem nur zu oft überspült" sind, „der Umgang, den er

enormen Gewinn hingewiesen, den der Leser aus der parallelen Lektüre von Werk und ‚Commentarii' ziehen kann. Bei einer solchen Lektüre wird auch deutlich, wie eng Tagebuch und Prosa nicht nur verknüpft sind, sondern sich bedingen. Im Tagebuch sehen wir die Prosa entstehen, im Tagebuch aber wird auch das vollendete Werk erinnert und analysiert, wird mit den vergangenen wie zukünftigen Protagonisten, deren selbständige Existenz vorausgesetzt wird, die Auseinandersetzung geführt. Wenn Doderer auch meint, die „Entstehung eines größeren erzählenden Gebildes ... auf dem Nährboden der Tagebücher" sei „ein für den Schriftsteller gewöhnlicher Vorgang", es sei ein „Quellgebiet" (TT III 102–25. 10. 1957), so ist die Verknüpfung hier doch ungewöhnlich eng und macht die parallele Lektüre so spannend und fruchtbar.

Die Tagebücher zeigen nicht nur vielfältig auf, wie das Leben die Kunst und die Kunst das Leben beeinflußt, sondern wie das Geschaffene den Erschaffer beherrscht und manipuliert.

Ich habe mich beinahe vierzig Jahre lang mit Heimito von Doderer auseinandergesetzt. Der Zwang zum konkreten Abklopfen und spezifischen Nachdenken hat ihn mir nähergebracht und neue Facetten seiner Schaffenskraft eröffnet. Der Prozeß von Formulierung und Niederschrift hat mein Verhältnis zu ihm verändert und meine Bewunderung für sein Werk verstärkt.

Auch das Motto dieser Arbeit[11] soll von ihm stammen: *mundus vult percipi.*

Herrn Prof. Dr. Wendelin Schmidt-Dengler und Herrn Prof. Dr. Dietrich Weber danke ich für unermüdliche Hilfe und Kritik.

Wertvolle Hinweise erhielt ich von Gerald Sommer und Rudolf Helmstetter. Auch ihnen herzlichen Dank.

Meiner Frau Martina danke ich für Gespräche, Korrekturlesen und Geduld.

braucht, damit er nicht ... mit sich selbst zu intim wird", daß dem Tagebuch „Schutzfunktionen" eignen (alles 1986 (1), S. 23) Sonst nur noch Friedhelm Kemps Referat von 1997, gedruckt 1998. Dort, S. 283: „Der Erzähler Heimito von Doderer ... transzendiert die unvollendet stehengelassene Figur des Autors."

11 TC V 384.

Ab ovo

Es ist dies ein Ausdruck, „für welchen der Sektionsrat Geyrenhoff irgendeine tick-artige Vorliebe gehabt haben muß, denn er kommt in dem schon einmal erwähnten dicken sauberen Chronik-Band so oft vor, daß es bei fortschreitendem Lesen auffällt" (DS 659). Mit diesen Worten wird von Doderer in DS der Tick des Chronisten von DD angekündigt und sonst in diesem Werk nur noch einmal erwähnt: „Wirklich hätten wir jetzt beinah wieder à la Geyrenhoff ‚ab ovo' geschrieben. Im Grunde sind das lauter Gemeinheiten." (DS 665)

Interessant ist hier die Verbindung mit einer anderen, mindestens ebenso ‚tick-artigen' Phrase, nämlich den (→) ‚Gemeinheiten', die sich zweiundzwanzigmal in EF und DS, allerdings wiederum kein einziges Mal in DD finden.[1]

Zihal ist zwar nur in geringem Maße (in puncto Voyeurismus, sonst nicht, Doderer ist manches, aber kein Zihaloid) ein Alter Ego des Dichters, aber er liebt das ‚tick-artige' ebenso wie sein Erfinder. Eine Zusammenfassung dieser beiden herausragenden Formulierungen mit drei weiteren, nämlich dem ‚Herrn von und zu René', dem ‚ad-notam-Nehmen' und dem Begriff ‚ordinär' ergibt eine begrenzt gleichmäßige und umfangsadäquate Verteilung ‚tick-artiger' Ausdrücke über die Wiener Romane:[2]

1 Schröder führt aus: „In den Romanen Doderers tauchen Redensarten, Verhaltensweisen, Einzelheiten der Umgebung und Abläufe des Alltags in ständiger, oftmals penetranter Wiederholung auf." (S. 438) Eine Fußnote dazu (Nr. 54) ergänzt: „Vgl. etwa den bis zur Unerträglichkeit strapazierten Satz ‚Im Grunde sind das lauter Gemeinheiten'." Schröder beweist hier neben profunder Unkenntnis von Erzähltechniken, zu denen auch die Wiederholung gehört, ebenso profunde Humorlosigkeit; denn die geplante Wiederholung, auf die zugesteuert wird, ist auch typische Technik von (→) Humor. Helmstetter (1995, S. 279, Fußnote 133) spricht zu Recht gerade in diesem Zusammenhang von Schröders „unerbittlicher Ignoranz".

2 Dies nach der klassischen Definition, ich selbst definiere sie als DW-DS-DD, → Chronologie DW; in DW kommt keiner der hier untersuchten Ausdrücke vor.

	EF	DS	DD
ab ovo	0	2	6
ad(-)notam …	4	9	4
Lauter Gemeinheiten	8	14	0
Herr von und zu	0	6	6
ordinär	0	3	12
Summe Ticks	12	34	28

Sechsmal also findet sich das seltsame ‚Ab dem Ei' in DD:

- Eulenfeld besaß „etwas wie eine Überlegenheit ab ovo". DD 76
- „Derartige Dinge entscheiden sich meistens gleich ab ovo." DD 222
- „Quapp erklärte, … wirklich ‚ab ovo' die Sache darstellend (um diesen von … Geyrenhoff mit Vorliebe gebrauchten Ausdruck zu verwenden) …" DD 873
- „Manche hingegen besitzen es ab ovo (das wär' wieder eine Gelegenheit für … Geyrenhoff, diesen bei ihm so beliebten Ausdruck zu gebrauchen)." DD 1181
- „Es war nicht einmal ein Fall, sie fielen keineswegs um, und blieben beide höchst stabil (ab ovo, hätte der Herr von Geyrenhoff gesagt)." DD 1218
- „Sie blieb ab ovo in ovo (der Sektionsrat Geyrenhoff hat so einige Redensarten, aber Variationen darauf fallen ihm nie ein)." DD 1282[3]

‚Ab ovo' bedeutet demnach nicht nur „angeboren", sondern auch „von Anfang an". So finden wir es denn auch im Tagebuch (Epilog auf den Sektionsrat Geyrenhoff, 1940/44, TT III 80): „Und manche haben das von Anfang an, aus dem Charakter, ab ovo (?! ja, justament, Herr von Leser, ab ovo!)."

Auch viele der nicht begrifflichen Skurrilitäten Doderers, die angebliche Nichtkenntnis z.B. des Vornamens (Melzer)

3 Dabei ist gerade hier eine starke Variation zu finden, weil das ‚in ovo' eine ganz andere Bedeutung hat als ‚ab ovo', nämlich das teils ängstliche, teils selbstverständlich selbstzufriedene In-sich-Ruhen, das der friedlichen, nicht aus Dummheit, Alkoholkonsum oder Ideologie, sondern aus Naivität stammenden Apperzeptionsverweigerung innewohnt.

oder Nachnamens (Mary) von Protagonisten, das Verschleiern von Zusammenhängen, die Gespräche zwischen Alter Egos, ja deren Streit untereinander, erscheinen so in einem etwas anderen Licht. Sie sind nicht nur Kunstgriffe und Bosheiten dem (→) Leser gegenüber (vgl. den „Herrn von und zu Leser"), sondern Doderer hat sie in sein Innerstes so weit aufgenommen, daß ihm Realität und Künstlichkeit verschwimmen. Bewußt natürlich, er ist ja kein (→) ‚Genie in Latenz', aber doch auf einer hintergründigeren Ebene des Bewußtseins. Nirgendwo ist das deutlicher zu sehen als in den Tagebüchern von 1940 bis 1966.

Der Ausdruck ‚ab ovo' hilft uns, da eindeutig dem Sektionsrat zugeordnet, bei der Klärung, wer (→) Verfasser welcher Teile von DD ist. Die ersten beiden Zitate verweisen auf den Sektionsrat selbst als Verfasser, die Zitate 3–5 auf Doderer oder Schlaggenberg, Zitat 6 definitiv, bosheitshalber auf letzteren.

Der Begriff taucht dann in ganz anderem Zusammenhang, nämlich mit Childerichs III. Entmannung, noch einmal auf: „In magnis voluisse sat ab ovo incoepi" (DM 358). In diesem Roman gibt dies auch Gelegenheit zu einem schon mehr ein- als zweideutigen Wortspiel, das auch deshalb besondere Wertigkeit erhält, weil es sich an eine Anspielung auf Martin Heidegger (→ Einflüsse/Zitate) anschließt: „Anders: die kastrative Problemlösung war Childerich III. ab ovo, um nicht zu sagen, ab ovis, als Entelechie impliziert." Dies erinnert in Selbstironie, Sprachspiel, Zweideutigkeit und Verfremdung an Samuel Beckett: „Der obige Abschnitt wurde sorgfältig darauf zugeschnitten, den gebildeten Leser zu verderben."[4]

Insgesamt fügt er sich nicht nur in Doderers reiche Begriffswelt gut ein, als ebenso scharf wie ausgefallen, sondern beschreibt auch gut eine Eigenschaft aller seiner Prosawerke: Sie sind ausführlich und detailliert, umfassend und zum Beginn zurückgehend, alles ist mit allem verwoben zu einem dichten Gewebe, jedoch weder ausschweifend noch geschwätzig (was von ihren Figuren nicht immer gesagt werden kann).

Wichtig ist in diesem Zusammenhang die Idiosynkrasie, daß gewisse, nicht personenabhängige Begriffe wie ‚ab ovo' nur in

4 Murphy, übers. von Elmar Tophoven, Hamburg 1959, S. 69.

einem bis max. drei Werken vorkommen, dort aber mehrfach. Das läßt, gerade angesichts der Skurrilität solcher Begriffe, den Schluß zu, daß Doderer sich gelegentlich in Begriffe verliebte, die er dann später wieder vergaß. Sie waren bei ihm sozusagen in Mode und dann wieder aus der Mode gekommen. Es folgt eine solche Liste, die nicht umfassend sein kann.[5] Gemeinsam ist diesen Begriffen, daß sie in anderen als den genannten Werken nicht vorkommen:

• ab ovo	DS, DD
• ad notam	DS, DD, EF
• arbiträr	DM
• Bartriß	DE
• Beutelstich	DM
• Brachialitäten	DE, DM
• Ernstfarbe	DS
• Genie in Latenz	DS
• Halskrause	DS
• Krüstchen	DM
• Pax in bello	DG
• Raumverdrängung	DS, DD, DW
• Timurisation	DM
• Troglodyt	EF, DW, DE
• Tropoi	DS
• Zihalismus	DS
• Zihaloid	DS[6]
• Zivil-Verstand	DS

Es sind solchermaßen gebrauchte Begriffe oft humoristischen, skurrilen Charakters. Jedoch auch sehr ernsthafte und für die (→) Menschwerdung Melzers zentrale sind darunter wie (→) Ernstfarbe, (→) Trópoi, Zivilverstand.
Eine ähnliche Idiosynkrasie findet sich auch bei Begriffen, die stets oder beinahe ausschließlich als Paar auftreten. Dazu gehören

5 Die meisten solcher nur einmal gebrauchten Begriffe finden sich natürlich in DM. S. dazu E. Koller.

6 In der Tat hat EF, in dessen Mittelpunkt Zihal steht, keine von diesem Namen abgeleiteten Begriffe.

- Halskrause oder Schwimmplatte (DS)
- Kampfer oder Naphtalin (DS-DD-DW-DE)
- Küster oder Mesner (DS-DD-DW-DE, einmal als „Mesner oder Kirchendiener")[7]
- Pierrot oder Harlekin (EM).[8]

Während für das Gesamtwerk eine starke Verflochtenheit gilt und die Anwendung konstanter formaler Kriterien, ist dies für die Sprache in ihren Einzelheiten, für ebensolche Begriffe, nicht der Fall. In den vor EF entstandenen Werken läßt sich eine solche Idiosynkrasie nicht nachweisen. (Ab EF wird Doderer erstens typisch und wiedererkennbar, zweitens komisch.) Doderer hat hier noch um die Sprache gerungen, sich um ihre Eroberung bemüht. Die Meisterschaft war erst ab DS wirklich gefunden. Dies erlaubte ihm auch mehr Experimente, gesteigerte Exzentrik und Sprach-Mut, verstanden als Mut zum Ungewöhnlichen, Besonderen, auch Skurrilen.

Alkohol

In allen Romanen und Erzählungen Doderers werden alkoholische Getränke in Mengen konsumiert. „Man trank scharf, das heißt, nur starkes Bier aus hohen Krügen und Branntwein aus Zinnbechern." (DM 191) Und mit Selbstverständlichkeit: „Er soff natürlich"(DM 108). Man nimmt Bier, Wein, Schnaps zu sich. „Während man ‚Frackerln' trank – wie solche kleinen offenen Schnapsflaschen in einem Wiener Café genannt zu werden pflegen – sprach man allgemein vom Wein." (EF 68)

7 Ausführlich dazu Trethofen (Anm. 7).

8 Dreimal in EM, dreimal auch ‚Pierrot' ohne ‚Harlekin'. Der Gebrauch ist stark metaphorisch besetzt, die Karte, um die es geht, stammt von Conrads Freund Günther Lighart. Dieser hat all das, was Conrad fehlt, die Karte steht für Conrads unerfülltes Leben, für das, was er am Ende kurz zu fassen bekommt. „Der weiße Pierrot oder Harlekin lächelte wie einst unter seiner hohen spitzen Mütze und schien Günther ein wenig ähnlich" (EM 95, fast wörtlich S. 163 wiederholt). Als er später mit Günther über die Karte spricht, „erschien es Conrad ... als enthüllte er hier ohne weiteres eines der gehütetsten Geheimnisse seines Lebens" (EM 301).

„Auf einen besorgten Wink des Waidgesellen reichte man von rückwärts eine Flasche mit dem Enzianschnaps." (EU 166) In dieser vor dreihundertundfünfzig Jahren angesiedelten Novelle wird neben Schnaps auch Wein getrunken, Manuel „ließ nach dem Abendessen Wein einkühlen" (EU 286). Seltsamerweise und auch gerade wieder nicht, denn in solchen Formulierungen zeigt sich die Interdependenz, wird hier der gleiche Ausdruck benutzt wie bei einem anderen – ebenso zentralen – Dorffeste, bei welchem das Einkühlen des „Franzosen" von Fraunholzer angeordnet wird (DS 542). Und dieses folgt einmal der Erkenntnis einer unerfüllbaren (des Klassenunterschiedes wegen), zum anderen einer verlorenen Liebe (wegen zwanghafter Untreue). Aber Manuel findet den (→) Tod, Fraunholzer überwindet die Krise, hier verliert die Ungetreue ihr Leben.

Daß Fraunholzer gerne Champagner trank, hat er gemein mit dem Mann, dessen Frau seine Geliebte war: „Grauermann wäre kein Ungar gewesen, hätt' er nicht etlichen Champagner hinten im Automobil mitgenommen." (DS 149)

Oft sogar wird außerordentlich schwer gezecht. „Schon ward nicht mehr in der Schenke, sondern durchaus nur in meiner Wohnung getrunken, und längst nicht mehr unser ehrwürdiger heimischer Wein, sondern glashelle durchdringend duftende Getränke, zu denen man die eiskalten Sodaflaschen bald nur der Form halber ein wenig zischen ließ. Oft schwamm der Boden. Streit und Zank brach aus." (DE-Div VII 164) Schwerer Alkoholkonsum führt denn auch folgerichtig zu schweren (→) Brachialitäten oder anderen Auseinandersetzungen. „Jedermann prügelte jeden." (ebd. 166)[1]

Andererseits wird der Alkoholkonsum zelebriert. „Ich ließ das Sodawasser vorsichtig in ein Glas mit Whisky zischen." (DD 1067) Dieses Getränk scheint sechzehnmal in DD auf (achtzehnmal wird Cognac, meist auch mit Soda, getrunken), Hauptkonsument ist das Alter Ego Doderers, der Sektionsrat und Chronist Geyrenhoff. Mit sechs Nennungen, also ungefähr

1 Divertimento VII ist ja in der Abrechnung mit dem schweren Alkohol auch eine mit Eulenfeld-Dressler. Von diesem heißt es in T II 944 passend: „Er brachte uns – wie einst die ‚Grenzer' den Rothäuten – vor allem einmal den – Schnaps."

der gleichen Dichte, ist DW der einzige andere Roman, in dem das schottische Nationalgetränk eine Rolle spielt.[2] „Weil der ganz Alte sich den Whisky verkehrt einschenken ließ – nämlich das Soda voran – wurde im Hause Harriets nur verkehrt eingeschenkt." (DW 119) Es ändert sich dies nach seinem Tod: „Jedoch wurde hier der Whisky-Soda nicht mehr verkehrt eingeschenkt. Hier war die Tradition eingerissen." (DW 151) Aber auch der Enkel verändert sich. „Es war Ärger, was Donald veranlaßte, der sonst das Genießen alkoholischer Getränke eigentlich nur der Form halber kannte, als gesellschaftliches Convenü, und den Whisky bloß als väterliche Gepflogenheit, es war Ärger, was ihn veranlaßte, einen ganzen Kelch Champagner hinunter zu trinken." (DW 190)[3]

Die Metapher für Trunkenheit ist ‚Nebelfleck', und in einem solchen befindet sich nicht nur Eulenfeld des öfteren (z. B. DD 425), sondern der Begriff gibt einem ganzen Kapitel (DD I/5) den Namen: ‚Der große Nebelfleck oder Vorbei an Friederike Ruthmayr'. War es des Dichters Ideal, viel und mit Genuß zu trinken? Jedenfalls tat er so, trank auch in Wirklichkeit manchen Tropfen, war aber weder hier noch im sexuellen Bereich oder im Verprügeln anderer Menschen der Wüstling, der er vorgab, sein zu wollen. „Wenn ich mich frage, was ich denn eigentlich und wirklich haben möchte und mir wünschte: so wäre es – viel Geld, um in einer Folge schwerster sexueller Excesse, sinnloser Saufereien und dementsprechender Gewalthändel endgültig unterzugehen." (TC IV 79) Auch hier wird der Zusammenhang klar herausgestellt.

Schnaps wird auch gerne in Taschenflaschen mitgeführt, allerdings hier mit gutem Grund auch geöffnet: „... überlegte ganz deutlich, daß, da meine in der Hüfttasche steckende Flasche mit dem Gin einen Verschluß hatte, der in Gummi lief und also nicht kreischen konnte, die Möglichkeit bestand, dieses Gefäß mit der nötigen Lautlosigkeit hervorzubringen ... und so das Erbrechen zu verhindern, welches mich augenblicklich am meisten bedrohte." (DE-Eine Person von Porzellan 305) Diese Taschenflaschen werden auch von anderen und

2 DM schon auch, aber dieses Werk fällt ohnehin in jeder Hinsicht aus dem Rahmen.

3 S. dazu Loew-Cadonna 1986, S. 29 und passim.

wichtigeren Personen im Romanwerk mitgeführt, so z. B. vom Sektionsrat oder vom Rittmeister Eulenfeld: „Geyrenhoff ... hatte sich aufrecht gesetzt und einen großen flachen Flakon aus der Lade des monströsen Nacht-Tischchens gezogen; nun goß er daraus vorsichtig den Cognac in winzige silberne Becher, die sonst ineinandergeschoben ein Leder-Etui bewohnten." (DS 197)

In DS ist es Cognac (zehn Nennungen bei null für Whisky), der vornehmlich konsumiert wird, und es ist der Rittmeister, der hier vorangeht. „So blieb man denn zunächst hier in guter Ruh' und trat den Angelegenheiten in Form eines vierstöckigen Cognacs näher. Denn was der gute alte Oberkellner vorerst auf des Rittmeisters Wink herangebracht hatte, war von diesem mit Erstaunen betrachtet worden und zwar durch das aus dem Auge genommene und wie eine Lupe gebrauchte Einglas. In der Tat, das Gemäß bestand aus einem überaus dickwandigen Gläschen, in dessen innerster Mitte nur der goldgelbe Schein leuchtete, nicht mehr als in einen Fingerhut gehen mag (zu jener Zeit hielt man jeden Caféhausgast in Wien, der Cognac bestellte, für erkrankt). ‚Guter Freund', sagte der Rittmeister, ‚hier wird eine Multiplikation vonnöten sein, mindestens mit vier, woll'n ma' mal sagen.' ‚Wie meinen der Herr?' fragte der Ober mit der zeremoniösen Höflichkeit alter Schule. ‚Nun', entgegnete Eulenfeld behaglich, und hob das verhältnismäßig schwere Gläslein ein wenig empor, ‚wir wollen das hier bestehende Verhältnis zwischen Glas und Flüssigkeit umkehren. Tun Sie also, Verehrtester, deren ein vierfaches Quantum in ein diesbezügliches Gemäß; dann woll'n ma' weitersehen.' ‚Jawohl, Herr Baron', sagte der Ober und übersetzte nun gleichsam Eulenfelds umständliche Ausdrucksweise in die kürzere Geschäftssprache: ‚Vier Cognac in einem Glas.' Den Kopf schüttelte er jedoch erst, als er um die Ecke getreten war. Was dann erschien, war diskutabel: eines jener flachen Gläser, aus welchen man auch Cocktails genießt, bis zur Hälfte mit der Herzstärkung gefüllt." (DS 896 ff.)

Eulenfeld gehört zu den Schwerstalkoholikern im Werk. Daß jedoch in DS Cognac, in DW fast ausschließlich Whisky, in DD beides getrunken wird, gehört zu den Idiosynkrasien des Schriftstellers (→ ab ovo), die sonst vor allem im begrifflichen

Bereich zu finden sind und augenblicklichen Präferenzen und Tendenzen entspringen.

Insgesamt ist es jedoch Wein, der im Werk nicht nur kontinuierlich, sondern auch am häufigsten getrunken wird, und zwar stillos und in Mengen („Ich bekämpfte die Literflasche auf dem Tische schon beflissen." – DE-Div II 166[4]) ebenso wie mit Genuß: „‚Ich hab' mir vom Schneider einen Poysdorfer mitgenommen, ganz tiefgekühlt, da trinken wir jetzt ein Schluckerl. Hoffentlich ist das Mineralwasser auch kalt.' Er befühlte die Flaschen, schien befriedigt und brachte aus seiner Reisetasche ein gelbes Futteral zum Vorschein, das zwei kleine silberne, innen vergoldete Trinkbecher enthielt." (DS 76). ‚Er' ist Major Laska, die Szene steht am Anfang einer schicksalshaften Freundschaft.[5]

Alkohol ist für Doderer aber nicht nur Genuß-, sondern auch Fluchtmittel. „Ich halte jeden Menschen für voll berechtigt, auf die – von den Ingenieursgesichtern und Betriebswissenschaftlern herbeigeführte – derzeitige Beschaffenheit unserer Welt mit schwerstem Alkoholismus zu reagieren, soweit er sich nur was zum Saufen beschaffen kann. Sich und andere auf solche Weise zu zerstören ist eine begreifliche und durchaus entschuldbare Reaktion. Wer nicht säuft, setzt heutzutage schon eine beachtliche und freiwillige Mehr-Leistung." (REP 24)

Und es gibt ihm – reichlich – Gelegenheit, seinem dankenswerten Hang zu witzigen und ausgefallenen Formulierungen zu frönen. Viele der witzigsten Formulierungen im Werk hängen mit Alkohol zusammen. „Zwischendurch fragte Fraunholzer, ob sie auch Champagner vorrätig hätten. Da sogar ein Franzose freundlich wartend in den Gläsern saß, ließ er einkühlen, aber nicht etwa half a bottle (war man denn beim Frühstück?!), sondern gleich fünf Ganze." (DS 542)

4 Vgl. DS 389: „So gewiß als im Wein nicht Wahrheit ist sondern gequollnes Geschwätz."

5 „Auch mit dem tiefgekühlten Nußberger war Grauermann bald angefreundet." (DS 275) Der Begriff ‚kühl' spielt bei Doderer überhaupt eine enorme Rolle, nicht nur im Kontext ‚Genuß', sondern vor allem als erstrebenswerte Kühle im Sommer und als Kühle von Lavendelwasser oder anderen Gerüchen wie auch dem im Sommer verwendeten Kampfer (in der Regel im Bunde mit Naphtalin).

„Wieviel besser ist doch der Champagner mit seinen belebenden Kräften in der ausgeschlafenen Verfassung eines Frühstücks im kleinsten Kreise angewandt, als zu Zwecken einer kracherlartigen Verpuffung im ungeordneten Geräusch der Tafeln und Feste! Wir schließen uns Laschen hierin vorbehaltlos an." (DS 405)[6]

In DS und DD wird wesentlich weniger Schnaps getrunken als in den Erzählungen, ausgenommen natürlich, wie schon erwähnt, Eulenfeld. Dafür aber oft und mit Genuß Wein, guter außerdem. Nur einmal greift auch, und der Anlaß läßt es nachvollziehbar erscheinen, Fraunholzer zum Gebrannten. „Hier waren die ersten Tropfen des Heiltranks: ein steirischer Sliwowitz. Er hielt den Magen nieder." (DS 542)

Schon im Frühwerk wird oft und kräftig alkoholischen Getränken zugesprochen, und in der Entwicklung des Conrad Castiletz spielt die zunehmende Liebe zu solchen eine beträchtliche Rolle. Er wird von Herrn von Hohenlocher, auch einem Alter Ego Doderers („ohne den, hier sei es einmal gesagt, diese Geschichte überhaupt nie geschrieben worden wäre" – EM 225), auf Gin gebracht („ohnehin das vernünftigste Getränk" – EM 124, der Eulenfeld von DS frönt ihm auch – DS 638), später dann trinkt er auch Wein („... dann und wann ein Schluck Rheinwein aus dem Glase, welches Getränk jedesmal aufs neue über die ihm innewohnende vielfältige und glänzende Rundung des Geschmacks staunen machte", EM 180). Er spürt „deutliches Verlangen nach Wein ... als ‚Durst'" (EM 263) und „schlief sofort ein, da er auch zum Essen jetzt wieder zwei Viertel des herrlichen ‚Lauffener' getrunken hatte" (EM 265). Der Entwicklung Conrads zum Alkoholiker läuft parallel eine zum Rauchen, all das hängt mit seiner Anpassungsmanie zusammen. Insofern zeigt sich hier exemplarisch, wie auch beim Ich-Erzähler von DIV VII, daß Alkoholismus eine Form der Apperzeptionsverweigerung ist, ebenso jedoch auch eine mögliche Folge.

Zu „allgemeinem Umtrunk" (EM 207) fordert (der Autor) Hohenlocher auf, hier in der Formulierung auf Eulenfeld vorgreifend. Und Conrad kommt denn auch bei diesem Umtrunk an einen Punkt, an dem er erkennt, betrunken zu sein (EM 212). Er trinkt im Verlauf des Romans immer stärker, schließ-

6 Für das altertümelnde Dativ -en (→) Altertümelei.

lich sogar allein, erst als er den Mord aufgeklärt und den Menschwerdungsprozeß, der hier zum Tod führt, abgeschlossen hat, entsagt er, ganz automatisch und unreflektiert, dem Alkohol. „Dort hielt er sich einen großen Teil der Fahrt hindurch auf, frühstückte, aß zu Mittag, jedoch seltsamerweise ohne einen Tropfen Bier, Wein oder etwa Cognac zu genießen." (EM 360)

Doderer hat sicherlich Phasen des Alkoholismus durchgemacht, die so aufgearbeitet werden, und viele seiner Alter Egos sind Trinker, natürlich auch Doctor Döblinger – er trinkt mit Aldershot Whisky mit Soda (DM 86), mit Wiesenbrink Tee und Whisky (DM 105)[7] –, weniger hingegen Stangeler und Schlaggenberg.

Des Essens wird jedoch bei weitem nicht so oft Erwähnung getan, vor allem nicht als Genuß. „Infolge rustikalen Fraßes (beim Gänsebraten war's schon tierisch, die Knöchlein flogen) wurden die beiden dort draußen bald unmäßig dick, was sie aber nicht hinderte, jeden Samstag ihre Fahrräder zu besteigen und nach Freising hinauszufahren, geradewegs ins Weißbräuhaus, wo sie auch blieben, dauerhaft saufend, dazwischen wohl auch wieder essend." (DE-Pfund 332) Diese Tiere haben, scheint es, eine spezielle Wirkung, denn der Blick auf sie „genügt, den Magensaft zu provozieren" (DD 569).

Mary K. ißt mit Genuß (DS 46), Grauermann stehen „wahre Feste der Gastronomie" bevor (DS 268) und ebenso Robert und Harriet Clayton: „Mit solcher Hilfe hatte man abends im Wirtshause bald eine hochgetürmte, in Servietten eingeschlagene Schüssel am Tische, die sich als ein Berg jener rotgekochten Tiere entpuppte. Der salzig frische Geschmack tat das seine – es waren enorme Burschen – und der Pozeganer Riesling mundete dazu in unbeschreiblicher Weise." Am nächsten Tag essen sie Fische, „deren es im See viele gab und die man hier vortrefflich zu braten verstand" (DW 12 und 14). So schreibt nur jemand, der auch gutes Essen in hohem Maße goutiert. Aber oft ist davon nicht umfänglich die Rede. Melzer und Laska trinken im Eisenbahncoupé und auf der Jagd mehr, als sie essen. Sei's drum.

7 Daß der ‚ölige' Pepin einen ‚öligen' Liqeur, nämlich Bénédictine, trinkt, gehört nicht nur zu den ausgefallenen Trinksitten, sondern auch zu den Sprachspielen des Verfassers.

Die vielen genannten Lokale[8] stehen, anders als beim Alkohol, nicht für spezifische Speisen oder Speisekarten. Dennoch, wenn mit ein wenig Genuß gegessen wird, dann außerhäusig. Es ist daher nicht erstaunlich, daß es so viele sind: Über 40 Restaurants, Beisln, Cafés und Schenken werden in der Wiener Trilogie plus DG mit Namen und/oder Lage identifizierbar genannt. Man und Doderer ging nicht (nur) aus Bequemlichkeit ins Beisl. Auch: „Nirgends aß man besser als in einem solch bescheidenen Lokale. Sie blühten damals zu Wien." (DW 28) Auch an spätere Zeiten, näher am 1.Weltkrieg, erinnert sich Doderer wehmütig. „Diese Lokalitäten waren zu jener Zeit sehr gepflegt, verhältnismäßig still und über das Bedürfnis des damaligen Verkehrs – wo noch nicht jede Mehlspeisköchin unausgesetzt herumreiste – geräumig." (DS 74) Und: „Jedes Wirtshaus hat die Gäste, die es verdient, genauso wie man einen Schriftsteller an seinen Lesern zu erkennen vermag, ohne selbst von ihm noch eine Zeile gelesen zu haben." (DW 291)

Alter egos

Die Erschaffung von Protagonisten, Spiegelbildern, welche den Dichter in toto oder zum Teil abbilden – in der Regel letzteres –, ist ein Akt nicht nur der Reflexion, sondern vor allem der Befreiung und Abrechnung.

Natürlich ist Sektionsrat und Hobbychronist (→) Geyrenhoff nicht der dem Schreiben und nichts anderem verpflichtete Schriftsteller Doderer. Aber in seiner Unfähigkeit, sich aus dem Objekt seiner Texte herauszuhalten, gleicht er Doderer in einem Aspekt, einer Schwäche, die es zu überwinden galt oder noch gilt. Er ist nur insoweit ein Alter ego oder nur, wie Weber meint, ein „Vehikel" und „gar keine autobiographische Figur".[1]

8 Das Lieblingsbeisl Doderers im Roman ist allerdings ‚Die Flucht nach Ägypten'. Grauermann und Honnegger kennen es (DS 269) ebenso wie Mayrinkers (DD 1286), Melzer (DS 328) und Stangeler (DS 129). Frau Kapsreiter geht daran vorbei (DD 899). Dann folgt der Blauensteiner, ‚Zur Stadt Paris'.

1 Weber 1995 (3), S. 68. Im folgenden wie überhaupt wird manchmal die Abkürzung AE benutzt.

Natürlich ist der Schriftsteller Dr. Döblinger, ein boshafter und aufgetümmelter Flegel, nicht sein Verfasser. Aber in ihm rechnet Doderer mit seinen eigenen reichlichen Widerlichkeiten ab und überwindet sie damit. Er ist eines der von Friedhelm Kemp zu Recht so bezeichneten „suspekten Individuen, die er seinen Spott, seinen Ingrimm spüren läßt, wenn sie wieder einmal ihren triebhaften Narreteien oder dem Drang zur Selbstgeltung aufs schmählichste unterliegen".[2]

Der mit Döblinger oft identische Schlaggenberg gemahnt seinen Erfinder durch die ideologisierte sexuelle Spezifizierung an die Gefahr der zweiten Wirklichkeit, die Doderer im Gegensatz zu seinem Geschöpf – und durch dieses – überwindet. Darüber hinaus sind die Parallelen im Verhältnis zu Camy und zum Schwiegervater nicht zu übersehen.

Die Alter egos sind allesamt also auch Stationen auf dem Weg zur Erkenntnis der eigenen (→) Dummheit, dem „eigentlichen Werk" Doderers, und damit zu seiner Menschwerdung. Jedes der zahlreichen Teil-Spiegelbilder steht für Facetten des Dichters, gemeinsam bilden sie ihn ab. Dies im einzelnen zu begründen gehört nicht in den Rahmen der Textanalyse. Man lese die Biographien parallel zu DD und DS.[3]

Dies gilt auch für die sorgfältigste Selbstreflexion und den durchgängigsten Abbild-Charakter im ganzen Werk, nämlich (→) René von Stangeler, dessen Aussehen, Elternhaus, Werdegang, Sport (nämlich Bogenschießen, s. vor allem DS 439ff.) persönliche und militärische Geschichte, Ausbildung, Liebesleben ein Spiegel des Verfassers sind. Oder doch nicht ganz? Gibt es da nicht eine Distanz, die nicht die der Reflexion ist, sondern die der Andersartigkeit? Durch niemanden jedoch wird Doderer so sehr mit sich selbst fertig wie mit der ihm ähnlichsten Figur. Und so bedarf er ihrer für den künstlerischen Prozeß.

Dementsprechend gibt es kaum eine Doderer-Prosa ohne Alter egos. Fast alle Protagonisten haben partielle Ähnlichkeiten, sogar Melzer (→ Tropidonotus Lindwurm), Manuel und Donald Clayton (→ Tod). Überall finden sich solche ‚anteiligen' Spiegelbilder:

2 Kemp, S. 276; dies ist jedoch nur für Döblinger und Schlaggenberg zutreffend so formuliert, vielleicht auch zum kleineren Teil für Stangeler.

3 → Tropidonotus Lindwurm, s. auch TT III 84f.

- der junge René Stangeler in SK, DE, DS und GR, der ältere in DD
- Jutta Bamberger mit ihrer Schiefäugigkeit und den Jugend-Parallelen[4]
- Jan Herzka in DB[5] (und DD erneut) mit seiner besonderen erotischen Vorliebe für weißhäutige Büßerinnen und Zweckentfremdung des Leibriemens
- Ruy de Fanez. In ihm „ein Selbstporträt zu erkennen liegt schon deswegen nahe, weil die erhaltenen Fassungen von 1922 und 1936 Doderers jeweilige Lebenssituation beschreiben, da Ruy de Fanez mit dem Autor altert".[6]
- Herr von Hohenlocher in seiner Abgehobenheit vom Objekt, das Gegenbild zum Sektionsrat Geyrenhoff
- Conrad Castiletz mit der Angst vor den cholerischen Ausbrüchen des Vaters. An ihnen hat Doderer so schwer getragen, wie er es Etelka zuschreibt, während René eher nonchalant über die Ausbrüche hinweggeht. Insofern verweist er auch auf Alfons Halfon, bei dem aber dann ein Begriff wie ‚Alter ego' deutlich zu stark wäre.
- Auch Nebenfiguren wie ‚Heimo' im Manuskript in DD mit seinen voyeuristischen und anderen Freuden. Man vergleiche
  - „undt geb mir in die handt, ich soll dy fraun slahen, damit auf irn weiszen leib, undt ich konnt erkenn, daz es alles sammet … war, und ich slueg zue ettwas auff irn ruckchen undt suenst … und der Heimo, der slueg sy auch ein wenig …" (DD 779)
  - „… denn er bringt die Samtpeitsche und nennt sich wieder ‚kleiner Heimo'. Er ist tiefernst, er schlägt mich, er vollzieht, er vollbringt."[7]
- Insofern und auch nur in bezug auf ausgefallene erotische Vorlieben ist es auch Julius Zihal.

Daß es in DD mit Kajetan, René und Geyrenhoff drei Alter egos des Verfassers gibt, interpretiert Weber damit, daß sie ihn „in ei-

4 Hierfür plädiert Reinhold Treml (S. 132f.) mit Hinweis auf T I 127.
5 S. Weber 1963, S. 161; allerdings wäre noch Herzka hinzuzuzählen.
6 Király, S. 145; vorher schon, wie so oft, Schmidt-Dengler (1981, S. 101).
7 Zeemann, S. 97.

nem jeweils begrenzten Bereich vertreten".[8] Dem ist absolut zuzustimmen. Aber nur in DD treten mehrere AEs nebeneinander in wichtigen Funktionen auf, in DS ist es einzig René – Döblinger wird, als Pseudonym eines Alter egos („Der Schriftsteller Kajetan von S., der übrigens, aus mir unbekannten Gründen, zeitweise auch unter dem Namen Doktor Döblinger auftrat ..." DS 361) fünfmal, Schlaggenberg einmal wie eben zitiert erwähnt.

Döblinger, der Schriftsteller an sich, das Alter ego von Schlaggenberg, also Doderer (DS, DD) oder direkt Doderer (DE, DM) als Schriftsteller, kann auch als die Fortsetzung von René gesehen werden. Ihm eignen zudem Aggressivität, Aushecken von Brachialitäten, er ist ein Meister der Apperzeptionsverweigerung. Er kommt vor in DS, DD, EF und DM, also umfassender als alle anderen. Er ist „der ordinärste" (DM 126),[9] ein „Lümmel" (DM 105), „grauslich" (DM 122), „gemeinlästig" (DM 150), „aufgetümmelt" (DM 160, 206), „lümmelhaft" (DM 266), „ausgefressen" (DM 206), seine Frühstücksgewohnheiten sind „widerlich, pompös und bombastisch" (DM 288). Sein eigenes Bild vor der Strudlhofstiege[10] kommentiert Doderer im Tagebuch so: „Dr. Döblingers Bild in einer Illustrierten, vor einer Treppenanlage, ordinär, aufgetümmelt." (TC V 80) Auch die „klaffende Lücke im Existenzplan" (DM 18) ist eine Parallele.

Döblinger ist als Charakter von absoluter Unverbindlichkeit, geradezu unwichtig, völlig ohne Persönlichkeit. Er ist nur das Konzentrat dessen, was Doderer an sich selbst kritisiert. Diese Funktion des Alter egos ist bei ihm besonders ausgeprägt.

Der andere Dichter im Werk, Schlaggenberg, ebenso unangenehm, aber weniger aufgetümmelt als Döblinger, steht ebenfalls mehr für die dunklen, z. B. unverschämten Seiten des Verfassers. „Von Kajetan wollen wir schweigen. Dieser alte Lausbub hat sich mit des Sektionsrates Getriebe niemals ernstlich auseinandergesetzt und an diesem Feuer höchstens seine eigenen Kastanien zu rösten getrachtet." (TT III 86)

Doderer spielt nicht nur im Werk ständig mit den AEs, sondern hat dieses ‚Spiel' so verinnerlicht und nimmt es so unge-

8 Weber 1963, S. 148.
9 Wolff 1996, S. 119, weist auf den biographischen Bezug hin.
10 Abgedruckt im SPIEGEL 23, 1957 (vgl. Einflüsse/Zitate).

wöhnlich ernst, daß er sogar im Tagebuch die Fiktion aufrechterhält: „Geyrenhoff sagt einmal in seinen Niederschriften, ‚um zu zeigen, was alles möglich war‘, oder so ungefähr.“ (TT III 478) Auch andere Protagonisten kommen oft als ‚lebende‘ Wesen vor. „Wenn ich hier zu Oslo ... in meinem kalten Hotelzimmer über den Leutnant Melzer nachdenke, wie so oft schon ... und rührend, daß solches zuletzt ... in sein Bewußtsein treten konnte.“ (TT III 316–7.5.1945)

Die Alter egos in DD führen so auch ein Eigenleben, sie diskutieren ständig miteinander (Geyrenhoff mit Schlaggenberg, Geyrenhoff – via Gürtzner-Gontard – mit Stangeler, dieser mit Schlaggenberg, Herzka mit Stangeler), einer redet schlecht über den anderen oder wird ausfallend. Insgesamt kommt Geyrenhoff noch am besten weg, in ihm lädt Doderer nur seine Kritik an der eigenen zu starken Integration ab. „Aber Geyrenhoff mischt sich nirgends hinein, Schlaggenberg dagegen überall“, sagt Neuberg zu Trapp am 14.5.27 (DD 430).

Nach DD mit dem versammelten Auftritt so vieler AEs ist dann Schluß. Mit diesem Posaunenkonzert beendet Doderer die Erfindung, die Notwendigkeit scheint nicht mehr gegeben zu sein, er mag mit sich jetzt auch zufriedener sein. In DW und DG ist diese spezielle Form der Einbringung des eigenen Egos ins Werk nicht mehr vonnöten. Der Doderer in DW (229) und DG (9) ist unverspiegelt er selbst.

Altertümelei

Es sind dies sprachliche Manierismen, sprachhistorisch regressive Skurrilitäten, die mit dem Alter des Verfassers zunehmen; seine Verliebtheit in solche Formulierungen und Techniken ist deutlich und im Fortschritt des Werkes immer deutlicher zu spüren.[1] Absoluter Höhepunkt in dieser Hinsicht ist natürlich

1 Ich bin auch fest davon überzeugt, daß die Abfassung des spätmittelalterlichen Textes in DD nicht nur dem Historiker, sondern auch dem Schriftsteller Doderer große Freude bereitet hat. Diese spürt man auch bei dem kurzen Einschub („... schildert uns recht artig ein Chronist aus jener Zeit ...“) in EU 149.

DM, das sich des „Altertümelns“ (DM 179, Fußnote 2 bezogen auf ein nun geradezu albernes „genung“) nicht genu(n)g tun kann.

In früheren Werken tauchen diese Altertümeleien, ausgenommen EM, nur auf, sofern diese komischer, skurriler und/oder grotesker Natur sind wie natürlich EF und manche Erzählungen.

- „Dies alles hatte Zihal längst, ja durch Jahr und Tag schon, genauester Einsichtnahme unterzogen.“ (EF 23)[2]
- „Dieser war's freilich zufrieden.“ (DE-Bischof 290)

Auch Reden wie die Zihals auf der Hochzeit von Melzer und Thea Rokitzer mit ihrer am Amtsdeutsch geprägten Definition von Glück als Zustand des Übergenusses (DS 909) gehören natürlich hierher, der (→) Zihalismus ist neben seiner Umständlichkeit, Bürokratie und Realitätsferne auch stets von altertümlicher oder eher altertümelnder Sprech- und Schreibweise durchzogen. Diese ist zugleich Parodie.

Dann aber finden wir sie verstärkt in den Spätwerken DW und DM, insbesondere in letzterem, in dem es von „zur Gänze“, „zustatten“, „in weiser Voraussicht“ und ähnlichen Formulierungen nur so wimmelt und in dem Kapitel 5 wie folgt eingeleitet wird:

„An dem Punkte, wo wir jetzt mit dem Familien-Oberhaupte Childerich halten, finden wir diesen zum Überschauen des bisher von ihm Geleisteten geneigt.“ (DM 49)

Hier sind mindestens drei altertümliche Formulierungen konzentriert, Dativ-e zweimal, „halten am Punkt“ und „geneigt“. Einige andere typische Techniken als Beispiel im einzelnen, die aber zum Teil auch im Frühwerk gehäuft vorkommen:

- Nachsetzung: „Es war des jungen Münsterers Antlitz derart, als hätte die Natur, plötzlich wütend geworden, da hinein gegriffen.“ (DW 55)
- Akkusativ-n: „Um 1900 sehen wir Münsterern als Postamts-

2 Es berührt dies hier ohne Zweifel die Grenze zwischen zwei nah beieinander liegenden Gebieten, der Altertümelei und dem Zihalismus, deren Schnittmenge größer ist als die Einzelmengen.

vorstand in einer beliebten Sommerfrische.“ (DW 114) Ganz albern ist „Günthern“ (EM 331).

- Dativ-e: „In dieses blickte Chwostik vom Bette.“ (DW 114) EM ist voll von dieser Besonderheit, Doderer versteigt sich sogar zu „St. Anton am Vorarlberge“ (EM 280).
- Dativ – en: „Es ist der Brauch, untergeordnete Individua … von denen Lakaien maulschellieren zu lassen …“ (DM 119)[3] oder: „Wir schließen uns hierin Laschen vorbehaltlos an.“ (DS 405)
- Passiv: „Es wurden fünfzehn Eimer mit desodorisierenden und desinfektiven Lösungen herangetragen.“ (DE-Untergang 322)
- altmodischer Gebrauch: „Manchmal überhörte ihn der Großvater.“ (DW 133) Hier im Sinne von ‚Abhören‘.
- altmodisch buchstabiert: „Gleich danach wurden die beiden Herren von dem Commercialrate Gollwitzer begrüßt.“ (DW 175)
- Inversion: „Aber während der letzten Nummer verfärbte sich schon stark das Meer.“ (DW 314[4])

3 Der komplette Satz kombiniert diverse Altertümlichkeiten, wie sie sich überhaupt in DM in besonderem Maße finden: „Es *ist der Brauch*, untergeordnete *Individua*, die der so nötigen Submission und *Oboedienz ermangeln, von denen* Lakeien *maulschellieren* zu lassen, in unserem Zeitalter sehr *in's Abnehmen* gekommen, *vorzüglich* deshalb, weil *hiezu* taugliche Bediente heute nicht mehr zu finden sind.“ Elisabeth Kató (1985 / S. 213 f.) spricht hier zu Recht von „barockisierender Sprache“ und von „archaisierenden Stillagen“.

4 Adorno hätte natürlich formuliert: „… verfärbte stark schon das Meer sich.“ Dies wurde nur deshalb hier angeführt, weil in der Tat Theodor W. Adorno und Heimito von Doderer sich begegnet sind, am 12. April 1957, „ohne daß er Doderer etwas bedeutet hätte“, wie Wolfgang Fleischer (1995, S. 497) zu wissen glaubt. Laut der gleichen Quelle war Doderer versucht, ihm eine Watschen zu applizieren. Dabei kann es sich natürlich nur um eine Glatzenwatschen gehandelt haben, die, „ohne Angabe von Gründen, solchen alten Männern appliziert“ wird, „die, bei weißem Haarkranz und Bart, noch starke Vitalität, Temperament in ihrer Meinungsäußerung und persönliches Profil zeigen“ (TC V 252 und DM 131). Diese Formulierung vom 15.9.1960 paßt sehr gut auf den Philosophen, vielleicht war sie tatsächlich auf ihn gemünzt.

- Dito: „Die Holzveranda war eine von den braunen, altmodischen.“ (DG 7)
- Dito: „Die Sonne widerglänzte von breiten Wölbungen vereisten Schnees.“ (DG 87)
- Dito: „Es ließen die Vorgänge, nachdem sie über Maß und Ziel geschlagen, nun zurückflutend Leere hinter sich.“ (DG 211)

Es wäre falsch, solche sprachlichen Besonderheiten als Ausdruck Dodererscher Rückwärtsgewandtheit oder als Indiz dafür zu nehmen, daß er dem alten Kakanien nachtrauere. Doderer tut dies genausowenig, wie er ein Verfasser von, gar ‚Wiener‘, ‚Gesellschaftsromanen‘ war. Es ist die Liebe zur Sprache, zur Variation, zum Ungewöhnlichen, Überraschenden und Skurrilen, die ihn zu solchen Formulierungen greifen läßt, auch die Lust an Geschichte wie die Lust, dem Leser besondere Spuren zu legen.

So sind denn altertümliche Formulierungen in der Mehrzahl der Fälle auch humorvolle Formulierungen, sogar dort, wo das Inhaltliche eher weniger komisch ist, wenn z.B. Conrad Castiletz „von seinem tobenden Erzeuger betroffen“ wird (EM 7). Wie auch in diesem Beispiel gibt es eine weitere enge Verbindung zu (→) Wut und Grimm wie (→) Brachialitäten. Deshalb auch ist der in altertümlichstem Deutsch formulierte Roman der Wutroman DM, bei den Erzählungen sind es die entsprechenden Kürzestgeschichten und ‚Wutanfälle‘: „... und von da an ward es dunkel in mir.“ (DE 314)

Analogia entis

nennt man bekanntlich die Idee von der gottgegebenen hierarchischen Ordnung der Welt in ihrer Interpretation der mittelalterlichen, besonders thomasischen Theologie als Zusammenhang aller Teile der Schöpfung mit dem Schöpfer und damit als Eins-Sein des Menschen mit Gott. Dieser Lehre fühlt Doderer sich verpflichtet. Der Romancier, behauptet er, sei wohlmöglich „ein Individuum, dem eine ferne Abspiegelung der analogia entis in besonders hervorstechender Weise als persönliche Eigenschaft innewohnt," und damit „so etwas wie ein geborener Thomist" (WD 167). Na ja.[1]

Eine umfangreiche Untersuchung und Gegenübersetzung Dodererscher Literaturtheorie und Literaturpraxis, für die hier kein Raum ist, könnte durchaus zu dem Schluß gelangen, daß zwischen den beiden außer der Gemeinsamkeit des Verfassers kein Zusammenhang besteht.[2]

Maßgeblich für die Ausarbeitung des thomasischen Ansatzes war der Einfluß von Prof. Allers (1888–1963), Thomas von Aquin-Spezialist und Lehrer Doderers. Seine Übersetzung von Thomas hat dieser eifrig benutzt.[3]

In diesem Zusammenhang sollte kurz erwähnt werden, daß der Schriftsteller im Jahr 1940 zum Katholizismus konvertierte. Auch hiervon finden sich in seinem Werk nach meiner Überzeugung keine Spuren. Daß er Dummheit gleichgesetzt hat mit der „Verleugnung der analogia entis" (REP 56), weist eher auf seine Schwäche im Theoretischen hin, die sehr oft eine der Gleichsetzung von Einzelaspekten mit dem Ganzen und/oder die übertriebene Zuspitzung einer Überzeugung ist, als auf die Ansicht, Katholizismus sei eine besondere Art von Erkenntnis.

1 Schmidt-Dengler, der diese Aussage ausführlich auch vor dem Hintergrund Lukácsscher Literaturtheorie analysiert, kommt zu dem Schluß (1997 (1), S. 28): „Es bleibt die Frage, ob die ‚Dämonen' tatsächlich gebannt sind, wenn sie aus der Analogia entis in eine zweite Wirklichkeit versetzt werden." Sommer (1994, S. 20ff.) verweist auf den Zusammenhang zwischen erster Wirklichkeit und analogia entis. In TT III 616 spricht Doderer von sich als „gebürtiger Thomist", verweist aber auf eine gewisse Fundamentlosigkeit.

2 Weniger brutal drückt es Martin Mosebach aus, wenn er sagt: „Was aber viel wichtiger ist als Doderers gesamte Beschäftigung mit der analogia entis, das ist der Enthusiasmus, den dieses theoretische Gebäude in ihm erregte, um ein Goethewort abzuwandeln" (S. 799).

3 Vgl. Schröder 1976, S. 66ff., und noch detaillierter Pfeiffer 1982, S. 17; dort auch Informationen zu Swoboda, Weininger und Lucka; zu ersterem s. den Briefwechsel 1936–63, hrsg. von G. Sommer, in FLÜGEL, S. 11ff., zu Weininger vor allem Le Rider 1985.

Wenn wir jedoch die totale Interdependenz, die das Werk Doderers in einzigartiger Weise durchzieht und charakterisiert, das Zusammenhängen aller Fakten, mögen sie auch auf den ersten Blick unwichtig erscheinen, betrachten; wenn wir den Zusammenhang allen Geschehens in einer Chronologie und aller Personen eines Romans, mögen sie sich noch nicht einmal begegnen[4] oder, im Konzept des (→ roman muet) ‚schweigenden Romans', von sich und dem, was sie verbindet und zusammenhält, dem (→) fatologischen Gewebe, nichts wissen, erfassen und dieser Interdependenz das göttliche Vorbild nehmen, sie für sich anschauen, dann können wir zu einem durchaus anderen Ergebnis gelangen.

Dem nämlich, daß es im Gesamtwerk oder dem der ‚sieben' Romane (→ Chronologie von DW) einen Gesamt-Zusammenhang, eine Ordnung der Welt als Ganzes gibt. Diese dann, unter Mißachtung der Gefahr der Blasphemie, als Dodererschc ‚analogia entis' zu bezeichnen ist durchaus möglich. So hängt also hier der Mensch nicht mit seinem Schöpfer, sondern das Werk mit dem seinigen zusammen.

4 Als eines von vielen mag das ‚stehende Bild' dienen, in dem René von Stangeler (DS 283 f.) seine Schwester Etelka mit Regierungsrat Guys im Fiaker sieht. Die moralische Verwahrlosung Etelkas und damit ihr Ende, das für Grauermann dennoch einen schweren Schock darstellt, sind hier bereits angelegt. Doch Grauermann und Guys begegnen sich im Roman nicht. DW ist voll von solchen unausgesprochenen Interdependenzen (weißer Schwenktisch, Wohnung Monicas → Claytons und Chwostik), aber es gibt sie auch zwischen verschiedenen Romanen (Polizist Zeitler ungenannt in DS und als engster Freund Leonhards in DD → Personenverzeichnis, Verflechtung). Die totale Interdependenz geht in eins mit den von Doderer so definierten Epizentren, die besagen, daß verschiedene Handlungsstränge und -schwerpunkte nebeneinander herlaufen, um sich nie oder ein einziges Mal zu kreuzen. → Eckpfeiler, Episodäre Zentrierung, zu den ‚stehenden Bildern, → Topographie der Wiener Romane, Fußnote 25.

Apperzeption

Diese (mal mit c, mal mit z)[1], von lat. aperte percipere = offen aufnehmen (WD-Sexualität 281)[2], definiert Doderer als das eigentliche Erfassen – Begreifen – Verstehen der Welt (erste Wirklichkeit) mit Verstand und Herz, ihre Durchdringung und Verinnerlichung, sozusagen die „chemische Verbindung" (WD 281) von Objekt und Subjekt: „Die Apperception verbindet chemisch mit dem Objekt ..." (REP 27 – hier auch: „Jede wirkliche Apperception ist konservierend. Was man genau gesehen hat, wünscht man nicht geändert zu haben. Die Grundhaltung des Geistes in bezug auf seine Objektswelt ist konservativ.")

Ihr Gegenbild[3] ist die Deperzeption (= Dummheit = uneigentliche Erfassung der Welt und damit Schaffung der zweiten Wirklichkeit und von Ideologie), sie „schafft den leeren Raum der Unwissenheit".[4] Sie wird erzeugt von Apperzeptionsverweigerung, der, wie es Martin Mosebach so schön formuliert hat, „Weigerung, die Signale der Wirklichkeit aufzunehmen".[5]

1 Eine Systematik des Gebrauchs, auch nach Entwicklung, ist nicht zu erkennen. In DS einmal mit c, in DD zehnmal mit z, in DW dreimal mit c, in DM zweimal mit c, gar nicht in DE, EF und DG. In TT meist mit z, ebenso in TC IV und V, jedoch in REP (1944, also zur Zeit von TT III) mit c. Dietrich Weber meint (im persönlichen Gespräch), es hänge auch mit ungenügendem Lektorieren zusammen.

2 Hier auch die Aussage: „Der Sexualakt stellt, unter diesem Winkel gesehen, einen der intensivsten Fälle von Apperception überhaupt dar." Das ist um die Ecke gedacht, die eigene Vergleichsbildung („chemisch gesehen") reicht nicht zur Definition aus. S. auch TT III 18.

3 Schröder beschäftigt sich ausführlich mit der Dichotomie von Apperzeption und Apperzeptionsverweigerung als Fundament der Dodererschen Theorie, s. bes. S. 71 f. Vgl. auch Löffler 1991, Fußnote 1.

4 Torsten Buchholz gibt auf knappem Raum die m. E. klarste Definition des Zusammenhanges. Von den umfangreicheren Darstellungen ist die beste die von Michael Vrüsch. Er befaßt sich sehr umfassend auch mit dem Begriff der Apperzeption bei Leibniz, Kant, Heidegger u. a. Ausführliche Analysen finden sich ferner bei Schröder 1976.

5 Martin Mosebach, Stumme Musik der Geometrie. Zur Epik Heimito von Doderers (gehalten als Rede zur Verleihung des ersten Heimito-von-Doderer-Literaturpreises am 5. 9. 1996, Doderers 100. Geburtstag, in Wien), S. 796. Der Preis wurde übrigens an Ror Wolf verliehen.

Melzer, der Protagonist von DS, ist die wandelnde Apperzeptionsverweigerung. So lange, bis er statt der zweiten Wirklichkeit die erste erkennt und Mensch wird. So wie Julius Zihal in EF und Münsterer (wie Melzer ohne Vornamen) in DW. (→) Menschwerdung ist also der Übergang von der zweiten in die erste Wirklichkeit, das Ablegen ideologischer Fixierungen und damit auch die Befreiung von (→) Dämonen.

Doderer fordert für den Schriftsteller, wie Schröder in Zusammenfassung von neun Stellen aus T III sagt,[6] eine ‚unverstellte', ‚vorbehaltslose', ‚ausführliche', ‚umfassende', ‚existentielle', ‚komplexe', ‚produktive', ‚vollkommene' und ‚universale' Apperzeption. Das Vorhandensein oder die Abwesenheit von Apperzeption oder dem Willen zu ihr wird Doderer immer stärker zu einem Erklärungsmodell der Wirklichkeit, das man in seiner Ausschließlichkeit und Dogmatisierung durchaus auch als eigene Form der Apperzeptionsverweigerung sehen könnte.[7]

Die hauptsächlichen Gründe der Apperzeptionsverweigerung sind:

- Dummheit, dann mit einigem Abstand
- Wut
- Trunksucht.

Der Begriff, der unter anderem auch auf Otto Weininger zurückgeht, steht bei Doderer zentral für die Möglichkeiten des Menschen. Daß er einen eigenen Begriff prägt, ist typisch für ihn. Er zog oft die Schärfe und Genauigkeit des Ausdrucks der leichten Verständlichkeit vor. Jedoch erliegt er auch hier der Versuchung, ein einmal gefundenes Erklärungsmuster zu einseitig zu generalisieren und auf einen zu simplen Nenner zu

6 Schröder, S. 64.

7 Schröder, S. 65 f., entwickelt eben hier einen sehr interessanten Gedanken, wonach Doderer in manchen Fällen der „Gefangene seiner Theorie" von erster und zweiter Wirklichkeit wurde, indem diese ohne kritische Hinterfragung über die Jahre immer mehr zum Dogma sich entwickelte. Ich halte dies auch auf andere überstrapazierte Begriffe und Theorien Doderers für anwendbar, nämlich auf den gesamten Apparat um Apperzeption, die These vom ‚roman muet' und allgemeine Ansichten zu Wesen und Funktion des Romans. Auch die Verwendung des Begriffs der ‚analogia entis' scheint mir in eine ähnliche Richtung zu deuten.

bringen. Wenn er z. B. sagt, „alle Schwäche" sei „Apperzeptionschwäche" (TT III 185), ist das blanker Unsinn und eben Dogma statt Erkenntnis (→ Politischer Schriftsteller).

Im übrigen gibt es umfassende Literatur zu diesem Thema und allen seinen Randbereichen und Implikationen, die erschöpfend Auskunft gibt zu allen hier nur angerührten Fragen. Das wenige wurde nur gesagt, weil ein Doderer-Handbuch unter A solche Erläuterungen ebenso aufweisen muß wie unter Z solche zu zihalistischen Begriffsbildungen.

Sosehr der Begriff für Doderer subjektiv wichtig war, im theoretischen Gebäude ist er eher verwirrend, weil er viel zu umfassend verwandt und geradezu leidenschaftlich aufgepfropft wird. Doderer liebte manchmal zu sehr die Formeln, die ihm die Außenwelt und die Welt in seinem Kopf erklären konnten.

Für die Durchdringung der Texte ist er deshalb in keiner Weise unverzichtbar. Es handelt sich, ganz respektlos formuliert, um eine Marotte.

Aura

Aura im Sinne von bewußt apperzipierter, also erlebter und erfaßter Ausstrahlung ist ein zentraler Begriff im Werk Doderers. Er findet sich vor allem in der Wiener Trilogie und in DG. Sie erscheint als

- die „Aura des Orts" (DD 1280, hier Bahnhof, DD 692 ist es die Burg, DD 612 deren Bibliothek)
- die „Aura einer Stadt" (DD 537, hier München[1]), in erster Linie natürlich die Wiens[2]
- die „Aura des Herbstes" (DD 558)

1 Irmgard Egger hat exakt diesen Aspekt der Aura von Orten im Vergleich zwischen Benjamins und Doderers Begriffen untersucht. Und wenn sie Benjamin zitiert mit der Formulierung „Die Aura ist die Erscheinung einer Ferne, so nah das sein mag, was sie hervorruft" (S. 24), so ist die Nähe zu Doderer direkt greifbar.

2 „Die Aura einzelner Wiener Stadtteile" war „eine der wesentlichen Inspirationsquellen für Doderer". Weber 1995 (2), S. 79.

- die „knisternde Aura" der Erotik (DS 18, ähnlich DS 715), auch und sehr speziell als die mit dem „Schatz der Demut" verbundene (DS 456)
- die individuelle Aura Melzers für Thea (DS 724)
- die Aura einer Umgebung („Elternhaus", DD 894)
- die Aura von „nahrhaften Gerüchen" (DD 1040).

Die Aufzählung ließe sich fortgesetzen. Was daraus abgeleitet werden kann, ist die Transponierung eines Gefühls, das wiederum sehr viel mit Erinnerung zu tun hat, in eine Gesamtempfindung; der Ausdruck einer gefühlten Welt anhand eines Gefühls aus der Welt. Beobachtung wird zur Erinnerung, das Einzelne zum Ganzen.

So wird ein Leseerlebnis für Quapp zur „Rückkehr in die Aura eines wohlfundierten und soignierten Elternhauses von einst" (DD 1260), und nicht von ungefähr schwebt ihr gleich danach das „grüne Licht der Baumkronen" und „die große Bowle mit den zahllosen grünen Gläsern" vor.

So wird auch das Ausstrahlen eines dem toten Gegenstand, dem Ort oder dem Menschen immanenten besonderen Ausdruckes zum Zentralthema der Er-innerung, zum Rückblick und zur Einsicht ins eigene. Dann ist der Gegenstand nur Anlaß zur Erinnerung, zur Erzeugung einer „irrationalen (lyrischen) Summe der Eindrücke".[3]

Es bedarf dann auch des Begriffes nicht, um als Leser eine Aura zu spüren, so zum Beispiel die zentrale der (→) Strudlhofstiege, die für Doderer wie für seine Protagonisten in besonderer Weise Empfindungen des Erfahrenen anklingen läßt. Diese Stiege umgibt eine solche Aura in Beschreibungen ihrer architektonischen Struktur und Naturumgebung, ihrer Rolle für Auftritte und Gespräche, die nicht mehr explizit formuliert werden muß. Schon das dem Roman vorangestellte Gedicht bringt es deutlich genug zum Ausdruck.

3 Wolff 1969, S. 188.

Bärte

DM ist auch ein Roman über Bärte. Schon im ersten Kapitel sind sie so reichlich zu finden wie männliche Personen: Drei Männer und drei Bärte.

- Bachmeyer: „schwarzer Spitzbart" DM 9
- Prof. Horn: „runder, breiter Bart" DM 9
- Childerich III: „vielfach bärtig" DM 14

Es gehört denn auch zur logischen Entwicklung dieses skurrilen Werkes, daß Childerich III. im Rahmen seiner Bemühungen um die Schaffung der totalen Familie in seinem Gesicht die Schaffung des totalen Bartwerkes anstrebt.

Und daß mit seiner am Schluß vollzogenen Entmannung (DM 338 ff.) auch die Entbartung sich vollzieht und ihn glattrasiert übrigläßt. „Du scheerst mich, Schurke! Schäme Dich! Der Knüttel denkst Du, doch der Wohltat nicht!" (DM 339) Folgende Bärte läßt sich Childerich III. im Rahmen seiner Totalitätsbemühungen wachsen:

- Knebelbart DM 40
- ‚Favori', einen kurzen Backenbart DM 43
- ‚Schifferkrause', einen Kehlbart DM 46
- Schnauzer DM 46
- ‚Fliege', „schon eine Art Bocksbart" DM 46 f.

Der Friseur erhält damit „sehr komplexe Aufgaben" (DM 96). Doderer (selbst niemals bärtig, soweit überliefert ist) liebt den Kontrast zwischen schwarzem Bart und „weißen Zähnen", wie er sich bei Bachmeyer findet, der auch ein „rabiater Esser" (DM 256) ist.

Fast wie eine zusätzliche Bettdecke erleichtert ein Bart das Einschlafen. „Ein Mensch im dichten Bart schläft wohl. Er sinkt in den Bartwald, zieht sich in diesen zurück ... Er lehnt im Bart wie in einem Schlafstuhl." (DE-Bett und Bart[1] 339) Auch Professor Horn „lächelte selig im Barte" (DM 264).

In DG ist der Bart des Vaters ein negativer Topos für den

1 In dieser Erzählung jedoch kehrt die Potenz mit dem Abnehmen desselben zurück; also gilt für diese das umgekehrte wie für den Schlaf.

Sohn, was insbesondere dadurch Bedeutung gewinnt, daß er, wie man bei genauem Hinlesen erfährt, nicht der Sohn ist. Der „mächtige lange und breite weiße Bart leuchtete in all dem Braun und Schwarz als ein großer heller Fleck" (DG 27). Dies erinnert dann auch an den „langen und breiten, scharf vierkant gestutzten Vollbart" des Devotionalien-Geschäfts-Inhabers, der nach solcher Einführung fast nur noch „der Assyrer" genannt wird (DE-Bischof – tollgeworden 289). In anderen Werken als DM, DG und einem kleinen Teil von DE spielen Bärte keine Rolle.

Dem Bart komplementär (aber nicht notwendig) verbunden ist der Bartriß. „Der Bartriß werde früh geübt, weil er dem ‚Plauz' die Schwungkraft gibt", so lautet das erste (von drei) Motto zu ‚Die Posaunen von Jericho'.[2] Und wird dann auch klassisch angebracht: „Ich kreuzte die Gasse schräg, näherte mich von halb rückwärts dem Bärtigen, und im Überholen ergriff ich denn machtvoll den Bart, mit ganzer Hand, schloß sie zur Faust, und erteilte einen kurzen, jedoch überaus kräftigen Riß nach abwärts, der den Bärtigen stolpern machte." (DE-Divertimento VII 185)[3]

Ob nun Doderer die Bärtigen haßt, weil er sie beneidete? Schon deshalb nicht, weil hier der Bart quasi naturgesetzlich mit Impotenz verbunden ist. Außerdem hätte es ihm ja freigestanden, sich selbst einen Bart wachsen zu lassen. Es ist eben so, daß der Bartriß den Bart voraussetzt; daneben aber gibt es reichlich (→) Brachialitäten wie Bisse, Spucken, Prügel, Kopfnüsse, Maulschellen, Tritte, Watschen und ähnliches, die auch bartlo-

2 In einer sehr gründlichen Arbeit hat René Tschirky das Divertimento VII untersucht und interpretiert. Er geht leider nicht näher auf die Motti ein, die ohne Zweifel eine relativierende Funktion haben, da sie nicht in direktem Sinnzusammenhang mit der Erzählung stehen. Als einer von ganz wenigen Autoren (außer ihm im Grunde nur Sommer 1994) setzt er sich gründlich mit der Entwicklung der Farben, wenn auch nur in dieser Erzählung, auseinander. Interessant ist die Entwicklung von ‚rot' zu ‚grün' und innerhalb des Roten von ‚rostrot' zu ‚violett'. S. insbesondere S. 171 ff., ferner → Ernstfarben, Farben der Romane.

3 Fast völlig identisch DE-Bett und Bart 341, nur hier mit dem Zusatz ‚Plauz', d.h., der am Bart Gerissene stürzt „auf's Gesicht". Trotz Motto fehlt also dieser Begriff gerade in den DIV II.

sen Menschen durchaus und mit Gewinn appliziert werden können. Die ‚Saugwatschen' jedoch setzt etwas anderes voraus, nämlich Kahlköpfigkeit. Sie wird aber auch durch Vorhandensein eines Bartes ausgelöst.[4]

Eine Abhängigkeit der Applikation des Bartrisses von der Bartform besteht nicht.

Der Bartriß selbst dient einerseits dazu, den Gerissenen stolpern zu lassen, er wird aber auch in der Wutbehandlung Prof. Horns zum Beweis der geglückten Behandlung benutzt. „Erst nachdem der Arzt durch einen kurzen, mäßig starken Riß an Bachmeyers Bart – es erfolgte drauf keinerlei Reaktion – sich von der nunmehr eingetretenen Harmlosigkeit des Patienten überzeugt hatte, ward sie [die Nasenzange] entfernt." (DM 13)

Insgesamt gesehen ist dieser Begriff einer von vielen,[5] die Doderers Lust zur Sprachschöpfung und Skurrilität entsprangen, die ihn ab und zu überfielen und so vehement auftraten, daß er befürchtete, von ihnen überwältigt zu werden. Dazu brauchte er dann eine „Reservation für das Groteske" wie EF, DM und auch kleine Teile von DE (zu DM s. TC IV 35).

Auch der ‚Bartriß' gehört zu den Begriffen, die ein-, zweimal im Werk auftauchen und dann nicht mehr. Es ist dies eine Besonderheit Doderers (für eine Liste → ab ovo), die als einzige in Gegensatz zu der sonst informell wie formell angestrebten Interdependenz des Werkes steht.

Dies gilt ähnlich für den Begriff ‚bärbeißig', der so erklärt wird: „... der Baron biß den Bart, nicht den Bären", also als ‚brummig' wie schon im Grimmschen Wörterbuch (DM 90). Nur zwei Personen außer Childerich III. werden dieses Ausdrucks für wert empfunden, nämlich Konsul Fraunholzer, der, wenn er schlief, „auch ein wenig bärbeißig" aussah (DS 447), und Amtsrat Julius Zihal, der „bärbeißige Randbemerkungen" machte oder „bärbeißig geschmunzelt" hatte (DS 909, EF 110). So bilden sie schon eine seltsame Reihe: der cholerische Merowinger, unser Pompejus und der geheilte Erzvoyeur.

4 S. Fußnote 4 zu (→) Altertümelei.
5 → insbesondere ab ovo, Brachialitäten.

Beutelstich

„Der Beutelstich ist eine Methode, mittels derer man auch schwere Wut-Anfälle rasch zum Abklingen bringen kann.“ (DM 171 ff.) Er funktioniert dergestalt, daß man in einen (von mehreren) grauen Lederbeuteln, „auf's prallste gefüllt mit roten Glasperlen allerkleinsten Kalibers“, hineinsticht (der Stichpunkt ist durch einen roten Kreis als ‚Schmerzpunkt‘ gekennzeichnet), wonach die Perlen wie Blut sich in eine „Blechrinne“ ergießen.

Obwohl dieses Vorgehen der Therapie oder eher noch dem Ersatz von Wutanfällen gilt, kann es selbst nicht eigentlich als (→) Brachialität betrachtet werden, da es sich nicht gegen lebende Wesen richtet.

In der Erzählung ‚Die Peinigung der Lederbeutelchen‘ ist der Vorgang kurioserweise nicht zu finden, hier werden andere Methoden des Mißbrauchs von Beutelchen beschrieben. Auch ansonsten ist er im Werk nicht nachweisbar. Es ist eine typische Idiosynkrasie (→ ab ovo).

‚Brachialitäten‘ dieser Art gegenüber Objekten finden sich ansonsten nur noch im Zusammenhang mit von solchen gezeigter Tücke. Auch hier wird schwere bis schwerste Wut abreagiert, jedoch im Gegensatz zum Beutelstich am Verursacher. „Man setze kleine Gegenstände etwa, welche durch ihr Verhalten die Wut hervorgerufen haben – Füllfedern, Feuerzeuge, Untertassen – in einen für diesen Zweck bereitgehaltenen Drahtkäfig mit der Aufschrift: ‚Entehrende Außer-Dienst-Stellung wegen Tücke.‘“(REP 272 f.) Dem Thema widmet sich außerdem umfänglich die Erzählung ‚Die Einschüchterung‘, in der eine Teekanne schwer bestraft wird.

Ähnliche Wutanfälle können auch verursacht werden durch von (→) Hulesch & Quenzel vertriebene Gegenstände, der Begriff ‚Tücke‘ kommt allerdings in diesem Kontext ebensowenig vor wie ein entsprechendes Verhalten. Die Wut bleibt hier zunächst unverarbeitet. Solche Gegenstände umfassen „Schrecksessel“, „pneumatische Untertassen“, „schneidende Kragenknöpfe (Befleckung von Hemd und Kragen gewährleistet)“ usw. (DM 147 f.)

Zugrunde liegt dem Ganzen die These von der Tücke der Objekte, denen hier, ins Absurde und Skurrile getrieben, eine eigenständige Willenskraft zugesprochen wird. Von der „Dämonie von Gegenständen" spricht das (→) Alter Ego ‚Herr von Döblinger' (nur hier als ‚von Döblinger', sonst nur der ‚Herr Doctor Döblinger'): „Es gibt doch ganz gewöhnliche Scheren etwa, mit welchen man sich schon mehrmals weh getan hat, so daß es allmählich auffällt, oder Kochtöpfe, die immer wieder an den Tischrand kriechen, just sie und die anderen nicht, um beinahe herunterzufallen." (EF 108f.) So auch werden in diesem Roman Figuren und Feldstecher wie denkende Lebewesen behandelt (EF 40f., 43f.).

All diese tückischen, dämonischen Gegenstände sind es, welche ihre Opfer in die dunkelste Wut und damit die Apperzeptionsverweigerung zwingen. So sind es denn auch „verrollte Kragenknöpfe und verknüllte Schlipse", „solches Gelichter", die Lorenz Castiletz „in den Abgrund" (EM 8) treiben, so daß er „schwarz wie Ebenholz wurde vor Wut" (EM 6). Eine Wut, die, aufgrund ihrer absoluten Unberechenbarkeit, den Sohn Conrad so unheilbar prägte, daß sie zu seinem Untergang beitrug.

Blut

Dreimal kommt Blut, das aus dem Körper fließt oder spritzt, als wichtiges, zentrales Thema in DS vor. Und jedes Mal fließt es in großer Menge.

Bei der ersten Jagd Melzers mit dem Major Laska erlegen diese einen Eber, Melzer erinnert sich immer wieder an diese Szene („alles war voll vom Blute") und das „niederbrechende, sich wälzende Tier und das überall umhergespritzte Blut" (DS 79). Die Bärenjagd (DS 78–85), für die wohl, wie Melzer meint, diese erste gemeinsame Pirsch als Erprobung gedacht war, ist dann zwar erfolgreich, aber der Begriff ‚Blut' findet in diesem Zusammenhang keine Verwendung mehr, der Bär verwandelt sich sozusagen übergangslos vom lebenden Tier zur Decke: „Aber Melzers Kugel saß. Er hat die Decke erhalten und sie sein Leben lang besessen." (DS 84). So wird sie zur Chiffre von (→) Erinnerung.

Der gleiche Laska, Melzers einziger enger, vertrauter Freund, stirbt in dessen Armen, auch hier erinnert er sich: „Und jetzt schien ihm ein tiefes Rot heraufzuschlagen an den inneren Lidern, eine erschreckende Farbe, wie Wunden oder frisches Blut. Mit dem Kriege aber hatte das nichts zu tun, das erkannte er jetzt bewußt und erstaunt, und auch nicht mit dem Blute des in seinen Armen sterbenden Obersten Laska, das ihn überströmt hatte, am Lavarone-Plateau." (DS 556)[1]

Beim Unfall Mary K.s schließlich fließt es erneut in reichem Maße. „Schon im Blute, dessen Rot ihm entgegenspringt, jetzt den Knieenden bespritzt." (DS 843) Mary wäre ohne die Hilfe Melzers und Theas („und sah neben sich in der roten Lache die Thea Rokitzer knien …") verblutet. Und auch hier liegt die schwerverwundete Mary nach Melzers besonnenem Eingreifen in dessen Armen, in einer Stellung, die Sommer als inverse Pietà nachweist.[2]

Von diesen drei zentralen Ereignissen abgesehen, für die Melzer das verbindende Element darstellt, als gäbe es ohne diesen keines, wobei Blut auch mit der (→) Ernstfarbe des Majors, ‚rot', in enger Verbindung steht, ohne der einzige Aspekt dieser Ernstfarbe zu sein, kommt Blut so in DS nicht mehr vor. Wohl aber und ganz anders, nämlich erotisch konnotiert, in der Verbindung mit Milch: „Thea füllte das ganze Vorzimmer aus (sanfteste, aber übermächtige Verbindung von Milch und Blut)." (DS 758[3]) Diese Anwendung findet sich ferner bei

- „… ihrer weizenblonden, in Milch und Blut stehenden Lieblichkeit" (EU 222)
- „Die Weinmann sah aus wie ein in die Märchen von Tausend-und-eine-Nacht und somit auch in die orientalische Üppigkeit verschlagenes Schneewittchen: Milch und Blut, drall und

1 Nicht beim Eber, wohl aber bei Laskas Tod und Marys Verwundung wird die Farbe erwähnt, später auch mehrfach in DD 1243 f. Sommer (1994) beschäftigt sich ausführlich und äußerst gründlich mit dem Thema ‚Blut' und ‚Ernstfarbe rot' in DS, konzentriert sich dabei auf diese beiden Fälle. Dieses schmale Buch ist für denjenigen, der Doderers Literaturauffassung und deren Umsetzung verstehen will, schlichtweg unentbehrlich. → Farben der Romane sowie Ernstfarben.

2 Sommer, S. 159. Und auf welche die zuerst zitierte Stelle vorweg weist.

3 Später auch eine „Explosion von Milch und Blut" → Chronologie eines Monats.

gut, um und um, und all das um die Fünfzig herum oder schon darüber.“ (DD 126)[4]

- „Ein hübsches Mädchen, die Mila. Milch und Blut.“ (DD 143)
- „Sie war eine gesunde dicke Frau, bei vorgerückten Jahren doch wie Milch und Blut.“ (DG 220)

Aber im Mittelpunkt des zentralen Ereignisses in DD vom 15. Juli 1927 steht eine ganz andere Verbindung dieser beiden Stoffe: Die erschossene Frau mit den „beiden großen Milchflaschen“ liegt auf dem Pflaster, und „gleich nachdem sie gefallen war … liefen jene zwei Liter Milch schnell und strahlenförmig auf dem Pflaster auseinander. Danach aber quoll eine große Menge Blut unter ihr hervor, und bald begannen die beiden Materien ineinander zu verfließen. Erst erschienen sie scharf abgesetzt: Rot – Weiß, Milch und Blut … und jetzt troff die Milch schon in den Rinnstein, zusammen mit dem Blut.“ (DD 1243 f.)

So verbindet über beide Romane hinweg Doderer das fließende Blut des sterbenden Ebers über das des sterbenden Freundes mit dem der sterbenden alten Frau, bei der es sich ausgerechnet mit dem weißen, lebendigen, positiv besetzten Milchfluß mischt, was natürlich auch (Doppelbesetzung wie so oft) eine Spiegelung der österreichischen Flaggenfarben ist. Dazwischen aber steht (→) Mary K., deren Blut zwar auch fließt und spritzt, die aber gerettet wird und eben an diesem Tage, an dem sich Milch und Blut bei der alten Frau tödlich mischen, ihre eigene Verletzung endgültig überwunden und die folgende Phase der Wieder-Mensch-Werdung[5] abgeschlossen hat. Denn Leonhard wirft sich vor ihr nieder, küßt ihre Füße, „auch den unechten“ (DD 1322).

Milch und Blut als Symbol weiblicher Schönheit, Üppigkeit,

4 Doderer-Herzka liebte seine Damen drall und „wie Milch und Blut“, aber in dem Teil seiner Persönlichkeit, den das Alter Ego Schlaggenberg vertritt, auch eben älter und sehr dick, → Dicke Damen, Erotik und Sexualität.

5 Bei ihr kann von Menschwerdung wie bei Melzer, Zihal oder Münsterer nicht die Rede sein. Ihre Menschwerdung ist eine andere, da sie nicht eigentlich die falsche Wirklichkeit sah, nur nicht immer alles richtig. Sie wird durch die tapfere Überwindung der schweren Verletzung wieder zu einem kompletten Menschen.

erotischer Erscheinung, Jugend, Drallheit verwandeln sich am – auch für ganz andere Vorgänge – entscheidenden Tag in eine erschütternde Metapher über die Nähe von Leben und (→) Tod, die Vergänglichkeit. Doderer verbindet dies eng mit dem bei ihm ständig aufscheinenden Topos der (→) Farben, spricht auch überdeutlich gleich hier (DD 1244) vom „Sturz der Farben". Dabei scheut er nicht, ebensowenig wie bei der eben erwähnten Szene mit Leonhard und Mary, die Nähe zur kitschigen Formulierung. Seine Betrachtung des Romans als Totalität und nicht als Summe von Einzelteilen erlaubt ihm in Verbindung mit seiner grandiosen Formulierungskunst auch solche Gratwanderungen.

In den Erzählungen und anderen Romanen Doderers kommen Wunden und Blut immer wieder vor, aber nie mehr in solch herausgestellter, stark metaphorischer Bedeutung. Auch Menstruationsblut findet sich nur einmal (DE-Sieben 204): „... und sieht die Unterwäsche voll Blut."

Insgesamt sehen wir Doderers Verhältnis zu Blut so gespalten, wie es der Realität entspricht, es kann sowohl als Sigle von Erotik wie als Sigle von Tod gelten.

Brachialitäten

Diese, auch (schwere, schwerste) Ausschreitungen, Toben, (schwere) Tumulte, Brachial-Handlungen, Devastierungen, (schwere, schwerste) (→) Exzesse, schwere interne Schlägereien, übelste Revolten usw. genannt, bezeichnen bei Doderer aggressive und zerstörerische oder mindestens verletzende Maßnahmen gegen Menschen und (nur gelegentlich → Beutelstich) Sachen. So wie ihm DM als „Reservation für das Groteske" galt, so sind ihm ‚Brachialitäten', die immer auch komisch und grotesk auftreten, eine solche für die zweifellos auch in ihm stark verankerte Aggression.

Der Wunsch, einem Mitmenschen körperlichen Schaden zuzufügen (in seltenen Fällen, vor allem DE-DIV VII, ihn zu demütigen), die Durchführung dieses Wunsches, kurz: aggressives Denken, Reagieren und Verhalten, zieht sich durchaus nicht wie ein roter Faden durch das Werk Doderers. Doch immer

wieder blitzt es mit aller Schärfe auf. So wie die es in der Regel auslösenden und/oder begleitenden Faktoren (→) Wut und Grimm.
Auslöser solcher Anfälle können sein:

I: Gerüche: „Nichts reizt tiefer den Grimm als Gerüche", heißt es in DE-Untergang (323), und dementsprechend („foetor conciergicus" aufgrund „näher kaum zu beschreibender Gerichte"![1]) wird die Wohnung des Hausmeisters sozusagen timurisiert, er selbst schrecklich geohrfeigt, die Schwiegermutter auf die Gasse geworfen und die Ehefrau in den Lichthof hinausgestopft. Der Hausmeistergeruch wird auch in REP gründlich behandelt (eigenes Stichwort!) und ein Gesetz gefordert, das die Mieter berechtigt, im entsprechenden Falle „gegen den Hausmeister und seine Familie brachial vorzugehen" (REP 113, → Hausmeister).

Aus ähnlichen Gründen werden in DM (157f.) die Käsbauern auf dem Weg in die Stadt mit ihrem Schmierkäse („Der Gestank war unbeschreiblich") von des Dr. Döblingers Bande „arbitär" verdroschen, und zwar unter dem Rufe „Das Recht findet seinen Knecht!"[2]

II: Gesichter: „... und habe bei dieser Gelegenheit einer älteren Person, die mir just nicht zu Gesichte stand, ohne eigentlichen Anlaß ein paar Ohrfeigen gegeben" (DE-Neun 317).

So wird auch ein Oberfinanzpräsident nicht wegen seiner Funktion, sondern wegen seines Gesichtes verdroschen, genauer „arbiträr plombiert, hart am Plauze, und erhielt eine Jacke voll Haue" (DM 158). Philosophisch lag solchen Ausschreitun-

1 Unter (→) Hausmeister wird jedoch die Ansicht zitiert, wonach Hausmeister das gleiche äßen wie Menschen.

2 In TC IV 244 distanziert sich Doderer von dieser Döblingerschen Parole. „Was er damit meinte, ist dem Verfasser unbekannt und auch immer unbegreiflich geblieben. Mit Rechtlichkeit hatte wohl das Treiben Doctor Döblinger's und seiner Helfershelfer am allerwenigsten gemein." Dies ist nicht nur ein Beispiel für das Verschwimmen von Werk und Realität im Tagebuch, sondern eine von manchen Doppel-Verfremdungen: Der Verfasser ist ja im doppelten Sinn (Alter Ego, DM) Döblinger.

gen die Erkenntnis zugrunde: „Wie Du schaust, so willst Du schauen, und wir dürfen Dich drum hauen." (DM 154) Deshalb also wurde ein höherer Bankbeamter plombiert, der „jedermann stets dumm-beleidigt" ansah (ibid.) Der Doctor Döblinger sprach in diesem Zusammenhang gerne von „physiognomischer Gerechtigkeit" (DM 151)!

III: Gegenstände: „Es war die Tat einer Teekanne, in mir unwiderruflich die Erkenntnis zu festigen, daß allein der Entschluß und Mut zur Devastierung der eigenen Wohnräume die Tücke der Objekte für längere Zeit zurückzuscheuchen und zu bannen vermöge." (DE-Acht 311) Vor dem unter (→) Beutelstich zitierten Käfig für tückische Gegenstände „kann man mit einem zur Vernichtung der Delinquenten geeigneten Gegenstände drohen, indem man ihnen diesen vorzeigt: zum Beispiel einen Hammer" (REP 272f.).

IV: Verhalten: „Wer sich räuspert, gegen den ist unverzüglich gewalttätig vorzugehen. Eine Untersuchung, ob bei dem Betroffenen vielleicht wirkliche Verschleimung herrschte, kann in jedem Falle erst nach der Verprügelung erfolgen." (TC IV 125)[3]

In REP (219) gibt es sogar ein Stichwort ‚Schutzprügel', worunter es heißt: „Solche können aus Liebe verabreicht werden an jeden, der durch Physiognomie und Verhalten den Zorn der Götter reizt. Die vorweg verhängte Buße bewahrt ihn vor Schlimmerem." Hingegen findet sich in REP kein Stichwort ‚Prügel' oder ein verwandtes.

V: Namen: „Mein Grimm erwachte, als ich feststellen mußte, daß der Dentist gänzlich anders aussah als er hieß." (DE-Acht Wutanfälle 311) Erst als der Erzähler das „Klatschen zweier Ohrfeigen", von ihm initialisiert, hört, verraucht sein Zorn.

„Als er in Salzburg den Namen der Dame erfuhr, welche zu besuchen wir uns eben anschickten – sie hieß Odelette Pehembaur – ergrimmte er derart profund und urkräftig, daß es nicht ohne Folgen bleiben konnte." (DE-Acht 313)

3 Hier ist auch das Halten von Hunden und das Verfassen von Rätseln ein hinreichender Grund.

VI: Ämter und Behörden: „Bebend vor Wut kamen die Leute von den Ämtern." (DM 20)[4]

VII: Anderes: Umständlichkeit, Mitteilungen unbekannter Art, Alkoholkonsum, Hoffart (alle Beispiele aus DE 310ff.), Dummheit (ja, die Dummheit der Welt als wutauslösendes Element in DM[5]), Gesinnung (DM 150ff.), kleine alte Männer (DM 246f.).

Eine Kombination mehrerer dieser Faktoren (I, II, IV, V, VII) liefert den Anstoß zur (→) Timurisation der Familie Kronzucker, die ein eigenes Kapitel von DM beschäftigt. Die Familie Kronzucker war dem Doctor Döblinger „dadurch aufgefallen, daß sie aus kleinen, älteren und grämlichen Individuen zu bestehen schien" (DM 290). „Darüber hinaus erregten die Kronzuckers durch ihren Namen Döblingers Zorn." – „Die ganze Wohnung sei daher ständig vom Geruch des Maschinen-Öles und der neuen Leinwand durchzogen ..." (DM 290f.) „Es ist bemerkenswert, daß sich sonst in dieser Wohnung – ähnlich wie bei Kronzuckers – nicht ein einziges Buch vorgefunden hat. Solche Verhältnisse erregten Döblingers Grimm, als er davon hörte." (DM 292)

Die Kombination der Faktoren ‚Gesicht' und ‚Name' findet sich beispiellos beim Orgelbauer Burschik, den zu erschlagen „ein Verdienst dargestellt hätte, nicht nur seines Namens wegen, sondern auch in Ansehung der rohen und ohnverschämten Physiognomie" (DM 129).

In DM finden sich auch noch andere Sonderfaktoren wie z.B. die Lektüre illustrierter Zeitschriften (DM 281 → Zeitungen), winzige oder unleserliche Handschriften (DM 149) oder generell das Treiben von (→) Hulesch & Quenzel Ltd.

Im Dorf (→) Trethofen dann allerdings geht die Apperzeptionsverweigerung als universale Aggressivität in eine systematische Anwendung von Brachialitäten aller gegen alle über. „Aber mein Staunen glich einem Schock, als ich wahrnahm, daß jenes unter Begleitung und unausgesetzter Verübung von Handlungen vor sich ging, die anderwärts als schwere Brachialitäten gegolten hätten. Die Teilnehmer an der Unterhaltung verabreich-

4 Der ‚Übermut der Ämter' könnte durchaus ein Dodererscher Begriff sein, ist aber von Shakespeare (Hamlet).

5 Vgl. dazu Swiatlowski.

ten einander kräftige Ohrfeigen, ja Fußtritte, jedoch ohne ihre Unterhaltung dabei im geringsten zu unterbrechen" (DE-Trethofen 332).

Wenn wir, for argument's sake, Aggression hier nicht als geistige Haltung, als neurotisches Verhalten definieren, sondern schlicht als Tat, als körperlichen Angriff, insbesondere Treten, Schlagen, Ohrfeigen, so finden wir solches Tun lediglich in höchstens einem Zehntel der Werke, nämlich bei den Romanen nur[6] in DM[7] sowie in zwei Divertimenti und fünfzehn Kurz- und Kürzestgeschichten.[8]

Immer stehen diese Stellen in einem Kontext des Skurrilen, Komischen, ja Absurden. Aber dieser Kontext steht auch auf dem Kopfe. Denn ebenso wie DM *der* komische Roman Doderers ist, sind die meisten komischen Erzählungen/Kürzestgeschichten auch Träger kräftiger Fußtritte und Watschen.[9]

Es läßt sich also ein deutlicher Zusammenhang erblicken zwischen

- Wut (durchaus nicht so evident, wie es scheint)
- Apperzeptionsverweigerung (denn eine solche ist Wut, vor allem die ungerichtete)
- Aggression
- Komik, welche die Grausamkeit relativiert

Die solchermaßen ausgelösten Brachialitäten haben folgende Erscheinungsformen:

1. Treten, Tritte: Natürlich am intensivsten und schärfsten in (→),Trethofen': „Als ich schon rasiert am Fenster stand und eben hinabgehen wollte, um das Frühstück einzunehmen, bemerkte ich jenseits des Platzes einen schwarzgekleideten Mann

6 Schläge finden sich auch in DD, allerdings nur in erotischem Kontext, also hier nicht hingehörig. Ebenso und wieder im gleichen Kontext (auch Jan Herzka) in DB.

7 Hier allerdings sehr umfangreich.

8 Divertimento I und VII, ‚Acht Wutanfälle' (Alle), ‚Neun Kürzestgeschichten' (eine), ‚Das Wohl der Familie' , ‚Der Peinigl', ‚Untergang einer Hausmeisterfamilie ...', ‚Sonatine' und ‚Trethofen'.

9 Nur ‚Bischof tollgeworden', ‚Sie verkauft sich', ‚Der Oger' und ‚Tanz im Café Kratzki' stehen dagegen.

(ich hielt ihn für den Mesner), welcher aus einer Seitentür der Kirche trat ... und nun den schmalen Gehsteig entlangschritt. Sogleich aber, aus einem der Häuser, lief einer sogleich eilends hervor, hinter ihm drein, und versetzte jenem Mesner, oder was er schon war, hinterwärts einen derartigen Fußtritt, daß der Schwarzgekleidete längelang nach vorne fiel." (DE 331[10]) In nucleo jedoch finden wir auch die Ohrfeige hier gut repräsentiert („Die Teilnehmer an der Veranstaltung verabreichten einander kräftige Ohrfeigen ...").

Daß der Erzähler ob dieses für ihn zwar undurchschaubaren, jedoch durchaus bewunderten Phänomens in tiefen „Groll gewandelt" dem Wirte einen Eimer frischer Farbe über den Kopf stülpt, um dann im Automobile davonzurauschen, ist, im Zusammenhang gelesen oder gar auf der CD vom Verfasser vorgelesen, so ungeheuerlich komisch (und gleichzeitig so ungeheuer traurig), daß es einen Höhepunkt – sei der auch bislang kaum bemerkt worden – im erzählerischen Werk Doderers darstellt. Und siehe da: Die Wut, der Groll ist auch dabei: hier einmal nicht als Urheber, sondern als Folge der – beobachteten – Brachialitäten.

Ebenso geschieht es, daß die Wut nicht aktives Treten und Watschen generiert, sondern deren Empfang. Adrian, in ‚Divertimento I', aus dem Wut „geradezu ausbrach", wird daraufhin „fortgerissen, erhielt leichthin drei Ohrfeigen und einen Tritt ins Gesäß, und so taumelte er wie in einem bösen Traum durch diese Hölle, die da aus ihm selbst ausgebrochen war" (DE 12, 13).

Und ebenso wie die Wut Prügelaktivitäten erzeugt, resultieren aus dem Verprügelt-Werden neuerlich Wut und Grimm. „Die beispiellosen Wutanfälle, welche dereinst seine reifen Jahre erschüttern sollten, sie blieben zunächst bei ihm, angesichts des äußeren Überdrucks, ins tiefste Innerste gepreßt: und wie gewaltig muß dieser Druck gewesen sein, um solchen Grimm in verborgene Höhlen zu scheuchen." (DM 30). Also: Wer verprügelt wird, prügelt später selbst. Im Grunde eine triviale Er-

10 Mit Mesnern hatte Doderer es ohnehin. In DE-Bischof ist einer, der aussieht „wie ein Küster oder Mesner" (nämlich „von sanfter und gedämpfter Lebensart ... dunkel gekleidet, glattrasiert"), ein Trickdieb. Vgl. auch Anm. 7 zum Stichwort ‚Trethofen'.

kenntnis, auch der Sozialpsychologie mehr als geläufig. Oft auch werden solcherlei Brachialitäten durch übermäßigen Genuß von (→) Alkohol ausgelöst, so z. B. in DE-Divertimento VII: „Und einmal trat der Doktor Pretzmann … einen in den Hintern, weil der nicht rasch genug von der Muschel weichen wollte." (DE 166)

Ohne erkennbaren Auslöser wird in ‚Die Mitteilung' (in: ‚Acht Wutanfälle') getreten, und zwar so fest, daß ein alter Mann „mit dem Gesicht auf das Kanalgitter gefallen ist. Es war fürchterlich." (DE 310). Dies berührt auch deshalb besonders, weil der Anlaß des Ganzen nicht erklärt wird.[11]

Da Childerich III. „nie ein Prügler, stets ein Treter gewesen" ist (DM 294), spricht Doderer hier auch statt von ‚Brachialitäten' von ‚Pedalitäten'.

2. Watschen: „Die Watschen muß ein ihr Objekt umfassender Volltreffer sein, der es gleichsam als Negativ mit allen Einzelheiten abbildet. Sie muß sitzen und darf nicht im allermindesten abgleiten … Eine Watschen muß denjenigen, dem sie zugedacht ist, auch zudecken, und zwar ganz und gar weich … Eine Watschen ist personsumfassend und erledigend." (TC V 273)

Watschen kommen (im Gegensatz zum Tagebucheintrag!) vorzüglich als „kräftige" oder Schlimmeres vor und werden auch dem schwachen Geschlecht appliziert. So wird die Frau des Friseurs, die neugierig vorläuft, „mit einem Paar Ohrfeigen als Relief an die Wand" geklebt (DM 94); in diesem Zusammenhang ist von „saftigen Maulschellen" die Rede. Auch prägt Doderer das Verb „maulschellieren" (DM 118).

So kommt es auch danach in der Regel zu schweren bis schwersten Schwellungen, die plastische Vergleiche aus der Tier- und Pflanzenwelt nach sich ziehen.

„Jenem versetzte er sogleich zwei derart entsetzliche Ohrfeigen, daß der junge Mann die Treppen fast zur Gänze hinabfiel", dessen Antlitz in der Folge „kürbisgleich geschwollen ist" (DE-Acht 312). Ebenso kürbisgleich schwillt auch das Gesicht des

11 Dazu Schmidt-Dengler 1995 (1), S. 161: „Was alles in Bewegung hält, bleibt unbekannt. Die Erregung der Wut ist nicht relevant; relevant ist, daß gehandelt wird." Er nennt den Text zu Recht einen, der „zur Gänze auf der Negation aufgebaut" ist.

Grafen d'Alfredi nach Watschen an, die ihm seine Ehefrau verpaßt hat (DM 69).

Die Verprügelung oder besser Bewatschung von Ehemännern durch ihre Frauen ist dabei keine Ausnahmesituation. So wird Wewerka, der Mann des hausmeisterischen Troglodytengewächses gleichen Namens in DW, nicht nur in fensterlose Kammern gesperrt („dort hielt sie ihn oft mehrere Tage ..." DW 55), sondern auch regelmäßig und ohne eigentlichen Anlaß geohrfeigt: „Die Wewerka ließ ihn daheim voll laufen und ohrfeigte ihn sodann vor dem Schlafengehen, aber ganz ohne jeden Streit oder Anlaß, in aller Stille, möchte man sagen." (DW 57)

Daß sie selbst nicht viel später mit Watschen aus dem Buch geschmissen wird, ist nicht nur ein Höhepunkt Dodererscher Verfremdungskunst wie Dodererschen Humors, sondern auch ein Fall von besonderer Angebrachtheit brachialischen Vorgehens. Man lese dies langsam und mit Genuß:

„Der Augenblick ist da, wo die Wewerka aus der Komposition hinausgeworfen werden kann ... Doch diesmal darf von Patschen oder Filzpatschen keine Rede sein! Gönn' es, oh Leser, dem Autor! Gönn' ihm den Hochgenuß zweier geradezu ungeheuerlicher Ohrfeigen, durch welche die Wewerka aus dem Buche hier hinaus und blitzartig bis an den Horizont befördert wird, wo sie platzt und grauslich zersprüht." (DW 111)

Der Peinigl verteilt „unvermutet zwei kräftige, klatschende Ohrfeigen" (DE-Peinigl 320), und ein Hausmeister erhält von einem Mieter zwei Ohrfeigen, „die genügt hätten, einem Elephanten geschwollene Backen zu machen. Der sie verabreichte, war ein akademisch gebildeter Mensch, nämlich der Doktor Catona." (DE-Untergang einer Hausmeisterfamilie 322)

Eine Unterform der Ohrfeige oder Watschen ist die sog. ‚Glatzenwatschen': „... eine hochgezielte weiche Watschen, tunlichst mit nasser Hand (Saug-Watschen). Sie wird, ohne Angabe von Gründen, solchen alten Männern appliziert, die, bei weißem Haarkranz und Bart, noch starke Vitalität, Temperament in ihrer Meinungsäußerung und persönliches Profil zeigen. Die Glatzenwatschen dient vorwiegend der Dämpfung akademischer Würdenträger." (TC V 252, wörtlich in REP 106, ohne den letzen Satz in DM 131). Eine solche Formulierung paßt äußerlich nur teilweise auf den berühmten Frankfurter Philosophen Theodor W. Adorno, aber solches wäre auch nicht zu weit hergeholt. Laut Wolfgang Fleischer hat Doderer darüber nachgedacht, jenem eine solche zu applizieren.[12]

Der Gipfelpunkt der Infamie ist jedoch erreicht, als der Erzähler Porzellan kauft und zerschmeißt, damit eine Fremde geohrfeigt wird, eine Halbwüchsige, die er noch nicht einmal zu Gesicht bekommt. Denn „beim Klatschen zweier Ohrfeigen, denen Heulen folgte, schlüpfte ich eben wieder durchs Tor und ging sogleich verrauchten Zorns und frohen Mutes auf der Straße munter davon“ (DE-Acht Wutanfälle 310).

Solchen Watschen wird auch therapeutische Wirkung auf den Gewatschten zugesprochen: „‚Erlauben Sie mir, Herr Doctor: wenn ich einen Menschen, der, wie Sie sich auszudrücken belieben, ‚seelisch leidet‘, ein paar derartige hineinhaue, daß ihm die Stockzähne herausfliegen, glauben Sie mir, Herr Doctor, da hört sich jedes seelische Leiden sofort auf. Prügel überhaupt sind mitunter eine menschenfreundliche Tat.‘ (Äußerung eines Merowingers im Gespräch mit Doctor Döblinger).“ (TC IV 208)

Daß dem perkussierenden Prof. Horn beim ‚Untergang im Toben der Elemente‘ auch mal selbst „ein paar saftige Ohrfeigen verabreicht“ (DM 261), Zilek und Frau „verprügelt und geohrfeigt“ (DM 263) werden, erfüllt den Leser – wie wohl auch den Autor, vgl. oben zu Frau Wewerka – mit stiller Freude.

Aber diese stille Freude wird zur lauten, wenn der Leser schließlich zur ‚Verprügelung des Doctor Döblinger‘ gelangt, dem Kapitel, das so aufs feinste überschrieben ist. Wenn also der Autor des Buches und gleichzeitig das Alter ego Doderers (sozusagen sein doppeltes Alter ego) dran ist. Diese menschenfreundliche Tat wird durch die zuvor selbst verprügelten Käsebauern durchgeführt, die dieses Mal in der Übermacht sind. Nicht zufrieden damit, ihm eine „Prügel-Kanonade“ zu verpassen und seinen Sportanzug mit „fetten Käsebrocken“ zu ruinieren, verpassen sie ihm auch noch einen Fußtritt „von solcher Gewalt“, „daß es genügt hätte, einem Elefanten geschwollene Hinterbacken zu machen“ (DM 306).

Während Wut und Grimm bei Doderer regelmäßig Farben zugeordnet sind (schwarz, weiß, violett → Wut und Grimm und Farben der Romane), wundert es doch, daß auch Watschen eine Farbe haben.

12 Fleischer 1996, S. 452 → Altertümelei.

Wenn auch nur eine der zweiten Ebene: „Noch von solcher Empfindung wie von der Seite her und in der Quere durchflutet, sah er – und wie mußte dieser aus dem Vollen geführte und gänzlich unerwartete Schlag ihn treffen! – in dem zweiten der noch erleuchteten Fenster, wie eine im Raum schwebende Vision, völlig unbekleidet ein schönes Weib ruhig stehen: was ihn traf, war der hellste Schlag, eine weiß klatschende Ohrfeige." (EF 61)

3. *Prügel* sind natürlich eine besonders häufig und gern vorkommende Form der Brachialitäten, auch als Verprügelung auftretend. „Verprügelung mangels Mannschaft unmöglich." (DM 363, Fußnote)

Heftig ge- und verprügelt wird in einigen Erzählungen und in DM. In diesem Werk ist sogar eines der Motti ein prügelnahes, nämlich: Verprügelt mir nicht Jeden! Dafür aber die Richtigen saftig. *Ein Wort Childerichs III. an seine Knechte.* In der Folge werden dann jedoch sowohl Richtige als auch „Falsche" verprügelt, und zwar nicht zu knapp. „Nur die Faust konnte sich hier durchsetzen." (DM 29). In der Familie Bartenbruch wird das Prügeln „offenbar für eine Art Beweismittel oder Argument gehalten" (DM 78). Auch das scheint zum Komplex Erinnerung zu gehören.[13]

So also wird „geprügelt", „verprügelt", „gedroschen", „dumm und taub gedroschen", „unter Prügeln an den Ohren gezogen", „ein Kellner wird verprügelt", mit „rohen Fausthieben vorgegangen" und „zusammengeschlagen".

Auch unter Eheleuten und zwar in ungewöhnlicher Richtung. Graf d'Alfredi wird von seiner ebenso schönen wie kräftigen Frau Richenza „häufig geprügelt, mehrmals in der Woche geohrfeigt, überdies aber gar nicht selten getreten" (DM 68).

13 Denn es war auch in der Familie Doderer der Fall. Nicht nur die Szene, in der einer „kräftigen Ohrfeige" für René vom Vater ein „ausgiebiger Tritt in jene Körpergegend" folgt, „welche der Vater des Leutnant Melzer während seiner langen Dienstzeit als Cavallerist stark hat in Anspruch nehmen müssen" (DS 150), sagt dies aus. Vgl. vor allem Curt Bodener (Pseudonym von Kurt Mayer, den Doderer als Körger schildert), Das Rendezvous der Doggen und andere Erzählungen, Wien 1965, S. 195 ff. Danach hat der alte Doderer habituell gewatscht und getreten.

Da die Verprügelung natürlich sowohl mittels Hand als auch mit sinnreichen Instrumenten möglich ist, gibt es da schließlich jemanden, der „mit einer schweren, zum Teil eisenbeschlagenen Keule, welche der Angeklagte für solche Zwecke stets bei sich zu führen pflegte, die Front des gegenüberliegenden Hauses einschlug, wodurch drei Wohnungen beschädigt und sechs Personen zwar nicht erheblich, immerhin aber derart verletzt wurden, daß sie ärtzliche Hilfe in Anspruch nehmen mußten." Er war eben in Wut gebracht, und zwar durch nichts Geringeres als „eine alte Dame mit kleinem Hund, welche infolge ihrer Umständlichkeit die Abfertigung am Postschalter verzögerte" (DE-Acht Wutanfälle 310).

In DM ist es eine ähnliche Keule, mit der den Orgelbauer „zu erschlagen geradezu ein Verdienst dargestellt hätte" (Zitat s.o.), im ‚Repertorium' sind es Knüttel: „Es gibt Individuen, die in Lokalen mit entschlossener Scheußlichkeit vor sich hin-sitzen und ihren ganzen Umkreis verpesten. Hier wäre freilich nur mehr mit plötzlich applizierten Knütteln abzuhelfen." (REP 151)

Manchmal wird auch die erlittene Verprügelung positiv aufgenommen, weil ihr die finanzielle Wiedergutmachung vom Prügler oder dessen Adlatus auf dem Fuße folgt. „Drei Hunderter" sind es in den Kurzgeschichten (DE-Wohl der Familie 319), gleich tausend Mark in DM (DM 356). Ähnlich vorteilhafte pekuniäre Folgen hat ja auch für den Friseur die mehrmalige Total-Zerstörung seines Ladengeschäftes, zu deren Akzeptanz beiträgt, daß ihn bereits die seiner Frau verpaßten kräftigen Ohrfeigen günstig gestimmt haben (DM 94).

Diese Fälle jedoch gehören, soweit die Geohrfeigten betroffen sind, eher zum Stichwort Watschen, denn die gewatschte Frau Eygener („zwei ungeheure Ohrfeigen", DM 355) sieht „mit hochschwellenden Backen ... gleich in den Briefumschlag. Und das änderte den Aspect des Zwischenfalles von Grund auf." (DM 355 f.)

Prügel selbst teilen sich außer in solche per Hand oder mit Knüppeln o. ä. zusätzlich in folgende Unterformen auf:

- Knüffe (DM 265)
- Kopf-Nüsse („wobei die freie Faust auf die Schädel saust", DM 265)
- Püffe (DM 265)

- Plombieren: „Zur ‚Plombe' ... verwendet man einen feuchten Boxhandschuh, der bei hohler Hand die Kopf-Kalotte deckt ... Ist die ‚Plombe' zu stark, dann erfolgt der sogenannte ‚Plauz', das heißt der Plombierte fällt nach vorne um. In diesem Fall muß sich der Plomber rasch entfernen." (DM 153)

4. Ansonsten aber wird mit Schwämmen und Kastanien geschmissen (DE-Acht 314f.), mit Biergläsern und Menschen geworfen (DE-Wohl der Familie 319), wird mit „einem ausgiebigen Tritt ins Gebüsch" befördert, „daß der Stromer wie ein Projektil darin verschwand" (DM 81), „in hohem Bogen auf die Gasse geschmissen" (DE-Untergang ... 322), bespuckt (DE-Der Peinigl 320), gepeinigt, in die Zange genommen. „Schwerste Raufereien" sind „die Regel" (DM 29); Menschen leiden unter Peinigungen, Vexationen und Huntzungen (DM 31),[14] die Directrice des Pensionats wird von einer gewalttätigen Schülerin „dumm und taub geschlagen" und „splitternackt auf einen kleinen Balkon gegen die Gasse hinaus gesperrt" (DM 60). Es wird auch gerne der (→) Bartriß angewandt. In einem seiner kurzen Wutanfälle, die aber „von äußerster Schärfe waren", biß Childerich einem Diener „mit plötzlichem Zuschnappen die Nasenspitze ab" (DM 92). Auch als er von den Gorillas des Prof. Horn ergriffen wird, „sprang er und biß scharf" (DM 267).

Insgesamt gesehen spielen Wut und Grimm und die durch sie ausgelösten ‚Brachialitäten' bei Doderer eine nicht unbeträchtliche Rolle. Er weiß, daß sie Schwäche und Erkenntnismangel verraten, also in seiner Terminologie Folgen einer apperzeptionsverweigernden Haltung sind, aber er sieht sie als Teil der Wirklichkeit, mindestens der zweiten. Daß er sie dann als solche relativ akzeptiert, vor den Karren seiner skurrilen Sprachkomik spannt und seine Alter egos, allen voran wie immer in solchen Fällen der unvermeidliche Doctor Döblinger, sie ausleben läßt, ist einmal mehr typisch für die Kapitulation des Dichters vor den Ansprüchen seiner Sprachbesessenheit.

14 Vgl. hierzu auch TC IV 125.

Büffet

Die erste Einladung Melzers zum Essen bei Herrn und Frau E. P. führt ihm deren großes Speisezimmer „mit einem burgartigen eichenen Büffet" vor (DS 43). Auch bei Stangelers gibt es (DS 137) ein Büffet, in dessen Nähe „das Serviermädchen stand".

Dieses verweist deutlich auf die Erinnerung Doderers an seine Jugendzeit. „Das servierende Mädchen stand am Buffet."[1] (TT 168) Es ist ein typisches Beispiel für das Aufscheinen des Autobiographischen, die Verarbeitung von Eindrücken und Stimmungen aus der Kindheit durch Verpflanzung in den Roman-Zusammenhang, das nicht „Direkt-Autobiographische". Viele der Jugendeindrücke und -erinnerungen Doderers haben mit Möbelstücken, Türen und Wänden samt deren (→) Farben zu tun. In DW wimmelt es von Anspielungen auf „weiße" und/oder hohe „Flügeltüren", weiße Wände, Möbel und Dekorationsstoffe.[2] All dies sind Chiffren der Erinnerung, oft auch, im systematischen Aufscheinen, Leitmotive.

Die P.schen und Stangelerschen Möbelstücke kommen dann nicht mehr vor, wohl aber (insgesamt siebenmal) ein ähnliches Stück, diesmal „im sogenannten Jugend-Stil" (DS 367), das an der Rückwand des Rokitzerschen Speisezimmers in deren Wohnung gegenüber dem Liechtensteinschen Garten-Palais zu finden ist. Eine Seite später ist es dann schon das „bewußte" Büffet, später dann das „bekannte, große" (DS 572). Die Loiskandl überrennt unsere Thea in dem „sterilen Hinterzimmer mit dem Büffet" (DS 574), Paula bleibt danach „in hoffnungslosem Zustande vor dem bekannten Büffet sitzen" (DS 577).

1 Buffet (sic). Eine ähnlich interessante Theorie, wie sie Gerald Sommer für die unterschiedliche Schreibweise von ‚Klub' und ‚Club' in DS entwickelt hat, vermag ich hier nicht aufzustellen. Die ‚z vs. c'-Problematik ist eine bei Doderer sehr häufige, auch bei ‚Apperception/Apperzeption' und ‚Excesse/Exzesse'. Es ist dies, wie Voracek sagt (4.8 26), auch bei Namen ein Doderer-Spezifikum: Caroline Nohel zu Karoline, Nicolaus Negria (DS) zu Nikolaus Negria (DD), Doctor Döblinger (EF) zu Doktor Döblinger (DS). Für die Häufung von ‚Grün' in dieser Schlüssel-Erinnerung → Farben der Romane.

2 DW 22, 27, 29, 35, 43, 62, 65, 83, 84, 91, 110, 114, 115, 126, 209, 235, 236, 237, 254, 267, 269, 279, 322, 343, 344, 364.

Aber schon wenden sich die Dinge: Paula Schachl (als Förderin und Protektorin der Liebesgeschichte, DS 585) beginnt Verkuppelungsversuche zu Melzer und besucht Thea, sie findet sie „im Zimmer rückwärts, gegenüber dem gewissen Büffet" (DS 698). Als dann Thea mit Melzer den Heimweg antritt, hat sie es nicht eben „eilig, in das Zimmer mit dem bekannten Büffet zu kommen" (DS 748). Ist es dann nach all dieser gezielten näheren Bekanntschaft mit dem Möbelstück – auch eine bewußte Technik der (→) Wiederholung – des Lesers und der fortwährenden Verbesserung der von diesem „beäugten"[3] Lebensumstände ein Wunder, daß die Vorstufe zum endgültigen Glück Melzers mit Thea, der erste offizielle Besuch bei deren Eltern, Melzer mit diesen vor diesem „Büffet im Jugendstil" Platz nehmen läßt (DS 856)?

Er wird vorgestellt, er sieht die Bedrohung, er sieht den ersten Samen des Glücks gelegt, wartet auf die schon auf dem Wege zu diesem befindliche Frau und darf dann die notwendigen weiteren Schritte zu diesem gehen.

Im Grunde sind natürlich auch dies lauter Gemeinheiten,[4] aber bewußt von Doderer für den aufmerksamen und Vielfach-(→) Leser gestreut. So wie die Folgen von Wut und Grimm über das skurrile Element ins Lächerliche gewendet werden, so werden auch bedrückende Erinnerungen verarbeitet und ins Ironische gebracht.

Auch in DD spielt dieses bedrückende, mächtige Möbelstück eine Rolle. Sowohl in Quapps als auch ihres Stiefbruders Kajetan Erinnerung taucht es alptraumartig und mit den gleichen Assoziationen auf. Quapp erinnert sich: „Wo war's gewesen? Vielleicht vor oder in dem großen Gartensaal? – mit der grünen Riesenbowle am Buffet und den zahllosen zu ihr gehörenden, ähnlich wie sie geformten Gläsern, als hätten sie sich vermehrt!" (DD 165) Und ihr Bruder Kajetan erinnert sich: „... auf dem Buffet selbst war alles moosgrün, besonders eine riesige Bowle

3 Man wende nicht ein, solch ein Möbelstück könne nicht beäugen. „Es steht jedoch außer Zweifel, daß der exekutive Vorgang von zahllosen gestielten Äuglein im Zimmer ad notam genommen worden ist." (DE-Wutanfälle, 312); → Brachialitäten / Beutelstich.

4 Im Roman der Gemeinheiten, EF, kommt ein eichenes Büffet dreimal vor.

mit zahllosen Gläsern herum, eine Generation von grünen Gläsern, oder mehrere Generationen ...“ (DD 1066f.)[5]

In GR nennt er das Möbelstück noch „Anrichte“, aber das Erinnerungshafte ist ebensowenig zu übersehen wie das Bedrohliche: „Da stand auf der Anrichte im Speisezimmer ein echt altrussisches Teeservice, kräftig blau-rot, mit einer Zuckerbüchse von wilder, barbarischer Form mit ziegelroten Zinken und Zacken – ‚Wie ein fremdes, grausames Haus irgendwo im Osten, ein Haus oder Tempel, in dem geopfert, getötet wird, ach, so etwas Finsteres, Fremdes, Hartes, in einem riesigen, sandigen Lande, wo alle Gesichter gleich aussehen‘ so dachte das kleine Mädchen oft.“ (GR 334)[6]

Wir können davon ausgehen, daß die Bowle ebenso wie das ganze Büffet, ähnlich den schwarzen (DG) und weißen Möbeln wie Wänden (DS, DD, DW, DG), zu den Ur-(→) Erinnerungen Doderers gehörte und daß damit un- und unterbewußte Vorgänge, Erotik, Freude, oft auch Ängste verbunden sind. Wenn auch vielleicht in diesem Fall nur angstfreie Erinnerungen oder solche, die mit dem Gefühl des Überwältigtwerdens zusammenhängen.

Immer wieder tauchen bestimmte Möbelstücke, Wände und Türen im Werk auf. Ein zum Nachtkastl mutierter Schwenktisch, natürlich weiß, spielt in DW und DG eine zentrale Rolle und ist eine der Klammern zwischen diesen Romanen (→ Verflechtung), Teil des (→) fatologischen Gewebes, ungelöst in seiner letztlichen Bedeutung, da DG Fragment blieb.[7] In DW jedoch ist er, schon zu Monicas Kindheit gehörig, Zeuge der einzigen und leidenschaftlichen Liebesszene zwischen ihr und Chwostik: „Als sie in Chwostik's Schlafkabinett den weißen, einbeinigen Schwenktisch sah, lachte sie und sagte: ‚Solche hat mein Papa in der Ordination. Wirklich netter wie ein Nachtkastl.‘ Aber Chwostik antwortete nichts darauf (obwohl er's ja immerhin hätte können). Er umfing seinen Stern, der jetzt weißleuchtend geworden war.“ (DW 254)

5 Vgl. dazu wie zu schwarzen Möbeln das Stichwort (→) Farben der Romane.

6 Wörtlich wiederholt GR 410, diesmal als Vorstellung Katjäs, ebenso GR 436, schließlich 453 („Traum“).

7 S. Weber 1995 (1), S. 270.

Die Liebesszene zwischen René und Editha nimmt ihren ernsten Verlauf hinter einer Flügeltür (DS 477, insgesamt 16 Nennungen in DS, meist als weiß und hoch), dem Vorgang selbst wohnen verschiedene Möbelstücke bei, „alles weißlackiert" (ebd.). Hohe und weiße Flügeltüren tauchen immer in erotischem Kontext auf, ständig so in DW. Dies bezieht sich auf Huren (DW 27), Monica Bachler (DW 157), die Ergoletti (DW 237) und Margot (DW364), in dieser Häufung ein klares Indiz für eine erotische Erinnerungschiffre.

Der (→) Geruch von frischem Lack auf Möbelstücken spielt ebenfalls ein große Rolle,[8] zumeist als Sigle der Erinnerung. „Geruch und Gedächtnis! Da gibt's tiefe Beziehungen." (DS 501)

- „Conrad, wie in rätselhaftem Nachklang zu den früher durchlaufenen Sekunden, erinnerte plötzlich und deutlich den Geruch von frischem Lack, irgendwoher aus der Zeit, jedenfalls kam's aus ihm selbst, das wußte er." (EM 156[9])
- „Hoch schwebend in diesem Lack-Kästchen, innig vermischt mit dem Fremdesten, das durch die Poren drang..." (DS 478)
- „Ich erinnere mich, ... einen ganz leichten Duft von Kampfer oder Lack empfunden zu haben ... Es steckte wohl in den Möbeln hier. Es war sehr frisch. Heute, im Rückblick, ist es für mich der Duft eines neu begonnenen Lebensabschnittes." (DD 1099)[10]
- Derselbe Geyrenhoff erinnert sich an den „Geruch des einstmals frischlackierten Spieltischchens in unserer ehemaligen Kinderstube" (DD 19). Dies zeigt deutlich, wie stark ‚Lack', über den Symbolcharakter hinaus, eine Erinnerungschiffre ist.

Und so auch ein sich durch das Gesamtwerk ziehendes Leitmotiv.

8 S. dazu Dietz, S. 58ff.
9 Vgl. auch EM 80, 136, 247, 252, 289, 300, 365 und (→) Geruch.
10 Vgl. DD 19 und (→) Geruch. In DW, und dann natürlich auch in DG, taucht der Begriff nicht mehr in solchem Kontext auf.

Castiletz

Conrad Castiletz (als Kind „Kokosch“ genannt) ist die Hauptfigur des Romans ‚Ein Mord den jeder begeht‘, den Doderer am 17. Mai 1938 (TC IV 49–17.5.1951)[1] beendet hat und der, gemeinsam mit EF, ein Jahr später vollendet, zwischen dem frühen und dem späten Werk steht.[2]

Castiletz wird geboren im Juli 1906,[3] in der Nacht vom 24. auf den 25. Juli 1921 kommt durch seine Schuld Louison Veik ums Leben, er selbst stirbt gerade neun Jahre später im Alter von 24 Jahren. Er ist eine dichte und interessante Figur.

Manches an ihm gemahnt via René (→ Krebse, Tropidonotus Lindwurm) an den Verfasser. Dennoch: So deutlich, wie dieser das umfassende (→) Alter ego Doderers ist, ist es Castiletz nicht, auch wenn der cholerische Vater („Die Wohnung verwandelte sich in solchen Fällen geradezu in einen Hohlraum des Schreckens“ EM 6) an die Verprügelung Renés durch den alten Stangeler (DS 150) erinnert. Und auch wenn die Castellezgasse in der Nähe von Doderers Geburtshaus verläuft und dieser EM

1 Er sagt hier 1937, muß aber irren, es war 1938 (so auch Wolff 1996, S. 68 ohne Quellenangabe), denn im Oktober 1937 ist er noch unterwegs „auf den Spuren von Conrad Castiletz“ (TT II 1074). T II 1200–17.5.1939 hat es dann korrekt: „Heute vor einem Jahr …“

2 Ich bin anders als Weber (1987, S. 9) und Wolff (1969, passim) der Ansicht, es gibt, wenn überhaupt eingeteilt werden muß, nur ein Früh- und ein Spätwerk. Zu ersterem zähle ich SK, GR, JB, DB, EU, LA (1922/1936) und die bis 1933 entstandenen Erzählungen. Als Scharnier sind dann EM und EF, die keinen eigenständigen mittleren Bereich begründen können, einzuordnen, das Spätwerk hat die Erzählungen ab 1946 (zwischen 1936 und 1945 sind keine überliefert) DS, DD, DM, DW, DG. Allerdings gibt es dann doch wohl noch die Untergruppe der ganz späten Erzählungen, die ich mit ‚nach 1960‘ definieren möchte (→ Späte Erzählungen).

3 Abzuleiten aus EM 57 in Verbindung mit EM 208, 278 und 351. Nur das Datum des Todes von Louison Veik wird ganz exakt genannt (EM 208). Sonst gibt es schon Hinweise (z. B. „in diesem Jahr 1929“ EM 227), weshalb ich Webers Einschränkungen zur Genauigkeit der Chronologie in EM nicht teile. Sogar die Uhrzeit des ‚Mordes‘ kann mit ca. 23:00 Uhr ziemlich genau abgeleitet werden.

als „meine eigene wesentliche Biographie" bezeichnet hat.[4] Er ist eben das übliche partielle Alter Ego.

Doch hier ist das Leiden unter dem prügelnden Vater weit stärker und ein zentrales Moment des Romans. Dieser verprügelt ihn brutal (EM 43 ff.), Conrad weint danach zum letzten Mal als Kind „in vollem, heißem Schwall", dann erst wieder kurz vor seinem Tod. Er befreit sich im Traum, endlich „trat der heiße Strom der Tränen wieder an die Oberfläche, der, von einem bestimmten Punkte der Knabenzeit an, ein ganzes Leben hindurch unterirdisch dahingegangen war, wie eine verborgene Blutung" (EM 366). Dieser bestimmte Punkt waren eben jene Prügel im weißlackierten Vorzimmer, und dem Traum geht der Geruch nach Lack voraus, den er im Einschlafen wahrnimmt. Dieser (→) Geruch ist eine Erinnerungschiffre, die ihn sein ganzes Leben lang verfolgt. Seine Menschwerdung ist auch eine Überwindung dieser Fixierung.

Conrad ist unfähig zur Bindung (Freundschaft, Liebe), kaum fähig zum Verliebtsein trotz starker – und früh begonnener – sexueller Ausrichtung. Er kann seine Gefühle nicht zeigen. Die Unzuverlässigkeit der Liebe des „plötzlich so tief verfinsterten Vaters" (EM 7) ist der Grund für eine Gefühlskälte, in der sogar die „Unmöglichkeit, seine Frau jetzt tröstend in die Arme zu schließen, ihn erleichterte" (EM 175). Er ist angepaßt, ein „Mitläufer" (EM 13), der sich hervortut, mit anderen Kindern ein Tier zu töten, um deren Achtung zu erringen, er folgt „gedankenlos der Masse".[5] Er ist gleichgültig, ungerührt, unerschütterlich, kalt, unempathisch, an nichts interessiert außer an seinem beruflichen Erfolg; sein Leben spielt sich nur nach Kriterien von Ordnung[6] und Egoismus ab. „Die neue Schublade paßte gut in die Commode des Conrad Casti-

4 S. für beides Loew-Cadonna 1991 (1), S. 54.

5 Bachem 1986, S. 14; er hebt interessanterweise auch auf die moralische Überlegenheit einer Anny Gräven ab.

6 „Der hervorstechendste Zug seines Charakters ist der Trieb zur Ordnung," Weber 1963, S. 52. Dies ist, worauf Weber verweist, auch ein Hauptcharakterzug Schlaggenbergs und Herzkas. Also doch ein partielles (sowieso!) Alter ego? Der Ordnungstrieb grenzt bei allen Genannten an Neurose.

letzschen Lebens." (EM 93) beschreibt seine Situation nach einem ersten und intensiven befriedigenden sexuellen Erlebnis. Er ist, Folge der Angepaßtheit, feige, erst im Alter von 24 Jahren „stellte sich hier zum ersten Male überhaupt der Mann in ihm" (EM 349). Dies fällt freilich zusammen mit seiner Menschwerdung.

Denn nach einer sich eben praktisch anbietenden Heirat – die Hochzeitsreise mit starkem sexuellem Glück (EM 166: „Unter dem hohen blauen Himmel spannte sich ein zweiter, unsichtbarer, glasheller, bis zum Zerreißen, und schloß das Paar ein") nimmt eine ähnliche, die von Robert und Harriet Clayton, voraus (DW 18: „... waren glücklich, abends in der Wirtsstube, und glücklich im Schlafzimmer"[7]) – begibt sich Conrad auf die Suche nach dem Unbekannten, die ihn Mensch werden läßt und schließlich zerstört.

Er spürt ganz plötzlich, über die tote Schwägerin Louison – ihr Tod ist ein Enigma – nachdenkend, deren Bilder ihn faszinieren (grazile Schlankheit, schrägstehende Augen, der Typus Jutta Bamberger und Renata-Licea, dem auch Doderer sein Leben lang im Denken nachgejagt ist), „daß hier irgend etwas – zu tun wäre" (EM 179). Er begibt sich auf die Suche nach einem Unbekannten, „der sich jetzt irgendwo da draußen befand" (EM 231), einem Mörder, an deren Ende er auf sich selbst trifft. Er hat, nach Hohenlochers Worten („ohne den ... diese Geschichte überhaupt nie geschrieben worden wäre" – EM 225) den „Stollen genau richtig vorgetrieben" (EM 364).

Das Grübeln über Louisons Tod macht diesen jungen Mann – für seine Aufgabe viel zu jung – zum alten. Er treibt keinen Sport mehr („In ihm bestand wenig Bereitschaft für die Gepflogenheiten der kommenden Jahreszeit" – EM 226), wird initiativlos und unkreativ, beginnt zu trinken und zu rauchen, ist besessen von einem Dämon, apperzeptionsverweigernd und in der zweiten Wirklichkeit befangen.

Doch die erfolgreiche Suche bewirkt seine Menschwerdung. Er überwindet die Unterdrückung seiner Gefühle, vom

7 In EM wie in DW ist nämlich auch die kommende Gleichgültigkeit und Entfremdung angelegt. EM nimmt überhaupt in Inhalt und Sprache viele der Themen und Chiffren des Spätwerks deutlich voraus.

Vater ihm eingeprügelt, „so sprang hier, bei grenzenlosem Glücke, der Quell aus dem Karst ..." (DW 366). Vor allem aber findet er heraus, daß er selber den Tod Louisons verursacht hat, durch Angepaßtheit und Passivität, so wie einige Jahre zuvor den der Schlange. Seine „Grundverfehlung ... ist eine passive", sagt Doderer und fährt fort, wie „die seines Autors" (TT III 473f. – 19.6.1946), nämlich sein politisches Versagen.

So zum Menschen geworden, stirbt Castiletz, „alles andere als tragisch"[8] durch einen skurrilen, überflüssigen Unfall. Er hat seine Funktion erfüllt.

Chronologie von DS/DD

In seinen späten Romanen vor allem[1] ist Heimito von Doderer an der Fixierung von exakten Daten, der Erstellung eines chronologischen Hintergrundes, Zusammenhanges interessiert, oder eher: Er ist geradezu davon besessen. Wie Geyrenhoff in der ‚Ouvertüre' zu DD sagt: „... da ich's denn nicht liebe, daß Dinge und Menschen eines Berichts gleichsam in der Luft hängen, setze ich die Jahreszahl hierher" (DD 8). Und den Dr. Alfons Halfon im letzten Werk Doderers „ritt ... die Chronologie" (DG 28).

Überall im Text finden sich für den Kundigen Spuren, Verweise auf Zeitpunkte, Zeiträume, Daten und Zusammenhänge. Schmidt-Dengler spricht zwar zu Recht von der „komplizierten

8 Weber 1963, S. 58.

1 Ausgenommen das eine, zentrale Datum in EM (→ Castiletz), von dem sich auch andere Daten ableiten lassen. Hier bin ich auch anderer Ansicht als Weber (1963, S. 62), wonach weder in DB noch in EM „das Geschehen chronikartig lokalisiert und zeitlich datiert" sei. Es ist hier nur extrem versteckt geschehen; so ist Stuttgart nur an der zweimaligen Erwähnung der ‚Königstraße' (EM 181, 193) genau festzumachen. Und „besessen"! Genau nimmt er es immer mit der chronologischen Stimmigkeit, s. z.B. T V 248 (er hat einen Fehler in DW entdeckt). Einen schweren Fehler in der (→) Chronologie von DW hat er jedoch übersehen, den einzigen im Werk.

Zeitstruktur der Strudlhofstiege",[2] aber sie ist bei aller Komplexität und Kompliziertheit, ebenso wie DD, nur auf den ersten Blick verwirrend, beim ersten Lesen. Wenn man genauer und wiederholt liest, wie es der Verfasser vom (→) Leser erwartet, öffnet sie sich, sind alle Ereignisse zugeordnet, zeitlich definiert, oft nur eines in bezug auf das andere. Spuren werden ausgelegt, versteckt, verwischt, dann doch wieder in die Erinnerung gerufen. Manchmal scheint Doderer geradezu verliebt zu sein in chronologische Fixierungen und Festlegungen, etwa wenn der Rittmeister Eulenfeld vom „21. vorigen Monats, nachmittags ca. siebzehn Uhr und fünfunddreißig Minuten" spricht (DS 886).

Die Verschleierung der chronologischen Fährte kann getrost zu den Idiosynkrasien des Autors gezählt werden, der ähnliche Techniken auch in bezug auf Ereignisse, Topographie und Beziehungen von Personen ständig anwendet, womit er einerseits den aufmerksamen (→) Leser fordert und belohnt, den unaufmerksamen bestraft und gleichzeitig sich in Richtung auf das erst zum Lebensschluß angedachte Konzept des (→) roman muet bewegt.

Im Werk Doderers gibt es, mit einer einzigen Ausnahme (→ Anm. 1 unten und Chronologie von DW), nicht ‚Das Watsonischechronologieproblem', das nach den Holmesologen[3] durch Widersprüche gekennzeichnet sei.

2 Schmidt-Dengler 1995 (2), S. 21; hier auch der wichtige Hinweis: „Die Kontinuität der Alltagsgeschichte soll gegenüber den großen Umwälzungen der Geschichte behauptet werden." Trotz der zentralen Bedeutung des Themas hat sich in der mir bekannt gewordenen Literatur niemand der Frage angenommen mit Ausnahme einiger wichtiger Feststellungen bei Weber 1963, S. 94ff. und 125f. Weber führt aus, daß „der Wahrheitsgehalt des Romans durch die Richtigkeit chronistischer Datierung ... bereichert" wird. (S. 125)

3 Sic! Man möge den Zusammenhang nicht abtun. Nicht nur, daß Doderer A. C. Doyle schätzte (Hinweis DD 27 und indirekt DD 636, wo die Drobila als „Sherlock Holmes mit sex-appeal" bezeichnet wird. Auch Editha wird einmal als „Mr. Sherlock Holmes" angeredet – DS 640). Auch in DS kommt Holmes vor: Der ‚Hound of the Baskervilles' ist Teil der nun wirklich kleinen Bibliothek Melzers! In EM kommt der Name ‚Sherlock Holmes' für Castiletz ständig vor, z.B. S. 325. In T II 768 lobt er den ‚Hund von Baskerville' [richtig: Der Hund der Baskervilles] über den grünen Klee als „Meisterwerk" und „vollendetes Beispiel", „dicht" und „saftig".

Hier paßt alles, fügt sich ein Rädchen feinstens ins andere, und manches Mal laufen zwei und mehrere Ereignisse parallel ab, deren Verflochtenheit und Abhängigkeit erst viel später aufscheint. Kapitel 3 (im Zentrum Grete Siebenschein) und 4 (im Zentrum Friederike Ruthmayr) des ersten Teils von DD spielen am gleichen Tag, dem 8.1.1927, sind scheinbar nicht verflochten. An ebendiesem Tag (Kapitel 5) betrinken sich Eulenfeld, Schlaggenberg, Stangeler und Gyurkicz mit anderen der ‚Unsrigen' und steigen spät nachts (nach Mitternacht, also genaugenommen am 9.1.) über den Zaun Friederikes, welche aus der angebotenen Cognacflasche trinkt (mit drei Ausrufungszeichen im Text, DD 115). Aber Kapitel 3 und 4 sind später doch über Grete verbunden. Es ist dies alles ein gutes Beispiel für die (→) episodäre Zentrierung.

Und eben am 8.1. findet auch noch ein Ball bei Baron Frigori statt, eine Tatsache, auf die an vier Stellen hingewiesen wird und die ebenso unwichtig ist wie dieser Baron selbst, den Doderer aber eben gerne ab und zu mit leichter Hand einstreut und ihn wie viele Nebenfiguren Gesicht und Gestalt gewinnen läßt, obwohl er und das um ihn gebildete Epizentrum für den Fortgang des Romans bedeutungslos sind.

Diese klare Abfolge, die langfristige, gründliche Planung ist aus manchen Tagebucheintragungen abzulesen. Hier nur ein Beispiel (TC IV 201–27.3.1953, vgl. auch ebd., S. 233):

14. Mai Sa:	bei den Sieben Scheinen
15. Mai So:	Auf offener Strecke
16. Mai Mo:	Herzka's Abreise
	Kajetan reist ab, Brief der Mutter, Ende Chronique Scandaleuse
16. Mai Mo:	René's Abreise
17. Mai Di:	G-ff ruft endlich bei Kajetan an.

Doderers Protagonist und Alter Ego René Stangeler ist selbst in der Erinnerung chronologisch-ordentlich orientiert. „Damals. Wann war's? Im Jahr des Tropidonotus Lindwurms (so sah seine Chronologie aus). Also im Jahr Paulas. Das Jahr der Strudlhofstiege." (DS 469) Und kurz darauf: „Es war also vor vierzehn Jahren gewesen. Im August. Um den zwanzigsten." (DS 470)

Bemerkenswert ist insbesondere, wie Doderer mit langem Atem auf zeitlich miteinander verflochtene Ereignisse hinsteuert und diese ankündigt, was dem Leser unschwer verborgen bleiben kann. „Es war Paula, welche diese [ihre festgesetzte Rückkehr] im voraus verschönte, durch das Versprechen, die Freundin am Freitag, dem achtundzwanzigsten August abends beim vereinbarten Zuge vom Westbahnhof abzuholen." (DS 394) „‚Grete kommt am Freitag', sagte Stangeler kurz ... ‚Heute mittag hab' ich ein Telegramm bekommen', setzte er noch hinzu und tastete dabei an die linke Seitentasche seines Jacketts. Dort steckte es, das Telegramm. Der Text war ein denkbar wünschenswerter; cr war angelegentlich. ‚Eintreffe allein Freitag, 28. August abends 18 Uhr ...' Sogar die Nummer des Schnellzuges war ungewöhnlicherweise danach noch angegeben."(DS 489) Achtzehn Seiten später machen sich dann sowohl René Stangeler als auch Paula Pichler auf den Weg zum Westbahnhof, der erstere, um seine Verlobte, die letztere, um ihre Freundin abzuholen. Dort treffen sie zusammen, und dies ist nicht ohne Wichtigkeit.

Bemerkenswert ist auch, wie Doderer mit zunehmender Annäherung an seine Zentralthemen (Unfall Marys in DS, Brand des Justizpalastes in DD) das Tempo der Erzählung deutlich verlangsamt, wesentlich mehr Erzählzeit für erzählte Zeit aufwendet, der Leser entsprechend mehr Lesezeit aufbringen muß; bis hin zur, wenn es denn im Roman so meßbar wäre wie im Film, Identität (‚High Noon', 1952, aber ein Einfluß ist ausgeschlossen → Theater). Wenn er dann statt nur Jahreszeiten, Tagen und Tageszeiten auch Stunden und Minuten nennt. In dieser wie in der topographischen Genauigkeit erinnert Doderer stark an den Joyce des ‚Ulysses'.

So entdeckt man denn, daß, während Imre Guyrkicz erschossen wird (DD 1248), Quapp, seine innerlich schon von ihm getrennte Geliebte, intensiv nachdenkt und sich erinnert, ihre „Vor-Biographie ... für immer versank" (DD 1260f.). Denn nach dem ersten Ereignis „begann das Mittagsläuten", nach Quapps Versenkung ihrer Geschichte auch mit Imre „begann es zwölf Uhr zu läuten". All dies am 15.7.1927, dem längsten Kapitel und umfänglichst beschriebenen Ereignis von DD, dem als Gegenpart der ‚Unfall' in DS entspricht (→ Chronologie eines Monats).

Sehr oft bringt Doderer die genauen Daten, auf die er so offensichtlichen Wert legt, dann nicht, wenn die Ereignisse beschrieben werden. Er tut dies mit offensichtlicher Boshaftigkeit und Freude am Versteckspiel. Das folgenreiche und zentrale Treffen Geyrenhoffs mit Levielle (DD 11ff.) findet im ‚Vorfrühling' statt (DD 11). Erst 43 Seiten später, nochmals verschlüsselt bestätigt (DD 286), wird spezifiziert: Freitag, der 25. März. Es ist ebenso wie mit den Namen. Geyrenhoff taucht auf dem Titel von DD auf, seinen Vornamen finden wir aber erst DD 242. Es sei denn, wir hätten bereits DS studiert, aber auch dort liegen über einhundertundsechzig Seiten zwischen erstem Auftreten und Vorname (DS 20 / 188).

So ist die folgende Chronologie auch das Ergebnis detektivischer Arbeit, viele Daten finden sich nur sehr verschlüsselt im Werk. Ein gutes Beispiel ist die Bestellung Leonhards als Bibliothekar durch Croix. Daß es ein Samstag um die Mitte des Juni 1927 ist, wissen wir. Da Mary am 10. Juni vom Semmering nach Wien zurückgekehrt ist (DD 1104) und sie der Prinz um die „Mitte des Juni" besucht, kann dies nur der 18. Juni gewesen sein. Der 11. wäre zu früh für eine Einladung, der 25. nicht mehr „Mitte". Daß übrigens Doderer das Datum der Rückkehr Marys in den Sommer legt (DD 1055: „Es war Sommer, als sie vom Semmering nach Wien zurückkehrte"), ist einer der wenigen Flüchtigkeitsfehler des pedantischen Schriftstellers. Es ist dies allerdings kein Widerspruch zum 10. Juni, ebensowenig wie ein chronologischer Fehler, sondern lediglich die Zuordnung zu einer falschen Jahreszeit. Nicht ganz unverständlich, es ist ja auch schon sommerlich heiß, wie betont wird.

Manchmal aber bringt der Dichter die Daten gar nicht (wie bei Personen die Namen), als wolle er den Leser ärgern, suchen lassen, erfolglos. Dann bleibt eben ein wichtiges Datum ungenannt oder ungenau, so wie das des Gesprächs, welches Renata und Sylvia mit Imre in Freud's Branntweinschank führen (DD 906–917). Typisch auch die geschickte Art, in der Doderer dem aufmerksamen Leser einen „wohlmeinenden Herrn" (DD 908) vorstellt, der dann bis zum Kapitelende (917) immer mehr als Imre identifiziert werden kann. Schlägt man die Seite um zum neuen Kapitel, wird dies (DD 918) sehr schnell verifiziert.

Oder er läßt das Datum offen, indem er „Acht Tage etwa nach ..." (DD 329) sagt, als wisse er es nicht genau, oder „1909 oder 1910" (DS 156). Hier spielt er mit dem Leser, so wie wenn er sagt, Frau Prof. Storch sei „früh gestorben, wahrscheinlich am Krebs" (DD 499, vgl. DS 453, wonach Oskar K. „an irgendeiner krebsartigen Erkrankung gestorben" sei), oder den Vornamen seines Protagonisten nicht weiß: „Wir wissen Melzers Vornamen nicht. Nein, der Autor weiß den Vornamen seiner Figur nicht, er weiß ihn wirklich nicht (so wenig wie Melzer die Hausnummer der Rokitzer gewußt hat, als er dort am Lande, Samstags, den 29. August der Thea im Wirtsgarten beim Kaffee eine Ansichtskarte schreiben wollte)." (DS 892)

Wir sehen hier die Kombination verschiedener (→) Verfremdungs-Effekte, spüren überdies den Dialog mit dem Leser, die Ironie bei der Kombination angeblichen Nichtwissens mit genauem auktorialem Wissen. Außerdem stehen wir einigermaßen fassungslos vor dem betonten Vergleich von etwas Unvergleichlichem, nämlich Autor und Protagonisten, der auch daran erinnert, wie oft der Erzähler in die Sprache seiner Figuren fällt.[4]

Wie bei den Personen findet sich auch in der Zeitabfolge das starke Indiz dafür, daß DD und DS ein einziger Roman sind, so fugenlos folgen die Ereignisse aufeinander, sind auch in Rückblicken und Momentaufnahmen ständig verflochten. So wie DS der Roman um Marys Unfall ist, so ist DD der ihrer Rehabilitierung und erneuten kompletten Menschwerdung. Denn ebenso wie Melzer in DS durch Erkenntnisprozesse und Liebe zum Menschen geworden ist, so wird es Mary in DD wieder durch die Überwindung ihrer furchtbaren Verletzung. Eine durchgängige Chronologie zeigt am Ende die Verbindung. Auch Doderer selbst hat die widerspruchsfreie Abstimmung für wichtig erachtet: „Es wird sich als notwendig erweisen, (DS) auf (DD) chronologisch abzustimmen (den festlegenden Punkt bildet die Revolte in Wien vom Juli 27)." (TT 408–5.3.1946) Diese Abstimmung ist deshalb so entscheidend, weil, wie sich zeigen wird, die beiden Bücher chronologisch direkt ineinander übergehen, nämlich DS in DD (so wie auch DW in DS → Chronologie von DW). Doderer hat in einem unveröffentlichten Brief[5] sogar DD als die „Fortsetzung" von DS bezeichnet. Dabei muß

4 Darauf hat in der Literatur am deutlichsten Angela Davies hingewiesen: „The use of the name ‚Melzerich' is an example of the narrator sharing language with his characters." (S. 274) Hier ist der Charakter Rittmeister Eulenfeld, die Erwähnung geschieht mehrmals, z.B. in DS 339.

5 Zitiert bei Hesson, S. 128 (Anm. 77).

berücksichtigt werden, daß DD eben zum guten Teil vor DS entstanden ist. Zunächst aber ein getrennter Blick auf die Zeitrahmen.

I: DS in Synopse (Erinnerungen, Rückblicke, essayistische oder andere Abschweifungen weitgehend unberücksichtigt, Zentralereignis kursiv)

Teil	Seiten	Zeitraum	S.	Zentrale Daten	Wichtige Ereignisse
I	156	1910–1923	12 ff.	Nachsommer 1923	Mary überlegt und erinnert sich
			48 ff.	Nachsommer 1923	Tennisdoppel, Ehe der K.s
			57 ff.	Nachsommer 1923	Ausgefallene Kahnfahrt, Editha – Negria
			63	Sommer 1910	Melzer verläßt Ischl und Mary
			68 ff.	Spätsommer 1910	M[6] und Freunde im Café Pucher
			57	Herbst 1910	Mary und Oskar auf der Stiege
			78 ff.	Herbst 1910	*Bärenjagd Melzer mit Laska*
			91 ff.	September 1923	Melzer begegnet Editha
			105 ff.	12.5.1911	René bringt Pista Brief von ES
			130 ff.	12.5.1911	René begegnet Paula
			151	1915	(ES begegnet Robby)

Der erste Teil ist im Nachsommer des Jahres 1923 angesiedelt, spielt hauptsächlich in Wien. Jedoch gehen die Erinnerungen und Hinweise in die Jahre 1910 und 1911 zurück. Das zentrale Ereignis ist die Bärenjagd Melzers mit Major Laska auf der Treskavica in Bosnien (8 Seiten). In diesem Jahr übrigens war es auch nicht zur Verlobung Melzers mit Mary Allern gekommen, was wir nur durch Erinnerungen Melzers erfahren. Die Unentschlossenheit Melzers und seine Abhängigkeit von einem antisemitischen Onkel – mit Vornamen ausgerechnet David – waren

6 M=Melzer, ES = Etelka Stangeler, G-ff = Geyrenhoff.

die Hauptgründe. Kurz darauf, im Herbst 1910, heiraten Mary und Oskar K. Die Begegnung Etelkas mit Robert Fraunholzer ist nur als kurzer Rückblick angesiedelt, nicht Teil des kontinuierlichen narrativen Prozesses; daher auch in Klammern gesetzt. Sie ist jedoch das erste Aufscheinen eines dramatischen Prozesses, der in Etelkas Selbstmord endet.

Überhaupt kommt der Krieg nur selten und dann nur in solchen Rückblicken und kurzen Verweisen vor. Er ist eine seltsam abwesende Folie,[7] jedoch durchaus als solche vorhanden, wie z.B. im dramatischen Rückblick Melzers auf den Tod Laskas. „Mit dem Kriege aber hatte das nichts zu tun, das erkannte er jetzt bewußt und erstaunt, und auch nicht mit dem Blute des in seinen Armen sterbenden Obersten Laska, das ihn überströmt hatte, am Lavarone-Plateau." (DS 556) Als er dieses denkt, nämlich am 31. August 1925, sind es *noch genau drei Wochen*, bis ihn das Blut Marys ebenso überströmen wird.

Solche Abstände gehören auch zu den Spezialitäten Doderers in der Behandlung des Lesers als ebenbürtigen Partners, der als solcher dem Text erst seinen Wert verleiht und ihn funktionieren läßt.

2	191	August 1911	168 ff.	20.8.	René beobachtet die Schlange
			175 ff.	20.8.	G-ff und René lernen sich kennen
			187 ff.	20.8.	Treffen auf dem Zimmer G-ffs
			206	21.8.	René schläft mit Editha
			241 ff.	22.8.	Gardenparty bei Schmellers
			279 ff.	23.8.	Treffen René mit Paula, auch Pista
			290 ff.		*Szene auf der Stiege*[8]

7 Schmidt-Dengler 1995 (2) weist darauf hin, daß der Krieg „durch diese Form der Rückblende in den toten Winkel geraten soll". So geht es auch mit der – abwesenden – Monarchie in DW. Doderer war eben alles andere als ein (→) politischer Schriftsteller.

8 Für die *genaue Uhrzeit* s. DS 294 („es ging schon auf dreiviertel fünf").

Juli-Aug. 1925	308	10.7.	M gibt Thea Brief für Editha
	307 f.	11.7.	M nicht mit Editha zusammen
	302 ff.	22.8.	M erinnert sich[9]
	333 ff.	23.8.	E. P. offenbart sich M
	354 f.	23.8.	M auf der Stiege

Der zweite Teil ist zum überwiegenden Teil im August 1911, zum kleineren im Juli und August 1925 angesiedelt, also nur im Sommer, spielt in Wien und in Prein an der Rax (Ferienhaus der Stangelers → Raxalpe). Zentraler Tag ist der 23. August 1911, hier kommt es zu der Szene auf der Strudlhofstiege, die, obwohl selbst höchst trivialer Natur, ein Kraftzentrum des Romanfortgangs darstellt (ebenfalls 8 Seiten).

3	203	11.7.–31.8.25	372 ff.	11.7.	Thea eröffnet sich Editha
			377 ff.	18.7.	Gespräch Paula-Thea
			420 ff.	3.8.	Gespräch Asta-Etelka
			435 ff.	4.8.	René kommt auf die Villa
			472 ff.	22.8.	René schläft mit Mimi
			479 ff.	23.8.	Picknick im Grünen M-Mimi
			489 ff.	24.8.	M mit René auf der Stiege
			463 ff.	27.8.	Aufklärung Fraunholzers durch Teddy
			504 ff.	28.8.	M wieder im Café Pucher
			507 ff.	28.8.	Verschiedene Abholungen

9 Für diesen Erinnerungszusammenhang, der von DS 296 bis DS 327 reicht, hat Angela Davies die treffende Formulierung gefunden: „... time seems to have stopped.“ (S. 83) Melzer selbst erkennt, daß es genau 14 Jahre sind seit dem Skandal. Der 22. 8. 1925 ist aber auch 170 Seiten später ein sehr wichtiger Tag.

			533 ff.	29.8.	*Fest im Dorfgasthof*
			544 ff.	30.8.	Gespräch Asta – Melzer
			557 f.	31.8.	Neues Licht bei M

Der dritte Teil spielt sich also in fünfundvierzig Tagen des Jahres 1925 ab, und wieder nur im Sommer, genau – oft wird darauf Bezug genommen – vierzehn Jahre nach dem zweiten Teil. Zentraler Tag hier ist der 29. August (auf dem Fest werden Fraunholzer die Augen geöffnet, 12 Seiten). Der lange Weg zu Etelkas Selbstmord beginnt hier deutliche Richtung anzunehmen.

4	350	29.8.– 2.10. 1925	565 ff.	Mitte Sept.	Negria berichtet Mary vom Fest
			572 ff.	29.8.	Hedi Loiskandl erschreckt Thea
			607 ff.		Aussprache Mimi/ Editha/Eulenfeld
			655 ff.	31.8.	Paula bemerkt Theas Liebe
			659 ff.	2.9.	Paula trifft René
			664 ff.		René bei Editha
			672 ff.		René und M auf dem Bärenfell
			696 ff.	3.9.	Editha bei M, dann Thea
			707 ff.	5.9.	M gerät in fürchterl. Gesellschaft
			721 ff.	9.9.	M bei Paula, trifft Thea
			750 ff.	10.9.	M auf der Stiege mit Editha
			787 ff.	15.9.	Selbstmord Etelkas
			758 ff.	19.9.	Paula und Thea bei M
			843 ff.	21.9.	*Marys Unfall*[10]

10 Weber (1987, S. 45) weist darauf hin, daß es für alle großen Romane Doderers (DS-DD-DW-DM) einen „festen Finalpunkt“ gibt; es sind dies der 21.9.25 (DS), der 15.7.1927 (DD), der 16.10.1950, die Entmannung Childerichs III. (DM) und der (?, → Chronologie DW) Juni 1910 (Donald Claytons Tod).

856		M macht einen Heiratsantrag
867 ff.	22.9.	Beerdigung Etelkas
	2.10.	Abschluß der Schmuggelaffäre
903 ff.	Herbstende	Heirat Melzer – Rokitzer

Der vierte Teil umfaßt sechsunddreißig Tage, von denen die meisten im Sommer liegen, aber er kulminiert mit dem Herbstbeginn. Zentraler Tag ist nämlich Montag, der 21. September 1925 (diesmal 88 Seiten), an dem Mary K. das rechte Bein „oberhalb des Knies" von der Straßenbahn abgefahren wird und Melzer ihr, assistiert von Thea, das Leben rettet. Das gesamte Kapitel führt mit wachsender Genauigkeit und Verlangsamung darauf zu, → Chronologie eines Monats.

Das weitere zentrale Ereignis, das endgültige Sich-Verlieben von Melzer und Thea, findet am gleichen Tage statt: „Sie stürzten eins ins andere ab, einander in die Arme." (DS 855). Dem schließen sich der Heiratsantrag und die baldige Verlobung (chronologischer Exkurs auf den 7. Oktober) sowie der Selbstmord Etelka Stangelers am 15. September (Eintritt des Todes drei Tage später, also mittig zwischen Tat und Unfall Marys) an.

Es ist weder ein Zufall, daß die Länge der Teile linear zunimmt noch daß die vier zentralen Ereignisse im Spätsommer bzw. Herbst liegen. Dies ist, obwohl die zeitlichen Schwerpunkte von DD nicht so deutlich dafür sprechen, Doderers liebste (→) Jahreszeit. DS ist der Roman des Sommers. Kraft- und Ereigniszentren des Romans sind insgesamt die Spätsommer der Jahre 1911, 1923 und 1925.

II: DD in Synopse

Kap.	Seiten	Zeitraum	Zentrale Daten	Zentrale Ereignisse
Ouv.	15	Umfassend	25.3.1927	G-ff trifft Levielle

Die Ouvertüre ist weitgehend ein allgemeiner Rückblick mit einer zentralen Einzelerinnerung. Die wichtigsten Personen von DD (außer Mary und LK) werden hier eingeführt: der Erzähler, Levielle, Camy, Kajetan, Eulenfeld, Friederike, Grete, Renata.

Teil 1

1	22		Herbst 25-Herbst 26	Rehabilitation Mary
			Nachsommer-Herbst 26	Dwight/Emma kommen sich näher
2	35	20.11.26–8.1.27	2. Novemberhälfte	Gespräch G-ff mit René
			um Weihnachten	Gespräch G-ff mit KS[11]
			8. 1. 1927	Auftrieb der ‚Unsrigen'
3	21	8.1.27	8.1.	Verwandtenkonferenz
4	10	8.1.27	8.1.	FR in der Oper
5	51	1926 / 27	9.1.	FR trinkt am Fenster
			Vorfrühling 1926	LK trifft Malva Fiedler
			Vorfrühling 1926[12]	LK streicht die Laube bei FR
			Sommer 1926	LK beschließt Fortbildung
6	17	9.1.–1.2.27	10.1.	Quapp kommt nach Wien
7	38	10.1.27	10.1.	Streit Grete – René
				Krise Trapp – Neuberg
8	42	11.1.27-Anfang März	13.2.	KS bricht bei G-ff durch
			6.3.	‚Gründungsfest' bei KS
9	17	Februar 27		Selma wird gerochen
10	51	März-April 27	13.3.	Skiausflug der Unsrigen, Renata
			28.3.	Gespräch KS – Levielle
			Mitte April	Noch ein Ausflug
11	21	5. oder 6.4.27		KS bei der Zeitung
12	41	April 27	April	1. Begegnung FR und G-ff in DD

11 KS = Kajetan, FR = Friederike Ruthmayr, LK = Leonhard Kakabsa.

12 Zu der versteckten Zeitangabe hierfür (DD 143) vgl. auch Hesson, S. 41.

				G-ff und KS über Dicke Damen
13	79	14.5.27	14.5.	Tischtennistee bei Siebenscheins
				G-ff mit FR in der Oper

Der erste Teil mit 441 Seiten spielt also, von Kapitel 1 abgesehen, im Zeitraum vom 20. November 1926 bis zum 14. Mai 1927, umfaßt demnach 176 Tage und drei Jahreszeiten, aber nicht den Sommer. Sektionsrat Geyrenhoff ahnt, daß Levielle etwas auf dem Kerbholz hat und daß es mit Quapp zu tun hat. Schlaggenberg und Geyrenhoff besprechen des ersteren unsägliches Werk und die Beziehungen zwischen den Menschen. Die wichtigsten Ereignisse (z. T. Epizentren) sind das Treffen Geyrenhoff – Levielle im Ouvertüren-Kapitel, die Bildung der ‚Unsrigen', der Menschenauflauf beim (→) Tischtennistee in der Siebenscheinschen Wohnung und der Beginn der Beziehung zwischen FR und G-ff. Ein absolutes Zentralereignis gibt es hier nicht.

Teil 2

1	28	15.5.27	15.5.	Gespräch G-ff mit Gürtzner
2	41	Sommer/ Herbst 26		René schläft mit Käthe Storch
				Liebesszene Trix – Fella
				LK lernt Trix und Fella kennen
				Mary kehrt nach Wien zurück
3	95	Sommer 1926–30.1.27	Oktober	LK im Burgenland
				Politischer Hintergrund zu Pepis Tod
			30.10.(?)	LK lernt Gach kennen
			November 1926	Ein Mord
			November 1926	KS bei Anny Gräven
			30.1.	Schießerei mit Tod Pepis

4	42	Herbst 26 bis 30.4.27	13.11.	LK trifft Mary
			30.4.	Fest bei Mary
5	31	16.5.27	16.5.	Erbschaft Herzka
6	49	17./18.5.27	17.5.	Das Manuskript wird gefunden
7	50	26.2.–12.4.*1464*	18.5.	Verlesung des Manuskripts
8	21	19.5.27	19.5.	Harmonie Grete – RS
9	20	15.5.27	15.5.	G-ff erkennt Abkunft Quapps

Der Teil 2 mit 377 Seiten umfaßt einen Zeitraum von fast einem Jahr und alle Jahreszeiten. Er bringt Sektionsrat Geyrenhoff zusätzliche Erkenntnisse über die Testamentsunterschlagung, René findet ein merkwürdiges Manuskript, welches Schlaggenberg-Herzka-Doderers große geheime Lust beschreibt, nämlich das Erschrecken und Strafen von üppigen Märtyrerinnen-Typen. Ferner behandelt es den Beginn von zwei großen Lieben, die zwei der drei ganz großen Frauenfiguren Doderers betreffen, Mary und Friederike. Die dritte ist natürlich Grete. Auch hier gibt es nicht das zentrale Ereignis.

Teil 3

1	11	24.5.27		Aus dem DD-Manuskript
2	20	15.5.–18.5.27	17.5.	Quapp erfährt vom (1.) Erbe
3	36	Nachsommer 26–26.2.27	6.2.	Kaps erfährt vom Tod Pepis
			Ende März	Licea/Sylvia mit Imre bei Freud
4	38	Frühjahr 27	Ende März	Düsterkeit Imres
			April (?)	Kaps stirbt
5	3	N/A		Nachtbuch I
6	25	16.5.–19.5.27	18.5.	Lasch bei dem Ex-Chronisten
				Geza gesteht G-ff seine Liebe
7	73	19.5.–20.6.27	Ende Mai	LK lernt Zeitler kennen

			23.5.	Quapp spielt vor
			23.5.	Quapp verliebt sich auch
				Herzka verliebt sich in Agnes
			10.6.	Mary/LK gestehen sich ihre Liebe
8	47	24.5.27–30.5.27	24.5.	Quapp und KS bei G-ff
			30.5	Quapp und G-ff bei Dr. Mährischl
			30.5.	G-ff zum Tee bei FR
9[13]	98	Juni – 14.7.27	18.6.	Croix macht LK ein Angebot
			22.6.	KS schon wieder bei G-ff[14]
			23.6.	Empfang bei FR
			25.6.	G-ff wird ihr Berater
10	4	N/A		Nachtbuch II
11	127	15.7.27	15.7.	G-ff beim Hofrat zum Frühstück
				Brand des Justizpalastes
				Brand bei Meyrinkers
				Einbruch bei Levielle
				Tod Imres
				Verzweiflung der Trix K.
				Zwei Paare endgültig
12	13	Herbst 27		Gespräch G-ff mit KS

Teil 3 ist mit 486 Seiten der längste, zeitlich der kürzeste (ohne das Nachgespräch nur zwei Monate!) und derjenige mit dem

13 Durch alle Ausgaben des Biederstein Verlages über mehr als vierzig Jahre bis zur – textgleichen – Gesamtausgabe bei Beck schleppt sich der Druckfehler 8 für 9 in der Kapitelüberschrift von Kapitel 9 (Kurze Kurven II). Richtig dagegen im Inhaltsverzeichnis.

14 Im Tagebuch (TC IV 424–17.6. 1955, also nicht lange vor Fertigstellung des Romans) war es noch der 21. Juni.

längsten Einzelkapitel. Also findet auch hier ganz deutlich eine Verlangsamung des Erzähl- und Lesetempos statt, die schon bei DS zu konstatieren war und die sich ebenso bei DW findet. Er erstreckt sich über drei Jahreszeiten (kein Winter!)

Dieser Teil beinhaltet die Niederlage Levielles, den Fall des Chronisten vom Steckenpferd („Evident: aus war's mit der Chronik. Ich war jetzt Akteur. Und alsbald ergriff mich die Aktivität" – DD 962), die großen Lieben Mary – Leonhard, Quapp – Géza und Geyrenhoff – Friederike. Nebenbei kommen auch noch Dwight und Emma, Angelika und Dulnik sowie Herzka und Agnes Gebaur offiziell zusammen: ein „Platzregen von Banalitäten" (DD 1337), insgesamt fünf Paare!

Das zentrale Ereignis ist natürlich der 15. Juli, an dem eine aufgebrachte Menge den Justizpalast anzündet und seine Rettung durch die Feuerwehr verhindert, das „Cannae der österreichischen Freiheit" (DD 1328 → Dämonen). Geyrenhoff ist Zeuge des großen Ereignisses (vom Wohnungsfenster des Hofrats Gürtzner-Gontard aus) ebenso wie kleiner, aber erschütternder Unterereignisse. Hierbei bleibt die alte Frau, von wem, „blieb unerfindlich" (DD 1243), erschossen, die noch im Tod das Netz mit den Scherben festhält und deren Blut sich mit der auslaufenden Milch vermischt, unvergeßlich.

Kraft- und Ereigniszentrum dieses Romans ist die Zeit von März bis Juli 1927, also ein viel engerer Raum. Ein Übergewicht bestimmter Jahreszeiten ist hier nicht eindeutig, die Längen-Entwicklung der Teile ist nicht linear, sondern 441–377–486 Seiten. Jedoch ist der letzte Teil wie bei DS der längste.

Während also DS sich über 16 Jahre erstreckt mit den drei zentralen Jahren 1911, 1923 und 1925, spielt sich der wesentlich, nämlich zwei Drittel umfangreichere (64 %, 2.521.000 Zeichen zu 1.537.000) Roman DD innerhalb rund eines Jahres ab: Spätsommer 1926 bis Juli 1927. Vierzehn der fünfunddreißig Kapitel haben je einen einzigen Tag als Handlungszeitraum, darunter auch das längste. Überwältigende sprachliche Kraft und schöpferische Fähigkeit verbinden sich mit chronologischer Disziplin und exakter Planung zu Werken, deren Länge aus dem Wort kommt und nicht dem Inhalt. Doderer war auch der Meister der kurzen, prägnanten Erzählung, des mittelgroßen Romans, sein Meisterwerk DW umfaßt 390 Seiten, aber DS und DD sind keine Zeile zu lang. Geschwätzig ist Doderer nie!

Deshalb läuft Hans Waigels Bosheit, Doderers neuer Roman handle von einem Mann, der über die Ringstraße gehe, die ersten 1.000 Seiten seien schon fertig, ins Leere. Und wenn Dietrich Weber von DD als ‚Roman nur eines einzigen Tages' spricht,[15] so ist dies ein Ausdruck der Bewunderung für den Reichtum des Werkes.

Eine Übereinanderlegung von DS und DD ergibt folgendes Bild:

Herbst 1910	DS I
Frühjahr 1911	DS I
Sommer 1911	DS II
Sommer 1923	DS I
Sommer 1925	DS II / DS III / IV
Herbst 1925	DS IV
Herbst 1925/Sommer 1926	DD I / II
Herbst 1926	DD I / II
Winter 1926/27	DD I / II
Frühjahr 1927	DD I / II / III
Sommer 1927	DD IV

So gesehen, ist natürlich DS nicht nur inhaltlich und topographisch, sondern auch chronologisch eindeutig die ‚Rampe'[16] zu DD, so wie DW, wie noch zu zeigen sein wird (→ Chronologie DW), eine Rampe ähnlicher, fast ausschließlich zeitlicher Art zu DS und damit auch zu DD ist.

Chronologie eines Monats

Es ist dies eine genaue Chronologie von zweiunddreißig Tagen aus DS, die

- Melzers und zum kleineren Teil Mary K.s Entwicklung auf den Unfall am 21. September 1925 hin umfaßt sowie
- die endgültige Bewußtwerdung der großen, starken Liebe

15 S. zu beiden Zitaten Löffler 1991, Anm. 6.

16 Weber 1963, Anm. 10 zu Kapitel 5, S. 276; er zeigt darüber hinaus, daß DS entstehungsgeschichtlich sozusagen in der ‚Mitte' von DD liegt (S. 77); vgl. auch TC IV 88 f. und Schmidt-Dengler 1976.

> zwischen Thea Rokitzer und Melzer vom 22. August (Melzer kennt Thea schon, aber hat sie kaum apperzipiert) bis zum 22. September 1925, dem offiziellen Heiratsantrag.

Dabei folgen Marys Unfall und die Erkenntnis der Liebe zwischen den dazukommenden Melzer und Thea zeitlich direkt und zwangsläufig aufeinander.

Es sind dies – mit Ausnahme der Hochzeit – die letzten zweiunddreißig Tage des Romans. Denn im Fortgang von DS wird das Erzähltempo immer geringer, Doderer steuert mit einer immer größeren chronologischen Genauigkeit einschließlich einer Teilung der Tage und Benennung nicht nur von Tageszeiten, sondern auch von Stunden und Stundenteilen auf diese beiden Zentralereignisse, die nach Zeit und Grund eng verbunden sind, zu.[1] Die entsprechenden Seiten werden den Ereignissen im einzelnen nicht zugeordnet, insgesamt sind es die Seiten 295–355 aus Teil 2, 479–558 aus Teil 3 und 655–859 aus Teil 4.

Exakt die gleiche Beobachtung von der Verringerung des Erzähltempos ist auch in DD zu machen. Mit dem Erreichen des 15. Juli 1927 und des Zentralereignisses ‚Sturm auf den Justizpalast' verlangsamt sich dieses Tempo, treten Stunden und Minuten an die Stelle von Tagen und Tageszeiten. Das gleiche Phänomen findet sich auch im ersten Teil der Wiener Trilogie, in DW.

Samstag	22.8.	früher Nachmittag	Melzer beginnt, durch die Trópoi zu sausen. Er sitzt in seiner Wohnung in der Porzellangasse und erinnert sich an ein Gespräch im Frühjahr bei Eulenfeld, bei dem u. a. auch René und Editha Schlinger zugegen waren.
		später Nachmittag	Er geht zur Strudlhofstiege, trifft die P.s, Gespräch über René Stangeler und Grete Siebenschein.

1 Ein anderes, aber sehr interessantes Konzept für drei Erzähltempi hat Wolff in Zusammenhang mit DW entwickelt (Wolff 1969, S. 152ff.) Hier finden sich auch viele Beispiele für Doderers Präzision bei Zeitangaben. Ich stimme ihm jedoch nicht zu, wenn er behauptet, auch beim aufmerksamen Leser müsse „Verwirrung" entstehen (S. 144).

			René schläft mit Editha, in Wirklichkeit Mimi.
			Ende Teil 2
Sonntag	23.8.	(vormittags)[2]	M[3] trifft E (M) im Zug, er kocht Kaffee im Freien, spürt stark ihre Körperlichkeit und Attraktion.
Montag	24.8.	nach dem Amt	M trifft René auf der Stiege, Gespräch über diese und Frauen. E(M) kommt dazu, mit ihr bei Eu.
Freitag	28.8.	mittags	M trifft E(M) per ‚Zufall'. Beginn des Flirts von ihrer Seite, er drückt ihre Hand länger als üblich.
		nach 16:00	M mit G-ff und Konsorten im Café Pucher.
		18:00	Abholungen am Bahnhof (Grete durch RS, TR durch Paula und Lina, E durch Mimi).
Samstag	29.8.	vormittags	Zusammenbruch der filmischen Pläne Theas.
		(mittags)	M im Gasthof in Prein, denkt an Thea, trifft Asta, denkt an sie und Editha vor 14 Jahren.
		abends	Fest im Dorfgasthaus, M beobachtet.
Sonntag	30.8.	10:00	M trifft Asta im Dorf, sie gehen spazieren.
		mittags	Auf der Villa, Essen.
		17:00	M verabschiedet sich von Etelka.
Montag	31.8.	früher Abend	M kommt in Wien an, P.s haben Licht gemacht.
		ab 18:30	Thea in „unbefristeter Pönitenz".
			Ende Teil 3

2 Aus dem Text nur im Zusammenhang abgeleitete, nicht eindeutig benannte Zeiten in Klammern.

3 Abkürzungen (nur wo aus Platzgründen geboten): M = Melzer, E = Editha, wenn als E(M) abgekürzt, Mimi, G-ff = Geyrenhoff, RS = René Stangeler, TR = Thea Rokitzer, Eu = Eulenfeld.

		(nachmittags)	Thea denkt an Melzer.
Mittwoch	2.9.	drei Uhr	Paula und René sprechen davon, daß Melzer Edithas wegen unglücklich sei.
		danach	René schläft mit Editha (der richtigen).
		früh abends	René trifft Melzer vor der Haustür Althanplatz 6.
		abends	Abendessen M – RS und Kaffee auf dem Bärenfell.
Donnerstag	3.9.	Frühstück	Melzer denkt über René nach.
		10:00	Editha bei Melzer im Büro.
		10:30	Thea bei Melzer im Büro: breitschlagend.
Samstag	5.9.	nachmittags	M in fürchterlicher Gesellschaft; Editha berennt ihn, es kommt zu Küssen und Verabredung des Festes, Melzer ist stark verliebt.
Sonntag	6.9.		Editha ruft kurz und zärtlich bei M an.
Montag	7.9.		Editha ruft kurz und zärtlich bei M an.
Mittwoch	9.9.	16:00	M besucht Paula im Gärtchen, verliebt sich in Thea, spürt Körperlichkeit, bewundert ihre Haut, ist verletzt über ihr Knicksen.
		Dämmerung	M bringt Thea nach Hause, wobei seine „Liebe alles ufer- und hoffnungslos überschwemmte“.
Donnerstag	10.9.	17:00	M und Editha auf der Stiege, Verschiebung „Fest“.
Freitag	11.9.		M und RS treffen sich zufällig in der Fürstengasse.
Samstag	12.9.	ganztägig	Eulenfeld bei Melzer.
Sonntag	13.9.	ganztägig	Eulenfeld bei Melzer.
Dienstag	15.9.	nachmittags	Melzer und Editha treffen sich in der Innenstadt.
Donnerstag	17.9.	(nachmittags)	M und Editha treffen sich in der Konditorei, „zärtlich tuschelnd“. Das Fest rückt angeblich näher.

		18:00	Paula ruft M an und kündigt ihren Besuch mit Thea an, Melzers Herz klopft.
Samstag	19.9.	nachmittags	Kaffeetrinken bei M, Thea ist eine „Explosion von Milch und Blut". Verabredung für übermorgen.
		abends	M trifft die P.s im Beisl.
Sonntag	20.9.	vor dem Lunch	M inspiziert seine Bibliothek, denkt an Mary.
		kurz vor 17:00	Editha ruft an und legt „Fest" auf 21.9., 17:00.
		abends	M ißt allein im Beisl.
Montag	21.9.	nach 8:00	Mary liegt in der Badewanne, denkt an Oskar.
		nach Frühstück	Mary telefoniert mit Lea, Verabredung für 18:00.
		danach	Mary sagt alle anderen Termine dieses Tages ab.
		16:00	Melzer verläßt seine Wohnung.
		kurz darauf	Er trifft René auf der Stiege, dieser berichtet vom Tod seiner Schwester, darüber vergeht die Zeit für M's beide Verabredungen.
		16:45	Paula läßt Thea allein auf M warten.
		16:45	„Zur gleichen Zeit, als Paula ihr Lämmlein … festband, steht Grete … vor der Tür der elterlichen Wohnung."
		16:45	Eu ermahnt Editha, es würde Zeit für's ‚Fest'.
		ca. 16:50	Grete ist jetzt bei Mary, diese zieht sich um.
		16:54	Editha bricht auf.
		17:05	Mary ist fertig umgezogen.
		17:11	Melzer schaut auf Renés Armbanduhr.
		17:17	Editha ruft Eu/Mimi an, M sei nicht erschienen.

		17:20	Eulenfeld und Mimi gehen hinüber.
		17:22	Trix tritt bei ihrer Mutter ein, diese bricht jetzt auf.
		17:30	Thea schellt bei Editha, die Zwillinge zeigen sich, Thea stürmt davon.
		17:30	Die Uhr schlägt bei Melzer/René, letzterer geht.
		17:38	M, noch sitzend, meint, die Entscheidung sei gefallen. Aber Schmerz, weil er TR/Paula verpaßt hat. Er steht auf und geht die 160 Schritte bis zum Bahnhof.
		17:40	Thea startet in den Verkehr auf dem Bahnhofsplatz.
		17:40	Mary sieht Negria „auf der rückwärtigen Plattform“ eines vorbeifahrenden Straßenbahnzuges.
		17:40	Melzer sieht Negria in eben dieser Bahn.
		17:41	Mary überquert die Geleise, rennt in die 2. Bahn.
		17:41	M sieht den Unfall, startet mit einem „Tigersatz“.
		17:42	M und Thea retten Mary vor dem Verbluten.
		(17: 45)	Der Treffer sitzt: „Thea saß hier neben ihm.“
		(18:45)	„Sie stürzen eins ins andere ab, einander in die Arme.“ Erster Kuß.
		18:48	Heiratsantrag.
		18:55	Verlangen Melzers, Thea „möge heute noch mit ihren Eltern sprechen“.
		19:15	Bei den Eltern Theas zwecks Erklärung.
Dienstag	22.9.	kurz nach 18:00	offizieller Heiratsantrag bei den Eltern Theas.

Chronologie von DW

Der Reiz und der Sinn einer solchen Chronologie ergeben sich daraus, daß Doderers letzter fertiggestellter Roman, der eines seiner bedeutendsten Prosawerke ist, vom Jahresende 1876 bis zum Jahre 1910 (*Frühsommer*) reicht. Hiermit begründet er eine ununterbrochene chronologische Kette, die über DS (*Sommer* 1910 bis Herbst 1925) bis zu DD (Herbst 1925 bis Herbst 1927) reicht, also von Ende 1876 bis Ende 1827, genau einundfünfzig Jahre.

Eine Verfeinerung bis ins letzte Detail wie bei (→) Chronologie eines Monats bietet sich hier nicht an, da Doderer selbst die Chronologie in DW bei aller Präzision[1] und Betonung nicht so in den Vordergrund gestellt und, vom Sprung 1902 auf 1910 und seiner Verschlüsselung abgesehen, nicht so mit ihr gespielt hat wie im DS und DD. Und zudem Bemerkungen zur Zeit auf einmal einstellt (dazu später).

So könnte man auch die Definition der ‚Wiener Romane' unschwer um DW erweitern und die hier gebildete Kette so kennzeichnen. Dies entspräche nicht nur dem vorrangigen Handlungsort, sondern auch der Qualität, die gerade diese drei Werke auf einer sonst nie erreichten Ebene der Vollkommenheit und Ausgefeiltheit sieht. Doderer selbst sah ja in DW (Roman No 7, Erster Teil) erst den siebten Roman (nach EM, EU, EF, DS, DD, DM). Dabei klammert er GR, DB und JB als Frühwerke aus.[2]

Es entspräche aber auch der Dichte der Handlung, der Vielzahl handelnder Personen, der Komplexität ihrer Beziehungen, Kriterien, die mit Sicherheit nicht auf das manchmal den ‚Wiener Romanen' zugeordnete EF zutreffen, welches eine witzige und skurrile, aber eindimensionale und manchmal überpointierte Erzählung ist, eine Übung, Vorbereitung auf Größeres.

1 Ein gutes Beispiel für die planerische Genauigkeit auch im Spätwerk gibt TCV 421 (27.4.64).

2 Vgl. Schmidt-Dengler 1986 (2), S. 540. Dietrich Weber 1995 (2), S. 100, Anm. 1, vertritt eine etwas abweichende Meinung und begründet diese umfassend. Er verweist zudem darauf, daß es in erster Linie um die „abergläubisch von ihm favorisierte Siebenzahl" ging. Also auch wieder eine Marotte und nicht so schrecklich ernst zu nehmen!

Bei aller Dichte in Atmosphäre und Handlung ist auch EM noch eine Vorübung; EF wie DM sind Spielwiesen für Doderers manchmal überbordenden Hang zu Skurrilitäten, ein „Reservat für das Groteske, das mir sonst überall Unfug treibt“ (TC IV 35).[3] EU ist eher eine Novelle und könnte auch neben LA bei den Erzählungen stehen. DG (Roman No 7, Zweiter Teil) blieb nur Torso.

So steht im Mittelpunkt Dodererschen Romanschaffens ohne Zweifel die „Trilogie“ – wie sie nach Topographie (wichtigster Ort ist Wien) und Chronologie, nicht nach handelnden Personen, genannt werden kann. Verbunden werden DS und DW darüber hinaus deutlich durch ihnen gemeinsame starke metaphorische Bezüge wie z.B. (→) Krebse, weiße Möbel/Türen (→ Büffet) und (→) Raxalpe, die bei beiden in hohem Maße schlüsselhafte und leitmotivische Bedeutung erhalten.

Für erstere wird dies deutlich in der Aufeinanderfolge von Krebsen im künstlichen Wintergarten-Becken (1910, DW 310f.) und der Erinnerung von 1911 an den Krebs, den René Jahre zuvor mit Asta entdeckt hat (DS 167). Die weißen Flügeltüren und ähnliche Phänomene finden sich als erotische Chiffren in beiden Werken reichlich. Für die Landschaft um die (→) Raxalpe gibt es einen unmißverständlichen Bogen von der Rolle als Ort der Liebe zwischen Robert und Monica, im Jahr des endgültigen Schlusses von DW (1910) auf Donalds Tod vorausweisend, zum anderen im zeitlichen Beginn (August 1911) von DS als Ort schönster Erinnerungen des jungen René, die Entdeckung der körperlichen Liebe einschließend.

Eine weitere enge Verflechtung findet sich in der (→) Topographie. Am Treffpunkt von Topographie und Chronologie ist es außerordentlich interessant, daß das Ende von DW mit der Fertigstellung der Strudlhofstiege in eins fällt und zugleich mit dem Beginn des nach dieser benannten Romans.

Daß, schon angesichts des relativ geringen Abstandes in der Entstehungszeit (weniger als fünfzehn Jahre), DW die gleiche Sprache, den gleichen Stil aufweist wie DS und DD, ist plausibel. Bei näherer Betrachtung erweist es sich auch als evident.

3 Schmidt-Dengler (1995 [2], S. 7f.) nennt EF zu Recht eine „Bagatelle“. Dennoch spricht er von EF-DS-DD als den „Wiener Romanen“.

Üppigkeit der Sprache, Wichtigkeit von Natur und Licht, Verfremdung und Anrede des Lesers, Humor und altertümliche Ausdrucksweise, Präzision und Kreativität sind deutlich bei allen drei Romanen im gleichen Umfang zu finden. Es wäre einer ganz besonderen Studie würdig, die sprachliche, formale Nähe von DS-DD-DW und hier auch DG zu erforschen und ihren gemeinsamen Abstand zu allen früheren Romanen Doderers wie zum dazwischen liegenden DM, das ja auch formal aus dem Rahmen fällt.

Daß der Leser oft mehr weiß als die handelnden Personen,[4] ist auch keine Besonderheit des konzeptionell (nicht begrifflich) ‚schweigenden Romans' DW.[5] Weder weiß Quapp, wer ihr Vater ist (DD), noch René, daß er nicht mit Editha, sondern mit Mimi geschlafen hat (DS). Andere Beispiele gibt es in Hülle und Fülle.

Nun zur Chronologie dieses zugleich ersten (Roman-Zeit) wie auch letzten zu Ende geführten (Schreib-Zeit) Romans. Dabei ist zu beachten, daß die genauen Daten des Jahres 1910 sich niemals aus der direkten Nennung ergeben; vielmehr sind meistens Andeutungen mit der Nennung von Wochentagen so verknüpft, daß sich zwangsläufig ein Einzeldatum ergibt.

Auch hier ist, wie bei DS (→ Chronologie eines Monats), ein deutliches Verlangsamen des Tempos mit fortschreitender Romanhandlung festzustellen, bis zum ersten Höhepunkt des ‚Sieges' Roberts über seinen Sohn bei Monica.[6] Gleichzeitig nimmt die Präzision hinsichtlich der Daten, auch der Wochentage, deutlich zu.

Jedoch nie die direkte Präzision, vielmehr sind alle unten stehenden genauen Daten nur aus einer Kombination verschiedener Bezüge, der Nennung von Wochentagen, Hinweisen wie „...Nässe des endenden Winters" (DW 218), „... an der Wende des April und Mai" (DW 234) oder „... zehn Tage vor Pfingsten" (DW 340) mit dem Almanach zu ermitteln.

4 → roman muet.

5 Doderer erwähnt eine große Zahl von Beispielen aus DW in TC V 233. Aber der Begriff des ‚roman muet' ist hier noch nicht geboren.

6 So wie DS ein Roman von 1911 und 1925 ist, DD einer von 1926 und 1927, so handelt DW auf 220 von 390 Seiten vom Jahre 1910, speziell dessen erster Hälfte.

Dann jedoch, mit Beginn der Reise Chwostiks und Donalds in den Vorderen Orient, die vor allem Donalds Reise in den Tod ist, bricht die chronologische Logik weitgehend ab. Hinweise, auch verschlüsselter Natur, werden kaum mehr gegeben. Es ist ersichtlich, daß die Reise weniger als einen Monate dauert („vier Wochen", DW 284), daß der Tod Donalds in den letzten Tagen des Juni 1910 stattfindet, dreiunddreißig Jahre minus sechs Wochen nach seiner Zeugung am gleichen Ort, im Alter von gerade zweiunddreißig Jahren. Aber präzise wird nichts mehr, alles bleibt verschwommen.

Schlimmer noch: Hier und nur hier im gesamten Werk bestehen auch chronologische Widersprüche. Donald kehrt nicht oder nur kurz vor Mitte Mai aus England zurück (erst am 2. Mai hat der Vater ihn nach dort fortgelobt, er kann nicht – Antwort aus England – vor dem 8. Mai gereist sein und hält sich mindestens sieben Tage dort auf). Einige Tage später, also frühestens am 18. Mai, fährt er auf die vierwöchige Reise („Mit dieser durfte man nicht in den Hochsommer hineingeraten" – DW 282) über Beirut, Damaskus, Istanbul, Konstantinopel und Bukarest. Erst in der zweiten Hälfte der Reise kann er in Budapest (letzte Station vor Kroatien und Wien) ankommen. Diese Ankunft aber in Budapest wird (DW 340) plötzlich auf „etwa zehn Tage vor Pfingsten" gelegt, was bedeutet: um den 5. Mai (Pfingstsonntag ist am 15. Mai). An diesem Pfingstsonntag auch reist Zdenko mit der Tante auf deren Gut nach Kroatien in der Nähe der Wasserfälle, wo er Donalds Tod miterleben wird. Das wiederum ist einerseits zu früh, andererseits zu spät, denn Donald hält sich keine zehn Tage in Budapest und auf dem Gut von Globusz auf. Auch würde eine Verwechslung zwischen ‚vor' und ‚nach' keine Lösung bedeuten, auch der 25. Mai ist für die Ankunft in Budapest absolut unplausibel. Sie kann schlechterdings nicht vor dem 8. Juni stattfinden, wenn wir eine dreiwöchige Reisezeit bis Budapest unterstellen, was der Verhältnismäßigkeit der Strecken entspricht; selbst bei nur zweieinhalb Wochen ist der 4. Juni der früheste mögliche Termin. Eine Erklärung, die immer noch unwahrscheinlich ist angesichts der Dodererschen Akribie, könnte nur sein, daß Doderer den Pfingstsonntag 1910 versehentlich auf den 15. Juni statt den 15. Mai gelegt hat, was kirchenfestlich (Ostern = erster Sonntag nach dem ersten Vollmond nach Frühlingsbeginn; Pfingsten =

sieben Wochen danach) allerdings nicht möglich ist. Ein solcher Fehler würde dann sowohl die falsche Datierung im Umfeld Donalds als auch bei Zdenko erklären. Im Grunde aber ist sie zu platt, das Problem bleibt eben ungelöst.

Es geht nicht mehr zusammen, wir müssen hier der chronologischen Detektivarbeit ein Ende setzen und sagen: Die Reise beginnt Ende Mai und endet Ende Juni, sie kratzt also gerade, wenn überhaupt, den Sommer an.[7]

Der Roman ist mit der Abreise Donalds und Chwostiks aus Wien nicht zu Ende, im Gegenteil: Die Handlung bleibt dramatisch und spitzt sich konsequent auf das Ende hin zu. Jedoch ist die Zeit stehengeblieben oder dreht sich sogar bewußt um. So wie die Trauer in Donald oder eher noch die Unfähigkeit sowohl zum Trauern als auch dazu, aus der Trauer zu lernen und Konsequenzen zu ziehen, statisch und unveränderlich, wie ein Stein, steht. Das (→) Zaudern verewigt sich, ein kurzer Ausbruchsversuch führt, halbherzig begonnen, halbherzig weitergeführt, zum erneuten Stillstand. Der Tod ist nicht mehr als der Abschluß einer schon vorhandenen totalen Erstarrung. Donald ist schon tot, bevor er stirbt. So bewegt sich der Roman ebenso von Beginn an auf seine Zuspitzung, Donalds Tod, zu wie DS auf den Unfall Marys und DD auf den Brand des Justizpalastes.

Die umfassende Interdependenz, (→) Verflechtung der Dodererschen Romane zeigt sich auch in ihrer totalen Determination, dem (→) ‚fatologischen Gewebe'. Diese Determination geschieht hier in DW durch die Andeutung („Die Einmündung aber zeigte sich bald abgeschlossen durch eine senkrechte weiße Wand von enormer Höhe …"): DW 16 verweist auf DW 387.

Seite	*Datum*	*Ereignis*
5	Dezember 1876	RC,[8] * 1849, sieht seine spätere Frau Harriet zum 1. Mal
5–18	August 1877	Hochzeitsreise, Fahrt über den Semmering
19	10. August 1877	Zeugung DCs in Slunj
20	10. Mai 1878	Geburt DCs in Wien
19	März 1879	Das Werk in Wien läuft, Chw (* 1849) arbeitet bereits dort

7 Also befindet sich der Schwerpunkt der Endhandlung im Frühjahr 1910 und nicht, wie Weber (1963, S. 107) sagt, im Sommer.

8 Abk.: DC=Donald Clayton, RC=Robert Clayton, MB=Monica Bachler, Chw=Chwostik, Mün=Münsterer.

120	Herbst 1879	Milo, Chw mit RC und HC auf der Raxalpe
121 ff.	Herbst 1879	Milo geht nach Belgrad
35 ff.	Herbst 1879	Chw bei Dr. Eptinger, sieht Rita Bachlers Bild
59 ff.	Frühling 1880	Rettung der kleinen MB durch Fini und Feverl
68 ff.	Mai 1880	Besuch Chws bei Dr. Keibl
81 ff.	Mitte Juli 1880	Chw zieht von der Adamsgasse an die Donau
87 ff.	Mitte Juli 1880	Fini und Feverl ziehen ins Burgenland
100 ff.	Mitte Juli 1880	Mün zieht für kurze Zeit in Chwostiks alte Wohnung
113	Herbst 1884	Mün geht in den Postdienst
117	Sommer 1885	DC zieht nach England zum Großvater
157 ff.	früher Jan. 1895	Vertrag Paul – Ergoletti
156	Januar 1895	Paul Harbach lernt Irma Russow kennen
146	1898	DC nach Abschluß der public school wieder in Wien
146	1898	HC stirbt, DC nimmt sein Studium auf
114	1900	Mün ist Postamtsvorstand
147	1902	DC erhält das Maschinenbau-Diplom und beginnt Tätigkeit
148 f.	ab 1903	RC leitet die englische, DC mit Chw die Wiener Fabrik
173 ff.	Winter 1909/*10*	Claytons bei Harbachs, DC lernt MB kennen[9]
178 ff.	Februar 1910	HCs Neffe stößt zum Metternich-Club
188 ff.	Feb./März	DC bei Gollwitzer, bringt MB nach Hause
199 ff.	Anfang März	Empfang bei Bachlers
221	Mitte März	MB ist in die Auhofstraße umgezogen
208 ff.	12. März	Zdenko besucht Frehlinger; blaues Licht und Mutter F.
225 f.	19. März	Henriette verführt in Monicas Wohnung Zdenko
234 ff.	29. April	DC bleibt Monica aus
240 ff.	30. April	Gartenfest bei Claytons, MB lernt RC kennen
249 ff.	30. April	MB geht mit Chw nach Hause und schläft mit ihm
258	2. Mai	Montag: RC empfiehlt DC nach England
256 ff.	8. Mai	RC, MB, Chw besteigen die Raxalpe; Begegnung mit Mün

9 Hier findet sich der erste chronologische Hinweis, daß wir uns, nach einem längeren zeitlichen Sprung, bereits im Jahr 1910 befinden (daneben noch ein Hinweis auf 1909 oder 1910 auf S. 272 – „… hieß es dann, fünf Jahre später, im ersten Weltkrieg"): Laut Dr. Eptinger auf dieser Abendgesellschaft ist Monica „so circa sechsundreißig oder siebenunddreißig" (DW 178, bestätigt von DW 194: „weit über die Mitte dreißig"). Da sie aber 1880 bei der Rettung durch Fini und Feverl nicht älter sein kann als sechs Jahre, muß es 1910 sein.

260 ff.	8. Mai	DC reitet nach Pomp-House, erkennt Angst wegen MB
266 ff.	8. Mai abends	Chw in der Adamsgasse, die Wenidoppler schläft ein
276 ff.	Mai danach	Der MC regelmäßig zum Tennis bei Claytons
280 f.	Mitte Mai	DC kehrt aus England zurück und erfaßt die Situation[10]
284	dto.	Die Gymnasiasten sehen DC das Gleichgewicht verlieren
285 f.	dto.	RC und MB im Gebirge (Prein an der Rax!)
289 ff.	dto.	Chw und DC im Wirtshaus, auch Fini und Feverl
300 ff.	einen Tag später	RC, DC, Chw und MB bei Gollwitzers: Krebse
303 ff.	einige Tage später	Chw / DC treten ihre Reise an, auch Harbach auf dem Schiff

– Ende nachvollziehbarer Chronologie –

	Juni	Zdenko mit der Tante nach Kroatien
	Juni	Wiedersehen Harbachs mit Irma und Verlobung
	Juni	Versuch Donalds, Margot zu verführen, und Scheitern
	Juni	Tod Donalds auf den Wasserfällen

10 Hier findet sich der erste chronologische Fehler Doderers, der dem großen, oben umfassend erläuterten vorausgeht, vielleicht ihn direkt nach sich zieht. Er spricht von „früh im Mai" (DW 28), obwohl es eindeutig bereits Mitte Mai ist: „Wende des April und Mai" (DW 234) verunglückte Liebesszene MB – DC, was, da ein Freitag, nur der 29. April sein kann, weder der 22. April noch der 6. Mai würden diese Formulierung rechtfertigen. Zwei Tage später, Montag, der 2. Mai (DW 255), Brief RC nach England, deren Antwort braucht ein paar Tage, also früheste Abreise DC um 8. Mai, „alsbald" (DW 256) Ausflug auf die Raxalpe. Danach „Wochen" (DW 277) mit Tennis im Garten der Villa Clayton und andere Indizien, die auf einen Aufenthalt Donalds von mindestens sieben Tagen hinweisen. Also kann es nicht mehr früh im Mai sein, wenn DC zurück in Wien ist. Ich ersetze dies durch ‚Mitte Mai'.
Den größeren chronologischen Widerspruch löst auch die Anmerkung im Tagebuch nicht: „Eventuell fahren sie schon im Mai." (TC V 241). Interessant auch ebd., S. 248: „… Fehler entdeckt …".

Claytons und Chwostik

Robert Clayton, geboren 1849, lernt mit 26 Jahren, im Dezember 1876, seine spätere Frau Harriet kennen. Er heiratet sie im Sommer 1877. Die Hochzeitsreise führt zunächst nach Wien, von dort aus über den Semmering (→ Raxalpe) nach Cerknica (Slowenien), dann nach Slunj (Kroatien). Dort wird nach Besichtigung der titelgebenden Fälle der Sohn Donald gezeugt („... und waren glücklich, abends in der Wirts-Stube, und glücklich in ihrem Schlafzimmer" – DW 18), obwohl die Distanz zwischen beiden schon spürbar ist.

Auf den gleichen Wasserfällen wird Donald im Jahre 1910, mit gerade 32 Jahren, zu Tode erschrecken und den Untergang finden.[1] Auf dem Steg ausgleitend, gelingt es ihm nicht, das Gleichgewicht wiederzufinden. Dies versucht er noch mit „einer ausfahrenden Bewegung" (DW 387). Dieses das Werk abschließende Drama geschieht auf einer geschäftlichen Reise mit dem Prokuristen Chwostik, der Hauptfigur von DW. Donald hat aber schon einige Wochen vorher das Gleichgewicht verloren und es da noch „mit einer ausfahrenden und langstieligen Bewegung" (DW 284) wiedergefunden. Das war, nachdem man ihm mitgeteilt hat, daß sein Vater ihm die Braut genommen hat. Von da ab ist alles Entwicklung auf den Tod hin. Robert Clayton ist ein zupackender Unternehmer, sein Sohn ebenso begabt, aber ein Hamlet ersten Ranges, wenn auch kein besonders kluger,[2] dazu noch ein schweigsamer;

1 „Das Schicksal von Claytons Sohn ist stigmatisiert dadurch, daß seine Mutter das Wasser senkrecht gesehen hat." (TC V 68) Und auch als Junge hat Donald Angst vor dem Regen als senkrechtem Wasser. „Der See hatte sich geschwenkt wie um eine Achse; aus dem waagrecht Hingestreckten seines Spiegels wurde eine senkrecht und furchtbar aufragende Wand von unermeßlicher Höhe ... Hätte er sich doch aufgerafft, das Fenster geöffnet, hinuntergeschaut, dorthin, wo die Wasserswand auftraf: er hätte sie damit längst in harmlosen Regen verwandelt, der dem Garten keinen Schaden tut." (DW 131f.). Weber bezeichnet Wasser als das Zeichen, in dem DW steht → Wasser.

2 Der andere große Hamlet bei Doderer ist natürlich Melzer, aber der kann wenigstens reden, wenn er mit einer von ihm verehrten Frau zusammensitzt, sei es auch über alles Mögliche, nur nicht den „Punkt

außerdem „undurchsichtig und unbeteiligt" (DW 135) wie seine Mutter.[3]

So weit der konzentrierte Inhalt von Doderers letztem vollendeten Roman, von Sommerhitze und Wasser erfüllt, auch damit eng an DS erinnernd, den er selbst für seinen wichtigsten hielt.[4] In diesem reifen Prosawerk spielen die Dodererschen Stilkomponenten und Manierismen von sprachlichem Humor bis zur Skurrilität, altertümlicher Sprache, Verfremdung[5] und Spiel mit dem Leser, der ständig angesprochen wird, eine durchdachte und mit Liebe, Sorgfalt ausgebreitete Rolle. Doderer ist sprachlich auf dem Höhepunkt seiner Kunst angelangt. Natur wie menschliche Gefühle wie Beziehungen sind nirgendwo poetischer beschrieben und präziser seziert worden.

DW ist auch ein wiederum zweifarbiger Roman, seine (→) Farben sind ‚Blau' und ‚Weiß', er ist der zeitlich erste Teil der Wiener Romantrilogie, die, vollendet von DS und DD, insgesamt die gut fünfzig Jahre von Ende 1876 bis 1927 umspannt. Im Gegensatz zu DS und DD, die man nach Personenkonstellation (Vielzahl, Dichte, Komplexheit und Kompliziertheit) und Teilen des Inhalts auch bezeichnen könnte als

- Liebesromane
- Kriminalromane
- Romane der Alter egos,

ist DW der Roman auch eines hochkomplizierten Beziehungsgeflechtes, hier aber von vier Personen, den ‚Clayton bros.' und ihrem Majordomus Chwostik – gleichaltrig wie Robert Clayton –, in das noch der Gymnasiast Zdenko eingefügt wird. Es ist auch

der Punkte", schaut sie nicht nur schweigend an. Entscheidungen und Erklärungen jedoch, vor allem in Liebesdingen, sind beiden ein Graus. Wenn es darum geht, sich der geliebten Frau zu erklären und richtig zu nähern, ist Melzer sprachlich genauso tapsig wie Donald Clayton. Andere Hamlets im Werk sind Castiletz, Ruy de Fanez, Graf Manuel und René, ein weiblicher ist Mary K., → Zaudern.

3 Genau dies aber ist der Vater nicht: „Doch war es nicht eine Unbeteiligtheit und Unberührbarkeit, die ihm eignete, wie etwa Donald." (DW 182) Vgl. hierzu auch die Anmerkungen in (→) Tabak.

4 „Mein erstes Werk: mein erstes freies unpraefixiertes Werk" (TC V 71).

5 Nirgendwo so viel wie hier, mit „Stiefeln", „Filzpatschen" und dauernden Kommentierungen des Schaffensprozesses, → Verfremdung.

ein stark epizentraler Roman, die Epizentren sind stärker als in DD miteinander verbunden. Nur die Ergoletti-Harbacher-Episode steht außerhalb des Erzählstroms.

Chwostik wie Zdenko erleben das auch im sonstigen Romanwerk Doderers nicht eben häufige Glück, mit einer Frau, die sie erscheinungsmäßig restlos überwältigt, ein einziges Mal, dann aber auch vollkommen, zusammensein zu können. Beide erwarten danach nichts mehr, tragen das Erlebte aber in sich.

Bei Chwostik wird das Ereignis fast einundzwanzig Jahre vorher mit der Farbe ‚blau' angekündigt, als er ein Bild der Mutter seiner späteren ‚Geliebten für eine Nacht' sieht: „... er vermochte dieses Blau nicht zu greifen ..." (DW 246). Bei Zdenko wird es eine Woche vorher angekündigt: „Blau ist die Farbe dieses Nachmittages." (DW 215)

Bei beiden kommt es dann zur weißen Explosion („ein heißer Gletscher" vs. „Stern, der jetzt weißglühend geworden war" – DW 226 und 254). Diese weiße Explosion geschieht zwischen Chwostik und Monica Bachler vor einem bedeutungsschweren weißen Schwenktisch, der auch die – nur unvollkommen bekannte – Klammer zu DG bilden sollte (→ Büffet). Weiß ist auch in bezug auf Möbel und Türen die erotische Signalfarbe des Werkes.

Aber auch Donald und Zdenko sind verbunden, denn der Gymnasiast erlebt sowohl das erste Schwanken Donalds als auch das zum Tode führende mit. Er hat, als perfekter Apperzipierer, schon das erste, äußerlich unwesentliche Ereignis, wieder und wieder reflektiert, wie wird erst das andere ihn prägen!

Robert und Donald sind als Väter, die wie Brüder aussehen, über ihre Vergangenheit, die Erinnerung an Ehefrau/Mutter und schließlich das gemeinsame Unternehmen[6] verbunden. Dabei ist Robert – wie seinerzeit sein Vater zu ihm – absolute Autorität gegenüber dem Sohn; er schickt diesen nach England, um ungestört das Verhältnis mit der Freundin Donalds vertiefen zu können, und empfindet dabei keinerlei Schuldgefühl. So wie einst der Alte den ganz jungen Enkel zu sich nach England geholt hat, ohne darüber nachzudenken, ob sein Sohn damit einverstanden sei.

Robert wird von Zdenko in seiner Rolle als Schiedsrichter

6 Eine solche enge persönliche wie geschäftliche Verbindung gibt es auch in DG zwischen Vater und Sohn Ventruba, die aber nicht mehr ausgeführt werden konnte.

beim Tennis und Verehrer Monicas erlebt, aber eine Verbindung darüber hinaus besteht nicht.

Robert und Chwostik ihrerseits sind durch den Respekt, auf dem ihre enge geschäftliche Zusammenarbeit ruht, die gegenseitige Abhängigkeit und so etwas wie Freundschaft verbunden, soweit man bei beiden eher spröden Personen von so etwas reden kann. Besonders Robert Clayton ist so zu bezeichnen, Chwostik verbindet ja ein tiefes persönliches Band mit Milo.

Auch Chwostiks und Donalds Verhältnis wird durch die geschäftliche Zusammenarbeit und Vertrauen zueinander geprägt. Aber dieses Vertrauen geht nicht ins Persönliche: Als Donald einmal die Chance erhält und fast davor steht, durch totale Öffnung und Kommunikation sich einer tiefen seelischen Belastung teilweise zu entäußern, versagt er. Einmal vor Nennung des Namens, einmal nach Nennung verweigert er sich der Tiefe.

Dieser Name ist der Monica Bachlers, der jungen, emanzipierten (früher als es üblich war und die erste[7] solche Frau bei Doderer), klugen, hübschen, aber nicht schönen, zielbewußten, ausgefallen ausgebildeten, außerehelichen Tochter Rita Bachlers. Um sie drehen sich die Planeten[8] Donald, Chwostik und Robert:

- Zunächst nimmt Donald das ihm gebotene Opfer ihrer Jungfräulichkeit aus Dummheit (Apperzeptionsverweigerung par excellence) nicht an, obwohl er sie liebt.
- Dann gibt sie sich Chwostik für eine Nacht hin, der sie immer angebetet hat und immer anbeten wird.

7 Die erste in der Romanzeit, die letzte im Werk. Zu nennen sind hier natürlich auch Mary K., Etelka und Jutta Bamberger. So sympathisch und/oder klug im einzelnen die anderen wesentlichen Frauengestalten bei Doderer auch sein mögen, sie suchen im Grunde die Führung, wenn der Richtige kommt. So Quapp, Thea, Friederike und Grete. Daß Frauen wie Henriette Frehlinger oder Editha Pastré sich ihre Liebhaber aussuchen, macht sie nicht stark, ganz deutlich ist dies bei Frau Prof. Storch zu erkennen. Asta Stangeler bleibt in dieser Hinsicht seltsam undefiniert.

8 Für die Bedeutung dieses Begriffes → Erotik und Sexualität. Es gibt auch noch Subplaneten, die wie z. B. die Mitglieder des Metternich-Clubs um Zdenko oder wie Münsterer um Chwostik kreisen. Münsterer ist am Anfang Zeuge von Chwostiks Adamsgassen-Periode, am Ende, auf der letzten Seite, nimmt er das Telegramm an Robert Clayton betr. den Tod seines Sohnes entgegen.

- Schließlich nimmt der starke und selbstbewußte, gar nicht so umfassend verliebte (es sei denn in sich selbst!) Robert sie zur Geliebten und Ehefrau. Diese Verbindung ist nicht auf Dauer angelegt (→ Krebse), aber an ihrem Zerbrechen wird Robert ebensowenig zugrunde gehen wie (wir können es nur vermuten) am Tod seines Sohnes. Hier hat ein überstarker Vater einen schwachen Sohn auch durch diese Stärke zugrunde gerichtet. Dies hatte Roberts eigener Vater seinerzeit nicht geschafft.

Als Monica dem älteren, schlafenden Robert Clayton bei ihrem Aufenthalt in Semmering über den Kopf streicht, „begriff sie wie noch nie die Attrappen-Natur dieses Sohnes, der vor seinen Vater gestellt gewesen war wie ein Wandschirm, oder eigentlich nur eine angelehnte Tür. Sie war hindurchgegangen." (DW 286)

Donald geht daran zugrunde, aber er war schon vorher tot. Schon als er in Slunj nach dem erschreckten Blick der Eltern auf die senkrechte Wasserwand der Fälle gezeugt wurde, war dies angelegt. Auch tauchte die Wasserwand, als starker Regen, in der Szene der Jugend und in der seines Versagens[9] bei Monica auf, welches seinen Tod per Trauer direkt verantworten wird. Und als er nach der Nachricht über ihre Annäherung an den Vater beinahe hinfällt, ist der Fall auf die Fälle[10], die Wand aus Wasser,

9 Er versagt ja schon vorher, nicht nur an jenem Nachmittag. Auch zuvor sitzt er immer nur da und „lächelte", „sah sie immerfort an. Das war eigentlich alles." (DW 206) → Tabak.

10 Es ist hochinteressant angesichts der enormen Bedeutung dieser Wasserfälle für dieses Werk Doderers, daß das Naturphänomen im gesamten restlichen Werk nur als Metapher erscheint:
- „Die Straße brauste gleichmäßig wie ein Wasserfall." (DD 977)
- „... drüben zuckten die Mündungsblitze der ununterbrochen feuernden Batterien, deren Geschosse wie ein rauschender Wasserfall über ihm ihre Bahn zogen." (DE-Feldbegräbnis 235)
- „... sie nahm daraus noch einige Hoffnung, ihrer Wirrnis zu entgehen, sich daraus zu ergießen wie ein weiß schäumender Wasserfall aus der finsteren Felsenschlucht hervorbricht in helle freie Landschaft." (DE-DIV I 21)
- „... wie ferner Wasserfall rauschen die Wälder." (DE-DIV VI 146)

Vgl. dazu Wasser. Zu der Bedeutung von Mauern und Wänden generell s. Norris, S. 321 ff.

erneut vorweggenommen. Auf ihn trifft das Wort Becketts zu, wonach wir über dem offenen Grab geboren werden.

Die Hauptfigur Chwostik hingegen ist eher rätselhaft und erinnert in dieser Rätselhaftigkeit an die von (→) Leonhard Kakabsa, der ebenso felsartig und einzigartig im Zentrum von DD steht wie unser Josef Chwostik, auch genannt der ‚Pepi' und später der ‚alte Pepi', in dem von DW. Seine Menschwerdung ist

- die Entwicklung vom dumpfen („Wir berichten über ihn vielfach in einer Ausdrucksweise, die ihm unverständlich gewesen wäre. Aber es geht nicht anders. Eine seinige gibt es nicht." DW 85) Wesen zum sensiblen Gesprächs- und Reisegefährten;
- die Entwicklung vom unapperzipierend in der Adamsgasse lebenden Individuum, welches nicht reflektiert, daß in seiner Wohnung zwei Prostituierte ihr Geschäft betreiben, obwohl er es eigentlich gar nicht nötig hat, bis zum nun duftenden und gut gekleideten Bewohner einer Wohnung am Donaukanal, der sich mehr und mehr präzise auszudrücken vermag und im Laufe der Jahre dieses in mehr als einem halben Dutzend Sprachen;
- die Entwicklung vom kommerziellen Leiter eines kleinen Devotionalien-Herstellers zum eigentlichen Machtzentrum und erfolgreichen Majordomus und Geschäftsführer bei Clayton & Powers.

Das verlangt schon Bewunderung. Doderer macht es auch durch den langen Atem dennoch glaubhaft und überzeugend. Wir erleben den Prozeß mit, werden nicht mit dem Ergebnis abgespeist. Die Parallele zu Leonhard zeigt sich metaphorisch am stärksten im sprachlichen Bereich (Dialekt zu Hochsprache plus alte Sprachen). Noch rätselhafter ist die Entwicklung, nämlich explizit ‚Menschwerdung' des „in troglodytischer Enge" (DW 30) lebenden Münsterer. In der letzten Szene des Romans, im letzten Satz, schaut ausgerechnet Chwostik gerade ihn „lange an und blickte in dieses entwirrte und ruhig gewordene Antlitz, als läge hier der gelöste Knoten dieser letzten Zeit vor ihm zu Tage" (DW 394 und finis).

Kurz vor Schluß von DW gelingt Doderer eine weniger rätselhafte Formulierung, die in einzigartiger Weise seine Talente als

Meister der Naturbeschreibung, der zielgerichteten Prosa und der Metaphorik offenbart: „Zdenko trat ein paar Schritte abseits gegen das Wasser zu. In tiefer Beruhigung stand der Ton der Fälle, von hier nicht mehr heulend, rauschend und zischend, sondern als einiger Orgelpunkt. Die gewaltige Bewegung des Wassers ward solchermaßen stehend, ein in sich gekehrter Donner, das Kommen und Gehen in einem, im Ohr ein Massiv aufrichtend, an dessen sonorer Ruhe all sonstiges klein vorüberging." (DW 393)

Dämonen

„Definition des Dämonischen und der zweiten Wirklichkeit! René ... spricht über das von ihm entdeckte Stück im Sinne der zweiten Wirklichkeit. (Holz!)." (TC IV 344–14.9.1954) Dies ist eine Schlüsselstelle, weil hier neben der das Dämonische konstituierenden ‚zweiten (→) Wirklichkeit' auch der Begriff ‚Holz' aufscheint, der im Zentrum jener Erkenntnis steht, welche im mittelalterlichen Manuskript von DD das Dämonische als der Menschwerdung entgegenstehend sieht: „Undt mir ist, als wuerdt ich aus zweien halbeten mannern wyder ain ainiger gantzer; und war von den halbeten der ain von holtz ... Ain gebild, wann dich daz ueberkom, und du pist damit allainig undt verslozzen, entgehet dir all anders, bist verlân." (DD 805)[1]

‚Dämonisch' sind hiernach die Kräfte, welche den Menschen in die zweite Wirklichkeit treiben und ihm das Eins-Sein mit sich selbst rauben. Aber sind das schon die titelgebenden ‚Dämonen'? Sind sie über das Dämonische hinreichend definiert? Die gesamte Literatur zu Doderer drückt sich um die klare Feststellung, wer und was denn nun eigentlich mit den ‚Dämonen' der DD gemeint sei, herum oder setzt einfach voraus, das sei wohl evident. Aber bei Doderer ist nichts evident. Alternative Interpretationen sind immer möglich.

1 S. hierzu und zum Kommentar Williams' („Damals nannte man's einen Dämon.") Löffler 1991, S. 80f.; dort ist allerdings zum Zwecke der Zuspitzung die Definition der Dämonen zu eng gefaßt, zu einseitig auf den linken und den rechten Dämon bezogen.

Natürlich werden gelegentliche Deutungsmöglichkeiten gegeben, die manchmal auf die Verursacher des Brandes hinauslaufen, manchmal auf das Böse an sich,[2] manchmal auf eine Vielzahl von Phänomenen zugleich,[3] oft auf Sexualneurosen à la Schlaggenbergs Dicken Damen. Aber niemand hat präzisiert, was nun wirklich und genauestens Sache ist. Doderer vergrößert das Verwirrspiel dadurch, daß er in den Tagebüchern DD sowohl als Kürzel für den Romantitel wie für Kajetans Besessenheit benutzt.[4]

Bei dem Versuch, sie zu identifizieren, hilft auch ein Blick auf die Kräfte, die Dostojewski als ‚Dämonen' bezeichnet hat, wenig. Doderer hat andere politische Kräfte von Dostojewski übernommen als die Nihilisten, wenn auch kaum, Dr. Körger zum Trotz, die Faschisten/Antisemiten. Eher schon die Faschistoiden. Darüber hinaus ist der Titel des russischen Romans korrekt mit ‚Die Besessenen' übersetzt.

Die Dämonen von DD sind mannigfaltiger Art:

- politisch — Faschismus als heraufdämmernde (Körger) Ordnungsmacht
  Revolution als Selbstzweck, die ‚Massen' (DD 624), vielleicht sogar der (→) Ruass, wenn auch nicht ideologisch geprägt
  Antisemitismus
- sexuell — Büßerinnen (Jan Herzka)
  Dicke Damen (Kajetan von Schlaggenberg)

2 Michaelis, passim; hier aber auch ein realistischer Ansatz wie der des Antisemitismus, der als Trennung der Juden und Nichtjuden im Sinne Dr. Körgers in der ersten Fassung von DD präsenter war.

3 Luehrs 1998, S. 115 f.; er stellt zu Recht fest: „Die hiermit stark veränderte Verwendung des Begriffs reagiert auf den sachlichen Bruch innerhalb des Romans auch in dem Sinne, als sich die leitmotivische Verwendung des Begriffs verliert (oder verändert)." Ähnlich Michaelis, bes. S. 176 ff.

4 Schmidt-Dengler 1995 (2), S. 23; „Who and what are the demons?" fragt Waidson (S. 221). Er gibt uns auf den folgenden zwei Seiten keine Antwort, sagt höchstens, wer oder was sie nicht sind. Daß die doppelte Verwendung von DD im Tagebuch einer einseitig sexuell orientierten Definition (Anm. 1) Vorschub leistet, liegt auf der Hand. Jedenfalls trifft sie weitestgehend auf die Dämonen des Verfassers zu. Sie kann aber auch Teil Dodererschen Versteck- und Verwirrspiels sein.

Andere sexuelle „Deviationen“[5]
Sexuelle, nicht ‚deviante‘ Symbole: Brüste[6]

- Der Meisgeier mit seinen diffusen Motivationen (das Böse als Ziel an sich)
- Kubitschek/Csmarits, der in den Träumen der Kapsreiter Pepi seinen politischen Interessen opfert und damit den Brand, das rote Wimmerl, erzeugt.

Und doch ist ihnen allen eines gemeinsam. Die Dämonen in der gesamten Dodererschen Prosa – es wäre ja naiv, sie auf DD beschränken zu wollen – entspringen dem Begriff der zweiten Wirklichkeit vornehmlich in den Bereichen des Politischen[7] oder der Erotik/Sexualität, die, als ‚falsche‘,[8] jene ebenso erzeugt

5 Es hat mich immer geärgert, wenn mit Regelmäßigkeit die erotisch-sexuellen Vorlieben oder meinetwegen Idiosynkrasien Schlaggenbergs und Herzkas als ‚deviant‘ (Voracek, passim) oder ‚perverted‘ (Hesson, S. 16) bezeichnet werden. Dies entspringt einem ja nun wirklich völlig überholten Bild von Sexualität. Ebenso wäre dann auch René Stangelers Verhalten mit seinem intermittierenden Gefühls-Sadismus gegenüber Grete Siebenschein so zu bezeichnen oder Donald Claytons selbstverständliche Gewohnheit, bei Edel-Prostituierten für Triebabfuhr zu sorgen, da er selbst nicht zu einer Beziehung in der Lage ist. Was Leonhard Kakabsa aus dem gleichen Grund tut, der, bevor er Mary erobert, mehr Angst vor sexuell aktiven Frauen hat als alles andere. Und Chwostik, weil er für anderes keine Zeit hat (?). Der einzig „normale“ Mann in DD wäre dann Dwight Williams, or isn't he?

6 Die These von einem linken und einem rechten Dämon findet sich bei Löffler 1991; sie würde jedenfalls das Kriterium erfüllen, daß die Dämonen die Menschen (oder hier besser die Männer) in die falsche 2. Wirklichkeit treiben. Aber was ist dann mit „denen Weibern“? Für den Zusammenhang zwischen Dummheit qua Sexualität und Apperzeptionsverweigerung → Dummheit.

7 Auch für Dostojewskij „wird die Wirksamkeit dieser Dämonen am ehesten im Politischen erfaßbar“. Schmidt-Dengler 1997 (1), S. 21.

8 Der Begriff ist sehr relativ zu bewerten, denn erstens fragt sich, was ‚falsch‘ sei, und zweitens, ob nicht auch die ‚richtige‘ Dämonen erzeugen kann. Die „nahen Dämonen“, die am Anfang von DS in Mary K.s Gedanken sich zeigen (DS 24), sind nur die anderer Männer neben dem geliebten Oskar, die des Fremdgehens, und kaum als ‚falsch‘ zu definieren.

wie Dummheit die erstere, aber auch Alkohol und andere Lebensgegebenheiten. „Die großartigsten Gestalten seiner Romane sind von ihrem Dämon gezeichnet", sagt Robert Blauhut[9] und zieht als Beleg Louison für Castiletz heran, den Geschlechtstrieb für Etelka, den Sadismus für Herzka. All dies sind eben auch sexuelle Dämonen, aber Blauhut bezieht sich auch auf den Intellekt als dämonisches Ferment für René und Kajetan.

Viele[10] der Protagonisten wie Nebenfiguren von DD sind einer Ideologie verfallen, am deutlichsten Dr. Körger, Schlaggenberg, Stangeler, Quapp, Imre, Herzka. Aber es wäre ein Fehler, falsche Werte, Kriminalität mit Dämonen gleichzusetzen. Levielle ist ein gerissener Gauner und Intrigant, aber keiner Ideologie erlegen (seine Antriebsfedern sind zu mannigfaltig, vor allem Geld, Ruhm, Einfluß). Ähnliches gilt auch für Cornel Lasch. Es ist die Erhebung über alles andere, das Hochstilisieren zum Götzen, das totale Unterwerfen unter ein Ziel, welches den Dämon erzeugt. So nur kann das Suchen nach Dicken Damen für Schlaggenberg einer sein, die Vorliebe für und Liebe zu üppigen Damen für Geyrenhoff dagegen nicht.

So ist natürlich auch die politische Apperzeptionsverweigerung des Menschen Doderer – neben seinen sexuellen Eigenheiten, die er sowohl mit Herzka als auch mit Schlaggenberg teilt – ein Dämon; viel mehr, als dies die Kräfte hinter dem Aufruhr am 15. Juli 1927 waren, der zu einem entsetzlichen Ereignis wurde, aber nicht zum „Cannae der österreichischen Freiheit" (DD 1328).[11] Auch in dieser Bewertung zeigt der Dichter, daß er eben kein (→) politischer Schriftsteller ist.

9 Robert Blauhut, Der Metaphysiker des Staatsbeamten. Eine Studie zu Heimito von Doderer, in: Wort in der Zeit 6 (1960), Heft 8, S. 23 ff., hier S. 27.

10 Hamburger (1986, S. XI) hat über dreißig Personen in DD gezählt, er gibt uns leider keine Liste.

11 Eher ein Symptom als ein Anfang. Ganz anderes als Doderer sieht Karl Kraus den 15.7. Seine Darstellung der Ereignisse (DIE FACKEL 766–770, Oktober 1927) vertritt auf zweiundneunzig Seiten, dicht belegt, die Ansicht, wonach die Polizei mit ungeheurer Brutalität auf alles geschossen habe, was sich bewegte. Ich würde im Zweifel eher die Darstellung von Karl Kraus für angemessen halten als die Doderers, denn im Gegensatz zu diesem war jener in der Tat ein (→) politischer Schriftsteller. Nach Schmidt-Dengler 1995 (2),

Und doch sind es vorwiegend Frauen als Sexualobjekt oder sexuelle Eigenheiten, welche sich an diesen festmachen, die Doderers Protagonisten wie Nebenfiguren um- und umhertreiben und ihnen die Erkenntnis der ersten Wirklichkeit, damit auch die Apperzeption, verweigern. Hanna Brandter ist der Dämon Manuel Cuendias'[12] so wie Magdalena Güllich der des ‚ersten' Jan Herzka,[13] Agnes Gebaur der des zweiten, die ‚Dicken Damen' die des Alter ego Kajetan von Schlaggenberg. Immer sind es auch Doderers Dämonen, die ihn als Sexualneurosen wie der von insbesondere in den „oberen Stockwerken" umfangreichen älteren Frauen oder dem Versohlen von entsprechenden Hinterteilen einerseits, politischer Dummheit wie der dummen[14] Faschismus-Episode und dem unreflektierten Grob-Antisemitismus andererseits in der zweiten Wirklichkeit festhalten.

Insgesamt gesehen jedoch sind nach einer aufschlußreichen Tagebuchstelle „objektivierte Phantasmagorie(n)" stets dämonisch (TT III 627–27.8.1948, also nach Abschluß von DS, im Beginn des zweiten Anlaufes auf DD). Es bestätigt dies, daß die ‚Dämonen' von DD ebenso vielfältig sind wie allgemein, im Kosmos wie im Werk. Dämonen sind die Kräfte, die Menschen in eine zweite Wirklichkeit und dazu drängen, diese falsche Wirklichkeit für sich als allumfassend zu betrachten, also zu ideologisieren. Die Besessenheit vom Dämon ist die Besessen-

S. 24, hat Doderer Kraus als Quelle genutzt. Ich kann das nicht nachvollziehen. Auch Weber (1963, S. 290, Anm. 10) meint, Doderer habe „sämtliche erreichbaren Quellen … ausgewertet". Vielleicht gelesen, aber zwischen den Darstellungen von Doderer und Kraus gibt es keine Gemeinsamkeit, noch nicht einmal eine Beeinflussung. Dies gilt sogar für Nebenaspekte wie die Frage, warum die Feuerwehr nicht löschen konnte. Ausgewogen ist die Darstellung von Gerald Stieg nicht ganz, aber unverzichtbar, um eine Gesamtsicht zu haben. Auch er bestätigt Kraus und kritisiert, weitgehend zu Recht, Doderer. Ausführlicher das Stichwort (→) Ruass.

12 So auch Barker 1986, S. 23.

13 Es sind schon zwei, wenn auch nur einer, → Herzka.

14 Die Verdoppelung ist ein Zitat. In DE-Lerche spricht Mary von ihrem „dummen Gespräch mit der Dummen", und dieses Gespräch ausgerechnet „war ein politisches Gespräch gewesen" (DE 307). Nichts anderes als eine frühe Reflexion auf seine eigene Dummheit ist diese Formulierung aus einer Erzählung von 1946.

heit von einer Ideologie und damit die Ur- und Endform der Apperzeptionsverweigerung. Dies allerdings auf Doderers Abwendung von der nationalsozialistischen Ideologie zurückführen zu wollen ist, so reizvoll es wäre (→ Trethofen), schon deshalb nicht möglich, weil der Titel (mit dem Zusatz ‚der Ostmark') lange vor dieser Abkehr feststand.

Dicke Damen

„Sind diese Personen dick?" fragt Kajetan den Sektionsrat und spezifiziert: „... ich meine: korpulent, wohlbeleibt, von starker Fülle." (DD 69) Die Suche nach solchen, auch älteren Damen beherrscht Schlaggenberg in einem neurotischen Maße („Dicke-Damen-Doktrinär-Sexualität" – DD 851): Er ist davon als einem (→) Dämon besessen, verliert darüber seine Apperzeptionsfähigkeit und damit den Blick auf die erste Wirklichkeit. Doderer zeichnet hier verzerrt an einem seiner Alter Egos eine Besessenheit, die auf frühe Jugenderlebnisse zurückgeht.

Das ganze Werk ab EM handelt, soweit es um (→) Erotik und Sexualität geht, von üppigen Frauen. Aber es wäre völlig falsch, ihn hier einseitig festnageln zu wollen. Das Fasziniertsein von üppigen, drallen, rundlichen Frauen ist etwas anderes als die Schlaggenbergsche Manie für Rubens-Figuren. Im Gegenteil steht ‚Drallheit' gegen ‚Fettheit'. Dies gilt natürlich erst recht für Doderers Hinwendung zum Typus (→) Jutta Bamberger/Renata (schräge Augen, jungenhaft schlank, rothaarig oder blond).

So üppig, daß sie den fragwürdigen Schlaggenbergschen Kriterien („gelinde gesprochen – undiskutabel" – DD 851[1]) entsprechen würden, sind außer den im folgenden aufgelisteten Damen auch noch andere Frauenfiguren bei Doderer. Aber sie sind weder in der Mehrzahl[2] noch als solche bezeichnet, wir können es nur vermuten.

- Mary K., der Kajetan nicht ohne Grund „zu Füßen" saß. (DD 665)

1 Ausführlich dazu Löffler 1991, bes. S. 73 ff.

2 Für den Regelfall der Dodererschen Präferenzen → Erotik und Sexualität, Liebe und Ehe.

- Henriette Frehlinger „... explodierte immerfort nach allen Seiten, vernichtete den Raum um sich ... erschien ihre große Gestalt von einem Nachmittagskleide nicht umspielt, sondern mit diesem bespannt" (DW 217).
- Frau Harbach war „eine schöne, reife und üppige Frau", ihr „Décolleté ... ein makellos gleißender Gletscher" (DW 174).
- Friederike Ruthmayrs „Kleid war über dem Busen gebauscht, aber diese Mittel konnten die machtvolle Aussage der Natur nicht ganz vertuschen" (DD 1099). Kein Wunder, daß Schlaggenberg fasziniert ist: „... ich hatte da eine Frau gesehen – Dame in braunem Abendkleid, sehr stark, breit ..." (DD 69, erst bei sehr genauem Hinlesen merkt man auf S. 103, wer es war).
- Mädi Fraunholzer ist ebenfalls gesegnet „mit reichen Gaben der Natur" (DD 1253).
- Auch Rosl Zihal, die „schöne, dicke Rosl" (EF 112), Frau Selma Steuermann („fett! wahrhaft üppig! korpulent! wohlbeleibt! von starker Fülle!" – DD 69) und Clarisse Markbreiter („umgekehrte Tropfenform" – DD 85), „Tante Berta" (sie erregt den jungen Castiletz – EM 78) und manche andere könnten noch erwähnt werden.

Es reicht für eine Besessenheit, dies war nur ein Teil des Dodererschen Interesses, und sein Alter ego Geyrenhoff heiratet Friederike mehr ihres Charakters wegen als ihrer „gleißenden Schultern", mögen ihm diese auch den Blick „mit Macht" niederschlagen" (DD 1133).

Die Unsrigen

Das Gründungsfest für dieses Aggregat („eine ganze Gruppe von Menschen"- DD 9) findet am 6. März 1927 bei Schlaggenberg statt, vorher gab es die ‚Bande' (Vorformen[1] davon auch schon in DS) oder den ‚Troupeau' („das französische Wort für ‚Herde'" – DD 76), auch als ‚Düsseldorfer' bezeichnet. Und

1 Dies bezieht sich auf die Handlungszeit, nie auf die Herstellungszeit. Die erste Version der DD, lange vor DS niedergeschrieben, hatte die ‚Unsrigen' schon und sehr ausgeprägt.

zwar mit wechselnder Besetzung (DS 301: „mit wechselnden Banden"). Führer dieser Bande(n) war Eulenfeld, der ‚Zerrüttmeister' (so bezeichnet von Mary K. und Schlaggenberg).

„Was die ganze Bande betraf, so übte Eulenfeld auf diese zweifellos eine Art Faszination aus. Sie zogen hinter ihm her, wirklich wie ein Kometenschweif, Männlein wie Weiblein. Es bestand bei Eulenfeld etwas wie eine Überlegenheit ab ovo. Derartiges gibt es bei Menschen von sehr eleganter Rasse. Es war Charme und Sicherheit zugleich; besonders das erstere schätzt man hierzuland, ja, es kann einer geradezu darauf sündigen: viel wird ihm verziehen." (DD 76) Hierzu gehörten außer den Untengenannten auch Titi Lasch, der Graf Langingen, ein Herr Wutschkowski. Diese Bande ist es auch, aber ohne die zuletzt Genannten, die am 8. Januar 1927 „im großen Nebelfleck" unter anderem Friederike Ruthmayr zum Cognactrinken aus der Flasche bewegt.

Die ‚Düsseldorfer' unterwandern im Spätherbst 1926 auch die Geselligkeiten bei Mary K. (DD 652) bis zur endlichen Bekanntwerdung ihres Anführers mit dieser.

Die spontane Bildung von Banden oder Veranstaltung von Ausflügen basiert auf dem Prinzip der „Menschenjagd" mit „Aushebungen" (DD 77). Wer gerade gepackt wird, muß mit! Bei der Aushebung am 8. Januar 1927 erwischt Eulenfeld z.B. Dolly Storch, Oki Leucht, Bill Frühwald, Stangeler, Imre, Holder, Draxler. Stangeler wird, auf Grete wartend („Verwandtenkonferenz!" – DD 98) „einfach vom Fleck weg mitgenommen, in irgendeinen von den Wagen hineingestopft" (DD 197). Es gibt keine Identität, nur Überschneidungen:

‚Die Unsrigen'[2]	*Beide Banden*	*‚Die Düsseldorfer'*
Emma Drobil	Eulenfeld	Beppo Draxler
Georg Geyrenhoff	Guyrkicz	Bill Frühwald
Hedwig Glöckner	Holder	Mucki Langingen
Robert Höpfner	Stangeler	Titi Lasch
Kurt Körger		Oki Leucht
Laura Konterhonz		Dolly Storch
Hans Neuberg		Wutschkowski

2 Von der maschinengeschriebenen Liste von – vermutlich – 1934, die Hesson im Appendix I abdruckt (S. 98), weicht diese endgültige ab durch Camy, Dwight und Emma, die hinzugekommen sind.

Géza Orkay
Camy Schlaggenberg
Kajetan Schlaggenberg
Grete Siebenschein
Angelika Trapp
Dwight Williams

Noch ganz andere Zusammenstellungen hat die Bande in DS. Nur der Anführer Eulenfeld und Stangeler sind dort schon dabei. Ansonsten kommen hier Melzer, Editha und andere vor, von denen Melzer sich „oft kaum die Namen merken" konnte (DS 301).

Hier wird der Kreis um Eulenfeld einmal auch als „‚societas daemonum aliorumque damnatorum', wie der große Katechismus sie unter den Höllenstrafen anführt" (DS 368), bezeichnet. Die organisierten Zusammenrottungen dienen nicht nur Exzessen wie Alkoholkonsum, endlosen Gesprächen und schnellen Autofahrten (einmal sehr übel von Dr. Trapp aufgenommen – „eine wahre wilde Jagd" – eine versteckte Anspielung, DD 210), es werden auch sportliche Ausflüge wie z. B. zum Skilaufen unternommen.

Teilnehmer des Gründungsfestes der Unsrigen sind:

- Otto Eulenfeld: Anführer[3]
- Kajetan Schlaggenberg (so eine Art Unterführer, das Fest findet auch bei ihm statt)
- Emma Drobil
- Georg von Geyrenhoff
- Hedwig Glöckner
- Imre von Guyrkicz
- Robert Höpfner
- Redakteur Holder
- Dr. Hans Neuberg

3 Er hält die Gruppe zusammen und nichts anderes. Warum Ulrike Schupp (S. 163 ff.) auf die soziologische Definition von gruppenerhaltenden Faktoren hinweist, weiß ich nicht. Diese Frage stellt sich schon wegen der kurzen Lebensdauer nicht. Schupps sehr systematisches Buch leidet stellenweise an Ungründlichkeit (sie bemerkt z. B. nicht, daß das den Weg der Unsrigen kreuzende Mädchen – Schupp, S. 164 f. – Licea ist, eine Zentralfigur).

- Charlotte Schlaggenberg
- René Stangeler
- Dwight Williams

Später, in Kapitel 10 von DD, dem die ‚Unsrigen' die Überschrift gegeben haben, stoßen dann noch hinzu:

- Dr. Kurt Körger
- Laura Konterhonz
- Géza von Orkay
- Grete Siebenschein
- Angelika Trapp

Ein Ausflug Mitte April 1927 vereint alle, auch die Neuerwerbungen, man ist also „in pleno", wie Geyrenhoff es ausdrückt (DD 305). Dennoch fehlen einige, nämlich die Drobil und die Glöckner sowie Mr. Williams.

Aber insgesamt hat es die ‚Unsrigen' „genau genommen, nur durch einige Wochen und nicht einmal Monate gegeben" (DD 663). Also vom 6. März bis zum 14. Mai 1927, denn der (→) Tischtennistee „bildete eigentlich das Ende".

Während einzelne Mitglieder durchaus konservativer bis reaktionärer politischer Ausrichtung sind (Dr. Körger ist auch Antisemit – DD 309[4] –, Eulenfeld, wenn überhaupt, weniger ausgeprägt, lt. DD 620 sind es auch Schlaggenberg und Orkay, man vergleiche auch die Erwähnung des letzteren durch den

4 „‚Nein, Sie nicht', antwortete mein Neffe in aller Ruhe." In Verbindung mit seiner einige Zeilen zuvor so benannten „Vision einer besseren Zukunft" ist der Sinn klar. Hierauf hat bereits Schupp, S. 166 verwiesen, in der Nachfolge von Weber 1963, S. 156. Dieses „in der Nachfolge von Weber 1963" trifft auf nicht unbedeutende Teile der Sekundärliteratur zu, ohne daß stets die Quelle genannt wird. Daß Eulenfeld den ritterlich Grete über Körbers widerliche Flegelhaftigkeit hinweghelfenden Géza deshalb „mit unverhohlener Sympathie" (DD 309) betrachtet, verweist darauf, daß auch er kein Antisemit ist und auch kein Freund Körgers, selbst wenn er mit diesem oft zusammen auftritt – wenn auch wesentlich seltener nach dem ‚Eintopf'. Fraglich bleibt dennoch, wieso Körger „die Angelika meinetwegen ... zu uns herüberlotsen" will, Trapps sind Juden. Vgl. zu dieser Stelle die Ausführungen von Werkgartner Ryan, S. 49 ff., die nach meiner Meinung den Antisemitismus-Aspekt übertreiben.

,Grafen' in DD 549 und die Nähe zu den ,Frontkämpfern' = Gegenspieler des ,Schutzbundes'), ist die Gruppe der ,Unsrigen' nicht als faschistisch oder profaschistisch zu bezeichnen. Auch die kurze Lebensdauer dieses Verbundes deutet darauf hin, daß solche Deutungen eher übertrieben sind.[5] Auch daß Dwight Williams und Emma Drobil Gegengewichte zu den ,Unsrigen' bilden,[6] kann angesichts vom Grad ihrer Integration nicht nachvollzogen werden.

Auch Antisemitismus ist zwar bei Dr. Körger, aber nicht bei der Gruppe zu konstatieren, der ja mit Grete Siebenschein, Hedwig Glöckner,[7] Angelika Trapp, Hans Neuberg, Imre und Holder (?) Juden fast hälftig angehören. Daß dieser ebenso wie der Nationalsozialismus Ideologie ist und daß es solche im Kreis gibt, heißt nicht, daß der Kreis es ist. Auch Geyrenhoffs „Unruhe" im Gespräch mit dem Hofrat gilt nicht dem Kreis, sondern Beobachtungen „innerhalb dieses Menschenkreises" (DD 480).[8]

5 Weber 1963, S. 156, spricht davon, daß Körger, Eulenfeld und Schlaggenberg „dem Faschismus mehr oder weniger nahestehen". Das ist möglich, aber nicht für alle drei evident. Typisch für eine übertriebene Abqualifikation in dieser Richtung ist Reininger, bes. S. 38–44. Diese letztere Arbeit leidet sichtlich an Aufgeblasenheit und an einem Grundtenor, der sich am besten in der Aussage äußert, Doderers Werk mangele es „an einem entschiedenen ideologischen Gehalt" (S. 214).

6 So z.B. Hesson, S. 15.

7 Dies ergibt sich aus den von Elizabeth Hesson als Appendix II abgedruckten Briefen Doderers. Warum Dietz meint (S. 8, Anm. 21), daß mit diesem Aide-mémoire Doderers „Mysogenie und Antisemitismus einen einmaligen Tiefpunkt erreicht hätten", bleibt mir unverständlich. Man sehe sich die Bemerkungen zu Altschul an („ein ausgezeichnet aussehender und anständiger Mann", S. 102), zur ,Judenfrage' („... weiß Gott um eine Reihe von Menschen handelt, bei denen sich nicht ein einziger Tropfen jüdischen Blutes nachweisen ließe ...", S. 108), Camy und Grete (S. 114). Weder Antisemitismus noch Misogynie, am schlechtesten kommt auch hier Kajetan-Doderer weg, und ein Tiefpunkt? Nein, nicht oder kaum im Werk. Leider zum Teil im Leben, → Juden.

8 Insofern ist auch Eberhard von Lochner nicht zuzustimmen, der anhand der gleichen Stelle die Unsrigen unter Bezug auf Geyrenhoff als „ein Sprachsymbol für solche Menschen seines Bekanntenkreises, die Anzeichen ideologischer Verhärtung tragen", bezeichnet (S. 155).

Faschistisch hingegen sind die ‚Unseren', zu denen der ‚Graf', Pinta, Hiltl, Sevczik und andere gehören und von denen Pinta im Gespräch mit Imre (DD 935 ff.) spricht. In Géza überschneiden sie sich mit den ‚Unsrigen', allerdings kennt auch Eulenfeld, leider, den ‚Grafen' und Hiltl. Imre denkt an die ‚Unseren' wie an die ‚Unsrigen' als „Gesindel". Eine bedenkliche politische Ausrichtung muß es bei dem realen Vorbild der ‚Unsrigen' gegeben haben, insbesondere bei dem Eulenfelds, Otto Dressel. Dies hat bei der Analyse des Werkes keine Beweiskraft und ist für sich hier nicht Thema.[9]

Die Bezeichnung geht natürlich (→ Einflüsse/Zitate) auf Dostojewski zurück.[10]

Dummheit

Dummheit ist die geläufigste Form der Apperzeptionsverweigerung (AV) oder, wie im Tagebuch formuliert, „eingekleidete Apperceptionsverweigerung" (TT III 193). Es ist nicht nur so, daß Dummheit zwangsläufig zur AV führt, sondern auch so, daß AV immer auch auf Dummheit beruht. Über die falsche = dumme Wahrnehmung der ersten Wirklichkeit gelangt der (noch) nicht Mensch Gewordene zur zweiten, wo er verharrt, bis er sich aufrafft. Dies ist Kernaussage der Dodererschen Auffassung von (→) Apperzeption und, wie dort gezeigt, stark überpointiert.

Das ‚Repertorium' hat zu diesem Stichpunkt 11 Eintragungen, und wenn Doderer meint, man könne sie auch kurz als „Verleugnung der analogia entis" bezeichnen (REP 56), erklimmt er dabei den Gipfel der von ihm geschätzten Vereinfachung eines komplexen Gegenstandes und Zuspitzung auf eine kurze Formel.

Die Dummheit spielt im Werk keine so zentrale Rolle, aber sie ist stets gegenwärtig, erhält ihre wesentliche Funktion aber

9 S. dazu Wolff 1996, S. 39 ff. und 46, sowie Fleischer 1996, Kapitel 16 und 17.

10 S. dazu Weber 1963, S. 155; hier auch die treffende Bezeichnung ‚Versammlung solitärer Individuen'.

erst in der Bezogenheit auf den Verfasser selbst, der die „Erkenntnis meiner Dummheit“ nach einem oft zitierten Ausspruch als sein eigentliches Werk bezeichnet (DE-Meine neunzehn Lebensläufe 496). Denn sie ist natürlich erkennbar und damit überwindbar. „Man kann in wenigen Sekunden von seiner eigenen Dummheit frei werden: Dies ist eine der ungeheuerlichsten Tatsachen und ein angedrohtes Gericht zugleich.“ (TT III 748–28. 5. 1950) Diese Aussage paßt gut auf (→) Conrad Castiletz.

Der Überwindung der Dummheit gilt eine ganze Erzählung, nämlich ‚Die Posaunen von Jericho‘. Überhaupt werden in allen Divertimenti Dummheiten, Fehler, Fehleinschätzungen oder Gebrechen überwunden.[1] Damit sind sie noch nicht Erzählungen von Menschwerdungen, aber doch von Prozessen in deren Richtung. Dementsprechend ist eine Erkenntnis der eigenen Dummheit schon „so gut wie sehr intelligent“ (DS 678).[2]

„Fast bei allen Mannsbildern dürfte wohl das Sexuelle ein Territorium sein, das von der Dummheit fest besetzt gehalten wird; bei solcher Lähmung einer wahren Schlüsselstellung aller Apperception läßt sich leicht denken, wie sehr die Dummheit auch auf allen anderen Hauptkampf-Feldern des Geistes leichten Sieg erringt, vornehmlich einmal auf dem Gebiet der Sprache, welches mir jenem des Eros auffallend nahe zu liegen scheint.“ (TC IV 77)

Mir scheint die politische Dummheit die gefährlichere zu sein, wofür Doderer gut als Beispiel dienen kann. Hier greift auch der Begriff der AV wesentlich besser. Politische Strukturen, Strategien und vor allem Ideologien trotz vorhandener Intelligenz nicht begreifen zu wollen ist viel eher als Akt von AV zu verstehen als eine Vorliebe für üppige Formen beim weiblichen Geschlecht. Und viel gefährlicher dazu, auch für den Apperzeptionsverweigerer. Ein bißchen klarer hätte sich Doderer in diesen Fragen schon ausdrücken können. Es würde helfen, sein Versagen in einen Kontext stellen zu können.

1 Schmidt-Dengler (1995 [3], S. 501) hat im Nachwort zu DE darauf verwiesen.

2 Vgl. Sommer 1954, S. 58.

Eckpfeiler

Doderers Prosa handelt von Menschen, in einer Umfassendheit, die einen Kosmos geschaffen hat.[1] Die Beschreibungen sind präzise und auf den Punkt genau. Wir haben seine Personen, aber auch Landschaften und andere Bilder deutlich vor Augen. Die primären Eckpfeiler seines Schreibens sind

- Erinnerung
- Metaphorik
- Interdependenz.

Erinnerung
Alles im erzählerischen Werk Doderers ist (→) Erinnerung, auch wenn des Schriftstellers „ganzes Leben ... auf die Überwindung des Direkt-Autobiographischen eingestellt" ist (DE-Meine neunzehn Lebensläufe 489).

Also als Hintergrund, verfremdet, verarbeitend, ertastend, Stimmungen, Gerüche, Geräusche, Farben, Natur einbringend, arbeitet es des Verfassers Kindheit und Jugend auf, wie immer verfremdet, verfeinert und sublimiert, verborgen und hintergründig, metaphorisch und direkt, manchmal auch ‚tongue-in-cheek'. Mit fortschreitendem Alter wird der Anteil solcher Aufarbeitung größer, aber prägende Erlebnisse finden sich in SK, dem ersten, ebenso wie in DG, dem letzten Werk.[2]

Wenn Doderer darauf verweist, daß DG „ein dem Autobio-

1 „Shakespeare ... (and) his few peers – Homer, the Yahwist, Dante, Chaucer, Cervantes, Tolstoy, perhaps Dickens – remind us that the representation of human character and personality remains always the supreme literary value, whether in drama, lyric, or narrative." (Bloom, S. 4 f.) Bloom fährt fort: „I am naive enough to read incessantly because I cannot, on my own, get to know enough people profoundly enough." Doderers Kosmos würde hier bestens hineinpassen; ich finde es in hohem Maße erfreulich, daß ein eminenter Kopf wie Bloom Dickens in eine solche Reihe aufnimmt und damit die gelegentliche Herablassung der Literaturwissenschaft gegenüber Erzählern dieser Art konterkariert.

2 „Im Spätwerk erobert er den Raum der Kindheit." Hopf (S. 45) ist deshalb nur eingeschränkt richtig; im Frühwerk geschieht dies weniger eindringlich, aber dennoch ständig.

graphischen ebenso fernes Gebilde" sei wie DW (TC IV 244–4.7.52), meint er prononciert das „Direkt-Autobiographische", keineswegs das verarbeitende Anmahnen und Überwinden der persönlichen Vergangenheit. Die „Erschütterung durch die Er-innerung" ist es, „woraus wir schreiben" (TT III 255–9.12.1944). Dieser – oft auftauchende – Trennstrich ist Interpretation: Verinnerlichung wird zu Verarbeitung. „Autobiographie und Roman: Wenn wir unsre Lebensfähigkeiten entdeckt haben, werden wir unsere Unfähigkeiten nicht mehr irgendwie anordnen wollen – worin für die meisten Autoren das Romanschreiben besteht, welches aber in Wirklichkeit jenseits des direkt Autobiographischen erst seinen Anfang hat." (REP 31)

Man könnte die ununterbrochene Erinnerungsbezüglichkeit auch als Hintergrundrauschen bezeichnen, so präsent ist sie dem idealen (→) Leser, der genau hinhört, aber so verborgen bleibt sie auch dem, der nur liest und nicht mitdenkt. Den Genuß am Lesen mag solches nicht stören. Im Gegenteil, je konzentrierter man liest, desto eher enthüllen sich die vielfältigen Chiffren und Siglen der (→) Erinnerung und konstruieren eine zweite Ebene der Rezeption. Solche Chiffren sind nicht formal erfaßbar, sie haben keinen gemeinsamen Nenner, erschließen sich also nur, wenn Text und Leser eine neue Einheit bilden. Ganz divergente Begriffe aus den Bereichen Natur, Farben, Ort und Zeit, Riechen und Hören, Möbel und Architektur erschließen sich als solche Chiffren und werden zu Leitmotiven.

So ist Erinnerung auch ein eigener Metatext. Erst durch sie gelangt man zum Verständnis der Texte, wie der Verfasser sie zunächst für sich selbst intendiert hat, dann erst für den Rezipienten.

Metaphorik

„Denn jede Literatur ... hat unter ihrem manifesten Text jene unter der Oberfläche mitlaufende zweite Story, die man die eigentliche nennen kann und die man sich selber deuten muß."[3]

Diese Anmerkung zu Nabokov gilt auch für Doderer in besonders hohem Maße. Gerald Sommer beschäftigt sich ausführlich mit der Rekonstruktion eines Metatextes an wenigen Bei-

3 Widmer, S. 142.

spielen aus DS. Er bezeichnet DS zu Recht als „vielfach chiffrierten Text ..., in den Doderer gleichzeitig markante Schlüssel zu seiner Dechiffrierung integriert hat".[4] Dies gilt natürlich auch für alle anderen Prosatexte Doderers, der Grad an Chiffrierung nimmt jedoch mit dem Alter zu, er ist in DD oder DW deutlich höher als in SK oder GR. Doderer hat Bilder geschaffen, die sowohl Erinnerungschiffren als auch Metaphern sein können, oft beides zugleich.

Es ist das Problem der zweiten Ebene des Erzählens, das Doderer stets und besonders gereizt hat („Priorität des Metaphorischen. Ich neige dazu, der metaphorischen Bedeutung eines Begriffs die Priorität vor der direkten zu vindizieren ..." TT III 390[5]). Der Grad an Metaphorik steigt deutlich mit fortschreitendem Werk an, die Wiener Romane DS-DD-DW sind davon erfüllt (Beispiele Bärenfell – Farben – Feuer – Kanaldeckel, Krakenarme – Krebse – Lampe – Schlange – Türen – Stiege – Wasserfall – Blut – Milch – Halskrause – Pietà).[6]

Eine metaphernfreie Sprache, also ein Erzählen ohne Metatext, ist für Doderer gar nicht möglich, als „Platzhalter des Indirekten in der Sprache" ist sie deren „Grundbedingung" (TT III 260–15.12.1944). Eine Analyse der Prosa muß immer wieder auf deren metatextuelle Komponenten verweisen und zunächst davon ausgehen, daß alles metaphorisch sein kann, und sei es nur ein Möbelstück, das Grün der Natur oder das Fehlen von Namensbestandteilen.

Die umfassende Bilderwelt Doderers ist vor allem eine metaphorische, und hier bilden sich neben den Erinnerungschiffren die stärksten Leitmotive. Auch hier gilt absolute Divergenz: Taxis können Metaphern sein, Astas „Halskrause oder Schwimm-

4 Sommer 1994, S. 35.

5 Ausführlich hat sich Ulrich Klein mit diesem Thema auseinandergesetzt. Zu anderen Zitaten und ihrer Interpretation s. besonders S. 325 ff.

6 Vgl. (→) Büffet, Ernstfarben, Farben der Romane, Krebse, Wasser. Ferner Sommer 1994 passim (das einzige Werk nur zum Thema Metaphorik), Haslinger 1966 (2) speziell zu ‚Halskrause' und ‚rot'. Sommer befaßt sich auch mit der Symbolfunktion von Bär, Bärenfell, Kamin und Wandarm (S. 48 ff.), Halskrause (S. 61 ff.). Zu ‚Kanaldeckel' s. DD 816 ff., 956 ff., 1297 ff., ferner ‚Nachtbuch der Kaps' I und II und Pfeiffer 1989.

platte", die ihr hilft, das Leben zu ertragen, ist es ohnehin und sofort deutlich.[7]

Natürlich gibt es auch im „Punkt der Punkte" reichlich metaphorische Begriffe, zu denen ‚Wandarm', ‚Gondel' und ‚Gärtchen' gehören.[8]

Interdependenz

Alles hängt mit allem zusammen, ist verflochten, jedenfalls im Spätwerk in starkem Maße. Insbesondere natürlich sind die Wiener Romane in sich schlüssig und abgestimmt, hinsichtlich (→) Personal, (→) Chronologie, (→) Topographie und direkt sprachlicher Form wie Inhalt auf erster und metaphorischer Ebene. Gustav Seibt spricht von „Handlungen als Gewebe von fein aufeinander abgestimmten Bezüglichkeiten".[9] Das ist, wie der Begriff (→) ‚Fatologisches Gewebe', die Positivformulierung zu Doderers berühmtem Satz „Ja, in der Tat gälte es nur den Faden an einer beliebigen Stelle aus dem Geweb' des Lebens zu ziehen, und er liefe durchs Ganze: wie Wolken tritt das Vergangene gleichsam links und rechts der Stirne vor, und der Erinnerung scharfer und süßer Zahn setzt sich in die Herzgrube." (DD 16) Denn natürlich bezieht sich gerade bei Doderer ‚Geweb des Lebens' auf den Roman und ist der Roman auch Gewebe. Aber wie man sieht, ist das Gewebe des Lebens aus Erinnerungen gewebt.

Diese Interdependenz, diese Totalität ist nicht oder nicht nur die von Doderer bei der Entwicklung des Begriffes vom ‚totalen Roman' gemeinte oder nur einer von vielen Aspekten des Begriffes, der ja nie ganz klar wird.

Im Werk Doderers ist, bei aller Entwicklung der Form und Sprache vom expressionistischen Beginn bis zum Konzept des (→) roman muet alles aufs feinste verflochten, frühe Themen

7 Zu Taxis s. Sommer 1995, S. 61 f., zu ‚Halskrause' vor allem DS 242 und Sommer 1995, S. 62 ff. Der Begriff kommt in DS siebenmal im Duo, fünfmal isoliert vor.

8 Vgl. Koch 1989, S. 75 ff.

9 Seibt, S. 120; Weber (1963, passim, bes. Kapitel 6) spricht vom „Gesamtgefüge", in dem „die einzelnen Bausteine, die, zu einander durchdringenden Blöcken zusammengefaßt, jenes Gerüst [der Gesamthandlung] füllen". Vgl. auch seine Ausführungen im 8. Kapitel: Der totale Roman.

werden später wieder aufgenommen, frühe Personen tauchen wieder auf, weit in der Zukunft liegende Ereignisse werden formal wie inhaltlich angedeutet (→ Verflechtung/Fatologisches Gewebe/Wiederholungen). Eine der Klammern ist die Erinnerung, eine andere die Eigenschaft des Dichters, vertraute Zusammenhänge zu perpetuieren. Zu solchen gehören Natur und Farben ebenso wie Chiffren und Siglen. Das Werk bietet sich, zumal im zusammenhängenden (Wieder-)Lesen, unschwer als ein Ganzes, als ein „organic whole".[10]

Hierzu paßt auch die Konstanz der Motive, welche als „Motiv-Kette"[11] das Werk durchziehen und, wenn sie in jeweils gleichem Kontext auftreten, auch als Leitmotive bezeichnet werden können; ferner die Zuordnung von Ausdrücken zu Personen, die mehr noch Siglencharakter denn Wiedererkennungsfunktion haben. Als Siglen oder Codes bezeichnen wir dabei solche Begriffe, die für eine Person oder Sache stehen oder diese stillschweigend implizieren, aber nicht ohne weiteres als solche erkennbar sind, also nicht allgemein etabliert und standardisiert sind, es sei denn in – diesem – Werk.[12] Es sind (um Beispiele nur aus einem Werk, DS, zu zitieren) Benennungen wie

- (Der Krebs) Melzerich
- Zivilverstand
- Zerrüttmeister
- Der (‚schiefäugige') Scholar.

Solche Ausdrücke sind immer nur auf eine einzige Person bezogen; dies gilt sogar, jenseits der baren Selbstverständlichkeit, für die Form von ‚Melzerich', denn keine andere Person erhält eine solche liebenswürdige Verkleinerungsform des Namens. Oder Begriffe wie

- ‚Trópoi' (Melzer zugeordnet, der durch sie ‚saust', einmal Fraunholzer)
- ‚Kühle', die, mit einer Ausnahme, eine sommerliche, also antithetische, ist und immer Frieden, Freiheit, Stille, Gelassenheit impliziert:

10 Hesson, S. 41.

11 Weber 1963, S. 93.

12 Im Gegensatz zu Kiraly, S. 138, Fußnote. Standardisierte Codes sind eher die Ausnahme.

- ‚Stille', das Korrelat zur Kühle, ihr eng verbunden und mit identischen Parametern
- ‚Raumverdrängung', die zwar verschiedenen Personen zugeordnet ist und als physische wie als körperlose auftritt, aber immer Aufmerksamkeit impliziert[13]
- „Ernstfarbe", aus Melzers „Geheimsprache für den intimen Gebrauch" (DS 296).

Ebenso durchgängig wie solche Siglen sind die Erzähltechniken, wobei allerdings die ersten drei Techniken erst ab dem Beginn der Wiener Trilogie, also ab DS, systematisch eingesetzt werden.[14] Alle anderen Techniken werden bereits zuvor verwendet, am umfassendsten im ‚mittleren' EM, das sich auch in dieser Hinsicht deutlich als Werk des Übergangs, als Scharnier zwischen Früh- und Spätwerk, zeigt. Es hat auch schon die Techniken I und II rudimentär.

- Die (→) ‚episodäre Zentrierung'
- Exzentrische Einsätze oder Einschläge – TC IV 286ff., der episodären Zentrierung verwandt
- ‚Reifepunkte' und ‚Kontraktionsglieder'[15]
- Exzentrik als sprachliche Eigenheit, → Altertümelei, Groteske, Humor
- (→) ‚Fenster'
- ‚Ornamentale Sprache[16]
- Parenthesen[17]

13 Dieser recht ungewöhnliche Begriff taucht zweimal in REP auf, und zwar in einem Stichwort (‚Lärm'), wo diesem zugeschrieben wird, daß das Maß seiner „Raumverdrängung" im umgekehrten Verhältnis zur „Nichtigkeit" der ihn erzeugenden Person stehe. Dies ist genau die gegenteilige Version zu der von DS, wo er nämlich durchgängig positiv besetzt ist.

14 Weber (1963) nennt die vor DS liegenden Romane deshalb ‚monographisch' (S. 31ff. und passim).

15 → Leser; vgl. ferner hierzu wie auch zu ‚excentrischen Einsätzen' und ‚Fenstern' Hesson, Kap. 3: Narrative Techniques, S. 54ff., wo diese Techniken umfassend und endgültig erläutert werden. Wolff (1969) beschäftigt sich (vor allem S. 72ff.) ausführlich mit den ‚Reifepunkten' in DW, die hier besonders häufig auftreten. Die Definition Doderers findet sich in WD 47.

16 S. dazu Helmstetter 1995; Definition des Begriffes S. 12ff.

17 Einfühlsam interpretiert von W. Schmidt-Dengler 1998 (2).

- Wechsel von Statik und Dynamik
- Detaillierte Topographie und Chronologie – offen wie versteckt
- Spezifische Topoi
- (→) Verfremdung
- das Streben nach Totalität[18] → roman muet
- Verstecken und Verhüllen (Forderung nach dem aufmerksamen Leser)
- Wiederkehr und Variation[19]
- (→) Wiederholungen[20]

Alle Erzählungen und Romane Doderers sind darüber hinaus voll von ebenso poetischen wie präzisen Naturbeschreibungen, enthalten zudem nach einer Formulierung Loew-Cadonnas „kräftige Plots, handfeste Fabeln".[21] Es ist mutig, auf die Spannung bei Doderer hinzuweisen, denn er selbst behandelt diese ja gern als etwas Minderwertiges oder läßt sie, in seinen literaturtheoretischen Aussagen (→ roman muet), gar nicht aufscheinen. Dies gilt eben auch für die Rezeption, die oft den enorm spannenden Doderer ebensowenig apperzipiert wie den unendlich komischen.

18 Karl August Horst macht bezüglich DW den folgenden Hinweis: „Nicht die Einholung oder Erfüllung einer Form – nämlich des ‚Romans' – kennzeichnet den Erzählungsvorgang; was diesen vielmehr in Bewegung setzt, ist das unterschwellige Angerührtsein von einem Ganzen, das es ausholend einzufangen gilt." Horst, S. 158, → roman muet.

19 So lautet die treffende Überschrift eines Aufsatzes von Adolf Haslinger, der sich mit ‚Bildkette und Bildgefüge' in DS auseinandersetzt.

20 Weber 1963, S. 82ff.

21 Loew-Cadonna 1991 (2); der Autor beschäftigt sich im folgenden wesentlich mit der Frage, wie Doderer diesen suspense aufbaut und durchhält. Er wagt sogar die Benutzung von Begriffen wie ‚opulent' (95), ‚bombig' (96), ‚packend' und ‚kernig' (beide 97). Angesichts einer glücklicherweise schon wieder langsam im Verschwinden begriffenen Tendenz, langweilige, grüblerische, selbstzerfleischende, um jedes Wort ringende, plotlose, in der Sprache um die Sprache ringende kurze Prosaformen durch große Buchstaben zu Romanen aufzublasen, ist solch eine Aussage meiner Zustimmung gewiß. Doderer selbst spricht lt. Schmidt-Dengler (1976, S. 576) von „narrativ brauchbarer surprise". Loew-Cadonna 1991 (1) untersucht ebenfalls den Spannungsaufbau Doderers mit Konzentration auf EM, s. bes. S. 87ff.

Das berühmte Wort von dem Werk der Erzählungskunst, das um so mehr eines sei, je weniger man durch eine Inhaltsangabe davon eine Vorstellung geben kann (REP 72), hat in Zusammenhang mit dem vom Dichter ausgehenden Hinweis auf die zeichnerische Konstruktion[22] dazu geführt, daß die Plots in den Hintergrund gerieten. Aber es ist doch nicht zu übersehen, daß die Lektüre aller Werke Doderers, vor allem der nach dem Krieg erschienenen, neben der Freude an der sprachlich-formalen Perfektion, der exzentrischen Sprache, dem Humor, der Lust am Suchen verborgener oder verhüllter Zusammenhänge auch wesentliche Elemente von Spannung aufzeigt. Loew-Cadonna kann auch nicht genügend zugestimmt werden, wenn er darauf verweist, daß solches die „harte Grenzziehung zwischen U- und E-Literatur ... in gute Frage stellt".[23]

Die Definition der Spannung, die Thomas Anz im Anschluß an Freud und Huizinga vornimmt („Spannung resultiert daraus, daß die Erfüllung von Wünschen blockiert ist. Indem Literatur die Wunschblockade auflöst, verschafft sie Lust"[24]), paßt gut auf die Texte Doderers von DS bis DG. Wenn Anz im Anschluß an Pfister u. a., darunter auch Alfred Hitchcock,[25] den Zusammen-

22 S. dazu Schmidt-Dengler 1998 (1).
23 Ebd., S. 99.
24 Spiel, Spannung und Erotik, in: Der Rabe. Magazin für jede Art von Literatur, Nr. 44, Zürich 1995, S. 140–148, Zitat S. 142.
25 Ebd., S. 144f.; ich sehe zwischen Hitchcock und Doderer durchaus eine Anzahl von interessanten Parallelen. Man denke dabei vor allem an die Filme ‚The Lady vanishes', ‚North by Northwest', ‚Vertigo', die an langem Atem, Metaphorik, Interdependenz, Bedeutung der Erinnerung bei den Protagonisten, Spannung und Humor an Doderer erinnern. Der in Hitchcocks letztem Film völlig überflüssigerweise entführte Bischof könnte auch eine von Doderers skurrilen Erfindungen sein. Vor allem aber nimmt EM (1938) mit seinen Hauptthemen zwei Filme Hitchcocks vorweg. Mit dem Druck von Castiletz auf Marianne, den Schmuck der Toten anzuziehen, ‚Vertigo' (1958, nach diversen Vorlagen, → Musik) und mit dem zentralen Gemälde einer Toten, das alles ins Rollen bringt, ‚Rebecca' (1940, nach einer Vorlage von Daphne du Maurier, die Doderer gekannt haben könnte). So besteht auch eine enge Verwandtschaft zwischen ‚Rear Window' (1954) und EF (1951). Der eine Voyeur arbeitet mit dem Teleobjektiv, der andere mit dem Fernrohr, → Theater und McGuffin.

hang zwischen Spannung und ‚Informiertheit' der literarischen Figuren und des Lesers hervorhebt, ist die Nähe zu Doderer und seinem Begriff des (→) roman muet, mag dieser auch nicht zur Gänze verwirklicht worden sein, erstaunlich deutlich.

Doderer erzeugt sowohl Spannung durch das Schürzen von dramatischen Knoten, die erst nach langem Abstand aufgeknüpft werden und dann Befriedigung oder Lust erzeugen, wie er auch bewußt mit der Uninformiertheit des Protagonisten in dialektischem Kontrast zur Informiertheit des (aufmerksamen) Lesers spielt.

Daß Loew-Cadonna[26] dazu auch Kritik an dem ‚ideologiekritischen Ansatz' von Schröder und Reininger übt, ist ebenfalls überfällig. Es ist unter anderem auch Sinn des vorliegenden Buches, den kräftigen Erzähler Doderer vor den Grübler und Literaturtheoretiker (was er war), den Politiktheoretiker und Philosophen (was er nicht oder schlecht war) zu stellen.

Doderer war, auch dies ein Eckpfeiler, wenn auch anderer Art, ein extrem präziser und genauer Schriftsteller. Sich über ein Thema umfassend zu orientieren, bevor er es verarbeitete, war selbstverständlich. Man schaue sich nur das umfassende kulturhistorische und historische Wissen in Texten wie LA oder EU an. Hier stimmt jedes Detail. Oder auch das in spätmittelhochdeutscher Sprache verfaßte Manuskript in DD. Auch die sorgfältig erarbeitete Präzision von Wetterbedingungen, eine der ganz besonderen Marotten auch Arno Schmidts, ist erwähnenswert.[27]

„Der Schriftsteller muß eine Reiterattacke aus dem Ersten Weltkrieg kavalleristisch richtig beschreiben, der Schriftsteller muß einen Bogenschuß richtig technisch beschreiben, der Schriftsteller muß eine Erzählung aus dem 14. Jahrhundert in der Sprache des 14. Jahrhunderts richtig schreiben. Es ist viel verlangt, aber es wird eben verlangt, und dafür ist er ein Schriftsteller. Kurz und gut – allerkürzest: ein Schriftsteller ist ein Mensch, der alles zu wissen hat; weil er das nicht kann, ist er ein Mensch mit ständig schlechtem Gewissen."[28]

26 In Fußnote 41.
27 Ausführlich für DS belegt von Fischer, S. 217f.
28 Heimito von Doderer, Der Schriftsteller und die Fachleute. Aus einem Interview, in: Forum 13 (1966), S. 513. Dies erinnert an Flauberts Formulierung in einem Brief an Louise Colet: „Man müßte alles kennen, um zu schreiben." Zitiert nach Vollmann, S. 399.

In dieser Beharrung auf dem Detail, verbunden mit der Priorität von Erinnerung und Metaphorik, gleicht Doderer keinem Zeitgenossen so sehr wie Vladimir Nabokov.[29]

Einflüsse/Zitate

Doderer war ein eifriger, aber unsystematischer Leser. Wenn er an einem Projekt saß, las er überhaupt nicht.[1] Eine wirklich umfassende Kenntnis der Weltliteratur besaß er kaum, hatte sie aber auch nicht angestrebt. Ein umfangreiches Verzeichnis der von ihm weder in den Tagebüchern noch der Prosa erwähnten bedeutenden Werke zu erstellen wäre ein leichtes. Er las, was ihm in die Hände geriet und sein Gefallen fand, und offensichtlich las er gerne und dann auch umfassend, mußte die Bücher aber nicht besitzen. Seine Bibliothek war dementsprechend bestenfalls mittelgroß.[2] Noch nicht einmal dies gilt für seine Protagonisten. Melzer geht hier mit schlechtem Beispiel voran, seine Sammlung umfaßt nur wenige Bücher („vielleicht zehn oder zwölf" – DS 766f.), Castiletz läßt die wenigen seinigen (er „besaß kaum Bücher" – EM 170) im Koffer (EM 135).

Leute ganz ohne Bücher oder, schlimmer, gar mit nur einem, haßte Doderer denn doch. Der Grimm seines Alter ego Doctor

29 Nicht in der Interdependenz, inhaltlich sind die Romane Nabokovs nur in Perioden verflochten. Für die Bedeutung der Präzision bei Nabokov denke man auch an seine wissenschaftliche Annäherung an Literatur, → Einleitung.

1 S. dazu das Gespräch mit Heinz Fischer-Karwin aus dem Jahre 1957 (vgl. Fußnote zu Theater). Schmidt-Dengler (1996, S. 1276) sagt zwar: „Es soll viel gelesen werden." Aber erstens sind die Erwähnungen in T I-II umgerechnet sehr wenige, ferner meist obskure Bücher betreffend wie Sigurd Hoel, Oktobertag (T II 1206). Vgl. Voracek, S. 90f., zu Doderer als Rezensent s. Schmidt-Dengler 1998 (3).

2 Vgl. Pfeiffer 1978, S. 159; dort auch der Hinweis auf den „eifrigen Benutzer der Leihbibliothek". Als Rezensent war Doderer von 1923 bis 1965 aktiv. Für den größten österreichischen Lyriker des 20. Jahrhunderts hielt er Georg Trakl, „Hofmannsthal und Rilke weit hinter sich lassend", in: Mein Gedicht. Begegnungen mit deutscher Lyrik, hrsg. von Dieter E. Zimmer, Wiesbaden 1961, S. 198.

Döblinger wurde dadurch erregt, daß ein „kleiner, alter Mann ... die vollständige Sammlung aller Rechenschafts- und Jahresberichte eines mittelfränkischen Gewerbevereins, etwa sechzig illustrierte Bände", besaß (DM 292), sonst kein einziges Buch. Es kam dann auch zur (→) Timurisation. Childerich III. hingegen (DM) oder Prinz Croix und der Freiherr von Neudegg (DD) sind Besitzer umfangreicher und wertvoller Bibliotheken. Es ist dies aber nicht auf Adlige beschränkt.

Daß Leonhard Kakabsa vom Arbeiter zum Bibliothekar, bei eben Croix, wird, zeigt zusätzlich des Geschichtswissenschaftlers Doderer natürliche Liebe zu Büchern. Und geradezu zärtlich klingt es in DD 703: „Die Anwesenheit von Büchern ist sonst einer Versammlung vieler schweigender Personen, die uns den Rücken kehren, nicht unverwandt." Daß einer liest und was, zeigt, wer er ist, mehr als, mit wem er umgeht. Denn: „Am freiesten und verantwortlichsten ist der Mensch in der Wahl seiner Lektüre." (WD 189)

Immer wieder verweist Doderer auf Dichterkollegen (und gelegentlich Philosophen), die ihn beeinflußt oder herausgefordert haben. Dies tritt mit oder ohne Zitate auf, aber fast immer wird erkenntlich, ob Zu- oder Abneigung, überwiegend erstere, dahintersteckt. Die folgende Liste ist vollständig und umfaßt das Gesamtwerk der erzählenden Prosa. Seltsam berührt, daß Autoren, die in DS oft vorkommen und die sehr wichtig für Doderer waren, in DD unerwähnt bleiben. Vor allem Nestroy und Schopenhauer, die aber dann durchaus noch in anderen Werken Erwähnung finden.

Dies erinnert etwas an die ähnliche Ungleichbehandlung der Protagonisten Melzer und Thea Rokitzer. Es erinnert aber vor allem fatal an die Dodererersche Idiosynkrasie, Begriffe in einem Werk einzuführen, zentral zu verwenden und im nächsten sie nicht mehr zu kennen (→ ab ovo). Es fragt sich, ob er nicht ebenso zeitlich beschränkte Lesevorlieben hatte, wie er Begriffe mochte, die dann abserviert wurden.

Solche Kollegen, die er nicht hat leiden können, kommen nur in den Tagebüchern und den Essays schlecht weg, nicht in den Werken. So u. a. Musil („im Essayismus erstickende fadendünne Handlung" WD 165), Stifter und Dante (TC V 250–31. 8. 1960). Solche, die er besonders liebt, kommen dort natürlich auch vor, z. B. Baudelaire und Jensen (TC IV 20), für den er „ein lebhaftes

Gefühl der Sympathie" hat. Besondere Anerkennung gilt (neben bereits Erwähnten und den „Zeitgenossen" Gütersloh und Weininger) Franz Blei, Dostojewski, Doyle,[3] Valéry sowie dem „armen, lustigen"(TT II 907) Wilde.

Hierzu gehört auch Kafka, dessen ‚Prozeß' er „für eines der besten Bücher überhaupt von allen, die ich kenne" hielt.[4] Fast verwundert diese Erkenntnis ein wenig. Denn insgesamt hat Doderer mehr Fehlurteile gefällt oder Ignoranz bewiesen, insbesondere soweit – im weitesten Sinne – zeitgenössische Literatur betroffen war. Er nahm sie nicht umfassend zur Kenntnis, lobte zwar Hans Lebert über den grünen Klee, wußte aber nichts von der Existenz eines Beckett, Borges oder Nabokov. Dem entspricht eine noch größere Ignoranz bei zeitgenössischer (→) Musik, Kunst, (→) Theater und Film insgesamt.

Daß er den Zeitgenossen und Wegbegleiter Gütersloh, der ihn später hinterhältig behandelte, fast unerschütterlich lobte, hängt mit seinem einmal gefaßten Entschluß zusammen, den ehemaligen Freund als seinen Lehrer zu betrachten und zu verehren. „Er suchte eine Leitfigur."[5] Er bedurfte des Gefühles eines solchen. Gütersloh war ersteres nur zum Eigennutz und letzteres kaum. Als Schriftsteller war Doderer ihm haushoch überlegen, als Maler ist Gütersloh zu Recht in Vergessenheit geraten.

Es besteht neben der mit Nabokov eine deutliche Ähnlichkeit mit Proust (kontinuierlicher Prozeß des Erinnerns sowie Erinnern als zentrales Movens des Werkes) und Joyce (jedes Wort, jeder Name hat Siglencharakter und versteckte, oft metaphorische oder onomastische Bedeutung, chronologische und topographische Genauigkeit sind von großer Wichtigkeit, der Leser wird bewußt herausgefordert).[6] Daß er Proust langweilig

3 Vgl. dazu Fußnote 3 zu (→) Chronologie DS/DD.

4 Barker 1991, S. 79, zitiert dies aus ÖNB Ser.n.14.065 und auch andere ähnliche Stellen. Die Beschränkung auf das Prosawerk ist hier hinderlich, aber bleibt wegen einmal gefaßten Vorsatzes.

5 Schmidt-Dengler 1996, S. 1282; vgl. auch Weber 1963, S. 11–17.

6 S. dazu Schmidt-Dengler 1986 (2), S. 537, sowie ‚Grundlagen und Funktion des Romans' in WD, bes. S. 149ff., wo er recht unfeinfühlig über Proust („gewaltige Dynamik der Langeweile"), Joyce („... läßt sich nachrechnen", „Salzburger Schnürlregen der Assoziationen") und Musil („im Essayismus erstickende fadendünne Handlung")

fand (WD 165) und Joyce überhaupt nicht verstanden hat (WD 156), steht auf einem anderen Blatt. Er hat ersteren aber auch vielfach gelobt (→ Erinnerung, Leser).

Die unter *III: Zu Sprache und Literatur* in WD zusammengefaßten Essays verraten dann doch eine Kenntnis „älterer" Primär- und Sekundärtexte, verbleiben aber weitgehend im Unverbindlichen und Allgemeinen. Wer sich allerdings wirklich für Doderers Literaturbegriff interessiert, muß sie lesen. Er erfährt hier mehr über die Einflüsse als in der folgenden Aufzählung. Nennungen hierzu wie zu WD insgesamt können aufgrund des dort erschlossenen Registers hier unterbleiben.

Nicht angeführt sind Verweise auf Gütersloh, soweit er unter dem Namen Kyrill Scolander auftritt, sowie auf nur im Zusammenhang mit Leonhards sprachlicher Ausbildung erwähnte römische/griechische Klassiker. Entsprechend auch nicht die im Zusammenhang mit Kursen zum Erlernen des Ungarischen in DG angeführten Schriftsteller Madách und Jókai. Nicht angeführt sind auch die – reichlich in WD – aufscheinenden Naturwissenschaftler. Die willkürlich gezogene Grenze zur Philosophie, die weitgehend durchlässig ist, stellt einen Widerspruch dar, für den ich Nachsicht erbitte.

V = Verweis, Z = Zitat. (V) oder (Z) verweisen auf indirekte oder versteckte Verweise bzw. Zitate.[7]

• Altenberg, Peter	SK 87	Z
• Andersen, Christian	DS 499	V
• Baudelaire, Charles	DS 684	Z
	DD 80–893–1122	Z-Z-Z
	DM 298 f.	Z
• Bode, Helmut	DM 250	V
• Brun, Vincent	DM 144	V
• Busch, Wilhelm	DS 289-DD 886	V-(V)

spricht. Aber an anderer Stelle nennt Doderer ‚Auf der Suche nach der verlorenen Zeit' ein „gewaltiges Werk" (WD 157), eine „Säule heutiger Romanschreiberei, wenn auch öfters herzlich langweilig", Heimito von Doderer, Die verlorene und wiedergefundene Zeit, in: Das Buch, 15.3.1958 (Neuer Kurier, S. 6).

7 Manche von diesen erst durch die Forschung (Weber, Werkgartner, Ryan, Sommer) erschlossen.

• Chajjam, Omar	DS 121–122–146–156-190–267–415–416	V
• Dickens, Charles	DD 111	V
• Dostojewski, Fjodor M.	DM 107	Z
	DD	Titel
• Doyle, Arthur C.	DS 767–829	V-V
	DW 119	V-V
	DD 27–636	V-(V)
• Dumas, Alexandre	DS 766	V
• Flesch von Brunningen, Hans	DM 144	V[8]
	DM 248	Z
• Freud, Sigmund	DW 200	V
• Gagern, Freiherr von	DD 904	V
• Gide, André[9]	EM 170	V
• Goethe, Joh. Wolfgang	DD 1164	V
	DW 99–212	Z-Z
• Greiner, Leo	DM 360	Z
• Grillparzer, Franz	DW 181	V
• Gütersloh, Albert P.	DM 127	Z
• Hardy, Thomas	DD 111	V
• Hauptmann, Gerhart	GR	(Titel)[10]
	EF 17	(Z)
	DD 942	Z
• Hebel, Johann Peter	DD 136–137	Z-Z
• Heidegger, Martin	DM 363	Z[11]
• Herodot	DW 26	V

8 Flesch ist der Verfasser des deutschen Originals, wird aber von Doderer als ‚Übersetzer' genannt. Diesen Hinweis verdanke ich Voracek, S. 334.

9 Für die strukturelle Verwandtschaft von DD und ‚Die Falschmünzer' s. Weber 1963, S. 149f.

10 Hinweis von Weber (1963, S. 67).

11 Vgl. dazu Blaschek-Hahn 1991. Sie kommt dabei u. a. zu dem interessanten und sehr weit hergeholten Schluß, daß Doderers Dichtung „auf poetischem Felde leistet, was Wittgenstein auf philosophischem gelang: eine Überholung Heideggers!" (S. 26). Das Zitat ist, worauf mich Dietrich Weber hinwies, wörtlich entnommen aus Martin Heidegger, Das Ding, in: Gestalt und Gedanke, hrsg. von der Bayerischen Akademie der Schönen Künste, München 1951, S. 142 und S. 138.

• Hölderlin, Friedrich	DD 527	(Z)
• Homer	DS 14–53–123	Z-V-(Z)
	DD 1344	(Z)
	EM 92	(Z)[12]
• Ibsen, Henrik	DS 434	V
	DM 299	V
• James, Henry	Motto DW	Z
• Jensen, Johannes V.	DM 85	Z
	DS 638	Z
	DD 544	Z
• Karl Kraus[13]	DM 26–145	Z-Z
	DD 641	Z
• Kuh, Anton	DS 708–709	Z-V
	DW 112	Z
• Lucka, Emil[14]	DS 187	V-V
• Mallarmé, Stéphane	DD 865	Z
• Maupassant, Guy de	DS 110	Z
	DD 44	Z
• May, Karl	DS 766	V
	DD 904	V
• Mirandola, Pico della	DD657ff.–989–994– 1117–1227f.–1333f.	Z-V-V- V-V-V
• Mörike, Eduard	EF 15	Z
• Morgenstern, Christian	DS 457	V
• Nabl, Franz	DS 441	V
• Nestroy, Johann N.	DS 28–37–114– 119–195	Z-Z-Z- V-V
	DS 637	Z?[15]
	DM 144	Z
	DW 145	V
• Petöfi	DW 334	Gedicht
• Pindar	DW 53	Z
• Platon	EM 135	V
• Plinius	DW 12	V

12 Aber falsches Zitat, s. T II 1118f.

13 Für zwei geschickt versteckte Kraus-Zitate s. Sommer 1994, S. 23, Anm. 45 und S. 177.

14 Altersgenosse Doderers und, wie dieser, Schüler Swobodas.

15 Hinweis von Adolf Haslinger 1966 (2), S. 122, Anm. 47.

•	Poe, Edgar A.	DS 689	(Z)
•	Prévost, Marcel	DS 766	Z
•	de Sade, Donatien usw.	DD 136	(Z)
•	Schaffgotsch, Xaver	DM 149	(Z)
•	Schiller, Friedrich	DW 99	V
•	Schlegel, Friedrich	DD 11	(Z)[16]
•	Scholz, Wilhelm von	DD 114	(Z)[17]
•	Schopenhauer, Arthur	DS 110–117–120–122–272–434	V-V-V-V-Z-V[18]
•	Schröder, Rudolf A.	DW 334	V
•	Shakespeare, William	DM 299	V
•	Stevenson, Robert L.	DS 767	V
•	Swoboda, Hermann[19]	DS 269–277	V-V
•	Tacitus	DD Titel-656	Z (Motto)-V
•	Valéry, Paul	DD 812–921–927–1148f.	Z-Z-V-Z
•	Vischer, Theodor	DM 142ff.	V[20]
•	Weininger, Otto[21]	190–269–274–275	V-V-V-Z
		DD 655–1229	VV
		DW 200	V

16 Weber 1963, S. 212.

17 Hinweis von Werkgartner Ryan, S. 14f.

18 Pflichtlektüre dazu: Weber 1963, S. 267ff. (Exkurs: Doderer und Schopenhauer).

19 1870–1963, Psychologe, „verehrungswürdiger Lehrer" Doderers (Autograph in meinem Exemplar von ‚Das letzte Abenteuer').

20 Doderer widmet diesem „berühmten Professor Vischer" und seinem „epochalen Werk ‚Auch Einer' (1878)" immerhin zehn Zeilen in DM (142f.). Im Tagebuch kommt der „kleine, boshafte Schwabe" (TT III 574) öfters vor.

21 Für die Strudlhofstiege selbst und DS als Verbeugung vor Weininger s. Sommer 1994, S. 179. Le Rider versteht die Bewunderung Doderers für Weininger nicht. „Man würde bei Doderer doch viel eher erwarten, daß er Weininger als perfekten Apperzeptions-Verweigerer, als Gefangenen einer verhängnisvollen zweiten Wirklichkeit und Opfer einer defekten Mechanik auffaßt" (1985, S. 233 in bezug auf die S. 247ff. abgedruckte Rede Doderers auf Weininger). Schmidt-Dengler macht in einer kurzen Vorbemerkung zu dieser Rede (S. 246) darauf aufmerksam, daß Doderer „Weiningers biologistischen Ansatz in einem fruchtbaren Mißverständnis zu einem theologischen umpolte." Ich stimme Le Rider und Schmidt-Dengler

• Wilde, Oscar	GR 347	(V)
	DS 287–498	Z-V
	DD 488	Z
	DW 331	Z
• ??	DS 66–766	Z-Z[22]

Fjodor Dostojewski, der „heilige Fjodor Michailowitsch" (TT III 64), wird in DD nicht namentlich erwähnt, aber der Einfluß seiner ‚DD' (DDD) schwebt über dem Werk, beginnend natürlich mit dem gleichen Titel.[23] Es gibt zahlreiche weitere Parallelen:

- Einführung (‚Statt einer Einführung' – DDD – vs. ‚Ouvertüre' – DD)
- Drei Teile und Bezeichnung als Chronik (DD-Untertitel, DDD 9)
- Der Chronist ist ein schriftstellerischer Laie.
- Der Name des Chronisten wird in beiden Fällen zu G-ff verkürzt.
- Der Chronist ist nicht ganz auf der Höhe dessen, was er berichtet.[24]
- Der Chronist verliert seine Ausschließlichkeit, er scheitert.[25]

voll zu, habe aber außerdem das Gefühl, daß Doderers Verehrung für Weininger („der glorreiche Weininger", DD 659, 1229, relativiert in der genannten Rede gleich zu Beginn) eine Art von Marotte darstellte. Ähnlich der für Gütersloh.

22 Sommer 1994, S. 40 (Anm. 120) macht darauf aufmerksam, daß dieses wichtige, für Melzers Ticken zentrale und doppelte Zitat keines ist, sondern ein Selbstzitat. Jetzt ist der entsprechende Brief Doderers an Armin Mohler abgedruckt in FLÜGEL, S. 104.

23 Obwohl ‚Besessene', nicht ‚Dämonen'.

24 Diese wundervolle Formulierung findet sich zu Dostojewski bei Vollmann, S. 506, paßt aber ebenso genau auf DD. Doderer selbst erläutert die Überlegenheit des russischen Chronisten über Geyrenhoff, der, mit jenem verglichen, „geradezu" als „Karikatur" erscheint, in TT II 44.

25 Doderer spricht in ‚Symphonie in einem Satz' (WD 180ff.) davon, daß „die Zug um Zug unmöglicher werdende Ich-Erzählung in Dostojewskij's ‚Dämonen' … sich schließlich selbst aus der Angel drängt". Zum Scheitern des Chronisten in DD s. vor allem Weber 1963, S. 129ff. Zum Scheitern in DDD s. Vladimir Nabokov, Lectures on Russian Literature, San Diego/New York/London 1981, S. 128ff.

- Es gibt Brüche und Perspektivenwechsel beim Chronisten,[26] schließlich den Übergang vom Chronisten zum allwissenden Erzähler.
- Es gibt in beiden Werken eine Bande, ‚Die Unsrigen', die den Rang sogar von Kapitel-Überschriften erhalten (II/7 bei DDD, I/10 und I/12 bei DD).
- Ein Brand steht im Zentrum (DD), ist ein wichtiges Ereignis (DDD).
- Der Brand entsteht vor politischem Hintergrund, er wird von – bei DD in sehr weitem Sinn, da unorganisiert – Revolutionären gelegt.
- Ähnlichkeiten in den Formulierungen:
  - „Von der Terrasse der Meierei beim Schlosse Cobenzl konnte man das Feuer in der Stadt wie auf einer flachen Hand sehen." (DD 1292) – „Aus dem großen Saal des Herrenhauses von Skworéschniki ... war die Feuersbrunst ganz deutlich zu sehen." (DDD 768)[27]
  - „Hier also, in diesen unter meinem Aug' gebreiteten neuen und daneben wieder hundertjährigen Gassen hat sich ein wesentlicher Teil jener Begebenheiten vollzogen, deren Zeuge ich vielfach war, deren Chronist ich geworden bin ..." (DD 8) –
    „Im Begriff, ans Werk zu gehen und mit der Schilderung der so merkwürdigen Ereignisse zu beginnen, die sich erst unlängst in unserer ... Stadt zugetragen haben ..." (DDD 9)[28]

26 Ausführlich dazu Weber 1963, S. 130ff.

27 Hier zitiert nach F. M. Dostojewski, Die Dämonen, übers. von E. K. Rahsin, München 1980. Anders und ähnlicher zitiert: DER SPIEGEL 23/1957, Der Spätzünder (ohne Autorenangabe), S. 53. Ich konnte diese Übersetzung nicht verifizieren. Die Übersetzung von Marianne Kegel, München 1977, lautet: „... sah man das Feuer wie auf einem Präsentierteller" (S. 630). Rahsins Übersetzung war zu Zeiten Doderers die Standardversion. Weber 1963 (Anm. 66, S. 291) macht darauf aufmerksam, daß es in der alten Rahsin-Übersetzung heißt: „wie auf der Handfläche ...".

28 Nach Dostojewski, nicht nach Doderer, und doch diesem auch ähnlich ist die Einführung – ebenso wie viele Strukturen – von Eckhard Henscheid zu seinem Roman ‚Die Vollidioten' gestaltet, wo es

- „Im Grunde sind das ja lauter Gemeinheiten" (nicht in DD, aber 22mal in EF – DS), erinnert an „Doch das sind übrigens Belanglosigkeiten" (DDD 27 und passim).
- „‚Wie? Was?!' Er schrie mich geradezu an." (DD 14) – „‚Wa-as?' schrie ich ihn an, stehenbleibend." (DDD 159)
- „… war ein geradezu leidenschaftlicher Wunsch in mir lebendig geworden, wieder einmal unser Opernhaus zu besuchen." (DD 351)[29] – „Da erfaßte mich der leidenschaftliche Wunsch, ihr in allem behilflich zu sein." (DDD 180)[30]

Einhorn

Ungeachtet der Vorliebe Doderers für Drachen, Schlangen, Kraken und andere halb- oder ganz mystische Wesen kommt ein Einhorn im Werk nur indirekt vor.

Als Bestandteil vom Haus ‚Zum blauen Einhorn' allerdings immer wieder. Sechsmal in DS, zehnmal in DD (sonst allerdings nicht). Und es gibt einem ganzen Kapitel von ‚Die Dämonen' (DD Teil 3, Kapitel 3, S. 882f.) die Überschrift: ‚Im Haus zum blauen Einhorn'. Die erste Seite dieses Kapitels beschreibt die Lage und Umgebung auf sechzig Zeilen. Kürzer das Tagebuch: „Man bemerkt nach hundert Schritten, die man noch zwischen gleichhinlaufend hohen Fronten tat, dass da und dort die Mauern vor- oder einspringen; auch sinkt plötzlich die eine Gassenseite herab bis auf ein, zwei Stockwerke. Hier steht das Haus ‚Zum blauen Einhorn'" (TT II 799–1.7.1936). Innen ist es „winzig, mit nur zwei Stockwerken" (DD 893). Die Ecknische mit dem darin „sitzenden oder

(‚Von Seiten des Autors') gleich zu Beginn heißt: „Indem ich mit der Niederschrift all der Vorgänge beginne, die in diesem Roman beschrieben werden, befinde ich mich in einer gewissen Verlegenheit. Es handelt sich nämlich um folgendes: In unserer Stadt, genauer gesagt in einem Teil dieser Stadt und innerhalb einer ganz bestimmten Gruppe von Menschen und Personen ..."

29 Im Opernhaus trifft der Chronist natürlich Friederike, und es entwickelt sich eine Beziehung, die in vielfältiger Hilfe und schließlich Ehe endet.

30 Für eine weitere Parallele (betr. den Rittmeister) s. T II 954.

eigentlich liegenden Einhorn ... von blauer Glasur" (DD 893) befindet sich in Höhe des zweiten Stockwerks, wo die Kaps wohnt. Deren junge Freundinnen Licea und Sylvia bezeichnen das Tier als Schaf und das Haus dementsprechend als „Haus ‚Zum blauen Schaf'" (DD 893).

René Stangeler spricht sehr wehmütig von der Gegend: „Seit meiner Bubenzeit schon. Da gibt es in der Nähe die Liechtensteinstraße, dort, wo sie eng wird, mit dem Haus ‚Zum blauen Einhorn'." (DD 239[1]) „In der Liechtensteinstraße, wo sie schmal wird, wo sie, von den Straßenbahnschienen schon verlassen, nach Liechtenthal hineinführt: das kleine Eckhaus, mit dem Einhorn aus blauer Glasur in der Nische über dem ersten Stockwerk." (DD 818) Es ist das Haus mit der Nummer 74.

Die Welt um dieses kleine Haus scheint, wie Irmgard Egger zu Recht formuliert, „noch ein geordneter Mikrokosmos"[2] zu sein, aber hinter diesem Mikrokosmos verbirgt sich die Tiefe der Jahre, auch Tod und Angst. Stangeler denkt nicht ohne Grund in Zusammenhang mit einem Bericht Dwight Williams' daran:

„Damals, bei Schlaggenberg, mit Williams neben dem Samowar sitzend, war dieses Bild ihm ferngeblieben, obwohl doch der Amerikaner ihm von dem großen Kraken gesprochen hatte; nun aber kam's, tauchte herauf aus der bläulichen Tiefe, die man oft in den alten Wiener Vorstadtgassen zu spüren, ja, fast zu sehen vermeint. Und ohne jede Zeitbestimmtheit: das konnte heuer im Winter gewesen sein, oder vor einem Jahre. In der Liechtensteinstraße, wo sie schmal wird, wo sie, von den Straßenbahnschienen schon verlassen,

1 DS 130 klingt jedoch so, als ob er, hier bald fünfzehn Jahre alt (lt. DS 25 wie Doderer 1896 geboren, die Begegnung mit Paula Schachl findet am 12. Mai 1911 statt), das Einhorn zum ersten Mal sähe: „An dem einen Eckhaus bemerkte Stangeler jetzt in geringer Höhe, über dem Erdgeschoß am ersten Stockwerk, ein in blauer Glasur ausgeführtes rundplastisches Bildwerk, welches ein Einhorn darstellte." Dann bezöge sich die Aussage „Seit meiner Bubenzeit schon" auf den Alsergrund als Ganzes. Ein Widerspruch ist bei Doderers Präzision kaum anzunehmen (für einen bösen jedoch → Chronologie DW).

2 Egger, S. 30.

nach Liechtenthal hineinführt: das kleine Eckhaus, mit dem Einhorn aus blauer Glasur in der Nische über dem ersten Stockwerk." (DD 817f.)

Denn diesem Haus wohnt mehr inne als nur topographische und bildhauerische Sensation. Es ist nicht nur Erinnerung, sondern auch Chiffre dieser Erinnerung und metaphorisch unterlegt als Teil des fatologischen Gewebes.

Frau Kapsreiter, die dort wohnt und stirbt, gehört zum Kreis der (→) Verfasser von DD und verbindet Licea, die Zukunftshoffnung, die auch schon in Paula Schachl aufgeschienen ist, mit René Stangeler, dem Alter Ego des Dichters. Hier schreibt sie ihr ‚Nachtbuch', hier trauert sie um ‚Krächzi', dessen Ermordung durch rechte Banditen Auslöser ist für die Unruhen, welche zur Katastrophe des 15. Juli 1927 und damit ins Zentrum des Romans führen.

Hier aber auch wird der kleine Brand neben dem großen und im Gegensatz zu diesem rechtzeitig gelöscht. Mayrinkers wohnen in der Nachfolge der verstorbenen Kaps dort, „ohne von der dämonischen Aura, die diesem Ort durch die Kaps anhaftet, zu wissen".[3] Es ist nicht ohne metaphorische Bedeutung, daß jener kleine Brand beim Einmachen zugleich mit dem großen abläuft. Und Doderer stößt uns noch mit der Nase darauf, wenn er Frau Mayrinker nach glücklich gelöschtem häuslichen Brand den Widerschein des großen Feuers sehen läßt: „Sie erschrak furchtbar; einen Augenblick hindurch brach in ihrer Schwäche und Erschöpfung ihr ganzes Glück zusammen, entschwanden schon erreichte Rettung und der Sieg. Es war etwas geschehen. Sie mußte etwas übersehen haben." (DD 1287)

So wird das Haus direkt (denn hier erfährt die Kaps vom Tode des mit ihr darin wohnenden geliebten Krächzi, an dem sie zugrunde geht) und indirekt (über den Parallelbrand) zu einem wesentlichen Epizentrum des Romans. Weber nennt es zu Recht ein „absolutes Epizentrum",[4] weil es außer der Adresse keine rechte Begründung für die Einführung der Mayrinkers gibt. Aber diese Adresse ist eben zentral und wichtig genug und ist selbst Zentrum, nämlich vor allem für René und damit den jungen Doderer.

3 Weber 1995 (2), S. 81.
4 Weber 1963, S. 150.

Dieses Haus nämlich spielte auch schon im Vorgängerroman eine wichtige Rolle. René Stangeler, auch eines der Verbindungsglieder zwischen DS und DD (das zweite wesentliche neben Mary K.), hat es seiner Jugendliebe Paula gezeigt und erklärt, als sie sich kennenlernen, ja sie lernen sich durch das Haus kennen: „‚Wissen Sie eigentlich, was das für ein komisches Viech ist?' ‚Ein Einhorn', antwortete Stangeler." (DS 131)

So mag es auch Doderer jemandem gezeigt haben. Das Haus jedenfalls ist wie die unweit zu findende Strudlhofstiege, wie der Althanplatz, der ganze Alsergrund, die Brigittenau, der Prater und die Adamsgasse, aber auch die Raxalpe und nicht topographische Themen wie Krebse, Schlangen, Bäche, Bogenlampen, Büffets, hohe Flügeltüren und all die anderen Beispiele eine der Siglen und Chiffren der Erinnerung.

Zudem eine erotische. „‚Man mußte eine Jungfrau dazu haben', sagte Stangeler, ‚aber eine wirkliche.' – ‚Und was hat die Jungfrau mit dem Einhörndl gemacht?' – ‚Sie brauchte sich nur in den Wald zu setzen, wo das Einhorn lebte – da ist es bald gekommen, vor ihr in die Knie gesunken und hat seinen Kopf ganz zahm in ihren Schoß gelegt.'" (DS 133).[5] Natürlich wollte Stangeler da noch Paula die Jungfernschaft nehmen, aber nach näherem Kennenlernen war sein Respekt zu groß. Er nahm statt dessen Editha oder wurde genommen. „Das Mädchen aus dem Volke wurde nicht verführt, und die junge Dame verlor ihre Unschuld, soweit von einer solchen die Rede sein kann." (DS 210)

5 Für die Quelle s. Fischer, S. 216f. Kochs Interpretation (1989, S. 83), diese Szene wiederhole sich DS 855, als Melzer sich vor Thea auf die Knie wirft, kann ich nicht folgen, so reizvoll sie ist. Doderer hätte dann, wie es sonst seine Art ist, spezifisch sprachlich den Vorgang wiederholt. Auch Kakabsa „warf sich vor Mary nieder" (DD 1322) – eine von manchen Parallelen Melzer/Leonhard – und sank nicht hin. Dazu bedurfte es zudem ja einer Eigenschaft, die sowohl Mary wie Thea nicht mehr besaßen.

England

Doderer hat eine Schwäche für dieses Land, es kommt immer wieder vor, seine Bewohner werden fast ausnahmslos als sympathische Menschen geschildert.

Die Claytons von DW stammen aus Südengland, und schon auf der ersten Seite wird die Gegend als „lieblich" beschrieben. „So bleibt alles im Grün und im Blinken des Wassers befangen." (DW 5)

Engländer sind durchweg liebenswert, wenn auch schrullig, wie das Dienerehepaar auf Harriets Anwesen oder Donald Clayton (in Wien geboren!) selbst. Der übrigens, nach den Worten der Wirtin Maria Gründling, „wie ein Engländer" aussieht (DW 292) und der auch als „sehniger und langhaxiger Sohn jener von uns allen geliebten und hochgeehrten Insel" beschrieben wird, „deren schlaksige Kinder eine großangelegte und kühne Neugier offenen Auges in alle Welt getragen haben (die sie ganz nebenhin dabei eroberten), sei's in Afrika oder auf dem Matterhorn, wo sie auch als die ersten oben gewesen sind" (DW 257).

Zu den sympathischsten Menschen in DM, oder besser den wenigen überhaupt sympathischen, gehört der Captain Mr. Aldershot, der nicht nur auftritt (DM 85ff., 359ff.), sondern dessen Vorbild das Buch gewidmet ist. Ein vortrefflicher Leser („sehr geschätzt" sogar – DM 363) und Denker. Baurat Haupt, kein übler Kerl, sah im ganzen aus „wie ein englischer Schiffskapitän"[1] (DS 519); er geht wie Aldershot[2] auf Baurat Stumm, den Schwager Doderers, zurück.

Kein Buch ohne englische Damen und Herren, sogar in der

1 Schiffskapitän, auch ein Topos bei Doderer. Als englischer Schiffskapitän außer in DM (s.o.) zweimal in DS (519, 692), ebenso in DD 1245, schließlich gibt es noch den alten Milohnic, einen äußerst angenehmen kroatischen Schiffskapitän (DW 8 und passim). Alle beruflich mit Wasser in Verbindung stehenden Personen bei Doderer sind sympathisch, an vorderster Stelle der Strom-Meister Ferdinand Schachl. S. auch Dietz, S. 10 (Anm. 28).

2 Für den Ursprung dieses Namens und eine unglaublich witzige Anekdote s. Voracek, S. 333f.

historischen Erzählung LA finden wir einen äußerst klugen englischen Knappen (DE 404). Und kein Buch ohne mindestens eine englische Redewendung (z.B. DE 269, DM 146, DD 42).

In DS (192ff.) sind dem englischen Wesen und seiner Faszination weite Abschnitte der abendlichen Unterhaltung auf Geyrenhoffs Zimmer, die ja ihre eigene geschlossene und verspielte Faszination hat, gewidmet. („... weil England die Welt fasziniert hat, deshalb hält es sie in den Händen", erklärt es Buschmann, „auf die allgemeinste Art, die gedacht werden kann, nämlich durch die Art zu leben" – DS 193 f.)

Und auch in DG finden die Bewohner dieses Landes als schrullig-sympathische ihren Eingang. „Mit seiner bäuerischen Pfeife erzeugte er eine solche Begeisterung bei mehreren englischen Herren, daß sie ein derartiges Rauchinstrument alsbald ihren Steirerhüten mit Gamsbärten hinzufügten." (DG 186)

Eine außergewöhnliche These verrät Doderers Liebe zum Englischen: „In englischer Sprache ist ein Liebesgeflüster zudem besonders reizvoll. Französisch ist's leicht zu picksüß, deutsch wird's gefühlstief und italienisch gar oratorisch." (DW 222)

Was die Literatur des Landes angeht, zieht Doderer offensichtlich wie Melzer Doyle Shakespeare vor.[3] Sei's drum.

Episodäre Zentrierung

Die „episodäre Zentrierung", also das „Neben- und Miteinander einer Vielzahl von Epizentren" (Doderer im Gespräch mit Dietrich Weber[1]), wonach, vor allem im Spätwerk, also ab

3 Jedenfalls nach Häufigkeit der Erwähnung (→ Einflüsse/Zitate, Theater).

1 Weber 1963, S. 162, hier auch umfassende Erläuterungen und Einbettung in Webers ausführliche Darstellung von Doderers Theorie vom totalen Roman. Wolff 1969 bezeichnet sie auch als „polyzentrische Erzählweise" (passim).

DS,[2] nicht ein Ereignis im Mittelpunkt steht, sondern viele Fäden gleichzeitig gesponnen werden, gehört zu den durchgängigen Techniken in den umfangreicheren Romanen Doderers.[3] Diese treffen, überschneiden und überlagern sich dennoch an einem oder mehreren Punkten – auch, aber nicht nur, bei (→) Trópoi –, kreisen jedoch auch ohne solche Überschneidung nicht etwa wie Planeten um das erzählerische Zentrum,[4] sondern umeinander, nebeneinander, bilden gemeinsam das Werk. Insofern ist ein astronomischer Vergleich, wie etwa beim Kreisen um erotische Ideale, hier unangebracht. Es fehlt das eine und klar definierte Zentrum.

‚Excentrische Einsätze' oder ‚Einschläge' – TC IV 286ff. – sind der episodären Zentrierung verwandt, insofern als ‚excentrisch' hier auch als ‚außerhalb des Zentrums' zu verstehen ist, sind jedoch ihrem Wesen nach kürzer. Sie führen „zum Zentrum hin und durch es hindurch ... um die Verbindung der Extreme gerade auch durch Einbezug des scheinbar Nebensächlichen ... aufzuzeigen."[5]

2 Aber, wie die Beispiele zeigen, in EM schon angelegt, nur nicht durchgängig; hier drehen sich die Epizentren Hohenlocher und Lehnder noch um das Zentrum der Suche nach dem Mörder. Loew-Cadonna (1991 [1], S. 85ff.) hat überzeugend 51 ‚plots' definiert, zögert aber bei der Anwendung des Begriffs auf EM („Gradlinigkeit", S. 93). Ich sehe dies auch umfangsmäßig begründet und halte den Begriff für partiell angebracht. So ist z.B. die Geschichte der Frau Schubert in EM ebenso ein Epizentrum wie die Mimis in DS oder die der Frau Mayrinker in DD.

3 Also EM, DS, DD, DW, DM, DG (schon im Fragment feststellbar).

4 Weber 1963, S. 97: „... Neben-Zentren, die jedoch nicht ‚epi tinos', auf etwas, nämlich ein Zentrum, bezogen sind; sie sind nicht um Melzer gelagert, sondern konstituieren mit ihm zusammen, der ein ebensolches Epizentrum darstellt, die Breitendimension des Romans als eine Welt zunächst ohne Mittelpunkt." Der Begriff kommt allerdings, was Weber nicht wissen konnte, bereits im frühen Tagebuch vor: „Was ich in der Hauptsache zum Début im Herbst mitbringen werde, ist zunächst ein fertiger episodär-zentrierter Roman (Umweg)" (T II 713–29.5.1935). Die Anwendung des Begriffes auf EU ist mir allerdings nicht ganz klar, könnte vielleicht das ganze Werk im Werk meinen.

5 Vorwort von Kai Luehrs zu: EINSÄTZE, S. IX.

Es ist wesentlich, daß die Epizentren gemeinsam wirken und daß daher die Festlegung hierarchischer Ebenen nicht richtig wäre, mag auch subjektiv ein Epizentrum wichtiger als das andere erscheinen. Keine Handlung ist Nebenhandlung, jede ist Teil des Gesamtkonzeptes. Wenn viele Steine ein Gewölbe bilden, führt die Entfernung eines jeden einzelnen zum Zusammenbruch des Ganzen.

Daß die Epizentren für sich allein bestehen könnten, wäre ein ebensolches Mißverständnis. Zunächst sind sie stets über handelnde Personen verbunden. Bei Doderer kennt, platt gesagt, jeder jeden, zumindest indirekt. Beispiele:

- Castiletz erfährt im (Epizentrum) Kreis Hohenlocher und nur so den Namen des vermutlichen Mörders.
- (Das Epizentrum) Paula Schachl und Familie ist über Stangeler und Thea angebunden, Thea und Stangeler sind über Melzer verknüpft.
- Stangeler läßt Mayrinker (Epizentrum kleiner Brand) grüßen (DD 1234).
- Bachmeyer (eigenes Epizentrum) ist Patient bei Prof. Horn.
- Die Entwicklung Münsterers (Epizentrum) trifft sich mit dem Epizentrum Chwostik in dessen frühem Leben wie im Tode Donalds.

Ferner überschneiden sich die Handlungskreise so, daß z. B. DS über die Epizentren

- Tabakschmuggel
- Strudlhofstiege (als Ort von Auftritten, nicht in ihrer Aura, Epizentren sind Handlungszentren)
- Liebesleben Melzer
- Entwicklung Stangeler
- Unfall Marys
- Treiben Negrias
- Fest im Dorfgasthof und Entdeckung von Etelkas Untreue durch Fraunholzer

und viele andere erst zu einem Roman wird, der einen Kosmos nicht abbildet, sondern erzeugt. Der Begriff vom ‚totalen Roman' findet hier eher seine Rechtfertigung als in jeder anderen Erzähltechnik Doderers.

Diese personelle und handlungsmäßige Verbundenheit der

Epizentren führt aber auch zum Umkehrschluß.[6] Keine der wichtigeren Personen kann auf ein Epizentrum festgelegt werden. Da alles mit allem ein Ganzes bildet, sind Zuordnungen nicht möglich. Sogar ein nicht gerade im Mittelpunkt stehender Charakter wie Negria geht nicht in seiner merkwürdigen Organisation gleichen Namens oder seinem forcierten Berennen verschiedener Damen auf.

Negria ist auch ein Spagat, der den Roman „zusammenbindet“ (TT III 524f.) und meines Erachtens viel eher ein solcher als der Protagonist (→) Melzer, dem es zugeschrieben wird. Denn Negrias Auftauchen bei Mary mit eindeutigem Ziel bildet den Auftakt von DS (DS 9), und ihn sieht Mary als letztes, bevor sie unter die Straßenbahn gerät (DS 842). Über dieses wie seine Verbindung zu Editha, welche zudem die Geliebte mehrerer Hauptpersonen des Romans ist, ist er vielfach eingeflochten und unverzichtbar im Werk.

Letzten Endes ist die hier behandelte Erzähltechnik einer der Hauptgründe dafür, daß das Werk Doderers so vielschichtig und umfassend, so universal und kosmosbildend, ja eben total ist. Aber auch an der Entstehung von Spannung ist sie nicht unbeteiligt. Die Kunst des Dichters liegt darin, die Epizentren so auszubalancieren, daß sie zusammen diese Spannung erzeugen können und keines künstlich wirkt. Keiner kann diese Aufgabe besser definieren als Nabokov:

„The magic trick Dickens is out to perform implies balancing these ... globes, juggling with them, keeping them in a state of coherent unity, maintaining these three balloons in the air without getting their strings snarled.“[7]

Erinnerung

„An dieser Stelle des Gespräches löste sich in René ein Boot der Erinnerung vom Stege der Gegenwart.“ (DD 817)

Alles ist Erinnerung, Doderers gesamtes Werk wird davon

6 Hinweis bei Weber 1963, S. 166, mit dem Beispiel Erbschaftsangelegenheit.

7 Nabokov S. 69.

durchzogen. Farben, Straßen, Stiegen und Plätze, Häuser, Möbel, Räume, Kleidungsstücke, Natur, die Berge, Wasser, alles kann Sigle sein für die verlorene und in der Formulierung und Chiffrierung wiedergefundene Kindheit. „Jeder bekommt seine Kindheit über den Kopf gestülpt wie einen Eimer. Später erst zeigt sich, was darin war. Aber ein ganzes Leben lang rinnt das an uns herunter, da mag einer die Kleider oder auch Kostüme wechseln wie er will." (EM 5)

Als dichterische Verarbeitung seiner Kindheit und Jugend dominiert die Erinnerung sogar die anderen (→) Eckpfeiler seiner Prosa, die Metaphorik und die Interdependenz. Die erste ist auch Verarbeitung von Erinnerung, die zweite ergibt sich auch aus der autobiographischen Verknüpfung. Es ist wichtig, bei der Interpretation gerade metaphorischer Besetzungen das Autobiographische vom Psychologischen oder Dichterischen zu trennen. Eine Metapher kann so auch nicht nur doppelt, sondern dual besetzt sein. Die ‚Gondel' in DS (und metaphorisch nur in DS) steht sowohl metaphorisch für erhöhte Sexualität und Orgasmus („Die Gondel hob an, schwebte, zog: schräg aufwärts" DS 477[1]) als auch für den Prozeß der Erinnerung: „Die Gondel schwebte, stieg; über Tiefen der Stadt und der Zeit, über Trópoi und über tief versunkener Strudlhofstiege am baumreichen Hang, mit grünen Kuppeln, über Sonnengetüpfel und Blätterschatten; über eine Bärenjagd." (DS 760) Hier wird über die individuelle Erinnerung (Bärenjagd) hinaus sogar so etwas wie eine kollektive an die Tiefe der Zeiten beschworen.

Castiletz, Graf Manuel, Ruy, Mary K., Melzer, René, Geyrenhoff, Kajetan und Quapp Schlaggenberg, Chwostik, sie alle und andere werden davon beherrscht, von der tiefen „Bläue" und „Grüne" des Wassers, in das sie sich hinabsenken oder in das sie getaucht werden, von der Tiefe der Jahre, die erst durch ihre Verarbeitung und Verinnerlichung eigentlich eine wird. Nur die Dummen, die Apperzeptionsverweigerer werden durch äußere Umstände an diesem Prozeß gehindert, wie Donald Clayton durch den Tod, oder durchschreiten ihn gar nicht, wie

1 Dies ist die Beschreibung des Sexualaktes zwischen René und Mimi Scarlez. Man beachte wenige Zeilen davor: „... auch hier alles weißlackiert". Ist das nun noch eine Erinnerungschiffre oder schon sozusagen zur metaphorischen Bedeutung verselbständigt?

Zihal, dessen Menschwerdung, obwohl im Titel von EF beschworen, eine ganze wohl nicht ist.

Im Schreiben wird die vergangene Welt nicht nur beschworen, sondern erst lebendig und fühlbar gegenwärtig. „... und jetzt endlich, mit vor Entzücken zögernder Hand und wie ein beschenktes Kind fassen wir, was wir wirklich jetzt erst besitzen: das Gewesene." (‚Epilog auf den Sektionsrat Geyrenhoff' – TT III 100) Die Vergangenheit ist eine Cavität (TT III 544), die „Höhle des Vergangenen", in die man einsteigen muß, um sie zu verarbeiten, die „verlorene Knabenzeit" (EU 200)[2] wieder zu erringen. Dieser Erinnerungsmetapher und Erinnerungschiffre korreliert aber die direkt metaphorische Höhle als die der Sicherheit, „die erleuchtete, erwärmte Höhlung meines Elternhauses" (TT III 828). „Es brauchte sich einer nur wirklich zu erinnern, und er wäre ein Dichter." (WD 158)[3]

Die Erinnerung schafft Bilder und Siglen, Chiffren, die mehrfach belegt sein können.[4] Keine Interpretation kann Doderer gerecht werden, die eine einmal gefundene Korrelation für immer gültig erklärt, ohne solche Verbindung ständig zu überprüfen. Der Drachen kann vieles bedeuten, ebenso die Farbe ‚grün'. Daß gewisse Chiffren aber auch durchgängig sein kön-

2 S. dazu Koch, S. 22ff. (‚Nachgeholtes Kinderglück' als Überschrift zum Thema EU). Ist also auch Manuel ein Alter Ego des Dichters?

3 Gleiche Formulierung in TT III 60.

4 Dieser Ansatz der Mehrfachbelegung entwickelte sich in einem Gespräch mit Prof. Schmidt-Dengler am 28.10.1998. Im Anschluß an die soeben zitierte Stelle aus TT IIII finden sich gerade einige dieser Erinnerungschiffren. Auch hier besteht eine deutliche Verwandtschaft mit Nabokov: „Nabokov's method is to explore the remotest regions of his past life for what may be termed thematic trails or currents. Once found, this or that theme is followed up through the years. In the course of its development it guides the author into new regions of life. The diamond pattern of art and the muscles of sinuous memory are combined in one strong and supple movement and produce a style that seems to slip through glass and flowers toward the warm flat stone upon which it will richly coil." Vladimir Nabokov, Conclusive Evidence, in: The New Yorker, December 28, 1998/January 4, 1999, p. 124. Hier, geschrieben 1950, aber erst jetzt veröffentlicht, bespricht Nabokov sein eigenes Buch. Es ist interessant, daß bei ihm die Schlange eine direkte Metapher für Erinnerung ist.

nen und damit leitmotivisch werden, wird dadurch nicht ausgeschlossen. Zu den deutlichsten und bildhaftesten gehören hierzu die Zustände von (→) ‚Stille' und (→) ‚Kühle' sowie die „hohen" und „weißen" Flügeltüren, die im Werk weitgehend in erotischem Zusammenhang auftauchen (→ Büffet). Es sind dies Bilder, die der Dichter im Kopf verankert hat und die für ihn fast archetypischen Charakter erhalten.

Es ist eine Gratwanderung, hier solche Bilder auseinanderzuhalten, die metaphorisch erscheinen, aber archetypisch sind, also fixierte, festgemachte Erinnerung, und solche, die als künstlerisches Mittel eingesetzt werden. Beide erzeugen einen Metatext, beide sagen etwas, das Sprache nicht oder weniger gut sagen kann. Aber einmal kommt der Metatext aus der „grünen Tiefe" der Jugend, dem Dodererschen Archetypus oder der Dodererschen Chiffre, einmal kommt er aus dem Bilderfundus der Bildung, dem kollektiven Archetypenkatalog. Beide müssen dennoch erst gefunden, schließlich dechiffriert werden.

Die durchgängig für Erinnerung an Kindheit und Jugend stehenden Chiffren wie auch (→) Krebse, Raxalpe, Tropidonotus Lindwurm verhelfen dem Gesamtwerk einmal mehr zur Interdependenz, Durchgängigkeit, (→) Verflechtung. So zieht sich die Schlange von EM bis zu DS durch, taucht als Drache, nämlich „dritte Ordnung der Schlangen", auch in LA (passim), EU (196ff.) und DD (725) auf. So findet sich die durch den Geruch von frischem Lack ausgelöste Erinnerung sowohl in EM als auch in DS, DD und DW (→ Büffet).

Auf diese Weise wird der unter dem Stein versteckte Krebs selbst als Metapher auch zum Symbol der versteckten Totalität, des angedeuteten, chiffrierten Kosmos.

Wie die Türen für das erste stehen, nämlich die Erinnerung, also Dodererscher Archetypus sind, so steht die Pietà[5] für die zweite Möglichkeit, den Archetypus der Bildung. Zwischen diesen Extremen gibt es ein weites Feld, in dem auch Überlappungen regelmäßig vorkommen. Richtig und sich selbst gegenüber ehrlich verarbeitet aber wird die Erinnerung zum Vehi-

5 DS 846; entdeckt von Gerald Sommer 1994, s. bes. S. 157ff. Seine Untersuchungen von „komplexen Bildgestalten" verdichten dieses Thema, leider nur für DS und auch hier nur für einen Komplex, nämlich Melzer und Mary.

kel der Menschwerdung, zum Übergang von der zweiten in die erste Wirklichkeit. In diesem Sinne ist das Werk Doderers, das immer Er-innerung ist, auch immer „Selbstbefreiung".[6]

Melzer ist der typischste Fall davon und der klarste deshalb, weil er als einer der wenigen wesentlichen männlichen Protagonisten Doderers kein oder kaum (→) Alter ego ist, nichts von seinem Erfinder hat. Seine langen Phasen des Erinnerns (z.B. am 22.8.1925) sind Streckenposten auf dem Wege zur Menschwerdung.

Sie tritt oft als „plötzliche" auf (DW 70, DW 72), fast immer an die Kindheit und Jugend. Dabei bildet die Erinnerung an die Gefangenschaft eine Klammer durch das erste (SK) wie letzte (DG) Werk. Auch hier zeigt sich die Einheit des Werkes, seine Interdependenz in hohem Maße. Ich sehe dies weniger als ein Indiz für den ‚totalen' Roman, sondern mehr als Beweis dafür, wie stark Doderers Werk einen einheitlichen, in sich stimmigen und durchgängigen Kosmos bildet. Im Gespräch wies der Dichter darauf hin,[7] daß ein Schriftsteller im Grunde immer nur ein einziges Buch schreibe.

Die Chiffren der Erinnerung sind zahlreich und vielfältig, wie einige Beispiele zeigen:

- Die Schlange (→ Tropidonotus Lindwurm)
- Molchfangen (→ Castiletz)
- (→) Krebse
- (→) Wasser
- Ein zerbrochener Peitschenstiel (GR 349, „da war ich vier Jahre alt")
- Ein kleines „Bleistiftende" (EM 43 ff., 366)
- Das Büffet im Elternhaus (→ Büffet)
- Andere Möbel (→ Büffet, Erotik und Sexualität)
- Türen (hohe weiße Flügel-), Wände (→ Büffet, Erotik und Sexualität)
- Vater-Sohn-Problematik (EM, DW, DG)
- Bogenlampen (DD)
- Der Riegelhof in Prein (→ Raxalpe)
- Das ‚Haus zum Blauen Einhorn' (→ Einhorn)
- Blondes Haar (→ Erotik und Sexualität)

6 Wolff 1969, S. 214; er fährt fort: „... denn sie bewältigen das Stoffliche der eigenen Biographie in neuer, apperzeptiver Sicht".

7 S. Fußnote zu (→) Theater.

- Rotes Haar (→ Jutta Bamberger)
- Gerüche[8] (→ Geruch)
- Geschmack (→ Geruch)
- (→) Kühle
- (→) Stille
- Bärenjagd (DS)
- Farben, immer wieder (→ Farben der Romane / Ernstfarben).

Im Tod sieht Ruy „nichts mehr als ein tief leuchtendes Grün, stark wie die Sonne" (LA 449). Und Quapp wie Kajetan gehen durch die Erinnerung wie in einem „ grünen Tunnel, vielleicht auch dem Grunde eines Aquariums nicht ganz unähnlich" (DD 1005, noch auf die Gasse bezogen, aber schon als Metapher für die gemeinsame Jugend). Jugend, mehr noch Kindheit, das ist der Quell für die grüne Tiefe.

Melzer, nach der langen Erinnerung am 22.8.1927, „stieg jetzt herauf aus dem grünen, aquarienhaften Unterwasserlicht und wandte sich zurück in sein Wohnzimmer" (DS 325 und Finis Erinnerung).

8 Es gibt Erinnerungen, die durch Gerüche ausgelöst werden (Geyrenhoff erinnert sich an die „heilere Welt", DD 456), es gibt aber auch Erinnerungen an Gerüche (René nach 14 Jahren an das Lavendel, das ihm Geyrenhoff geschenkt hat: „Ein Duft des Lavendels" DS 521). Der Geruch von frischem Lack löst starke Erinnerungen aus (→ Büffet). Auch Geschmackserlebnisse: „Der milde Geschmack von Fleischpiroggen" (TT III 201). Proust muß noch einmal erwähnt werden. Im Zusammenhang mit einer zentralen Aussage zum Schreiben als Erinnerung („Mein Schreiben jetzt kommt jedoch aus dem Staunen über die in's immer klarer einfallende indirekte Licht gerückten Dinge der Vergangenheit [in Proust's Werk ist gerade diese Wurzel des Schreibens die überhaupt kardinale, er sagt es ja selbst im Titel seines Hauptwerks]") tut dies auch Doderer (TT III 427 – 7.4.1946). Im ‚Repertorium' findet sich ein aufschlußreiches Stichwort „Geruch und Gedächtnis", unter dem „Geschmacks- und Geruchserinnerungen" als die „wesentlichste Form des Er-innerns" bezeichnet werden. (REP 98, s. zur Bedeutung des Gedächtnisses in einem Vergleich mit Proust auch WD 157). Eine umfassende Untersuchung über Proust und Doderer scheint mir ebenso überfällig zu sein wie eine über Doderer und Nabokov. Der Beitrag von David L. Jones ist dies nicht.

Die Hauptfarbe der Tagebücher, vor allem der späten – Commentarii – ist grün. Denn dies ist, neben der Natur, den Wäldern, dem Moos (selbst Erinnerungsmetapher: „Moos in heimatlichen Wäldern: das ist ganz nah und dicht" – TC V 247 14.10.1953), die Farbe der Erinnerung schlechthin: „Daß ich mehrmals als Knabe von einem Hause träumte, das im Wald, unter Bäumen, aber nahe bei einer gedehnten Lichtung mit tiefgrünem Grase stand." (TT III 109–11.3.1942) Dieses Grün ist aber über Bäume, Moos und Gras hinaus auch das Grün tiefen Wassers im Sommer. 23. November 1954: „Hier herrscht heute auch ein Unterwasser-Licht, in dieser grünen Gasse, die mir wie ein eigenes Glied erscheint: so tief hab' ich sie in meine Biographie hereingezogen." (TC V 12) Denn so wie mit ‚Grün' ist Erinnerung auch mit ‚Wasser' verbunden, Teichen, Aquarien, Brunnen. Der Prater mit seinen Kastanienalleen ist „eine Gegend, wo das Wasser meiner Kindheit heut' noch am tiefsten steht" (TT III 237–8.9.1944). Sechs Jahre später beginnt der Eintrag mit „Die grünen Schichten vergangener Jahre" (TT III 823–23.10.1950).

18. Oktober 1956: „Der Hof draußen in der Prein, ein Hahn steht in der Mitte. Unter der Veranda bei Draxler, ein kleiner, grüner Wagen mit schräg abgestellter Deichsel: der Geruch ist doch alles: bei der Villa Draxler ist dieser von der Chemie nicht analysierbare Geruch alles." (TC V 31) Geruch und Farbe zusammen: Erinnerung an den Sommer 1911. Vier Monate später ergänzt durch das Geräusch der Stille: „Der Brunnen läuft in der Prein, immerfort, dieses Geräusch ist schon fast Stille von derselben Art, wie sie an den Wänden des Berges herrscht." (27. Februar 1957) Und gleich darauf der Schatten: „Prater, Blätterschatten, der Au-Geruch in der Kindheit ..." (15. März 1957, beide TC V 40).

Das gesamte Werk Doderers ist in einem so starken Maße und konzentriert Suche nach der verlorenen Zeit wie kaum ein anderes der Weltliteratur – muß ich sagen: außer Proust? Im Frühwerk beginnt diese Suche, in den Wiener Romanen DS – DD – DW bis hin zum Fragment DG kulminiert sie und schließt ein zusammenhängendes Werk ab, das, in der Überwindung des „Direkt-Autobiographischen", nichts ist als eben indirekte Autobiographie.

Ernstfarben

„Man sprach von Trennungen und hier vollzog sich eine, von keinem Wort berührt. Tief unten am Grunde der Kluft zeigte sich ein Melzern bekannter roter Schein. Wie von rohem Fleisch oder vergossenem Blut, seine Ernstfarbe des Lebens; und von daher eigentlich wußte er, was jetzt geschehen oder nun eigentlich offenbar geworden war, und von daher wurde jede Hoffnung verboten." (DS 290)[1] Dieses Gespräch mit Asta findet im Jahre 1911 statt, auf dem Weg zur Strudlhofstiege, auf der wenig später dann die berühmte, zentrale und doch für sich gesehen unwichtige ‚Szene' geschehen soll.

Noch Tage danach ist Melzer von der Erinnerung an diese Ernstfarbe „erschreckt" (DS 297), aber der so wichtige Begriff kommt im gesamten Werk nicht mehr vor, weder in DS noch in DD, DW oder DG. Er gehört eben zu jenen „selbständigen Wortbildungen", einer „Geheimsprache für den intimen Gebrauch" (DS 296), die Melzers ureigene Sache sind und Funktion auf dem Weg zur Selbstapperzeption bei ihm haben.

Was diese erste zitierte – und als eine von nur zwei auch idiosynkratische – Erwähnung des Begriffs im Werk besagt, scheint aber schon wesentlich früher auf: „Wie eine rote Wand von Purpur (oder war es rohes Fleisch?) stand's da plötzlich grausam und bedrohlich hinter allem Leben, hinter allem und jedem: und darauf lief's hinaus. Er sah durch mehrere Augenblicke diese Farbe." (DS 67) Deshalb auch „bekannter ... Schein"!

Daß also mit dem Begriff eine Farbe definiert wird, die von besonderer Bedeutung für den Betroffenen ist, die Gefahren und Ängste und ungewünschte Erinnerung signalisiert, ist evident. Eine Bedeutung, die nicht nur historisch begründet ist (natürlich verweist ‚vergossenes Blut' auf die zentrale Erinnerung an das des Majors und Freundes Laska), sondern auch in die Zukunft ragt. Denn ebenso wie auf Laskas (→) Blut verweist es auf das Marys, welches nach dem Unfall, der vierzehn Jahre später geschehen soll, fließt. Ein Unfall, bei dem er zugegen ist und hilft, bei dem ihr Blut auch ihn überströmt. Und Mary ist es auch, der

1 Sommer (1994) interpretiert diese Stelle gründlich, s. besonders S. 41 ff., hier auch Hinweise auf die wenige Literatur zum Thema.

er aus Schwäche und trotz Liebe keinen Antrag gemacht hat, also eben eine der Trennungen, die den „roten Schein“ hervorrufen.

Es schließt sich deutlich hier ein Kreis. ‚Ernstfarbe‘ ist eine Sigle der Erinnerung und der durch Erinnerung erzeugten Angst, aber auch ein Leitmotiv.[2]

Ebenso geschieht dies am Schluß von LA. Als Herr Ruy getötet wird, sieht er im Sterben „nichts mehr als ein tief leuchtendes Grün, stark wie die Sonne, auf dem braunen Grunde eines letzten Erwachens“ (LA 449). Braun und Grün sind seine ‚Ernstfarben‘.[3]

Dies ist in der Erzählung, nebenbei das Prosastück mit der größten Farbdichte (über drei Nennungen/Seite), langfristig angelegt. Die häufigsten Farben sind

- ‚Rot‘ mit 27 Nennungen (davon neunmal „rote Stechstange“ oder „roter Strich der Stange“)
- ‚Blau‘ mit 32 Nennungen (mehrheitlich naturbezogen wie mit ‚Himmel‘)
- ‚Braun‘ hat 21 Nennungen, davon sind fünf mit dem Drachen verbunden und bedrohlich (das Haupt des Drachen ragt „braun und faltig“, gleicht einem „braunen Gebirg“, die Augen liegen vor Ruy „wie ein brauner, mooriger Grund“ – alle DE 399)
- ‚Grün‘ mit 35 Nennungen, davon nur einmal metaphorisch, nämlich im letzten Satz und eben in der Kombination mit ‚Braun‘. Diese Kombination, sonst im Werk ebenso unüblich wie das häufige Vorkommen von ‚Braun‘, verweist stets auf Gefahr, den Weg, die Zukunft:
- Das Antlitz des Knappen war „entsetzlich bleich ... vor der braungrünen Tiefe des Waldes“. LA 401
  - „Ein braun-grüner Streif der Ferne blieb in seinen Augenwinkeln ...“ 429
  - „Vor den Pferdeköpfen lag die Straße. Ihr Band schnitt in das Grün und Braun.“ 432
  - Das Moos lag vor dem Wiederauftauchen des Drachen „in braun-grünen Flächen“. 441
  - Kurz vor seinem Tod heißt es: „In ihrem Spiegel verdunkelte und vertiefte sich des Ufers Grün um einen Ton näher dem Schwarz und dem Braun vom Grunde des

2 Zur Begründung s. Sommer 1994, S. 29f.

3 Schmidt-Dengler 1981, S. 107. Hier findet sich auch der treffende Begriff der „leitmotivisch wiederkehrenden Farben“.

Wassers, welches durch die Sonne herauftrat.“ (447) Der Metatext ist konsequent entwickelt.

Nicht jeder Protagonist im Kosmos Doderers hat Ernstfarben, sie sind ja auch mit tiefen, prägenden Eindrücken verbunden, mit Erinnerungen, mit Gefahr für seelische und körperliche Gesundheit bis hin zum Tod. Sie sind also vor allem eine Drohung oder bedrohlich. Und wo sie, ohne jemals noch so bezeichnet zu werden, sich finden, sind sie verschieden.

- ‚Weiß‘ ist die Ernstfarbe Donald Claytons und begleitet sein Versagen wie seinen Tod in Text und Metatext (weiße Türen, weißer Schaum).[4]
- ‚Rot‘ ist die Ernstfarbe Melzers.
- ‚Grün‘ ist die Ernstfarbe von Kajetan und Quapp in DD (die grüne Gasse).
- ‚Blau‘ ist Conrad Castiletz‘ Ernstfarbe mit dem Zentrum: das „blaue Heft in Quarto“.
- ‚Schwarz‘ scheint die Ernstfarbe des Alfons im unvollendeten DG zu sein.[5]

Und nicht jede Ernstfarbe – und auch dies ist typisch für die multiplen Besetzungen bei Doderer[6] – ist damit metaphorisch als Ernstfarbe, und sei es auch nur für das jeweilige Werk, festgelegt. ‚Rot‘ ist in DS auch Chiffre für Erotik (die „rote Polsterung des Wagens. Das rote glänzende Leder“ – DS 302, gleich doppelt, vgl. DS 92, DS 709[7]), immer von Melzer mit Editha direkt oder erinnernd verbunden.

4 Tschirky (S. 172) sieht unter Hinweis auf das „feuerrote Muttermal“ Rot als die Ernstfarbe von Donald Clayton; ebenso als die Ernstfarbe in DD. Das ist nicht unplausibel, aber zugrunde liegt fälschlicherweise die Annahme, Ernstfarbe könne, wenn überhaupt, nur ‚Rot‘ sein. Außerdem sind die Verweise auf ‚Weiß‘ wesentlich zu deutlich, um nicht die – oder die erste – Ernstfarbe Conrads zu sein.

5 Einzelheiten zu all dem in (→) Farben der Romane.

6 → Erinnerung.

7 Und DS 724: „Einem Leben, das den letzten Schritt in sich hinein nicht hatte tun können oder gar wollen, sondern sich immer nur wieder mitnehmen ließ, auf eine Bärenjagd oder eine Fahrt im Automobil mit lackrot glänzenden Lederpolstern.“ Alles über Melzer, Erinnerung und Erotik!

Dann jedoch, im Moment, als die große Liebe zwischen Melzer und Thea durchbricht und Mary im Blut liegt, werden die beiden Metaebenen, die von Glück und von Ernst, eins: „In der roten Farbe vereinigen sich Thea und Mary durch Augenblicke wie zu einer einzigen, ungeteilten Person." (DS 886)

Erotik und Sexualität

Die Prosa Doderers zeichnet sich durch einen hohen Grad an Offenheit in erotischer und sexueller Hinsicht, „im Punkt der Punkte" (DG 125), bezüglich der „Fundamentalia" (DS 453) aus.[1] Dort, wo er umschreibt, tut er dies nicht aus Prüderie, sondern mit Genuß. Er spielt mit den Möglichkeiten der Sprache, nutzt sie souverän aus und erweitert sie auf erster wie zweiter Textebene.

- „Als er auf der Rutschbahn ihre Wärme neben sich spürte und in den scharfen Kurven noch mehr von ihrer anmutigen Person, war es noch immer nicht möglich, aus den groblichen Wirkungen der sogenannten Zentrifugalkraft eine vielleicht doch vorhandene persönliche Note herauszuspüren." – „Er war zudem bereits so weit gekommen, seine Ahnungen von der Rutschbahn her erfreut bestätigt zu bekommen." (DE-Irrgarten 219–221)
- „Jedoch hatte vorher noch Tibor seinen Sonntag in Stiefeln, eigentlich zwischen Stiefeln, sollte man sagen, denn er selbst trug ja dabei gar keine." (DW 367)

Die Offenheit in der Formulierung erotischer und sexueller Situationen zieht sich durch das gesamte Werk, vom ersten bis zum letzten:

- „Alwersik lag bei Katjä in dem warmen ... Zimmerchen. Ihre linke Brust füllte seine Hand. Wie eine weiche Wolke lag die Frau gegen ihn an ... Er schwamm wie in stillem Wasser mit dieser seiner milchigen stillen Mutter ..." (GR 367)

1 Angesichts der Bedeutung der Sexualität für den Schriftsteller Doderer – vom Menschen wird hier nicht gehandelt – verwundert es, daß es, außer einer zweifelhaften Vorübung des Verfassers selbst, gerade noch einen Aufsatz zum Thema gibt, Watt.

- „Immer wieder sah er dann Henriette dort auf der Causeuse sitzen, eine schwere grundbrechende Explosion: im Hemd und im großen Mieder. Sie erhob sich und begann es zu lösen. Er rutschte auf den bloßen Knien zu ihr hin. Sie fuhr ihm durch das Haar und erteilte ihm nur einen Wink mit der Hand: nach rückwärts, sich niederzulegen. Dann kam sie: ein heißer Gletscher." (DW 226)

Natürlich schildert Doderer Erotik aus männlicher Sicht. Dennoch gelingen ihm bei den beiden homosexuelle Liebe zwischen Frauen (die zwischen Männern kommt nicht vor) beschreibenden Passagen im Werk erstaunlich feinfühlige Formulierungen:

- Das „Feuer ... durchleuchtet die Haut, huscht auf abfließenden Gliedern über Schenkel, Knie und Wade tiefer in's Dunkel des Raumes, hebt ein überglutetes Brüstlein hervor ... Licht flackt auf geschwungenen Rücken, Körper nebeneinandergestreckt, berühren sich in Schwellung, trennen sich in Buchten ... Die Munde schweigen und versiegeln sich küssend immer neu, die gleitenden Hände sprechen besser und süßer." (JB 280)
- „Aber der Duft, in den sie jetzt sich tief drängte, ließ plötzlich in ihr einen derart ungeheuerlichen Vorgang geschehen, daß sie vom Gürtel abwärts zerschmolz und zerlief; es war der Griff einer übermächtigen Hand, die ihren kleinen Bauch, ihr kleines Geweid, ganz umschloß und in einem Schmelzfluss löste." (DD 506, dazu TC IV 121: „Vielleicht sind diese zwei Mädchen und Leonhard meine befreiende Ekstasis überhaupt.")

Eine ähnliche Feinfühligkeit findet sich bei der Beschreibung eines der vier Frauentypen (nämlich noch ‚DD', Büßerinnen und dralle, aber nicht fette Frauen), die Doderer lebenslang im Kopf verfolgte. Jung, schlank, rot, rotblond oder dunkelhaarig, mit weißer Haut und schrägstehenden Augen. Licea, Paula, Grete, Trix, Louison und eben ihrer alle Keimzelle (→) Jutta Bamberger.

Aber dies ist ebenso ein Extrem wie die älteren und wirklich dicken („110 [kg] ... nach Wiegekarte" – DD 853) Damen des unsäglichen Kajetan. Hier allerdings handelt es sich ebenso wie bei der Neigung (→) Herzka – Heimo – Doderers dazu, Büßerinnen zu peitschen (DB, DD), und Zihals Voyeurismus um eine ideologische Besessenheit, zweite Wirklichkeit, einen Dämon.[2] Zu diesem Dämon tritt bei Schlaggenberg und Zihal noch ein zweiter: die Besessenheit von Ordnung, welche sogar zum Katalogisieren und Bürokratisieren der Neurotik führt.[3]

Bei Jutta Bamberger und ihren schlanken Schwestern handelt es sich um einen Traum, ein Ideal, ein auch erotisches Ziel, bei dem dann doch in der Annäherung an die Wirklichkeit Handfesteres dazwischenkommt. Das Alter ego René schläft eben nicht mit Paula Schachl und betrügt Grete mit dralleren (nicht fetten à la Schlaggenberg)[4] Frauen, das Alter ego Geyrenhoff heiratet eben die üppige Friederike Ruthmayr.

Zwischen diesen Extremen aber liegt die Hauptsache. Und hier geht es dann doch anders zu. Zumeist blond sind die Traumbilder der Protagonisten, sei es nun aschblond, dunkelblond, flachsblond, goldblond, hellblond, hochblond, rotblond, weißblond, weizenblond oder einfach nur blond. Dazu tritt die Üppigkeit, besonders im Bereich des Busens, die erotische Signalwirkung ausstrahlt. 72 kg z.B. wie bei Margot (auch blond, DW 324 und 329) sollten es schon sein oder nicht viel weniger. So zieht es sich durch das gesamte Werk.

- Magdalena Güllich hat eine „volle und große Gestalt" (DB 129) und dunkelblonde lange Haare (DB 136).
- Katharina (Katjä) mit ihrer „hohen Brust" (GR 366)
- Marianne Veik, „eine beachtliche Woge blonden Haares und milchweißer Haut, in einer sichtlichen Fülle der Hüftgegend ruhend" (EM 152)
- Hanna, „im vollen Bewußtsein ihrer schönen, drallen Gestalt ..." und weißblond (EU 263 und 151)
- Frau Jurak hat „zwei hohe Brüste" (DE-Div VII 173).
- Rosl Oplateks „Rundungen" sind „blond überschopft" (EF 27).

2 Für die Frage der ‚Devianz' → Dämonen, Anm. 5.

3 Vgl. dazu Weber 1987, S. 36; er spricht von der „lebensfeindlichen Ordnungssucht". Weber 1963, S. 52, spricht diesen „Trieb zur Ordnung" auch Castiletz und Herzka zu und verweist auf ein interessantes Zitat zu DD aus TT III 47: „Könnte mein Buch überhaupt thematisch benannt werden ... dann hieße es vielleicht ‚*Die Ordnung*,". Das ist natürlich wieder eine typische Zuspitzung.

4 Der Unterschied ist beachtlich und wird von Doderer betont, s. dazu Löffler 1991, S. 78 (‚drall' vs. ‚zerlassen').

- Richenza, eine „blonde Schönheit" mit dem „Busen einer Walküre" (DM 68)
- Thea Rokitzer ist blond und hat eine „hohe Brust" (DS 309).[5]
- Friederike Ruthmayr hat „eine mächtige Büste"(DD 105), sei ihr Haar auch „schwarz wie Ebenholz" (DD 1098).
- Monica Bachler hat eine „feste Brust" (DW 235).
- Edith Morawetz, „eine in jeder Hinsicht beachtliche Person" (DG 16)

Doderer spielt kaum irgendwo so variabel mit der Sprache; dabei gibt es einige Topoi, die zu tun haben mit:

- ‚Natur': „reiche Gaben" oder „machtvolle Aussage" der Natur (DD 1253, 1099)
- ‚Spannung': „gespanntes Hemd" (EM92) – der „Stoff des Kleides spannte" um die Hüfte des Mädchens (EM 153) – ihre „hohe Brust wölbte ... die Seide glitzernd auf" (EM 154) – „die Rundungen erschienen grün bespannt ..." (EF 27) – „erschien ihre große Gestalt von dem Nachmittagskleide nicht umspielt, sondern mit diesem bespannt" (DW 217) – „dieser Stoff fiel ... über der Rokitzer beträchtlichen Busen daher nicht ohne eine gewisse Spannung" (DS 759) – „Das Kleid war über dem Busen gebauscht" (DD 1099) – „Das Kleid spannte sich um den Busen, der zwei Fußbällen gleich sich vordrängte" (DD 155)
- Stockwerken: „obere" (DD 84), „imposante und gefällige" (DS 360) – „das Stockwerk ihrer Persönlichkeit" (EF 85) – „in der Beletage oben kam ein monumentaler Stil derart unvermittelt zum Durchbruche ..." (DS 523)
- ‚Beachtlichkeiten' (DG 17) und „beträchtliche" Busen (DS 759)

Nur selten werden Bauch (Malva Fiedler, DD) oder Achselhöhlen (Elly Zdarsa, DD) zum Mittelpunkt der erotischen Attraktion, bezeichnenderweise bei einem einzigen Mann, nämlich

5 Hier ist für jedes Werk nur ein Beispiel angeführt, die Liste könnte beliebig verlängert werden. Vor allem in DS sind alle erotisch attraktiven Frauen blond: auch Editha, Mimi, Cornelia Wett. Auch die Bürgermeisterin im mittelalterlichen Manuskript hat eine „hoche prust" (DD 770).

Leonhard. Hinterteile werden im Werk nicht beschrieben, wohl aber immer wieder „schmale Fesseln", am besten kombiniert mit hohem Busen, also die nicht seltene „umgekehrte Tropfenform": „Der Schwerpunkt liegt oben." (DD 84)

Sowohl bei Schlaggenberg als auch bei (→) Jan Herzka und Heimo-Heimito spielt darüber hinaus die Demut, die „Hilflosigkeit der DD" (DD 854) eine bedeutende Rolle, die Bereitschaft, Beachtlichkeiten „in sanfftmut undt demitiglichkait" (DD 778) oder mit einem „Ausdruck der Hingabe ... sanft wie Milch" (DB 129), eben wie eine Märtyrerin, zu zeigen und sich ebenso „ân klag" peitschen zu lassen.

Im Übergang vom Erotischen und Ausgefallenen zum rein Sexuellen fallen drei weitere, diesmal metaphorische[6] Topoi auf, die mit Explosion, Astronomie (Stern, Planet, Sonne) und Eisenbahnwesen zu tun haben.

- „die Brüste sprangen wie eine Explosion" (EM 93)[7] – „jene schneeweiße[8] Explosion auf der Causeuse" (DW 229) – „Die Brust war die Ahnung einer Explosion" (DD 153) – „übermächtige Explosion von Milch und Blut" (DS 758)
- „Er umfing seinen Stern, der jetzt weißleuchtend geworden war" (DW 254, hierzu TC V 223: „ Es gibt plötzliche und abrupte sexuelle Ereignisse in unserem Dasein, die bis auf den heutigen Tag als einsam glühende Sonnen dort rückwärts im leeren Raum stehen, ohne daß irgend etwas um sie kreisen würde, ein Trabant oder Planet, auf den sie Bezug hätten. So isoliert steht für Chwostik der Vorfall mit Monika in seinem Gedenken.") – „Diese blieb ein Muttergestirn, eine Sternmutter, ein ‚Algol', wie die Astronomie jene ungeheuren, einsamen und trabantenlosen Ansammlungen von Materie im Weltraum auch nennt, Reserven des Universums" (DW 229) – Friederike Ruthmayr ist eine „Zentral-Sonne" (DD 1138, vgl. DD 75, 206) – „Etelka war durch Jahre daran gewöhnt worden, Mittelpunkt und Zentralsonne zu sein ..." (DS 431)

6 Für verstecktere sexuelle Metaphern (Schlange, Kamin, Einhorn, Wandarm) s. Koch 1989, S. 75 ff., und Sommer 1994, S. 48 ff.

7 Metaphorisch EM 184: „... jenes Platzen einer Knospe, eine jener leisen ... starken Explosionen ...".

8 Sexualität steht, vor allem in DS und DW (→ Büffet), in starkem Zusammenhang mit weißen Möbeln und Flügeltüren.

– Agnes Gebaur wird zur „schwarzen Zentral-Sonne einer zweiten Wirklichkeit" (DD 1045).[9]

- „Mehr als dieses auf ‚frei' gestellte Einfahrtssignal brauchte der jetzt einbrausende Expreß-Zug der Lust nicht. Sie sank zurück, Stangelers Hände flogen." (DD 511[10])

Die meisten Protagonisten im ganzen Werk sind, auch unverheiratet, sexuell aktiv, ohne auf die Eheschließung zu warten. René Stangeler schläft mit Grete, Editha, Mimi, Frau Storch, Schlaggenberg treibt es in jeder Hinsicht zu wild, Castiletz trotz seiner bürgerlichen Umgebung bis zur Hochzeit. Aber auch Frauen sind emanzipiert genug, um sexuelle Abwechslung zu suchen: Editha schläft mit René, Schmeller, Eulenfeld. Etelka betrügt ihren Gatten schon vor der Ehe mit Regierungsrat Guys, später mit Karl von W., Fraunholzer und Dutzenden anderen (DS 413). Die beiden großen Liebenden von DS und DD gehen vorher ausschließlich (Melzer) und überwiegend (Kakabsa) zu Prostituierten. Diese erhalten größtenteils (besonders Anny Gräven in DD) starke Umrisse und werden sympathisch, einfühlsam dargestellt. Dies gilt auch für Katharina im ganz frühen Werk („eine bescheidene, junge und sehr anmutige Prostituierte" – SK 67ff.) und Fini und Feverl, die Monica Bachler retten und auch attraktiv dargestellt sind (Fini wirkt „etwas explosiv", „durch knappe Einknöpfung" – DW 63).

Die Protagonisten und Alter Egos mögen voller Neurosen und von Dämonen besessen sein, sie neigen nicht zur bürgerlichen Verachtung der ‚Devianz', der Homosexualität und der käuflichen Liebe.

9 Hierzu wie zu ‚Explosion' s. Watt, S. 71f.; ‚zweite Wirklichkeit' hier, weil (→) Jan Herzka besessen ist von dem Dämon, Büßerinnen zu peitschen.

10 Vgl. auch die in ähnlicher Weise auf den Orgasmus weisende, sich hebende ‚Gondel', → Erinnerung.

Exzesse

„Wenn ich mich frage, was ich denn eigentlich und wirklich haben möchte und mir wünschte: so wäre es – viel Geld, um in einer Folge schwerster sexueller Excesse, sinnloser Saufereien und dementsprechender Gewalthändel endgültig unterzugehen. Statt dessen habe ich das weitaus gewagtere Abenteuer der Tugend gewählt." (TC IV 79–17./18.10.1951) Solche Exzesse[1] führen als „Excesse der zweiten Art" (TC V 100–2.6.1957), wenn sie nämlich habituell, „süchtig und lebensflüchtig" werden, in „eine zweite Wirklichkeit". Sie sind also Ursache wie Folge von Apperzeptionsverweigerung. Ein Meister der alkoholischen, unausgesprochen auch sexuellen Art von Exzessen ist der Rittmeister, und Melzer (ihre Freundschaft ist ohnehin die zweier gegensätzlicher Charaktere) spürt den Reiz, denn in ihm „bestand eine gewisse Spannung ... vielleicht sogar ein Bestreben" (DS 88).

Was die „Gewalthändel" angeht, verfolgen solche neben den ungenannten Figuren der Erzählungen und Kürzestgeschichten auch die Bande Döblingers (DM 149ff., 287ff., 305ff.) und die „Organisation Negria" (DS 719f.). Natürlich gehören dazu auch manche „Aushebungen" (DD 77), Gelage und Ansammlungen unter Führung Eulenfelds, die aber größtenteils wohl als Exzesse der ersten Art zu betrachten sind, denn: „Selten auch sind Excesse ein reiner Schlag ins Wasser, das zur früheren Glätte sich dann wieder beruhigt." (DD 80)

Wenn wir das aufs Werk übertragen, dann war Doderer eher ein Sänger der Exzesse, beging sie formal als tatsächlich. Ob es deshalb gleich „das Abenteuer der Tugend" war, das er an ihre Stelle setzte, steht dahin.

Es gehört nämlich dieser Begriff zu denen bei Doderer, die er schon wegen des skurrilen Klanges und Anklanges an das Besondere, Skurrile, Groteske liebte. Er war in Wirklichkeit diszipliniert, auch seine Protagonisten geben sich selten solchen Dingen hin. Daß von den Exzessen und dem Roman der Exzesse,

1 Drei Eintragungen in REP, S. 74f., alle als Exzesse; hier auch die zitierte Formulierung aus TC V.

DM, „unterirdische Gänge zur Avantgarde" führen,[2] ist daher eher ein Mißverständnis durch diese. Wer an Doderer nur die – seien sie auch in hohem Maße interessant und faszinierend – Reservate des Grotesken, die ja selbst Exzesse sind, anerkennt und liebt, weiß nichts von ihm.

Aber das gilt ja auch für die geliebten (→) Brachialitäten, Bartrisse, Beutelstiche, Timurisationen, Verprügelungen und anderen Ausdrucksweisen der (→) Wut. Von diesen steht ein guter Teil in Zusammenhang mit seinem ominösen (→) Alter Ego Dr. – Cactanus?[3] – Döblinger, der ja bekanntlich selbst ein Spiegelbild seines ebenso problematischen Alter egos Dr. Schlaggenberg ist. Ebenso gilt es für andere aus Wut und Grimm oder speziellen Vorlieben abgeleitete Verhaltensweisen.

Farben der Romane

Bei Doderer ist kein Begriff zufällig, jedes Wort ist sorgfältig geplant und sitzt.[1] Zu den Begriffen, die, selbst für solche Verhältnisse, mit besonderer Sorgfalt gewählt werden, gehören die aus der Farbenwelt.

Doderers Prosa ist ebenso voller Farben, wie sie selbst viel-

2 Schmidt-Dengler 1995 (2), S. 32.

3 So in DM 107, Fußnote; diese wie alle Fußnoten in DM und das ganze Werk selbst sind nicht ernst zu nehmen, hier handelt es sich um sprachliche Exzesse. Die Fußnoten zu DM mit ihrem Wissenschaftskauderwelsch und Küchenlatein, ihrer Illustriertenbildung und Vermengung von echten und unechten gelehrten Schriften, ihrer Spielerei mit Namen (Partwisch, Schlaginhauffen, Schlagdenhauffen, Alexander Freiherr von Wyssens-Gschafftelhueb – DM 107, 90, 240) gehören zu den absoluten Höhepunkten Dodererscher Sprachkomik, aber auch Weisheit. Und dann noch: „Einen Menschen namens Meyer ohne Vornamen zu zitieren darf als inhuman bezeichnet werden." DM 175 (natürlich Fußnote!)

1 Wendelin Schmidt-Dengler 1998 (2) hat ganz spezifisch darauf hingewiesen, daß es bei Doderer nichts gäbe, was zufällig da stünde. Man lese diesen Essay auch, um zu verstehen, wie wichtig es ist, Doderer detailliert und diszipliniert zu lesen und wieder zu lesen.

farbig und variationsreich ist.[2] Nicht nur in den (→) Naturbeschreibungen des gerade hier besonders kreativen Dichters, die von „blauen Fahnen des Himmels" (DE 485, DS 69, DD 348), „bunten Fahnen des Herbstes" (DD 638), „weißen Wolkenstreifen" (z. B. DS 875) und dem „grünen Schaum der Praterbäume" (DW 59, vgl. auch DE 392, 430) ‚natur'-gemäß durchsetzt sind, sondern auch in anderen, erotischen, innenarchitektonischen, stofflichen Kontexten. Ausgeprägt finden sie sich aber auch in ganz und gar künstlichen, metaphorischen, bildnis- bis schicksalhaften Zusammenhängen.

Farben sind starke Träger von (→) Erinnerung an frühe Kindheit und Jugend, vor allem *Grün* direkt wie metaphorisch und *Weiß*: „Fast wie in einen benachbarten oder unmittelbar unter mir gelegenen Raum sink' ich ab in völlig ferne Jahre, in ein Kinderzimmer in der Walfischgasse, das weiße Kinderzimmer einer Cousine ..." (TT III 824–25. 10. 1950). So werden auch Farben zu autobiographischen Chiffren.

Auch spielt der Dichter gerne mit der ungewöhnlichen Verwendung von Farbbegriffen, so wenn er vom Treffen Geyrenhoffs mit Levielle in den Tagebüchern sagt: „Ein Schuß in's Blaue, der in's Schwarze traf." (TC IV 412)

Farben sind bei Doderer in drei großen, sich überschneidenden Zusammenhängen wichtig:

- Erinnerung
- Metaphorik
- Natur (Ästhetik)

Bei der folgenden Untersuchung sollen diese Aspekte wie auch der quantitative Ansatz eine Rolle spielen, obwohl letzterer mit ihnen keineswegs in eins zu bringen ist. Sie beschränkt sich auf die Romane und Novellen, da die Erzählungen aufgrund ihrer zum Teil extremen Kürze anderen Gesetzen unterliegen und im Stichwort (→) Späte Erzählungen behandelt werden.

Im gesamten Prosawerk ist die meistgenannte Farbe *Weiß*, und zwar sowohl dem Gesamtvorkommen nach als auch in der

2 Rolf Vollmann (S. 951) spricht von seinem „kompakten, farbenreichen Stil, voll von Bildern, die wie mit breiten, ausholenden Pinselstrichen gemalt sind".

Einzelzählung außer bei DD und EF.[3] Sie wird in erster Linie in folgenden Zusammenhängen und weitgehend regelmäßig in dieser Häufigkeitsfolge gebraucht:[4]

- Möbelstücke, Fenster, Türen, Wände (38)
- Kleidung (27)
- Direkte Erotik – Haut, Zähne, Unterwäsche etc. (19)
- Natur allgemein – Wolken, Wasser, Bäume, Gras, Blumen, Moos etc. (18)
- Sport – Tennis, Wassersport (12)

Ebenso ist aber *Weiß* auch die metaphorisch am meisten verwendete Farbe, und dies fast immer in erotischer Konnotation, soweit es sich nicht um ‚Natur' handelt. ‚Weißer Schnee' hat keine erotische Metabedeutung, wohl aber immer ‚weiße Wände' und ‚hohe, weiße Türen' (meistens → Büffet) als Flügeltüren, ‚weiße Möbel', ‚weißer Lack', ohnehin ‚weißes Bett', ‚weiße Haut' und ‚weiße Wäsche'.

Weiß ist eine – nicht notwendigerweise die einzige, aber die primäre – Chiffre von Erotik und von Erinnerung an erotische/sexuelle Erlebnisse. *Hypothese 1*

Eindeutig lassen sich sogar fast allen Romanen und Novellen eine oder mehrere Farben, in der Regel zwei, als die wichtigsten zuordnen, nämlich im Sinne starker und stringent durchgeführter, das ganze Werk durchziehender Metaphorik. *Hypothese 2*

So sind

- *Rot* und *Weiß* die Farben von DS (Blut, Erotik)
- *Grün* und *Rot* die Farben von DD (Vergangenheit[5] und Erotik, Feuer und Blut)
- *Blau* und *Weiß* die Farben von DW (Erotik, Tod und Erotik)
- *Schwarz* und *Weiß* die Farben von DG (Angst vor dem Elternhaus, Erotik)
- *Schwarz* und *Weiß* die Farben von DM (Wut und Grimm, Medizin)
- *Blau* und *Grün* die Farben von EF (unreife und reife Erotik / Sexualität)

3 S. dazu weiter unten. SK ist unter die Romane eingeordnet.
4 Die Zahlen in Klammern beziehen sich auf DS.
5 Grün ist im Gesamtwerk die Farbe der unspezifischen, allgemeinen Erinnerung.

- *Blau* und *Weiß* die Farben von EM (Erforschung der Vergangenheit, Erotik)
- *Rot* und *Weiß* die Farben von DB (beide für Erotik, rot auch für die Peitsche stehend).
- *Blau* und *Weiß* die Farben von EU (Natur, Erotik)

Diese Zuordnung ist eine spezifisch Dodderersche, die mit fortschreitendem Werk auch Doppel- und Andersbelegungen beinhaltet, wie man unschwer schon aus dieser Aufzählung ersehen kann und wie es bei allen Siglen und Metaphern im Werk ständig der Fall ist (→ Erinnerung). In diesem Sinne werden Farben auch zu Chiffren.

Drei der Schlüsselszenen von *DS* hängen mit aus Wunden fließendem Blut zusammen und also mit der Melzer / diesem Werk zugeordneten Ernstfarbe *Rot*[6]:

- „Alles war voll vom Blute, das Gebüsch, das Gras und Moos." (DS 79)
- „Und jetzt schien ihm ein tiefes Rot herauf zu schlagen an den inneren Lidern, eine erschreckende Farbe, wie Wunden oder frisches Blut." (DS 556)
- „Schon bei ihr. Schon im Blute, dessen Rot ihm entgegenspringt, jetzt den Knieenden bespritzt." (DS 843)

Weiß ist in direkt erotischem Zusammenhang, z.B. „makellos weiße" Haut (DS 34) oder „Possediertsein von ihrer weißen, etwas üppigen orientalischen Schönheit" (DS 449), insgesamt elfmal zu finden. Öfters jedoch in Zusammenhang mit Kleidung, nämlich zweiunddreißigmal. Aber auch hier überwiegt die Verwendung in erotischem Zusammenhang wie Wäsche oder Hemd:

- „Er begann zu schlottern, den Blick in weißer Wäsche." (DS 206)
- „Dann begann er sie zu küssen und tat jetzt nichts situati-

6 S. dazu (→) Blut und Ernstfarben sowie vor allem Sommer 1994, bes. S. 33, 40ff. und 133ff. Auf S. 161ff. geht er erschöpfend auf den Wechsel von rot zu violett ein. Violett hier (in DS als Metapher für Buße im christlichen Denken) hat allerdings eine ganz andere Bedeutung als ‚dunkelviolett'. S. auch Haslinger 1966 (2), bes. S. 97ff., und Tschirky, S. 171f.

onsgemäß Verkehrtes, als er ihr weißes Sporthemd entknöpfelte und mit der rechten Hand unter ihre linke Brust glitt." (ibid.)

Zweimal scheint die Kombination der beiden Hauptfarben auf, in Form der „rotweißen" oder „rot-weißen" Straßenbahn (DS 34, 831), Marys Unfall ankündigend.

In *DD* ist diese Straßenbahn hingegen eine „rot-gelbe" oder „rotgelbe", siebenmal wird sie so genannt. *Weiß* ist hier aber keine Hauptfarbe.

Auffällig ist hier zunächst *Blau*, vor allem das Haus ‚Zum blauen Einhorn', das achtzehnmal vorkommt. Dieses Haus, das schon in DS eine bedeutende Rolle spielt (René – Paula, insbesondere DS 130f.), beherbergt in DD die Wohnung der Kaps, der „Urmutter", der „Mutter des ganzen Romans".[7] Vor allem aber ist es der Brand des Justizpalastes am 15. Juli 1927, der, wenn auch nicht rot, zumindest „rötlich" aufscheint. Schon auf DD 11 wird über die Farbe das zentrale Ereignis angekündigt: „Es sieht aus wie ein Brand, besonders später, bei schon rötlichem Scheine." Dreimal (DD 78, 259 und 388) ist vom „rötlichen Widerscheine der Großstadt" die Rede – einmal ist der Himmel davon „entzündet" (DD 78) –, einmal nur vom „rötlichen Schein" (DD 285). All dies verweist auf den Brand, der selbst nicht als „rötlich" beschrieben wird – das ist der Vorschein –, sondern als „rot".

Dieser Verweischarakter ist schon daraus abzuleiten, daß in DS die dort ebenso präsente Großstadt Wien kein einziges Mal ein solches Farbattribut erhält. Es ist ein gutes Beispiel auch für die totale (→) Verflechtung.

Auf der letzten Seite vor dem Beginn des Kapitels ‚Das Feuer' sagt das Nachtbuch der Kaps: „Wie ein rotes Wimmerl geht das Feuer auf." (DD 1205) Und so ist es auch. „‚Schaut aus, als ob die Stadt ein rotes Wimmerl hätt', sagte Géza." (DD 1292) Der Brand ist von oben betrachtet ein „Glutpunkt" (DD 1293), und in dieser Farbe sieht ihn auch Neuberg: „Hinter der Glastür des Balkons sah er Rot, trat hinaus in die verhältnismäßige Kühle, fühlte am Geländer noch Nässe vom Regen und schaute in die Pforte des Brandes, welche dort in die Stadt gebrochen

7 S. dazu Personenverzeichnis und Verfasser von DD.

war wie mit Zinnen und roten Wänden." (DD 1305 f.) Vierundzwanzig Nennungen haben *Rot* (22) und *Rötlich* (2) in diesem Kapitel.

Auch eine der Schlüsselszenen von DD, in der im Verlauf der Unruhen, die zu eben jenem Brand führen, das Blut einer erschossenen alten Frau und Milch aus den von ihr getragenen zerbrochenen Flaschen zu einer rot-weißen Lache „ineinander ... verfließen" (DD 1244), ist eine starke Betonung von *Rot*, so daß diese Farbe in DD für Blut und für Feuer steht.[8]

Insgesamt jedoch trägt DD am stärksten die Farbe *Grün*. Von den 208 (!) Nennungen dieser Farbe beziehen sich 135 auf die Natur und 48 auf Möbel, Einrichtung, Zimmer und ähnliches. Es ist aber nicht dieses quantitative Moment, das unsere Zuordnung begründet. Vielmehr ist es der metaphorische Ansatz, denn viele Zusammenhänge auch solcher Bereiche verweisen auf ganz andere Hintergründe. Dies gilt für Hinweise auf Kajetans Elternhaus (13), auf Dwights Erinnerung an die Geliebte, Madame Libesny (9), auf die Tischtennispartie (13), auf einen weichen grünen Läufer,[9] auf dem Geyrenhoff auf Friederike zugeht (3), auf die grüne (Beethoven![10]) Eroica-Gasse (13).

Immer wieder aber verweist *Grün* im Zusammenhang mit einem Substantiv auf andere metaphorische Tiefen: grüne Tunnel (4), Algen (2), Moos (3), Unterwasser (5), Schwingen (1), Gas (1), auf Erinnerungen, Un- und Unterbewußtes, Ängste, Träume. So das „tiefgrüne Wasser der Höhlung" (DD 1009). Es findet sich ganz stark immer wieder in Erinnerungen Kajetans, die auch die Erinnerungen Doderers sind:

„Aber das Licht im Saal war grün wie Moos, ich sah plötzlich durch Augenblicke überall Moos, an den Wänden und an einem mächtigen eichenen Buffet wuchs es wie in Bärten, und auf dem

8 → Blut

9 Im Kapitel ‚Das Feuer' taucht auch zweimal ein roter Läufer im Haus Friederikes auf.

10 Quapp hat eine Zeitlang dort gelebt (DD 984, 1067), vgl. auch TC IV 341; die Wahl dieser Gasse hat mit Doderers Biographie wie mit seiner Beethoven-Verehrung zu tun, mit Quapps Berufswunsch und mit der grünen Tiefe. Als „grüne Gasse" bezeichnet in DD 880, 984 und 1005. Und Doderer selbst hat vordem in der Eroicagasse 15 für kurze Zeit seine Wohnung genommen.

Buffet war alles moosgrün, besonders eine riesige Bowle mit zahllosen Gläsern herum, eine Generation von grünen Gläsern, oder mehrere Generationen ... auch meine Mutter schien Moos auf dem Scheitel zu haben. Sie ist noch immer eine große, schöne Frau. Auch auf ihr lag dieses grüne moosige Licht, ein solches, wie es unter der Oberfläche von Waldtümpeln herrschen mag, auf denen die Wasser-Linsen dick schwimmen." (DD 1066f.) Viermal ‚grün' in einem Satz, der die Düsterkeit von Schlaggenbergs Erinnerungen ebenso deutlich umreißt wie die Zwanghaftigkeit, mit der er sich ständig erinnern und einmal davon sprechen muß. Es bricht geradezu aus ihm heraus gegenüber Geyrenhoff, und dementsprechend unterbricht er sich, als er merkt, daß er zu weit geht in der ungewohnten Entblößung.

Quapp hat eine ganz ähnliche Erinnerung an das Büffet und die, auch bei ihr, „grüne Riesenbowle" (DD 165).[11]

„Hier herrscht heute auch ein Unterwasser-Licht, in dieser grünen Gasse, die mir wie ein eigenes Glied erscheint: so tief hab ich sie in meine Biographie hereingezogen. Das ist die Realisierung des Sexuellen und ohne diese wär ich verdorrt." (TC V 12–23.11.55)[12] *Grün* und Wasser sind überhaupt stark verbunden: „Die grünen Wasserfälle hier in D." (TI 828–11.8.1936)

Auch Liebe, Erotik und Sexualität, die in dieser Tagebuchnotiz angesprochen werden, haben in diesem, und nur in diesem, Roman grüne Untertöne und Assoziationen. „In diesem Augenblick fühlte ich Hoffnung, in bezug auf Friederike, wie eine lichtgrüne Schwinge schlug es in mir einmal auf und nieder." (DD 1151) Aber: „Sie entfloh, tief hinein zwischen das Grün und die Algen." (DD 1175)

Ebenso findet sich tiefe, schmerzliche Erotik bei Malva, die Leonhard zwar im Ansatz genießt, aber nicht in der Vollendung. „Ein dankbarer Blick aus zwei grünen Augen in einem Katzengesicht traf Leonhard ... Sie sah ihn wieder so an wie vorher, Katzengesicht, Katzenaugen, weiche Fülle." (DD 140)

11 Dazu ausführlich wie zu diesem Möbelstück überhaupt (→) Büffet.

12 Vgl. auch die Eintragung vom 1.9.1955 über „grüne Jalousien" sowie 21.6.56 ("das grüne Wasser") und vom 13.12.1966 – die letzte! – mit dem „Acquarium". EU 192 hat die „glasgrüne Wassertiefe" im Kontext ‚Traum'. Für die Verbindung von ‚Wasser' und ‚grün' → Wasser.

Von sechs Nennungen grüner Augen stehen fünf in erotischem Kontext. „Die grünen Augen standen schräg. Der Mund war groß. Die Brust war die Ahnung einer Explosion." (DD 153)

Genauso ist die schon erwähnte Erinnerung an erotische Erlebnisse Dwights in London mit einem von grüner Farbe beherrschten Raume verbunden. „Aber für Dwight waren sie voll des Erinnerns; an die Albert-Straße, das Grün-Weiß des ‚drawing-rooms', das Bild neben dem Bücherschrank." (DD 42)

Vor allem aber ist *Grün* die Farbe des von Ängsten und Alpträumen geplagten Rückblicks auf Vergangenheit und in die eigene, unkontrollierbare Tiefe. Es ist das Hineintauchen in die eigene Geschichte, die Tiefe der Jahre. Das in diesem Zusammenhang so deutliche Tagebuch 1957–66 hat viele Stellen, die mit „tiefem grünen Wasser" (TC V 173), dem „Algischen und Tangigen" (TC V 126), „tief im grün" (TC V 182) zusammenhängen. Dabei bilden oft auch Bäume den See (TC V 175, auch 173 und besonders 509: „Das meertiefe Grün des Waldes").[13]

Die Erinnerung bei Doderer ist grün, sehr oft auch mit (→) Wasser verbunden, nicht nur in DD. Wenn Manuel an Hanna denkt, wenn er von ihr träumt, dann werden diese Träume „mitunter überstiegen von einem hellen Wimpel der Hoffnung, wie eine aus der glasgrünen Wassertiefe sich aufwerfende Welle von Schaum" (EU 192). Aus der Tiefe der Erinnerung steigt die Hoffnung.

Daß der wichtige Geigenkasten, von dem sich Quapp, wie vom Geigenspiel, das ihr so viele Verletzungen gebracht hat, schließlich trennt, von „grünem Segeltuch überzogen" (DD 1008) ist, nimmt denn auch nicht wunder. Noch weniger, daß es im Nachtbuch der Kaps, jener so wichtigen Mitautorin von DD, der „Mutter des ganzen Romans," erinnernd heißt: „Mein Mann war im Krieg gegen die Italiener … wo die Österreicher im Tal unten bis zu den Hüften durch das grüne giftige Gas haben müssen …" (DD 1202) Das grüne giftige Gas des Unterbewußten!

Aber es gibt auch Hoffnung in DD, wie wir wissen. Nicht nur in den vielfältigen Ergebnissen tiefer Liebe mit schließlich

13 Vgl. auch DS 527: „Das Zimmer war groß, kühl, komfortabel, vom Schein des dichten Grüns vor den Fenstern ganz durchflossen, fast in einer Art von Unterwasserlicht stehend." S. auch (→) Erinnerung.

mehreren Verbindungen (Geyrenhoff und Friederike, Leonhard und Mary, Géza und Quapp, sogar Wiedervereinigung von René und Grete) sondern auch in Renata-Licea, der jungen Neben- und doch auch Hauptperson, der Reinkarnation von Jutta Bamberger, von der Doderer in den Commentarii schreibt: „Renata = grüne Kreuzung".[14]

In Doderers spätem Roman *DW*, der aber handlungszeitlich DS und DD vorangeht und mit diesen die ‚Wiener Trilogie' bildet, schließlich findet sich die Farbe *Blau* in ganz besonderem Kontext. Es ist die Farbe, die Chwostik mit einem kleinen Mädchen assoziiert, dessen Bild er beim Firmenanwalt sieht und von dem er fasziniert ist.

„Es war ein Bild. An einem Tischlein saß im blauen Kleide mit bloßen Beinen und kurzen Socken ein etwa zehn- bis zwölfjähriges Mädchen. Das Bild war groß, lebensgroß. Es schlug für Chwostik eine viereckige, blaue Vertiefung in die Wand. Das Kind sah ihn daraus an." (DW 38, im gleichen Zusammenhang dann eben dieses *Blau* noch neunmal: 38, 39, 43, 43, 44, 45, 46, 75, 115). Mit der Tochter dieser Frau wird Chwostik später ein einziges Mal schlafen,[15] was ihn auf ewig glücklich macht (DW

14 TC IV 539; hier wie in TC V spielt der Begriff ‚grüne Kreuzung' eine überragende Rolle. S. besonders TC V 23–74. Es gab tatsächlich eine ‚grüne Kreuzung' nicht unweit des Hauses ‚Zum blauen Einhorn', und damit Doderers letzter Wohnung in der Währingerstraße, und zwar Ecke Währinger- und Nußdorfer Straße; Abbildung in Fleischer 1995, S. 183. Vgl. TC V 23, dort auch interessante Formulierungen zu ‚grün' und ‚lila': „Grün und lila sind zwei oft gegeneinander gelehnte Ebenen, von denen die untere an einer Stelle – in einer ganzen Zone – die obere durchdringt." Zu der Faszination Doderers durch Farben und deren Kombinationen s. auch TC V 193: „Neben das Lila der Nacht tritt das Grün des Praters." Für eine andere Verbindung von ‚grün' und ‚lila' s. TC V 348.

15 „Es gibt plötzliche und abrupte sexuelle Ereignisse in unserem Leben, die bis auf den heutigen Tag als einsam glühende Sonnen dort rückwärts im leeren Raum stehen, ohne daß irgendetwas um sie kreisen würde, ein Trabant oder Planet, auf den sie Bezug hätten. So isoliert steht für Chwostik der Vorfall mit Monica in seinem Gedenken." (TC V 223) Auch Henriette ("jene schneeweiße Explosion auf der Causeuse") bleibt für Zdenko „ein Muttergestirn, eine Sternmutter" (beide DW 229).

254). Vorbereitet wird dies durch eine unbestimmte Ahnung bei Chwostik: „Er fand's nicht; er vermochte dieses Blau nicht zu greifen, das ihn erfüllte und doch vor ihm zurückwich." (DW 246)

Auch in einer anderen Schlüsselszene spielt *Blau* in DW eine besondere Rolle. Ein Experiment, bei dem durch Elektrolyse diese Farbe entsteht, wobei dieses Blau auf den Seiten 212 bis 221 elfmal auftaucht – „‚Blau ist die Farbe dieses Nachmittages', dachte Zdenko" (DW 215) –, geht einer anderen Schlüsselszene, der (auch hier einmaligen) Verführung des Gymnasiasten Zdenko durch die Mutter des Schulfreundes voraus. Blau ist hier also die Farbe gesteigerter und ebenso erfüllter wie außergewöhnlicher (da einmaliger) Sexualität und DW, ganz nebenbei, auch der erotischste und erotisch expliziteste Roman Doderers nach dem frühen DB. EF und DD treiben bei vergleichbar erotischer Ausrichtung eher ein Spiel mit dieser, verstecken und ironisieren sie.

Ebenso ist aber DW auch ein Roman der Farbe *Weiß*. Diese Farbe steht in ungewöhnlich starkem Zusammenhang mit wiederum erotischen Begebenheiten einerseits sowie dem Tod Donalds am Ende des Romans. Daß der „weiße, einbeinige Schwenktisch" ursprünglich dental-medizinischer Verwendung,[16] den Chwostik von der Mutter seiner einmaligen Geliebten Monica anläßlich der Wohnungsübernahme gleich mit übertragen erhält und in sein Schlafzimmer stellt, bei dieser Liebesszene im Hintergrund steht, wird auch dadurch bedeutsam, daß er insgesamt siebenmal erwähnt wird. Lange davor, dabei und danach. Die Liebesszene selbst wird so beschrieben: „Er umfing seinen Stern, der jetzt weißleuchtend geworden war." (DW 254)[17]

Auch sonst ist *Weiß* ständig erotisch konnotiert, sogar wenn es überhaupt nicht erwähnt, nur im Substantiv versteckt ist:

16 Er spielt auch eine bedeutende, aber ungeklärte Rolle in DG (→ Verflechtung, Claytons und Chwostik). In DM (137) ist das „weißlackierte Tischchen" für die Behandlung schwerer Wutanfälle medizinisch indiziert, als Träger eines Grammophons!

17 Später, in der Erinnerung, mit ‚rot' kombiniert: „Der hatte seinen weißleuchtenden Stern umfangen und war dabei rotglühend geworden wie ein Kanonenofen." (DW 299)

„Dann kam sie: ein heißer Gletscher." (DW 226) Und „jene schneeweiße Explosion auf der Causeuse" (DW 229) bezieht sich auf das gleiche, ‚blau' vorbereitete Ereignis. „Jetzt überflutete die weiße Gletscherei alles in Strömen" (DW 383), auch dies Erinnerung daran.

So erotisch sind eben auch der „schneeweiße Rücken" (DW 364), die „weißen Schultern" Margots. Und die von Chwostik gewählte Prostituierte ist „drall und weiß" (DW 268), es kommt zum Verkehr auf dem „weiß bedeckten" (DW 267) Diwan. Bald danach entdeckt er zu Hause „in einem weißlackierten Armsessel" die Hausmeisterin, die gekommen ist, ihn zu verführen, wozu sie unter anderem (der Schlafrock gibt natürlich einen „gewaltigen Busen" frei) „von einem blütenfrischen weißen Nachthemde bespannt" ist. Ihre Füße jedoch stecken nicht in weißen, nein, vielmehr in „blauen" Pantoffeln (DW 269f.).

Die vier so intensiv beschriebenen sexuellen Szenen in DW, von denen zwei vollendet werden und zwei nicht, sind alle von metaphorischem ‚Weiß' umgeben.

- Zdenko – Henriette „ein heißer Gletscher" (DW 226)
- Donald – Monica „... öffnete den hohen, weißlackierten Flügel ..." (DW 236)
- Chwostik – Monica „... den weißen, einbeinigen Schwenktisch ... Er umfing seinen Stern, der jetzt weißleuchtend geworden war ..." (DW 254)
- Donald – Margot „... hier blieb sie vor weißlackierten Flügeln stehen ... darüber der schneeweiße Rücken" (DW 364), der dann allerdings von einem roten Male gezeichnet ist, auch dies eindeutig, wenn auch ex negativo das Weiß hervorhebend, erotisch.[18]

Daß die beiden nicht von Erfüllung gekrönten Szenen jedesmal Donald beinhalten – einmal scheitert es an seiner Dummheit, seinem habituellen (→) Zaudern, einmal, und das ist schon als komisch zu bezeichnen, denn diesmal ist er der Antreiber, an einer Verunstaltung (ist es denn eine?) und dem Auftauchen des Ehemannes –, ist ebenso bemerkenswert wie der Umstand, daß es jedesmal hinter oder vor ‚weißlackierten' Flügeln passiert, ei-

18 Für „hohe und weiße Flügeltüren" bei vier verschiedenen sexuellen Erlebnissen in DS und DW → Büffet, in DG siehe unten.

ner der unzähligen Jugend-/Kindheitsreminiszenzen des Dichters. *Weiß* ist eine deutliche erotische Erinnerungschiffre.

Natürlich ist die ‚Flügeltür' auch eine Metapher für die Vagina. Und daß in der Szene Donald – Monica ersterer das Zimmer hinter der Tür gar nicht erst betritt, sondern außen vor bleibt, während er bei Margot, die er ja wenigstens nackt erblickt, damit immerhin „gegen die Türfüllung ... angelehnt" stehenbleibt, sozusagen mit einem Fuß in der Tür, die er dann doch nicht durchschreitet, ist evident. Und wird, wenn es denn einer solchen Bestätigung bedürfte, bestätigt durch die Formulierung von der für Paul Harbach bei der Ergoletti „aufgesprungenen Flügeltür", die dazu noch „allezeit offen" blieb (DW 157). Deutlicher kann man es nicht sagen.[19]

Dennoch ist dies nur die zweite, auch additiv mögliche Interpretation. Die erste ist die – Hypothese 1 –, daß Doderers Jugenderlebnisse ihm eine nie mehr aufzulösende Verbindung von weißen Türen, Wänden und Möbeln zu erotisch-sexuellen Erlebnissen eingeprägt haben. Im frühen Tagebuch findet sich die Vorstellung von einem „anmutigen Zimmer", in dem „ein süsser Engel munter lachend auf dem weisslackierten Bette sitzt und einen Körper sehen läßt, der einem Meister des italienischen Secento als Modell recht behagt hätte" (T II 1029 f.).

DW als ‚blauer' und ‚weißer' Roman hat dann auch nicht ohne Grund die ‚weiße Nelke' der Gymnasiasten sechsmal. Davon erscheint sie einmal als seltsame Ahnung Zdenkos, als Erinnerung an die „kleine weiße Blume in der Vase" (DW 383), zeitlich gleich nach der Erinnerung an die „weiße Gletscherei" Frau Henriettes (ibid.), kurz vor Donalds Tod. Und als dieser in den Tod geht, nicht als Selbstmörder, aber als ein Mann am Abgrund, dem das vorher angekündigte Straucheln vorbestimmt ist, wird *Weiß* erneut zur schicksalhaften Farbe: Zweimal ist von der Weiße des Schaums auf wie vor den tobenden, hinabstürzenden Wassern die Rede, von „weißem Schaum" (DW 386), von der „Weiße des schäumenden Wassers" (DW 387), bevor

19 Genau dies war einer der vielen unerfüllten Träume Doderers, nämlich die Finanzierung von Studium und Schriftstellerdasein durch einen Dritten. Wenn dieser Dritte dann noch eine schöne Frau mit stets offenen Flügeltüren war, was fehlte dann noch? S. Wolff 1969, S. 129.

Donald „gegen den Katarakt hinab" (DW 387) fällt und „vor Schrecken" (DW 390) stirbt.

So wie Donald die weiße Farbe der Erotik, eben seine ‚blaue Blume', nie erobert hat, so tötet ihn schließlich das weiß-schäumende Wasser.

In *DG*, dem anschließenden, unvollendeten Werk, sind metaphorische Farben jedoch nur schwach vorhanden. Nach Eliminierung der ‚politischen' Farben[20] sind bei *Weiß*, *Rot*, *Blau* und *Grün* Naturzusammenhänge die häufigsten (6, 4, 4, 4).

Aber in einem Zusammenhang treten sexuelle Konnotationen von *Weiß* sehr deutlich und sehr konzentriert (sechsmal in 21 Zeilen) zutage und bestätigen unsere oben formulierte These: „Eine weißlackierte hohe Tür schloß sich, es gab ein ebenso weißlackiertes mittelgroßes Zimmer ... mit einem offenen weißen Doppelbett ... Sie standen einander gegenüber als die weißlackierte Flügeltür versperrt war ... Dann kam eine weiße Hitze und ein unbeschreiblicher Dunst über ihn ... und schon auch stand sie wieder ganz angekleidet da, die weiße Tür klappte und sie war verschwunden." (DG 70f.)

Und wenige Seiten später: „In ihm platzte eine weiße dunstige Hitze ... Den weißglühenden Kern, der in ihm strahlte, versuchte er garnicht mehr zu erdrücken." (DG 75) Die metaphorische und autobiographische Verbindung von weißen Farben im Schlafzimmerbereich ist hier auf die Spitze getrieben. Es ist nicht nur intensive Sexualität, um die es hier geht, sondern gerade die des unerfahrenen jungen Mannes mit der erfahrenen älteren Frau. Nur während Donald sowohl bei Monica (DW 236) wie auch bei Margot (DW 364) innerhalb weißlackierter Flügel scheitert, ist dies bei Zienhammer nicht der Fall: Er zeugt in all dem weißen Ambiente den Alfons, das außereheliche Kind von Thamar Halfon.

Eine auffällige Häufung gibt es ferner bei *Schwarz* in bezug auf Haare und Bart (22), der „gewaltige schwarze Bart des Vaters" (DG 29), des Vaters von Alfons nämlich, der ihn im Verein mit „dem breiten Gesicht" und „den dicken, wulstigen Lippen" aussehen ließ „wie ein Oberpriester des Baal" (DG 29). Dieses *Schwarz* nämlich kommt viermal vor, und dieser Vater

20 Der Roman ist im russischen Bürgerkrieg angesiedelt, die ‚roten' und ‚weißen' Parteien sind deshalb auszunehmen.

und Nicht-Vater ist sehr wichtig für Alfons' Entwicklung. Daß im Elternhaus auch schwarze Möbel überwogen (drei Nennungen), bestätigt den Umfang des patriarchalischen Drucks.

Wir können also diesem Roman *Weiß* als Farbe erfüllter Sexualität und *Schwarz* als Metapher für die Überwölbung durch den Vater zuordnen.

DM ist ein Roman der (→) Wut und der (→) Exzesse, die hier vor allem aber dunkelviolett und schwarz, gar ebenholzschwarz auftreten.

„Nur ein Verstockter konnte ja dem widerstehen; und ein solcher nur, in welchem sich der dunkelviolette, ja fast schwarze See des Grimmes jahrhundertetief gesammelt hatte." (DM 329)[21] Am Schluß von DM spricht Doderer von der „... Anzeige des Steigens „jenes schwarzvioletten unterirdischen See's des Grimmes, quellend aus der Tiefe der Zeiten" (DM 363).

Aber auch manche Nennungen von ‚grau' und ‚weiß' geschehen im Zusammenhang mit Wut und Grimm. „Die Augen traten hervor, quollen, jetzt hingen sie schon beinahe wie weibliche Säckchen über. Es war einer jener Blicke, mit denen er später so oft zu Professor Horn hinaufstapfen sollte; es war einer jener Blicke, die, wenn Bachmeyer sich im Treppenhause, nach dem leichten Anstreifen an Childerich III. und der höflichen Entschuldigung deshalb, etwa umgewandt haben würde, sein Mark vor Entsetzen hätten gefrieren lassen." (DM 81)

Daß ‚weiß' in DM, Doderers einzigem erotikfreien längeren Prosawerk, insgesamt am häufigsten vorkommt und eine starke metaphorische Bedeutung hat, ist in diesem besonderen Falle dadurch zu erklären, daß von 57 Nennungen 25 in medizinischem Zusammenhang stehen (weiße, meist „gletscherweiße" Ärzte- und Schwesternkittel und -schürzen, weiße medizinische Apparate incl. Wuthäuslein, weiße Kannen für den Einlauf, weiße Tischlein in der Praxis, weiße Fenstergitter vor dem Behandlungsraume, weiße Operationsunterlagen). Aber auch diese medizinischen Erscheinungen haben mit Wut und Brachialitäten zu tun. Die kurze Schlüsselszene der Entmannung

21 In TC V 245 spricht Doderer von „Merowingische(m) Dunkel-Lila." Tatsächlich kommt Lila nicht einmal vor, allerdings violett dreimal (zweimal hier zitiert). Die dritte Anwendung ist nicht wutbedingt: „Das Meer lag starr in seinem Violettblau." (DM 128)

Childerichs (Kapitel 26, knapp vier Seiten) hat nur eine Farbe: „... die blendend weiße Fläche der Speisetafel“ (sc. Operationstisch) und „alle drei in Weiß. Die Ärzte mit Operationsmasken“ (DM 339 und 340). Dieses Kapitelchen enthält auch reichlich Brachialitäten (neben der sicherlich auch als solcher zu bezeichnenden Entmannung) und verwandte Ausdrücke wie „markerschütterndes Wutgebrüll“, „grell“, „blitzen“ und „scharf“. So wie der nach der Entmannung erwachende Childerich denn auch gleich „vor Wut“ anläuft, diesmal jedoch nach Abschluß der ‚weißen‘ Szene „rot“ (DM 342).

In EF sind die wichtigsten Farben *Blau* und *Grün*. Sie kommen bezeichnenderweise auch siebenmal als „Grün und blau“ oder „grün-blau“ vor. Viele der Nennungen von *Grün* und *Blau* geschehen in direkt erotischem oder voyeuristischem Kontext.

Da EF eine Erzählung über Voyeurismus, den Blick auf ein „grün-blaues Gestirnchen“ oder einen „grün-blauen Stern“ (z.B. EF 97, 127, 133, 134) und dessen Überwindung durch ‚echte‘ Sexualität, nämlich die tatsächlich erotische und später eheliche Verbindung, ist („... die Rundungen erschienen grün bespannt, blond überschopft“ – EF 27), wird auch der zum Schauen notwendige Fernstecher in einem Etui gelagert, welches mit „blauer Seide“ (EF 43, 117, 137) gefüttert ist. Jedoch kommt allein der „ätherblaue Begriffshimmel“, in dem Zihal schwebt, achtmal vor und ist als eindeutig metaphorischer und das heißt auch eindeutig ebenso zihalistischer wie vorerotischer Begriff einzuordnen.

Sowohl *Grün* als auch *Blau* stehen für Sexualität, blau für die unreife, die Vorstufe der Erotik, grün für die reife. EF und DW spielen mit der Erotik, einmal versteckt, ironisch verfremdet, einmal ganz offen; EF zielt aber im Gegensatz zu DW noch stärker auf die unreife, sich erst sehr allmählich entwickelnde und reifende Beziehung. Hingegen findet sich eben bei DW der Trompetenstoß der einmaligen, aber vollendeten sexuellen Beziehung, und dies gleich zweimal.

In EM ist es das „blaue Heft in Quarto“ (zuerst EM 94), das Conrad zur Erforschung des Unglücks und damit zur Selbstfindung dient. Es kommt insgesamt siebzehnmal vor, hat also fast ein Drittel der Nennungen dieser Farbe.

Weiß kommt in den klassischen Zusammenhängen vor: Wände/Möbel 16, Erotik 16, Natur 15, Kleidung 9. Dem

„blauen Heft in Quarto" entspricht hier der „weiße Pierrot oder Harlekin" (viermal). Aber metaphorisch ist es wieder vor allem im Kontext von Erotik und Sexualität: „Es gab Arme, Schultern, viel weiße Haut und wenig sehr gespanntes Hemd, aus dem unter Conrads verwildertem Griff die Brüste sprangen wie eine Explosion dicht vor seiner Nase" (EM 92f.) – „Eine beachtliche Woge blonden Haares und milchweißer Haut, in einer sichtlichen Fülle der Hüftgegend ruhend" (EM 152).

Die Bedeutung der Farbe *Weiß* wird auch durch die achtmalige Nennung der „Weißenbornstraße" betont, die Bedeutung der Kombination der beiden Hauptfarben wie folgt: „Mit den jungen Leuten, die oft heraufkamen – tiefbraun zum Teil wie Marianne – wehte jetzt eine neue Luft herein und ein unbekannter Hintergrund des Seins, den Conrad sich im ganzen blau und weiß vorstellte, und etwa braun, wenn von den Hütten und dem Leben auf diesen die Rede war." (EM 280)

Denn auch *Braun*, das für das Gesamtwerk nicht untersucht werden kann, ist hier eine wichtige Farbe (33 Nennungen) und stark metaphorischen Charakters: Es steht für die erst innere und dann äußere Trennung Mariannes von Conrad, ihren Drang nach draußen (Natur, Freiheit, Äußerlichkeit) bei zunehmender Introvertierung des Gatten und dessen Rückzug auf die Suche nach der toten Schwägerin.

In DB, dem ersten erotisch ausgerichteten Roman Doderers, in welchem der gleiche Herzka der DD bereits vom gleichen Dämon besessen ist, finden sich durchgängige metaphorische Nennungen von *Weiß* und *Rot* in erotischem oder eher noch sexuellem Kontext.

Herzka hat „zwei rote Billets" (124) für den Zirkus, in dem er die zweite Anregung für seine sexuellen Exzesse erhalten soll, in der Tasche, das ‚Passional' – die erste Anregung – zeigt einen schönen „Druck mit roten Initialien" (125), das Zirkusgebäude ist „kalk-weiß" (128), in der „rot ausgeschlagenen" Zirkusloge hat „Magdalenas volle und große Gestalt ... eine ganz neuartige Wirkung; aus dem sehr mäßigen Halsausschnitt aber wölbte sich der obere Teil der Brust überraschend weiß, wie bleiches, zartes Porzellan", ihr Gesicht ist „sanft wie Milch" (129). Nach der äußerst erotisch beschriebenen Kunstreiterin („fast unbekleidet ... Aufklatschen ihrer Schenkel ... während das Klatschen immer in seinen Ohren lag") werden „sieben Stuten, weiß und glatt" mit „weißen Straußfedern" (130) vorgeführt, die vom Direktor durch eine „rote, endlos lange Peitsche" dirigiert werden, eine davon heißt Magda (131).

Dann wieder die „weißen" Stuten und die „roten Fühler" der Peitsche (132), das „festliche Rot – Welches Rot!", eine „rote Welle ging über die dunkle Innenseite seines Gesichtes", der „ganze Zirkus drehte sich schon in seinem Kopf mit hundert Lichtblitzen, roten Flecken", er denkt an das Passional (133). Auf dem Wege zum Hotel ist „der ganze Jan Herzka" nur noch „Eis und Feuer" (134), also weiß und rot. Im Zimmer selbst „weißes Feuer", am Schluß des Aktes heißt es: „Ihre sehr helle Haut zeigte überall die rötlichen Male der Geißelung."

Wir können in diesem frühen Werk bereits eine deutliche Bestätigung unserer Hypothese 1 finden.

So ist es auch bei EU. Dieser kurze Roman ist besonders naturbezogen, Stadtleben findet nicht statt. *Blau* ist hier die Farbe der Natur und insofern wichtig, nicht oder kaum jedoch metaphorisch besetzt. *Weiß* hingegen tritt neunmal erotisch besetzt auf.

„Es war, als hielte sie das Mündchen hin, welches bei auseinanderweichenden Lippen scharfe weiße Zähne wies, wie von einem kleinen Nager oder Raubtier. Aus Achselhöhlen und Mieder stieg der reine, frische Schweißdunst." (EU 231) – „Und gerade etwa an diesem Abende ... lockten ihn ihre geöffneten Lippen wie noch nie, zwischen denen die weißen scharfen Zähne hervorsahen, fast wie ein kleines Raubtiergebiß." (EU 235)

In einer sehr erotischen ‚Ballett'-Aufführung vor der Kaiserin schließlich kommt *Weiß* zweimal vor, zuletzt steigt die Solotänzerin aus dem Leder einer Kuh als „weiße Gestalt" (EU 251) heraus und entkleidet sich dann nach und nach ganz. „Zu guter Letzt aber fielen nur Schleier, und das hübsche, etwas üppige Mädchen stand mit nicht viel mehr als mit dem Ruhme allerhöchsten und allgemein donnernden Applauses bedeckt an den Ufern des Nil, welcher ihr auch im Augenblicke lieber gewesen sein dürfte als das prächtigste Kleid." (EU 252)

LA, die andere historische Erzählung Doderers, ist das farbigste Prosastück überhaupt.

Es hat über drei Farbnennungen pro Seite (s. unten, Anm. 23). Hier finden sich quantitativ am häufigsten grün und blau, diese

Erzählung ist weitgehend naturorientiert. Jedoch hat ihr Protagonist, Ruy de Fanez, zwei (→) Ernstfarben, braun und grün, die wir als die Farben von LA bezeichnen können. Die Augen des Drachen, „deren brauner, mooriger Grund ... die Tiefe des Himmels weist", liegen „wie zwei kleine Waldtümpel" vor Ruy (LA 399). Danach finden sich noch viele, drängenderen Chiffren für den bevorstehenden Untergang („ein braun-grüner Streif der Ferne" – LA 429). Als der (→) Tod ihn dann wirklich ereilt, nicht durch den Drachen, sieht er im Sterben „nichts mehr als ein tief leuchtendes Grün, stark wie die Sonne, auf dem braunen Grunde eines letzten Ermattens" (LA 449).

LA wird aber wegen seiner Kürze statistisch nicht mit einbezogen. Das gilt aus anderen Gründen auch für JB (Fragment, nicht ausgeprägt), SK (kein Roman) und GR (zu stark Autobiographie). Dennoch haben sie alle wichtig erscheinende Farben.

In JB finden sich – was auch mit dem Fragmentarischen zu tun haben kann – keine durchgängigen Hauptfarben. Es ist nur bemerkenswert, daß in der Schlüsselszene des lesbischen Liebesaktes zwischen Jutta und Jekaterina drei Farben vorkommen, nämlich: „schwarze Abgründe", „weiße Vögel" und der „rote Haarbusch" (JB 279 f.). Diese drei, hier deutlich metaphorisch, sind auch die quantitativ vorrangigen Farben.

In SK läßt sich kein farblicher Metatext entdecken. Jedoch fällt die stark differenzierte Verwendung von *Weiß* und Weißtönen in der Beschreibung des Schnees auf, vor allem auf den Seiten 17 ff. („Schneeschmelze im Hof"). Hier zeigt sich ebenfalls die frühe Meisterschaft des Dichters im Umgang mit Natur und Farben wie seine starke Fixierung auf letztere. Der Schnee verwandelt sich von „weiß" („noch immer die Hauptfarbe" SK 21) bis „graubraun" (24). „Wo die Sonne scharf auftrifft, gibt es einen Glanz weithin, wie blankes, geriebenes Silber." (23) Auffällig sind auch Formulierungen wie „das helle, mattgelbe Birkengeäst" (23) oder: „Das Gras war von heftiger, gelbgrüner Farbe." (27) Insgesamt gibt es 46 Nennungen von ‚weiß' und 85 von ‚Schnee', aber nicht unbedingt verbunden. Die zweitmeist genannte Farbe ist *Rot* (27).

Das gilt ähnlich für GR mit 27mal Weiß und 48mal Rot, hier wiederum politisch begründet. Aber die Farben waren als Erinnerung an diese Zeit für Doderer sehr wichtig. Die enorme Bedeutung dieser Erinnerung an die russische Zeit als eine solche an Farben ergibt sich auch aus einer Stelle in TT III, die mit Rußland im

2. Weltkrieg zu tun hat, aber auch an die Gefangenschaft aus dem 1. erinnert: „Ich staunte über die Deutlichkeit und das Umfassende der beiden Farben Blaßgrün und Weiß im russischen Leben, das blasse Grün einer Landschaft von überdimensioniert nördlichem Charakter, das Weiß einer überall und trotz allen Elends immer wieder durchsetzenden Vorliebe für Gewaschenes, Gebügeltes, Gestärktes ... und das Weiß eines un-südlich hohen Himmels. Und das Grün einer Meerhaftigkeit des Landes, darin man ertrinkt. Und das blasse Grün der Fensterstöcke und Läden. Das Weiß der Ofenkacheln; des Schnees.“ (TT III 201–30. 11. 1942)

Eine Zählung der Farbhäufigkeiten und Tabellierung ergibt für die Prosawerke, welche Hauptfarben im Sinne der Hypothese 1 aufweisen, ein erstaunliches Ergebnis. Dabei sind die Hauptfarben kursiv gedruckt. Sie sind identisch mit den häufigsten Farben, ausgenommen EF, wo *Blau* die dritthäufigste Farbe ist. Daß die Hauptfarben mit einer Ausnahme die häufigsten sind, ist *Hypothese 3*

Tabelle: Verteilung der Hauptfarben in neun Romanen/Novellen

	DS	DD	DW	DG	DM	EF	EM	DB	EU	Σ
Weiß etc.[22]	*151*	152	*103*	*33*	*57*	22	*74*	*27*	*33*	652
Schwarz	48	79	32	*22*	*29*	19	20	11	10	270
Rot	*109*	*160*	34	18	26	34	56	*20*	16	473
Blau	57	158	*64*	15	18	*33*	*67*	8	*23*	443
Grün	49	*208*	46	17	16	*30*	49	14	11	440
Gelb	32	49	10	0	3	16	29	2	11	152
Summe	446	806	289	105	149	146	295	82	104	2.430
Anteil zwei Hauptfarben	58 %	46 %	58 %	52 %	58 %	43 %	48 %	57 %	53 %	51 %
Anteil Weiß/Schwarz	45 %	28 %	47 %	52 %	58 %	28 %	32 %	46 %	41 %	38 %
Umfang in Seiten	905	1.339	390	233	356	135	367	85	153	3.963
Farbnennungen/Seite[23]	.49	.60	.74	.45	.74	1.08	.80	.97	.68	.61

22 ‚Etc.‘ steht für ‚weißlich‘ usw., Entsprechendes gilt für alle Farben. Aus Platzgründen mußte auf Gold, Silber, Braun etc. verzichtet werden, dies hätte aber am Ergebnis nichts geändert, keine dieser Farben ist irgendwo die erst- oder zweithäufigste.

23 EF ist dennoch nicht das ‚farbigste‘ Prosastück. Dies ist LA mit 3,3 Nennungen aller Farben und 2,2 Nennungen der obigen Farben pro Seite!

Des weiteren fallen auf:
- Große Konstanz beim Anteil der Hauptfarben um den Mittelwert
- Der Anteil *Weiß/Schwarz* schwankt stärker, aber zeigt immer noch relative Konstanz.

Die Hypothesen 1–3, die bewiesen werden konnten, zeigen vereint mit diesen beiden Beobachtungen in verblüffender Weise die Stringenz, Planung und Kontinuität der Arbeit Doderers über sein gesamtes Werk hin. Die Identität von Hauptfarben und Vorkommen ist kein Zufall, nicht nur jedes Wort im Werk, auch jeder Teil des Metatextes einschließlich der Farben ist bewußt gesetzt.

Fatologisches Gewebe

„Ja, in der Tat, gälte es nur den Faden an einer beliebigen Stelle aus dem Geweb' des Lebens zu ziehen, und er liefe durchs Ganze: wie Wolken tritt das Vergangene gleichsam links und rechts der Stirne vor, und der Erinnerung scharfer und süßer Zahn setzt sich in die Herzgrube. Aus jenem Vergangenen aber schwankt wie aus Nebeln zusammen, was aus Wahrheit zusammengehört, wir wußten's oft kaum, aber jetzt reicht das verwandte Gebild dem verwandten die Hand, und sie schlagen eine Brücke durch die Zeit, mögen sie auch sonst im Leben ganz weit auseinandergestanden haben, in verschiedenen Jahren, an verschiedenen Orten, zwischen denen eine recht eigentlich gangbare Verbindung der Umstände fehlt." (DD 16)[1]

Das poetische Programm Doderers ist hier konzentriert. Erinnerung, Metapher und der Zusammenhang des Ganzen: nicht leicht

1 Es gehört zu den vielen Kuriositäten Dodererscher Texte, daß fünf Seiten zuvor die gleiche Grundphilosophie steht, der Text hier variiert mit der Betonung auf der – verwandten – Sichtbarwerdung des Großen im Kleinen. Mir erscheint dies wie ein erster Entwurf, der dann durch den zweiten, umfassenderen, nicht ersetzt, sondern ergänzt und auf die fehlende Ebene – die der Erinnerung – gehoben wird. Ein schwer nachzuvollziehender selbst-ironischer Abstand findet sich dann zwei Seiten später.

zu finden, aber doch da und zu entdecken durch den, der genau hinschaut. Und noch eine Botschaft ist in diesen Worten enthalten, so prägnant aufgeschrieben von einem – oft, auch vom Erfinder – unterschätzten Alter ego des Dichters, Georg von Geyrenhoff.

Nämlich die Überzeugung von der Zwangsläufigkeit des Lebensablaufes, davon, daß alles geschrieben steht und daß, ganz platt gesagt, keiner seinem Schicksal entkommt. Wie es schon früh der Dichter in ‚Ein Umweg' exemplarisch macht.

Eben diese Überzeugung liegt Doderers mündlicher Aussage, „der Romancier benutze die Sprache nur als Hilfsmittel, dem Wesen nach sei er nicht Psychologe, sondern Fatologe",[2] zugrunde. Die Formulierung ‚Fatologisches Gewebe'[3] trifft den Kern von Doderers Prosa. Es ist ein dichtes Netz über die Romane gelegt von Epizentren, personellen, chronologischen, topographischen und formalen Verflechtungen. Dies gilt insbesondere für die Wiener Trilogie; und auch in DG sind die Ansätze dafür in aller Deutlichkeit zu spüren. Dieses Gewebe hat als integrierten Teil die Zwangsläufigkeit zur Folge. Es wirkt als Ganzes und nicht im Teil. Einen Faden daraus zu lösen hieße, das Ganze, das aus dem Zusammenhalt seiner einzelnen Abschnitte heraus existiert, zu zerstören. Gewebe ist deterministische Verflechtung. Es steht dem Konzept der epizentralen Verflechtung insofern ganz besonders nahe, als auch aus dieser kein Baustein herausgebrochen werden kann, ohne das Ganze zum Absturz zu bringen.

Dieses Gewebe kann aber nur gesponnen werden, wenn die Story stimmt, der ‚plot'; und wenn Doderer, nach Loew-Cadonna, als „erinnerungsfanatischer Fatologe" Geschichten „benötigt",[4] so erinnert dies auch daran, daß Form und Inhalt verflochten und in eins gebracht werden: Form ohne Inhalt gibt

2 Zitiert von Weber 1963, S. 85; wichtig auch die Detaillierung S. 170ff. Er verweist dabei auch auf die Funktion des Gewebes als Zusammenhalt für die Epizentren.

3 Der Begriff stammt offensichtlich von Dietrich Weber (1987). In Absatz VII (gut geplant, VII zu No 7) bezieht er ihn, überschriftlich, auf DW und DG. Vgl. auch Weber 1995 (2). In 1995 (3), S. 72f., berichtet Weber von einer Aussage Doderers, in der er es bedauert, daß DW „letal" endet. Für ihn war es eben selbstverständlich, daß Romanhandlungen „nach übergeordneten fatalen Gesetzen ablaufen".

4 Loew-Cadonna 1991 (1), S. 117.

es in der Literatur ebensowenig wie das Gegenteil. Es sei denn als Inhalt in schlechter Form, aber hier gilt die Umkehrung eben nicht: Schlechte Inhalte gibt es nicht, der Dichter vermag auch aus trivialer Vorlage Kunst zu machen. Das hat schon Hebel gezeigt, den Doderer ja nicht zufällig paraphrasiert.

Formal wird das Gewebe auch durch die Techniken der (→) Verflechtung und, darin enthalten, (→) Wiederholung gewirkt und evident.

So wie im Großen das Kleine, ist im Beginn das Ende angelegt. Die Entwicklung der Romane auf dieses ist nicht nur inhaltlich zwangsläufig. Auch formal ist es über vielfältige Ankündigungen und Formulierungen als interdependent angelegt.

- Marys Unfall wird inhaltlich und formal – per Wiederholung – vorweggenommen.
- Donalds Tod wird als Faktum topographisch wie metaphorisch über die Wasserwand, die Art seines Todes über sein Stolpern auf der Straße vorweggenommen.
- Der Brand des Justizpalastes wird durch eine Reihe von metaphorischen Verweisen bereits zu Beginn von DD und dann immer wieder angekündigt.
- Der Tod Ruys wird schon angekündigt, als er dem Drachen in die Augen schaut.
- Brandter wird zum Tode freigelassen.
- Conrad Castiletz beweist sich als Meister im „Wiederanknüpfen der abgebrochenen Fäden“ (EM 144), ein Protagonist, der in besonders konsequenter Weise nicht nur zum Menschen wird, sondern gleich danach zu Tode kommt. Und der ‚Mord‘ ist mit der gleichen Formulierung verbunden wie seine Aufklärung neun Jahre und 194 Seiten später.[5]

All diese Protagonisten sind in einem Netz von Schicksal gefangen, das sich über sie legt und sie fesselt wie ein Spinnengewebe die Fliege. So zappeln sie denn noch ein bißchen und dann bald nicht mehr.

Auch die Alter egos des Dichters, seine Chiffren und Leitmotive sind Teil dieser Interdependenz. Das dichte Gewebe, die vielfältige Verflechtung, die kontinuierliche Interdependenz vor

5 Einzelheiten hinsichtlich DS, DW, DD und EM finden sich in Verflechtung.

dem Hintergrund der fatologischen Prämisse sind ebenso konstituierend für den Text wie die Erinnerung, die sich so auch als ein Teil des fatologischen Gewebes herauskristallisiert.

Fenster

„Erst bricht man Fenster, dann wird man selbst eines." (TC V 260–25.11.1960, ebenso DE-Meine neunzehn Lebensläufe 490) Diese berühmte Äußerung ist sogar zum Titel eines Sammelbandes von Vorträgen anläßlich eines Symposiums zum 100. Geburtstag des Dichters geworden.

Nicht zu Unrecht. Der Begriff des ‚Fensters' steht zentral im Werk und ist auf dieser Bedeutungsebene mit einem noch zentraleren eng verbunden, dem der Apperzeption, ohne daß Doderer darauf verweisen müßte. Denn das ‚Fenster' ist ein Medium der Wahrnehmung und Aufnahme. Der Dichter öffnet dem Leser Fenster zur Welt und wird im Abschluß seines Werkes insgesamt eines, durch das man in diese hinausschaut und sie apperzipiert. Dies hat Doderer im Eingangszitat gemeint. ‚Fenster' ist so Metapher für den Blick auf die Wirklichkeit. „Durch das Fenster wird für Doderer sinnbildlich die Brücke vom Innen ins Außen geschlagen", schreibt Dietrich Weber.[1] Dies beschreibt die metaphorische Komponente des Begriffes („Symbolik des Fensters").

Der ‚Fenster'-Satz kann aber auch selbstbezogen interpretiert werden. Doderer öffnete sich im Schreiben Fenster auf die eigene Vergangenheit, er öffnete Fenster auf seine Kindheit und Jugend im Erinnerungsprozeß, dem wesentlichen Agens seines Schreibens. So steht ‚zum Fenster werden' als die Erinnerung des und damit auch an den – toten – Dichter. Fenster ist hier also Metapher für den Blick auf die (eigene) verstrichene Wirklichkeit. Wir schauen auf ihn durch die von ihm geschaffenen Fenster. In dieser wie in der zuvor interpretierten Verwendung zieht sich der Begriff leitmotivisch durch das gesamte Werk.

1 Weber 1963, S. 42. Er zitiert im folgenden wichtige Beispiele aus DS, EM und EF; die entsprechenden Beispiele am Schluß dieses Stichwortes stammen von ihm. Das folgende Zitat findet sich auf S. 43.

Aber es gibt noch eine dritte metatextuelle Ebene: „‚Handlung', das ist die Befangnis, in welche wir eingemauert sind. Je mehr ‚Fenster' wir in sie brechen, umso deutlicher wird sie auch sichtbar." (29. 11. 1960, unveröffentlicht)[2] So wird ‚Fenster' zu einer Erzähltechnik. Diese hat die Funktion einer Öffnung für Einschübe im Roman, die diesen auf eine andere Ebene heben.[3] Als Beispiele für den „Roman im Roman" (TC V 266, 29. 12. 1960) nennt Doderer selbst die Ergoletti-Episode in DW, Hesson verweist auf die Herzka-Episode und Chwostiks Rückkehr in die Adamsgasse.[4]

Es fällt mir schwer, eine sinnvolle Unterscheidung zwischen solchen ‚Fenstern' und ‚excentrischen Einschlägen' oder auch Epizentren zu sehen. Auch eine Erklärung über den Umfang funktioniert nicht gegen die ‚Einschläge'. Doderer selbst stellt fest: „Die Fenster-Technik kann schließlich auch in jedem Augenblicke einen neuen Einschlag provozieren." (TC V 261). Das Kriterium Anbindung an die anderen Epizentren wäre für die Ergoletti-Episode nachvollziehbar, die wirklich isoliert dasteht und einen Wunschtraum des Dichters beinhaltet, nicht für den Herzka-Subplot, der mit DD insgesamt personell (Stangeler, Kakabsa, Gebaur u. a.) wie dramatisch verflochten ist. Im Gegensatz zum Epizentrum könnte man ein ‚Fenster' als abgeschlossener, kürzer und handlungsärmer sehen, es wird nur einmal und konzentriert geöffnet. So definiert, bilden Mayrinkers insgesamt ein – ebenfalls kaum mit dem Rest von DD verbundenes[5] – Epizentrum, der – kleine – Brand selbst ist ein ‚Fenster'. Viel hilft das nicht weiter, und die Alternative, daß Doderer in

2 Zitiert von Elizabeth Hesson, S. 60. Sie fügt an: „Doderer was at pains to insist that a ‚window' is not merely an addition to the novel, but is an animation of the entire work." Wichtig scheint auch folgende Stelle aus dem Jahr 1953: „DD – Ich bin jetzt zweifelhaft geworden bezüglich des Herzka, mag er auch ein Fenster aufstoßen und viel Neues hereinlassen." (TC IV 193, 7. 2. 1953) Beide Zitate würden auch auf ‚Excentrische Einschübe' passen.

3 Mit diesem Aspekt beschäftigt sich Hesson in Abschnitt II ihres Kapitels 3 (‚Narrative Techniques') unter dem Titel „‚Kontraktionsglieder' und ‚Fenster'".

4 Hesson, S. 60 und 134 (Anm. 21).

5 Für die einzige Verbindung s. Weber 1963, S. 171.

den Begriff verliebt war und ihn marottenmäßig an die Stelle eines anderen schob, ist nicht ganz von der Hand zu weisen.

Der Roman jedoch, in dem Fenster eine ganz besondere Rolle spielen und sogar den Titel bestimmen, hat für sie dann doch noch eine Funktion, die keiner der genannten Möglichkeiten nahekommt. Denn hier sind es solche, durch die man, da erleuchtet, hineinschaut. Aber damit nicht zu Erkenntnissen gelangt, außer zu voyeuristisch interessanten, denn der Amtsrat ist ein bedeutender Dummkopf und Apperzeptionsverweigerer (daher). Als er diesen Zustand, zumindest teilweise (→ Zihalismus, Apperzeption), überwindet, bedarf er der Fenster nicht mehr. Eine ironische Selbstpersiflage, Doderer spielt ja nicht nur ständig mit dem Leser, sondern auch mit sich selbst. Zudem sind die eigenen Fenster Zihals meist auch bei der Beobachtung verschlossen, womit die Konsistenz auch unironisch gegeben sein könnte.

Dem jedoch ist nicht so: Denn das – offene – Fenster, durch das Mary K. in Richtung Donaukanal schaut (DS 13 f.), könnte ebenso verschlossen sein wie das, durch das Castiletz einem Mord zuschaut (EM 40), dabei sinnlos – denn noch ist er weit weg von der Fähigkeit zur Apperzeption – an die Fensterscheibe greifend.

Frechheit

ist bei Doderer wässrig und dünn. „Schwester Helgas schmalgeschlitzte Äuglein hinter den Brillengläsern aber zeigten eigentlich keinen richtigen Blick, sondern nur die dünne und wäßrige Substanz einer fast unbegreiflichen, alleräußersten Frechheit, und einer sanften Befriedigung eben darüber.“ (DM 11) Später stellt man fest, daß sie eine Agentin von Hulesch & Quenzel ist, was manches erklärt. Der Gesichtsausdruck von Frau Zilek hingegen ist „stupsig und beispiellos unverschämt. Die Frechheit sprang daraus entgegen wie ein Gummiball.“ (DM 170) Sie ist also aggressiver und erschöpft sich nicht in der Schadenfreude. Einen „äußersten Gipfel der Frechheit“ erreicht auch Fräulein Breitschwanz, die dem Alfons Halfon die Herausgabe von Erinnerungsstücken an seine Mutter aus nackter Bosheit verweigert

(DG 49). So ist auch hier, wie bei der Zilek, Frechheit mit Dummheit verbunden, die Folge von, obwohl so nie im Werk gesagt, Unfähigkeit zur Apperzeption. Mit Korruptheit und Arroganz zugleich verbindet sie sich bei beiden Levielles: „Die Frechheit wird ermöglicht durch ein Leben auf der eigenen inneren Oberfläche bei andauernden Fälschungen der Bilanz des Ich." (DD 1149) Also Frechheit als falsche Selbst-Apperzeption!

Frechheit kann aber auch mit Klugheit verbunden sein, so als die „fette Frechheit" Neubergs (DD 106), aber im Normalfall ist sie eher „grenzenlos dumm" (DD 114). Eine solche von ganz besonderer Art liegt vor bei der Baronesse Neudegg, späterer Gräfin Charagiel und Mutter Quapps. Ihr Gesichtsausdruck „unnachahmlicher Anmaßung" (DD 115) beeindruckt den Gymnasiasten Geyrenhoff so stark, daß er immer wieder darauf zurückkommt. Stangeler wünschte später, ihr Gesicht „einschlagen zu können", angesichts eines Bildes. „Eine hübsche Person; schwarze Flechten um eine weiße Stirn. Aber der Ausdruck des Hohnes, der Frechheit und zugleich völliger Nichtigkeit in diesem Antlitz." (DD 714) Fast ist es ein Dämon, der die beiden hier besetzt hält, so sehr sind sie, vor allem der Sektionsrat, von diesem Gesicht geradezu getrieben.

René selbst ist hingegen eher aus Unsicherheit frech, „zur Frechheit gelangte er überhaupt nur im Zustand der Verzweiflung, und dann war's eine erborgte" (DS 137). Selten wird es so klar wie hier, daß jede, auch erinnernde, Reflexion über René eine solche über den Dichter selbst ist. Frechheit (und Unverschämtheit) sind „Folgen davon, daß jemand auf Grund einer irreparabel falschen Bilanz mit sich selbst im reinen ist" (TT III 261–16. 12. 1944). Sie sind also wie Dummheit auch Folgen einer Apperzeptionsunfähigkeit (nicht -verweigerung, da irreparabel), hier aber speziell in bezug auf die eigene Bedeutung. Also: frech ist, wer mehr auf sich hält, als angebracht wäre. Keinem Berufsstand eignet diese also mehr als dem hausmeisterischen. Die Abwesenheit von Frechheit aber kann, sogar wenn sie mit eher einfachem Gemüt verbunden ist, ein Ideal hervorbringen. So für Melzer, der, von der frechen Editha (DS 645), aber auch der gar nicht frechen Asta – im Gegensatz zu Etelka, die es eindeutig und sehr war – und Mary K. kommend, schließlich in Thea seine Himmelsfrucht findet: „Denn ihr fehlte zur Dummheit, wie unser Zeitalter sie kennt, die Frechheit und Bösartigkeit." (DS 365)

Frechheit eignet sich wie (→) Dummheit, mit der sie die Herkunft aus der Apperzeptionsschwäche oder -verweigerung teilt, bestens zu Eintragungen in REP, hat es aber im Gegensatz zu dieser (11!) zu keiner einzigen gebracht. Es hat also offensichtlich der letztere Begriff für Doderer eine umfassendere Bedeutung, eine unvergleichlich stärkere Stellung in der Welt. Wenn das bedeutet, daß die Dummen mehr Schaden angerichtet haben als die Frechen, ist dem sicherlich zuzustimmen.

Gemeinheiten

„Im Grunde sind das (ja) lauter Gemeinheiten!“ Achtmal finden wir den Topos in EF, fast immer so, einmal auch als „lauter solche“, einmal als „eben Gemeinheiten“. Vierzehnmal finden wir die „Gemeinheiten“ in DS („hat der Amtsrat einmal geäußert“ DS 357), einmal als „wirklich lauter Gemeinheiten“.

Diese Rekurrenzen[1] gehören zu den Sprachticks, Idiosynkrasien Doderers (→ ab ovo), die sich nur in bestimmten Werken finden. Dieser Begriff hier steht nur in EF und DS sowie einigen der Erzählungen (vor allem den mit Wut, Grimm, Hausmeistern und Brachialitäten verbundenen) und mit zwei Nennungen in DM, dem Roman der Exzesse und der Wut.

Vordergründig gemeint sind damit „Banalitäten“ (DS 357) wie der „sogenannte Lebensabend“ (DS 360), Aussagen boshafter, herabsetzender Natur („Fräulein Scheichsbeutel hatte einen solchen Beutel“ – DS 533, oder „... ließ alle Quellen in ihr springen, soweit sie noch welche hatte“ – DS 599), aber eben auch Belanglosigkeiten im Sinne Dostojewskis (→ Einflüsse/Zitate).

Überwiegend bezeichnet der Ausdruck jedoch sprachlich nicht passende Formulierungen, das Einbringen von angemaßter Hochsprache in die Niederungen der Umgangssprache oder der umgangssprachlichen Zusammenhänge wie „sein Leben einrichten“ (EF 11), „schneidige Regung“ (EF 21), „Ernst des Lebens“ (EF 47), „Freunde solcher Feinheiten“ (EF 57, „die edle

1 Vgl. dazu Helmstetter 1995, passim, sowie ders. 1997, S. 12ff., insbes. Fußnote 26.

Einfalt und stille Größe der Ämter" (DS 586), „Lebens-Abschnitte" (DS 705).[2]

Doderer spricht – „hier wollen wir uns einmal Zihaln ohne jeden Vorbehalt anschließen" – von dessen „immer wiederkehrenden halbamtlichen Zwischenbemerkungen", die wir „durchaus nicht als Störung, sondern als Klärung empfinden" (DS 533f.).

Die also Zihal selbst vornimmt. Dies nicht als Teil des (→) Zihalismus, denn dieser bedient sich gerade einer gegenteiligen, nämlich der amtlichen oder halbamtlichen Sprache, sondern als uneigentlicher, geradezu Schlaggenbergscher oder Dodererscher, ja gar Döblingerscher Zihal. Nur ein solcher ist sprachlich in der Lage, das „Übereinander-Stapeln von Genüssen abzulehnen" (EF 27) oder Glück zu definieren als erheblichen „Übergenuß" (DS 909, → Zihalismus).

Ein „Mordsblödsinn".

Genie in Latenz

Vor allem Melzer ist eines. Doderer bezeichnet so eine Person, der es nur an geeigneter Ausbildung fehlt, um die genialischen Züge zu entwickeln, die also wissensmäßig im Stande der Unschuld[1] verharrt. „Ihre Einfalt vermag „in jedem Augenblicke durch den Ein-Fall einer gewaltigen Apperzeption in's Genie umzuschalten" (WD 201).

Warum allerdings „bei einem Genie in Latenz bekanntlich Taktfragen allem anderen nicht selten vorangehen", wie es der Dichter anläßlich der Bahnhofsszene am 28. August 1925 konstatiert (DS 510 und 725), bleibt unerfindlich, solange man nicht den Begriff des ‚Taktes' in einen moralischen Kontext stellt, wobei er m.E. eher einem System empathischen Sozialverhaltens innewohnt. Denn Moral spricht Doderer dem ‚Genie in Latenz'

2 Loew-Cadonna 1991 (1), S. 103, spricht von einer „Binsenwahrheit", die doch „sehr gültig" ist, indem sie „bewußt hält, wie frustrierend Authentizität wirken kann, wieviel Plattes zur totalen Mimesis des totalen Romans gehört".

1 Diesen sehr passenden Begriff verdanke ich Simone Leinkauf, S. 253.

durchaus auch zu, wenn er von der „Grundanständigkeit" Melzers spricht, die lt. René „alles erlaubt", auch den „Schritt zum Genie" (DS 508 f.).

Hinzu kommt dann noch Herr Kroissenbrunner (DS 706), jedoch nicht Thea Rokitzer (DS 725). „Dazu ist sie uns, um's kurz zu machen, ganz einfach zu dumm (ebenso wie unsere liebe Pichler zu klug)."[2]

In anderen Werken gibt es solche auch nicht, oder Doderer hat den Begriff ganz einfach ad acta gelegt oder vergessen. Gerald Sommer verweist auf Le Riders Definition des Begriffes als Kombination von Definitionen Swobodas und Weiningers.[3] Das schließt jedoch nicht aus, daß es im Grunde wieder nur (→) Gemeinheiten sind.

„Ja, so geht's, so geht's dahin." Vielleicht sollte man Doderer nicht immer ganz ernst nehmen, insbesondere wenn er Begriffe nur für kurze Zeit oder einzelne Werke verwendet.[4]

C IV 56–6.7.1951: „Aber die Stillen, Guten? Die keine bösen Früchte tragen? Die nicht schielen nach dem, was nur hinzu –gegeben, nie genommen und gewonnen werden kann?! Die ‚Genies in Latenz', Maria, Melzer, Kroissenbrunner, Nohel, e tutti quanti, rari rarissimi? Ich glaube, daß sie das Salz der Erde sind, die Seinen, die's immer waren, gleichsam die Igel am Ziel, während der Hase immerzu rennt." Es gibt also nur wenige!

Auch hier werden Romanfiguren mit tatsächlichen vermischt. Maria ist weder Mary K. noch deren treue Marie, sondern Doderers Ehefrau. Rari rarissimi!

2 Das ist nicht frei von Widerspruch, denn im Zusammenhang mit der bei ihr nicht vorhandenen (→) Frechheit hat er sie als gerade nicht dumm bezeichnet.

3 Sommer 1994, S. 127. Für die Etymologie des Begriffes ‚Genie' s. Piontek, S. 131 ff. Er sieht die ‚Genies in Latenz' als „aktiven Bestandteil" des „habsburgischen Mythos".

4 Für andere Beispiele → ab ovo.

Geruch

„Was sind schon alle Organe des Erkennens im Vergleich zu unserer Nase! Sie erst gibt dem Wissen einen Körper." (DW 165) Gerüche stehen im Zentrum des gesamten Werkes, worauf zuerst Dietrich Weber aufmerksam gemacht hat.[1] Es gibt erstens gute Gerüche und schlechte. Erstere befriedigen, regen an, erfreuen, er-innern vor allem, letztere erzeugen Widerwillen und schwerste (→) Wutanfälle und (→) Brachialitäten. Am deutlichsten wird dies in DB, DS, DD, DM und DW, ferner als schlechte Gerüche in den Erzählungen, in denen (→) Hausmeister vorkommen. Das Wahrnehmen der Gerüche hilft bei der Apperzeption. „Denn durch das Riechen mußte alles klar werden. Das Riechen war eine Kraft. Vor allem anderen kam das Riechen." (DD 121)

Zu den positiv besetzten Gerüchen gehört zweifellos das auch im Privatleben Doderers äußerst wichtige Lavendelwasser. Von seinen Alter egos benutzen es Geyrenhoff und, durch diesen damit bekannt gemacht und beschenkt, Stangeler. Und zwar beide ausschließlich in diesem Werk. Renés erstes Zusammentreffen mit dem Sektionsrat läßt ihn bereits den „irgendwie komfortablen Duft von Eau de Lavende" wahrnehmen (DS 175). Geyrenhoff selbst beschreibt dann in einem Vorgriff auf DD die Begegnung mit René am 20. August 1911 (DS 177ff.), darin auch seinen Beschluß, ihm eine Flasche des Lavendelwassers schicken zu lassen, was er nur einen Tag später tut. Seit diesem Zeitpunkt ist René ein Anhänger dieser Duftnote. Als er am 22. August 1911 die Sendung der vom Sektionsrat beauftragten Parfümerie öffnet, weiß er, daß ihm „der Duft eines neuen Lebens-Abschnittes" entgegenweht. Und so schreibt er auch in seinen Dankeszeilen von dem „Beginn von etwas Neuem!" (DS 232). Als er *auf den Tag genau* vierzehn Jahre später, am 22. Au-

1 Weber 1963, S. 112: „Der Geruch spielt bei Doderer in allen seinen Büchern eine entscheidende Rolle." Weber hat natürlich auf fast alles zuerst aufmerksam gemacht. Im Juli 1998 ist eine von W. Schmidt-Dengler betreute Magisterarbeit von Christopher Dietz fertiggestellt worden, die in gründlicher und umfassender Art das Thema erleuchtet.

gust 1925, mit Mimi Scarlez schläft, meinend, sie sei ihre Zwillingsschwester Editha, vermischen („grenzen aneinander") sich zuvor ihr „Parfum von runder, sehr süßer Art" mit dem „im Vergleiche dazu fast bitteren Duft von Lavendel" (DS 474). Und so ist es auch noch weitere zwei Jahre später, am 17. Mai 1927, als René sich „mit Lavendel" erfrischt (DD 721).

Aber schon am 30. August 1925 hat sich René an den Lavendelgeruch aus dem Sommer 1911 erinnert (DS 521). Zwei – hochwichtige – Themen werden hier auf exemplarische Weise vom Autor verknüpft: Erinnerung und Geruch, ja Erinnerung an Geruch durch Geruch. „Plötzlich auch schoß bei ihm eine Erinnerung ein ... er sah den Stauweiher draußen bei der Villa und sich selbst daneben sitzen auf dem Sandhaufen, während Geyrenhoff vor ihm stand in cremefarbenen Tennishosen. Ein Duft des Lavendels." Auch dem Objekt dieser Erinnerung geht es nicht anders.

„Die lebensfremd übersteigerte duftige Kühle des Lavendelwassers öffnete eine Tür nach rückwärts." (DD 455)[2] Geruch ist fast stets auch Erinnerung, so wie die hier damit verbundene (→) Kühle selbst ständige Erinnerungsqualität hat, ebenso wie die mit ihr zwillingshaft verschränkte (→) Stille.

Bachmeyer, ein Patient Prof. Horns, gehört ebenfalls zu den Lavendelanhängern. Er ließ „einen spürbaren Duft-Streifen von Lavendelwasser hinter sich: bitter und rundlich zugleich, ein sozusagen comfortabler Geruch" (DM 9). Daß Bachmeyer nach der Behandlung „schwitzend" abgeht, führt dazu, daß der Lavendelduft mehr herausgetrieben wird (DM 14). Auch Donald Clayton benutzt („Atkinson-" DW 189) Lavendelwasser.

Ein anderer wichtiger, guter Geruch ist der nach Kampfer, der für den Dichter auch ein Geruch der Kindheit ist. „Brandgeruch und zarter Kampferduft: dies sind die Leit-Geister jetzt." Und: „Welch ein neuer Raum, es duftet nach Kampfer, wie einst im Kinderzimmer der Cousin Stella, Walfischgasse." (TC IV 433, 437) Aber auch Kampfer assoziiert ständig Kühle („lag der Mayrinker-Raum im kühlen Kampfer" – DD 1183 – ,

2 Vgl. zu der Tür-Metapher auch EF 49: „... die in Julius Zihal eine Empfindung hinterließen, als wäre eben vor seiner Nase eine Tür in ein Treibhaus mit stark duftenden Blumen, etwa Hyacinthen, aufgerissen und wieder zugeschlagen worden".

„... drang in die Stille ... der strichzarte Geruch des Kampfers." DD 1279, vgl. auch DD 1180). Ähnliches gilt vom immer wieder auftauchenden „sommerlichen" (DS 298) Naphtalin (im Gegensatz zu Kampfer nur chemisch zu gewinnen), das ebenso direkt „Gedämpftheit und Kühle" assoziiert und oft als „kühler strichzarter Duft von Kampfer" (DD 1272) oder „einsamer Strich von Naphtalin oder Kampfer" (DD 1303) aufscheint. Und ebenso auch begleitet ist vom „grünen Unterwasserlicht der Jalousien", einer häufigen Dodererschen Erinnerungschiffre. Und gleich danach drückt Melzer das Gesicht ins Bärenfell, welches die Hausfrau lieber „eingekampfert" hätte. Ein Abschnitt übervoll mit Leitmotiven der Erinnerung.

„Das große Feuer-Kapitel ist bestimmt von der Anti-These ‚Brandgeruch' und ‚Kampferduft'."[3] Doderer (TC IV 446–21.8.1955) nennt dies bezeichnenderweise eine „Fuge aus 2 Gerüchen".[4] „Frau Mayrinkers Sieg über ihr Feuer wird als Triumph des Kampfergeruches über den Brandgeruch dargestellt."[5] Daneben gibt es das ebenso wesentliche und ebenso dialektische Paar Bürgertum versus (→) Ruass und das Paar

- ‚kleiner' Brand in der Wohnung vs.
- ‚großer' Brand des Justizpalastes.

Es gibt zweitens äußerst abstoßende (→ Hausmeister) und äußerst anziehende, nämlich erotische Gerüche. „Um ihren Geruch und das Parfum, welches sie benutzte. Beides war spürbar, beides." (DW 163) Diese Frau, die Ergoletti, ist ein besonderes Beispiel für erotische Geruchsausstrahlung. Schon im Vorzimmer ihres Hauses herrscht ein „völlig anderer Haus- und Fundamentalgeruch, welcher mit der Ergoletti überhaupt nichts zu tun hatte". Noch. Bald sitzt Paul Harbach ihr gegenüber. „Sie schoss ja auf ein Ziel, das schon getroffen war. Zwei übereinander gelagerte Stockwerke von Gerüchen – ein ausgedehnteres und unbestimmtes unteres, ein mehr da seiendes, ja, nasen-nahes oberes – diese gerade waren es, welche eine Weiträumigkeit

3 Schmidt-Dengler 1995 (2), S. 25; er schließt an, Kampfer stünde auch für „die Privatsphäre", der Brandgeruch für „die politische Aktivität".

4 Vgl. Hesson, S. 68.

5 Weber 1963, S. 253.

eröffneten, von der ihn bisher in so eindringlicher Weise keine Kunde erreicht hatte.“ (DW 164 und 165) Denn Paul ist noch Jungfrau. Später wird es noch bestätigt: „... der Ausschnitt war tief, und Paul kriegte sie noch einmal tief in den Wind.“ (DW 171)[6] Die erotische Komponente ist überdeutlich, und der natürliche Geruch des Körpers ist zu trennen von dem künstlichen, vereinigt sich aber in der Wirkung mit diesem. Ähnlich erotische Gerüche wie bei dieser Frau oder Editha Pastré gibt es im Werk selten, jedoch unzählige andere wie (als kleine Auswahl) den Geruch von

- verkohltem Holz (LA 447)
- frischvergossenem Blut (DB 160)
- Laub, Samt, Leder, Kaffee, Tabak, Schulzimmer, Fußboden, Büchern (DD 45, 104, 111, 131, 131, 650, 694, 1153)
- Zeitungen (EM 178)
- Moos (DG 648)
- Gummi (DS 100)
- altem Holz (DW 93).

Vor allem aber, und weitgehend überschneidend, gibt es den Geruch der Er-innerung. „Geruch und Gedächtnis! Da gibt's tiefe Beziehungen.“ (DS 501) Für Melzer – und den Doderer von DS – ist es, wie oben gezeigt wurde, der Geruch von Kampfer. Für Castiletz ist es der von Lack, in EM die deutlichste Erinnerungschiffre.

„Einst war er in dem weißlackierten Vorzimmer von seinem tobenden Erzeuger betroffen worden.“ (EM 7). Durch das gleiche Vorzimmer wird er in einer schlimmen Szene (EM 43) nochmals geprügelt, kurz vor seinem Tod träumt er davon (EM 366), daß ihm vergeben worden sei für etwas, was er im übrigen nicht verschuldet hatte. Er erinnert sich aber an dieses Zimmer schon früh bei einem Ausflug, nur durch den „Geruch von Lack“ (EU 80). Das neue Zimmer riecht „verheißungsvoll“ nach Lack (EM 135 f.) Er „erinnerte plötzlich und deutlich den Geruch von frischem Lack, irgendwoher aus der Zeit, jedenfalls kam's aus ihm selbst.“ (EM 156) – „Hier roch es nach Lack,

6 DW ist neben EM ohnehin das geruchsintensivste Werk. S. dazu auch DW 69 (Kölnisch Wasser und Chwostik) und DW 83: „Hier wohnte ein kühler Duft mit einem Stich ins Säuerliche.“

nach Farben." (EM 247) – „Er glaubte plötzlich, einen Geruch von frischem Lack zu verspüren." (EM 300) – „Ganz zart roch es immer noch nach Lack" geht dem großen Traum voraus, in dem er wieder weinen kann; es „... trat der heiße Strom der Tränen wieder an die Oberfläche, der, von einem bestimmten Punkte der Knabenzeit an, ein ganzes Leben hindurch unterirdisch dahingegangen war, wie eine verborgene Blutung" (EM 367).[7] Er ist Mensch geworden, der Knoten in ihm, der einer auch von erinnerndem Riechen war, ist geplatzt. Dieser Chiffrencharakter von Geruch findet sich auch in DS und DD (→ Büffet), es ist nicht übertrieben, ihm leitmotivischen Charakter zu unterstellen. Geyrenhoff denkt an den „Geruch des einstmals frischlackierten Spieltischchens in unserer ehemaligen Kinderstube" (DD 19), Chwostik hat „schon in der Kindheit" den „Sommer-Sehnsuchts-Geruch" empfunden (DW 70). Dem steht denn auch verwandt die metaphorische Verwendung des Begriffs wie beim

- Geruch des Verrats und Frevels (DS 140)
- Geruch eines guten Gewissens (DD 120)
- Geruch von Heiligkeit (DW 333) gegenüber.

„Man sage ja nicht, dies sei äußerlich und nebensächlich, man würde damit den Autor dieser Erzählung weit über das übliche Maß ärgern. Gerüche sind oft wie platzende Blasen der Erinnerung aus der Tiefe der Zeiten, wenn sie uns unvermutet anfliegen und man kaum recht weiß, ob von innen oder von außen. Den Geruch einer Person modifizieren: das geht schon an's Leben." (DS 231) Und der Geruch wird vom Indiz, von der Eigenschaft und vom Auslöser – für Leonhard Kakabsa – zum Daseinszweck: „‚Bin ich denn zum Riechen auf der Welt?' ... Denn durch das Riechen mußte alles klar werden. Das Riechen war eine Kraft. Vor allem anderen kam das Riechen. Es gab keinen Zweifel an seiner Wahrhaftigkeit." (DD 121)[8]

[7] Vgl. Prousts „besonderen Lackgeruch" (Suche, Frankfurter Ausgabe 1994, I, S. 43).

[8] Vgl. dazu Werkgartner Ryan, S. 84ff., vor allem aber Dietz, S. 9ff. Die Antwort auf diese Frage wird Leonhard von oben zuteil. Das zweite Zitat dieses Stichwortes folgt dem entsprechenden ‚Ja'.

Geyrenhoff

Georg von Geyrenhoff, umfänglichster (→) Verfasser/Chronist von DD (17 von 35 Teilen), ist das wunderlichste (→) Alter ego Doderers.

Er ist weder aufgetümmelt und geschwätzig wie Döblinger noch boshaft und sexualideologisch wie Schlaggenberg oder zerrissen und absonderlich wie Stangeler. Sondern eher bürgerlich (in Beruf wie Auffassung vom Leben), angepaßt und nicht der Schlaueste,[1] dabei herzlich, romantisch (DS 630), empathisch, sympathisch, liebenswert, ein Kavalier. Was in ihm Doderer spiegelt, ist wenig, er hat durchaus nicht die hohe Gesamtähnlichkeit Stangelers oder die spezifische Schlaggenbergs und Döblingers. Die Unfähigkeit des Schriftstellers, sich aus seinen Produkten herauszuhalten, der Hang, Realität und Fiktion in eins zu bringen, das ständige Einmischen des Autors in den eigenen Text, das zeichnet ihn aus, und damit zeichnet Doderer eine seiner mannigfaltigen eigenen Schwächen ab, die ihn, lange vor Bildung des Begriffs (→) roman muet, an der Ausführung eines solchen hindern. Aber auch die Hilfsbereitschaft und Fürsorglichkeit, die Doderer nach dem Urteil von Zeitgenossen zeigte (z. B. laut mündlicher Mitteilung von Dietrich Weber), findet sich bei Geyrenhoff. Er hat deshalb auch viele Freunde, die ihn ‚Schorsch' nennen dürfen (vgl. das lange Gespräch auf seinem Zimmer im Preiner Gasthof – DS 187ff.)

Geyrenhoff – wenn er von sich redet: G-ff – wurde 1884[2] geboren, studierte die Rechte mit Abschluß als Dr. jur. (DD 961, aber hat – er ist auch bescheiden – den Titel nicht auf der Visitenkarte stehen, DD 1041), war Oberleutnant (Reserveoffizier bei der Reiterwaffe, wo er Gach kennenlernte, DD 70 und 833), schon vor dem Krieg trat er in den Staatsdienst ein (zunächst Präsidialist im Finanzministerium, DS 176 und DD 49), nach dem Krieg Sektionsrat. Als solcher geht er gegen Ende 1926 in den Ruhestand, was das nach der kriegsbedingten Sequestrierung in England freigegebene umfängliche Vermögen (DD 9)

1 „Geyrenhoff war stets etwas langsam." (DD 1040, Verfasser dieses Kapitels ist natürlich Kajetan).

2 DD 113 in Verbindung mit DD 54.

erlaubt. Die „große dicke" Chronik zu verfassen und darin „herumzuwurmisieren" (DS 505) wird sein Steckenpferd, von dem er dann auch füglich fällt (DD II/9, s. vor allem 838ff.). „Geyrenhoff's failure is also related to his technical and personal failings in the context of what Doderer regards as necessary for a writer. On one level, Geyrenhoff is criticized by the other narrators for his style ... often long and convoluted sentences ... He feels unable to come to grips with the world he describes."[3] Dagegen ist natürlich festzuhalten, daß er brillant formuliert, wie sollte er auch nicht, er ist ja Doderer.

Sein erstes Auftreten im Werk findet in einer Nebenbemerkung über die „sektionsrätlich Geyrenhoff'sche handschriftliche Chronik" statt (DS 20), die erste zeitlich gesehen am 20. August 1911 (→ Chronologie DS/DD), als er mit (→) René Stangeler spricht. Der noch junge Mann zeichnet sich bei diesem Kennenlernen – für den Leser, nicht René, Geyrenhoff kennt die Familie schon lange – aus durch

- Eleganz – „die Hände in den Taschen der weiten cremefarbenen Tennishosen, die sich mit einem schmalen Gürtel von mattem Antilopenleder gegen das weiße Hemd absetzte." (DS 175)
- einen guten Geruch – „außerordentliche Frische" ebd., später wird er diesen Geruch, es handelt sich um Lavendel, für ewig an René weitergeben.
- Begriffsstutzigkeit – „Er hat die besondere Lage des Gymnasiasten in keiner Weise instinktiv gespürt." (DS 181)

Er ist manchmal chaotisch („Das Chaos, das G'ff heißt: ein chaotischer Sektionsrat!" TC IV 227), aber dumm ist er nicht, nur eben kein Intellektueller. Sonst hätte er weder solch eine Laufbahn erfolgreich einschlagen können, noch verfügte er über eine Allgemeinbildung, beherrschte diverse Sprachen (z. B. Ungarisch, DD 282). Vor allem aber hätte er nicht so fesselnd schreiben und beschreiben können. Die Schwäche des pensionierten Beamten und Chronisten liegt eher in seiner mangelnden Fähigkeit zur Analyse und in der Unfähigkeit, sich über die Dinge zu stellen. „Daß er unvermögend war, seine Erzählung über dem Tumulte der Mitarbeiter zu halten, mit den ihm zu Gebote ste-

3 Davies, S. 150.

henden Mitteln, ist evident, allein schon aus Gründen der geistigen Hierarchie, innerhalb welcher ihm eben eine zur Stellung und Erfüllung solcher Aufgaben taugliche Position nicht eignete." (TT III 91) Er ist eben, im Gegensatz zu Schlaggenberg, mit dem er viele grundlegende Gespräche führt, kein richtiger Schriftsteller. Aber er ist fähig zur Apperzeption und bedarf nicht des Prozesses der Menschwerdung. Seine Art zu denken ist sicherlich geradlinig und weniger verschlungen als die Kajetans.

Aber nicht nur mit seinen Freunden und Co-Alter egos, sondern auch mit Hofrat Gürtzner-Gontard, den er seit seiner Jugend kennt (DD 492), führt Geyrenhoff lange und fruchtbare Gespräche, in denen Doderer ihn auch als sein philosophisches Sprachrohr benutzt. „Sie sind ja ein Revolutionär geworden, lieber G-ff', sagte Gontard lachend." (DD 481) Diese Unterhaltung und vor allem die im Kapitel ‚Das Feuer', das gemeinsame Beobachten der Vorgänge draußen, die Begegnung mit Renata, vor allem aber das Hinaustreten auf die Straße danach, wird Doderer in TC IV nicht müde als Drehpunkt von DD zu bezeichnen (101, vgl. auch 161, 184). Der ‚Epilog auf den Sektionsrat Geyrenhoff' (TT III 51–100), der, verfaßt 1940–1944, in Wirklichkeit ja ein Vorschein auf die uns bekannten, endgültigen DD ist und sich an das erste der oben erwähnten beiden großen Gespräche mit dem Hofrat anschließt, zeigt neben einigen durchaus überflüssigen philosophischen und politischen Anmerkungen eine tiefe Durchdringung von Verfasser und Protagonist auf, eben die Spiegelung, welche das Alter ego bildet und von der ständigen Distanzierung unbetroffen bleibt. Der „detachierte" Sektionsrat, „weit entfernt" (T III 59ff.), ist auch ein „Bezugspunkt", er kann, außen stehend, Hebelwirkung[4] entfalten. Der Lehrsatz „Jeder sein eigener Sektionsrat" (TT III 60,

4 Dieses Bild ist nicht von Doderer, aber hätte es, meine ich, gut sein können. Es geht auf Dietrich Weber zurück, der (1963, S. 126) vom „archimedischen" Punkt spricht. Seine Darstellung vom ‚Fall Geyrenhoff' auf knapp 30 Seiten ist endgültig, Wesentliches ist ihr auch in den fünfunddreißig Jahren danach nicht hinzugefügt worden. Warum er bei seiner Analyse nur auf DD abhebt und nicht auch auf DS, ist mir allerdings nicht erklärlich, denn Geyrenhoff bildet in DS ein eigenes Epizentrum.

identisch DD 62, 840, 1097, also schon ein Topos[5]), den Doderer auf eine „erheiternde" Zeichnung mit dem Titel ‚Jeder sein eigener Weihnachtsbaum' zurückführt und als „Jeder sein eigener Schriftsteller" (alle TT III 60f.) uminterpretiert, besagt genau jene Delegation, die das Objekt zum Gegenstand abstrahiert. Das ändert dann doch nichts daran, daß just dieser Geyrenhoff zu den sympathischsten und liebenswertesten Figuren im Dodererschen Kosmos gehört, die daran beteiligt sind, ihn zu einer ‚Heimat' zu machen.

Das späte Glück, das er mit Friederike Ruthmayr findet (Heirat im Alter von 41 Jahren 1927, sie stirbt vor dem 2. Weltkrieg, DD 1337), mißgönnt ihm keiner seiner Leser.

Grete Siebenschein

Sie ist die ältere Tochter von Rechtsanwalt Dr. Ferry und Irma Siebenschein, geboren im Juli 1895 (DS 400, der „ungefähr gleichaltrige" – DS 25 – René von Stangeler, ihr Schicksal, ist natürlich als *das* Alter ego des Verfassers ein Jahr und zwei Monate jünger), Jüdin, aufgewachsen in Dornbach. Ihr eignen ebenholzschwarze oder „blauschwarze" (DS 34) Haare, klassisch geordnete Züge, klare Augen, makellos weiße Haut. Sie ist von fragiler Schlankheit, aber mit, wenn auch nicht beträchtlichem, Busen: eine „falsche Magere" (DS 515), also eine, die angezogen schlank und nackt üppig erscheint. Damit reiht sie sich rein äußerlich eher in die Reihe der Frauen, welche Doderer und seine Protagonisten wie (→) Jutta Bamberger bewunderten und als Ideal anstrebten, aber dann meist doch handfesteren hintanstellten.

Grete ist objektiv, klug, selten sentimental, das „Gegenteil einer dummen Gans".[1] Sie ist sehr verliebt in René, konsequent, aber tolerant (vgl. Renés ‚Fehltritt' mit Frau Storch sozusagen unter ihren Augen), stolz, leicht verliebt. Im Krieg schlägt sie sich in Norwegen geschickt und selbständig durch. Sie hat ein Musikstudium abgeschlossen und spielt gut Klavier. Sie hat,

5 Lt. TT III von Quapp, lt. DD von Kajetan.

1 Alle Zitate, sofern nichts anderes angegeben, aus DS 24–37.

sagte E. P. entschieden, „eine unschätzbare Tugend: sie achtet jede Eigentümlichkeit am anderen Menschen" (DS 347). Sie ist insgesamt eine starke Persönlichkeit, und Renés Frage „Warum war sie selbst so schwach" ist falsch gestellt (DS 407, nach „Warum war er so schwach?").

Grete ist keine DD, auch keine Thea Rokitzer, nicht üppig, aber fraulich. „Die Siebenschein schritt wiegend dahin mit allen erkennbar getragenen Waffen und Insignien des Geschlechts unter dem dünnen Sommerkleid." (DS 398) René wird gefesselt durch „das Volk der Brüste, ... die geheimnisvollen Völkerstämme der zahllosen Lenden und Hüften ..." (DS 703). Mit René ist sie, nachdem sie E. P. im Jahre 1921 verlassen hat, verbunden. Er betrügt sie, aber er liebt sie. Oft ist seine Zuneigung zu ihr, ebenso wie sein Begehren, nach einem Seitensprung am größten. Grete spürt solches genau (DS 728).

Sie hat einen akademischen Abschluß in Musik (DS 29) und ist gelegentlich als Klavierlehrerin von Mary K. tätig (DS 24). Aber sie gelangt „als Person und unmittelbar mehr zur Wirkung" als durch ihre „pianistischen Mittel" (DS 30).

Mutig und bieder und „von allzuviel Phantasie nicht geplagt", „sehr objektiv und nur gelegentlich sentimental" (DS 31). Dabei ist sie attraktiv, eine sinnliche Geliebte, tolerant und klug. Das also soll die Frau sein, die im Leben Doderers eine so eminent negative Rolle gespielt hat, von der er unter dem Titel „kleine Autobiographie" sagt: „Die eine Hälfte meiner Kraft wurde schon im Elternhause aufgerieben. Die zweite Hälfte zu verschwenden hielt sich eine Frau für berechtigt, der von sich selbst eine hohe Meinung eignete." (TT III 614f. – 29.7.1948, gleiche Formulierung DE-Neunzehn 490) Ja, in der Tat. Bei keinem Thema schwankt die Beurteilung zwischen Prosa und Tagebuch so hin und her, denn übrig bleibt: Die Grete von DS und DD ist eine sympathische, liebenswerte Frau. Und Stangeler reibt sich selbst mehr als irgend jemand sonst und durchaus überflüssig auf in seinem Bestreben, etwas Besonderes zu sein. Gusti Hasterlik, deren Alter ego Grete ist, war mehr die Frau des Romans als die des Tagebuches, können wir getrost annehmen.

Daß Doderer in Grete die autobiographische Verarbeitung eines ungelösten Problems betreibt, ist klar, aber, so isoliert betrachtet, platt. Entscheidender ist, daß hinter Gretes und ihres

Verlobten problematischem und ständig schwankendem, geradezu neurotischem Verhältnis der unerfüllte Wunsch des Dichters nach einer tiefen, erfüllten Beziehung aufscheint, die er, wenn sie gefunden war, kurzfristig genoß (DS 702: René empfindet „plötzlich und ganz erstmalig (zum ersten Mal in seinem Leben) das ungeheure, das nicht geheure Glück des Besitzes"), um sie dann doch zu zerstören. Wenn sie nicht bestand oder die Geliebte unerreichbar war, war es ein Einfaches, sie zu idealisieren. Das große Unglück Doderers war keine Frau, sondern seine Unentschlossenheit oder Unfähigkeit zu einer entwickelten Beziehung. Darin ähnelt er nicht nur Stangeler, sondern auch Castiletz, Ruy de Fanez, Schlaggenberg und Donald Clayton.[2]

Grete selbst ist zu Freundschaft und Hingabe fähig und sucht diese.[3] Nicht umsonst wird sie zur Vertrauten und engen Freundin Marys, die mit ihr die letzte Stunde vor dem Unfall verbringt.

Groteske

Wir könnten das Groteske auch als skurril, komisch, grob-komisch,[1] absonderlich, verzerrt, überspannt, monströs, absurd, seltsam, ausgefallen bezeichnen. Das Groteske bei Doderer ist damit nur im Ansatz erfaßt. Es setzt sich zusammen aus absur-

2 Ähnlichkeiten machen noch kein (→) Alter ego. Dies soll bei der Interpretation als Gefahr stets im Auge behalten werden. Denn etwas von Doderer war in jedem Protagonisten, außer – hoffen wir es – in Paul Brandter und Zienhammer.

3 Daß sie ein engeres Verhältnis zu Quapp, mit der sie so vieles verbindet, vor allem ein Hang zum Zögern und Hinterfragen, nicht gefunden hat, ist schade. Dazu wie zum Verhältnis Grete – Quapp – Kajetan – René s. TC IV 328.

1 Karl Friedrich Flögel, Geschichte des Grotesk-Komischen. Nach der Ausgabe von 1788 neu bearbeitet und herausgegeben von Max Bauer, München 1913, S. 1; insgesamt bleiben auch die literaturwissenschaftlichen Sachwörterbücher solchen und ähnlichen Synonymen verhaftet; das Groteske läßt sich leicht begreifen und schwer definieren. Auch Doderers eigene Anmerkungen unter ‚Grotesken' im Repertorium (REP 107) sind hier kaum hilfreich, allerdings selbst sehr skurril.

den Situationen und einer angemessen skurril-komischen Sprache, die stets (→ Humor) auch altertümelnd sich zeigt. Ein wesentliches Element des Grotesken ist im Werk Doderers die Aggression, die sich als Wut, Grimm äußert und dementsprechend zu ‚Brachialitäten' führt.

Mit Ausnahme von EF, worin das Groteske sich in Zihals lächerlichen voyeuristischen Anwandlungen und deren Integration in eine bürokratisch-amtliche Sprache (und umgekehrt deren – beim Protagonisten – unironische und daher ungeheuerlich komische Anwendung auf solche Aktionen) zeigt – ähnliches gilt für die Schlaggenbergsche Ordnungsneurose, die ihn seine ‚Dicken Damen' nicht nur wiegen, sondern geradezu katalogisieren läßt –, gibt es eine enge und kontinuierliche Verbindung der aggressiven Komponente mit grotesken Handlungen / Situationen und Formulierungen.

Es ist überaus grotesk, wenn

- jemand „mit einer schweren, zum Teil eisenbeschlagenen Keule, welche der Angeklagte damals für solche Zwecke stets bei sich zu führen pflegte", die Front eines Hauses einschlägt (DE – Ehrfurcht vor dem Alter 310)
- die Türen eines Mietshauses aus Wut auf den Hausmeister, „dem Drucke und Andrang des Grimms ganz" nachgebend, platzen (DE – Untergang einer Hausmeisterfamilie 322)
- die Bande des Doctor Döblinger sich auf Bauern stürzt, die mit „in Eimern oder Kübeln getragenem Schmierkäse" sich stadtwärts bewegen, und sie „arbiträr dreschend (und zwar allen den Buckel voll), ohne vorher überhaupt noch wen zu plombieren" (DM 157), verprügelt
- die Doktoren Stein und Bein Childerich III im Speisezimmer „seiner Mannheit berauben" (DM 338 ff.).

Stichworte wie (→) Brachialitäten, Beutelstich, Hausmeister, Hulesch & Quenzel, Timurisation, Wut und Grimm belegen das gleiche, nämlich die enge Verbindung von Groteske und Wut sowie durch solche ausgelöste Aggression. Dies ist konzentriert auf die Erzählungen ‚Acht Wutanfälle', ‚Das Wohl der Familie', ‚Der Peinigl', ‚Untergang einer Hausmeisterfamilie zu Wien im Jahre 1857', ‚Der Oger', ‚Sonatine I und III', ‚Trethofen', alle entstanden zwischen 1954 und 1961, sowie dann auf deren äußerste Zuspitzung und Krönung, den im Jahre 1962 abgeschlossenen Roman DM. Hier wurde es dem Dichter selbst fast zuviel: „Ne pas surcharger! – das gilt ... in toto aber für die ‚Merowinger', wo sich ein allzu dichter Wuchs des Grotesken selbst zu ersticken droht." (TC IV 194–12.2.1953) Aber diesem Ventil der Wut waren sie ja auch entsprungen. „In den ‚Merowingern' werde ich mir eine Reservation für das Groteske schaffen, das mir sonst überall Unfug treibt." (TC IV 35–1.3.1951)

Keine Wut ohne grotesken Zusammenhang und groteske Konsequenzen. Da Wut aber „die katastrophalste Form der Apperceptions-Verweigerung" (DM 230) ist, gibt es auch eine enge Verbindung zwischen dieser und dem Grotesken, sie ist nicht grotesk, aber mündet in solches.

So rief denn auch die endgültige Beendigung des Wut-Projektes (nur so kann man die genannten Erzählungen und deren Krönung insgesamt bezeichnen) ein Gefühl der Leere hervor: „Mir wird ein erhebliches Loch gerissen und ein Vacuum geschaffen durch den Entfall der originellen und grotesken Quersprünge und Seitenwege – ein ganz selbstgeschaffener Dialekt innerhalb meiner Sprache, der nun verstummt." So Doderer zum Abschluß von DM (TC V 334–10.8.62). Das Groteske war also wichtig für den Dichter, er nahm es ernst. Nur so auch konnte er eine Bewertung seines Werkes vorlegen, die DW, DM und Divertimento No. 7 über alles andere stellte.[2]

DM ist ein Roman über Wut und Grimm, Brachialitäten, Familientotalität und Bärte. In dieser Reihenfolge. Es ist der ultimative Text Doderers über Wut, ein durch und durch grotesker Roman, voller Lust an Sprache und inhaltlichen wie formalen Exzessen.

67mal kommt der Begriff ‚Wut' isoliert vor, nochmals genau 67mal im Zusammenhang, davon in der Mehrheit als „Wutanfälle", diese wiederum gerne als

- ‚schwere' Wutanfälle
- ‚schwerste' Wutanfälle
- ‚allerschwerste' Wutanfälle
- ‚scharfe' Wutanfälle

2 Meine neunzehn Lebensläufe und neun andere Geschichten (nicht in der Gesamtausgabe), München 1966, S. 36. DD zählte er hier zu den „Nebenarbeiten". Das mag Koketterie gewesen sein, aber DW und DM lagen ihm besonders am Herzen.

- ‚entsetzliche' Wutanfälle
- ‚umfassende' Wutanfälle
- ‚beispiellose' Wutanfälle.[3]

Daß Doderer für die Bekämpfung von Wutanfällen empfiehlt, „in einer Zimmerecke mit dem Gesicht zur Wand Stellung zu nehmen und einen Csárdás zu tanzen" (REP 273), setzt solchen Anfällen ebenso die Krone des Grotesken auf wie Prof. Horns Wutmärsche und zum Patent angemeldetes ‚Wuthäuslein' (DM 217).

Die Farbe von DM entspricht dem zur Gänze und ist schwarz-weiß, denn Wut ist schwarz, dunkel, bestenfalls auch schwarzviolett oder dunkelviolett (DM 323, 363, 369, → Farben der Romane).

Verfaßt ist dieser „Mordsblödsinn" (DM 363) von Doderer oder, Höhepunkt der Verfremdungstechnik des Dichters,[4] von seinem (dem des Romans!) Protagonisten und Alter ego Doctor Döblinger. Und der (→) Leser = Gentleman hat es endlich „richtig verstanden" (T V 284–12.4.1961).

Hausmeister

Die Wiener Hausmeister und Hausmeisterinnen – das „Hausmeisterunwesen" (WD 248) – sind Doderer ein Greuel. Sie gehören zu den „Gewalten des Lebens" (DD 127), sind „aus einem reinen Berufsstand sogar eine Art Rasse geworden" (DD 487, DD 911 schränkt sogar dieses ein: „... soweit von einer solchen noch gesprochen werden kann"). Letzteres übertrifft Doderer nur noch in der Formulierung „Die Hausmeister essen im wesentlichen das gleiche wie Menschen", die er wohlweislich im Tagebuch verschlossen hat (TT III 661).

3 Für zusätzliche Klassen von Wutanfällen → Wut und Grimm.

4 Doppelte Verfremdung, denn Childerich III. liest mit Staunen (DM 337), daß seine Edition der ‚Pelimberti indiscutabilis chronicon quae supersunt fragmenta' von einem gewissen Caetanus Döblinger herausgegeben worden war, also von seinem, Childerichs des III., Erfinder.

Der Hausmeister muß „insitzen" (REP 112: Hausmeister), er ist definitionsgemäß „Beschließer (des Äons)" und „Kenner" von „sämtlichen Parteien", dann aber auch „Nutznießer dieser Parteien" (ebd.). In den anderen Eintragungen findet sich unter „Begriff", „Vermehrung" und „Geruch" weiteres Grundsätzliches zum Thema, sogar ein Abschnitt über „Hausmeisterphilosophie" (112ff.). Hausmeister sind hoffärtig (DE-Untergang 321), lassen sich jede Handreichung bezahlen (DS 113, DE-Tod einer Dame im Sommer 459f.), kuppeln (DW 86f.), intrigieren (DE-Der Peinigl 320), stehlen (DE-Neun Kürzestgeschichten 315) und sind Zuträger der Polizei. „Zudem: Die Polizei glaubte damals einer Hausmeisterin mehr als jedem anderen Menschen." (DW 31) Hausmeister sind dementsprechend als Ersatz-Beamte „naturgemäß zihaloider Beschaffenheit" (DS 594).

Kurz: Sie haben Macht („Tyrannis", WD 248) und üben sie aus, auch über den mächtigen und geheimen „Bund Wiener Hausmeister" (DE 323). Äußerst gefährlich ist es unter solchen Umständen natürlich, sich, wie der Rittmeister Eulenfeld, mit der Hausmeisterin zu zerstreiten (DS 587f.). „Zu vermeinen, man könne in einem Wiener Hause leben, bei bestehender Feindschaft mit der Hausmeisterin, ohne an Detailpeinigungen zugrunde zu gehen, wäre damals ein Hirngespinst gewesen; und auch heute verhält sich's nicht viel anders." (DW 104)

Aus Hausmeisterwohnungen dringt „die bösartige und fast dämonisch-obstinate Ausdünstung", die „nie mehr vertrieben werden kann" (DD 911, anders DE-Untergang einer Hausmeisterfamilie 322f.), welche das Leben der Mieter „auf quälende Weise gewissermaßen unterwandert" (DE 322f.) und von vielen den Hausmeisterküchen zugeschrieben wird, „in welchen näher kaum zu beschreibende Gerichte bereitet werden, die bei den anderen Zeitgenossen nicht vorkommen" (ebd.). Diese Geruchsbildung geht auch auf die nicht hausmeisterisch tätigen Familienmitglieder über: „Fast alle aus Hausmeisterfamilien stammenden Individuen erwiesen sich bei der Untersuchung als zur Ausscheidung von f.c. ständig disponiert." (REP 113)

Im Tagebuch wird dies auf eine Drüse zurückgeführt, die „bei den untersuchten Stücken" (!) einer „Balg-Geschwulst (Atherom, Grützbeutel) ähnelt" (TT III 662 – Fußnote vom 5.1.1951 zum 28.7.1949). „Der Hausmeistergeruch begleitet Deinen Aus- und Eingang. Er entläßt Dich auf die Straße, er begrüßt Dich, wenn Du wiederkehrst." (WD 249)[1] Dieser Aspekt des hausmeisterischen Wesens oder besser Unwesens fordert bei Doderer die Anwendung der lateinischen Sprache heraus, so eben beim auch abgekürzt (s.o.) verwendeten Begriff „foetor conciergicus" (DW 269, auch DE 322, REP 113, WD-Die enteren Gründ 249, TC V 112).[2]

Aber auch andere Aspekte haben solches zur Folge: „... sie hausmeisterte sich, möchte man fast sagen (genau und lateinisch: conciergificatio sui ipsius)" (DW 86).

So spricht er im Tagebuch von der Vermehrung der Hausmeister durch Spaltung, der „multiplicatio conciergica", die dazu führt, daß „bei ein und derselben Hausmeisterin acht bis zehn Paar Augen beziehungsweise Ohren festgestellt werden konnten" (TC V 136, vgl. auch REP 112f.). Im Zusammenhang mit einem ganz besonders unappetitlichen Exemplar dieser Rasse prägt der zornige Dichter sogar den Begriff „homo conciergificatus Wewercae" (DW 103). Und schließlich gibt es die Verhausmeisterung (conciergificatio, WD 249) und, eigentlich erstaunlich, „amor conciergii".

Es kommt sogar zur feinen Unterscheidung zwischen dem durch Heirat erzeugten hausmeisterischen Wesen („gehausmeistert" = „conciergificatus") und dem „hausmeist'rischen Urgeblüt" („conciergificator").[3] Daß diese Verwissenschaftlichung des Phänomens dann zur Erwähnung hausmeisterlicher Gepflogenheiten in einer äußerst gelehrten Fußnote geführt hat (DM 242, u.a. Verweis auf die ‚Linzer Abhandlungen zur Geoidiotie'), nimmt schließlich nicht mehr wunder und entlarvt das

1 In seinem Essay über die ‚enteren Gründ" verbindet Doderer das „greuliche Hausmeisterunwesen" mit der Metaphysik der Vorstädte, der Sprache und Prostitution, dem Verbrechertum kleinen wie großen Umfanges → Topographie der Wiener Romane.

2 Ausführlich hierzu Dietz, S. 27ff.

3 Diese Stelle, DW 121, ist eine von vielen, die mich an der Möglichkeit zur Verwirklichung des theoretischen Konzepts, hier wie in anderen Spätwerken, vom (→) ‚roman muet' zweifeln läßt; es sei denn, vor DG habe Doderer hierüber noch nicht einmal nachgedacht, was nicht auszuschließen ist. Er konnte sich einfach nicht beherrschen, dazwischenzureden, zu -witzeln und zu -verfremden, also: den Autor halt doch im Vordergrund zu halten und nicht die Sprache nur für sich sprechen zu lassen.

Ganze als ebensolchen ‚Mordsblödsinn' (DM 363) wie dieses zweifelhafte Werk insgesamt.

Der Hausmeistergeruch bewirkt (→) Brachialitäten, wobei allerdings „bei Schockwirkungen, z. B. kräftigen Prügeln, die Absonderung aussetzt" (REP 113). Die Anwendung und Verabreichung solcher Brachialitäten an dafür besonders geeignete Individuen verschafft Doderer eine hohe Befriedigung, wie niemand bezweifeln kann, der die diesbezüglichen Stellen (insbesondere DE-Untergang einer Hausmeisterfamilie) sorgfältig gelesen hat.[4]

In der Regel[5] – 10 von 16 Nennungen – fangen die Nachnamen solcher Individuen mit W an oder enden mit -cek:[6]

- DW: Wewerka (28)[7]
  Wenidoppler (82)
- DE: Wallautschek (Untergang einer Hausmeisterfamilie, 321)
  Wybiral (Tod einer Dame im Sommer, 459)
- DS: Frau Wöss (588)
  Frau Fucek (113)
  Ehepaar Richtercek (115)
  Frau Zajicek (216)
- DD: Waschler (1231)
  Frau Pawlicek (DD 612)

Daneben gibt es noch Herrn Broubek (DW 152) und Herrn Ladstätter (DD 1330), Frau Hawelka (außer DE 317 auch DS 593 f., aber eine andere), Frau Gruber (DS 850), Frau Soflitsch und Frau Schenker (DM 352).

4 McInnes zählt sie zu den Besessenheiten wie Kajetans Dicke Damen, Childerichs Bärte und Zihals Fernglasbetrachtungen. Malcolm McInnes, Doderer versus Hausmeister, in: German Life and Letters XLI (1987), S. 143; also wären sie des Schriftstellers Dämonen, hier läge seine Dummheit, Ideologie, zweite Wirklichkeit.

5 Doderer selbst spricht in WD 249 fälschlicherweise von einem Übergewicht an Powondras und Soukoups; darüber macht sich McInnes zu Recht lustig (S. 133), → Namen.

6 Solche Endungen (Voracek 4.8 4 verweist darauf bei -ik) sind bei Doderer negativ besetzt. Dies gilt weitgehend (Ausnahme Dwight Williams) auch für den Beginn eines Namens mit W.

7 Andre-bácsi, Hausmeister bei den Putniks (DW 365), gehört nicht hierhin, da ich mich im Gefolge Doderers nur mit der besonderen Art der Wiener HausmeisterInnen beschäftige.

Ausnahmen gibt es auch hinsichtlich der unangenehmen Eigenschaften, ja sogar erotische Hausmeisterinnen scheinen auf. So Frau Soflitsch, eine „hübsche, ungewöhnlich dralle Weibsperson" (DM 22), und Frau Wenidoppler, die den Chwostik zu verführen sucht, ohne Erfolg. „Eine hübsche stattliche Frau ... gewaltigen Busens." (DW 270) Daß sie zum Zwecke der Verführung in einem „weißlackierten Armsessel" (269) sitzt und ihr Körper „von einem blütenfrischen weißen Nachthemde bespannt" ist, wundert nicht und hebt sie auf die Ebene aller nichthausmeisterlichen erotischen Begebenheiten im Werk (→ Büffet).

Auch Frau Hawelka ist eine „hübsche, große und üppige Frau" (DE-Neun Kürzestgeschichten 317f.), die der Erzähler „völlig unbekleidet im Treppenhause" zu erblicken das Glück hat. Sie ist natürlich „eine beschränkte Person, von geringen intellektuellen Mitteln". Es wäre jedoch verkehrt, die Hübschheit von Hausmeisterinnen im Werke Doderes mit der Drallheit als spezifisch hausmeisterischer Eigenschaft in eins zu tun. Fast alle hübschen Frauen bei Doderer sind groß und üppig (→ Erotik und Sexualität), nicht nur Hausmeisterinnen.

Insgesamt ist die Meinung des Dichters von Hausmeistern und Hausmeisterinnen zwar Ausdruck einer Grundaggression, aber es wäre falsch, sie beim Wort zu nehmen.[8] Wann immer Doderer ins allzu (→) Groteske abhebt, nimmt er sich auch selbst nicht mehr ernst.

Hulesch & Quenzel

Diese Institution kommt nur in DM vor, dort sind ihr jedoch ein eigenes Kapitel und eine eigene Überschrift (DM 142ff.) gewidmet.

„Dieses weitverzweigte Institut, welches seine Zentrale in London hatte und hat – eingetragen unter Hulesch & Quenzel Ltd – ist zwar kaufmännisch organisiert, jedoch wesentlich eine metaphysische Instanz, wie das zum Beispiel auch bei der Post der Fall ist." (DM 142)

8 Aber nicht, sie als philosophisches System zu betrachten. Das Stichwort ‚Hausmeisterphilosophie' (REP 114) beweist dies. Vgl. dazu Liden, S. 63ff.

Geleitet vom Groß-Quenzel, ist der Sinn des Instituts die Erzeugung von Grimm, hauptsächlich durch Lieferung entsprechender Gegenstände, welchen Tücke innewohnt und die damit (→) Wut und (→) Brachialitäten erzeugen. Ein beispielhaftes Verzeichnis = Auszug aus dem entsprechenden Katalog findet sich DM 147f.

Auch werden hochfliegende Pläne gestört oder sonst störende Entwicklungen (z. B. auch uneheliche Schwangerschaften) gefördert, generell „Katastrophen unvorstellbaren Ausmaßes" eingeleitet wie die Zerstörung der seriellen Wutbehandlung im Hause Horns auf drei Etagen gleichzeitig, der „Untergang Prof. Horn's im Toben der Elemente". Solches geschieht oft durch – gut bezahlte, DM 282 – Agenten, welche sich gegenseitig durch die Überreichung des „epochalen" Werkes ‚Auch Einer' von Prof. Vischer (1878)[1] zu erkennen geben, oder durch Hilfskräfte wie „kleine Männer" (DM 220). Die Agenten sind, wie z. B. Schwester Helga, von äußerster (→) Frechheit erfüllt.

Die Leistungsfähigkeit des Unternehmens beweist sich auch durch die Förderung von „entsetzlichen Hustenanfällen"[2] bei öffentlichen Anlässen und „plötzlichem Aufbrennen von Hühneraugen", wofür eine umfangreiche Abteilung zuständig ist. Es hat eine eigene „seltsam obstinate" Hausmelodie und zwei Motti, welche lauten: „Take it easy" und „Post rabiem risus", also, wie es Doderer übersetzt: „Nach Grimm Grinsen".

Die Firma basiert quasi auf der handelsregisterlichen Eintragung eines Phänomens, an das Doderer fest glaubte, der Tücke des Objekts. So faßt Doderer all den Grimm in einem Punkt zusammen, der bei ihm durch die Tücke von Dingen und auch Menschen ausgelöst worden ist. Daß sie nicht Hulesch & Quenzel GmbH heißt, hängt mit Doderers Vorliebe für (→) England zusammen. Sosehr er tückische Objekte haßte, so sehr liebte der groteske Part in ihm sie wiederum als Objekt und Auslöser skurriler Prosa bis ins ‚Repertorium'.[3] Wir müssen da-

1 Friedrich Theodor Vischer. S. Anm. 21 zu (→) Einflüsse/Zitate.

2 Vgl. TC IV 125: „Wer sich räuspert, gegen den ist unverzüglich gewalttätig vorzugehen."

3 Unter ‚Wutanfälle'; vgl. auch Weber 1987, S. 90ff.; dies ist die einzige mir bekannte Behandlung von Hulesch & Quenzel in der Literatur.

von ausgehen, daß auch die Wutanfälle in ‚Acht Wutanfälle' nicht ohne ein Tätigwerden von Hulesch & Quenzel zu denken sind, die hier noch nicht identifiziert worden sind. Und ebenso ist das metaphorische Unternehmen auch nicht unbeteiligt bei den Wutanfällen von Castiletz sen. und Herrn Lissenbrech (EM).

Daß all dies rückführbar ist und von seiten einer „metaphysischen Instanz" geschieht, verringert nicht die Wut, aber liefert eine bessere Erklärung vor allem als die von einer eigenen Mitschuld. Denn wie oft läßt man das „Wasserglas an der Tischkante stehen" (EM 187), wissend, daß es bald fallen wird.

Humor

Doderer ist ein immens komischer Autor, einer der komischsten der Literaturgeschichte, auch wenn dies kaum zur Kenntnis genommen wird.[1] Bei ihm spielt sich Humor auf der rein sprachlichen Ebene ab. Komische Vorkommnisse gibt es nicht, es sei denn in DM, wo ohnehin alles anders ist. Der Humor ist in der Regel verbunden mit altertümlicher Sprache, altertümlichen Formulierungen. Er ist oft verbunden mit Elementen des Grotesken, Skurrilen, oft auch mit solchen der Aggression und des Chauvinismus, gelegentlich des Erotischen und des Alkohols. Insgesamt ist Doderer entgegen dem Vorurteil nicht nur ein höchst spannender Erzähler, sondern auch ein unendlich witziger.[2] Daß dies vom Inhalt gänzlich unabhängig ist, beweist z.B. ‚Trethofen', eine traurige, düstere Geschichte. Sie ist den-

1 Nicht nur in DM und einigen Kurzgeschichten, sondern generell seit EM. Mit Beispielen für seinen Humor wie für die Humorlosigkeit der Rezeption ließen sich Bände füllen. Nur vier für letztere: Michels (s. Anm. 2 zu → Wiederholung). Le Rider merkt überhaupt nichts, wenn er (1975, S. 60) „pietätlos" mit Groll begründet – es ist ein reiner Sprachwitz, aus dem Kontrast geboren. Voracek (S. 91) überprüft und bebeckmessert in Sachen Lucka-Zitat DS. Blaschek-Hahn (1991) nimmt sogar DM ernst.

2 Für Spannung → Eckpfeiler, für Humor → Alkohol, Altertümelei, Brachialitäten, Groteske, Hausmeister, Hulesch & Quenzel, Timurisation, Verfremdung.

noch äußerst komisch, und der Gipfelpunkt der Komik wird erreicht, wenn Doderer sie vorliest.[3]

Einige Beispiele aus ganz verschiedenen Schaffensperioden in chronologischer Reihenfolge zeigen dies und auch einen Teil der divergenten Rahmen:

- „Und in der Tat kam hinter ihm der Bischof ... Sie alle zusammen waren aber nicht in der Lage, den tobenden Kirchenfürsten zu bändigen." (DE 291)
- „Man konnte hier kaum mehr recht gehen: man mußte schon wandeln. Jetzt allerdings sahen diese Dinge etwas unvermittelt aus, da der Sinn gärtnerischer Anstalten nur bei sich vollendendem Gewächs hervortritt." (EM 222)
- „Zu guter Letzt aber fielen nur Schleier und das hübsche, etwas üppige Mädchen stand mit nicht viel mehr als mit dem Ruhme allerhöchsten und allgemeinen donnernden Applauses bedeckt an den Ufern des Nil." (EU 252)
- „Hier mußte ein möglichst enges Angeschmiegtsein an den rechten Fensterstock die Größe der Silhouette, welche man bot, tunlichst herabmindern." (EF 73)
- „Denn Trennungen vereinen, hierüber besteht kein Zweifel; meist schon nach wenigen Wochen zeigt sich da eine bemerkliche Erwärmung des Sprachgebrauchs, und nur diejenigen, welche beisammen sind, kommen auseinander, was ja auch der Logik des Sprachgebrauchs entspricht." (DS 600)
- „Sie ergriff nunmehr eine Art doppelter Hängematte und läutete dem Mädchen." (DD 85)
- „Der Barbier, welchen es zunächst schon einmal günstig stimmte, daß man sein Weib durch die saftigen Maulschellen zum Schweigen gebracht hatte, erbrach das Schreiben." (DM 94)
- „Doctor Bachler ... sah aus wie die Morgenstunde selbst und wirklich tat er ja seinen Patienten das Gold sachgemäß in den Mund, das er ihnen dann verzehnfacht aus den Taschen nahm." (DW 201)
- „Die Frau Kovacs aber, so ward nun vernommen, war üppigen Leibes gewesen und die Schattenspiele zeigten's an, unter dem durchleuchteten Hemd. Und nicht genug an dem (wenn auch schon längst genug für den Schweyntzkreuther): über

3 S. Fußnote 3 zu (→) Theater.

den Ehebetten war ein Bild angebracht, ein Hochzeitsgeschenk, im Querformat, also viel länger als hoch, das badende Elfen oder Nymphen am Quell zeigte; deren eine war beinahe enthüllt; sie hatte Kovacs sogleich sehr gut gefallen, ja es schien, als zeige sie Ähnlichkeit mit der Erwählten; nur war sie wohl gar zu schlank." (DG 128)

Besondere Beachtung verdienen die Kürzestgeschichten sowie die mitlaufende Wissenschaftssatire im Fußnotenapparat von DM (→ Exzesse). Das Frühwerk (SK, GR, JB, DB) ist völlig humorlos. Sprachkomik beginnt mit EM und steigert sich von da an.

Formal gibt es eine enge, fast regelmäßige Verbindung mit Hochkomik in Taktiken der (→) Verfremdung und der (→) Wiederholung („Im Grunde sind das lauter Gemeinheiten"). Ebenso ist humorvolle Sprache meist altertümelnd, umständlich oder bewußt mit Fremdworten durchzogen. Hierbei ergibt sich häufig eine Widersprüchlichkeit zwischen den Ebenen von Form und Inhalt oder auch Übertreibung, die komisch wirkt. Daß Trix bei Mary anstelle des toten Vaters schläft, wird so als „Substitution ehelicher Fundamentalien durch deren Produkt" bezeichnet (DS 562). Hierzu gehört auch der ganze Medizinerjargon von Prof. Horn, z.B. „das Konzept der Wutbahn, der spatiös-locomotorischen Therapie, der Wutstrecke. Durch sie erscheint nun wieder das mobile Prinzip in der Synthesis vertreten." (DM 284)

Darüber hinaus sind (→) Brachialitäten und (→) Timurisationen immer ebenso wie die brachialitätsauslösenden (→) Hausmeister und (→) Hulesch & Quenzels wie auch der (→) Alkohol sehr oft mit äußerst komischen Formulierungen versehen.

Kalauer gibt es bei Doderer seltsamerweise[4] nur ein einziges Mal. Er beschreibt „das leichte Hinschwitzeln des allezeit fuch-

4 Vielleicht könnte man noch die „wahrhaft – hinterlistige Idee" in DD 385 dazu zählen. Bei einem so witzigen und bis zur Skurrilität sprachverliebten Autor hätte man mehr davon vermuten sollen, insbesondere wenn wir den Kalauer mit Eckhard Henscheid als Kunstgriff zur Spiegelung der „Kalauerigkeit der Welt" begreifen (in: In brandeigener Sache. Zur Lage der deutschen Literaturkritik, in: Der Rabe 4, Zürich 1983, S. 167). Dieser Definition hätte Doderer sicherlich zugestimmt.

telnden Feschaks Negria ... auf die Scheichsbeutel Angelika, wobei diese ganze Angelegenheit schon irgendwie im Stadium der Austrocknung sich befand und also wie heißer, dürrer, fast staubiger *Sand roch* ...“ (DS 708). Nämlich weil er wenige Tage später die Scheichsbeutel als Geliebte durch die Sandroch ablöst (die wiederum eine Anspielung auf Adele Sandrock darstellt, womit Negria mit Arthur Schnitzler verglichen wird,[5] was in bezug auf dessen Wechselhaftigkeit und Brutalität in Liebessachen durchaus Sinn ergibt).

Natürlich gibt es in gewaltigem Umfang und im gesamten Werk namensbezogene, -immanente Witze, auch kalauerhaften Niveaus. Diese reichen von ‚Direktor Abheiter‘ bis ‚Direktor Szindrowits‘ (von Pornberger & Graff), von ‚Philemon Krautwurst‘ bis ‚Wänzrich‘, von Herrn „Hinterobermeier“ bis zum Anwalt Dr. Gneistl. Vor allem Ärzte werden nicht geschont.[6] Aber es sind dies ebensowenig Kalauer, wie die Anspielung auf Sigmund Freud in DD diesen Namen verdient, wäre sie denn eine.[7]

Jahreszeiten

Jahreszeiten sind für Doderer zentral in der Erfassung und Formulierung von Naturerlebnis, das meist auch Wettererlebnis ist. Darüber hinaus und vor allem sind sie aber

- Erinnerungschiffren und
- Metaphern.

Naturbeschreibungen und Jahreszeiten sind auch im Tagebuch umfangreich vorhanden, besonders im frühen: „Der Herbst steht im Fenster wie Wein im Glase. Manches ist nur in dieser Jahreszeit erlebbar, wär‘ vor dem zitternden Licht-Hintergrund des Frühlings ... unmöglich.“ (T II 1071 f.) So ziehen sie sich durch das gesamte Werk und sind wie die ih-

5 S. Anm. 10 zu (→) Personenverzeichnis.

6 S. (→) Namen und Voracek, passim. Lt. Voracek, S. 396, gab es einen Freund Doderers, der tatsächlich Hinterobermeier hieß.

7 → Voracek, S. 265 f., vgl. ferner Anm. 4 zu (→) Personenverzeichnis.

nen zugeordneten Farben inhaltliche Eckpfeiler des Dodererschen Kosmos.

Dieser aber ist, besonders im reifen Werk, in erster Linie ein solcher des Sommers. Mag auch die (→) Chronologie von DS/DD/DW noch eine Verteilung der Handlungszeit auf alle Jahreszeiten vermuten lassen, so ist doch dem Sommer sprachlich wie statistisch ein Übergewicht zugeordnet. Dies zeigt zunächst die folgende Tabelle[1]:

	DS	DD	DW	Summe
Frühling/Frühjahr	33	75	16	124
Sommer	201	123	48	372
Herbst	31	60	17	108
Winter	21	75	15	111

Es hat also insgesamt der Sommer in der Wiener Trilogie mehr Nennungen als alle anderen drei Jahreszeiten zusammen (52 %), dies gilt im einzelnen auch für DS (70 %) und – eingeschränkt – DW (50 %), nur in DD hat er mit 37 % zwar Übergewicht, aber DD ist am wenigsten als Roman des Sommers zu bezeichnen, alle Jahreszeiten haben hier ihre Bedeutung. DS jedoch ist es ganz besonders, hier scheint dazu ständig die Sonne. Natürlich gibt es im Gesamtwerk „das Licht des Vorfrühlings" (DD 143), „den Obstgeschmack des Herbstes" (DS 19), „die Geheimnisse des Winters" (T II 133). „Der Winter sank tief in sich selbst ein." (DD 651) Aber solches ist nicht die Regel.

Den Charakter von Siglen der Erinnerung erhalten in erster Linie sommerliche Vorstellungen, die nicht umsonst mit so wichtigen anderen Chiffren wie (→) Kühle und (→) Stille fast ausschließlich verbunden sind, als ob es solche nicht auch zu anderen Zeiten des Jahres gäbe. Aber hier sind sie Rückblick, Erinnerung, in der Stadt (schon der einzelne Satz „Die Stadt im Hochsommer" – DS 173 – hat das Element der Sehnsucht) wie auf dem Lande. „Das Gärtchen glühte. Erst gegen Abend gaben die Obstbäume wirksamen Schatten. Alles wurde schließlich er-

1 Gezählt wurden alle Nennungen von Jahreszeiten einschließlich Adjektiven wie ‚sommerlich' und abgeleiteten, aber verknüpften Begriffen wie ‚Sommerkleid' , aber ohne abgeleitete unverknüpfte Begriffe wie ‚Wintergarten'.

reicht und aufgereiht von grüngoldenen Fingern über dem Rasen. Noch gab es Rosen." (DS 225)[2]

Doch der Roman des Sommers ist nicht nur der Roman des städtischen Sommers.[3] „Anderes, und wieder eine andere Welt, in der man ganz müßte daheim sein, nicht vom Schlangenfangen herkommend, oder mit harzklebrigen Händen ... auch der Virgil dort unter den Büschen in der gelassenen Stille bei summendem Sommer überall in den Lüften wies ihn ab, getrennt von ihm wie durch eine Membrane, die sich spannen, aber nicht platzen wollte." (DS 173) Sehnsucht und zugleich Schmerz sind hier ganz deutlich. Aber dieser exemplarische Roman von Hitze und Sommer, ‚Die Strudlhofstiege', hat auch seinen Bezug zum Herbst. Nicht nur im vorangestellten Gedicht („herbstlich atmet aus den alten Stiegen"), sondern auch im zentralen Schicksalsschlag für Mary.

Mary K. „stand nun überrascht auf dem Trottoir – in einem wirklichen Sommertag, der inzwischen, trotz der sich neigenden Jahreszeit, hier heraußen seine Vollkommenheit erreicht hatte und Mary sogleich um den Hals fiel." Kurz darauf stand sie „am Ufer [des Althanplatzes] und der ihr um den Hals gefallene Sommertag hatte sie nicht so sehr entzückt als vielmehr etwas verdutzt und sozusagen mißtrauisch gemacht." (DS 47 f.) Es ist dies der Nachsommer des Jahres 1923, und die Formulierung verweist auf ein Unglück, das zwei Jahre und einige Tage später passieren wird und auf das der Roman insgesamt zielgerichtet hinsteuert. Auch jetzt, am 21. September 1925, „stand sie am Ufer" (DS 831), bevor sie in die Straßenbahn hineinläuft und „im Blute" (DS 843) liegt. Am Morgen des Tages „lehnte", die Metaphorik des Herbstbeginnes vollends abrundend, „ein erster, ein fast noch sommerlich warmer Herbstmorgen an den Scheiben" (DS 772). Veränderung, Bedrohliches, Neues wird hier trotz liebevoller Formulierung angekündigt. Und schon

2 Man kann ein Thema auch zu Tode zitieren. Doch sei mir noch der Hinweis auf die Düfte des Sommers gestattet, die DS 432 so eindringlich aufscheinen mit „Fülle des schweigenden Guten" und „dem Rauschen des Brunnens". Sommer ist Erinnerung.

3 So sieht es Gustav Seibt, S. 121: „Während der ganzen neunhundert Seiten herrscht die intensiv blaugrüne Luft des städtischen Hochsommers." Vgl. auch Weber 1985, S. 125.

zwei Wochen zuvor hatte er sich, bedrohlicher vielleicht, gemeldet. „Noch war der Herbst nicht heran. Noch sprach von ihm kein äußeres Zeichen. Nur tief innen begann ein von allen Seiten Hinausgezogen-Werden von saugender, zehrender Stärke, zu fernen Rändern ziehend ...“ (DS 750 – 10.9.1925)

Danach ist der Oktober dann wieder heiß, ein „richtiger Indianer-Sommer, Bruthitze und Sonnenglast“ (DS 873). Aber Melzer und Thea haben sich gefunden, Mary wird genesen, Melzers Stellung im Amt ist ungefährdet.

Nur im Falle des vielfach chiffrierten Sommers ist eine Formulierung im Roman völlig identisch mit einer in den Erzählungen (Roman-Tagebuch und Roman-gleicher Roman sind häufig und Erzähltechnik): „Dem Sommergotte, dem großen Pan, wird in der Stadt mit Kampfer und Naphthalin geopfert. Es ist der kühle Einsamkeitsduft in den verlassenen und halb verdunkelten Behausungen, der als strich-zarter Geist um die verhüllten Möbel zieht, während die Bewohner solcher Räume in den wirklichen Wäldern gehn oder in Gärten stehen und auf ganz schmalen Kieswegen zwischen Beeten mit bunten Glaskugeln. Die dunklen Wälder sieht man liegen wie ein fallengelassenes Gewand am Fuß des entfernteren Hochgebirges, das mit schon nacktem Fels milchigmild leuchtet im hohen Sommerhimmel, und da oder dort noch den weißen Akzent eines Schneefeldes gesetzt hat.“ (DD 1180). Dies ist gleichzeitig der Beginn eines neuen Textteiles, von Schlaggenberg verfaßt, dem Geyrenhoff als (→) Verfasser vorherging. Ganz identisch ist der Beginn der Erzählung ‚Ein anderer Kratki-Baschik‘ von 1956.[4] Hier sind in einmaliger Weise die Topoi von Sommer, Hitze, Kühle, Stille, Farben, Geruch, Möbeln, Himmel und Wäldern vereint. Das war Doderer sehr wichtig.

Es ist deutlich, warum. Alle sind Chiffren der Erinnerung an eine Jugendzeit und stehen für das wichtigste Leitmotiv Dodererscher Prosa.

4 In diese Zeit fällt zwar auch der Wiederbeginn der Arbeit an DD. Lt. mündlicher Mitteilung von Dietrich Weber stammt dieser Passus definitiv aus dem Jahr 1956 und ist nicht in der Erstfassung von DD enthalten.

Jan Herzka

ist in erotisch-sexueller Ausrichtung das deutlichste Alter ego Doderers, komplementär mit Kajetan von Schlaggenberg, dessen spezifische Orientierung nur unwesentlich anders sich darstellt. Während dieser besessen ist von (→) Dicken Damen bis zu wirklicher Fettheit, ist jener vom Dämon der Frau als Büßerin, Märtyrerin, Gefangene, demütige Dulderin getrieben, die man quälen, am liebsten peitschen kann. Gemeinsam ist beiden jedoch

- das Ideal der „hilflosen" (DD 854), demütigen Frau
- der üppigen Frau
- des Ordnungsfanatismus in allen, auch erotisch-sexuellen Fragen.[1]

Herzka, ein junger Kaufmann, dessen vom Vater ererbte Firma ausgerechnet und nicht ohne metaphorisches Augenzwinkern mit Gurten und Schnüren handelt (DD 682), hergestellt von der Firma, in der Leonhard Kakabsa arbeitet, auch eine Art von (→) Verflechtung, ist das Zentrum von DB und ein Epizentrum von DD. Er hat sich in den fünf Jahren Handlungszeit, die zwischen DB und DD liegen (über 30 Jahre Schreibzeit bis zum Abschluß von DD liegen dazwischen!), verändert, ist reifer geworden, selbstsicherer, erfolgsgeprägter, aber kein anderer Mensch, vor allem nicht im „Punkt der Punkte" (DG 125).

Bei Jan Herzka wird auf diese Kontinuität stärker verwiesen als sonst, Stangeler immer ausgenommen, dieser zieht sich als *das* Alter ego kontinuierlich und selbstverständlich durch das Werk. Aber über zwei Werke ist auch hier die Kontinuität gesichert: „Die Güllich ... es war nicht hier gewesen. Nicht in dieser Stadt. Welch ein Glück! Nun, es ist jetzt fünf Jahre her." (DD 682f.)

Diese Magdalena Güllich, mit „Madonnengesicht", „voller und großer Gestalt" , Haut „wie bleiches, zartes Porzellan", hat er in einem sexuellen Anfall mit dem Leibriemen so „heftig" geschlagen, daß es „laut knallte" und ihre Haut „überall die rötlichen Maße der Geißelung" zeigte (DB 128f., 136). Auslöser war

1 Für Herzka s. DB 122, für beide → Erotik und Sexualität sowie Weber 1963, S. 52.

ein ‚Passional' gewesen, ein Buch mit Heiligenlegenden, in dem eine Jungfrau kurz davor steht, mit „Geißel" und „Zange" gequält zu werden. „Das Oberkleid der Heiligen lag am Boden vor ihren bloßen Füßen ... während sie mit der Rechten das herabgleitende Gewand vor dem Schoß festzuhalten und mit Hilfe des linken Armes und der aufgelösten Haare die entblößte Brust zu verhüllen suchte." (DB 125) Offensichtlich verfügt sie über gerundete Formen (DB 126). Das Bild reicht für die Besetzung durch den Dämon und dazu, Jan Herzka hinauszuschleudern aus seinem Tritt. (DB 185)

Die Sache wiederholt sich. Der Herzka aus DB war natürlich jünger (Mitte zwanzig statt Anfang dreißig – DB 121, DD 683) und leichter zu verwirren. Aber dann doch wieder ist dies auch der ältere Jan: Er sieht seine Mitarbeiterin Agnes Gebaur, während sie „aus irgendeinem Grunde" die „Arme vor der Brust gehalten, leicht gekreuzt, dabei den Kopf schräg geneigt" ihm zuhört. In der Haltung der Demut. Auch sie hat ein „Madonnengesicht", „um ihre Augen lagen auffallend tiefe Schatten" (DD 680). Er erkennt sie wieder aus dem Passional.

Die „tugendhafte Witwe (?!) ... war von ihm aus dem Buche hervorgerufen worden." (DD 704) Und sie ist üppig („schlank war sie gewiß nicht", die Hüften hatten „eine übermäßig betonte Geformtheit" – DD 681 und 1048[2]). Er holt das alte Passional hervor „und schlug Agnes auf. Sie war's. Die Knie waren übereinandergedrückt; die Schenkel allzu breit; sie hielt die Arme in einer allzu demütigen Stellung vor dem hohen Busen gekreuzt und blickte mit halb abgewandtem Gesicht und niedergeschlagenen Augen seitwärts." (DD 706) Nachdem Herzka sie nach einer leichten, eher vorgetäuschten (DD 1046) Verstauchung des Fußes nach Hause bringt, schwindet der letzte Zweifel, erkennt er sie endgültig am Fuß als „eine der Märtyrerinnen" (DD 1048) wieder.

So wird die Gebaur zur „schwarzen Zentralsonne einer zweiten Wirklichkeit" (DD 1045). Vor der Erfüllung seines Traumes steht noch das mittelalterliche Dokument und das ihm vererbte Schloß Neudegg (seine Mutter war eine Cousine des Barons Neudegg, also ist er auch mit Quapp verwandt – DD 679), aber, das Glück ist ihm fast schon zu hold, auch dort geht sein Traum

2 → Personenverzeichnis und Löffler 1992, S. 75.

weiter. Hier kann er nämlich den Ort besichtigen, an dem in einem falschen Hexenprozeß die Bürgermeistersfrau an die Säule gebunden und „auf irn weiszen leib" gepeitscht wird, und zwar mit „sammet". „Undt der Heimo, der slueg sy auch ein wenig." (DD 779)

Hier werden sehr tiefe „Hohlräume"(DD 736) (sonst von Doderer meist ‚Cavitäten' genannt) erforscht, die Metaphorik ist schon fast zu dick aufgetragen.

Herzka, der den vorlesenden Stangeler „mit dem Blicke eines Fiebernden" ansieht, ist der 2. Wirklichkeit verfallen. Er erkennt seinen Hohlraum, aber er leidet nicht darunter. Er will und er wird keinen Menschwerdungsprozeß durchstehen. Er heiratet die Märtyrerin/Gebaur/Güllich im August 1927 (in dem so viele Verbindungen geschlossen werden), und man kann davon ausgehen, daß auch in der Ehe die Samtpeitsche Anwendung findet.

Magdalena und Agnes stehen nicht isoliert da. Auch Mädi Fraunholzer, mit schwarzem Haar und üppigem Leib gesegnet, „sah aus wie eine jener schönen Märtyrerinnen auf seltenen alten Legenden-Bildern", um ihre Augen „mit tiefen Schattenbuchten" wie bei Agnes liegt „der Schatz der Demut" (DS 456).

Während die Aggression andere Motive hat, nämlich Wut und Grimm, verfügt diese Art von Sadismus über eine speziell erotische Komponente. Sie kommt bei Doderer, abgesehen von der Biographie,[3] nur in DD und DB als Tat vor (als Idee auch in DS) und auch dort nur in äußerster Konzentration.[4]

3 Zeemann, S. 64, 76 und 95 ff., die Samtpeitsche kommt auch in der Realität vor.

4 Sie, wie Ulrike Schupp es tut, mit den Foltermethoden des Nationalsozialismus zu vergleichen (S. 185 ff.), halte ich für unsinnig und zudem dessen Opfern gegenüber für geschmacklos. Der Vergleich mit der Burg de Sades hinkt insoweit, als Burgen generell zur Abgeschlossenheit neigten.

Juden

Man hat Doderer vielfach Antisemitismus vorgeworfen.[1] Es gab ihn vor dem Nationalsozialismus und in – persönlich bedingten – Ansätzen, die er später bereute, als ihm schon während des Krieges klar wurde, daß die gesamte Ideologie teuflisch war.

„Wer seid Ihr denn schon? ... Siebenschein ... großartig! Der Herr Lasch! Das sind *deine* Leute! Ja. Und du hast denselben elenden kleinen Schmutz in deinem beschissenen Gehirn ... Feind! Du Feind! Feind! ... Alles Schlechte, immer gegen mich ...", so bricht (DD 200) es aus René, der sich gedemütigt fühlt, heraus (kurz darauf wird er schon wieder versöhnlich). Die einzige, dazu interpretierte Spur einer antisemitischen Äußerung von diesem wichtigsten aller Alter Egos.

Im Werk ist davon sonst nichts zu spüren. Die Hauptfigur von DS *und* DD, (→) Mary K., ist Jüdin und eine großartige Frau, die sich („ehrwürdig wirkende Züge uralter Rasse", DS 781[2]) als tapfere, kluge, gütige, emphatische und erotisch reizvolle, treue Frau bewährt und im Mittelpunkt beider Romane steht, ja diese zusammenhält. Nicht wie (→) Melzer DS als „Spagat ... an einem Pakete" (TT III 524), sondern als echte und integrative Klammer. So wie sie auch die Menschen bei sich zusammenbringt, die dann, wie Kajetan, zu ihren Füßen sitzen.

Unter den wichtigen Personen des Doppelromans DS/DD (→ Personenverzeichnis) finden sich über dreißig Juden und Jüdinnen (Adlers, Allern, Altschuls, Garriques, K.s, Laschs, die Brüder Levielle, Frau Libesny, Mährischls, Markbreiters, Kries, Neuberg, Schediks, Siebenscheins, Trapps), von denen höchstens sieben unsympathisch gezeichnet sind. Cornel

1 S. z.B. die Anmerkungen zu (→) Die Unsrigen. Grundsätzlich dazu: Gerald Sommer, Sündenbock und Prügelknabe, in: EINSÄTZE, S. 39ff., sowie Sommer 1984, S. 173ff. Den Beweis für einen tatsächlichen und nicht personenbezogenen Antisemitismus bleibt er m.E. schuldig, obwohl die beschriebene Grundtendenz der DD (1. Fassung) schon erschreckend ist.

2 Zu den Gesichtszügen jüdischer Männer s. DS 17; vgl. auch die Überschrift zu DD Buch II, Kapitel 4: ‚Triumph der Rahel'.

Lasch, Levielle[3], die Trapps[4] bilden die weniger angenehmen jüdischen Zeitgenossen als Schieber (Lasch), Intriganten/Betrüger (Levielle), einfach eingebildete Protze (Dr. Trapp) oder dumme Gänse (Angelika Trapp). Gleiche Typen finden sich reichlich auch bei nichtjüdischen Personen im Werk Doderers. So kann von einer antisemitischen Grundströmung nicht die Rede sein. Die anderen sind nicht nur nicht unsympathisch, sondern zum größten Teil als ausgesprochen liebenswert und klug gezeichnet.

Der parallele[5] Vorwurf, Frauen kämen bei Doderer schlecht weg, wie er z. B. von Dietz oder in einem Vortrag auf dem Doderer-Symposium in Berlin 1997 erhoben wurde,[6] ist im übrigen noch absurder, eine solche Einstellung ist an keinem Punkte der Prosa festzumachen. Es finden sich bei Doderer in vielen Werken große – teilweise eben auch jüdische – Frauengestalten (außer den unten genannten Licea, Emma Drobil, Jutta Bamberger, Frau Kapsreiter, Monica Bachler, Thamar Halfon, um nur einige zu nennen), und den wenigen dummen Gänsen (zu denen ja Thea Rokitzer ausdrücklich nicht gehörte, → Personenverzeichnis), die stets auch liebenswerte Züge haben wie Fini (oder Finy, mal so, mal so) und Feverl in DW, stehen wesentlich mehr dumme und miese männliche Figuren, bar jeder Liebenswürdigkeit, gegenüber.

Auch Grete Siebenschein kommt sowohl als Mensch wie auch als Partnerin ja nun deutlich besser weg als der Herr von und zu Stangeler (und mit ihm sein Erfinder), Nicht-Jude. Exakt das gleiche gilt für Camy Schlaggenberg im Vergleich mit dem unsäglichen Kajetan. Beide, Kajetan wie René, sind natür-

3 S. dazu Hesson, S. 142 (Anm. 4 zu Appendix II); hier finden sich auch Anmerkungen zum Antisemitismus in der ersten Version von DD. Nach deren geplanter Veröffentlichung werden solche und andere politische Aspekte sicherlich näher zu untersuchen sein. Bis dahin verweise ich auf meine Bemerkungen in (→) Die Unsrigen.

4 In der 1. Fassung von DD waren Trapps nicht jüdisch, s. Hesson, Appendix II, S. 114.

5 Diese Parallelität begründet ausführlich für die Gesellschaft Österreichs um die und nach der Jahrhundertwende Le Rider 1985.

6 S. die Bemerkung Dietz in Anm. 7 zu (→) Die Unsrigen. Vgl. auch Anm. 6 zu (→) Die Unsrigen; seltsamerweise spricht auch Wolff (1969, S. 275, Fußnote 1) von „Misogynie". Vgl. auch Männer (und Frauen).

lich hier speziell Alter Egos des Dichters, und die Beziehungen zu Grete und Camy spiegeln die zu Gusti Hasterlik wider und das schlechte Gewissen Doderers.[7] Aber nicht etwa nur nach dem Kriege, sondern schon währenddessen. Im Tagebuch definiert er „dieses Grete Siebenschein'sche Innre, unsagbar viel begabter und zugleich unbedeutender, glücklicher, schöner und friedvoller", als Stangeler-Doderer „sich so was auch nur im entferntesten jemals hätte vorstellen können" (TT III 83, Epilog auf den Sektionsrat Geyrenhoff 1940/44).

Wohl aber ist Antisemitismus ein Thema Doderers, und zwar in DD, in denen er ihn zu den (→) Dämonen zählt. Der Antisemit („Vision einer besseren Zukunft" – DD 309, → Die Unsrigen, Tischtennistee) Kurt Körger kommt in diesem Roman ganz schlecht weg, als Persönlichkeit ebenso wie auf der politischen Ebene. Er reizt sogar den äußerst gutmütigen Chronisten (in der Hinsicht war Georg Geyrenhoff kein Alter Ego des zu Wutausbrüchen neigenden Schriftstellers) dazu, ihn kurz abzufertigen und stehenzulassen. „Ich wußte plötzlich, daß ich am Rande meiner Konzilianz viel näher noch mich befand, als ich bisher hatte ahnen können." (DD 462)

Daß wir hingegen die Beschreibung der Dichterin Malik als „galizianische Megäre" (DD 1246)[8] nicht anders auslegen können denn als Kombination von Antisemitismus und Antifeminismus, ist evident. Ich sehe aber hier, abgesehen von den bisher zusammengetragenen Argumenten, vor allem seine politische Dummheit, geradezu Naivität, am Werk. Die gleiche, die ihn im Leben eine solch widerliche Anbiederung an die Nationalsozialisten vollziehen ließ, wie seine Lebensbeschreibung an die Reichsschrifttumskammer vom 7. September 1936.[9] Es ist eine

7 Vgl. dazu Fleischer 1996, passim, und Wolff 1996, S. 42f.

8 Stieg, S. 131f., verweist mit schwacher Begründung darauf, daß hier Else Lasker-Schüler gemeint sei. Außer dem Anklang an den Malik-Verlag hat er kein Indiz. Das ist für solch einen gravierenden Vorwurf zuwenig. Auch der Vorwurf des Sozialistenhasses (S. 132) liegt voll daneben, nicht nur, weil Doderer den Auftritt des Republikanischen Schutzbundes sehr positiv und hier historisch richtig abgebildet hat, sondern z.B. auch, weil das Erzböse, der Meisgeier, ein Sozialistenhasser ist.

9 Abgedruckt bei Stieg, S. 220ff.

komische Fußnote zu diesem Anbiederungsversuch, daß er in höchstem Maße erfolglos blieb und Doderer die gewünschte Akzeptanz nicht erhielt.

Jutta Bamberger

Jutta Bamberger[1] ist die Protagonistin eines frühen, unvollendeten[2] Romans, verfaßt 1923/24, dessen Bedeutung von Kritik und Wissenschaft sträflich vernachlässigt worden ist.

In einer Sprache, die noch nicht ganz zu sich selbst gefunden hat und die von expressionistischen An- und Nachklängen noch durchzogen wird, aber schon alle Möglichkeiten des Verfassers aufscheinen läßt, wird eine große Frauenfigur umrissen.

Jutta Bamberger ist verletzlich und wird verletzt, von Umwelt wie Elternhaus, in dem ihr nur der Bruder Halt gibt. Sie ist zerbrechlich, lesbisch,[3] zärtlich, kreativ und liebevoll. Ihr eignen schräg gestellte Augen, mit diesen wie dem schmalen Körper, den roten Haaren und der Haut von „Milch und Honig" (JB 290) ist sie eine Sigle erotischer Anziehung für den jüngeren Doderer, hier René Schlaggenberg geheißen.

Sie zieht sich, eine der großen Konstanten im Werk wie sonst nur noch René Stangeler (ist sie auch ein Alter ego?[4]), durch das gesamte Schreiben in Tagebüchern und Werken. Von Jutta

1 Daß Jutta Bamberger unter Jutta, Georg Geyrenhoff z. B. unter Geyrenhoff eingeordnet ist, ergibt sich aus dem normalen Gebrauch im Werk.

2 Je ein Fragment steht am Anfang und am Ende des Werkes.

3 Die Liebesszene zwischen Jutta und Jekaterina, S. 279f., mehr noch aber der erste Entwurf, abgedruckt im Anhang, S. 497ff., zeigt Doderer wortgewaltig und dennoch zurückhaltend bei einem schwierigen Sujet. Es erinnert in Stärke und Erotik an die Liebesszene Fella – Trix in DD, die einzige andere lesbische Szene im Werk, → Erotik und Sexualität.

4 So sieht es Reinhold Treml: „Einen Tag vor der Erwähnung von Jutta Bamberger im Tagebuch des Jahres 1934 ist übrigens von Doderers Kinderzimmer die Rede. Jutta Bamberger ‚ist' also Doderer in ähnlichem Sinne, wie Stangeler, Schlaggenberg, Geyrenhoff und andere Figuren Doderer ‚sind'." (S. 133, Zitat aus dem Tagebuch dort).

Bamberger finden sich bis ins Spätwerk starke Anklänge – mit Fragilität, roten oder dunklen Haaren und schrägen Augen. Ihr verwandt sind

- Louison Veik, die idealisierte Zentralsonne des (→) Conrad Castiletz, schlank, mit „leicht schräg stehenden Augen" und schwarzen Haaren (EM 155)
- Paula Schachl („dunkelrote Haare", die Haut „sehr weiß" – DS 131) – ihre starke, aber sexuell nicht erfüllte Beziehung zu René ist ein Epizentrum von DS
- Trix, die Tochter Marys, homosexuell wie Jutta, „rotblond und milchhäutig, schlank, und mit einer kleinen Stumpfnase" (DD 37)
- Grete Siebenschein, eine „schöne, schwarzhaarige junge Dame" (DD 819) von „fragiler Schlankheit" (DS 31)
- Charlotte Schlaggenberg, mit „schmalen Schultern" und „mandelförmigen Augen" (DD 169f.)
- Renata-Licea, die, als Tochter des Hofrats, immer wieder die Pfade Geyrenhoffs und der ‚Unsrigen' kreuzt und so eines der Epizentren von DD darstellt. Sie, allerdings groß und kräftig, dunkelblond, verkörpert Doderers Liebe zum Typus[5] wie seine Hoffnung auf die Zukunft in einem Maße, das neben ihr nur noch Mary K. zugesprochen werden kann.

„In einer Vorstadtgasse einer grossen und fernen Stadt, in einer steingrauen und meist toten Ader, geht ein rothaariges Mädchen; sie hat ein wenig schiefgestellte Augen – die inneren Augen liegen tiefer wie die äußeren; ... es ist mittelgroß, mager, fast knochig, bleich im Antlitz. Es heißt Jutta Bamberger." (T I 282) Dieser Text vom September 1925[6] erinnert an eine Formulierung aus Divertimento IV, entstanden 1927: „... oder haben wir ein schmales Mädchen durch die wimmelnde Stadtwüste wandeln sehen, tief führten ihre schrägen Augen in das Haupt hinein wie erleuchtete Gänge ..." (DE 91).

5 Und natürlich (?) einem historischen Vorbild, s. Personenregister von TC V und Fleischer 1996, passim.

6 Schon damals, aber später regelmäßig, übernahm Doderer Formulierungen aus dem Tagebuch ganz oder fast wörtlich in seine Texte. Für andere Stellen aus dem Tagebuch s. das Nachwort zu ‚Frühe Prosa', vor allem S. 483ff.

„Meine unbekannte Geliebte sah ich im blassen, weiten Augarten zu Wien, der aus dem achtzehnten Jahrhunderte uns geblieben ist, samt der damaligen an die geschnittenen Hecken gelehnten Sonne und der langsamer vergehenden Zeit. Ich erkannte die Geliebte sofort, als würde aus den Büschen eine ganz schlanke kurze Lanze von hellgrüner Farbe auf sie geworfen, und solchermaßen angezeigt, daß sie es sei. Es war ein erwachsenes, ernstes, nicht hübsches flachhüftiges Mädchen, mit rotbraunem Haar (Sommersprossen?). Ich nannte sie Jutta Bamberger. Ich ging ihr auch nach. Aber da gab es einen kleinen Bestand von dünnen Bäumchen an der Biegung, und hier verlor ich sie; vielleicht hatte sie einen schmaleren Weg gewählt, durch den Hain. Ich war auch bereit zu begreifen, daß dies nicht so kurzer Hand gehen könne und auf einem abkürzenden Pfade, wie ihn das Mädchen genommen hatte. Einem der Bäumchen sah ich's geradezu an, daß ich mich jahrelang würde mit Jutta Bamberger beschäftigen müssen, um aus ihm wieder ein Mädchen zu machen, eine rückgängige Daphnis." (DE-Sonatine II 328[7])

Schräg gestellte Augen bei jungen, schlanken Mädchen: das erotische Ideal des jungen Dichters und das Zukunftsbild des älteren. Üppige Frauen sind ein kontinuierliches Moment, ein biographisches Epizentrum, eine von mehreren Linien, wirklich dicke Damen sind nur die Besessenheit des Alter ego und Neurosenschuttplatzes Schlaggenberg (man sollte Doderer mit keinem seiner Doppelgänger verwechseln, nur René Stangeler ist ihm in mehr als einem Aspekt ähnlich).

Vereint sind beide Typen, und nur hier, in Cornelia Wett – löwenhafte Mähne plus schräg stehende Augen, und dabei sehr üppig. Weder Jutta Bamberger noch Mary K. ähnlich, dabei erfolgreich, fraulich und hilfsbereit.

Krebse

„Seitdem suchte Stangeler dann und wann, es blieb eine Gewohnheit, wenn auch von nur seltenem Erfolge gelohnt. Gewohnten Griff unter die Stein unterließ er allerdings von einem

7 Entstanden 1959!

bestimmten Tage an: an der Oberfläche eines der vom Bach gebildeten verhältnismäßig tiefen Becken hatte er ein großes Ahornblatt schwimmen gesehen. Er strich's beiseite – und darunter saß ein *ungewöhnlich starkes*, fast handlanges Exemplar jenes Steinkrebses, ... welchen man auch sonst in den Gebirgsbächen der Gegend da und dort damals noch antreffen konnte. Ans Licht befördert mit geschicktem Griff am *Kopfbruststück* aber bot der schöne Fund einen Anblick, der René veranlaßte, ihn nur gleich wieder ins Wasser zu setzen und aus der Hand zu lassen. Das Tier war beim Fraße gewesen. Seine Beute, ein ganz ungewöhnlich großer Regenwurm, fast wie eine Blindschleiche, war vielfach um die kräftigen Scheren geknäult, lebte noch und suchte sich seiner Vernichtung durch Windungen zu entziehen. René wurde sogleich von der Vorstellung gepackt, beim Griff unter die Steine mit der Hand in so etwas hineinzugeraten.“ (DS 167f.)[1]

Diese Stelle wurde zur Gänze an den Anfang gesetzt, weil sie mehrere Topoi und Techniken Doderers kombiniert:

- Der Wunsch, etwas herauszufinden, herauszuholen
- Die Angst vor dem Unbekannten
- Die Ankündigung von etwas Bevorstehendem: Gleich darauf tritt eine wirkliche Schlange auf, so wie nach Levielles Doppelgänger bald der richtige getroffen wird.[2]
- Krebse sind starke Kindheitserinnerungen für Stangeler/Doderer, also Chiffre.
- Wasser insgesamt als Bach (DS), Fall und See (DW), Teich (EM), Fluß (DD) hat Erinnerungskomponenten plus starke metatextuelle Bedeutung als Entwicklung von Persönlichkeit,[3] aber auch als deren Bedrohung (DW). „Am Grund des klaren Wassers saß ein Krebs.“ (EM 64 → Castiletz, Wasser)
- Wichtige metaphorische Nennungen sind oft mit Attributen wie ‚hoch‘, ‚stattlich‘, ‚groß‘, ‚besonders groß‘, ‚stark‘, ‚ungewöhnlich stark‘ usw. verbunden.

1 Hervorhebung von mir, auch in dem Zitat unten. Voracek (4.8 40) verweist auf die Beziehung ‚Astacus‘ zu ‚Asta‘.

2 Vgl. die gründlichen Ausführungen von Ingrid Werkgartner Ryan über ‚Zufall und Freiheit‘. Sie widmet sich solchen Treffen besonders auf S. 28ff.

3 Wichtige Hinweise dazu wie zur Metaphorik von Glas bei Martin Loew-Cadonna 1986.

Und so wie Doderer und seine Alter egos Dinge herausholen, müssen auch die Leser aus dem umfangreichen und ständig präsenten und über das Gesamtwerk sich erstreckenden interdependenten Beziehungsgeflecht (untereinander wie zu Doderers immer im Hintergrund stehenden Autobiographie) durch geschickten Griff und nach geduldigem Vorbereiten Dinge ans Licht des Tages holen, die unter Steinen, Blättern und Verschleierungstechniken verborgen sind. Das vorliegende Werk ist in erster Linie Ergebnis einer solchen Suche unter den Steinen.

Oft werden solche Funde jedoch fast offen geboten, wie die Szene, in der Robert Clayton auf der Hochzeitsreise gemeinsam mit Harriet einen Krebs fängt: „Es saß unweit einer Uferhöhlung mit dem Kopf und den mächtigen Scheeren gegen den Teich gekehrt. Clayton wollte auch dieses zu einem putzigen Sprunge veranlassen; jedoch wurde die Annäherung seiner Hand von dem *besonders großen* Exemplare offenbar garnicht bemerkt. Da wagte er's denn und griff zu, und ohne darin Erfahrung zu haben, ganz auf die rechte Art: er bekam den Krebs am vorderen Teil des Körpers zu fassen, den man das *Kopfbruststück* nennt." (DW 13) Die Kontinuität Doderers, seine Liebe zur verflechtenden (→) Wiederholung, wird auch durch die über fünfzehn Jahre zwischen dem ersten und diesem Zitat sowie dem später folgenden beleuchtet.[4]

Krebse sind ein Leitmotiv im gesamten Werk, sowohl als Erinnerungschiffre als auch als Metapher für (erinnertes) Glück und für das Heraufholen von Erkenntnis, das Lösen von Rätseln.

Kaum ein Begriff findet sich im Werk, der so vielfach besetzt ist. „Mädi Fraunholzer lernte zu Konstantinopel profund, wo die Krebse überwintern" (DS 450), sie lernte also das Unglück kennen.

René plant, „in der Bibliothek einmal ungestört und allein nachzusehen. Ob dort nicht irgendwelche Krebse unter den Steinen saßen, die man in aller Ruhe hervorziehen konnte" (DD 721), er wollte also Erkenntnisse gewinnen.

4 Der Text aus DS entstand Ende 1946 (Fischer, S. 72), DW entstand 1960ff.

Erinnerung, Glück,[5] Unglück, Angst vor unbekannten Tiefen – auch des eigenen Ichs –, Erkenntnis, leckere Speise und schließlich auch Erfolg: Der gleiche Robert Clayton, der im Sommer 1877 Krebse fängt, am Anfang des Romans, tut dies wieder mit seiner zweiten Liebe, Monica Bachler, im Sommer 1910. Allerdings hier nicht in der freien Natur, sondern in einem künstlichen Teich. Und Erfolg hat zunächst die junge Frau. „Schon kniete auch sie. Es sah ganz so aus, als wollten sie hier um die Wette Krebse herausfischen. Aber Monica gewann das Rennen. Geschickt die Hand von rückwärts nähernd, faßt sie mit zwei Fingern eines der Tiere am *Kopfbruststück*, hob es heraus und hielt es empor. Einen Augenblick später war Robert Clayton ein gleiches gelungen ... Aber es waren beide Exemplare *stattliche* ‚Solokrebse'" (DW 302).

Die metaphorische Bedeutung wird nicht nur über das wenig spätere „Donald stand abseits" (DW 303) deutlich. Es ist dennoch nicht auszuschließen, daß die zweite Liebesverbindung Claytons nach seiner – verstorbenen – Frau künstlich ist und nicht auf Dauer angelegt.[6] Daß er dabei Monica auch seinem Sohn Donald ‚genommen' hat, spielt angesichts von dessen schweigender hamletischer Trottelhaftigkeit[7] keine Rolle, und von moralischer Empörung ist nichts zu spüren; solche wäre auch durchaus fehl am Platze. Monica ist zu Robert gegangen, in ihr war kein Raum mehr für Donald. Also ist hier auch ein Rückbezug deutlich: Nicht nur hat Robert Monica gefangen (wie lange zuvor Harriet), sondern auch sie ihn. Ihre Werbung ist nicht frei von Taktik. „Denn seit neuestem legte sie noch weit größeren Wert auf's Geschäft als bisher, und Robert mußte da oft zurückstehen." (DW 311)

5 Außer den zitierten Stellen, die auch dort, wo der Begriff nicht vorkommt, die Aura von Glück = Erinnerung an glückliche Zeiten ausstrahlen, s. auch EM 64 ff. und dazu Weber 1976, S. 30 f., ferner Koch, bes. S. 199 ff.

6 Das ist nicht zu belegen, die gegenteilige Ansicht auch akzeptabel. So offensichtlich Weber 1995 (2), S. 86.

7 Der wirkliche Hamlet war natürlich das Gegenteil eines Trottels, sondern Shakespeares klügste Gestalt; ich beziehe mich nur auf das (→) Zaudern.

So verbinden die Krebse wie die (→) Raxalpe und viele andere Siglen und Chiffren DW mit DS, dem Nachfolger in der Zeit, und darüber auch mit DD zur Trilogie (→ Chronologie DW). Denn auch hier wird wieder überdeutlich, daß ausnahmslos alle Werke Doderers im Urgrund autobiographisch sind. Und nicht umsonst scheinen die Krebse auch in DD, und zwar ziemlich unmotiviert, einmal im Kopf Geyrenhoffs auf: „Ich war einmal Zeuge gewesen, wie er drei besoffene Rowdies – in diesem Teil Döblings so selten wie der Flußkrebs im Ziergewässer eines Parks – die Ausfolgung von Spielkarten glatt verweigerte." (DD 71) Daß er dann gleich noch auf „Skorpione" kommt (die „Spinne" – Meisgeier-Vergleich – wäre auch nicht weit), wundert angesichts der typischen positiven Besetzung von ‚Krebs' denn doch.

Wir können dennoch getrost annehmen, daß der junge Doderer solch ein Erlebnis in guter Erinnerung hatte und Krebse liebte, als Tiere wie als Speise.[8] „Eine kleine Bachschlucht am ‚Wassersteig' in der Prein (der Bach führte im oberen Teil Krebse)." (TC V 20–6.2.1956)

Wie Slobedeffs Erinnerung (SK-Slobedeff 34) auch die Doderers ist: „Mit einem Mal erinnerte er sich an seine Knabenzeit ... ‚Ja – im Teich, dort in dem Teich, wo ich immer am Rand gespielt habe – der Frosch und der Krebs ... den Krebs, ja, den habe ich gefangen, damals ..."

Und daß der alte Doderer das umweltbedingte Verschwinden dieser Tiere der Gegend seiner Jugend, hier speziell im Wienerwald, bedauert. „Heut' hat wohl kein Bach dort auch nur einen einzigen Krebs." (TC V 521–23.10.66)[9]

Daß Doderer sich selbst als, durch Sprachverschmutzung aussterbenden, Krebs gesehen hat, zeigt eine Stelle aus den ‚Commentarii' vom 2.12.1964: „Die Abwässer der literarischen

8 Vgl. Hans Dichand, Mit Doderer auf Krebsfang, in: BEGEGNUNG, S. 19ff. Doderer selbst spricht (WD 19) von „tafelbrauchbaren" Krebsen, die „mindestens 25 Jahre" haben.

9 Die Selbstverständlichkeit ihrer Existenz in alten Zeiten zeigt auch dieses Zitat aus DW: „An einer einzigen Stelle, links unterhalb des Hauses, war Sand, sonst Klippen. Zwischen diesen gab es die Krebse." (DW 124) Zu DW ist festzuhalten, daß es ohne Zweifel Doderers am stärksten metapherndurchsetztes Werk ist.

Industrie verseuchen die Sprache. Ich selbst bin einer der letzten lebenden Flußkrebse, die in ihrer Not gegen den Strom wandern, den Quellen zu." (TC V 446)

Es ist wichtig, daß (→ Tiere) auch (→) Melzer selbst oft als ‚Krebs' bezeichnet wird, bis hin zum – fünfmaligen – „Krebs Melzerich" (DS 339, 531, 680, 689, 693).[10] Ein Indiz für seine Vorsicht, Zauderhaftigkeit, ja Ängstlichkeit. Aber auch ein weiteres Indiz dafür, wie positiv besetzt dieses Tier bei Doderer ist. Da aber oft für Doderer auch das Gegenteil des Gesagten richtig ist, sei noch auf DB verwiesen, wo die Krebsfühler als doppelte Metapher mit den Peitschen des Stallmeisters („wie tastende Fühler eines Riesenkrebses" – DB 131) sowohl eine erotische als auch eine bedrohliche Konnotation haben.[11]

Zusammenfassend sei wiederholt, daß, typisch für das Gesamtwerk, Krebse

- sowohl vielfältige und mehrfach besetzte Erinnerungschiffren
- als auch mehrfach – bis zu widersprüchlich – besetzte Metaphern sein können.

Nie ist ein Krebs nur ein Krebs. Und keiner gleicht dem anderen.

Kriminalität

Verbrechen oder Vergehen kommen im Werk Doderers regelmäßig vor, sei es auch in verschiedenen Schweregraden der Delikte, und seien sie auch zum Teil höchst trivialer Natur oder, speziell die im Mittelpunkt von DS und DD stehenden, ein Stück „Kolportage"[1] oder ein (→) MacGuffin. Und in der Regel (Ausnahme DD) findet sich nur eines pro Roman, bei DD ist allerdings nur die Intrige Levielles von Bedeutung für den Handlungsablauf.

10 Melzer ist auch von Krebsen umgeben (‚Rak' und ‚Kroiss' haben diese Bedeutung); s. Fischer, S. 81.

11 S. Wolff 1969, S. 204ff.

1 Weber 1963, S. 164. Vgl. meine Ausführungen in (→) Episodäre Zentrierung zum Thema Trivialität und Kunst.

- DB: Nötigung
- JB: Pädophilie
- GR: Mord zur Verdeckung eines Verbrechens
- EM: Totschlag
- EU: Mord
- EF: Systematischer Voyeurismus
- DS: Tabakschmuggel (versuchter), Diebstahl und Urkundenfälschung
- DD: Testamentsunterschlagung, Mord, Einbruch, diverse ‚Galerie'[2]-Kriminalität
- DM: Körperverletzung
- DW: Zuhälterei
- DG: Denunziation mit Todesfolge, geplant auch: Mord zur Verdeckung einer Straftat.

Im Mittelpunkt des Romanwerkes stehen die hier genannten Taten in EM, EU, EF, DD und DG (vermutlich). In den übrigen Romanen handelt es sich um typische (→) MacGuffins, was gut in deren Genese paßt. Oder die Vergehen stehen ganz am Rande wie in JB; oder sind eher surreal-komischen bis grotesken Charakters wie in DM.

Doderer hat jedoch, auch mit EM, keine ‚Kriminalromane' geschrieben;[3] wie in allen Werken, auch den frühen, auch Teilen der Erzählungen, steht die Entwicklung eines Menschen im Vordergrund. In EM ist dies die Entwicklung von (→) Castiletz vom fremdbestimmten, auf Gleisen laufenden Mann zum befreiten. Diese Entwicklung ist der erste Fall von (→) Menschwerdung in Doderers Werk. Als Conrad diese Entwicklung vollendet hat, stirbt er.[4]

Doderer hatte kein morbides Interesse am Verbrechen; ihn reizte die spezifisch Wiener Komponente der leichten Kriminalität, die er neben seinen Ausführungen im Aufsatz ‚Die enteren Gründ' auch theoretisch, z. T. mit wörtlich gleichen Formulierungen, in DD (594f.) behandelte, in welcher der Meisgeier

2 Ausführliche Begriffsbestimmung und Beschreibung in WD 252ff.

3 Editha will allerdings in der Eulenfeldschen Formulierung einen solchen „spielen" (DS 618). Zum Thema EM und Kriminalroman s. Loew-Cadonna 1991 (1), S. 121ff.

4 Ausführlich dazu Weber 1963, S. 46ff.

dann allerdings ein Schwerstkrimineller ist. Doderer reizte aber auch die Soziologie des Verbrechens insgesamt, die ihn interessierte wie eben alles Menschliche. Er war ein scharfer und kritischer Beobachter der menschlichen Natur in allen Facetten, nicht zuletzt auch seiner eigenen, hochkomplexen Eigenschaften und Eigenheiten.

Kühfuß

„,Oh Mensch, tu Buß'! Denn hier ist der Kühfuß', so lautet eine Inschrift im mittelalterlichen Wien; sie ist mindestens ebenso unverständlich." (DS 367f.)

Ebenso wie was?

Ebenso wie: „Niemand kommt sofort und geradewegs auf den Hund. Erst kommt man auf den Eulenfeld, und dort muß sich's entscheiden."(DS 368) Denn er, der Rittmeister, ist die Vorstufe zum langsamen Abgleiten in den Abgrund: Exzesse, Händel, Alkohol. Eben das, was auch Doderer sich „eigentlich und wirklich" gewünscht hatte, nämlich mit viel Geld „in einer Folge schwerster sexueller Excesse, sinnloser Saufereien und dementsprechender Gewalthändel endgültig unterzugehen" (TC IV 79).

Also auch der Zerrüttmeister (→ Personenverzeichnis: Eulenfeld) als Alter ego Doderers? Ganz so schlimm war dieser Ex-Kavallerist und Automobilverkäufer ja gar nicht. Er soff beträchtlich, ging mit vielen Frauen ins Bett. Aber weder sexuelle Exzesse noch schwere Gewalthändel waren seine Sache. Noch nicht einmal der – durchaus naheliegende – Triolenverkehr mit beiden Schwestern Pastré ist ihm nachzuweisen.

Aber so schlimm war eben auch Doderer nicht. Er beschrieb gern die (→) Exzesse und lebte mönchisch.

Und außerdem hatten sie sicherlich eins gemeinsam: mit großem Erfolg Menschengruppen zusammenzubringen und den informellen Anführer, Unterhalter, die Respektsperson zu spielen. Also doch auch ein wenig (→) Alter ego.

Zurück zum Thema: Wir wissen nicht, was der metaphorische Kühfuß nun wirklich war. Wir wissen nur, daß Doderer ihn zweimal als Symbol für Unverständlichkeit benutzte. „Indessen gab es bald wieder ein Ereignis, das im Grunde ebenso unverständlich war wie das letzte oder etwa jene alte Buß' beim Kühfuß." (DS 385)

Wußte er es wirklich nicht? Er hatte in jedem Fall sein Vergnügen! So wie bei „Das Recht findet seinen Knecht!" (DM 158 und TC IV 244), auch einem erfundenen Sprichwort. Und die sparsame Verwendung solcher Volks-,Weisheiten' – spontan fällt einem das Wort von den Kühen ein, die man in (→) Trethofen, wo's der Brauch ist, ins Bett legt – zeigt ebenso den Meister der Sprache wie der gleichermaßen unübertriebene Einsatz des Dialekts (→ Ruass). Bedrohlich beim Meisgeier, liebenswert bei Fini und Feverl.

Im 1. Bezirk gibt es die Kühfußgasse.

Kühle

Kühle gehört wie (→) Stille zu den Bedingungen eines Glücksgefühls und ist mit dieser fast stets verbunden. Ebenso wie diese ist sie subjektiv und nicht nur vom Thermometer abhängig.[1]

Verbunden ist sie vor allem mit dem Sommer, der sie als abhebende Qualität erst möglich macht. Sie ist Fluchtpunkt vor der Hitze, aber auch Fluchtpunkt vor der Gefahr, nach innen, ins sichere Selbst und dessen Tiefe der Jahre. Wie „jene Parfümerie, die heute am Vormittag durch ihre bis über den Gehsteig strömende, lebensfremd-übersteigerte duftige Kühle so viele Bilder der Vergangenheit in mir ausgelöst hatte" (DD 381).

Deshalb hat Kühle keine Qualität in der kalten Jahreszeit, sondern wird nur als ,innere' Kühle im dialektischen Verhältnis zur äußeren Hitze wichtig. Am 22. August 1911, draußen herrscht „an diesem in die eigene Wärme gestürzten Sommertage" heftige „Mittagsglut", ist es in Pistas Zimmer „kühl, die Jalousien dicht herabgelassen, grüne Dämmerung". Auch „im rückwärtigen Gastzimmer" des Beisels ist es „auffallend kühl", was den „tiefgekühlten Nußberger" doppelt gut schmecken läßt (DS 274–276).

1 Für ein Beispiel s. DW 14f. und dazu Wolff 1969, S. 100ff., der hier die Differenzierung von ,Innen' und ,Außen' betont. Kühle gibt auch in EM ein Gefühl des Willkommens: „Die kleine Wohnung empfing mit der zurückhaltenden Frische und Kühle lange nicht benutzter, aber sauber gepflegter Räume." (EM 123)

Dies ist auch die Zeit der Stille und ganz bestimmter (→) Gerüche. „Dem Sommergotte, dem großen Pan, wird in der Stadt mit Kampfer und Naphthalin geopfert. Es ist der kühle Einsamkeitsduft in den verlassenen und halb verdunkelten Behausungen, der als strich-zarter Geist um die verhüllten Möbel zieht, während die Bewohner solcher Räume in den wirklichen Wäldern gehn, oder in Gärten stehen und auf ganz schmalen Kieswegen zwischen Beeten mit bunten Glaskugeln. Die dunklen Wälder sieht man liegen wie ein fallengelassenes Gewand am Fuß des entfernteren Hochgebirges, das mit schon nacktem Fels milchig mild leuchtet im hohen Sommerhimmel, und da oder dort noch den weißen Akzent eines Schneefeldes gesetzt hat." (DD 1180, vgl. DD 1183, 1303 und DS 477)[2]

„Die Stadt ist unter den Horizont gesunken. Sie sinkt in der Hitze in sich selbst ein und wird einsam, weil so viele sie verlassen haben, und wird einsamer über dem dunstenden Asphalt, wenngleich da Hunderttausende Menschen noch herumfahren und rennen. Sie neigt zur Meditation. Sie hat viele Hohlräume dazu, Kavernen, Kavitäten: es sind die verhangenen, die kühl durchkampferten. Endlich kommen die Möbel auch einmal zu ihrem eigenen Leben. Die Meditationen der Stadt aber vollziehen sich nicht nur in solchen abgeschlossenen Räumen." (DE – Ein anderer Kratki-Baschik 363)

Hier, in wenigen Sätzen aus zwei Werken, sind, über die Kühle verbunden, zahlreiche Themen vereinigt, die spezifisch für Doderer sind und zum Teil Topoi in seinem Werk:

- Stadt
- Kampfer und Naphtalin (-geruch)
- Kavitäten
- Hitze
- Kühle
- Wälder
- Farben
- Sommer
- Stille
- Möbel und ihr wie anderer unbelebter Dinge Eigenleben.

2 Für die Bedeutung von Kampfer und Naphtalin → Geruch. Für eine identische Formulierung → Jahreszeiten.

Kühle aber ist auch Erinnerung – „Ich ging durch ein kühles, befremdliches Seitental meines Lebens." (DD 72, gleiche Formulierung DD 74) – und als solche werkimmanent, Hintergrundrauschen zumal in einer Prosa, die so sommerbezogen ist. Kühle ist hier eine Insel des Glücks, zu finden in

- Gassen („in einer stillen und kühlen Gasse der inneren Altstadt" – DD 348)
- Stiegen („stille Kühle in den Stiegenhäusern" – DS 122)
- Gerüchen („Die lebensfremd übersteigerte duftige Kühle des Lavendelwassers öffnete eine Tür nach rückwärts" – DD 455)
- Fluren („Die Klingel tönte auf den leeren, kühlen Flur heraus …" – DD 384)
- Zimmern („der Eintritt aus lärmender Sommerhitze der Straßen in einen kühlen, stillen Raum" – DD 358 – man beachte das Gegensatzpaar)
- Parfümerie (DD 349 und DD 381, s.o.).

Sie ist mehr als eine Befindlichkeit, sie ist eine der vielen Chiffren der Erinnerung, gemeinsam mit der Stille, mit der sie auch ein leitmotivisches Paar im Spätwerk bildet. Und der Dichter träumt erinnernd von ihr: „Die ‚Zeit, welche vor alledem gewesen war' … brachte den intakten Duft einer heileren Welt, kühler tiefer Räume kleiner Palais' im Herrenviertel unserer Innenstadt, ein Duft, der heute noch in vielen Dingen war, die ich besaß, in Ledertaschen steckte, an einem Sattel hing, kaum feststellbar und doch anwesend ein Möbelstück bewohnte." (DD 480)[3] Glück wird auch erzeugt durch Abwesenheit: von Lärm und Hitze. Und so wird sie zur erinnerten heilen Welt. Hier

3 Auch hier mehrere Chiffren der Erinnerung (Kühle, Gerüche, Sattel)! Bemerkens- und kommentierenswert ist auch die Verwendung des ‚bewohnen', ein Topos bei Doderer und gleichzeitig eine seiner ausgefallenen Formulierungen. Kurz zuvor „bewohnt" den Erzähler die Erinnerung selbst, Melzer wird von Vorstellungen, Erleuchtung oder Einverständnis bewohnt (DS 64–293–535), Wälder von Leuchten (DS 170) und ein Lederetui von Bechern (DS 293). Geyrenhoff wird von der Gräfin Charagiel bewohnt (DD 357: „Sie bewohnte mich wirklich"), von der es ja an einer anderen Stelle heißt: „Nah-schwebend aber bewohnt uns oft viel Ferneres. Mitunter ist's ein Gesicht, das wir gekannt haben." (DD 113) Er wird eben von der Erinnerung bewohnt.

sind viele Erinnerungschiffren versammelt, ‚Kühle', ‚Tiefe', ‚Duft', ‚Möbelstück', und überdeutlich wird ihre Verbindung.

Die Wohnung, in der Chwostik für ein einziges Mal das große Glück mit Monica finden soll, ist beim Kennenlernen schon kühl. Dies verweist auf ihre Bedeutung, und daß das Vorzimmer „weißlackiert" ist, versteht sich fast schon von selbst. „Hier wohnte ein kühler Duft, mit einem feinen Stich ins Säuerliche, wie beim Biß in einen Holzapfel, der den Mund zusammenzieht." (DW 83)

Deutlich wird der Erinnerungscharakter auch in einer auffälligen Kombination von Kühle und Geruch im frühen Tagebuch: „Ein feiner, kühler Geruch von nassem Staube war's, wenn da im Wiener Prater die Alleen gespritzt wurden." (T II 1067)

Leonhard Kakabsa

„Nun, man weiß, welche Vorliebe der Autor für den Leonhard hat." (DD 580) In der Tat, er ist nicht nur Protagonist, sondern Held, eine Lichtgestalt in seinem erfolgreichen Bemühen, sich fortzubilden und sich hohe Ziele zu setzen und sie auch zu erreichen, ohne sich dabei im mindesten aufzugeben.

Zu ideal gezeichnet?[1]

Leonhards Menschwerdung ist in der Tat Doderers Ideal, kein Zweifel, dabei besteht sie noch nicht einmal im Abschütteln der zweiten, ideologischen Wirklichkeit, denn eine solche lag beim Helden nie vor. Er war nur unwissend. „Leonhard schwebt über dem Abgrunde seiner eigenen Unwissenheit , wie Melzers Geier über den schwindelnden Höhen der Treskavica planina."[2] Also auch ein ‚Genie in Latenz'? Seine Menschwer-

1 Die „überfrachtetste und brüchigste Figur Doderers" nennt ihn z. B. Christopher Dietz, S. 13 (Anm. 11).

2 Dies bezieht sich auf die berühmte Bärenjagd, und zwar noch beim ersten, erfolglosen Versuch, als sich „ein Schwarm von Geiern" aufhob (DS 84). Bei einer seiner Erinnerungsorgien „wich der Boden des Vergangenen ... auseinander und der Major Melzer schwebte wie ein Vogel über einer tiefen Schlucht, mit ausgebreiteten Schwingen, stehend in der Luft oder darin hängend. Er dachte an die Geier auf der

dung besteht nur darin, Apperzeption zu lernen und zu verinnerlichen, sei es die des hier besonders wichtigen (→) Geruchs oder des Lateinischen, Griechischen und Bibliothekswesens. „So ist es: Leonhard betritt die Buchhandlung und ist damit in sein Leben eingetreten durch die Glastüre. Es ist ein Augenblick seines Lebens, auch abgesehen davon, daß es der entscheidende (mir) zu sein scheint." (TC IV 146)

Und dann gar die Liebe zur Heldin und Klammer beider Romane, die erfüllt wird und beide Seiten glücklich macht. Auf dem Wege dorthin geht Leonhard durch einen Apperzeptionsprozeß besonderer Art, welcher die sexuelle Beziehung zu Anny Gräven, die erotische zu Malva Fiedler, Beatrix K. und Elly Zdarsa umfaßt. Erotisch steht er lange Zeit in diesem Dreieck (DD 554 ff.), bis die Frau seines Lebens auftritt. Vor der sexuell fordernden Frau hat er Angst, dies zeigt sich bei Malva wie bei Elly ganz deutlich; Trix ist eine zarte, ganz eigene Beziehung, hier scheint eher die ganz junge, auch lesbische (→) Jutta Bamberger auf als die sinnliche, erblühte, verlangende Frau. Aus diesen Konflikten jedenfalls erlöst ihn Mary.

Es entwickelt sich im Prozeß der Menschwerdung eine enge und auf tiefem Respekt aufbauende Freundschaft mit René Stangeler (DD 988 ff.), Croix bewundert ihn („‚Ein hervorragender Mann'" – DD 1108) und stellt ihn als Bibliothekar ein. Er ist groß und schlank, sein „langsamer und wiegender" Gang trägt ihm von den Mädchen den Spitznamen ‚Der Matrose' ein (DD 522), er ist zu jedermann freundlich, gelassen, ehrlich und hilfsbereit, großzügig, bescheiden. Das steht in deutlichem Gegensatz zu dem mit sich uneinen Stangeler, dem angeberischen Dr. Döblinger und dem neurotischen Schlaggenberg.[3] So ist Kakabsa auch in keiner Weise, noch nicht einmal im Wunschden-

Treskavica." (DS 297, vgl. auch DS 555: „... und hoch darüber hielt sich ein einsamer Geier von der Treskavica.") So kommen also Leonhard und Melzer wenigstens im Vergleich und im Tagebuch vor. Die Metapher ist wohl so zu verstehen, daß Leonhard intellektuell zur Apperzeption fähig ist und nur darauf wartet, herabstoßen zu können. Na ja, manche Metaphern hat er wohl selbst nicht so ganz ernst genommen.

3 „Leonhard sehe ich nicht von der Zeitkrankheit berührt: er ist weitaus gesünder als René und Kajetan." (TC IV 486)

ken, ein Alter ego des Autors.[4] Dazu machte sich dieser zu wenig Illusionen über sich selbst. Aber freundlich und hilfsbereit war er wie (→) Geyrenhoff doch.

Wirkliche Menschen haben Schwächen und Fehler. Manche einige mehr. Keine Figur bei Doderer kommt ungeschoren davon. Castiletz ist, reden wir mal bei den folgenden Beispielen nicht von eventuellen guten Seiten, zögerlich und ein Mitläufer. Graf Manuel ist ein Zauderer und verschlossen, Ruy de Fanez launisch und egozentrisch. Der Jan Herzka aus DB ist ein rücksichtsloser Neurotiker, Zihal ein geschwätziger Voyeur, Stangeler will immer etwas Besonderes sein und treibt seine Mitmenschen zum Wahnsinn durch seine Zerrissenheit, Melzer ist meistens müde und antriebsschwach, die Schwächen Schlaggenbergs sind zu zahlreich, sie zu nennen. Geyrenhoff versagt als Chronist ebenso wie Etelka Stangeler als Mutter. Eulenfeld trinkt zuviel und ist jedermanns Freund. Prof. Horn hat keine Antriebsfeder außer Geld, beide Claytons sind nicht sonderlich sympathisch (der Vater ein absoluter Egoist, der Sohn unfähig zur Kommunikation).

Gauner wie Levielle oder Lasch, miese Charaktere wie Körger oder Zienhammer, Verbrecher wie Nadwoniek alias Blau und Meisgeier gibt es außerdem.

Nur zwei Menschen sind fehlerfrei und fast zu gut, um wahr zu sein. Und es ist dann vielleicht auch kein Wunder, daß sie sich am Ende kriegen. Also Mary K. und Leonhard K. Aber bei näherem Hinsehen hat auch die tapfere und entschlossene Mary ihre Schattenseiten, seien diese wie immer leicht und nachsehbar. Sie schwätzt gerne, ist durchaus auch bequem veranlagt und hat seelische Tiefpunkte in München. Aber wer hätte diese nicht? Dennoch: Sie ist ein Mensch aus Fleisch und Blut. Wie immer sympathisch und edel, sie könnte uns auf der Treppe begegnen.

Hier liegt das Problem bei Leonhard: Er ist nicht wirklich vorstellbar, gewinnt keine Gestalt, wirkt hölzern. Und Doderer hat dies trotz anderslautender Formulierungen im Tagebuch[5] geahnt, die Kraft, ihn lebendig zu machen, hat ihm gefehlt, weil

4 Obwohl er fragt: „Finde ich auch den Leonhard Kakabsa in meinem eigenen Grundgeflecht?“ (TC IV 127)
5 Z. B. TC IV 419–15. Mai 1955.

eine Voraussetzung fehlte. Nichts weniger als die der Realitätsmöglichkeit.[6]

Deshalb bringt es nichts, ihn hier äußerlich und innerlich näher zu beschreiben, seinen Werdegang zu detaillieren, sein Geburtsdatum aus dem Text herauszuholen. Er wird nicht lebendig. Dennoch bleibt er uns als Modell für die Möglichkeiten eines Menschen im persönlichen wie gesellschaftlichen Rahmen im Gedächtnis. Und seine erotischen /sexuellen Eskapaden sind lebendig und realistisch beschrieben. Aber das genügt nicht, ihm wirklich Umriß zu geben.

Leser

Der Leser wird bei Doderer vielfältig und ständig gefordert. Eine Lektüre ohne die Bereitschaft zum

- genauen
- und wiederholten

Aufnehmen (Apperzipieren) ist sinnlos. Der Leser muß dazu bereit sein, und zwar immer wieder,[1] einerseits lange und hochkomplexe Texte, andererseits kurze bis kürzeste, hochverdichtete mit gleicher Aufmerksamkeit aufzunehmen. Nur so ist der – stets in eins verflochtene – Dodererische Kosmos zu apperzipieren. Wer nicht die Geduld aufbringt, dem Metatext nachzuspüren, die vielfältigen (→) Verflechtungen nachzuvollziehen, die Leitmotive, Chiffren der (→) Erinnerung ebenso zu entzif-

6 Nabokov würde dies anders sehen. In den Anmerkungen zu ‚Mansfield Park' betont er: „An original author always invents an original world, and if a character or an action fits into the pattern of that world, then we experience the pleasurable shock of artistic truth, no matter how unlikely the person or thing may seem if transferred into what book reviewers ... call ‚real life'." (S. 10).

1 Zwei Voraussetzungen vor allem sieht Nabokov (S. 1 ff) für den ‚guten Leser':

- „One should notice and fondle *details.*"
- „A good reader, a major reader, an active and creative reader, is a *rereader.*"

fern wie die Siglen der Namen (→ Eckpfeiler), wer Doderers Hang zu Humor und Groteske, zum Sprach- und Versteckspiel nicht offen und vorurteilsfrei erfassen will, sollte erst gar nicht zu lesen beginnen.

Diese Verflechtungen, die ein dichtes, auch (→) fatologisches Gewebe bilden und den Kosmos erst recht schaffen, sind strukturell und inhaltlich angelegt und

- formaler
  - sprachlicher (Formulierungen, Wiederholungen)
  - metaphorischer (z. B. Farben)

- inhaltlicher
  - personaler
  - chronologischer
  - topographischer Natur.

Sie tauchen schon im frühen Werk auf, zur Meisterschaft gelangt Doderer mit der Wiener Trilogie, also DS-DD-DW.

Belohnt wird der Leser natürlich durch die Entdeckung einer umfassenden Welt, in der Sprache und Inhalt in eins verschmelzen. Aber auch vom Dichter direkt wird er ernst genommen. Nicht nur, indem dieser ihn ständig und auf gleicher Augenhöhe anspricht („Oft wird er ja zwischendurch geradezu angesprochen" – WD 176, → Verfremdung, auch für die Strategie, durch Ansprache Distanz zu schaffen), sondern auch, indem er ihn als Gleichen behandelt. Er kann die vielen zu entziffernden Chiffren und ausgelegten Spuren ja nur bei äußerster Anstrengung wahrnehmen. Diese aber wird ihm vom Dichter nicht nur zugemutet, sondern auch zugetraut.

Hier gleicht Doderer in ganz besonderer Weise zwei Zeitgenossen, Joyce – dem des ‚Ulysses' – und Nabokov.[2] Die treffende Formulierung von Fritz Senn zu ersterem paßt auch auf Doderer: „Das Lesetempo verlangsamt sich von selbst. Schon weil nicht auszumachen ist, welche von vielen potentiell belanglosen Einzelheiten mehr Beachtung verdienen als andere und

2 Vgl. dazu, insbesondere auch hinsichtlich der Bedeutung präziser Topographie und dem Hang zu Puzzlen und Chiffren: Verena Lueken, Schmetterling im Clownskostüm, in: FAZ vom 23. 4. 1999, S. 43.

niemand beim ersten Durchgang gleich alles aufnehmen und verbinden kann."[3]

Mit Vladimir Nabokov verbindet ihn ja auch sonst manches, z.B. die zentrale Funktion der (→) Erinnerung – beide rekonstruierten schreibend die verlorene Kindheit –, aber auch ein ganz verwandtes Lebensschicksal (reiche Jugend, arme mittlere Jahre, später Durchbruch mit einem einzigen Roman). Oder auch die frühe Hinwendung zu Gedichten, dann Beschränkung auf Prosa, die Besessenheit von genauer Topographie und Chronologie, von umfassendem Wissen beim Schriftsteller und die ständige Chiffrierung der Texte.[4] So wie eben die Forderung nach dem perfekten Leser, der nach einem Wort des russischen, das ebenso vom österreichichen Dichter stammen könnte, eine noch seltenere Spezies ist als der perfekte Schriftsteller.[5] Doderer hat es ganz ähnlich formuliert: „Es gibt kaum etwas Höheres, als ein guter Leser zu sein."[6]

Daß im übrigen Doderer Joyce nicht verstanden (seine Bemerkungen WD 165 f. sind nun wirklich ein Höhepunkt der Ignoranz) und Nabokov nicht wahrgenommen hat, ist traurig. Ebenso schade finde ich, daß Nabokov Doderer nicht kannte. Er hat wohl infolge seiner Einstellung zu Thomas Mann die Lektüre umfangreicher deutschsprachiger Prosa nicht mehr gewagt. Technisch und zeitlich wäre es kein Problem gewesen, DD lag in einer – zudem guten – Übersetzung vor. Der – im Gegensatz zu Doderer – fundierte Literaturkenner Nabokov hätte diesem seine Platitüden über Joyce und Proust im übrigen wohl ebensowenig verziehen wie seine Bewunderung Dostojewskis verstanden, aber DD hätte er durchaus schätzen können.

Die Technik der ‚Reifepunkte' ist der wichtigste Beweis für

3 Senn, S. 35; auf der gleichen Seite findet sich auch das im Text folgende Zitat. Für weitere Parallelen zu Joyce und Nabokov → Register (Parallelen zu ...).

4 Koch, S. 31 ff., stellt überraschende Parallelen fest zwischen EU und LA einerseits, Nabokovs Erzählung ‚Der Zauberer' andererseits.

5 Ich muß gestehen, diese Stelle nicht mehr finden zu können. Eine ähnliche Anschauung wie Doderer und Nabokov vom idealen Leser hat auch Umberto Eco. Vgl. seine Ausführungen in ‚Lector in fabula', München 1987, und ‚Nachschrift zum Namen der Rose', Frankfurt am Main 1999, S. 649 ff., insbes. S. 683 ff. (‚Den Leser schaffen').

6 ‚Innsbrucker Rede' 1953, zitiert von Helmstetter 1998, S. 29.

den Respekt Doderers vor seinem – erstrebten, „idealischen" (WD176) – Leser, den er ja auch als „Herr von Leser" anzusprechen pflegt (z. B. TT III 80).[7] In seinem Vortrag vom März 1958 in Paris erwähnt er „das Verfahren, einen Vorgang nicht ganz bis zum Ende zu erzählen, sondern ihn nur bis zu einem Reifepunkt zu führen: den letzten Vollzug besorgt der Leser selbst und wird zustimmen, wenn er den Sachen später und in anderem Zusammenhang schon auf diesem Punkte begegnet" (WD 171).[8] Nur wer äußerst aufmerksam liest, kann solchen Vollzug tatsächlich besorgen. Dies gilt auch für die Apperzeptionsfähigkeit, von welcher der (→) roman muet ausgeht.

Doderer setzt damit den mündigen und apperzeptionsfähigen Leser voraus und macht ihm, um noch einmal Fritz Senn in Sachen Joyce zu zitieren, „das größte Kompliment: er behandelt ihn als seinesgleichen, fähig, Bedeutungen zu suchen, zu erkennen und weiter auszubauen: das in Gang gesetzte Spiel fortzuführen."

Liebe und Ehe

In DS und DD werden sechs Verbindungen gestiftet, gleich auch Ehen geschlossen, die allesamt glückversprechend angelegt sind. Doderer folgte hier der Idee ebenjener Idylle, deren Verwirklichung ihm selbst nicht gelungen ist. Auf das Idyllische verweist auch die oft zitierte Rede Julius Zihals über das Glück. Glückliche Paare werden also

- Melzer und Thea Rokitzer (DS)
- Leonhard Kakabsa und Mary K. (DD)
- Georg Geyrenhoff und Friederike Ruthmayr (DD)
- Dwight Williams und Emma Drobil (DD)
- Géza Orkay und Charlotte (Quapp) Schlaggenberg (DD)
- Jan Herzka und Agnes Gebaur (DD).[1]

7 Zum ‚avis au lecteur' s. Sommer 1995, S. 31 ff.

8 Das erste Auftauchen des Begriffs sehe ich in T II 991 in Zusammenhang mit EM.

1 Die letzten vier geben dies fast gleichzeitig bekannt, Geyrenhoff nennt es einen „Platzregen von Banalitäten" (DD 1337). Die zugleich noch verkündete Eheschließung Trapp-Dulnik verspricht kein Glück.

Alle sechs Frauen verfügen über hohe bis riesige Brüste. Solches ist schon eine Garantie für Eheglück.[2] Denn: „Anläßlich der Verlobung eines schon sehr älteren Fräuleins etwa, welche einen einzigen, aber ins Auge springenden Reiz für sich buchen konnte, hatte die Pauli einer über die späte Verlobung erstaunten Kundin gegenüber geäußert: ‚Wundert Sie das, Gnädigste? Mich nicht. Bei dem impertinenten Busen.'" (DD 879)

- Thea Rokitzers Busen ist „beträchtlich" (DD 759).
- Mary K. hat, wie aus der Reaktion Kajetans zu entnehmen ist, beachtliche Formen.[3]
- Friedrike Ruthmayrs Busen ist eine „machtvolle Aussage der Natur" (DD 1099).
- Emmas „hoher Busen" zog „in beträchtlicher Prozession vor ihr her" (DD 28).
- Quapp hat eine „schöne hohe Brust" (DD 947).
- Agnes Gebaur verfügt über einen „hohen Busen" (DD 706).

Auch die bereits handlungsextern getroffenen Verbindungen basieren, soweit sie glücklich sind, auf solchen Naturgegebenheiten, so bei

- Julius und Rosl Zihal, „besonders die Bel-Etage zog manches Kenner-Auge auf sich." (DS 360)
- Markbreiters, denn „die ganze Frau hat etwa umgekehrte Tropfenform, der Schwerpunkt liegt oben" (DD 83)
- Mayrinkers, sie „eine eigentlich auffallend hübsche rundliche Blondine" (DD 1180)
- und schließlich sogar, nach Abirrungen des Konsuls, auch wieder bei Fraunholzers, denn ihr eignen „reiche Gaben der Natur" (DD 1253).

Die – hier angebrachte – Ironie ist nicht oder nur schwach zu spüren. Auch in anderen Romanen finden sich vergleichbare Beobachtungen, wenn nicht ehebezogen, dann auf glückliche

2 Vgl. auch Löffler 1991, S. 73 ff. Insgesamt ist die so sehr zutage tretende Busenleidenschaft Doderers, die mit fortlaufendem Alter immer deutlicher wird, in der Literatur nie systematisch behandelt worden. DW ist in sexuell-erotischer Hinsicht Doderers sprachlich explizitestes Werk.

3 Ebd., S. 76, Anm. 15.

(→) Erotik und Sexualität ausgerichtet, man denke an Henriette, Margot und Monica aus DW. Im übrigen verwechsle man diese Zusammenhänge nicht mit der Schlaggenbergschen Doktrin von den (→) ‚Dicken Damen'. Dem liegt eine neurotische, ja schon ideologische Anschauung, Besessenheit, zugrunde. Große Brüste als solche sind nicht dämonisch, nur ihre Erhöhung auf eine weltanschauliche Ebene. Man verwechsle sie aber auch nicht mit dem im Werk kontinuierlichen Auftauchen der jungen, schlanken, rothaarigen, schiefäugigen (→) Jutta Bamberger und ihren Spiegelbildern. Dies sind Träume, die weniger auf sexuelle Eroberung und Ehe abzielen, Ideale der Freundschaft und zärtlichen, nicht besitzenden Liebe.

Mary und Oskar K. hingegen hatten, nach „bald vierzehn Jahren" (DS 17), eine außerordentlich glückliche Ehe sowohl im sexuellen Sinne (DS 17f.: „die Nächte eine Angel, welche im Dunkeln eingepflanzt, jeden hellen Tag um sich schwingen ließ ...", „gesteigerte Hingabe", „knisternde Aura") als auch hinsichtlich Respekt und Kommunikation. Daß Oskar als „ihr vor kurzem angetrauter Gatte" sie im Jahre 1910 auf der gerade neu eröffneten (→) Strudlhofstiege geküßt hat (DS 57), erlangt in Verbindung mit dem Hinweis auf die Blätter, „die auf den steinernen Stufen lagen", eine doppelte Bedeutung, denn diese Blätter sind zentral in dem diesem Roman vorangestellten Gedicht.

Einen ganz anderen Auftritt allerdings haben im Werk Eltern. Mütter sind oft wichtig für ihre Töchter, treten aber zumeist doch stark in den Hintergrund sowohl in ihrer erzählerischen wie lebensmäßigen Bedeutung. Dieser Hintergrund ist zumeist der im Schatten ihrer Ehegatten. Typische Beispiele hierfür sind Leontine Castiletz, Hermine Bamberger, Irma Siebenschein, Harriet Clayton und Renés Mutter. Aber auch Frau Trapp und Frau Schmeller haben als Mütter von Angelika und Ingrid nichts Wichtiges zu sagen. Sobald es um Grundsatzfragen geht, sind die Väter autoritär und bestimmend. So wird es im Elternhaus zugegangen sein. Man meint, der Dichter kenne gar keine anderen Möglichkeiten als die erfahrenen.

Mary K. erlangt auch in ihrer Mutterfunktion überragende Bedeutung (mehr in DD als DS). Die einzige Mutterfigur, die, obwohl in der Ehe selbst nichts als ergeben, den Vater wenigstens in der Erinnerung in den Hintergrund drängt und für den Sohn extrem wichtig ist, ist die verstorbene Mutter Thamar, deren Bild Alfons Halfon sucht und zu erhellen sich bemüht.[4] Über sie will der Sohn, der sie nie bewußt erlebt hat, weil sie sehr bald nach seiner Geburt starb, alles herausbekommen, was möglich ist, er baut sie sich auf. „Alles, was seine Mutter betraf, blieb in einem unzerstörbaren Zusammenhange, tauchte herauf, hatte seine Zeit, verschwand wieder." (DG 37) Für den Vater hat er keinerlei Gefühle, er versteht ihn nicht, hat nichts mit ihm zu tun. So findet er auch alles über ihre Krankheit und ihren Tod heraus, das Wesentliche jedoch, eine der Schlüsselgegebenheiten des Romans (roman muet!), bleibt ihm verborgen: daß nicht Ephraim Halfon, der seine Frau durch Übermächtigkeit in den Tod getrieben hat, sondern Zienhammer, auch noch ein ausgemachter Schurke, sein Vater ist.

Väter insgesamt, wenn denn der dramatische Knoten um sie geknüpft wird, sind beängstigend und übermächtig. Dies zeigt sich außer in DG auch in EM und DW – beides Romane vor allem über eine völlig mißglückte Vater-Sohn-Beziehung, in welcher der Sohn am Vater zerbricht und zugrunde geht. So aber ebenso in DS: Der alte Stangeler ist der alte Doderer, übermächtig, bestimmend, laut, cholerisch, nie zärtlich. Daß Doderer den Vater gefürchtet (aber respektiert), die Mutter geliebt hat: es ist überdeutlich.

MacGuffin

Ein MacGuffin ist nach Alfred Hitchcock[1] ein Thema oder ein Objekt, das im Mittelpunkt eines Filmes – hier: literarischen Werkes – steht, aber für den Regisseur – hier: Verfasser – und damit auch Zuschauer – hier: Leser – von geringem Interesse ist

4 Es ist interessant und bei Doderer einmalig, daß ihm seine Geliebte Elsa dabei hilft. „Dieses ganze Gebiet seines Lebens beruhigte sich, versank in Dämpfung oder Halbschatten, wenn sie anwesend war." (DG 34f.) Beide haben rötliches Haar, → Farben der Romane.

1 Für Ursprung und nähere Erläuterungen s. dazu Donald Spoto, The Art of Alfred Hitchcock. Fifty Years of his Motion Pictures, New York 1979, S. IX (‚A word about the MacGuffin'), sowie François Truffaut, Mr. Hitchcock, wie haben Sie das gemacht? München 1973, S. 125–128. Typische Beispiele sind geheime Dokumente, Melodien mit Chiffrencharakter, Ortsangaben oder unspezifizierte Pulver. Für andere Parallelen Doderer-Hitchcock s. (→) Eckpfeiler, Musik, Theater, Trethofen.

außer der funktionalen Existenz. Es ist der Aufhänger, um den sich alles oder vieles dreht, der aber nur derivative und keine originäre Bedeutung hat und den für tatsächlich wichtig zu erachten den Rezipienten gar in die Irre führen kann. Er ist oft Teil eines Enthüllungsplots, die Hitchcock wie Doderer liebten.[2]

In der Regel, aber nicht notwendig (eine Flinte, um in Schottland Löwen zu jagen, ist das Ur-MacGuffin) hängen solche, und anders gehört es sich auch nicht, mit Akten der (→) Kriminalität zusammen, existieren aber im Werk beider Künstler auch durchaus anders. Als MacGuffins können bei Doderer sogar die titelgebenden Themen mancher Bücher betrachtet werden wie die Stiege in DS (die nicht von dramatischer Relevanz ist, obwohl mir angesichts ihrer metaphorischen Bedeutung und Aura diese Bezeichnung zweifelhaft vorkommt), sicherlich trifft sie den Sachverhalt des Tabakschmuggels in DS oder der Testamentsunterschlagung in DD. Sie sind ersetzbar und nur in ihrer Funktion im Personengeflecht von, daraus abgeleiteter, Bedeutung.[3]

Zu diesen gehören auch und ganz besonders die Wasserfälle von Slunj, welche, obwohl sie dem bedeutenden ersten Teil von Roman No 7 den Namen gaben, für den Dichter selbst nicht wichtig waren, weshalb er auch über den Widerspruch zwischen Wirklichkeit und Beschreibung lächelnd hinweggehen konnte („Alles zusammen, ich bin froh, daß ich nicht in Slunj war; ich hätte vielleicht meinen Roman gar nicht beendet“), der vor allem darin liegt, daß sie eben keine „steile Wand“ darstellen, sondern höchstens ein „Wändchen“.[4] Es ist zu vermuten, daß auch der Grenzwald von DG keine tiefergreifende Verankerung in der Realität haben sollte. Ein MacGuffin ist auch der weiße Schwenktisch, der DW und DG verbindet (→ Büffet).

Außerdem war Doderer auch sonst eher von extremer Gründlichkeit (Wetter, Londonbesuch zwecks topographischer Verifizierung, Topographie generell, Chronologie). Auch die

2 S. Loew-Cadonna 1986, S. 63f.

3 Ein Besuch der Strudlhofstiege wäre demnach höchst überflüssig, der Autor dieser Zeilen läßt ihn dennoch bei keinem Wien-Besuch aus. So viel zum Zusammenhang zwischen Theorie und Praxis.

4 S. dazu Schmidt-Dengler 1998 (1), S. 38f., mit aufschlußreichen Fotografien; dort auch der Nachweis des Zitats aus einem Brief an D. Weber.

oben zitierte Bemerkung war nur eine seiner Koketterien und steht in direktem Widerspruch zu seiner Bemerkung über die Pflichten des Schriftstellers: „Es ist viel verlangt, aber es wird eben verlangt, und dafür ist er ein Schriftsteller. Kurz und gut – allerkürzest: ein Schriftsteller ist ein Mensch, der alles zu wissen hat; weil er das nicht kann, ist er ein Mensch mit ständig schlechtem Gewissen.“[5]

Männer (und Frauen)

„Zudem: ‚die Männer, welche bekanntlich dumm und umständlich sind‘, so pflegte eine mir überaus teure Dame gern zu sagen, wie ich heute, und leider zu spät weiß, mit Recht.“ (DS 371) Wiederholt wird es DS 452, ist also sehr ernst gemeint. Diese Dame ist nicht Friederike Ruthmayr, denn in DD kommt das Zitat nicht vor.

Durch das gesamte Werk zieht sich der Faden, daß Männer und Frauen verschieden sind. Nicht umsonst spricht Doderer von einem „der wesentlichen Unterschiede zwischen den Mannsbildern und denen Weibern“ (DS 453 f.).

Ja, nicht nur ihr Verhalten, sogar die Sprachen sind inkommensurabel. „Mir scheint manchmal, man müßte zwei verschiedene Wörterbücher anlegen, ein weibliches und ein männliches, und so würden mit der Zeit zwei verschiedene Sprachen entstehen“, sagt René Stangeler (DS 498).[1] Deshalb haben sie sich oft nichts zu sa-

5 Vollständig und Nachweis unter (→) Eckpfeiler.

1 Ein in den Neunzigern populär gewordenes Thema. Elisabeth Kató (1985) hat sich schon früher ausführlich mit dem Thema ‚Geschlecht und Sprache‘ auseinandergesetzt (S. 217 ff.). Einige ihrer Schlußfolgerungen bezüglich eines minderen Wertes der Frau bei Doderer vermag ich nicht nachzuvollziehen. Der Ansatz, daß „Mary K. ... sich erst ein Bein abfahren lassen“ muß, um reflektieren zu lernen (S. 225), erscheint mir gewaltsam. Monica Bachler, Emma Drobil, Mary K., Paula Schachl, Camy Schlaggenberg, Charlotte Schlaggenberg, Grete Siebenschein, Asta Stangeler, Cornelia Wett sind allesamt selbständige, reflektierende und zudem sympathische Frauen, denen so nur Dwight Williams und Leonhard Kakabsa gegenüberstehen. Oder

gen oder verstehen sich nicht.[2] „Eine größere Fremdheit als zwischen den verschiedenen Geschlechtern wird man wohl kaum finden.“ (DD 67) Weiter entsteht durch die Nähe ein anderer Eindruck von den geistigen Qualitäten des Partners: „Alle Frauen halten den Mann, der sie geheiratet hat, für mindestens inkompetent, wenn nicht für Schlimmeres.“ (DS 737) Mit all dem nimmt Doderer moderne Erkenntnisse weit voraus, und zwar nicht im Sinne einer Frauenverachtung vom Weiningerschen Typus.

Die Frauen sind „ordinärer“, meint er (DD 635), schildert aber viel mehr Männer ordinär. Sogar Prostituierte werden meist liebevoll geschildert, und ein Frauenhasser war er wirklich nicht (→ Juden). Und wenn er deprimierende Ehen schildert wie die der Schmellers (DS 258) oder der Trapps (DD 207ff.), dann mag zwar die Ehefrau zur Dummheit neigen, aber der unsympathische Tyrann ist jeweils der Hausherr.

„Das Lügen geht ja bei den Frauen wie am Schnürchen“, ergänzt er noch später (DD 641). Und beide Bemerkungen seien „amtsbekannt“. Das müssen wir alles nicht so ernst nehmen. Auch nicht: „Die Weiber werden bis in ihre Leidenschaften hinein von reputativen Bestrebungen verfolgt, und wenn sie schon nichts sind, so wollen sie sich erst recht nichts vergeben.“ (DW 311). Was ist daraus zu folgern?

Stiefel! Stiefel! (DW)

Marterln

„Weil aber des Schriftstellers Weg eben jener der Selbst-Aufhebung durch Schreiben ist – bis zur Aufhebung des Schreibens selbst! – so wird irgendwann auf diesem Wege auch ein Selbstbildnis von ihm

man vergleiche das Geschwisterpaar Trix und Hubert K. und frage sich, wer besser wegkommt.
Le Rider (1985) hat sehr gründlich aufgezeigt, daß Antifeminismus und Antisemitismus im Wien der Jahrhundertwende selbstverständlich und gesellschaftlich nicht sanktioniert waren.

2 Das ständige pfeifennuckelnde Schweigen Donald Claytons würde ich hier nicht einbeziehen, der ist auch kein typischer Mann, sowenig wie Hamlet.

angetroffen werden, es wird am Wegrand stehen, wie die sogenannten ‚Marterln', die Bildstöcke in Bayern und Österreich."[1]

Dieses Bild ist weniger geheimnisvoll als der (→) Kühfuß und viel wichtiger. Denn es geht hier um den zentralen Punkt Dodererschen Schreibens, den – indirekt – autobiographischen Nervus Rerum, um die ständig – chiffriert wie unchiffriert – auftretende (→) Erinnerung.

Marterln sind Erinnerungen an Tote, die am Ort der Errichtung, z. B. vom Blitz getroffen, verstorben sind. Der Schriftsteller hebt sich selbst auf, tötet sich durch seine Tätigkeit. Er geht durch das Material seiner Vergangenheit und hebt es auf eine andere Stufe, wird dadurch mit dieser fertig.

Jeder stirbt, aber nur wenige erhalten ein Marterl. Das unterscheidet ihn, man erinnert sich seiner, er hat sein Marterl selbst geschrieben und damit erstellt. So wird er vom Subjekt der Erinnerung zum Objekt.

Mary K.

Mary K., die ihren Nachnamen, welchen der Dichter ebensowenig weiß wie den Vornamen ihrer Jugendliebe Melzer,[1] von Oskar K. erhielt, mit dem sie lange – 1910 bis 1924, er verstarb dann an „irgendeiner krebsartigen Krankheit" – verheiratet war, wurde um 1885 als Mary Allern[2] geboren. Sie ist Jüdin und „sehr schön" (DD 29). Nach einem längeren Flirt mit Melzer, der auf-

1 Gedanken zum Selbstbildnis, in: Meine neunzehn Lebensläufe und neun andere Geschichten, München 1966, S. 69 ff., hier S. 69; nicht in DE enthalten.

1 Gemäß TT III war dies auch der Fall bei Frau Scarlez, geb. Schlinger; später erinnerte sich Doderer dann eben doch an den Namen ‚Mimi'. So bleiben Mary und Melzer die einzigen Hauptpersonen ohne kompletten Namen. Die Metaphorik ist angesichts ihrer abgebrochenen Beziehung kaum zu übersehen. „Melzers Schicksalsfaden ist mit Mary K. verknüpft, und am Ende wird der Knoten gelöst." (Weber 1963, S. 88) Die Bezüge, die Voracek zu Kafka herstellt, sowie auch andere, erscheinen willkürlich.

2 Der Name mag sich auf Doderers Lehrer Prof. Rudolf Allers (1888–1963) beziehen (Arzt, Psychologe, Thomas-von-Aquin-Kenner).

grund von dessen Zögern und seiner Abhängigkeit vom antisemitischen Oheim nicht in eine Verlobung mündet (DS 63f.), heiratet sie sehr schnell Oskar K., mit dem sie bis zu seinem Tod eine glückliche Verbindung hat. Für Eile bestand kein Anlaß außer Liebe, denn Melzer hatte sie „unberührt" (DS 10) gelassen, was vor allem für ihn typisch ist.

Mary ist eine üppige Frau, sie hat schwarzes Haar „mit tizianrotem Schimmer", „kupfrig leuchtend" sowie „makellos weiße Haut" (DS 562, 781, 34). Sie ist eine erotische Erscheinung, mit den „ehrwürdig wirkenden Zügen der alten Rasse" (DS 781).

Die Beschreibung Marys vom Bild her, das Dwight Williams, bei ihrer Freundin Madame Libesny lebend, nie ohne „stechenden Schmerz" ansehen kann (DD 30), erinnert an das von der Rosanka[3] gemalte Bild der Thea Rokitzer („Äußeres einer Himmelsfrucht" mit dem Nachfolgebild „Inneres einer Frucht" – DS 872f.). Denn das Gesicht auf diesem Photo war „weich, in der Art einer aufgebrochenen Frucht, dabei aber in irgend einer Weise von einer feinen, klugen Schärfe durchzogen ..." (DD 30).

Mary ist eine sehr sinnliche Frau, die in der Ehe mit Oskar schon sexuell sehr glücklich wird. Die Nächte sind „eine Angel, welche im Dunkel eingepflanzt, jeden hellen Tag um sich schwingen ließ und seinen Kreislauf von sich abhängig hielt" (DS 17). Auch ansonsten sind diese (→) Liebe und Ehe von Innigkeit und Glück geprägt.

Sie spielt gut Klavier, hat es unter der Anleitung von Grete Siebenschein vervollkommnet, liebt Chopin und Schumann (DS 24). Als (nachdem René mit Käthe Storch geschlafen hat) „aus dem oberen Stockwerk" ein Klavier zu hören ist, „dessen Töne gläsern und einsam wirkten" (DD 512), ist es Mary, die spielt, die verwitwete Mary, die den Verlust ihres Beines überwunden, aber die neue Liebe noch nicht gefunden hat.

Mary wohnt, sowohl mit Oskar wie auch als Witwe, am Althanplatz 6, im gleichen Hause wie Siebenscheins (Türnummer 14) und Storchs (direkt gegenüber), jedoch ein Stockwerk höher, nämlich im dritten. Dieses Haus, der Vermieter heißt

3 Sie war die beste Freundin von Louison Veik; hier eine Verflechtung von EM und DS.

Doro Stein, das sich durch „ein mit sinnlosen Quasten und Spiegeln geziertes Treppenhaus, in dessen enge Spindel man später einen Lift eingebaut hat" (DD 883) sowie einen „hohen, hallenden Torweg" (DS 47) und ein hohes Portal mit schnörkeligem, schmiedeeisernem Gitter (DS 831) auszeichnet, spielt ebenso wie der Blick aus Marys Fenster in Richtung Donaukanal eine große Rolle in DS wie DD. Das dabei beobachtete „gleichmäßige Abfädeln" (DS 13) der Mietautos ist ein Topos und steht natürlich für den gleichmäßigen Ablauf ihres Lebens; sie spielt mit Ungleichmäßigkeiten wie einer Liebschaft mit Negria, führt aber nichts davon durch.

Vor diesem Haus, auf dem Althanplatz, und in ihm erfüllt sich nicht nur Marys Schicksal zweifach (ihr Unfall wie die Liebeserklärung Leonhards), sondern auch andere wichtige Ereignisse spielen sich ab: Beziehung Mary – Grete, René – Grete, René – Käthe Storch, René – Levielle / Lasch, Tischtennistee, um nur einige zu nennen.

Mary K. ist der Spagat, welcher die beiden großen Wiener Romane zusammenhält, verbindet und zu einem werden läßt, sei auch der frühere die ‚Rampe'[4] zum späteren. Sie ist der deutlichste Beweis für die Verflochtenheit – Fädchen für Fädchen – von DS und DD. Sie selbst ist im Zentrum des (→) fatologischen Gewebes, ist ein eigenes Epizentrum wie Bestandteil anderer. Wenn es ein absolutes Zentrum in DS-DD gäbe, dann wäre es um Mary K. gebildet.

Sie ist die große Frauengestalt Doderers. In ihr runden sich Entwicklung von Persönlichkeit und Erkenntnis, Überwindung des großen Leids der Amputation, Verinnerlichung des Lebensumfeldes, Liebe und Körperlichkeit zur reifen, begehrenswerten, selbstbewußten, in sich ruhenden Frau.[5] Dies ist gleichzeitig eine der Antithesen zu dem Doderer oft vorgeworfenen Vorurteil gegen (→) Juden und Frauen. Mary ist zudem klug, schon als Kind „zu wenig einfältig" (DS 10), später eher schon von ruhiger und bestimmender Weisheit. Ob ihr Werdegang vom Unfall hin zur Überwindung insgesamt eine

4 Vgl. dazu die „notwendige chronologische Abstimmung" (TT 408), s. auch Löffler 1991, S. 71 f., und (→) Chronologie DS/DD.

5 Zur Charakterisierung ihrer Persönlichkeit s. auch Sommer 1994, S. 61 ff.

(→) Menschwerdung darstellt, ob sie tatsächlich „in einer zweiten Wirklichkeit ... lebt",[6] steht dahin. Ich glaube, daß sie durch den Vorgang des Verlustes und seiner Verarbeitung ein ganzer Mensch wird, daß ihr etwas zu diesem, zur Reife, fehlte, aber eine ‚Menschwerdung' im Sinne Melzers, Münsterers oder Chwostiks liegt bei ihr nicht vor, der Sprung ist zu klein.

Der Doppelroman ist der Roman der Mary K. (die im Werk sonst nur einmal, als ganz junge Frau, in der Erzählung ‚Die Lerche' auftaucht, wenn überhaupt die Mary dort mit ihr identisch ist). DS beginnt mit ihr (das 2. Wort), und DD endet mit ihr (S. 1322, danach wird nur noch aufgeräumt). Ihr Unfall ist das wichtigste Ereignis von DS, zusammen mit seiner Überwindung die wichtigste Gemeinsamkeit von DS/DD. Sehr früh schon wird der Platz als die Stelle des Unfalls deutlich eingeführt und auf das verwiesen, was sich fast 800 Seiten später tragisch vollenden soll:

- „Mary stand am Ufer dieses Sees von Verkehr, darin die rotweiße Straßenbahn noch das Bescheidenste, die Fülle der Lastautos aber das Anspruchvollste war ..." (DS 48)
- „Mary stand am Ufer dieses Sees von Verkehr, darin die rotweiße Straßenbahn noch das bescheidenste war, die Fülle der Kraftfahrzeuge aber am meisten Aufmerksamkeit erforderte." (DS 831)

Es ist dann aber kein Kraftfahrzeug, sondern die rotweiße (rotweiße!) Straßenbahn, die ihr das Bein abfährt. Und Melzer ist es, den ihr Blut, „dessen Rot ihm entgegenspringt" (DS 843), „bespritzt", der sie rettet.[7]

Und ebenso, wie der Unfall die Klammer von DS bildet und das zentrale Ereignis, auf das alles zuläuft, steht seine Überwindung, die Verarbeitung des fehlenden Beines und mit ihr die Erringung der Liebe zu Leonhard und seiner zu ihr, im Zentrum von DD. Keine Person sonst im Dodererschen Kosmos beherrscht so umfassend seine Prosa, noch nicht einmal sein Alter

6 Sommer 1995, S. 100.

7 (→) Blut und Erotik, auch die Farben Österreichs, vor allem aber ist ‚rot' die (→) Ernstfarbe Melzers und alles eine Wiederholung der Szenen auf der Jagd beim Tod Laskas. S. ferner (→) Farben der Romane.

ego Stangeler. Dessen Beziehung zu Mary ist denn auch noch eine Besonderheit und entwickelt sich von totaler Ablehnung zu Akzeptanz. Mary akzeptiert René, sie nimmt ihn sozusagen gnädig an und auf, das Gegenteil ist nicht fraglich.

Sie ist eine aufmerksame und liebevolle Mutter; sie ist in besonders hohem Maße zu Freundschaft und Treue fähig, sowohl mit Frauen (Grete Siebenschein, Mädi Fraunholzer, Frau Libesny) als auch mit Männern, mag es nun mit Liebe zu tun haben oder nicht.

Sie wird von allen geliebt, oder, präziser formuliert, alle beten sie an, liegen ihr zu Füßen, auch neurotische Negativisten wie Kajetan (der sich „nämlich einfach ihr zu Füßen setzte" – DD 665), liederliche Trinker wie der Rittmeister („Auch Eulenfeld setzte sich sogleich zu Mary's Füßen" – DD 666), strenge und eigentlich eher unpersönliche, distanzierte Menschen wie Dwight („Dwight Williams kommt selbstverständlich durch Eulenfeld zu Mary" (TC IV 233). Aber er hat sie vorher schon geliebt, in den Armen Madame Libesnys (DD 31). Schließlich dann auch und endgültig Leonhard Kakabsa, der sich vom Arbeiter zum Bibliothekar hochgearbeitet hat: „Leonhard schlüpfte durch den geöffneten Spalt, warf sich vor Mary nieder und küßte ihre beiden Füße. Auch den unechten." (DD 1322)

„Mary und Leonhard sind ein durchaus auswegloses Paar. Aber da sie diese Ausweglosigkeit (den wahren Status aller Liebenden) erkennen und hinnehmen, haben sie ihren Ausweg auch schon gefunden." (TC IV 428)

Melzer

Der Untertitel des Romans ‚Die Strudlhofstiege' lautet ‚Melzer und die Tiefe der Jahre', und an manchen Stellen erweckt Doderer den Eindruck, DS sei der Roman Melzers (dies „hat mit dem Leben des Majors Melzer so wenig zu tun wie …" DS 565), was er natürlich zwar auch ist, aber beileibe nicht nur. Andererseits betont der Verfasser, daß Melzer keine Hauptfigur sei. Das sei so falsch, „wie wenn man an einem Pakete den Spagat, womit er zusammengebunden ist, für das Wesentlichste hielte" (TT III

524 f.)[1]. Dietrich Weber verweist darauf, daß mit diesem ‚Spagat' die „einzelnen Handlungskreise des Romans" gemeint sind.[2]

Die ‚Tiefe der Jahre' zeigt sich im Fortlauf des Werkes als das tiefe (→) Wasser der (→) Erinnerung, in das Melzer sich versenkt.[3] Dieser Erinnerungsprozeß ist es, der die Erkenntnis, die Apperzeption seiner Umwelt erst möglich macht und damit die (→) Menschwerdung des Majors, der zwar zuvor kein Amtsrat und Troglodyt, wie Zihal, wohl aber erst Militär ist und dann in langsamer Ausbildung eines „Zivil-Verstandes" (DS 226) erst Amtsrat, schließlich Mensch wird. Die endgültige Liebe tut das Ihre dazu, denn Melzer, erst das zeigt ihn als Menschen, entscheidet sich, wird nicht getrieben und auf Gleisen gefahren, sondern wählt. Im Gegensatz zu Castiletz bleibt er jedoch am Leben, heiratet, wird glücklich. Verschwindet aber dann, ebenso wie jener, endgültig und total aus dem Blickfeld des Lesers. Während Castiletz dies qua Explosion tut, taucht Melzer einfach nicht mehr auf, der Dichter hat ihn mitsamt seiner Ehefrau fallengelassen, wenn auch große Teile des sonstigen Personals, im Grunde alle wichtigen Personen, weitergeführt werden. So kann auch Verbürgerlichung wie Tod wirken, nicht für den Betroffenen, ganz im Gegenteil, wohl aber hier und, unerfreulicherweise, für den Leser.

Der Erinnerungsprozeß ist in keinem Werk so deutlich wie in DS, dem „Roman der Erinnerung",[4] und es ist Melzer, der sich erinnert, wobei die Zeit oft stehenbleibt und tiefe Ruhe ent-

1 Auch Schmidt-Dengler (1995 [2]; S. 51) sieht es so: „Melzer ist keine Hauptfigur, wenngleich von ihm viele Fäden zu den wichtigsten Figuren des Buches führen."

2 (1963, S. 97) Dort, S. 106, zum Zusammenhang Melzer-Stangeler, dessen Funktion es ist, „Entscheidendes auch für Melzer auszusprechen, der dazu nicht in der Lage ist". Zu Parallelen zwischen diesen beiden s. auch Davies, S. 121 ff.

3 Weber 1963, S. 95, bezieht den Begriff auf die „Spannung zwischen 1911 und 1925" und verweist auf die ständige Erinnerungsarbeit Melzers. Dabei trifft er die Feststellung, daß dennoch nicht 1925 das Jahr der Handlung sei einschließlich der Erinnerungen, sondern beide Jahre mit Handlungsschwerpunkten (→ Chronologie DS/DD) jeweils „fiktive Gegenwart" sind. Wichtig zum Thema S. 86 ff.

4 Düsing, S. 91, er bezeichnet zu Recht auch die Strudlhofstiege als „steingewordene Erinnerung".

steht, die auch die Ruhe im tiefen Wasser sein könnte. Ein gutes Beispiel hierfür ist der 22. August 1925, an dem sich Melzer über 30 Seiten (DS 296–325) an den Stiegenskandal, Asta, die Bärenjagd, eine Prostituierte, einen Fackelzug in den Bergen, Geier,[5] Editha, Thea, Mary, hauptsächlich Ereignisse um 1911, erinnert. Aber schon der Beginn des Erinnerns ist ganz ambivalent angelegt: „Melzer fuhr aus seinen Erinnerungen" (DS 295), doch wo diese begonnen haben, ist nicht auszumachen.[6] „‚Depth of the years' implies much more than the effects of the passage of time. It seems to refer above all to the memory, to a way of living in awareness of one's own past which in itself is a ‚deepening' experience."[7] Der Prozeß der Erinnerung ist vom Prozeß der Menschwerdung nicht zu trennen. „Die Menschwerdung bedeutet erneutes Eintauchen in das Grundgeflecht der Zeiten."[8] Ebenso wie nach Doderers Überzeugung das Wesen der Erzählung „aufsteigende Erinnerung" ist („wie ungerufen aufsteigende, versteht sich" – WD 158). Die Methode Melzers ist der ‚Denkschlaf' (DS 129, 310, 320, 763, so von ihm bezeichnet, wie auch ‚Ernstfarbe').[9] Der Prozeß der Menschwerdung trifft sich in diesem Aufsteigen von Erinnerung mit dem Prozeß des Schreibens. Diese Menschwerdung ist bei ihm Glücklich-Werdung.[10]

Der Begriff von der ‚Tiefe der Jahre', der als Untertitel und erneut auf der letzten Seite des Werkes auftaucht,[11] findet sich in anderen Werken Doderers ebensowenig wie der Name Melzers. Wohl hingegen, in DS und DD, der von der ‚Tiefe der Zeit(en)'. „Ganz langsam, ganz allmählich kam das verrostete letzte Glied dieser Kette aus der Tiefe der Zeiten empor, näher an die Oberfläche." (DD 837, vgl. DD 575, 753 sowie DS 231, 714)

5 → Leonhard Kakabsa, Anm. 2.
6 Vgl. auch Chronologie DS/DD, Erinnerung.
7 Hatfield, S. 93.
8 Klein, S. 327.
9 S. Düsing, S. 211ff.
10 S. dazu Koch, S. 87ff.
11 In Verbindung mit einem „Oktoberhimmel ..., in welchem ein reifes Gold stand wie Weinglanz". Der Roman des Sommers (→ Jahreszeiten) endet im Herbst, einem Herbst, der mit dem Unfall Marys und dem Beginn der Liebe zwischen Melzer und Thea anhob.

So bildet der Begriff der ‚Jahre' die Spezifizierung von Erinnerung als eine des Individuums (Melzer). Ein Individuum im Dodererschen Kosmos, das wir so nahe kennenlernen wie wenige andere und um das doch ein Schleier der Unverbindlichkeit, der Fremdheit, eines letzten Geheimnisses bleibt. Dies äußert sich formal auch in der Beschränktheit seines Namens. Ihm fehlt etwas. „Wir wissen seinen Vornamen nicht ... der Autor weiß den Vornamen seiner Figur nicht." (DS 892)[12] Es ist dies etwas anderes, als ihn ganz (Beispiel Haupt) oder lange (Beispiel Geyrenhoff) zu verschweigen.[13]

Ist er deshalb ein Mann ohne Eigenschaften, wie es Lutz Wolff und Hilde Spiel[14] behaupten? Vielleicht am Anfang, die Menschwerdung beinhaltet auch, daß solcher Zustand beendet ist. Thea nennt denn auch am Ende des Werkes (DS 855) schluchzend und gurrend seinen Namen: letztes Indiz der Menschwerdung!? Oder nennt sie ihn doch nicht? Jedenfalls genannt hat ihn Paula Pichler („sie wußte auch den Namen jenes Majors" – DD 993), oder war es nur der Nachname? Doderer läßt uns hier zappeln wie den Fisch an der Angel, er genießt es. Aber ansonsten werden uns genug Einzelheiten vom Major mitgeteilt, wir lernen ihn umfangreich biographisch wie als Persönlichkeit kennen.[15] Er ist mit Überzeugung, aber ohne Begeisterung, Militär, dann nach dem Kriege bei gleicher Grundmotivation – ist er überhaupt begeisterungsfähig? – Amtsrat bei der Tabakregie (mit der Verantwortung für „personelle Sachen" DS 742), streng katholisch,[16] hat den Oheim beerbt (→ Personal),

12 Voracek (S. 221 ff.) stellt, nachdem er die ‚üblichen' Interpretationen als „trottende Gewohnheit" abgetan hat, zwei witzige Hypothesen zum fehlenden Taufnamen auf, zunächst ‚Markus', dann gar ‚Theo'. Er hat es wohl so ernst auch nicht gemeint.

13 In TT III 522 hat auch Mimi Scarlez noch keinen Vornamen. „Beide haben übrigens etwas gemeinsam: ich weiß ihre Vornamen nicht, und es bleibt ungewiß, ob ich sie erfahren werde. Seltsam."

14 Wolff 1996, S. 110, und Spiel, S. 284.

15 S. dazu Davies, S. 49–124. Le Rider (1975) ist eine umfangreiche Arbeit, die in Einzelheiten oft enttäuscht. Er erkennt nicht, daß Melzer Mary deshalb nicht heiratet, weil sie Jüdin ist, und interpretiert ‚Grün' als die „Farbe der äußeren Wirklichkeit, ... im Gegensatz zum subjektiven Inneren" (S. 41, 109).

16 Le Rider 1975, S. 27f.

der Vater war Kavallerist (DS 65), die Mutter ist 1918 verstorben (DS 691). Melzer ist

- unzuverlässig: „Auf den Melzerich ist kein rechter Verlaß!" so Eulenfeld (DS 472).
- unselbständig, inaktiv: Immer übernehmen andere die Initiative, Laska zur Bärenjagd, Editha zur Erotik, Eulenfeld zu Ausflügen. Nur bei Mary (Unfall) und Thea (Liebe) wird er aktiv, beide Ereignisse fallen in eins und bilden so auch den Abschluß einer Menschwerdung, der zum bewußten und nicht getriebenen Melzer.[17]
- ahnungslos und gutartig (DS 619), „die Grundanständigkeit" (Stangeler – DS 508), „anlehnungsbedürftig" (DS 97)
- fähig zur Freundschaft, weil er zuhört, fragt, offen und ehrlich ist. Freunde sind z. B. die P.s („Affinität" DS 43), Stangeler, Mary, Eulenfeld. Dieser schützt ihn auch vor den Machenschaften Edithas, der er verbietet, ihn auszunützen (DS 619). Sein bester Freund war Major Laska, den er sterbend in den Armen hält und dessen (→) Blut ihn überströmt. Mit ihm auch hatte er das Schlüsselerlebnis der Bärenjagd. Die Haut des Bären dient ihm zur Erinnerung an diese wie generell an alles.
- seltsam, naiv, manchmal etwas dumm. So sagt er denn auch Dinge, die ihn selbst verwundern: „Über das letzte erstaunte er nun selbst, als er es gesagt hatte." (DS 350)
- vorsichtig („Und wie ich den kenne, den vorsichtigen Häuter, sagt der rein gar nischt" – DS 643), versteckt sich gerne wie ein Krebs („Krebs Melzerich", z. B. DS 339: „Erschrocken zog sich der Krebs wieder in seine Höhle zurück ... Aber der Melzer rührte sich nicht mehr, der Krebs Melzerich, in Deckung und Mimikry." Vgl. auch DS 531, 680).
- sentimental, er schwelgt in Erinnerungen (DS 551f.), was Asta zu Recht „mit einem Gefühl der Sinnlosigkeit und Langeweile anwehte" (DS 553).
- er empfindet deshalb erinnernd auch oft Schmerz (z. B. DS 483 oder DS 324: „Es war eine kleine, rasche Qual in Melzer").

17 Für ein Melzer fast zur Gänze umschließendes Zitat s. Anm. 7 zu (→) Ernstfarben.

- häufig antriebsschwach und müde (bis zu „erheblicher Schläfrigkeit" – DS 765, vgl. DS 237).
- ständig und schnell verliebt, und zwar in:
- Mary (DS 64f.), auch 15 Jahre später: „Mary war unausrottbar." (DS 309) Aber er hat sie durch Verzicht auf einen Antrag abgewiesen.
- „Asta, die in ihrer rotblauen steirischen Tracht mit dem bunten Schultertuch lachte, was sie nur lachen konnte. Melzer erinnerte sich jetzt, daß er mit ihr immer viel gelacht hatte, ja mit niemandem noch so herzlich wie mit ihr, so scheint es ihm nun. An dieses Bild knüpfte sich in Melzer unverzüglich Hoffnung, aber welcher Art war diese Hoffnung?" (DS 72f.)[18] Sie hat ihn unausgesprochen abgewiesen.
- Editha, „die ihm so außerordentlich gut gefiel" (DS 91).[19] Aber der Unfall kam dazwischen.
- Thea: „Er hatte eine Empfindung, als schlüge es warm, fast heiß, an seiner inneren Körperwand empor." (DS 693) Nach dem Unfall Marys wird es dann endgültig, „sie stürzten eins ins andere ab" (DS 855). Sie haben sich in der (→) Ernstfarbe ‚Rot' vereinigt. Thea wird nicht nur seine Frau, sondern ist auch die erste, er hat bis dahin nur mit Prostituierten verkehrt.

Vor allem aber ist Melzer ein Hamlet, wenn auch ohne dessen Klugheit. Wie dieser ist er melancholisch, unentschlossen, schwan-

18 „Und dann mit Asta allein. Eine Lähmung. Sonst nichts" (DS 311).

19 Aber er zögert immer, genau wie bei Mary, als er zu Editha kommen soll: DS 307f. Schlüsselszene bei Eulenfeld mit Editha, auch Leucht und Dolly Storch: DS 302ff., 314. Bei ihrem Besuch auf dem Amt (3.9., vor Thea) ist er trotz heftigen Verliebtseins in Thea (von dem er allerdings noch nichts weiß) von ihrem „weißen und blonden Schein" stark beeindruckt. Und am 5.9. dann läßt er sich beinahe von Editha (diesmal definitiv Mimi) verführen („Der Duft aus ihrem Munde, der blonde, milchige Duft, schlug alles in ihm nieder und kurz und klein zusammen" DS 715) und verabredet sich mit ihr zum „Fest", ausgerechnet für den 10.9. Na ja! Zum Glück geht der 9.9. zuvor über die Bühne. Und E/M verschiebt am 10.9. weiter. Dazwischen kommt der Unfall! → Chronologie eines Monats.

kend und zögerlich. Wie diesem fehlt ihm mit dem Vornamen auch ein Zentrum.[20] Wie dieser hat er lange Phasen der Untätigkeit, aber anders als Hamlet handelt er überhaupt nur, wenn er angestoßen wird. Mit allem zögert er so lange, bis es gilt, Mary zu retten und Thea zu gewinnen: Zum ersten Mal handelt er schnell, entschlossen, selbstsicher. So auch wird er zum ganzen Menschen.

Melzer ähneln im Dodererschen Kosmos nur die ‚alten' Helden. Ruy ist melancholisch, verschlossen, müde, träumt. „Herr Ruy lag oft stundenlang mit offenen Augen auf dem Rücken." (LA 437) Wenn er ein (→) Alter ego Doderers ist, dann entpuppt sich auf diesem Umweg auch Melzer als ein solches, sei es auch, wie oft bei diesen, nur mit einer Facette seines Charakters. Daß auf Manuel „schwerer Schmerz, ein tiefinnerer ... Druck lastet, daß dieser so lebte, als presse er ständig mit der einen Hand eine Wunde zusammen, um sie am Bluten zu hindern" (EU 177), ist die andere Parallele.

Die Farben Melzers sind ‚Grün' und ‚Rot'. Die erste ist die der Erinnerung. Melzer ist oft von dichtem Grün, Unterwasserlicht umgeben, nicht nur zu Hause, sondern sogar im Hotel („vom Schein des dichten Grüns vor den Fenstern ganz durchflossen" – DS 527). „Und Melzer sah durch Sekunden die Strudlhofstiege nicht nur tief in's Unterwasserlicht ihres grünen Blätterschattens versunken sondern allenthalben überwachsen von Gras, Kraut und Busch." (DS 550) Dies ist eine zentrale Stelle, die Erinnerung verbindet mit Ängsten, Alpträumen. Aber nicht alle Erinnerungen Melzers haben mit Ängsten zu tun, sie sind von vielfältigster Art. Aber Erinnerung insgesamt ist es, die leitmotivisch den Roman durchzieht. ‚Rot' ist die (→) Ernstfarbe, die sich mit Blut, Schrecken, Angst und Tod, aber auch meist als Erinnerung, verbindet. Zu den wenigen Protagonisten mit speziellen Ernstfarben, eine weitere Parallele, gehört ja auch Ruy de Fanez mit ‚Braun' und ‚Grün'.

DS ist natürlich auch der Roman der (→) Menschwerdung Melzers, vom Militär zum Zivilverstand (DS 740):[21] „Ihr waret

20 „Hamlet has no center." Bloom, S. 406.

21 Vgl. das Wachsen über DS 371–486–677.

eins, nun seid Ihr zwei. Bei mir verhält es sich wesentlich umgekehrt.“ (DS 888)[22]

Dies alles beweist: Unter dem Strich ist Melzer mehr als der Spagat, der DS zusammenhält. In ihm hat der Autor viel gebündelt, er ist die Spinne im Netz, zu der alle Fäden zentral zusammenlaufen. Und: Alle lieben ihn. Nicht zu Unrecht. Er ist ein zu detailliert und liebevoll beschriebener Charakter, zu sehr Typus, zu sehr Alter Ego, zu sehr mit zentralen Chiffren im Werk verbunden, vor allem zu stark auf das Dodererische Überthema, die Erinnerung, hin konzipiert, um nur Erzählrahmen zu sein.

Dazu eignet ihm viel mehr Klugheit, als sein Erfinder ihm zugestehen will. Nur ein kluger, wenn auch nicht notwendig gebildeter Mensch kann sich in ‚Denkschlaf' begeben – und ihn noch so benennen, ‚Ernstfarben' definieren und eine Aussage wie die zuletzt zitierte machen. Er wird glücklich werden, gerade auch mit Thea, der eine ähnliche Klugheit zugestanden wird.

Sogar der Tagebuchschreiber Doderer darf also nicht immer wörtlich genommen werden, selbst hier sind Fallstricke für den Leser ausgelegt.

Menschwerdung

Die Menschwerdung bei Doderer bedeutet den Abschluß des Apperzeptionsprozesses, die Erkenntnis und Aufnahme der Welt, wie sie ist, also der 1. Wirklichkeit, das Einswerden mit sich selbst: „Undt mir ist, als wuerdt ich aus zweien halbeten mannern wyder ain ainiger gantzer; undt war von den halbeten der ain von holtz.“ (DD 805) Der Begriff, der philosophisch auf Schopenhauer zurückgeht, ist einer der zentralen Begriffe im Romankosmos Doderers und eine seiner typischsten und unverkennbarsten Siglen. Die Menschwerdung ist

22 Das ist natürlich eine Anspielung auf den zentralen Satz zum Komplex Menschwerdung im Epizentrum ‚Manuskript' in DD: „Undt mir ist, als wuerdt ich aus zweien halbeten maennern wyder ain ainiger gantzer". (DD 805).

eher eine Überwindung des Charakters als dessen Entwicklung.[1]

Julius Zihal wird gemäß dem Titel von EF ein Mensch, zuvor war er Voyeur, Amtsrat und vor allem (→) Troglodyt, aber diese Menschwerdung ist dann doch beschränkt. Hingegen durchläuft (→) Melzer in DS zweifellos diesen Prozeß erfolgreich. Wie auch

- Conrad Castiletz (EM)
- Ruy de Fanez[2] (LA)
- Mary K. (eingeschränkt, in DD, → Mary K.)
- Leonhard Kakabsa (dto., → Leonhard Kakabsa)
- Chwostik (DW, → Claytons und Chwostik)
- Münsterer.

Die Menschwerdung vollzieht sich in der Regel als langsamer Prozeß, sie kann jedoch auch „in wenigen Sekunden" als Freiwerden von der Dummheit stattfinden (TT III 748), was bei Castiletz der Fall ist.[3] Es kann aber auch die „Erkenntnis der eigenen Dummheit" beim Dichter sein (→ Dummheit). Sie hängt so als Möglichkeit auch eng zusammen mit dem Prozeß eines verarbeitenden Erinnerns,[4] der als solcher ja in erster Linie der des Schriftstellers ist. Er wird durch das Schreiben zum Menschen, der „aufgetümmelte" Dr. Döblinger ist es nicht, ebensowenig wie der in der zweiten Wirklichkeit trotz gelegentlichen Ausbrüchen doch verharrende Kajetan Schlaggenberg, wohl aber Doderer selbst, der sich gerade in diesem Punkte am meisten von seinen (→) Alter Egos unterscheidet.

Fast alle Romane Doderers sind, auch, Romane der Menschwerdung: JB – EM – EF – DS – DD – DW – DG (wahrscheinlich). EU und DB sind es nicht, DM kann es nicht sein, hier wird

1 REP 44, Düsing, S. 186ff. Zu Schopenhauers Einfluß s. auch Weber 1963, S. 267ff. (Anmerkung).

2 „Die erst im Tode erfolgte Menschwerdung verbindet Ruys Lebenslauf mit dem Brandters ... und dem des Conrad Castiletz." Schmidt-Dengler 1981, S. 106.

3 Weber 1963, S. 58. Seiner Analyse, S. 31ff., ist, wie meist, kaum etwas hinzuzufügen.

4 „Die Menschwerdung bedeutet erneutes Eintauchen in das Grundgeflecht der Zeiten." Klein, S. 327.

ernsthaft und von ernsthaften Dingen nicht gehandelt. Ebenso findet sie sich aber auch in den Erzählungen, wozu sicher in erster Linie die Mary aus ‚Die Lerche' und Leon Pújot aus der gleichnamigen Erzählung gehören. Aller Prosa Doderers geht es um Entwicklung; die Menschwerdung ist nur deren höchste Form. Es gibt aber auch eine „geringere Form" der Entwicklung, wie sie in den Romanen eine Vielzahl von Personen erleben. Hierzu gehören Grete Siebenschein, René Stangeler, Kajetan Schlaggenberg, Georg Geyrenhoff, Jan Herzka. Bei Stangeler zieht sich, wie beim Verfasser, diese Entwicklung sogar über mehrere Bücher hinweg.

Musik

Wo Musik außerhalb des Konzertsaals gespielt wird, liebt Doderer das Ausgefallene und/oder sehr Laute. Mit Vorliebe zitiert er Werke, die kaum mehr bekannt sind. Sei dies auch in mehr oder weniger komischem Kontext (Geisterbahn, Wutbehandlung). „Das Spielwerk exerzierte dazu mit tobender Kraft die Ouvertüre zur Oper ‚Die Zigeunerin' von Balfé" (DE-Golf von Neapel 215, drei Seiten später erscheint noch die Oper ‚Zampa').

„Im nächsten Augenblick schmetterte der Krönungsmarsch aus Giacomo Meyerbeers Oper ‚Der Prophet', von einem Lautsprecher machtvoll verstärkt, in den Raum." (DM 11) – „Der Triumphmarsch aus Verdis ‚Aida' sollte es sein." (DE-DIV VII 168) Auch in DW wird, auf Donalds Reise mit Chwostik, ein Potpourri aus dieser Oper gespielt, „samt Triumphmarsch" (DW 314). Diese Vorliebe verbindet Doderer mit Childerich III.,[1] dessen „Lieblings- und Leibstück" (DM 112) der Coburger Marsch ist, den er sich vorzugsweise von einer in seinen Diensten stehenden 25köpfigen Dachauer Bauernkapelle (in „oberbayerischer Nationaltracht" – DM 113) unter Leitung des Kapellmeisters Praemius van der Pawken vorspielen läßt. Aber er mag auch Aubers Oper ‚Die Stumme von Portici', auch

1 Dennoch einer der wenigen Protagonisten im Werk, für die Alter ego-Freiheit konstatiert werden kann.

diese von der Bauernkapelle dargeboten (DM 114). Besonders häufig findet sich in diesem Roman auch Blechmusik.[2]

Generell wird, man sieht es, nicht ins (→) Theater, auch kaum in den Konzertsaal oder die Oper gegangen (Richard Wagner und Richard Strauss werden indirekt über ‚Parsifal' – DD 103 – und ‚Rosenkavalier' – DD 208, 354 – genannt). Die letztere Oper spielt jedenfalls eine Rolle im Näherungsprozeß zwischen Friederike Ruthmayr und Georg Geyrenhoff. Mozart wird gerade noch erwähnt („ein für neun Posaunen ad hoc umgesetztes Divertimento von Mozart" DW 313), wobei diese Erwähnung natürlich auf das Divertimento No. VII, ‚Die Posaunen von Jericho', abhebt. Es könnte so klingen, als ob die Posaune Doderers Lieblingsinstrument sei.[3] Posaune und Marsch gehen ja nicht eben schlecht zusammen.

Ernster wird es erst, wenn Beethoven zum Thema wird, Doderers Lieblingskomponist. Seinem Tod ist eine ganze Erzählung gewidmet, ‚Schneegewitter', was man allerdings erst in der viertletzten Zeile merken kann. Nach der grandiosen Schilderung eines solchen Wetterereignisses („Ein Blitz stand blau hinter den Scheiben und hob die vier Fenster des Saales hoch und scharf heraus") kommen Gäste mit der Mitteilung von Beethovens Tod („um ein Viertel vor sechs Uhr", das heißt genau als, zuvor, „ein Donnerschlag von wahrhaft furchtbarer Kraft ... erfolgt" war). „So verlief in Wien der sechsundzwanzigste März des Jahres 1827 ..." (DE 284)

Die Divertimenti sind ebenso wie DW und DG (als erster und zweiter Satz des auf vier Teile geplanten symphonieähnlichen Romans No. 7)[4] nach dem musikalischen Muster Beethovens aufgebaut. DG „ist als symphonisches Werk fast mein erstes" (TC V 387–16.9.1963). Die von Doderer erkannte formale Nähe zwischen Roman und Symphonie bzw. Literatur und Musik (z. B. WD 163), die ihn auch zur Gestaltung einer Sona-

2 Torsten Buchholz widmet sich diesem wie allen anderen Aspekten der Musik bei Doderer in so umfassender und erschöpfender Weise, daß nicht viel übrigbleibt, als auf ihn zu verweisen.

3 Vgl. Schmidt-Dengler 1997 (2).

4 S. dazu Weber 1987, S. 10. Zum musikalischen Aufbau des ‚Feuer'-Kapitels in DD s. Hesson, S. 68 ff. Zu Musikanalogien s. ferner Treml.

tine (schnell-langsam-schnell)[5] gebracht hat, wird in der Literatur umfassend behandelt.

Das Ende und der Höhepunkt von ‚Divertimento VI', welches von der Entwicklung Viktorias vom Blindsein zum Sehen handelt, beschreibt ihre besondere musikalische Begabung, die sich eben daraus herleitet, daß sie als Blinde das Klavierspiel gelernt hat: „Die Sachverständigen behaupteten, ihr Geheimnis liege in einem ganz eigenartigen, ja einzigartigen dunklen Anschlag: es schwinge gleichsam ‚bei jedem ihrer Töne ein ganzer Hintergrund mit'." (DE 153) Es mag dies Schumanns Klaviersonate in fis-moll gewesen sein, die Doderer als René und mit Grete, Mary und Etelka liebte (DS 24, 106f.). Besonders auch schätzte Doderer die Brahmssche Sinfonie in F-Dur (DS 436). Daß er Schubert anerkennend zitiert (DD 550), ist dann auch naheliegend. Sein Musikgeschmack ist also sozusagen in drei Teile zu gliedern: Märsche (Posaunen) – Beethoven – Romantik.

Zeitgenössische Musik hingegen wird von Doderer selbst wie von seinen Protagonisten nicht wahrgenommen. Schönberg und Webern, ja selbst Alban Berg kommen, obwohl Wiener, nicht bei ihm vor. Auch einen Wiener Zeitgenossen wie Erich Wolfgang Korngold, dessen Oper ‚Die tote Stadt' (1920)[6] er ein wichtiges Sujet von EM – auch von Hitchcocks ‚Vertigo' – hätte entnehmen können, wird er leider nicht erlebt haben. Oder kommt es doch daher, sei es auch indirekt? Es gilt diese Ignoranz ja auch für andere Kunstformen in ihrer zeitgenössischen Ausprägung. Es ist durchaus zu bezweifeln, ob Doderer von Picasso mehr kannte als den Namen. Film und (→) Theater: ebenfalls Fehlanzeige.

Malerei insgesamt, auch klassische, spielt im Gegensatz zur

5 Bei Reinhold Treml wird diese ungewöhnliche Dreier-Pack-Erzählung umfassend analysiert.

6 Die Oper basiert auf dem Drama ‚Le Mirage' (1897) von Georges Rodenbach, das seinerseits auf dessen Roman ‚Bruges-La-Morte' (1892) beruht. Sie wurde in den frühen zwanziger Jahren auch in Wien mit Erfolg aufgeführt. Hitchcocks Film von 1958 basiert auf dem Kriminalroman ‚D'entre les morts' von Pierre Boileau und Thomas Narcejac, der selbst auf Rodenbachs Roman aufbaut. Das zweite Hauptthema von EM neben der Suche nach sich selbst, der Versuch, eine lebende Frau nach einer toten zu gestalten, ist trotz dieser komplexen Verbindung zwischen EM und ‚Vertigo' deutlich zu spüren.

Musik im Werk weder im Inhalt noch im Aufbau eine große Rolle (à la Divertimenti) oder ist nur Agens der Handlung (EM 191 f.) Es gibt eine Malerin namens Maria Rosanka (EM, DS), in DM treten Thomas Wiesenbrink und seine Gemälde in Erscheinung, von Doderer mit mildem Spott belächelt. Kokoschka wird zitiert (DS 449) und „ein Gemälde von Henry Scott Tuke, ‚Matrosen beim Kartenspiel'" (DS 627). Bildende Kunst war seine Sache nicht, es kommt einem alles eher vor wie Bildungsmüll. „Ich weiß nicht, ob es einen Gott der Malerei gegeben hat. Wenn ja, dann war Ihr Herr Vater dessen Anti-Gott." (DG 46) Nämlich Ephraim Halfon, der Vater (und doch nicht) von Dr. Alfons Halfon.

Zeitgenössische (im Sinne von moderne, abstrakte) Malerei kommt im übrigen ebensowenig vor wie zeitgenössische Musik. Doderers Kunstbegriff hatte seine Grenze offensichtlich am Ende des 19. Jahrhunderts – ein Kokoschka macht noch keinen Sommer – gefunden. So wie es auch seine Haltung zu (→) Theater und Film zeigt: Er war ein Reaktionär und noch stolz darauf. Dies kontrastiert äußerst seltsam zu seiner Akzeptanz moderner Literatur wie zu der eigenen sprachlichen Modernität. Doderer selbst ist durchaus kein Schriftsteller des 19. Jahrhunderts, sondern deutlich (und explizit) einer des 20.!

Namen

Daß Namen nicht zufällig sind, ist eine beliebte Theorie Doderers. Leute sehen so aus, wie sie heißen, oder heißen so, wie sie aussehen. „Wir erfinden für ihn den Namen Broubek. So sah er aus." (DW 152) Oder im Namen spiegeln sich Beruf oder Eigenschaften: „Und außerdem heißt er Klettler, und Kletten sind seßhaft." (DS 185)

Deshalb rufen sie auch bei enttäuschter Erwartung heftige Reaktionen hervor. „Mein Grimm erwachte, als ich feststellen mußte, daß der Dentist gänzlich anders aussah, als er hieß. Unter dem Namen Bodorenko hatte ich mir freilich ein kleines Gesicht vorgestellt, mit tiefen Schatten. Statt dessen erwartete mich die Glätte eines Ferkels bei Vollmond." (DE-Acht Wutanfälle 311) Beruf und Name sind also notwendig und typisch verbunden. „Der Name Chalupa sagt dem Kundigen, daß sein Träger wahrscheinlich ein böhmischer Schneidermeister bei Wien gewesen sein dürfte." (TC V 144)[1]

„Es gibt Namen, die von keinem Berufe herkommen – wie Schneider oder Müller – und doch in einem tieferen Sinne Berufen zugeordnet sind: Horak ist ein Name für Zahnärzte (Dr. Horak), Korinek dagegen ein spezifischer Ingenieursname. (Als ich dies bedacht hatte, schlug ich das Telephonbuch auf, und fand unter dem Namen Korinek keinen einzigen Ingenieur. Doch das ist nicht mein Fehler, sondern ein solcher des Telephonbuches." (REP 163)

In DM treibt er die ganze Sache wie bekanntlich überhaupt alles auf die Spitze.

- Zileks „Wesen entsprach auch sonst seinem Namen, der ja an den Angriff einer Stechmücke denken läßt" (DM 22, vgl. auch 154f.).
- „Den Doctor Gneistl nahm man zunächst nicht in die Zange, mochte auch sein gequetschter Name dazu auffordern." (DM 65) Ein anderer Anwalt in DM heißt Dr. Preindl, auch der Notar Dr. Philemon Krautwurst (DD) läßt nicht gerade auf eine besondere Ernsthaftigkeit Doderers bei der Erfindung von Juristennamen schließen.
- Der Leibarzt, der Childerich zu klistieren hat, heißt Dr. Tubinger (DM 106[2]), der Oberarzt Prof. Horns, der bei der Percussions-Therapie hilft, Dr. Pauker, die angeheirateten Ärzte Dr. Stein und Bein, was am besten klingt, wenn sie bei der Entmannung Childerichs als „Doctoren Stein und Bein" (DM 339) auftreten. Der Hofzwerg trägt den Namen Wänzrödl (DM 107), der Musikmeister heißt Praemius van der Pawken, spielt aber selbst nicht die Pauke, sondern die Posaune (DM 112), der Orgelbauer schließlich heißt Burschik – wegen dieses Namens hätte er es verdient, erschlagen zu werden (DM 129 → Brachialitäten).

1 Vgl. dazu Voracek, S. 84; dieses Werk ist überhaupt zu dem ganzen Thema umfassend.

2 Vgl. TT III 214, wo ein Dr. Tubinger als reale Person (Spitzname) auftaucht, der dann in DD 636 auch in der Prosa erscheint. Vgl. (→) Personenverzeichnis mit Dr. Brandeis, Dr. Hartknoch u. a., vgl. ferner Sommer 1995, S. 72.

So sind Namen auch poetisch und voller Humor, um diesen geht es wohl ohnehin in erster Linie. Geglaubt hat an diese ‚Gemeinheiten' auch ihr Verfasser natürlich nicht. „Ansböck, so hieß der Direktionsdiener." (DW 18)[3]

Ausführlich beschäftigt sich das Tagebuch unter dem 3. 12. 1960 (TC V 262) mit dem Zusammenhang zwischen Frauennamen und Aussehen. Wenn überhaupt, dann hätte Doderer die von mir (→ Juden) abgestrittene Misogynie hier gezeigt. Aber natürlich ist er auch hier nicht ernst zu nehmen, sondern hat seinem Hang zum Grotesken mal wieder nachgegeben. Das gilt ebenso für die Wiener (→) Hausmeister. Ihre Namen fangen mit W an, auch wenn Doderer an anderer Stelle meint, sie hießen „Powondra, manche auch Soukoup"(WD 249).

In DG findet sich dann eine besondere Vorliebe für Alliterationen und/oder starke Ähnlichkeiten zwischen Vor- und Nachnamen wie Alfons Halfon, Vincenz Ventruba, Elli Ellis. Solche Albernheiten (wie auch Fräulein Breitschwanz!) finden sich in den früheren Werken nur bei EF.

Aber auch Vornamen sind verräterisch und kennzeichnend. „An der langen Hauptstraße des Viertels gab es eine Tabak-Trafik ... und darin ein Fräulein Edith, die so aussah wie allen hübschen Mädchen, welche Edith heißen, also mittwegs zwischen dem Erstaunt-Sein und einer unberührbaren Dummheit." (DG 183) Dies nun allerdings paßt nicht sehr gut auf eben die Edith, welche dem Leser hier vor Augen treten muß. Editha Schlinger geb. Pastré, das „größte Luder" (→ Personenverzeichnis), war zwar hübsch, aber ihr Gesicht ist eher als frech und vorwitzig zu bezeichnen denn als zwischen erstaunt und dumm. So widerlegt sich Doderer vorweg. Bewußt natürlich, in DW 68 weist er gerade auf den möglichen Gegensatz zwischen Vorname und Realität bei einer virtuellen ‚Marguerita' und ‚Rosa' hin.

Das Stichwort steht in einer Reihe mit solchen wie (→) Beutel-

3 Für ihn gibt es ein Vorbild in der Realität, s. Voracek, S. 355. Aber nicht für den „Hilfsdiener Zechmann" (DW 230, vgl. Sommer 1994, S. 72), der ein „gutmütiger Säufer" ist. Oder: „... hieß Okrogelnik und war ein fürchterlicher Kerl." Auch nicht für Pipsi Harbach (DW) oder Dr. Willibald Pauker (DM).

stich, Brachialitäten, Hulesch & Quenzel, Timurisation, Wut und Grimm. Bei einem so großartigen Sprachhumoristen wie Heimito von Doderer wäre ein Verzicht auf die Möglichkeit, mit Namen groteske und skurrile Wirkung zu erzielen, eine Schande. Der Leser würde viel verpassen.

Natur

Nirgendwo erklimmt die Sprache Doderers solch klirrende Höhen ungeheuerlichster Schöpfungskraft und schärfster Präzision wie in der Beschreibung von Natur. Inhaltlich und formal ist diese eng verbunden mit Farben, Wetter und Jahreszeiten.

Einzelheiten von Natur wie diese drei, dazu Wälder, Moos, Bäche, Krebse, Wasserfälle können Metaphern oder Erinnerungschiffren sein. Dies darf aber nicht darüber hinwegtäuschen, daß die Mehrzahl nichts ist als reine Sprachgewalt, Poetik und Präzision im Aufbau von Bildern, die hier eine Nähe zur Musik erreichen, die nicht durch die Anwendung musikalischer Techniken aufs Schreiben gekennzeichnet ist, sondern dadurch, daß Sprache zu Musik wird (und im ersten Beispiel Musik zu Sprache):

„Aber während der letzten Nummer verfärbte sich schon stark das Meer, und die tragenden Töne der Bläser hallten über eine Wasserfläche, die aus dem Glanz und Blau des Tages ergrauend wie zu ihrer eigenen Tiefe zurückkehren wollte, während die noch sinkende Sonne im vollen Abendbrande sichtbar blieb." (DW 314)

„Die tiefblau gassenlang gezogene Himmelsfahne spricht Abwesendes aus, Weite der Hügel und Wälder vor der Stadt, in den Farben doch hier dargestellt durch zwei angegoldete Bäume in einem Hof, der dem Auge im Vorbeieilen einen tieferen Einblick öffnet, als die sonst abweisend im Grau fortlaufenden Fronten der Häuser. Der Herbst in der Stadt saugt und zieht nach allen Richtungen. Das geht bis zu einer Art Drohung. Das Jahr neigt sich und grausam zeigt es seinen schönsten Schein." (DE-Die Lerche 306) In dieser Erzählung, 1946 entstanden, also genau in der Mitte der schriftstellerischen

Existenz,[1] sind viele Elemente und Topoi der früheren wie der späteren Naturbeschreibungen vorhanden. Hier klingen ältere Formulierungen nach:

„Noch lag der Herbst rundlich in der Luft wie Wein im Glase, die treibenden bunten Blätter, welche aus den Gärten in dichteren Scharen über den Asphalt der Straßen strichen, hatten nichts Trauriges an sich, es war ein lustiger bunter Tanz, hinter dem am Straßenende eine blaue Himmelsfahne im Wind zog" (EM 276, auch: „in dieser überaus saugenden, geräumigen Stille des frühen Jahres" – EM 229).

Die „blaue Fahne des Himmels" (DS 69), die „mächtige blaue Fahne des Himmels" (DD 348, gleich DE 485), die „bunten Fahnen des Herbstes" (DD 638), die „Windfahnen", „Rauchfahnen", „Wolkenfahnen" (alle DS) und „Fahnen der frischen Bergluft" (EM 166), das „lackreine Blau" (DW 286, wobei ‚Lack' für ‚Reinheit', für ‚pur' steht) bis zu: „Der Tag hatte schon mit einem strahlenden Morgen weit ausgeholt, und nun stand er blau aufgerissen über den Gassen und glitzerte in Einzelheiten, die man nicht für sich wahrnahm, nur als verworrenes Lichtkonzert, mehr dem Stimmen eines großen Orchesters vergleichbar als dem eigentlichen Spiele." (DW 81)

All dies ist städtische Naturempfindung, es sind Himmelswahrnehmungen in der Stadt, denn draußen ist es mehr als eine Fahne, ist es der ganze Himmel. So wie (→) Stille und (→) Kühle ihren spezifischen Charakter aus der Antithese erhalten, als Stille im Straßenlärm und Kühle in der Sommerhitze, so ist es das Aufscheinen der Natur in der Stadt, welches Doderer zu höchster Leistung treibt. Der durch Häuserzeilen bedingte Ausschnitt des Himmels macht diesen erst zur Fahne, die Farben wirken hier deutlicher und schärfer gegen Fronten und Asphalt als draußen, im ‚Abwesenden', wo alles Natur ist.

Solch einen Kontrast bildet auch die (→) Strudlhofstiege, die, mitten in der Stadt liegend, immer mit Natur verbunden ist und dadurch diese um so stärker ausspricht. „Hinter ihnen blieben

1 In einer Zeit zudem, und so viel Biographie will ich mir doch erlauben, nicht nur des Hungers und der Entbehrung, der politischen Schwierigkeiten, sondern vor allem der endgültigen Erkenntnis eines politischen Irrweges; dies vor allem spiegelt auch diese kleine konzentrierte Erzählung.

die Stiegen zurück im unregelmäßigen Blätterschatten, mit ihren von überhangenen Zweigen und Laubgekuppel unterbrochenen und gemilderten Konturen. Der Abend begann oben sein rötliches Licht zu filtern und trat in einer breiten glühenden Pforte zwischen die Äste." (DS 333) So erzeugt sie ihre ganz spezifische (→) Aura auch als Aussprechen des Abwesenden.

Während aber DS zu großen Teilen im Sommer, einem Sommer, in dem ständig die Sonne scheint, und fast zur Hälfte (besonders die Teile 2 und 3) auf dem Land spielt, ist DD ein Roman der Stadt und aller (→) Jahreszeiten. Hier sind schon Emmas und Dwights Ausflug in den Wienerwald, „eine nicht unbedenkliche Landschaft" (DD 32), und die von Herzka/Stangeler nach Neudegg, Kakabsa/Zdarsa nach Stinkenbrunn eine Ausnahme. So sind auch hier Naturbeschreibungen von der zu Anfang zitierten Art und strömen Sehnsucht nach der abwesenden Natur aus. „Der Abendglast erreichte seine größte Leuchtkraft und lag als weißer Schmelzfluß in den Fenstern der Häuser." (DD 523, vgl. DD 383)

Diese Dialektik von Natur und Großstadt ist ja auch beim Dichter zu finden, der sowohl ganz stark Stadtmensch war (der Alsergrund, also mitten drin, war mehr sein Viertel als Döbling) als auch die freie Natur, das, wenn nicht Leben, dann doch Verweilen auf dem Lande, im elterlichen Haus in Prein, nahe der (→) Raxalpe, brauchte. Und gerade Großstadtromane wie DS und DD haben einige ihrer stärksten und ruhigsten Momente dort.[2]

In den Erzählungen und kurzen Romanen ist ein Vorherrschen von Natur als Wetter und Licht ein spezifisch Dodererersches Phänomen. Andere Natur, Wälder, Seen, fließendes Wasser, tauchen verstärkt in den Romanen auf, so als bedürfe es für ihre Einbringung und Schilderung der Ruhe der großen Form. Dennoch überwiegen auch hier Formulierungen, die Natur und Beleuchtung untrennbar verbinden und erstere in letzterer und unter ihren Bedingungen beschreiben.

- „Das alles erkannte ich erst später, als sich schon die Abendglut jenseits des Kanals um einen schmalen, tiefroten Herd zusammengezogen hatte." (DE-Heimkehr in die Jugend 214)
- „Der Himmel stand in höchstgesteigertem Blau. Aus dem trichterförmigen Felskessel riß die Sonne das Äußerste an

2 DS vor allem und passim, DD selten, aber z. B. 1335.

Schärfe der Kontur zwischen Licht und Schatten heraus, jede Vorwärtsbewegung der Glieder schuf neue und überraschende Wellen von Hitze, und auf den Graten oben, den kalkweißen, schienen die Lichtstrahlen schrillend an der oberen Grenze ihrer Schwingungszahl angelangt.“ (DE-Die Dogge Wanda 236)

- „Die Sonne schlug einen goldgelben Keil in das Tal hinein, der weit hinabreichte. Rechts floß der Bach.“ (EF 105 f.)

In den Beispielen scheint auch der Kontrast als Stilmittel auf, den Doderer besonders im Kontrastieren von Farben liebte. Er spricht vom „Aufsetzen des Himmelblaus auf das Grün“ (REP 234 f.), ganz früh schon heißt es im Tagebuch: „Grün, alles ist grün, gleich vor dem Lagertor; mitten darin eine rote Kirche; Ferne weiss im Dampf.“ (T I 216 – Mai 1924 zu GR) Überhaupt finden sich solche Naturbetrachtungen in den Tagebüchern, nicht als Vorübungen, nicht zur späteren Verwendung: „Die hier an allen Hängen herrschende Blumenpracht, die Fahnen und Flammen der blühenden Bäume: auch inwärts sind wir von ihnen bestanden, im Zimmer, und wenn wir dessen nicht gedenken. Am tiefsten aber leuchtet das Frühjahr bei leichtem lauem Regen, wie ein Brilliant im Etui von taubengrauem Samte.“ (TC IV 45 f.) Oder: „Der blaue See, rein wie Lack.“ (TT III 433, vgl. TT III 753: „Wie frisch lackiert, lackrein, nach frischem Lacke duftend, standen diese Dinge in mir ...“)

‚Lack‘ und ‚Himmel‘ gehen bei Doderer eine toposbildende Verbindung ein. Der Himmel ist „lackrein blau“ (achtmal in DS-DD-DW[3]), der Morgen des schicksalhaften 15. Juli 1927, der mit der Beschreibung verschiedener individueller Morgenwahrnehmungen beginnt (Quapp, Anny Gräven, Leonhard, Kajetans Bande, G-ff), hat auch die wundervolle Formulierung: „In die Pokornygasse floh schon in langen Fluchten das Tageslicht, vom Gestirne weg, das eben scharf abgesetzt und grell strahlend in den Himmelsrand schnitt, der rein war wie frisch hingestrichener Lack.“ (DD 1207) Wenige Seiten später ist der gleiche „Sommerhimmel“ für Leonhard „von absoluter, lackhafter, fast toter Reinheit“ (DD 1214).

3 Vgl. DM 116: „Über ihm stand der Himmel in einem Blau von indiskutabler Reinheit und Leere.“ Diese ausgefallene Formulierung findet sich sonst nicht im Werk.

Natürlich ist ‚Lack' auch eine starke Erinnerungschiffre (→ Büffet, Erinnerung, Geruch), und natürlich ist ‚Natur' auch oft Erinnerung, allerdings eher an die ländliche, ‚richtige' Natur. „Moos am Waldboden. Das Moos der Heimat. Der Boden, welcher alle meine frühesten Fehler schon trug und ertrug." (TT III 759–2.7.1950) So wird ‚lackiert' und vor allem ‚lackrein blau' ebenso zum poetischen, lyrischen Topos im ganzen Werk wie der Begriff ‚Lehnen' oder ‚Stützen':

- „Dahinter lehnte ein spät erst mit deutlichem Licht aufgehender Tag." EF 214[4]
- „... Glasscheibe, gegen welche die Sonne von außen den Finger stützte" EF 22
- „... draußen lehnte ein warmer Spätsommermorgen an den Scheiben." DS 20
- „... Wäldern, die schon pelzig in der Ferne am Himmelsrand lehnten" DS 417
- „Die Sonne lehnt sich südlich-warm an Felszähne." DG 112

Auch wenn von den (→) Jahreszeiten der Sommer eine besondere Rolle spielt, wird ihm doch nicht mehr Formulierungskraft zuerkannt.

„Der Frühling wächst, und bald in die Hitze ... und selbst in den Hinterhöfen liegt der Sonnenschein blank. Die ersten grünen Schleier zittern vor dem Gelb und Grau der Häuser oder draußen an den Hügelrändern wo das gesträubte Haar winterlich-durchsichtiger Baumwipfel sich neuerdings belebt." (EU 213)

„Das sprunghafte Märzwetter zog den Himmel über der Stadt dicht zusammen, jedoch bald entstand wieder irgendwo am Horizont ein langer, hellblau schimmernder Riß in den Wolken, durch den sich, überraschend, die Sonnenstrahlen legen konnten. Man sah dann erstaunt die Tiefe und Mächtigkeit dieser Wolkenschichten mit ihren kulissenartig hintereinander gelagerten Gebirgsketten." (DE-Ein Schneegewitter 282 f.)

Doch eine besondere Liebe, besonders im Spätwerk, galt all dem, was mit Wärme, Hitze, ‚Brand', ‚Glut' zusammenhängt.

4 Dies erinnert an die Nacht Mörikes, die „ans Land steigt und an der Berge Wand lehnt".

- „Schon legte sich auf die weithin gedehnten Wiesen des Tages Sonnenlast und wuchs zu getürmter Hitze.“ DW 34
- „Überraschend erschien der Rand des Sonnenballs wie ein Stück hellglühender Kohle.“ DW 286f.
- „… legte die Sonne sich an die roten Ziegelmauern, an diese gleichsam immer das selbe ebenso schöne wie unverständliche Wort richtend. Die langen Gebäude schwammen in das anschwellende Rot des Abendbrandes hinein …“ DG 237
- „In Weißglut strahlende Fensterscheiben eines fernen Gehöftes spiegelten den Sonnenglast und eröffneten die Weite noch mehr.“ DG 65
- „Und die Praterbäume standen im Westen silhouettenhaft dunkel vor den breit gelagerten Glutschichten des Himmels. Und aus dieser rotgoldenen Stille, zwischen dem Leuchten auf dem Wasser und den grünen Baumkronen …“ SK 116[5]

Die Natur vermag auch Liebenden Sicherheit zu geben: „Nun boten die Reste dieser Wege mit elastischem Nadelboden da und dort dem ziellos wandernden Paar lange Einblicke in den Wald, bestreut mit Sonnenkringeln, besäumt von mächtigen Moospolstern. Man ging an den Wald verloren. Er endete nicht, er begann nicht, er hatte die ganze Gegend, samt Robert und Monica, in seinen dunklen Mantel eingeschlagen und eingewickelt.“ (DW 288) So wird Natur, und hier ist es nicht die abwesende, zu Frieden: „Die Fülle des Laubes überall, die plätschernden Gerinne der Zirknitz, das Weg-Biegen eines Wiesenpfades aus der Sonne unter die mächtigen Kuppeln der Bäume, der Wasserstaub, darin ein einzeln durchs dichte Geäst dringender Sonnenstab lag, dies alles schlug blaue Schattenbuchten überall selbst in die Helligkeit des Mittags und überwog die herrschende Wärme.“ (DW 15)

5 SK hat auch wundervolle, kontrastreiche Beschreibungen von Schnee und seinen (→) Farben.

Personal

Es geht hier in erster Linie um das des Doppelromans.[1] Denn hier sind in seltener Anzahl und Konzentration Haupt- und Nebenfiguren miteinander verwoben und verflochten. Eine Matrix, wer wen über gesellschaftlichen Verkehr hinaus kennt, würde eine erstaunlich dichte Verteilung zeigen. Sie, mit fast 120.000 Feldern, zu erstellen ist nicht möglich. Schon eine der Liebesbeziehungen würde den Rahmen leicht sprengen.

Doderer handelt von Menschen und Schicksalen und achtet den modischen Vorwurf der Trivialität ebensowenig, wie er angebracht ist. Er bringt uns in dichter und plastischer Beschreibung die Menschen, ihr Aussehen und Verhalten, ihre Bewegungen, Verflechtungen und Sprache näher. „The juxtaposition of various biographies does not permit continous development, but necessitates frequent retrospection."[2] Das Tagebuch verrät die durch die Komplexität konditionierte Nähe zu seinen Personen, die ihn oft mehr antreiben als er sie und die ein Eigenleben durchgängig führen, in dem sie ihren Schöpfer auch beherrschen und dirigieren. Der Dichter bewegt sich „auf den Spuren des Conrad Castiletz" (T II 1074) und warnt sich selbst, an „keine Figur meines Lebens ... verloren zu gehen".[3] Wolff stellt zu Recht fest, daß ab ca. 1940 „nicht mehr Reflexion, sondern die Figur am Ausgangspunkt von Doderers Erzählen" steht.[4]

Aber der Dichter hat eine vertrackte Art, uns seine Personen stückweise vorzustellen und uns Informationen über sie so ver-

1 Von diesen Personen finden sich in anderen Werken und identifizierbar nur Julius Zihal (EF), Jan Herzka und Slobedeff (beide DB), Maria Rosanka und Albert Lehnder (EM). Außerdem die (→) Alter Egos, die sich als Schlaggenberg (DB, DE), Döblinger (DE, DM) und Stangeler (SK, JB, GR, DE) oder gleich direkt Doderer (DW, DG) ohnehin durch das ganze Werk ziehen. Jutta Bamberger findet sich in Paula Schachl und Renata/Licea auch in DS und DD. Als Namen, nicht Personen finden sich ferner Mary (K.?) (DE-Die Lerche), Dr. Catona (DE), Laura Konterhonz (JB). S. Anm. 2 zu (→) Verflechtung.

2 Weber 1968, S. 365.

3 T II 1191; in der Folge erblickt Schlaggenberg dann Zihal und Scolander im Gespräch auf der Straße.

4 Wolff 1969, S. 44ff.

steckt und verfremdet zu geben, als wolle er seine genaue Kenntnis gar nicht oder nur dem auserwählten Ideal-(→)Leser kommunizieren. Dies gilt für Protagonisten, Hauptfiguren, aber auch für ansonsten gänzlich belanglose, falls es so etwas in diesem Werk überhaupt gibt, Nebenfiguren. Es umschließt auch Namen (komplette wie Teile), Berufe, Verwicklungen, Bekanntschaften, Liebschaften, Verwandtschaften und Ehen. Zwei Beispiele:

- Der Sektionsrat Geyrenhoff, (→) Verfasser (jedenfalls vordergründig und teilweise) von DD, kommt dort oft abgekürzten Nachnamens und gänzlich ohne Vornamen, jedoch gelegentlich mit Initial, vor. Also (Titel) als Sektionsrat Geyrenhoff, im Text öfter als ‚Herr von G-ff' oder nur ‚G-ff' (nach Dostojewski, dann, wenn er selbst schreibt, → Einflüsse/Zitate). Sein Vorname Georg erschließt sich einmal in DS, als ihn Marchetti als ‚Schorsch' anredet (DS 188), und einmal in DD, als Eulenfeld ‚Georg' zu ihm sagt (DD 242). Auch hier sehen wir einen Verweis auf die Verflechtung. Daß er auch Oberleutnant war, wird nur singulär und versteckt erwähnt (DD 833). Dabei kann Doderer sich sonst, vor allem bei Melzer und in seinem militärischen Dunstkreis (bestehe der auch vor allem aus Major Laska), oft gar nicht genug tun mit den militärischen Titeln. So aber auch, zu seiner Ehrenrettung sei es gesagt, mit denen aus dem bürokratischen Teil der Monarchie und später der Republik.
- Der „bierbrauende Oheim" (DS 68), „wohltätige Onkel" (DS 75) Melzers, der sich sieben Seiten weiter als Mitinhaber der ‚Dreherischen Actienbrauerei' schon stärker definiert sieht und schließlich weitere dreizehn Seiten später auch einen Vornamen, nämlich David (und Nachnamen, Melzer, er hätte ja auch Oheim mütterlicherseits sein können), erhält. Daß dieser ausgerechnet ein jüdischer ist, wird dann als Ironie kenntlich, wenn dieser Onkel, der Melzer jahrelang in seiner Offizierszeit finanziert hat und den er nunmehr beerbt, als Haupthindernis zur Eheschließung mit Mary Allern (später Mary K.), der Jüdin, uns vorgestellt wurde. Aufgetreten in persona ist er jedoch nie, und dies können wir gern verschmerzen.

Solches spielerische Unterdrücken von Namen hat Doderer bei Emil Lucka gesehen und es programmatisch (das Buch liegt auf

Geyrenhoffs Nachttisch!) Edouard Langl in den Mund gelegt: „da erfährt man erst in der Mitte einmal und so ganz nebenbei, wie der Held überhaupt heißt, der Name kommt nur ein einziges Mal vor.“ (DS 190)

Auch Ironie im besten Dodererschen Sinne ist es natürlich, wenn Melzer zum Mittagessen „in eigentlich pietätloser Weise“ (DS 68) ein Glas Wein sich bestellt. Oder wenn das, indirekte, Auftreten des verstorbenen Onkels in diesem Buch wie folgt beendet wird: „... obendrein aber seinen Onkel David Melzer, den militaristischen Bierbrauer, nicht unerheblich beerbt, was zur Konsolidierung der Verhältnisse ebenfalls beitrug.“ (DS 88) Kaum hat der Leser ihn endlich kennengelernt, ist er wieder verschwunden.

Doderer spielt mit dem Leser, nimmt ihn aber deshalb auch ernst. „Daß es Monica's Wohnung ist, mag der Leser erraten oder auch nicht erraten: aber es conditioniert nichts in der Composition.“ (T V 224) Natürlich soll er es erraten, das ist der Sinn des Versteckspiels, die Herausforderung Doddererschen Schreibens, mag es nun ‚roman muet‘ heißen oder nicht.

Ähnlich seinem Vorgehen im chronologischen Bereich (→ Chronologie), wo Daten sich oft erst nach vielen, manchmal Hunderten von Seiten erhellen, macht er es auch mit Personen oft so, daß er sie nicht auf einmal vorstellt, sondern man über lange Abstände ein Bild der Persönlichkeit und ihrer Umstände gewinnt, gerade auch solcher, die eng miteinander verbunden sind und für deren Nicht-Erwähnung es keinen vernünftigen Grund gibt. Dies ist eng dem Reifepunkt verwandt, der in gleicher Weise den (→) Leser hinsichtlich Handlungsabläufen fordert.

Noch ärger treibt es Doderer beispielhaft in bezug auf das zufällige Treffen Melzers mit dem Baurat Haupt. Der Mitreisende in einem Zugabteil während des Ersten Weltkrieges, an den der Amtsrat sich während des wichtigen Gespräches mit René Stangeler am 2. September 1925 in seiner Wohnung (Bärenfell!!) erinnert (DS 691 f.), ist niemand anderer als der Gatte von Asta, also Renés Schwager. Man kann es nur dann merken, wenn man auf Seite 518 genau hingeschaut und ein gutes Erinnerungsvermögen hat. Oder, und das ist es, was Doderer verlangt und verdient, ihn immer wieder liest.

Daß immer wieder Personen ohne Vornamen, manchmal ohne Nachnamen, manchmal ohne beides oder nur mit Kürzeln auftauchen, ist erst dadurch bemerkenswert, daß dem keinerlei Logik oder Folgerichtigkeit unterliegt, keine Wichtigkeit, Hierarchie oder sonstiges zugeordnet werden kann, sondern ausschließlich die Willkür des Autors entscheidet. Von den für den Roman völlig unbedeutenden drei Herren Glenzler, Reichel und Zepler (bei der Allianz-Zeitung) hat sich der letzte irgendwie den Vornamen verdient. Warum aber nicht eine wichtige Person wie der oben erwähnte Baurat Haupt, immerhin Schwager Stangelers und auch sonst keine uninteressante Figur? Vom Vornamen des Protagonisten von DS, (→) Melzer, den Doderer vorgibt, nicht zu kennen (DS 892), ist hier ganz zu schweigen. Oft werden uns die Vornamen auch erst in gebührender Distanz mitgeteilt, so zum Beispiel bei Direktor Altschul, den wir auf Seite 39 von DS kennenlernen. Seinen Vornamen enthüllt uns Doderer erst DD 56. Madame Libesny hat zwei Töchter, einen Namen erfahren wir (Price), den anderen nie.

Und schließlich gehört es auch in diese Kategorie des vertrackten Spiels, welches der Autor mit dem Leser treibt, daß Melzer und Thea Melzer geb. Rokitzer nicht in DD auftreten, obwohl sie mit vielen Personen aus DD in DS eng verkehrt haben, wie René Stangeler, Eulenfeld, Mary K. Es wird sogar in DS vom „späteren Umgange unseres Ehepaares mit Frau K." gesprochen (DS 906). Jedoch werden sie, ganz am Rande und ohne Namen, geradezu versteckt, erwähnt, im Rückblick auf Marys Unfall (DD 992 f.).

Trix „wußte auch den Namen jenes Majors", aber sicher nur seinen Nachnamen, denn seinen Vornamen kennt ja niemand, bekanntlich auch der Autor nicht. Trix nennt den Namen ‚Melzer' Leonhard gegenüber, aber dieser hatte den Namen des Mannes wenig später schon wieder „vergessen", der auch in der Liebe zu Mary K., wenn auch in einer unerfüllten, sein Vorgänger war. Dies erinnert stark an den Beginn des ‚Don Quijote' und das Dorf, an dessen Namen sich der Erzähler in richtiger Übersetzung nicht erinnern „mag". Cervantes allerdings wird weder in DD noch in DS erwähnt oder zitiert. Im Tagebuch heißt es zu diesem Thema: „Es wäre denkbar, Melzer's (und Thea's) Geschichte in den ‚Dämonen' weiter zu erzählen und so zu zeigen, in welche Lage ein zum Spirituellen entschlossener Mensch – der gleichsam auf die richtige Seite gefallen ist – gerät, wenn ihm der konkrete Hebel des Talents dazu fehlt, und seiner

Decision die Begabungen nicht einfach folgen." (TC IV 56, gegenteiliger Entschluß sechs Monate später: „Melzer kommt überhaupt nur als ... Hintergrunds-Punkt in Frage." TC IV 89)

Oft auch entschwinden Personen, auch solche mit zentraler Bedeutung, für längere Zeit, um unvermutet wieder aufzutauchen: Leonhard Kakabsa exit DD 121, re-entrat DD 516. Die männliche Hauptfigur (!!) Dwight Williams entschwindet DD 46, kehrt zurück DD 532. Ähnlich ergeht es sogar dem Chronisten und (→) Verfasser von DD, der von Seite 499 bis 827 verschwunden ist. Das erinnert an das Spiel mit Melzers Vornamen oder mit den Nachnamen von Oskar und Mary K. Es sind dies natürlich auch ungeheuerliche (→) Gemeinheiten, über deren vermutete Rezeption der Erfinder herzhaft gelacht haben wird. Dies gilt exemplarisch für Dr. Adler, bei dem mehrere dieser Taktiken angewandt werden. Er taucht in seiner Funktion als Paula Schachls Arbeitgeber in DS 134 auf, mit Namen erst 603 Seiten später, mit Vornamen nie. So erfahren wir dann, daß wir ihn als Tennisspieler und -partner von Mary K. schon kennen. Bestätigt wird es DS 771. Na also! Er gehört, wie Hunderte andere, zu den Rand-, Nebenfiguren, die Doderer mit ebenso großer Präzision und Sorgfalt zeichnet wie seine Protagonisten. Hier werden Personen entwickelt und detailliert abgebildet, auch wenn sie nur ab und zu und ohne Bedeutung für die Entwicklung des Romans sich zeigen. „Von den Randfiguren her kommt das Licht in meine Composition, wandert mein Buch in sein Centrum hinein von allen Seiten. Charagiel, der Prinz, Dr. Williams, Drobil." (TC IV 215)

Ähnliches finden wir auch in anderen Werken Doderers. Insgesamt ist es eine der Ausprägungen (→) „episodärer Zentrierung", welche die Haupt- und Nebenlinien und damit Haupt- und Nebenpersonen auf parallelen Gleisen laufen läßt, die sich in der Unendlichkeit treffen. Solche Abhängigkeiten sind, wie es auch dem Prinzip des (→) roman muet entspricht, den Handelnden selbst nicht bekannt, sie tappen im dunkeln über ihre Verflechtung mit anderen („Bezüge, den Trägern unbekannt ..." TC V 232f.) Das folgende Personenverzeichnis zeigt die Verflechtung und Komplexität deutlich.

Personenverzeichnis

Dies ist das komplette Verzeichnis der Personen in DS und DD. Es umfaßt dreihundertundsiebenunddreißig Namen.[1]

Auch Personen, die nur kurz, auch von Dritten, erwähnt werden und weder auftreten noch durch eigene Zeugnisse (z.B. Testament, Urteile über sie, Zitate) sich offenbaren, erhalten in der Regel einen Eintrag, sofern sie nicht aus subjektiven Gründen ganz unwichtig erscheinen. Personen, von denen nur Funktion/Beruf/Verwandtschaftsgrad erwähnt werden (das Stubenmädchen, die Gouvernante, der Chauffeur, der Gesandte, der Stiefvater Leonhards), bleiben unberücksichtigt, sofern sie nicht eine Rolle spielen oder näher beschrieben werden. Letzteres gilt z.B. für den jungen Polizeibeamten, der nach Mary K.s Unfall Melzer und Thea Rokitzer bei der Ersten Hilfe beisteht. Allerdings stellt sich (DS und DD zusammengenommen, 1.050 Seiten später) heraus, daß es Leonhards späterer Freund Karl Zeitler war. So lange ist der Leser im dunkeln gelassen oder sogar an der Nase herumgeführt worden.

Auch für den Hofrat im Amte Melzers und dessen Vorgesetzten, zu dem Vater Rokitzer sich am 22.9.1925 begibt, gilt dies. Er wird uns sympathisch und umfangreich geschildert, er unterhält sich länger mit dem Besucher, wird sogar zur Hochzeit eingeladen; aber: kein Name, noch nicht einmal ein Kürzel. Doderer begründet diese Auslassung damit, daß er seinen Namen nicht kenne. Und

1 Erst nach Abschluß der Arbeit an diesem Stichwort im Juli 1998 machte mich Gerald Sommer, Berlin, auf eine noch ungedruckte Dissertation an der Universität Wien aufmerksam, von Martin Voracek, die alle Namen bei Doderer aufliste und erläutere. Ein Einblick in diese überaus gründliche und umfassende Arbeit (133 Nennungen für DS und 248 für DD ohne Saldierung und bei weiter gefaßten Kriterien) ergab, daß aufgrund eines ganz anderen, nämlich in erster Linie etymologischen und onomastischen, teilweise auch biographischen und werkvergleichenden Ansatzes eine generelle oder weitgehende Überschneidung nicht gegeben ist, dieser Ansatz aber mit dem meinigen eine interessante Komplementarität hat. Ich empfehle daher jedem Interessierten die Lektüre dieser Untersuchung. Die Stichworte wurde an einigen Stellen um entsprechende Hinweise ergänzt.

fügt infamerweise hinzu: „Geyrenhoff kannte ihn" (sein Alter ego also). Natürlich wird das St. Valentiner Zihaloid (keine Berufsbezeichnung) aufgenommen, ebenso der Wirt der ‚Hohen Warte'.

Reale Persönlichkeiten wie z. B. Hermann Swoboda (DS 269) oder Architekt Jaeger (DS Widmung) erhalten keinen Eintrag, ebensowenig Figuren der Geschichte wie Pfarrer Nikitsch (DD 548), Anwalt Riehl (DD 624) oder Gerichtspräsident Preschitz (DD 556), wohl aber als Handlungsträger Pepi und Csmarits. Auch werden die Namen aus dem mittelalterlichen Manuskript („Dort unten") nicht aufgeführt, entsprechend auch nicht die Frau Kotaner (DD 448). Auch nicht die Traumfiguren der Kaps. Wohl aber wird Scolander/Gütersloh aufgenommen, weil er über die Erwähnung hinaus eine eigene (liebevolle dazu und damit verfälschende) Zeichnung erhält. Nicht erwähnt werden auch die ‚Dicken Damen' des Kajetan von Schlaggenberg, die nur typologischen Charakter haben. Eine davon kommt auch als handelnde Person vor, nämlich Lea Wolf als Lea W. Hingegen hat die Thea R. Kajetans nichts mit der Thea Rosen zu tun hat. Geschweige denn, natürlich, mit Thea Rokitzer!

Das ‚von' wird prinzipiell weggelassen, weil dies viel Platz spart, ungefähr ein Viertel der Personen wird gelegentlich oder ständig mit diesem Zusatz versehen. Doderer selbst verzichtet bei der Konterhonz darauf, weil es, wie er sagt, „grauslich klingt" (DD 415). Wenn ein Vorname nicht genannt wird, ist er von Doderer nicht angegeben worden. Bei Nachnamen oder Abkürzungen wird extra darauf hingewiesen. Fundstellen werden, von Einzelfällen abgesehen, nicht angegeben, soweit der Text selbst betroffen ist, durchaus jedoch bei Zitaten aus den Tagebüchern. Auf die Nationalität wird nur hingewiesen, wenn sie nicht die österreichische ist. Wörtliche Zitate werden nur, wo es angebracht erscheint, in Anführungszeichen gesetzt. Also: Sie ist üppig vs. Sie ist „buchtig gebaut".

Der Fettdruck eines Namens bedeutet Auftreten in DS und DD (insgesamt 37 Nennungen[2]). Aus nur DS gibt es 106 Nennungen, aus nur DD 194. Die Seitenzahl steht für die erste Erwähnung oder den ersten Auftritt. Abgekürzt wird nur G-ff.

2 Lt. Voracek, S. 69, überschneiden sich 36; da sie bei ihm nicht gesondert ausgewiesen sind, konnte ich nicht feststellen, wo die Differenz liegt. Ich vermute, es handelt sich um Karl Zeitler.

Überproportional kommen an Anfangsbuchstaben vor: G (37), S (46) und Z (15).

Abheiter, Herr DD 1194 Direktor (mit Szindrowitz) des Verlages Pornberger und Graff, eine René „in höchstem Grade unbekannte Verlagsanstalt", der hinter Renés seltsamem Manuskript her ist.

Achilles DD 466 Nachname nicht bekannt, Logendiener im Opernhaus, „ein alter rasierter Lakai aus der kaiserlichen Zeit"; er grüßt G-ff zeremoniös, als dieser am 14. Mai vor dem Treffen mit Friederike in deren Loge steht.

Adler, Dr. DS 55 „Ein in Wien damals sehr bekannter Rechtsanwalt" in der Marc-Aurel-Straße, bei dem Paula Schachl im Jahre 1911 ff. als Bürokraft angestellt ist. Als diese mit Alois Pichler verheiratet und Mutter ist, besucht sie ihren früheren Arbeitgeber wieder. Dieser kann sich vor Freude kaum fassen, so daß seine Mitarbeiterinnen denken, er wäre frisch verliebt und zwar in Paula.

Adler, Frau DS 56 Ehefrau und Tennispartnerin. Beide Adlers sind im gleichen Alter wie Mary und mit den K.s befreundet. Auch später ist ihr Mann „zeitweise immer noch in seine Frau verliebt" und durchaus nicht in Paula.

Allern, Herr DS 64 „Der alte Allern", Marys Vater. Er war „wahrscheinlich froh drum", daß Melzer nicht um die Hand der Tochter angehalten hatte.

Altschul, Edouard DS 39/DD 56 Deutscher (Frankfurt), Bankdirektor, ein großer, sehr gepflegter, sympathischer und gut aussehender Mann von „Gescheitheit und Urbanität". Aber im April 27 von „mattem" Gesicht und grauer Haut wegen Sorgen. Levielle hat ihm übel mitgespielt. G-ff hilft ihm später sehr durch Transferierung der Ruthmayrschen Depots, in seiner Rolle als Levielle nachfolgender Vermögensverwalter Friederikes (bald danach auch Ehemann).

Altschul, Rosi DS 39/DD 56 Ehefrau, gut, dick und blond bis rotblond, „buchtig gebaut", appetitlich, gepflegt und hübsch. Sie fragt viel, wartet jedoch nie auf Antwort und spricht „sogleich schnell weiter".

Anita DD 1031 Nachname nicht bekannt, Hure, dick und quelläugig, ordinär. Sie wird auch ‚Grammel' genannt (Röststückchen, die beim Auslassen von Schweinefett entstehen). Sie und Anny sollen für Herzka ‚lebende Bilder' stellen, aber weil Anita zu dumm und besoffen ist, vermasselt sie es. Am 15.7.1927 ist sie, wieder betrunken, Teil der Menge.

Biese, Helmut DS 11 Deutscher, Auto-Vertreter aus Berlin. Eulenfeld kennt ihn natürlich von daher. In Höpfners Rede am 5. September 1925 (Melzer gerät in fürchterliche Gesellschaft) ist viel von Biese die Rede, als dem Opfer von Höpfnerschen Scherzen (‚Organisation Negria').

Binder, Herr DD 622 Ebenfalls ‚Oheim' Pepis, wie Csmarits, aber nur ein sogenannter. Er hebt die Leiche des kleinen Pepi, am 30. Januar 1927 in Schattendorf erschossen, auf.

Brandeis, Dr. DS 134 Arzt im Allgemeinen Krankenhaus, hat dort im Winter von 1910 auf 1911 Paula Schachls verstauchten Fuß behandelt.

Brauner, Herr DS 340 Kamerad Stangelers und „ebenso wurstig", „drückte sich gern ins nächste Wirtshaus bis zum Ende der Übung".

Budau, Herr DS 101 Editha Schlinger nennt ihn einen „der hervorragendsten Armleuchter, die in Wien herumlaufen" und „Haus-Idioten", der Rittmeister Eulenfeld sagt von ihm, er liefe wie ein „Pferd mit Hahnentritt".

Budau, Ingrid DS 52 geb. Schmeller, Anlaß des Auftritts auf der Stiege nach einem Skandal im Elternhaus, der einer der zentralen Momente von DS ist. Sie war mit Stephan Semski, den sie nicht liebt, erwischt worden („ein Kuß zur Unzeit, mehr nicht"). Die Petzerin, beim alten Schmeller, ausgerechnet gerade in sie verliebt, war Editha Pastré. Ingrid Budau sieht laut dieser aus wie eine „aufgeweichte Semmel", erscheint aber vor dem Auftritt auch Asta so, mit der sie gut befreundet ist. Diese bemerkt in ihr auch etwas Unselbständiges, gar Träges.

Bullogg, Prof. DD 823 Amerikaner, ursprünglich Ungar. Er ist der zweite Schwiegersohn von Frau Libesny, Historiker, Mediävist, Professor an der Harvard-Universität. Früher war er (richtiger Name Balogh) Gymnasialprofessor in Budapest. Er ist, wie sein Name, „kurz und gedrungen". Arbeitet mit René an dessen Fund und fördert die Publikation nach Kräften. Bruder Frau Garriques.

Bullogg, Frau DD 475 Ältere Tochter Frau Libesnys, auch bildhübsch. Sie hat einen „zehnjährigen, fetten komischen Buben", wie Kajetan es formuliert.

Bullog jun. DD 1123 Eben dieser Sohn, ein aufgeweckter Junge, Lilian Garrique nennt ihn den „kleinen Bully".

Buschmann, Otto DS 188 Baron, auch Buschi, auch die ‚rote Wiesenameise' genannt. Er gehört zum Kreis um G-ff, der sich am 20. August 1911 auf dessen Hotelzimmer versammelt und „über Tod und Leben und England" sich unterhalten hat. Unglücklich verliebt in Etelka, G-ff bewundert ihn auf seine Art. Buschi mag Langl wegen dessen infamen Reden nicht. Er spricht klug vom ‚Englischen' und der Faszination, die es ‚durch die Art zu leben' ausübt. Er bleibt im Krieg.

Cassullo, Herr DS 836 Mimis Zahnarzt in Argentinien.

Catona, Lilly DD 517 Freundin von Trix und Fella, einziges Kind eines Arztes (dessen Namensvetter in DE-Untergang dem Hausmeister zwei Ohrfeigen gegeben hatte, „die genügt hätten, einem Elephanten geschwollene Backen zu machen"), wohnt Ecke Wallensteinplatz/Jägerstraße in einem „abscheulichen Gebäude". Die „dicke" Lilly ist „eine sehr hübsche Rotblondine, viel lachend und einen reinen gesunden Geruch verbreitend, der zwischen dem hellen Schweißdunst der Blondinen und kälbernem Milchduft die Mitte hielt". Lilly und Fella sind Klassenkameradinnen und arbeiten nachmittags manchmal zusammen, warten dann auf Trix.

Charagiel, Graf DD 607 Ein französischer Graf, der Claire Neudegg heiratet. Daß er ihr seinen Namen gibt, ist die einzige Funktion, die er im Roman innehat. Das Paar hat in der Schweiz gelebt. Prinz Croix nennt ihn ungewöhnlich rüde einen alten „Trottel, sie hat ihn totgeritten und es sich dann gut gehen lassen".

Cilli DD 83 Nachname unbekannt, Mädchen bei Markbreiters.

Cobler, Herr DD 331 Pole, Chefredakteur einer Zeitung im Allianz-Verlagskonzern, überwacht von Schriftleiter Wangstein. Er hält eine schützende Hand über Kajetan (nicht Cajétan), er tut dies also nicht um des Levielle willen. Schlank und grazil, aristokratisches Wesen von „außerordentlicher Häßlichkeit", ein „fast kahlhäuptiger, fünfzigjähriger Mann mit einem Geierkopf".

Croix, Prinz Alfons DD 201 Er ist etwa im gleichen Alter wie sein Freund G-ff, seine Stimme „kommt wie ein reiner Ton aus einem gut gestimmten Instrument". Er ist sehr gebildet, ein „meisterhafter“ Klavierspieler. Gegenüber Mary K. ist er „bescheiden, ja fast schüchtern“. Er stellt Leonhard ein, beide werden mit dieser beruflichen Verbindung glücklich, es bestehen große Sympathie und Respekt auf beiden Seiten. Seine Reaktion auf ein dummes Wort Hubert K.s zeigt die Hochachtung des Prinzen für den „Arbeiter“, der bei ihm zum brillanten Bibliothekar wird.

Prinz Croix, Hubertus DD 576 Vater oder Bruder von Alfons, im Krieg ist er Rittmeister und ein großartiger Offizier. Er sieht sofort, was Gach kann. Dieser erzählt davon, wie überhaupt vom Krieg ausführlich, Leonhard und Niki.

Csmarits, Mathias DD 553 Einäugiger Kriegsinvalide mit Papageiennase und kantigem Schädel („Quadratschädel“, wirklich wie im übertragenen Sinn) aus dem Burgenland, den Leonhard in einer Schenke kennenlernt. Bruder der Frau Kapsreiter. Vor dem Krieg war er Eisenbahner, jetzt Magazineur und fallweise Weineinkäufer für Wiener Wirte. Sein Neffe Pepi ist oft mit ihm zusammen, was für Tante Kaps „nicht das richtige für so ein Kind ist“, denn er nimmt ihn mit in die Kneipen. Mitglied des ‚Republikanischen Schutzbundes‘. Er wird am 30. Januar 1927, mit Pepi, von Mitgliedern der ‚Frontkämpfer‘ erschossen. Reale Person.

Deidosik, Frau DS 356 Die erste Frau Zihals, reich, achtzehn Jahre älter, hat ihm ein Vermögen hinterlassen.

Diwald, Anna DD 325 Nur ‚Didi‘ gerufen, Bedienung in ‚Freud’s Branntweinschank‘, Geliebte des Inhabers wie Meisgeiers. Sie ist „ein hübsches, dralles Weib von etwa siebenundzwanzig Jahren mit dichtem aber feinem dunklen Haar, rundem Gesicht und mit Augen wie Herzkirschen“. Ihr „typisches Requisit“ ist eine dicke Handtasche. Sie sieht für Holder so aus, wie er sich immer die Gruschenka aus den Brüdern Karamasoff vorgestellt hatte, „frech und stark“, „ein Kerl – dieses Weib“. Sie hat im Leben alles durchgemacht. Mandelförmige Augen. Sie stirbt mit dem Meisgeier in der Kanalisation.

Döblinger, Dr. DS 361/DD 152 Alter ego, Pseudonym von Schlaggenberg („der übrigens, aus mir unbekannten Gründen, zeitweise auch unter dem Namen Doktor Döblinger auftritt“, aber eigene Figur in EF (als Doctor Döblinger) und DM. In letzterem Roman spielt er eine Schlüsselrolle, wird aber als äußerst unangenehmer Typ – „grauslich“, „ordinär“, „aufgetümmelt" – geschildert. In einer Fußnote wird sein Vorname als Caetanus, also Kajetan, enthüllt. Nachname kommt von Döbling, wo er ebenso wohnt wie G-ff. Der Doctor (nur so in DM, jedoch „Doktor Döblinger" in DS/DD!) Döblinger der DM ist ein boshafter Prügelfreund, der von DS/DD vor allem ein Liebhaber üppiger Frauen. „Der Dr. Döblinger, der ‚Mädi' zu Gmunden gesehen und flüchtig kennengelernt hat, war von ihr geradezu paroxistisch begeistert, sagt über sie lauter abseitiges, ungezogenes Zeug, wie's nun einmal seine Art war (auch in bezug auf Mary K. konnt' er's ja nicht lassen)." Er liebt Exzesse (Banden) und Brachialitäten. Gute und offene Beziehung zu Zihal, der zu ihm aus völlig unverständlichen Gründen „sehr offenherzig" ist.

Draxler, Beppo DD 115 Dr. jur. und 1927 noch im Bankfach (Tlopatsch versucht, ihn zu Dr. Trapp zu vermitteln), auch „Tangospieler samt Instrument". René ist einmal ganz grundlos eifersüchtig auf ihn, er haßt ihn und seine Umgebung von „mehr oder weniger harmlosen und durchschnittlichen" Freunden. Draxler spielt die „Guitarre" am 8.1.1927 vor Friederikes Haus. Hervorragender Tischtennisspieler, schlägt auch Imre beim (→) Tischtennistee.

Drobil, Emma DD 25 Geboren 1906, von Freunden auch ‚La Drobile', von Doderer auch ‚die Drobila' genannt. Böhmin, gescheit, gebildet, hübsch, arbeitet in Wien bei einer Transportfirma. Groß und gut gewachsen, ihr „hoher Busen" zog „in beträchtlicher Prozession wie ein Herold" vor ihr her, daher die „beachtliche Drobila". Schön und schwarzhaarig. Ab Sommer 1926 ist sie eng mit Dwight Williams befreundet. Sie wohnt in der Hietzinger Hadikgasse. Zu dem „Platzregen von Banalitäten" am Romanende gehört auch ihre Vermählung.

Dufour, Yvonne DS 629 Angestellte im Hause Scarlez. Mimi benutzt ihren Paß beim Durchbrennen.

Dulnik, Herr DD 211 Direktor einer Papierfabrik in der Umgebung Wiens. Ganz hübscher Bursche, im Jahr 1927 etwa vierzig Jahre alt. Er spannt Neuberg die Angelika aus, worüber dieser sich sehr freuen sollte. Klient Dr. Trapps. Erfinder der Werbung auf Toilettenpapier. Damit ist alles gesagt. G-ff erscheint er auf dem Fest Friederikes am 23.6.1927 „groß wie ein Ofen, die Frackbrust aber wie ein beschneiter Dachfirst". Er ist in der Nachfolge Neubergs mit Angelika offiziell verlobt.

Ederl, Herr DD 130 Malermeister, verkehrt im Café Kaunitz. Er ist Meister im ‚Schnapsen'. Trinker, „großes, rundes brotlaibartiges Angesicht", „von Betrunkenheit aufgeweicht". Eine „vollgesoffene Spinne".

Eulenfeld, Otto DS 11/DD 10 Deutscher, Baron, Rittmeister, Freiherr, „alter Husar" (14. deutsches Husarenregiment). Mary K., der er „nichts vormachen kann", nennt ihn „Zerrüttmeister", so auch Kajetan.[3] Nach dem Krieg verarmt, wird er Zeitungsausträger, Fahrschulleiter, arbeitet sich hoch zum Vertreter von Industriefirmen. „Starker Trinker", hat immer Alkohol dabei, meist in einer flachen, „aber sehr geräumigen" Flasche, „ganz aus Silber", worin Cognac oder Gin sich befinden, seine manchmal systematischen Besäufnisse enden in „Nebelflecken". Bei starker Trunkenheit wird das Monokel benutzt. Er ist ein Gesellschaftsmensch („ihn kennenzulernen muß damals in Wien überhaupt schwer vermeidlich gewesen sein"). Er berlinert gelegentlich – in nüchternem Zustand –, spricht besoffen Hochdeutsch. Mary hielt ihn „eigentlich für eine Art Krankheit". Frauenheld, gut aussehend und sehr groß („zahlreiche Wiener Frauen, in deren Leben der Rittmeister hineinspielte ..."). Er ist zeitweilig der Geliebte beider Pastré-Schwestern wie der erste Theas. Nach dem Krieg war er für einige Jahre in Südamerika und England, hat auch im Gefängnis gesessen. Ein manchmal übler, aber dennoch nicht unsympathischer Typ, der Prototyp eines oberflächlichen, egoistischen Mannes, mit vielen Widersprüchen

3 Voracek (S. 402) verweist auf achtzehn verschiedene Arten, ihn in DS zu bezeichnen. Die Variation ist bei Doderer typisch, so umfangreich ist sie jedoch nur bei sehr wichtigen Personen wie Fraunholzer (15), Geyrenhoff (15) , Mary K. (10), René Stangeler (25), Grete Siebenschein (15) , Melzer (25), Thea Rokitzer (22) Leonhard (15), Kaps (13), Renata (14), Hans Neuberg (13) und Quapp. Bezüglich DD verweist Voracek (S. 264) auf den hochinteressanten Umstand, daß in der letzten Nennung Eulenfelds im ‚Feuer-Kapitel', „wo er endgültig als Alkoholiker, nun bar seines vordem unwiderstehlichen Charmes, demaskiert wird", nur noch ‚Eulenfeld' genannt wird. So ganz unwiderstehlich ist er vordem wohl auch nicht gewesen. Der Autor schwankt auch schon vorher zwischen Zuneigung und leichtem Ekel, erstere überwiegt aber, sonst wäre er kaum bei Mary K. so gut, wenn auch mit kritischem Abstand, angenommen worden.

und weichen Seiten ausgestattet. Er besitzt z.B. in hohem Maße die „Fähigkeit zur Freundschaft" und ist in TT III „der alte Lausbub". Er beschützt Melzer vor Schlingerschen Intrigen („An Melzer wird nicht herumgeklimpert. Ihr werdet seine Gutartigkeit und Ahnungslosigkeit nicht ausnützen"). Auch ist er durchaus nicht dumm und zu äußerst klugen Kommentaren fähig, die allerdings Einzelaussagen bleiben, er entwickelt nicht, wie z.B. Stangeler, komplette Argumentationsabläufe. Stangeler selbst hält ihn für klug und zitierenswert („Der Rittmeister hat mir einmal gesagt ..."). Er ist der informelle Anführer diverser Banden, wie z.B. der ‚Düsseldorfer', zuletzt der (→) Unsrigen. Er stellt sich auch gegen Körger mit dessen Antisemitismus, verkehrt aber mit ihm wie Schlaggenberg mehr, als ihm guttut. Sein Treffen mit dem ‚Grafen' könnte allerdings in eine solche Richtung deuten. Tatsache jedoch ist, daß „niemand sofort und geradewegs auf den Hund ... kommt ... Erst kommt man auf den Eulenfeld und dort muß es sich entscheiden." Seit Februar 1927 wohnt er in der Gartenvorstadt, unweit G-ff.

Eulenfeld, Herr DD 313 „Der alte Eulenfeld", Baron, Vater des Rittmeisters, Original mit Seehundschnauzbart.

Fessl, Herr DD 1226 Beamter der Gebäudeverwaltung der Universität. Kaltblütig, ihm und dem Universitätsportier Meyer gelingt es, am 15. Juli 1927 das Hauptportal zu schließen.

Fiedler, Herr DD 152 Buchhändler. „Kleiner, bebrillter Herr." Seine Tochter Malva ist dem Witwer der „Inhalt seines Lebens". Ihm gehört nicht ihre Liebe, aber ihre Zärtlichkeit. Er begeistert sich für klassische Sprachen und griechisch-römische Waffenkunde. Er sähe Leonhard gerne als Schwiegersohn.

Fiedler, Malva DD 139 Lehrling beim Vater. Sie hat grüne Augen, ein Katzengesicht mit großem Mund, sehr erotische Erscheinung. Leonhard, den sie arg beflirtet, sie findet ihn „faszinierend", und dessen erotische Phantasie sie stark anregt, empfindet „ganz unzweideutig die Fülle, ja Wölbung ihres Bauches". Breite Hüften, hohe Brust („die Ahnung einer Explosion"), „weiche Fülle". „Fern von jeder Moralität". Sie bildet eine Ecke der erotischen Triangel, in der Leonhard zwischen ihr, Trix und Elly steht. Aber er hat auch Angst vor ihr, weiß, daß „schnelle, kalte Wirbelstürme nur auf seinen Wink harrten", daß aber damit alles „zu Ende" wäre. Wenn er an sie denkt, dann meistens an das runde Bäuchlein, das in seinen Vorstellungen einen „Tumor" gebildet hatte.

Fittala, Herr DD 955 Redaktionsdiener und politisch links. Meisgeier haßt ihn, auch deshalb. Fittala soll am 15.7.1927 den „ersten Schuß" abgegeben haben.

Franz DD 693 Nachname nicht bekannt, Fahrer Herzkas, ein Mann von mittleren Jahren, Herzka bemerkt seine „kräftige Arbeiterhand".

Fraunholzer, Herr DS 459 General und Feldzeugmeister. Vater von Robby, „grobianisches Original", „geringe Raumverdrängung in der Familie", wird mit dem Kontra-Fagott verglichen. Verwöhnt seinen Sohn, soll ihm sogar das Frühstück ans Bett gebracht haben.

Fraunholzer, Lea DS 156/DD 1252 Auch Mädi genannt, geb. Küffer. Weißhäutige Frau mit schweren, ebenholzschwarzen Haarflechten. Sie hat Robby 1909 oder 1910 geheiratet, steht in treuer Liebe zu ihm auch bei erkannter Untreue. „Sie stand zu ihrem Gatten, mochte gleich der Boden unter ihr wanken." Mary K., die enge und „ältere Freundin", weiß um das Drama von Robbys Liebe zu Etelka, jedoch erst später von deren Verwandtschaft mit René. „Nein, sie war keine Mädi mehr. Sie lernte zu Konstantinopel profund, wo die Krebse überwintern." Sehr üppig: „Ihr Körper war noch etwas voller geworden ... Ihrer Fülle hatte immer zugleich Schlankheit der Glieder, besonders der sehr schönen Beine, geeignet (ganz wie bei Frau Mary)." Sie sah aus „wie eine jener schönen Märtyrerinnen auf seltenen alten Legenden-Bildern". Die Fraunholzers haben mindestens zwei Kinder, von denen nichts bekannt ist. Ihre Freundin Mary versucht sie über die Geschehnisse beim Dorffest zu unterrichten, aber auch dieses Treffen scheitert am Unfall, ebenso wie Melzers Liebesstunde mit Editha/Mimi. In einem typischen Seitenschlenker tritt sie am 15. Juli 1927 aus der Umkleidekabine und beeindruckt mit ihren „reichen Gaben der Natur" und der „hohen Brust" im Badekostüm den jungen Hubert K., der sie durch die Art seines Blickes zu einem „reinen Objekt" degradiert. Trix sieht es und versteht es falsch, wie immer, wenn es um den Bruder geht, sonst nie.

Fraunholzer, Robert DS 151 geb. ca. 1877, ständig Robby genannt, gelegentlich auch Pompejus (er war nämlich nach einer schweren Krankheit im Jahr 1919 bewußt lange dick). Konsul in Konstantinopel, dann Generalkonsul, nach dem Krieg in Belgrad für ein großes österreichisches Handelshaus tätig. Er ist zehn Jahre älter als Etelka, deren Geliebter er lange war (bis zum Dorffest). Er lernt sie 1915 in Konstantinopel kennen. Der „energisch gedrungene Kopf nicht ohne edlen Schnitt", dunkles krauses Haar, untersetzt, männlich-kluges Gesicht. Die Stimme meist etwas heiser, Protektor Grauermanns, Freund des alten Stangeler wie Honneggers. Schlafend sieht er etwas „bärbeißig" aus. Die Ehe mit Mädi Küffer ist „ein Musterfall aus Begehrlichkeit und Gelegenheit". Sie kommen am Ende wieder zusammen, Mädi genießt das wiederhergestellte Glück mit ihrem Gatten. Er kann auch weinen, „auf dem Schlachtfeld", nachdem Honnegger ihm die Untreue Etelkas offenbart hat. Asta sieht in ihm eine gewisse Ähnlichkeit mit ihrem Vater, jedenfalls in dessen Jugend. Robby spricht sie ein gutes Herz zu, Treue, Jähzorn und Gescheitheit. Am Totenbett Etelkas bricht er zusammen.

Freud, Herr DD 912 Besitzer von ‚Freud's Branntweinschank", ein „guter alter Hebräer und kein unfrommer Mensch". Anna Diwald hilft ihm manchmal sexuell „mit kleinen Diensten um den Brei seiner Schwäche herum".[4]

Frigori, Baron DD 105 Er gibt einen völlig unwichtigen Hausball, „der kein Hausball war", er spricht dauernd davon, aus angeberischer Bescheidenheit als von einer „Tanzerei". G-ff und Frigori mögen sich nicht, er ist sehr eingebildet und affektiert (Monokel, dies beherrscht nur der Zerrüttmeister), ein Mann mit weißen Schläfen, „hoch in den Fünfzig". Er hat auch Verbindung zu Levielle, am 14. Mai 1927 treffen sie sich am Westbahnhof vor des Kammerrats Reise nach Paris. Er wird auch Baron Fregoli genannt, da er ein Mieder trägt, das man so nennt.

Frühwald, Bill DD 77 Sohn eines bekannten Wiener Architekten, ist musikalisch. „Dicksohlige Schuhe, weite Hosen, spielt Klavier; dieser ist eindeutig und apriorisch benannt;

4 Voracek (S. 265 ff.) beschäftigt sich umfänglich, aber nicht überzeugend damit, daß Doderer hier ziemlich unfein auf Sigmund Freud abhebe. Doderer selbst betont in den Anmerkungen zu TT III (S. 132), daß er zu einer „Respektlosigkeit gegen Sigmund F.... wohl keinerlei Anlaß hätte!"

ebenso wie Oki Leucht." (TC IV 122) Auch er dient sich am 14. 5. 1927 dem Hofrat Tlopitsch an, obwohl er „doch eigentlich Spezialist für leichtere Musik" ist, er spielt aber nicht nur, sondern betreibt auch eine Musikagentur. Ein „großer junger Mensch ... mit einer überhängenden dichten Schnurrbartbürste, aber beginnendem Haarausfall über der Stirn". Das Gesicht ist „ein wenig wulstig". Unverständlicherweise spricht Stangeler zu ihm über das Manuskript, was ihm einen lästigen Besuch des Verlages Pornberger & Graff einbringt.

Fucek, Frau DS 113 Hausmeisterin im Eckhaus (neben dem der Stangelers) mit dem für Etelka wichtigen Durchbruch. Sie öffnet dieser für deren Exkursionen stets die Haustür ("lukrativ", aber „durch Vorsicht eingedämmt"). Wird von Pista Grauermann mit einer Krone in die „Greifklaue" bestochen. Hat auch einen Mann, der nicht auftritt.

G., Imre DS 415 Ungar, voller Nachname nicht bekannt. Letzter Geliebter Etelkas, sie schreibt René, sie hätte „neununddreißig Jahre auf ihn gewartet" (also ihr ganzes Leben). Weil er Etelka auf Druck seiner Familie entsagt, bringt sich diese um.

G., Frau DS 808 Ungarin, voller Nachname nicht bekannt. Sie schreibt den entscheidenden Brief an Etelka, der nach ihrem Tod in Renés Hände gelangt und von diesem Melzer und Grete gezeigt wird.

Gach, Alois DD 569 Wagmeister, also Marktamtskommissär in Eisenstadt im Burgenland, gelernter Hufschmied, dann Bereiter bei Rittmeister Ruthmayr. Vor dem Krieg Korporal bei den Dragonern, Hubertus Croix hat seine Reitkünste erkannt. Im Krieg Wachtmeister bei einer Eskadron des 4. Dragonerregiments, mit welcher Geyrenhoff „den größten Teil des Krieges mitgemacht" hatte. Wir lernen ihn über Leonhard kennen, er ist eine zentrale Figur in DD, nicht nur für die Aufklärung der Testamentsunterschlagung. „Das Beisammmensein der drei Männer am Wirtstische in Fraunkirchen ist ein vielschichtiges, sowohl in Bezug auf Leonhard und Niki und ihre sehr verschiedenen Ebenen ... als auch in Bezug auf den ganzen Roman, da hier ja das Politikum mit hereinragt, und ebenso einiges in Bezug auf die Person Ruthmayr's." (TC IV 277) G-ff beschreibt ihn als einen „bäuerlich und würdig aussehenden Mann von etwa fünfundfünfzig Jahren".

Gagler, Fräulein DD 1007 Geigerin, hat eine „gerade spitze Nase". Sie spielt nach Quapp dem Maestro vor.

Garrique, Herr DD 1123 Franzose, Weinhändler aus Bordeaux mit Henri-Quatre-Bart, der in Chicago lebt und mit Verwandtschaft 1927 Wien besucht.

Garrique, Daisy DD 1107 Schwester von Prof. Bullogg, in Chicago verheiratet. „Fesche Frau" und üppig, da Kajetan sie dem Gatten schwerlich gönnt. Ungarische Jüdin, „sehr herzig, dick und klug und lustig". Bei seinem Besuch bei Bullogg am 15.7.1927 gefällt sie René „mehr als gut".

Garrique, Gaston DD 1123 Sohn der beiden, er ist ein „langer schlaksiger Lulatsch von sechzehn". Er übernimmt die Führung der ‚Bande' von Renata.

Garrique, Lilian DD 1123 Tochter der Garriques, kleiner als Gaston und mit „dicken, schwarzen Haaren". Befreundet und verwandt mit Renata.

Gebaur, Agnes DD 677 Angestellte bei Johann Herzka und Compagnie. Sie liebt Jan Herzka schon lange, und zwar „glühend", bevor er sie bemerkt und ihr (Märtyrerinnenhaltung und -blick, Busen und Füße) verfällt. Er sieht sie richtig zum ersten Male am 16. Mai 1927, also am Tag nach dem Tischtennistee, bei welchem er in seine Zukunft weisende Gespräche mit René Stangeler geführt hat. Hier nimmt sie, im Büro, die geliebte Haltung ein. Sie verfügt auch über das passende „Madonnengesicht", eine Haut „bleich wie Mondstein" sowie „tiefe Schatten um die Augen" und lange Wimpern. Vor Begeisterung kann Herzka noch nicht einmal ihre Figur wahrnehmen, ihr Körper war für ihn „etwas sozusagen im höchsten Grade unbekanntes", aber es gilt: „... schlank war sie gewiß nicht. Auch keineswegs klein." „Sie hatte wirklich erhebliches zu verhüllen." Ihre Hüften haben eine „übermäßig betonte Geformtheit". Und sie hat eine dunkle Stimme. Daß sie dem Bild der Märtyrerin, der Dulderin, entspricht, das er bei der Güllich gesucht und das im Zentrum des Heiligenbuches wie des Manuskriptes steht, macht sie für Jan so ungeheuerlich attraktiv. Die beiden heiraten im August 1927.

Gebaur, Frau DD 1030 Witwe eines Oberstleutnants, schon ihre Sprache und Stimme lassen sie Jan Herzka sympathisch erscheinen. Als er sie wenig später kennenlernt, wird dies bestätigt. Bald folgt diesem verstauchungsbedingten Besuch auch die Verlobung sozusagen auf dem Fuße. Laut TC IV ist sie „klein und schlank".

Geiduschek, DD 666 Freund Huberts, Gymnasiast, ein „lieber, stiller Bub mit Brillen", Verehrer Marys, sitzt zu ihren Füßen.

Geyrenhoff, Georg DS 20 / DD Titel Präsidialist, Oberleutnant, Sektionsrat, Privatier, Chronist, → Alter ego.

Glaser, Minna DD 87 Schwester von Frau Siebenschein und Frau Markbreiter, von letzterer stark verschieden, also nicht üppig. Vielmehr „hoch gewachsen und schlank". Directrice in einem vornehmen Wiener Hotel.

Glenzler, Herr DD 332 ‚Vater' bei den Allianz-Zeitungen, d. h., er macht, mit Reichel, die Arbeit. Von Chefredakteur Cobler ist er einmal „gröblich beleidigt" worden, wegen Kajetans.

Glöckner, Hedwig DD 231 Inhaberin einer Turnschule, sehr gut bekannt mit Imre Gyurkicz. Sie „hängt an seinen Lippen", er aber liebt bekanntlich nur Quapp.

Grabmayr, Benno DS 69 Er entstammt einer altehrwürdigen Familie (sein Vater wurde auch ‚Karl der Große' genannt, weil er Mitglied im Herrenhaus war). Im Außenministerium tätig, guter Tennis- und Golfspieler, er schlägt 1911 Semski, was nicht einfach ist. Er gehört zu dem Kreis im Café Pucher, in dem an einem Spätsommertag des Jahres 1910 Melzer vor der Zugfahrt mit Laska, die der Bärenjagd ursächlich vorausgeht, gesessen hat. Melzer erinnert sich an dieses Zusammensein, im gleichen Café, noch den Tisch wiedererkennend, fünfzehn Jahre später und denkt auch an den jetzt nicht mehr lebenden Grabmayr.

Grauermann, Herr DS 124 Großvater Pistas, „ein seltsames Original von märchenhafter Grobheit, ... er flegelte, wenn's ihm grade paßte, jedweden Menschen an, der ihm in den Wurf kam".

Grauermann, Etelka DS 106 geb. Stangeler, 1886. Lebenslustige (manchmal zu sehr), aber dann auch depressive Frau, die sich schließlich in Budapest umbringt. Erzogen wurde sie, „bereits mit korrupten Nerven zur Welt gekommen", in Dresden. Ihr „größter Schmerz war der Vater", dem sie ebenso ähnelt in Eigensinn, Cholerik, Borniertheit. Sie leidet zeitlebens an Schlaflosigkeit. Sie liest gern, Schopenhauer und Omar Chajjâm. Etelka ist, in der Jugend zumindest, äußerst zickig, man denke an die Szene, in welcher René so gut aus dem Lateinischen übersetzt. Sie und Pista heiraten 1915 in Wien, „sehr festlich", nachdem er Vicekonsul geworden ist. 1919 sind sie wieder zurück in Wien, Stephan ist jetzt Konsul, diese Zeit wird ihre schönste. Sie haben einen Sohn, im Krieg geboren. Sie betrügt Grauermann vor der Eheschließung vielfältig, u.a. mit Guys, danach mit Robert Fraunholzer, Karl von W. und vielen anderen. Im Wald, nach gefundener Nadel, bricht sie zusammen und weint, verlangt dabei „heftig und angstvoll nach Asta". Das Verhältnis zu ihrer Schwester ist ein besonderes. Stangeler sagt von dem Brief der Frau von G., der ihrem Tod vorhergeht, diese habe recht. Etelkas Charakter ist voller Widersprüche und „Brüchigkeiten des Charakters". Sie ist eine der originär unglücklichen Personen bei Doderer.

Grauermann, Stephan DS 70 geb.1890, auch Pista genannt, Ungar. Im diplomatischen Dienst, gebildet, glatt, jugendlich, gerade Stumpfnase, zwei graublaue große Augen von munterer Kühle. Er ist ein gesunder und nüchterner Bursche, aufgeweckt. Ihm eignete schon als jungem Mann ein „hoher Grad von Bewußtheit seines Lebens". Laut Asta ist er „klug, korrekt, kalt wie ein Eiszapfen". Er ist der (einer von vielen) Geliebte, später Ehemann von Etelka und damit Schwager von René, der ihm in einer Schlüsselszene im 1. Teil von DS einen Brief seiner Schwester überbringt. Er wird von Etelka vielfältig (schon vor der Verlobung) betrogen, später, nach der Eheschließung, dauerhaft mit Robert Fraunholzer, zuletzt mit Karl von W. und Imre von G., aber Pista ist in den Tagen ihres Sterbens bei ihr. Er wird Attaché in Konstantinopel, später Konsul, 1921 verläßt er als königlich ungarischer Konsul die Diplomatenlaufbahn und geht in die Privatindustrie. Er und Etelka ziehen nach Budapest. Er hat eine Zeitlang eine innige Beziehung zur Kammersängerin Wett, aber auch er kommt kaum von Etelka los.

Gräven, Anny DD 130 Prostituierte, zeitweilig Geliebte Leonhards, ihm erscheint sie vertrauenswürdig, „gutartig und beruhigend". Witwe eines Zahntechnikers, in der Ehe kokainsüchtig geworden. Sie kauft ihren Stoff bei der Schoschi. Eine Triole mit Jan Herzka (‚lebendes Bild') mißlingt. Kajetan vertraut ihr in ihrer „lächerlich eleganten Wohnung" am Prater das Geheimnis seiner ‚Schwester' Quapp an. Sie weiß, daß der

Meisgeier ihre Freundin Hertha Plankl ermordet hat, sie hat es aufgeschrieben und, ergänzt um den Beweis, zur sicheren Verwahrung bei Didi gegeben. Am 19.7.1927, drei Tage nach dem Tod Didis mit Meisgeier, wird sie verhaftet und nach Aussage in Untersuchungshaft gebracht. Im Januar 1928 ist sie wieder frei. Die Kunden haben derweil ihre Miete bezahlt. Das große Kapitel 3/11 von DD (‚Das Feuer') endet damit, daß Anny „mit großer Innigkeit" an Leonhard denkt. Der ist zu diesem Zeitpunkt schon lange bei Mary.

Greilinger, Frau DD 672 Vermieterin des Dwight Williams, Hofratswitwe, sie hatte „etwas liebenswert-grantiges an sich".

Grieux, Baron des DD 586 Leutnant. Alois Gach erzählt Leonhard von seiner Tapferkeit.

Grössing, Josef DD 554 Zehnjähriger Knabe, genannt nur ‚Pepi' oder, von Licea und Sylvia, ‚Krächzi'. Er besucht die letzte Klasse einer Volksschule im Burgenland, ist das jüngste von sieben Geschwistern, daher oft mit Onkel Csmarits zusammen. Er wird, mit diesem, am 30. Januar 1927 in Schattendorf erschossen („In dem Körper des Knaben fanden sich bei der Obduktion sieben schwere Schrotkörner"), was dann später, nach Freispruch der Mörder, auf den Brand des Justizpalastes hinausläuft. Somit ist der Tod Pepis nicht nur in der Zerstörung der Verbindung zur ihn vergötternden Tante, der Kaps, ein zentrales Ereignis von DD, sondern auch als Verursachung des herausragenden politischen Ereignisses. Mit der Aufnahme ins Gymnasium sollte er zu ebendieser Tante ziehen. Reale Person.

Gruber, Frau DS 850 Hausmeisterin im Hause Melzers. Resolute Frau, jung und drall.

Güllich, Magdalena DD 682 Jan Herzka erinnert sich an sie, als er die Gebaur zum ersten Mal richtig wahrnimmt. Fünf Jahre vorher, also 1922, hat er sie in Paris „geradezu überfallen" und gepeitscht. Auf Anregung eines Buches mit Heiligenlegenden, das sich in männliche und weibliche Heilige teilt. „Den zweiten Band bildeten die Frauen." Dieses Buch hatte aber nicht nur die „Katastrophe mit der Güllich" herbeigeführt, sondern in ihm ist auch Agnes „geradezu dargestellt".

Gürtler, Herr DD 1067 Dr. jur., Rechtsanwalt aus Wien, war früher auch Anwalt des alten Schlaggenberg, vertritt jetzt eine Wiener Firma gegen den Nachlaß der Chantagiel.

Gürtzner-Gontard, Herr DD 477 Hofrat, väterlicher Freund und ehemaliger Vorgesetzter Geyrenhoffs. Er ist groß und schlank, „die hohen Augenbrauen wie Spitzbogen von Kirchenfenstern und eine lange Nase dazwischen als Pfeiler". Ein alter, kluger, äußerst liebenswürdiger Herr. Er wohnt am Schmerlingplatz, nahe dem Justizpalast, dort haben sich auch die ‚Unsrigen' einen Monat früher zu einem Ausflug getroffen, wobei Körger und Grete über dessen architektonischen Stil diskutierten. Dort trifft sich aber auch die ‚Bande' seiner Tochter am 15. Juli 1927! Es ist die erste Erwähnung des Justizpalastes und damit der erste Verweis auf einen, wenn nicht den zentralen topographischen Punkt des Romanes und damit auf den Brand, auf den DD als Ganzes zusteuert. Vom Fenster der Gürtzner-Gontardschen Wohnung aus beobachtet dann Geyrenhoff auch den Brand und diverse Todesfälle. Die beiden sprechen über die ‚Unsrigen', philosophieren – eine zentrale Stelle von DD – über den Begriff des ‚Revolutionärs', wobei der Hofrat stark von Stangeler benutzte Argumente gebraucht, also wieder einmal, diesmal indirekt, der Autor mit sich selbst diskutiert. Die Söhne des Hofrats („Hier ein verlassener alter Mann") schreiben der Mutter, später kommt es zur Versöhnung.

Gürtzner-Gontard, Melanie DD 1242 Die Ehefrau des Hofrats. Sie stammt aus einem böhmischen Adelshaus, sieht ein wenig „schafsartig" aus (Hypertrophie von Nase und Lippen), ruhig und furchtlos, besitzt „Haltung".

Gürtzner-Gontard, Renata DD 16 Auch Licea genannt. Die jüngste Tochter der beiden, im Jahr 1927 ist sie sechzehn Jahre alt. Also um die zwanzig Jahre jünger als die beiden Brüder. Die ältere Tochter taucht überhaupt nicht auf. Renata/Licea ist eine der ganz wichtigen Frauenfiguren Doderers und steht in der Nachfolge von Jutta Bamberger. So taucht sie auch verschlüsselt, ohne Namen, auf (DS 321 und DD 16), mit Namen zum ersten Mal DD 497. Dunkelblonde, junge Frau, ziemlich groß und kräftig, in den groß aufgeschlagenen Augen „vermeinte man oft ... etwas wie dunklen Samt zu erblicken". Ihr eignet eine „schöne, intelligente Höckernase". Sie ist eine „Meisterin des Bogens und Pfeiles". Früh sehr selbständig, „entweicht sie dem Elternhaus" regelmäßig schon mit fünfzehn Jahren. Sie ist aus Nähe und Zuneigung zur Kaps oft mit ihrer Freundin Sylvia, die dem kleinen Pepi Nachhilfeunterricht gibt, bei der Kaps zu Besuch. „Es ist Licea-Renata, die das Agens aller Kühnheiten darstellt“ (TC IV 235), sie ist die „grüne Kreuzung“ (TC IV 539). Beim Skilaufen Mitte März 1927 kreuzt ihr Weg den der ‚Unsrigen‘, ebenso wenig später Mitte April die ‚in pleno‘ Ausfliegenden, am Beginn wie am Ende des Ausflugs (DD 307 und 321). Sie wird später Ärztin werden.

Gürtzner-Gontard, Franz DD 495 Sohn des Hofrats, Schwiegersohn von Frau Libesny, lebt in Chappaqua im Staat New York als „ein gesuchter Arzt, ein Entdecker und Ausüber überraschender Verfahren in der Heilkunde des Herzens“.

Gürtzner-Gontard, Price DD 475 Jüngere Tochter von Frau Libesny und Franz' Frau, bildhübsch, sie, sagt Kajetan, „rollt das r und sucht nach Wörtern, wenn sie deutsch redet“. Ihre ältere Schwester ist mit Prof. Bullog verheiratet.

Gürtzner-Gontard, Anatol DD 495 Der andere, jüngere Sohn des Hofrats, Dozent für politische Ökonomie an der Columbia-Universität. Auch er sollte „bald zu Besuch“ nach Wien kommen.

Guys, Emile DS 138 Österreicher und Schweizer Staatsbürger, Regierungsrat. Hohe Position bei der Staatlichen Österreichischen Eisenbahngesellschaft, zeitweilig Geliebter Etelkas, obwohl bedeutend älter (René sieht sie zusammen am 23.8.1911 hinter Pistas Rücken). Ein Cavalier altösterreichischer Schule, dunkler, trockener romanischer Kopf auf einer hohen, schlanken Gestalt.

Guys, Frau DS 139 Seine Gattin. Sie war ein wenig schief „oder ist einem das nur so vorgekommen? Sie hielt den Kopf etwas eigentümlich.“

Guys, Kinder DS 139 Die beiden haben zwei Kinder, „ein gewecktes flinkes Mädel und einen ernsthaften gewissenhaften Burschen von ganz erstaunlicher Häßlichkeit, der später das geworden ist, was man einen kreuzbraven Menschen zu nennen pflegt“.

Gyurkicz, Imre DD 78 Ungar, der volle Name lautet Imre Gyurkicz von Faddy und Hátfaludy. Er ist ein bekannter und erfolgreicher Karikaturist, eine Zeitlang Geliebter Quapps. In der Beziehung ist er eifersüchtig und besitzergreifend. Unwissentlich angestoßen durch Quapp, wohnt er seit Februar 1927 unweit von Geyrenhoff, davor mit seiner langjährigen Geliebten namens Anita in einem „wenig angenehmen Stadtviertel". Er „sah gut aus und trug sein gepflegtes großes Antlitz sorgfältig rasiert, mit blauen Augen darin, welche rasch einen kindlich-schmachtenden Ausdruck anzunehmen vermochten". Er ist eitel, mit „unechtem Naturburschentum", von Doderer oft „unser Arpade" genannt. Hübsch, immer „tadellos und geschniegelt" angezogen. Ein politischer Dummkopf. Mit seinen Papieren ist nicht alles in Ordnung, wie Höpfner bemerkt, er hat etwas von einem Hochstapler an sich. Sein Vater, ein Gutsbesitzer, hat sich wegen Spielschulden erschossen. Er reicht Friederike die Flasche übers Gitter am 8. Januar 27. Er hilft Renata in Freud's Branntweinschank. Imre steht politisch auf einer anderen Seite als der ‚Graf', Pinta und Teile der ‚Unsrigen', nämlich dem ‚Schutzbund' nahe. Er stirbt in den Wirren des 15. Juli 1927. An diesem Tag ist er, neben der Malik und Holder, einer von fünf Agitatoren, er wird aber als „echt" bezeichnet. Sein Leben entwickelt sich mit tragischer Konsequenz in ein vorhersehbares Ende, verlassen von der Geliebten, erfolglos im Beruf und politisch heimatlos.

Habermann, Herr DD 35 Deutscher. Berühmter Professor der Medizin (Orthopädie) in München, behandelt Mary im Sommer 1926.

Hadinas, Die DD 1040 „Ein bürgerliches Ehepaar in den Fünfzigern, zwei Monde, käsig aufgehend, wenn sie das Lokal betraten." Haben ein Lebensmittelgeschäft, und das „Lokal" ist das Café Alhambra. Sie spielen Karten mit Anny und Ria, erzählen aber immer von vornehmen und gebildeten Verwandten.

Hamdi-Bey DD 483 Kein Türke, wohl aber als „Bey oder Pascha" in türkischen diplomatischen Diensten, Vater des Hofrats Gürtzner-Gontard, als Österreicher und Christ geboren und so auch in Wien gestorben. Er war desertiert, um ein paar unschuldig zum Tode Verurteilte retten zu können, wird später begnadigt. Sein Bild zeigt ein „bleiches und wild-abenteuerliches Gesicht".

Hartknoch, Dr. DS 138/DD 490 Arzt und Primarius. Er hat einen weißen Haarschopf, zwei Töchter, zitiert gern Latein. Auch einer der Tarock-Partner des alten Stangeler, neben Hofrat Gürtzner-Gontard. Er hat einen Bruder, der Leibarzt des Herzogs von C. in Gmunden war, wo Frau Stangeler aufwuchs.

Hartknoch, Jetty DS 141 Ehefrau, enge Freundin von Mama Stangeler, rundlich und gescheit.

Hartknoch, Grete DS 177 Deren Tochter, sie spielt im Jahre 1911 Tennis im Doppel mit Etelka gegen Benno Grabmayr und Editha Pastré.

Haupt, Asta DS 52/DD 50 geb. Stangeler, 1893. Sie ist „die jüngste, bräunliche Schwester unseres famosen Herrn René". Melzer ist, 1911, verliebt in sie, „zuletzt erhielt jenes Gefühl seinen Mittelpunkt, um welchen es gewissermaßen kreisen konnte, in diesem einen Namen: Asta Stangeler." Sie trägt gerne die bunte steirische Nationaltracht. Gute Bergsteigerin, klug, scharfäugig, fröhlich („sie lachte, was sie nur lachen konnte"), hilfsbereit, vor allem der Schwester gegenüber, über die sie alles weiß, bei der sie alles toleriert und mitträgt, auch Heimlichkeiten. Sie liebt Etelka zärtlich und verwöhnt sie, obwohl sie von dieser „nicht immer gut behandelt" wird. Melzer empfindet ihre Ähnlichkeit mit dem Vater. Nach der Szene auf der Stiege sieht er sie für volle vierzehn Jahre (!) nicht mehr. 1925 ist sie auch die Vertraute Fraunholzers, der sie „als Tochter ihres Vaters" sieht, „dessen Gleise sie ihm direkt zu verlängern schien".

Haupt, Herr DS 52/DD 509 Ehemann Astas, er taucht fast ausschließlich als ‚Baurat Haupt' auf. „Es gehörte Haupt zu jenen Personen, die nur in geringem Maße um sich selbst rotieren, also sehr langsam, wobei fast keine Zentrifugalkraft frei wird." Gutmütig, aber streng (vor allem zu René). Abschluß in Metallurgie, später in Wien mit dem Aufbau des Telefonnetzes befaßt. René schätzt seinen Schwager (Treffen und Unterhaltung am 30.8.1925), der „im ganzen aussah wie ein englischer Schiffskapitän, lang, knochig, sportgeübt und gelassen". Er empfindet gegen die Affären seiner Schwägerin Etelka „eine tief fundierte Ablehnung", aber auch gegen Renés Vortrag darüber.

Hawelka, Herr DS 588 Mann der Hausmeisterin, wurde mit der Wöss „gesehen". Im Hauptberuf ist er Beamter der Wach- und Schließgesellschaft, seine Frau spricht von ihm nur als „der Herr Inspektor".

Hawelka, Frau DS 588 Hausmeisterin im Haus Edithas. Sie kriecht „in opportuner Weise aus der Unterwelt ins Stiegenhaus ... aus," als die gedoppelten Zwillinge am 28. August 1925 vom Bahnhof kommen.

Haynau, Baronin DD 1187 Eine „hagere, große Siebzigerin". Die Bande um Licea und Sylvia verbietet ihr das Tragen von „erdbeerfarbigen" Jumpern.

Herzka, Jan DD 436 Unternehmer und Sammler von Märtyrerinnen-Dokumenten, doppelter Erbe, kommt samt Spezialität auch in DB vor. → Jan Herzka

Herzka, Johann DD 698 Jans Vater, er war als Mensch wie als Unternehmer anständig und solide. Er hatte sich nach dem frühen Tod seiner Frau eine kleine Villa mit sonnigem Garten gebaut, in der auch sein Sohn später weiter lebt.

Hiltl, Herr DD 549 Oberstleutnant, sinistre Bekanntschaft des ‚Grafen' und des Rittmeisters.

Hirschkron, Herr DD 134 Buchbindermeister, schaut beim Kartenspiel im Café Kaunitz zu, aber spielt selbst nicht, sondern „zirkuliert um die Tische wie eine arme Seele um die Gräber". „Gutartiges" Angesicht, alle mochten ihn gern. Blieb „nüchtern arm", flieht sein Heim („trampelhafte Frau"). Gegenstück zu Ederl.

Holder, Herr DD 78 Redakteur (Feuilleton) und Theaterkritiker, auch bei den ‚Unsrigen'. Gute Formulierungskraft, dabei sehr bescheiden und still, ja sanft. Am 15.7.27 jedoch scharfer Agitator, aber ohne Überzeugung, eher „eckig und verlegen", seine Frechheit ist „künstlich".

Honnegger, Teddy DS 71 Keineswegs ein sympathischer Mensch, heißt es einmal. Auf den Leser macht er jedoch ununterbrochen einen sowohl sympathischen als auch klugen, ruhigen Eindruck. Großer Musiker (Klavier), er spielt die große Klaviersonate in fis-moll von Robert Schumann, während René dem Pista Grauermann den Brief seiner Schwester Etelka überreicht. Er liebt Schopenhauer und Weininger. Enger Freund Grauermanns (er ist zwei Jahre älter als dieser), er unterhält sich lange mit dem Gymnasiasten René über Musik und erkennt dabei den Reiz Etelkas auf Pista. Steht Etelka im Wege als alter Freund Pistas. Aber auch Freund Fraunholzers, sie begegnen sich in Budapest im August 1925. Honnegger klärt Robby über Etelkas letzte Eskapaden (Imre G.) auf, aber nicht petzend, er verteidigt Etelka. Auch er kommt an ihr Sterbebett.

Höpfner, Robert DS 11/DD 232 Im Jahr 1923 Reklamedichter, 1925 Versificator und Propagandachef eines bedeutenden Transportunternehmens. Ein „riesenhaft gebauter Mann" mit ganz kleinem Mund, aber „gewaltigen Schultern und Brustkasten", klug. Er leitet die ‚Organisation Negria', von der ein ‚Großkampftag' gegen Biese berichtet wird, sonst nichts. Der

Bezug zu Negria bleibt stark im dunkeln. Sein langes, spitzes Kinn ist „aus der Ebene des Gesichtes leicht herausgedreht". Er soll für Direktor Dulnik exklusiv die von diesem entdeckten Reklameflächen beschriften, wird aber geprellt, wie er z.B. bei einem „Kontrollgang" anläßlich eines gemeinsamen Restaurantbesuches der ‚Unsrigen' feststellt.

Hunt, Herr DS 142 Landgerichtsrat, Freund der alten Stangelers mit „stets heiserer Stimme".

Hunt, Frau DS 142 „Eine Dame von ausgesprochen italienischem oder südfranzösischen, etwas ziegenartigen Typus".

Isserlin, Benno DD 313 Eine Art Manager, Verwalter bei den Eltern Eulenfelds, hat einmal um die Hand von dessen Schwester angehalten, aber ist vom alten Eulenfeld nur wortlos angeschaut worden, bis er ging. „Putziger Mann."

Jirasek, Herr DD 137 Schneidermeister, verkehrt im Café Kaunitz. Im Rausch gibt er sich stets für einen Arzt aus und nimmt fremde Männer und Frauen mit in seine Wohnung, trotz Ehefrau.

Joachim, Frau DD 863 Hausfrau Imres.

Johann DD 147 Nachname nicht bekannt, Butler, Torwart und Hausdiener bei Friederike Ruthmayr.

K., Mary DS 9/DD 29 geb. Allern, von Oskar auch Müze genannt. Die Zentralfigur und Klammer beider Romane, großartige Frau. → Mary K.

K., Oskar DS 9/DD 27 Ihr Mann. „Er gehörte zu jenen Menschen, deren Sein etwas ... Hohlspiegelhaftes an sich hat". Häßlich („unverträgliche Gesichtszüge"), guter Tennisspieler und Ehemann (Heirat 1910). „In dieser Ehe waren jetzt noch ... die Nächte eine Angel, welche im Dunkeln eingepflanzt, jeden hellen Tag um sich schwingen ließ", „dem Gott Eros wurde von beiden Seiten schon gesteigert gespendet". Nur weil aufgrund dieser guten Beziehung Negria bei Mary nicht zum Durchbruch gelangt, bezeichnet dieser den ungehörnten Gatten, dem er so gern jene aufgesetzt hätte, aufgeregt und verärgert als „Spinne", gar als „die Zecke Oskar". Er stirbt im Februar 1924 „an irgendeiner krebsartigen Erkrankung".

K., Beatrix DS 561/DD 37 genannt Trix, ein Jahr älter als Hubert. Sie „hatte vom Vater vorteilhaft geerbt: nämlich das rötliche Haar und den darunter sitzenden Verstand. Sonst aber nichts. Zu ihrem Glücke." „Haut wie Milchglas" und ein

„schlanker, beweglicher Körper“, „Stumpfnäschen“, „ein klares Antlitz, aber ohne Schärfe“, kurzum „eine perfekte junge Dame“. In DD „rotblond und milchhäutig“. Sehr wichtige Hilfe für ihre Mutter, nach dem Unfall die „wesentlichste Stütze“. Zur Zeit des Sommers 1926 und ihrer Liebesszene mit Fella sieht sie „possierlich und überaus keck aus, dünn, blond“. Stangeler erlebt sie zur gleichen Zeit als „reine Wolke aus Stroh und Maiglöckchen“, in der er sinkt „wie ein Stein“. Obwohl sehr intelligent, hat Trix „niemals gewünscht, ein Gymnasium zu besuchen, um später zu studieren. Auf frühe Unabhängigkeit bedacht, wählte sie eine solide kaufmännische Ausbildung.“ Daß sie sich in ihrer Lehrstelle bei einem großen und „bemerkenswerten Unternehmen“ bewährt, „erscheint als selbstverständlich“. Gleich bei der ersten Unterhaltung mit Leonhard verliebt sie sich in ihn, hat auch das Gefühl, „in ihrem ganzen Leben so offen noch nicht gesprochen zu haben“. Die bisexuelle Trix liegt oft „eingebrettert, ja beinahe eingesargt zwischen Fella und Leonhard“ weinend im Bett. Die Szene mit Fella im Badezimmer wiederholt sich auch. Trix ist eine sympathische, ehrliche, naive junge Frau, die oft verzweifelt vor der Härte der Umwelt zurückweicht, flieht. Die zentrale Stelle hierfür ist ihre Beobachtung von Bruder und Fella am 15. Juli 1927.

K., Hubert DS 560 / DD 37 geb. Ende 1911 oder Anfang 1912. Er sah seiner Mutter ähnlich, nur hatte „die Natur unversehens ein Meisterstück von Variation hineinpraktiziert und sozusagen aus einer Schönheit zwei ganz verschiedene gemacht. War es dort eine Rahel, so wurde es hier ein junger König David; bis auf den allzu schmächtigen Oberkörper.“ Wieso die beiden in DD plötzlich als ‚erwachsen‘ bezeichnet werden, ist nicht bekannt (1925, nicht lange nach dem Unfall!) Er „wurde sehr hübsch“, der „schmächtige Jüngling“. Aber eingebildet und von unangenehmem Charakter, ganz im Gegensatz zu seiner Schwester. Er ist im Grunde unsozial, hat höchstens geringe Fähigkeit zu Empathie und vor allem Liebe. Ein Kernsatz ist: „Ich hab' niemand gern.“ Prinz Alfons Croix behandelt ihn wie ein Hundewürstchen, als Hubert meint, sich über Leonhard erheben zu müssen.

Kakabsa, Leonhard DD 29 Arbeiter, später Bibliothekar, ein sympathischer Charakter mit entschlossener Lebensführung, gewinnt Marys Herz. → Leonhard Kakabsa

Kakabsa, Anna DD 29 Schwester Leonhards, lebt als Dienstmädchen in London bei Madame Libesny.

Kakabsa, Ludmilla DD 29 auch Mila genannt, weitere Schwester, als Stubenmädchen im Dienst bei Friederike Ruthmayr, die sie aber „mehr wie eine Schutzbefohlene denn als eine Bediente" behandelt. „Ein hübsches Mädchen ... Milch und Blut. Ein wenig allzu weiß, allzu blaß", mit schlanken Beinen.

Kakabsa, Frau DD 117 Ihrer aller Mutter, eine „hübsche, dralle, dunkle, lustige Frau". Sie heiratet nach ihrer Verwitwung einen Briefträger.

Kapsreiter, Anna DD 890 geb. Csmarits, genannt Kaps, Tante des kleinen Pepi, den sie abgöttisch liebt und an dessen Tod sie, „versteint", zerbricht. Im Jahr 1927 ist sie einundsechzig Jahre alt, seit geraumer Zeit Witwe und durch die Beamtenpension ihres Mannes versorgt. Sie ist „mäßig schlank", hat „weißes Haar, rosiges und glattes Gesicht". Sie ist, obwohl sie außer billigen Wochenblättern nichts liest, selbst die Verfasserin eines Nachtbuchs, in dem sie sämtliche Träume aufschreibt. „Im Grunde war diese Frau rätselhaft." Sie ist seit 1926 befreundet mit Licea und Sylvia. Sie wohnt im Haus ‚Zum blauen Einhorn'. „Die Träume der Frau Kapsreiter bilden mit R II den Nabel des Werks." (TC IV 244) „Die Kaps sitzt am Grunde des Buchs, wie eine Urmutter, die einzig wissende, als koche sie in einem Kessel das Ganze aus." (TC IV 395) Sie ist die „intelligenteste Person des ganzen Buches, ... die Mutter des ganzen Romans" (TC V 406). Sie stirbt Anfang des Frühjahrs 1927, vererbt das Nachtbuch an Licea und Sylvia.

Kienbauer, Franziska DD 331 Sekretärin und Maitresse von Chefredakteur Cobler bei der Allianz-Zeitungsgruppe. Einmal unfreundlich zu Schlaggenberg, da er ihr nicht die Hand geküßt hatte. Denn das „gehörte ... zu den festen Hausbräuchen".

Klettler, Herr DS 185 Kleinhäusler, nebenbei Müller in der Nähe des Sommerhauses der Stangelers in Prein. Er geht ganz krumm, humpelt und ist, wie der Name sagt, eine seßhafte Klette.

Klettler, Frau DS 186 Nach siebenundvierzig Jahren Ehe, nahe am siebzigsten Geburtstag entläuft die Klettlerin dem Gatten, weil sie genug von der halbwöchentlichen Prügel hat. „So trennten sich die Kletten."

Konietzki, Lovis DS 101 Repetitor, Jurist, Bankangestellter. Illegitimer Sohn des Präsidenten eines in der Monarchie führenden Bankhauses, welcher ihn bei einer „guten bürgerlichen Familie untergebracht" hat. Er sähe aus wie „ein entthronter König von Polen", hatte die Mama Stangeler gesagt. Er „echauffierte sich ungern". Er soll G-ff bei der Abfassung von DD stark beeinflußt haben, ohne daß dies in DD je erwähnt wurde. Er soll G-ff sogar bezüglich des Lavendelwassers beeinflußt haben, welches dieser später an René weiterempfahl und -schenkte. Editha (in Wirklichkeit Mimi) beschreibt ihn als „gescheit ausschauend und etwas melancholisch, wirklich vornehm". Er ist sehr tüchtig, verdient gut, genießt das Leben, eben ein Epikureer.

Konterhonz, Laura DD 294 Das, „nächst seiner Ehe, dunkelste Kapitel" in Kajetans „Vergangenheit". Eine „dumme und aufgeblasene Person, ... eine Gans schlechthin", die alles mit dem großen Wort „Tugend" zuzudecken pflegt. Lange Zeit ist sie, meist in den Krisen von Kajetans Beziehung zu Camy, dann nach der Trennung wieder, seine Geliebte, eine mehr als mittelgroße junge Frau, kräftig, üppig. Das „überreife, unberührte Mädchen" ist dem Schlaggenberg verfallen, schaut sogar für diesen nach ‚Dicken Damen' aus und versucht selbst, durch übermäßiges Essen noch rundlicher zu werden, was ihr mißlingt. Sie wohnt noch bei ihrer Mutter, verbindet sich später mit Höpfner. Sie kommt auch schon in JB vor, ferner, ohne Namen, in der Erzählung ‚Sie verkauft sich'.

Konterhonz, Herr DD 295 Ihr Vater, Offizier (Kavallerist, Generalmajor) im Generalstab, wenige Jahre nach dem Krieg verstorben. Ein rühriger „Protektionsmaier", bringt seine Tochter noch rechtzeitig im Staatsdienst unter.

Konterhonz, Herr DD 295 Ihr Bruder, vor dem Krieg mit Schlaggenberg beim Militär, daher auch die Bekanntschaft Kajetans mit Laura.

Köppel, Herr DD 680 Oberbuchhalter und Prokurist bei Herzka. Breit und langsam, er ist eben „der alte Köppel".

Körger, Kurt DS 260 / DD 278 Dr. jur., vom Vater, einem der reichsten Männer Österreichs, früh und mit zu viel Geld („Das Bankkonto war dick, die Brieftasche geschwollen") ausgestattet, aber geizig. G-ffs Neffe, Stiernacken wie der alte Schmeller, als Kind aber überaus hübsch und begabt. Er stößt mit Géza zu den ‚Unsrigen', gehört dort zu den wenigen mit konservativer oder ‚rechter' politischer Ausrichtung, ist dazu ein übler Antisemit. Rundlich gebaut, dennoch beim Tischtennistee am 14. Mai 1927 von Géza, einem guten Spieler, nur sehr knapp besiegt. Bei einem Blick auf „sein fettes Stiergenick und seinen kahlen Schädel" entwickelt Geyrenhoff die seltsame Theorie, daß manche Menschen ihr Gesicht eben nicht „an der Vorderseite des Kopfes tragen". So sieht er zum ersten Mal des Neffen „wirkliches" Gesicht. Ein Widerling und politisch rechtsgerichtet, Zyniker ersten Ranges. G-ff steht pointiert kritisch zu ihm, der Neffe bringt ihn als einziger außer Contenance.

Krautwurst, Philemon DD 678 Notar, Dr. jur. Er benachrichtigt Jan Herzka von der Erbschaft. Eine „glattrasierte, bebrillte, kluge, ausführliche Katastrophe bei größtem Behagen seinerseits". Guter Notar, hochgeschätzt durch Herrn von Neudegg. Ist natürlich auch Überbringer der frohen Botschaft für Quapp.

Krawoutschek, Herr DD 995 Tischlermeister im Betrieb, in dem Leonhard arbeitet. Ein gemütlicher Böhme, bei dem Leonhard seinen Rock hängen läßt, in den er nach Betriebsschluß für seine zweite Tätigkeit schlüpft.

Kries, Lily DS 523/DD 425 geb. Markbreiter, 1927 erst zweiundzwanzig Jahre alt. Sie wird allgemein als „besonders hübsch, elegant und klug sozusagen ausgeschrieen". Sie hat einen großen Busen, die Mutter vergleicht ihn mit einem Topfenkuchen. Hört beim Tischtennistee gerne den „altfränkischen Plaisanterien" des Rittmeisters zu.

Kries, Egon DS 524 / DD 425 geb. ca. 1896. Er wird bei der ersten Erwähnung in DS ohne Namen vorgestellt, ebenso wie seine Frau, dies ergibt sich erst in DD. Er hat sich „mit der eigenen Rolle eines musterhaften Ehemannes, welche ihm gleichsam en bloc von der Schwiegermutter ein für allemal übertragen worden war", abgefunden. Ein soignierter und bescheidener Geschäftsmann. Dazu ein „langer und behender, übrigens gut aussehender Bursche".

Kroissenbrunner DS 696 Amtsdiener in der Tabakregie, gutartiges Zihaloid, der Name enthält ‚Krebs'. Er bringt seinem Chef Melzer die Besucherinnen Editha und Thea (hintereinander!), wobei er Thea deutlich höher einordnet (er bringt sie zum Warten in Melzers Zimmer). Die Besuche der zwei schönen Damen hinterlassen „einen Lichtakzent in dem diesbezüglichen Organ", Kroissenbrunner ist „nicht unerheblich erwärmt ... und verjüngt!" Auch er ist ein (→)„Genie in Latenz" wie z. B. auch Ferdinand Schachl, die Nohel, Melzer „e tutti quanti rari rarissimi".

Küffer, Lily DS 270 geb. Küffer. Sie ist die jüngere Schwester von Lea Fraunholzer geb. Küffer und eine enge Freundin von Asta Stangeler. Strohblond und mager, ein „modischer Typ". Ihre Kinder sind mit denen Marys befreundet. Sehr unpraktisch, „komplett unfähig, zum Beispiel den Brief einer Bank zu verstehen". Ihr Mann heißt Walter, der Nachname ist nicht bekannt.

?, Walter DS 779 Lilys Mann, er hat „von nichts eine Ahnung".

Küffer, Benno DS 21/DD 39 Er ist Bierbrauer, Generaldirektor, lebt in Döbling. Er holt am 15. Juli 1927 Marys Kinder ab für eine Party in seinem Haus. Er, der „alte Küffer", ist da „Mitte der Sechzig, stämmig, aber nicht dick und höchst agil", „nicht sehr intelligent", beliebt und mit „wohlwollendem Charakter ausgestattet", aber auch ein „Kindskopf". DD 39 hat „die Küffers" als Aggregat.

Küffer, Frau DS 455 Leas und Lilys Mutter. Im Jahr 1925 verwitwet, wohnt sie zu diesem Zeitpunkt in Wolkersdorf. Die genaue Genealogie der Küffers zu entziffern war nicht möglich.

Küffer, Herr DS 270 „Der alte Küffer", Großvater Leas, berühmte Geigensammlung.

Lach, Herr DD 835 Korporal beim siebten Dragoner-Regiment, Eskadrontrompeter unter Ruthmayr. Bei dessen Tod zugegen, hat er das Testament als Zeuge unterschrieben, während Gach den Sterbenden stützte. Später fällt er zusammen mit dem anderen Zeugen. Levielle redet den Gach immer mit Lach an, wohl eine Freudsche Fehlleistung, aber nicht unwichtig für die Erklärung.

Ladstätter, Herr DD 1330 Hausmeister des Hauses in der Praterstraße, in dem Anny Gräven wohnt und arbeitet. Er empfängt sie freundlich nach ihrer Rückkehr aus dem Gefängnis im Januar 1928.

Langingen, Mucki DD 76 Graf, Umfeld Eulenfelds (bei den ‚Düsseldorfern') und adliger Kreise (Graf von C., Gmunden) sowie gut bekannt mit Hofrat Gürtzner-Gontard. Der Vater war einst Finanzminister gewesen, aber Mucki selbst ist kein

Kirchenlicht. Er gehört zu der ‚Düsseldorfer' Bande des Rittmeisters, aber nicht zu den ‚Unsrigen'. Er sammelt Antiquitäten, neigt zur Schwatzhaftigkeit und zum Unterbrechen, jedoch fällt er nie dem Prinzen Croix ins Wort. Laut diesem ist Mucki „total indolent, kennt nur alte Möbel". Er kommt auch in EF als Käufer einer „kleinen nackten Dame" vor, da er „gerne auf dem Tandelmarkt herumstöbert", ist damit sozusagen die Klammer um DS, wo er nicht erscheint.

Langl, Edouard DS 69 Meister leichter Klaviermusik und infamer Reden; mit auf G-ffs Zimmer am 20. August 1911. Oberflächlicher Mensch, aber liest Bücher (Emil Lucka). „Krasse Mischung einer gepflegten theresianistischen Sprache mit einzelnen Wörtern betont ordinären Wiener Dialekts." Bei der Hochzeit Melzers mit Thea ist er, da schon Sektionsrat, als Gast zugegen.

Lasch, Cornel DS 348/DD 190 Schwager Gretes, Schieber, Versicherungsbetrüger, „schrecklich reicher Mensch". Ausbildung an einer „montanistischen Hochschule". Er hat ein breites Gesicht und schwere Kinnbacken. Schon im Krieg wurde mit Hilfe Levielles , der „seinen Bruder veranlaßte, den (tief verborgenen) Herzfehler mit den Mitteln der Wissenschaft eben doch aufzufinden", vom aktiven Dienst befreit und ging in die Verwaltung des Kriegsministeriums (Metall-Zentrale), wo er die Grundlage für seine Schiebereien legte. Er arbeitet auch weiter mit Levielle, die Verbindung wird jedoch gestört, als Lasch 1927 in eine, auch finanzielle, Krise gerät. Dann auch Verhältnis mit der Orsetzkaja und Umgang mit Morphium, das ihn umbringen wird. Zwiespältiger Typ, er gefiel G-ff „ganz unumwunden". Lasch stirbt „grauenvoll" an Morphiumentzug.

Lasch, Edith DS 21/DD 76 geb. Siebenschein, meist Titi genannt, jüngere Schwester Gretes. Hübsch und elegant. Breiter Mund, „dünn wie ein Span". Sie hatte „weizenblondes Haar (ob Kunst oder Natur, habe ich nie gewagt zu entscheiden, wahrscheinlich traf beides zu) und ein hübsches Bubengesicht". Sie wird von Cornel „am langen Zügel seines Bankkontos" geleitet.

Laska DS 75 Major, Bataillonskommandant, später Oberst, bester Freund[5] Melzers bis zu seinem Tod und wie dieser ohne Vornamen. Er („ein alter Bosniake") geht mit diesem

5 Voracek (S. 218) verweist auf die auch im Namen über (ungarisch) laska = ‚Nudel' angelegte homoerotische Komponente.

auf die berühmte Bärenjagd auf der Treskavica im Jahr 1910. Er wird kaum beschrieben, Melzer bewundert seinen Lebensstil. Er fällt gegen Ende des Krieges am Lavarone-Plateau, Melzer hielt ihn dabei in den Armen, wurde „mit dem Blute des in seinen Armen sterbenden Obersten Laska … überströmt". Melzer denkt oft an ihn zurück, fragt sich, was er ihm jetzt geraten hätte.

Lehnder, Albert DD 394 Erzieher Renés, der sein Trauzeuge wird. Schon in EM.

Leiningen, Herr DS 899 Früher Major bei einem Dragonerregiment, jetzt, im Jahr 1925, Sekretär eines Reitvereins. Eulenfeld leiht sich bei ihm ein Pferd.

Leucht, Oskar DS 307 / DD 77 Nur Oki genannt. Angestellter bei der gleichen Bank wie E. P., „ein brutaler Schlagetot von mindestens einem Meter und fünfundachtzig, mit langgeschlitzten feuchten Augen und dem Mund eines Negers". 1925–26 Geliebter von Dolly Storch, guter Freund von Scheichsbeutel. Auch befreundet mit Mitgliedern des Stemmclubs ‚Eisen', daher regelmäßig im Café Kaunitz. Er gehört auch zu den ‚Düsseldorfern', aber nicht zu den ‚Unsrigen'.

Levielle, Herr DS 39/DD 8 Franzose (?), „wo er eigentlich ausgekrochen, ist nicht einmal dem Verfasser dieser Berichte bekannt geworden". Kammerrat, Financier und übler Intrigant und Spekulant. Höchst eitel, klein, weißer Kopf und weißes Schnurrbartbürstchen. „Geradezu sinnlose Anmaßung und Arroganz". Jan Herzka nennt ihn den „kleinen Sieghart", auch Dr. Trapp, der ihn kennt, spricht von ihm leicht verächtlich. Er ist immer betont elegant, fast stutzerhaft angezogen, z. B. trägt er „weiße Gamaschen", was Leonhard, den schon der Anblick Friederikes verwirrt hat, vollends verstört. Fördert die Wissenschaften durch Stipendien und ähnliches, so auch einmal Dr. Neuberg. Hat aber – über die von ihm mitlancierte ‚Holzbank' – große Teile des Schlaggenbergschen Vermögens auf dem Gewissen, gibt den Versuch, Quapp um ihr Erbe zu betrügen (auch in seiner Rolle als Ruthmayrs Testamentsvollstrecker), erst auf, als er von Geyrenhoff in die Enge getrieben worden ist. Er ist ein ebenso durchtriebener wie umsichtiger Ganove. Als solcher hat er auch schon früh Lasch gefördert. Neben der Holzbank ist er auch für viele andere Firmen tätig, sehr mächtig auch bei der ‚Allianz'. Bei Baron Neudegg ist er hingegen mit seiner Bank gänzlich gescheitert.

Levielle, Herr DD 193 Im Krieg Generalstabsarzt, später Leiter einer Privatklinik. Gut fünf Jahre jüngerer Bruder des Kammerrats und diesem in Aussehen und Arroganz höchst ähnlich. Korrupt wie sein Bruder, G-ff nennt ihn auch den „Pseudo-Levielle". „Die Frechheit wird ermöglicht durch ein Leben auf der eigenen inneren Oberfläche bei andauernden Fälschungen der Bilanz des Ich."

Levielle, Herren DD 105 Söhne des Kammerrats, Vornamen nicht bekannt, beide blond, vortreffliche junge Leute „in guten Stellungen" und ausschließlich im Aggregat auftretend. Beide gehen natürlich zum Hausball bei Baron Frigori.

Libesny, Madame DD 27 Böhmische Jüdin, lebt in London, Battersea, am Albert-Park. Sie ist die Vermieterin und zeitweilige Geliebte Dwight Williams', als dieser bei ihr zur Miete wohnt, im Spätherbst 1925. Aber „in ihren Armen hatte er Mary gesucht". Sie ist so üppig wie Mary, ihre ganz enge Freundin, und hat ebenso auch „zwei außerordentlich schöne Beine". Später, als unwissende Nachfolgerin Dwights, wohnt Camilla Schlaggenberg bei ihr und berichtet dies ausführlich in einem Brief an Geyrenhoff. Camy hat eine „Beziehung von beinahe inniger Art" zu ihrer Hausfrau entwickelt, es entsteht eine Freundschaft: Sie weiß aber offenbar nicht, jedenfalls nicht am Anfang, daß diese aus Wien stammt. Ihre zwei Töchter leben in Amerika, eine ist mit Prof. Bullog, die andere mit dem älteren Sohn des Hofrats Gürtzner-Gontard verheiratet.

Likarz, Lilly DD 642 Künstlerin, eine „Person wie aus einem einzigen Guß", es „saß alles". Sie ist rothaarig, geboren um 1906/7. Mary nimmt Emma Drobil mit zu einem Fest in ihrem Atelier, wo es von jungen Leuten nur so wimmelt. Auch Trix und Fella verkehren dort sowie Herr Weilguny.

Lindner, Robert DS 69 Wird 1910 Bezirkshauptmann, auch auf Geyrenhoffs Zimmer am 20.8.1911. Gebildet. Im Abstand von dreizehn Jahren denkt Melzer an eine Bemerkung Lindners über seine, Melzers, schlechte Laune.

Loiskandl, Herr DS 215 Monteur bei der Strombauverwaltung, heiratet Anfang 1906 die Witwe Schachl, Mutter Paulas, und hat mit ihr drei Kinder.

Loiskandl, Hedwig DS 572 Ihre Tochter, geb. 1907, genannt Hedi. Sie ist also Paulas „Stiefschwester", richtiger: Halbschwester – gleiche Mutter. Sie ist „wenig hübsch", das „gar nicht regelmäßige Antlitz hatte in seinen Vertiefungen einigen sumpfigen oder fettigen Schatten gestattet, sich anzusammeln". Sie ist eine altkluge Wichtigtuerin, ein „freudiger Hiobspostler". Sie „gleicht" dem Wänzrich aus EF. Alois Pichler nennt sie ein „Menscherl" und meint, sie käme ihm vor, „als ob sie überall ein Hundswürstl liegen lassen tät".

Mährischl, Herr DD 359 Dr. jur., Rechtsanwalt im Dunstkreis Levielles, aber nicht dessen, vielmehr auf Empfehlung der Bank, bei welcher dieser eine Führungsposition innehat, Altschuls. Eine „große, breite, aus weichen Massen gebaute Gestalt" mit vollem blassen Gesicht. Er trägt ein Goldkettchen am Arm. Im Konfliktfall vertritt er eher die Interessen Levielles als die seines Klienten. Er und Lasch sind am Samstag, dem 14. Mai 1927, bei Altschul.

Mährischl, Martha DD 266 „Rundliche, dunkle und recht kleine Frau mit brauner Haut". Ganz nettes Gesichtchen, aber nicht angenehm, auch die Stimme ist kalt und scharf. Die „Augen ... glichen fast denen einer Maus". Intrigantin („frech und unverschämt"), bewacht, „beschattet" sozusagen die Altschuls. Sie und ihr Mann „sind die reinste Wach- und Schließgesellschaft in bezug auf das Ehepaar A. Und zwar im Auftrag eines gewissen Levielle".

Malik, Rosi DD 372 Dichterin, aber (drei- von viermal) in Anführungszeichen, der ein „frecher, stupsnasiger Gesichtsausdruck" und ein „roter Bubikopf" eignet, sie ist aber „weit weniger frech als sie aussieht". Imre Guyrkicz soll sie für die ‚Allianz'-Zeitung zeichnen anläßlich der Erstaufführung eines ihrer Stücke. Am 15.7.1927 gehört sie zu den Rednern, die die Massen steuern. Sie „gebärdete sich ganz wild". Sie ist Doderers Antityp als Frau, selbständig, knochig, freiheitsliebend, unfraulich, aggressiv.

Mandhus, A. DD 77 Geldverleiher aus Berlin, soll vor Präsentation der gesammelten Schuldscheine des jungen Otto Eulenfeld bei dessen Vater anläßlich eines Eisenbahnunglücks mit diesen verbrannt sein.

Marchetti, Ernst DS 71 „Scheelredner". Er gehört zum Kreis Melzers wie des Sektionsrates, daher auch in G-ffs Hotelzimmer. Dieser bemerkt bei Gelegenheit eines der vielen ‚zufälligen' Zusammentreffen, die ja offensichtlich von höheren Mächten gelenkt sind, daß Marchettis „Bartbürstel und spitze Nase in ein auffallendes Mißverhältnis zur übrigen Person geraten waren und daraus hervorsahen wie Spitzchen eines ansonst im Fett untergegangenen Kontinents".

Marie DS 14/DD 37 Nachname nicht bekannt. Mädchen bei Mary, sie kommt nur als „treue Marie" vor, sogar in den Tagebüchern (TC IV 122). Manchmal wird noch ein Attribut hinzugefügt, dann ist sie z.B. die „treue und stets vergnügte" oder „treue und stets um sie besorgte" Marie. Sie stammt aus Mähren.

Markbreiter, Clarisse DS523/DD68 Geb. 1881/1882, Schwester Irma Siebenscheins und Minna Glasers. Sie wird uns am 30.8.25 vorgestellt, als sie zu Besuch bei Siebenscheins weilt, „mit viel weiblicher Anmut, kleinen weißen Patschhänden, überaus reichem und schönem ebenholzschwarzen Haar, darin sich vereinzelte Silberfäden zogen". Ihre Figur (über 76 kg) entspricht natürlich Schlaggenbergschen Idealen insofern, als in der „Bel-Etage oben ... ein derart monumentaler Stil unvermittelt zum Durchbruche (kam), daß man den Gesamteindruck etwa als den einer umgekehrten Tropfenform bezeichnen könnte". Denn die Beine sind schlank (wie bei Mary oder Mädi), und auch in den mittleren Stockwerken wird von Schlankheit gesprochen, sei diese nun von Natur oder Korsett zu verantworten. Aber starke Arme, gewaltiger Busen, fettgepolsterte Kehle, rundes Gesicht. Also „umgekehrte Tropfenform". Als Büstenhalter trägt sie dementsprechend „eine Art doppelter Hängematte". Sie strömt gegen den Freund der Nichte, René, einen „permanenten und stummen Protest aus". Gute Ehe auch nach 26 Jahren.

Markbreiter, Siegfried DD 82 Seine Frau nennt ihn ‚Purzel'. Er kommt in DS noch nicht vor, nur seine Frau, Tochter und Schwiegersohn. Klein, dunkel und rundlich, gut und tüchtig als Vater und Gatte, hat aber Schwierigkeiten im Geschäft. Bei der versuchten Niedermachung Gretes am 8.1.27 redet er mehr besänftigend auf diese ein, nachdem er Irma „mit einem gütigen und geradezu weisen Klappen seiner Augenlider um Schweigen für ein paar Sekunden" gebeten hatte.

Maruschka DD 48 Nachname nicht bekannt, „ein ganz junges und putziges böhmisches Stubenmädchen" bei Frau Trabert und damit auch zeitweilig bei dem Chronisten, der sie mit Trinkgeldern ebenso verwöhnt, wie viele seiner Gäste es tun. Er spricht in ihrer Sprache mit ihr.

Max, Herr DD 261 Oberkellner im Café der Dicken Damen. Er zeigt das tiefe Einverständnis, „welches nur auf dem Boden dauernder und solider Trinkgelder gedeiht".

Mayer, Ernst DD 1225 Universitätsportier, ein kleiner Mann, mutiger Torschließer am 15. Juli 1927, als die Menge in die Universität eindringen will.

Mayrinker, Frau DD 1180 An die fünfzig Jahre alt, eine „eigentlich auffallend hübsche, rundliche Blondine". „Zärtliche und lebhafte eheliche Beziehungen"! Der „starke Reiz", den sie auf ihren Mann ausübt, hat mit ihren „ganz weißen Rundlichkeiten" zu tun. Die Meyrinkers beziehen im Frühjahr 1927 die Wohnung der Kapsreiter. Sie „bewältigt knapp noch den Brand" (TC IV 447), nämlich den ersten, kleinen am 15. Juli 27, der in ihrer Wohnung beim Einmachen des aus Pottschach mitgebrachten Beerenobstes entsteht. Dieser Brand ist ganz zentral, laut TC IV 476 sogar „Kern des Satzes". Als sie auf dem Weg ins Beisl den großen Brand am Himmel sieht, denkt sie „unsinnigerweise", ihr kleiner wäre frisch ausgebrochen.

Mayrinker, Josef DD 1180 Vorstand einer Bankfiliale, ein „lieber, sehr bescheidener Mann". Großes, ja „ausschließliches" Interesse für „Drachen und Lindwürmer", neben dem an seiner Frau natürlich. Er kennt René.

Meisgeier, Herr DD 43 Auch ‚Geierschnabel' genannt. Grauenhafteste Figur in DD, „primitives Geschöpf", Abschaum, Berufsverbrecher, (→) Ruass. Politisch ganz rechts, haßt die Sozialisten. Klein, nicht mehr als 50 Kilo schwer, sieht aus „wie ein nackthalsiger Geier mit einer riesigen Hakennase" oder „wie ein böse gerupfter Geier". Sehr gewalttätig, „ein kindischer Geisteskranker", schlägt in Bayern vier oder fünf Bauernburschen nieder, wie Williams berichtet, der im übrigen nichts von ihm weiß. Er ist ein kaltblütiger und skrupelloser Mörder (Hertha Plankl). Greift unvermittelt an, mit dem Messer, so z. B. den Imre. Unglaublich aggressiver Mensch. Auch schuld am Tod Zeitlers, s. Text und TC IV 337, auch TC IV 247. Nicht umsonst wird der Krake, der Polyp, von dem Dwight Williams erzählt, qua seinem ‚scheußlichen' Geierschnabel immer wieder mit ihm verglichen.

Melzer DS15 Dummer Hamlet und Major. Er liebt als Leutnant Mary K. und Asta, später als Amtsrat Editha und dann Thea, die er gewinnt. → Melzer

Melzer, David DS 68 Sein Onkel. Er ist beteiligt an der Dreherschen Actienbrauerei. Militarist und entgegen seinem

Vornamen Antisemit,[6] auch seinetwegen ringt sich Melzer nicht zum Heiratsantrag an die Jüdin Mary Allern durch. Er unterstützt den Neffen reichhaltig und wird ihm später sein Vermögen vererben.

Melzer, Herr DS 65 Der „selige Vater" des Majors, „der einer kaiserlichen Majestät durch fast zwei Jahrzehnte mit reiterlicher Sachkenntnis gedient hatte, denn er war Kavallerist gewesen". Der Hofrat ohne Namen, der Melzers Vorgesetzter bei der Tabakregie wird, hat bei ihm, dem Rittmeister, gelernt.

Melzer, Frau DS 691 Die Mutter, 1918 verstorben, der Sohn besucht sie in Prag.

Mörbischer, Herr DD 710 Kastellan auf Burg Neudegg. Er ist „ein Mann mit silbergrauem Haar, glattem Gesicht und jenem höflich-sicheren Wesen, das alte, gut ausgebildete Lakaien auch bürgerlichen Personen gegenüber bewahren".

Moser, Herr DD 677 Bürodiener bei Herzka und Compagnie. Er kann „merkwürdigerweise" sehr gut französisch, sein Vater war ein k. und k. Hofbeamter gewesen.

Negria, Boris DS 9/DD 532 Rumäne, Dr. med., Kinderarzt, Frauenheld. Er verführt 1923 Editha Schlinger (ausgerechnet auf die nicht kommende Mary wartend), es gelingt ihm jedoch bei Mary selbst nicht. Als er beim Dorffest im August 1925 mit Angelika Scheichsbeutel auftaucht, wird er vom Kellner nicht nur als deren Beschützer und Arzt ausgegeben, sondern sogar noch als deren Oheim. Er hätte dies nicht gerne gehört. Und daß Doderer ihn aus gleichem Anlaß als „fördernden Kunstfreund" bezeichnet, ist nun doch in der Tat der Gipfelpunkt höllischer Bosheit, mehr noch als nur eine von vielen ‚Gemeinheiten'. Er taucht im September 1925, also wenige Tage später, wieder im Umkreis Marys auf, versucht aber keine Erneuerung der Verführungsversuche. Gerade im Tennisklub jedoch beginnt er „die Berennung" der Frau Sandroch. Weil Negria mit einer Bootsfahrt den Angriff auf Editha eröffnet, nennt ihn Doderer häufig auch den alten Bootsmann, so spricht er in großer Offenheit von dem „bald (sc. nach der Bootsfahrt , also 1923) erfolgenden endgültigen Durchbruch des alten Bootsmannes in medias res". Aber er spricht dem Bootsmann, neben

6 Voracek (S. 224) spricht von „Judaizität" und „Philosemitismus", liegt allerdings gänzlich falsch.

Eulenfeld, der in diesem Zusammenhang wieder „Husar" genannt wird, „unheilbare Klugheit" zu, an der „beide leiden". Die ominöse ‚Organisation Negria' zielt auf eine umgekehrte Timurisation ab.

Nelson, Herr DS 580 Photograph. Ein „spitzbärtiger, langer und ironisch-hintergründiger Mann". Er hat sein Atelier in dem Hof, der hinter der Tabak-Trafik der Tante Oplatek liegt.

Neuberg, Hans DD 105 Dr. phil, Historiker, zeitweilig verlobt mit Angelika Trapp. Geboren um 1901, Jude, der jüngste unter den ‚Unsrigen'. Groß, stark, rundlich und weißblond, mit breitem und offenen Gesicht. Offen, auch charakterlich, dazu kluge, liebenswerte Art. Herzlicher Umgang mit René, den er sehr schätzt und zugegebenermaßen plagiiert hat, im Gespräch mit Friederike und Levielle. Er „gehört zu den wenigen Leuten, welche nach ihrem plötzlichen Verschwinden, unbekannt wohin, eine Tür in uns haben offen stehen lassen, durch die es manchmal zieht" (TC IV 307). Er „sieht den beginnenden Brand, bei eigenem ganz ungewöhnlichen Zustand" (TC IV 421). Als er und Angelika sich trennen, verliert er auch einen widerwärtigen Schwiegervater in spe. Am 15.7.27 hat er die Niedergeschlagenheit endlich überwunden und wieder Hunger. Er ist ein großer Frühstücker. Er erhält eine Anstellung im Staatsarchiv.

Neudegg, Achaz DD 679 Baron (Freiherr) Achaz von Neudegg. „Kopf und Antlitz waren von solcher Art, wie man sie bei niederösterreichischen Weinbauern noch finden kann: ein kräftiges, ganz in sich geschlossenes, langes und schmales Gesicht." Es zeigt aber auch „einnehmende Unbekümmertheit und gänzliche Ungeniertheit". Er macht sein Testament am 2.3.1927, verstirbt kurz darauf. Pferdenarr und bei den Landwehr-Ulanen. Ein Urviech, das mit der Armbrust auf Jagd ging. Als Georg Ruthmayr nach der Schwängerung um Claire freien wollte, soll ihm der Baron davon abgeraten haben mit den Worten: „Schorsch, Du wirst Dich doch nicht mit dieser entsetzlichen Person belasten." Unabhängig davon lehnt aber auch sie einen solchen Schritt ab, weil Georg Ruthmayr ein Bürgerlicher ist.

Neudegg, Claire DD 54 Baronesse, einzige Tochter des alten Neudegg, später durch Heirat Gräfin Charagiel, die „unerfreuliche Gräfin". G-ff begegnet ihr, 1900, im Alter von sechzehn Jahren, sie beeindruckt ihn unvergeßlich durch ihre „grenzenlos dumme Frechheit". Aber auch „maßlos schön" und herrlich duftend. „Schwarze Flechten um eine weiße Stirn." In ihrem Gesicht standen Hohn, Frechheit und „völlige Nichtigkeit". Er trifft sie viel später im Hotel de l'Europe in Salzburg, sie drückt ihn zurück ins sechzehnte Lebensjahr. Sie ist die Mutter von Quapp, der Vater eben Ruthmayr. Kurz darauf fängt sie sich den Grafen Charagiel ein, was Alfons Croix ja sehr boshaft ausgedrückt hat. Kastellan Mörbischer haßt sie, da sie ihm einst aus reiner Bösartigkeit (Croix interpretiert es anders) einen Kanarienvogel totgeschossen hat. Sie stirbt kurz vor ihrem Vater, nämlich im Februar 1927, in Mogins, in der Schweiz, als Witwe.

Nohel, Caroline DS 208 geb. ca. 1876, auch Lintschi oder Lina oder „das Wiesel" genannt. Genie in Latenz, Zofe von Frau Stangeler, Nenntante Paulas. René umarmt sie bei der Abholszene am 28. August 1925, was sie „sehr geniert", aber auch „ganz augenscheinlich ... freut". Sie liebt ihn ebenso wie Asta und Etelka, bei diversen heimlichen Ausflügen der letzteren drückt sie ein Auge zu.

Öhlerin, Die DD 869 Wahrscheinlich Frau Öhler. Sie ist geistesschwach und beschimpft Charlotte Schlaggenberg am 17.5.1927 am Bahnhof von Deutsch-Altenburg. Gach befreit Quapp aus der peinlichen Situation.

Oplatek, Frau DS 363 Unverheiratete Schwester von Rosa Zihal geb. Oplatek und von Theas Mutter. Inhaberin einer Tabak-Trafik, soll bei dem ominösen Schmuggel mitmachen, was sie, aus anderen Gründen, ablehnt.

Oplatek, Herr DD 329 Er ist nicht verwandt mit den Wiener Oplateks (zum Glück), sondern im dunkeln bleibende Gestalt aus Prag. Im Direktorium des Allianz-Zeitungskonzerns sitzend, zieht er für gewisse Zeit die (politischen) Fäden.

Orkay, Géza DD 278 Ungar, als Attaché bei der Wiener Gesandtschaft seines Landes tätig, Neffe von G-ff. Ein „magyarischer Typus", mit schmalem, edlen Kopf, heldischer Geiernase, schiefgestellten Augen und tiefbräunlicher Haut, leicht, grazil, muskulös, immer wieder ‚der Vogel Turul' genannt. Klug, still, manchmal finster und in sich gekehrt. Unverständlicherweise lange Zeit eng mit Körger befreundet. Politisch ist er, dem ‚Grafen' zufolge, „einer von uns", was nicht für ihn spricht. Er gilt jedoch, wenn schon nicht als unzuverlässig, doch als in diesen Sachen nachlässig. Er verliebt sich leidenschaftlich in Quapp. Sie heiraten Anfang August 1927 in der Steiermark.

Orsetzkaja, Maria DD 826 Schauspielerin, zeitweilig wohl Geliebte von Lasch, auch morphiumsüchtig.

P., E. DS 25 Nur mit Initialien benannt, nach einem engen Freund Doderers benannt. „... wie seine blauen Augen, seine tiefbräunliche Haut, seine ebensolchen Haare oder eben seine extreme Kaisertreue mitten in der Republik."[7] Jude und Antisemit. Die Augen sind auch mandelförmig, sein Körper ist klein und gedrungen. Stangeler, mit dem er zusammen im Krieg war (kurze Szene in DS außerhalb der normalen Jahre, nämlich 1915, als Rückblick), spannt ihm 1921 Grete aus (die ihn jedoch nie geliebt hatte, wie E. P. selbst Melzer sagt). Aber er findet doch noch sein Glück. René spricht von „Heftigkeit, Güte, Wert". Auch seit 1924 sehr eng mit Melzer befreundet. Die P.s wohnen in der Porzellangasse (Miserowkysche Zwillinge). Der Vater war Industrieller, also hat E. P. gut geerbt.

P., Rosa DS 39 Auch Roserl genannt. Rund und kurzhalsig. Sie hat E. als Kollegen im Büro der Bodencreditanstalt kennengelernt, die beiden heiraten 1924. Ruhiges und bescheidenes Ehepaar trotz finanzieller Unabhängigkeit. Sie machen bei Melzer Licht, er trifft sie meistens im Beisel. Frau Roserl sammelt Puppen, später wird auch Thea so eine Art Puppe bei ihnen. Von der Rosanka ist sie gemalt worden, und zwar zur gleichen Zeit wie Thea. Beides war E. P.s Idee.

P., Ladislaus DS 794 Auch Lala genannt. Ungar, Baron, Verwandter Grauermanns. Chefarzt an der Budapester St. Lukas-Kuranstalt, vor dem Medizinstudium calvinistischer Pfarrer. Er bringt René zu dessen sterbender Schwester.

P., Herr DD 892 Voller Nachname nicht bekannt, Hofrat. Er träumt laut, ist befreundet mit den alten Stangelers, großartiger Bratschist.

7 TT IIII 111 hat dazwischen noch „extremer Antisemitismus". Dort S. 107–116 zu E. P. S. auch Voracek (S. 201), wo auf ein zweites Vorbild verwiesen wird; dies gäbe auch insofern Sinn, als E. P., selbst Jude, nicht extremer Antisemit gewesen sein kann, es sei denn im Sinne etwa eines Otto Weininger oder Karl Kraus. Daß E. P. in Auschwitz ermordet wurde (TT III 110 Fußnote), macht dies besonders unpassend, meine ich.

P., Frau DD 892 Voller Nachname nicht bekannt, seine Gattin. Sie schreibt seine Träume auf, hat daher immer einen Block auf dem Nachttisch.

Pastré, Herr DS 199 Gebürtiger Genfer, Calvinist, Vater von Editha und Mimi, beide sehr hübsch.[8] Die Pastrés haben einen jour fixe, um Editha unter die Haube zu bringen (Mimi war da schon durchgebrannt).

Pastré, Frau DS 198 geb. Meriot. Die Mutter G-ffs war mit ihr gut befreundet. Immer noch eine schöne Frau, „hat etwas von einer Märtyrerin an sich". Dr. Döblinger hat sie mit Mädi Fraunholzer verglichen, sie war also üppig.

Pauli, Frau DD 879 Modistin, Hutmacherin in der Schulerstraße. Quapp ist Kundin bei ihr. Sie ist für ihr loses Mundwerk bekannt.

Pawlicek, Frau DD 612 Hausmeisterin im Haus Hertha Plankls.

Pawlowski, Herr DS 250 Nur „der alte Pawlowski" genannt, im Außenministerium als Sektionschef tätig, auch Vorgesetzter von Semski.

Petschenka, Prof. DD 674 Lateinlehrer Hubert K.s und seiner Freunde Geiduschek und Zwicklitzer.

Pichler, Alois DS 212 Werkmeister der Staatsdruckerei. Guter, lieber Mann für Paula. Bescheiden, scharfer Beobachter. Zihal schätzt ihn sehr, die beiden und Geyrenhoff bilden bei der Hochzeit Melzer-Rokitzer ein Konventikel.

Pichler, Paula DS 130 geb. Schachl, 1892. Sie und René sind im Jahr 1911 zeitweilig verliebt, aber es kommt nicht zum Durchbruch: „Das Mädchen aus dem Volke wurde nicht verführt und die junge Dame {Editha} verlor ihre Unschuld." Sie lernen sich vor dem Haus ‚Zum blauen Einhorn' kennen, er zeigt ihr die Stiege. Allerdings stellt Paula, als sie René vierzehn Jahre später, am 2. September 1925, im Café Brioni trifft, nicht nur fest, daß sie ihn noch liebt, „ganz wie einst", sondern auch,

8 S. dazu Pfeiffer 1982, S. 69. In einem Aufsatz über Heimito von Doderers Kanalgittermetaphorik hat Pfeiffer (1989) ein Foto eines Kanalgitters aus dem Ort von DD gezeigt mit der Prägung ‚Julius Pastrée Wien-Simmering' und hochinteressante Bemerkungen zur Metaphorik gemacht, ferner ganz genaue Informationen zur Familie Pastré gegeben.

„daß er sie noch liebe, ganz wie einst". Rundlich-schlanker Körper, tizianrotes Haar, vom Vater, geschicktes Lachen, bescheiden, dunkelrote Haare, weiße Haut („zarter, durchsichtiger Teint"), Augen – wie bei René – etwas schräg, blau mit violettem Schimmer. Kleine, wohlgeformte Ohren. Sie arbeitet im Büro des Dr. Adler. Mit sechzehn oder siebzehn Jahren zieht sie zu Resi Schachl in deren Haus zu Liechtenthal, 1921,[9] nach der Heirat mit Alois Pichler, wiederum in die ehemalige Wohnung Zihals. Paula und Alois haben ein herziges Mäderl (so Lintschi). Paula ist ihrem verstorbenen Vater sehr nahe.

Pichler, Therese DS 722 Das „herzige Mäderl". Sie erscheint Melzer bei seinem schicksalhaften Besuch am 9. September 1925 im Garten der Pichlers für einen Augenblick „wie ein dicker Apfel", dann spürt er den „fast himmlischen, flaumigen Duft einer Wange". Sie, zu diesem Zeitpunkt wohl drei Jahre alt, mag Melzer, küßt ihn zurück. Bei der Hochzeit Melzers trägt sie die Schleppe. „Es soll der anwesende Sektionsrat Geyrenhoff, während man vor der Kirche zum Einzuge rasch zurecht trat, sich nicht haben enthalten können, die Schleppenträgerin ein wenig zu zwicken, was verzeihlich erscheint gegenüber einem der hohen Grade von Süßigkeit, wie sie das Dasein manchmal erreicht."

Pinter, Alois DD 543 Kroate aus dem Burgenland, Schwiegersohn Zdarsas, Schwager Nikis, genannt ‚der Pinta'. Ein „dunkler, hübscher, stämmiger Mann – seine schwarzen Augenbrauen waren über der Nasenwurzel zusammengewachsen, wo es noch ein zusätzliches Haarbüschel gab –". Pinta hat, „aus einem weinbauenden Geschlechte stammend", „erheblichen Besitz" an Weinbergen mitgebracht. Er bleibt oft über Nacht in einer Hütte zu Mordisch und trifft sich mit rechtsradikalen Verschwörern wie Sevczik und dem ‚Grafen'. Er wie seine Frau werden meist mit ‚a' am Ende genannt, obwohl ‚Pinta' der Spitzname für ‚Pinter' ist.

Pinter, Frau DD 552 Sie hat, wie ihre Schwester Elly, eine unreine, weiße Haut, ist trotz Schlankheit in den Körperformen

9 Ein weiteres Beispiel, wie genau man Doderer lesen muß. „Und neunzehnhunderteinundzwanzig zog die junge Frau ein, welche jetzt Paula Pichler hieß." (DS 359) Eben nicht der erste Einzug, da hieß sie noch Paula Schachl.

„zerlassen“, also „das genaue Gegenteil von dem, was man drall nennt“. Wie Elly „übermäßiger Arbeit nicht geneigt“.

Plankl, Hertha DD 594 Prostituierte und Freundin der Anny Gräven. Sie, eine Burgenländlerin und ein „dickliches, blondes Mädchen von unglaublich geringer Intelligenz“, mit Verbindung zur ‚Galerie‘, wird vom Meisgeier ermordet. Anny weiß es und verwahrt den Beweis bei Didi auf. Später, nach dem Tod Didis mit dem Meisgeier, kommt alles aus der Tasche ans Licht.

Pleban, Amtsdiener DD 687 Ist beschäftigt im Institut für österreichische Geschichtsforschung. „Das war gemütlich.“

Podiwinsky, Frau DS 590 Mutter von Frau Wöss, Hausmeisterin bei Eulenfeld, Schwiegermutter von „Herrn Wöss“. So spricht sie von ihm.

Preyda, Fähnrich DD 204 Er hatte vier Monate im Krieg mit René „zusammengehaust“, ist dann 1916 gefallen. René erinnert sich seiner ganz plötzlich am 10. Januar 1927, „jenseits, was ist's?“.

Priglinger, Sylvia DD 890 Auch ‚Falke‘ genannt, engste Freundin Renatas. Ebenso kühn und hilfsbereit wie diese, hübsch mit „etwas vogelartigem“ Gesicht und hellen, grauen Augen. Ihr Charakter ist ebenso gut wie der Liceas, auch ist sie klug und sympathisch. Sie gibt Pepi Nachhilfeunterricht auf Bitten der Frau Kapsreiter, bei der sie oft zu Besuch weilt. Mit Licea und dem jungen Scout bildet sie Kajetans Bande, seine ‚Platte‘, zu der dann auch die Garrique-Kinder und der kleine ‚Bully‘ stoßen.

Protopapadakis, Herr DD 1034 Griechischer Galerist, von Doderer auch „Hellene“, von seiner Umgebung meist „Herr Prokop“ genannt. Falschspieler. Er hat der Anny Gräven im Café Alhambra ein Kartenspiel beigebracht, und er gefällt ihr. Sie geht oft mit ihm und Herrn Xikadis aufs Zimmer. Am 15.7.27 raubt er (wieder mit jenem gemeinsam) verletzte Zivilisten aus, wird aber erwischt und von der Polizei verprügelt, „woran sie unseres Erachtens sehr gut getan hat“.

Raimund, Szilágyi DD 999 Ungar, Fahrer bei der ungarischen Botschaft. Er hat Kontakte zu den ‚Unseren‘, kennt den ‚Grafen‘ und ist mit Pinta eng befreundet, berichtet diesen auch über Géza.

Rak, Frau DS 306 Sie wird auch auch ‚Der Pierrot‘ genannt. Witwe eines Rechnungsrats, Vermieterin von Melzer, „gehörte nicht zu den Resoluten“.

Rambausek, Frau DD 1331 Bedienerin im Hause der Anny Gräven, begrüßt diese im Januar 1928 „mit vielen Worten, bewegt und beredt“ und guten Dingen. Nicht verwandt mit Rambausek aus DE-Div VII.

Reichel, Herr DD 332 Er macht mit Glenzler als ‚Vater‘ die eigentliche Arbeit bei der Allianz-Zeitung.

Ria, Frau DD 1040 Ältere Prostituierte, Nachname nicht bekannt, verkehrt im Café Alhambra. Von ferne „eine beinahe elegante Erscheinung“, in Wirklichkeit „längst ein klapperndes Skelett“.

Richtercek, Herr DS 115 Hausmeister im Haupthaus der Stangelers. „Solche Leute degenerieren in der Atmosphäre eines Privathauses, wo eine Schreckensherrschaft nicht möglich und das zu ihrer Fundamentierung erforderliche scharfe Beobachtungsvermögen nicht mehr lebensnotwendig ist.“ Deshalb auch kommt Etelka bei ihren heimlichen Ausflügen leicht unbemerkt an diesem Paar vorbei.

Richtercek, Frau DS 115 Seine Gattin. „Das Ehepaar Richtercek verhielt sich zu den Fuceks wie ein Pintsch zu einem Wolf.“

Riederer, Herr DD 104 Diplom-Ingenieur, verkehrt im Café Alhambra. Hübsches „und auch gutartiges Gesicht“, doch „tiefe Rillen“. Er ist ein fünfzigjähriger Junggeselle und Sohn eines Gastwirts in Troppau. Er ähnelt dem Ingenieur Rieger aus ‚Ein anderer Kratki-Baschik‘.

Rokitzer, Herr DS 363 Theas Vater, Besitzer einer Papierhandlung in der Alserbachstraße, gegenüber dem Liechtensteinschen Palais, also in Sichtweite fast der Strudlhofstiege, betreibt das Geschäft mit seiner Frau zusammen. Er geht, besorgt um das einzige Kind, zu dem Hofrat, dessen Namen „wir nicht kennen“, und erkundigt sich, mit bestem Resultat, über den Amtsrat.

Rokitzer, Frau DS 363 Auch sie ist eine geborene Oplatek. Weitere Schwester von Rosa Zihal und der Trafikantin. Diese hier ist verheiratet mit Herrn Rokitzer und Theas Mutter. Sie ist eine Frau, „von der gänzlich vergessen wurde zu sagen, wie sie aussah, weil sie eben überhaupt nicht aus sich heraussah; sie war ein in seine eigene Sauberkeit eingepacktes, hinlänglich schäumendes, kaum duftendes Stück guter Haushalt-Seife. Alle Bestandteile zum Hübschsein vorhanden: aber sie war nicht hübsch, wenngleich völlig unverbraucht.“

Rokitzer, Thea DS 306 Geboren im Sommer 1902. Junge Person „von ganz außerordentlicher Wohlbeschaffenheit". Wohnt bei den Eltern. Lange in den Rittmeister verliebt. Hohe Brust und lange Beine. „Hoch, schlank und kraftvoll und von jener Wohlgelungenheit oder einfachen Makellosigkeit, die ein differenzierter Mensch ... wie eine Art Überhang, wie eine über ihn sich beugende Forderung empfinden kann". Alois Pichler fand sie „dumm", aber sie war „viel weniger als dumm. Denn ihr fehlte zur Dummheit, wie unser Zeitalter sie kennt, die Frechheit und Bösartigkeit." René empfindet sie (28.8.25) als sehr schön: „Das Antlitz war blühend, das Auge wie frisches Wasser, in welches die Sonne scheint." Auch oft „unser Lämmlein" genannt. Sie liebt den Major seit dem 30. August 1925. Und er kurz darauf ebenso heftig sie, würde es sonst am 2.9. „warm, fast heiß" an seiner inneren Körperwand „emporschlagen"? Und als sie die Einladung dann am 3. September überbringt, erscheint sie „schlechthin breitschlagend: so reizend hübsch". Die Szene selbst am 9. September dann ist von Doderer mit außerordentlicher Liebe entwickelt. Thea ist an diesem Tag besonders schön, befindet sich „auf einem jener Höhepunkte", sie wiegt gerade 63,5 kg. Daher auch fällt bei ihrem und Paulas Besuch in Melzers Wohnung der Stoff über dem „beträchtlichen Busen nicht ohne eine gewisse Spannung". Die Liebesszenen zwischen Thea und Melzer, der Heiratsantrag und die Tage danach sind von Doderer mit großer Kraft und Zuneigung geschildert worden.

Rosanka, Maria DS 362 Malerin. Sie hat 1925 ein Porträt Zihals gemalt, das auf den „rechten Daumen hin komponiert" war. Sie kommt auch schon in EM vor. Die Rosanka ist „hoch, schlank und kräftig", sie ist „an Antlitz, Hals und Armen tief gebräunt". Ihr „hübsches, breites Gesicht enthielt zwei Tier-Augen, groß und dunkel". Zihal hat das Bild nicht abgenommen, es ist bei der Malerin verblieben, dann später für einen beachtlichen Preis in den Besitz Dr. Schediks gelangt. Sie malt noch je eine Porträt von Roserl P. und Thea Melzer.

Rosen, Thea DD 89 Auch „die Madonna" genannt. Sie trifft sich regelmäßig zum Kaffeekränzchen, wirkt aber auf ihre Mitschwestern „aufreizend" und erregt Neugier, auch Neid. 1927 erst fünfunddreißig Jahre, doch schon Witwe. „Üppig, glaszart, Stumpfnäschen, ein Mündchen wie ein kleines rotes Näpfchen voll Süßigkeit." Auch „winzige, ein wenig fette"

Füße, außerdem sichtlich „kurzbeinig". Am 8.1.27 verläßt sie das Café, um einen jungen Mann zu treffen.

Rotenbach, Hofrat DD 105 Historiker, Lehrer von Hans Neuberg. Erstrangiger Fachgelehrter, aber nicht sehr schöpferisch. Levielle kennt ihn, gibt damit an.

Rottauscher, Herr DD 1043 Kleiner Gauner („Galerist", also, wie an anderer Stelle erklärt, „berufsmäßiger Leichtverbrecher"), stammt aus Imst in Tirol, älterer Herr, Meister seines Fachs, verkehrt im Café Alhambra. Er hat mit einer echten goldenen Uhr fünfzig unechte an den Mann gebracht. Auch ‚Vater Rottauscher' genannt. Als Taschendieb am 15.7.27 sehr aktiv und erfolgreich.

Rucktäschl, Herr DD 103 Schriftsetzer bei der gleichen Zeitung wie Fittala, klein, breit, „mit enormen Händen ausgestattet". Er verkehrt im Café Alhambra.

Rugley, Miss DD 165 Engländerin, Gouvernante Quapps, später Gesellschafterin und Wirtschafterin bei Frau Schlaggenberg. Quapp denkt am 15. Juli 1927 auch an sie, als sie mit ihrer Vor-Biographie abschließt.

Ruthmayr, Georg DD 14 Großgrundbesitzer und Reserverittmeister. Er kommt nur im Rückblick vor, da er schon sehr früh, 1914, in Galizien gefallen ist. Ruhiger, lustiger Mann. Er „hat ein merkwürdiges Gesicht gehabt, die Augen sehr weit voneinander, das Gesicht war rund und dick, wie von einem Kind beinah, ist aber ein großer schlanker Herr gewesen", berichtet Gach, der bei seinem Tod dabei war. Er hat von der Neudegg eine uneheliche Tochter, Charlotte, die ihm, manchmal auch der Mutter, sehr ähnlich sieht und von Kajetan Schlaggenbergs Eltern adoptiert und aufgezogen worden ist. G-ff hat ihn gut gekannt und hoch geschätzt. Die Ehe war trotz Seitensprung gut.

Ruthmayr, Friederike DD 10 Seine Witwe, von ihm ‚Fritzi' genannt. Sie ist sehr reich. Kajetan hat beim ersten Anblick bereits den Wunsch, ihr „sein ganzes bisheriges Leben in den Schoß zu legen und es ihr gewissermaßen vertrauensvoll zu übergeben". Üppige Frau mit großem Busen („machtvolle Aussage der Natur") und kleinen, festen, „unendlich liebenswerten Füßen", schlanken Fesseln, aber kräftigen Beinen und „leicht polstrigen" Armen. Tiefschwarzes Haar. Sehr große, dunkle Augen, stehen „vielleicht ganz leicht schräge". Leonhard empfindet sie als stumm, einsam und unergründlich, wie einen „an der Glasscheibe stehenden Fisch". Ihr Vermögen wird lang von dem undurchsichtigen Levielle, aber, da er sie anbetet, hier frei von Betrug, verwaltet, später dann vom Chronisten, der auch ihr Herz und ihre Hand gewinnt. Sogar Stangeler findet sie, im Gespräch mit Neuberg, der sie kennt, aber nicht weiß, von wem René spricht, „sehr, sehr schön". Die erste Begegnung Friederikes mit G-ff in DD (sie kennen sich gesellschaftlich schon von früher), die zu einer tiefen Liebe und auch zur Ehe führt, findet im April 1927 statt. Am späten Abend des 8. Januar 1927 trinkt sie, auf ihre Terrasse tretend, aus der „von Gyurkicz freundlichst dargebotenen Flasche, ... zugleich umworben von den freundlichen Tangoklängen aus Beppo Draxlers Guitarre!!!)". G-ff war als Bandenmitglied dabei, erinnert sich aber erst im April daran. Am 15. Juli 1927 kommen auch sie zusammen (wie Quapp und Géza, Mary und Leonhard), heiraten dann im gleichen Herbst. Sie stirbt vor dem Zweiten Weltkrieg.

Sandroch, Frau DS 53 Deutschrussin, eine aschblonde Vierzigerin, irgendwie verlebt aussehend, 1923–1925 befreundet mit Stephan Semski, erliegt sie dann im September 1925 dem Dr. Negria, wobei Semski „über den Haufen gerannt wurde". Sie selbst aber wird von Negria sozusagen pulverisiert.[10]

Scarlez, Enrique DS 595 Argentinier. Schöner Mann mit langen Wimpern, guter Ehemann, seiner Frau verfallen. Ihre Ehe war bis zur Störung durch Eulenfeld, dann aber wieder, sehr glücklich. Auch er handelt mit Zigarren, wenn auch „in etwas größerem Stile" als Wedderkopp. Das Ehepaar ist zur Hochzeit Melzers mit Thea Rokitzer geladen.

Scarlez, Mimi DS 200 geb. Pastré, ca. 1891, Zwillingsschwester von Editha, ist mit Enrique schon in jungen Jahren, 1908, von München aus nach Südamerika durchgebrannt (G'ff sagt: „abhanden gekommen"). Sie hat die argentinische Staatsbürgerschaft angenommen. Sie sieht aus wie Editha, blond, also zeigt sie beim Picknickausflug am 23. August 1925, bei dem sie

10 Voracek (S. 234) verweist auf die Namensähnlichkeit zu Adele Sandrock. Er übersieht leider den Vergleich Negria – Arthur Schnitzler, denn dieser, auch ein Wiener Arzt, geht über die Sandrock ebenso rücksichtslos hinweg wie jener über die Sandroch. Beide Frauen werden „pulverisiert".

die geplante Verführung Melzerichs vorbereitet, auch „lauter schlanke Rundungen“ und „bewegte Hüften“. Sie schläft als Editha mit René (vierzehn Jahre nachdem Editha selbst dies zweimal getan hat), ihr Versuch, Melzer zu verführen, ist ebenso erfolglos wie der ihrer Zwillingsschwester. Wie diese hat sie auch mit Eulenfeld geschlafen, und zwar in Südamerika („Ein Jahr seines Lebens und mehr, und nicht eines der schlechtesten“), wohl aber auch in der Vertretungsfunktion für Editha zwischen Frühjahr und Ende August 1925, da „für Editha nur eine einzige Deutung ... übrig blieb“. René erkennt in der berühmten Bahnhofsszene am 28.8.1925 als erster die Zwillingsexistenz zu Wien. Eulenfeld bezeichnet sie als „verdammte Duplizitäts-Gören“. Sie lieben sich trotz mancher Auseinandersetzungen heftig. Das Verhältnis Editha – Mimi weist eine gewisse Ähnlichkeit mit dem Etelka – Asta auf.

Sch., Herr DS 339 Voller Nachname nicht bekannt. Er ist Jägerhauptmann, bewundert von E. P. („einer der besten und vornehmsten Offiziere, die ich beim Militär gesehen habe“) wie Melzer.

Schachl, Ferdinand DS 212 Zimmermann, als Strommeister für Bau und Erhaltung der Donauschleusen zuständig, schweigsamer, schüchterner, stiller und gottesfürchtiger Mann mit rötlichem Haar. Er erleidet den Unfalltod Ende Februar 1905 durch einen schweren Schraubschlüssel, der fällt und ihm den Schädel zerschmettert. Paula ist zu diesem Zeitpunkt nicht viel mehr als zwölf Jahre alt, sie hängt sehr am Vater und denkt später oft an ihn.

Schachl, Frau DS 213 Paulas Mutter, erheblich jünger als ihr erster Mann, sehr hübsch. Sie heiratet kurz vor Abschluß des Trauerjahres einen Monteur namens Loiskandl, mit dem sie dann bald nacheinander drei Kinder hat.

Schachl, Therese DS 215 Auch oft Resi genannt, Tante Paulas (Schwester des Strommeisters). Korpulentes, aber noch beachtlich hübsches Fräulein, unverheiratet, aber nicht altjüngferlich. Hüftleiden, geschliffener Schnabel. Pensionistin der k.-und-k.-Staatsbahnen, wohnt in Liechtenthal, Vermieterin Zihals. Die junge Paula Schachl zieht zu ihr. Es wird dies ein „fideler Haushalt“. Im Gärtchen des „kleinen runzligen Hauses“ hat später auch Melzer einmal gesessen. Mit ihrem Mann nämlich wohnt Paula dann später in der früheren Wohnung Zihals.

Schedik, Dr. DS 28/DD 40 Dr. med., Obermedizinalrat. Hervorragender Schwiegervater und „außerordentlicher“ Arzt, „Philosoph und Menschenfreund dazu“. Kunstsammler und Liebhaber von Aquarien, experimentiert auch mit Pflanzen. Er ist Witwer und lebt mit seiner einzigen Tochter, Camy, in der Hadikgasse in Hietzing (später wohnt hier auch die Drobila). Er zieht dann mit Camy, die später Schlaggenberg heiratet, und wachsender Praxis in die Innenstadt, und zwar in dasselbe Haus, beim Justizpalast, in dem Hofrat Gürtzner-Gontard wohnt. Es ist auch davon auszugehen, daß Schedik der Arzt ist, welcher Agnes Gebaurs Fußgelenk wieder einrenkt. Titel und Auftreten sprechen für ihn.

Scheichsbeutel, Herr DS 351 Kammerdiener Cornel Laschs. Die Familie („‚wie kann man Scheichsbeutel heißen?‘ sagte Melzer indigniert“) wohnt, „einigermaßen zahlreich“, im Eckhaus neben Stangelers. Er ist ein enger Freund Oki Leuchts. Auch ein Schleichhändler wie sein Herr, sieht aber eher aus „wie ein pensionierter Beamter, ... adrett, würdig, ein bissl säuerlich und ganz langsam sprechend“. Auch ein „Zihaloid“, aber „ohne inneres Dekor“. Ein „ganz gewöhnlicher Gauner“ und „Ad-Notam-Nehm-Apparat“. Grete Siebenschein „verabscheute diesen Beutel“. Er hätte auch ein Küster oder Mesner sein können.

Scheichsbeutel, Angelika DS 352 Jüngere Tochter der Familie, „ausgefallenes Gewächs, überzart, ein Gesichterl wie ein Insekt, mit sehr großen, dabei etwas schiefen Augen und einem Geschau, wie ich's eigentlich noch nie gesehen habe“. Schon mit siebzehn Jahren berühmt, Auftritte als Tänzerin unter dem Pseudonym Angely (sic!) de Ly. Später, 1925, zeitweilige Geliebte Negrias. Auf Melzer wirkt sie beim Dorffeste „geradezu maßlos aufdringlich“, auf Asta als „ärgerliche Erscheinung“.

Schindelka, Josef DD 1216 Leib-Lakai des Prinzen Croix, der ihn ‚Pepi-Vater‘ zu nennen pflegt. Dieser seinerseits duzt den Prinzen manchmal unter vier Augen und nennt ihn „sehr zärtlich“ Fonserl.

Schlaggenberg, Camilla DS 707/DD 40 Genannt Camy, geb. Schedik. Eine bedauernswerte Frau, da mit Kajetan vermählt. Die Scheidung läuft, bevor das Ehepaar richtig zusammengezogen ist, davor aber waren sie laut Grete schon neun Jahre liiert, sie habe ihre beste Zeit für Kajetan geopfert. Von ihr ist dauernd die Rede, vor allem seitens Geyrenhoffs („Ich dachte an Kajetans Frau"), ihre Briefe werden zitiert, sogar zur Gänze (DD 475 ff.), aber sie tritt nur einmal kurz in DS auf, in DD nur im Rückblick. Der Zerfall ihrer Ehe mit Kajetan wird von Geyrenhoff mit „gestielten Ad-notam-nehm-Äugerln" observiert, dieser mischt sich auch später ständig ein. Ihr „fehlte es keineswegs an Intelligenz, ihr eignete eine solche von der zarten Art (soweit bei einer sonst auch zarten Frau gerade auf dieser Ebene Zartheit angetroffen werden kann), jedoch es fehlte ihr ganz und gar an Schwung". Kleine und schlanke Frau mit außerordentlich schönem und blondem Haar, sie sah immer „vornehm und getrocknet aus", Nase zu groß geraten, aber auch spitz. Sie ist schwach, ohne Robustheit, aber auch phantasielos, läuft einem Idyll nach, will auch von Kajetan los, weil er das Gegenteil davon ist. Am 8. 1. 1927 flüchtet sie nach England. Dort wohnt sie, von Mary K. auf Grete Siebenscheins Bitten hin eingeführt, bei Madame Libesny. Ein Besuch Kajetans in London bringt die Beziehung nicht voran, aber das letzte Gespräch Geyrenhoffs mit diesem läßt Hoffnung aufkommen.

Schlaggenberg, Charlotte DD 14 geb. 1901 unehelich, adoptiert. Sie wird fast ausschließlich Quapp genannt, weil sie unreif ist (nur Imre sagt ‚Lo' zu ihr), Schwester Kajetans. Ist dies jedoch in Wirklichkeit nicht, sondern die Tochter Ruthmayrs mit Baronin Neudegg, später Gräfin Charagiel. So ist sie also auch mit Jan Herzka entfernt verwandt, dessen Mutter ihre Tante war. Sie zeigt manchmal „eine plötzliche, ganz sinnlose Anmaßung". „Unbegreiflichkeiten abrupter Art im Verhalten Quapp's könnte man ohne weiteres von ihrer Mutter her causieren und detaillieren." (TC IV 237) Kajetan sieht sogar das Gesicht der Neudegg in dem der siebzehnjährigen Charlotte. „Ruthmayr: ihr natürlicher Vater. Eustach: ihr geistiger Vater: von da her alle Narretei. Dazu diese Mutter: G-ff begreift jetzt, daß dies einen disparaten Menschen ergeben muß." (TC IV 436) Hübsches Mädchen mit breitem Gesicht, schlank, grazil, aber doch mit „schöner, hoher Brust". Schmale Schultern, mandelförmige, weit voneinander gestellte Augen, breiter Mund. Levielle hat ihr, bis es mit Hilfe Geyrenhoffs und Gachs herauskommt, das Erbteil vom wirklichen Vater vorenthalten. Während des Musikstudiums ist Quapp oft sehr mittellos. René „übersieht sie", hält sie für hübsch, aber für „ein liebes Tramperl". Ihre Entwicklung im Roman ist auch die einer Geigerin, die fleißig, aber nicht begabt ist und schließlich das Spiel, das fast ihr Dämon ist, einstellt. Nach, nicht wegen der Erbschaft. Als sie dem Maestro vorspielt, sagt dieser: „Sie geigen ja am Rande eines Abgrundes." Danach trifft sie Orkay, und „nun war sie frei". „Richtig wäre es gewesen, den Geigenkasten einfach auf der Straße stehen zu lassen." Als sie endgültig Géza als „Tor ihres eigenen Hauses" sieht und die Vor-Biographie versinkt, wird gleichzeitig, und sie erfährt es im Roman nicht mehr, ihr Ex-Geliebter Imre erschossen. Beides geschieht am 15.7.27, kurz vor dem Mittagläuten.

Schlaggenberg, Eustach DD 63 Vater Kajetans. Großer Waldbesitzer, aber in finanziellen Schwierigkeiten auch durch die Machenschaften Levielles im Zusammenhang mit der Österreichischen Holzbank, die 1925 zusammengebrochen ist und die Levielle ihm vermittelt hat. Er stirbt Anfang 1926 auf seinem Herrengut in der Südsteiermark. Im Frühsommer 1927 erlebt der Nachlaß dann ein „Übergewicht in's Positive".

Schlaggenberg, Frau DD 63 Eustachs Witwe, Kajetans Mutter. Sie schien, als dieser sie in der zweiten Maihälfte 1927 besucht, „vermoost, mochte sie gleich immer noch eine schöne Frau sein".

Schlaggenberg, Kajetan DS 10/DD 10 Alter Ego Doderers, tritt auch unter dem Namen Dr. Döblinger auf. Klug, aber sehr komplex und recht unausstehlich. Eine „literarische Pest". Mitarbeiter an DD. Krumm. Die Gräven, der er die Geschichte von Quapp erzählt, gibt einen klugen Kommentar dazu, ist von ihm beeindruckt, bemerkt an ihm „scharf eingeritzte Gesichtszüge" sowie breite Brust und Schultern „bei sonst schlanker Figur". Geyrenhoff sieht ihn im November 1926 in „elendem Zustand". Er ist ein Versager in Gelddingen, Camy spricht sogar von einem „Mangel an gutem Willen" ihr gegenüber. Cholerisch generell, speziell in der Unterhaltung mit dem Schwiegervater (er selbst gesteht G-ff, „desparat und tollwütig und dann auch maßlos verletzend" gewesen zu sein). Auf der schon neurotischen Jagd nach seinen ‚Dicken Damen' entwickelt er eine dazu passende Philosophie. Die Gespräche zwischen Schlaggenberg und Geyrenhoff, also zwischen zwei Seiten der Dodererschen Persönlichkeit, sind in DD sehr zentral. Er verkehrt viel mit den unangenehmeren Vertretern der ‚Unsrigen'.

Schlinger, Editha DS 52 geb. Pastré, ca. 1891. Nach G-ff das „größte Luder". Sie ist sehr hübsch mit dem „blühenden Pfirsich-

Hauche der Haut, dem lockeren blonden Haar und der kleinen geraden Nase". Letztere ansonsten „zart gebogen". Die „Hüften ein klein wenig über das Maß ihrer sonstigen Proportion gewölbt". Sie ist die Petze, welche Anlaß zum Schmellerschen Auftritt auf der Stiege gibt. Habituelles Lügen und enormer Männerverbrauch schon in frühester Jugend, zwei der Gründe, welche Mimi aus dem Haus treiben („Und deshalb bin ich mit Scarlez durchgegangen"). Dies erinnert auch stark an das Verhältnis zwischen Etelka und Asta und deren charakterliche Gegensätze. Sie verführt (kurz davor) u. a. René, schläft (bald danach) mit Baurat Schmeller, im Jahr 1923 mit Negria, beflirtet ab September des gleichen Jahres heftig Melzer, den sie wegen Tabakdingen ins Auge gefaßt hatte. Sie beginnt, „ihm Brücken zu bauen, Luken zu öffnen, Treppchen herabzulassen". Melzer aber, laut René, fürchtet sich „sehr" vor ihr. Sie ist selbst lange die Geliebte von Eulenfeld (gleichzeitig mit und nach Thea). 1925 sieht sie für Melzer „nicht anders aus wie vor vierzehn Jahren und als Mädchen". Asta mag sie nicht („Merkwürdige Freundinnen hat man gehabt"), schon in der Jugend – sie waren zusammen auf dem Lyzeum – war Editha ihr „stets unangenehm gewesen". Im Frühjahr 1925 reist Editha nach Bordeaux, um ihre Schwester abzuholen, kehrt dann erst am 28. August nach Wien zurück. Alle Auftritte der Editha in Wien zwischendurch, eingeschlossen das Schlafen mit René und die Verführungsversuche bei Melzer, sind solche der Mimi, was beide zu diesem Zeitpunkt nicht wissen. Überhaupt ist immer, wenn auch meist versteckt, gesagt, ob Mimi oder Editha auftreten. Sie erscheint als frisch verheiratete Frau Wedderkopp mit dem Stiernäckigen auch auf Melzers und Theas Hochzeit.

Schlinger, Herr DS 762 Der Mann, der ihr den Familiennamen gab, Sektionsrat, also ein Kollege Geyrenhoffs. Editha selbst wußte, von ihm 1925 „längst geschieden", seit vielen Jahren „nichts mehr".

Schmeller, Herr DS 52 Oberbaurat, ein Techniker und ein Wiener aus der Vorstadt. Zur Zeit des Skandals erfolglos verliebt in Editha, später hat er ein kurzes Verhältnis mit ihr. Organisiert das kleine Drama auf der Stiege, weil seine Tochter Ingrid, die später Herrn Budau heiratet, sich mit ihrem Freund Stephan Semski anläßlich der Schmellerschen Gartenparty im Bad eingeschlossen hat, wonach er jenem schon eine runterhauen wollte. Hochherrschaftliches Haus in Grinzing. Rassist und Chauvinist, G-ff findet ihn durchaus zu Recht „widerlich".

Schmeller, Frau DS 258 Ehefrau, einer „jener zerflossenen Patzen von Ergebenheit", „Sauce mit wenigen Brocken längst zertrümmerten Charakters".

Schnabel, Christine DD 677 Angestellte bei Herzka und Compagnie, von Herzka der Filiale in Graz geopfert, kurz vor ihrem 60. Geburtstag. Die Nachfolgerin wird Agnes Gebaur, was gut für Jan Herzka ist.

Schoschi, Frau DD 129 So genannt, richtiger Nachname nicht bekannt. Neue Chefin des Café Kaunitz, Nachfolgerin der Weinmann. Sie sieht aus wie eine „Puffmutter", ist aber in Wirklichkeit eine Arztwitwe. „Hübsch und glatt, blonder Puppenkopf, weiches Rundgesicht, kleine gerade Stupsnase." Schönheitsfehler bei den Zähnen und nagetierhaft hinaufgezogene Oberlippe, sie handelt mit Kokain.

Schoschi, Frau DD 131 Jüngere Schwester der obigen, „gewöhnlich und dumm aussehende, sehr unhübsche blonde Person", eine „Mitternachts-Rübe".

Scolander, Kyrill DD 7 Lehrer Schlaggenbergs und damit Doderers (eine, aber freundliche, Anspielung auf Albert Paris Gütersloh,[11] der später mit Doderer unfreundlicher umgeht). Er lebt in der zweiten Hälfte der zwanziger Jahre in Südfrankreich, kommt selten einmal nach Wien. Manchmal wird er zitiert („Ich denke gering von der Beseelung der Welt durch die Glücklichen"), diese Aussage sogar zweimal. Seine Augen beschreibt G-ff als „weit geöffnete, leere und gut durchgelüftete Doppel-Stollen der Apperception". Altschul und Geyrenhoff befragen die „Pythia" um Rat in Effektenfragen, wovon er nichts versteht, aber gut rät.

Semski, Stephan DS 50 Pole, aber eher Wiener, auch Schlapski genannt. Abgeschlossenes Jurastudium, Sohn eines polnischen Adligen und Legationsrates, im Außenministerium („am Ballhausplatz"), nach dem Krieg für Polen als Diplomat tätig; nach Skandal im Schmellerschen Haus (der nannte ihn danach den ‚Polack') und auf der Stiege später mit Frau Sandroch liiert, bevor Negria diese berennt. Scharfer Tennisspieler (spielt gegen Oskar K.). Mimi interessiert sich sehr für ihn.

Sevczik, Herr DD 546 Ungar, Hauptmann, ein „gemütlicher Henker", Mitglied der ‚Unseren' (nicht der ‚Unsrigen'),

11 Der Vorname geht auf eine Romanfigur Güterslohs zurück (s. WD 126f.), der Nachname verweist wieder auf den ‚Lehrer'.

was eine lockere Bezeichnung für einige rechtsgerichtete unangenehme Herren ist. Er konspiriert mit dem ‚Grafen' bei Treffen in Pintas Hütte. Ein ebenfalls typisch ungarisches Gesicht, aber gänzlich anders als das des ‚Grafen'.

Siebenschein, Ferry DS 20/DD 39 Dr. jur., Rechtsanwalt, aber „zu anständig". Ein sehr liebenswerter Mensch, aber beruflich „monströses Untalent". Fetter, bleicher Mann mit schwammigem Gesicht. Als Hobby hat er Hausmusik (mit Hofrat Tlopatsch), ist ein „recht tüchtiger Flötenspieler". Die Familie Siebenschein wohnt ein Stockwerk unter K.s (Türnummer 14) am Althanplatz 6, gegenüber dem Böhmischen Bahnhof, einem „überladenen Kasten der ... ‚Gründerzeit'". Klug, sagt Sachen wie „Niemand hat ein Recht, den anderen auf harte Proben zu stellen". Er ist als Rechtsanwalt hauptsächlich außergerichtlich tätig, „mit Industrien und sonstigen Geschäften der allerverschiedensten Art verfilzt", also kaum mehr „ein Mann des Forums". Er berät auch G-ff bei der Abwicklung des väterlichen Erbes (Transferierung aus England), zur „Unzufriedenheit des Herrn Levielle". Grete hilft ihm manchmal in der Praxis aus.

Siebenschein, Irma DS 28/DD 41 Seine Frau, klein und lebhaft, Hypochonderin (jährlich mehrere hundert Krankheiten, nach einer anderen Stelle zweitausenddreihundertachtundfünfzig), wird von Dr. Schedik behandelt. Sie hat ein Gesicht „wie ein kluges, kleines Tier". Sie meckert viel am Gatten herum. Ihre Probleme sind gemäß Prof. Storch (Wohnungsnachbar und Arzt) teilweise klimakteriell bedingt. Auch die Probleme mit Grete übertreibt sie gerne, was mehreren Verwandten auf den Geist geht, besonders Siegfried Markbreiter, ihrem Schwager.

Siebenschein, Grete DS 24/DD 10 Tochter der beiden, Verlobte Stangelers, schlank, schön, sinnlich, schwer geprüft. → Grete Siebenschein

Slobedeff, Alexandr DD 686 Auch in DB, JB und SK. Sein voller Name ist Alexandr (Sascha) Alexejwitsch Slobedeff. Künstler, Komponist, Organist, Pianist, Genie (so Baron Neudegg). Herzka hat ihm die Affäre mit Magdalena Güllich gebeichtet. In DB ist Slobedeff eine „Idealfigur". Slobedeff hat sich wahrscheinlich selbst umgebracht, und zwar im Herbst 1926. Herzka erfährt dies von Mörbischer.

Stangeler, Herr DS 112 Vater Renés. Paterfamilias, meist der „alte Stangeler" genannt. Architekt, Eisenbahn- und Viaduktbauer, sehr reich. Blendende Erscheinung, charmant, aber zu Hause brüllend, aggressiv, trampelnd, tretend. Er tritt René zum Abschied in den Hintern, Doderer nennt dies „jene Körpergegend, welche der Vater des Leutnants Melzer während seiner langen Dienstzeit als Cavallerist stark hat in Anspruch nehmen müssen". Nach dem Vater Doderers gebildet, ein bedeutender Mensch und Unternehmer, hochgebildet, aber auch ein übler Tyrann, „schlimmster Schmerz für Etelka". Er verfügt über eine geradezu „lexikalische Familien- und Personenkenntnis". Nach Schmeller wußten Stangelers wegen fehlender Statussymbole „nicht zu leben". 1925 ist Vater Stangeler „ein schwer leidender Mann geworden ... Eine bei seinen Jahren nicht mehr heilbare Gelenkserkrankung lastete wie ein unsichtbarer Berg auf dieser mächtigen und auch vom Alter allein schon gebeugten Leiblichkeit." Er ist jetzt „ein Adler mit geknickten Schwingen", zeigt, wenigstens „in Bildung befindlich", Toleranz und wird generell menschlicher, hört zu, freut sich mit dem Sohn. Stangeler jun. bemerkt an seinem Vater im Mai 1927 „die durchaus ungewöhnliche Schönheit, ... die starke freie Stirn; das feurige dunkle Aug". Der alte Stangeler schätzt Fraunholzer und Melzer. „Der alte Adler hatte aufgesehen, den rechten Fang bewegt und die Fittiche ein wenig gelüpft, als wolle er sich erheben; aber das konnte er ja gar nicht mehr. ‚Na also, das freut mich, mein Lieber, freut mich sehr, Herr Major – oder?'" Am 2. November 1926 sehen Siebenscheins das imposante Familiengrab, die Stangelers sind also eine sehr alte Familie. Hofrat Gürtzner-Gontard hält regelmäßige Kartenspielsonntage mit ihm ab und große Stücke auf ihn.

Stangeler, Frau DS 138 Deutsche, Vorname nicht bekannt, „lachte gerne, die kleine Dame". Ihre Schwester war mit einem Architekten verheiratet, dessen Name nie genannt wird und dem das Haus, in dem sie lebten, zur Hälfte, neben dem alten Stangeler, gehörte. Wohl aus dem schwesterlichen Erbe. „Die Erheblichkeit irgendeiner Person neben der ihres Gatten lag außerhalb ihrer Denkbarkeiten." Sie war auf einer Art von Duodezhof aufgewachsen, beim Herzog von C., in Gmunden, hatte nicht viel Freiheit. Deshalb ist sie als Mutter sehr tolerant, aber eben dem Gatten völlig ergeben.

Stangeler, René DS 25 / DD 10 Das wirkliche Ebenbild Doderers, kein einfacher, aber sehr kluger und zerrissener junger Mann mit schiefen Augen. → René Stangeler

Stangeler, Herr DS 491 Sein Onkel, wohnt im gleichen Haus, Freund von Johann Theodor Jäger, dem Erbauer der Strudlhofstiege.

Stein, Doro DS 47 Besitzer eines großen Eckhauses am Althanplatz 6 sowie eines Rennstalles. Mieter bei ihm sind sowohl die Familien Siebenschein (Türnummer 14!) und Storch (Melzer weiß es) als auch K. (er weiß dies nicht).

Steuermann, Selma DD 10 Witwe, DD, Beraterin Geyrenhoffs, den zu sehen sie sich sehr freut. Sehr schön und sehr üppig (87,2–88,3 kg), „anmutig und gütig". Nicht intelligent, aber „keineswegs töricht". Kurze Arme mit zarten Händen, milchzarte Haut, ebenholzschwarzes Haar. Sie ist lieb und harmlos, „ein großes dickes Herz auf zwei sehr kleinen Füßen". „Alles in allem: sie war ein Schatz ..." Ihr verstorbener Mann war Kommerzialrat und Direktor einer Seidenweberei gewesen. Auch der Sektionsrat erwägt kurz die Aufnahme einer Liebesbeziehung mit ihr (DD 75). Im Januar 1927 ist sie 44 Jahre alt und seit 12 Jahren Witwe. Am 8.1.1927 ergreift sie, vernünftig und tolerant, wie sie ist, deutlich die Partei Gretes. Kajetan, der sie einmal erblickt hat und für den sie seitdem das „typologische Zentrum" darstellt, jagt in solcher Besessenheit nach ihr, daß G-ff sich weigert, sie ihm vorzustellen: „Frau Selma Steuermann wird Ihrem Betriebe nicht ausgeliefert."

Storch, Oskar DS 344/DD 499 Anatomieprofessor an der Wiener Universität und wohnhaft am Althanplatz 6. Er ist „ein mittelgroßer, braunhäutiger, dunkelhaariger Herr, einer der lebhaftesten Menschen des damaligen Wien, hübsch und elegant, gewaltiger Arbeiter, Mann von Karriere". Er spricht mit Grete über deren Mutter, stimmt dabei der Behandlungsmethode des Kollegen Schedik bei ("Recht hat er. Ein reizender Mensch"). Er hat viele Affären mit anderen Frauen.

Storch, Käthe DD 499 Die Frau des Professors, eine Gattin „im besten Sinn, man vermute da nichts Reizloses. Sie ist groß, schlank, hübsch, und sieht obendrein unwahrscheinlich jung aus". Aschblondes Haar, „sehr hohe Brust". Sie und René schlafen zusammen, „schließlich rasten sie beide zusammen durchs Ziel. René vermeinte, Donner in den Ohren zu haben". Man bekommt sie „überaus selten zu Gesicht. Sie war leidend. Sie ist auch früh gestorben, wahrscheinlich am Krebs". Dies ist im Jahr 1927. Daß sie so bereit ist für René, hat auch damit zu tun, daß ihr Gatte sie „höchst selten ... besucht", wie sie Grete erzählt. René sieht in ihr auch Ähnlichkeit mit Grete. Dieser gesteht er auch viel später den Seitensprung.

Storch, Dolly DS 307/DD 77 Ältere Tochter der beiden. Die „gute, dicke Dolly Storch, ihr Köpfchen war von der Schönheit einer Odaliske, aber leider entsprach auch die Gestalt orientalischen Wünschen". 1925 mit Oki Leucht liiert, duzt jeden. Auch die „schöne Dolly Storch" und „ein etwas dickliches Mädchen" genannt. Nicht sehr intelligent, oberflächlich, sie hat auch typischerweise das Gymnasium nicht zu Ende gemacht.

Storch, Felicitas DD 499 Fella gerufen, die jüngere Schwester von Dolly. Der „dumme René" verwechselt sie mit ihrer Mutter. Fella ist sehr selbstsicher und hat offensichtlich vor nichts Angst. Sie ist „stangendünn" und „insektenzart". Es gibt eine sehr schön beschriebene lesbische Szene mit Trix K., die sich im Sommer 1926 abspielt,[12] Fella ist ebenso wie diese später in Leonhard verliebt.[13] Zuvor ist Trix, die für Fella „eine mit Angst gemischte nervöse Zuneigung fühlt", auch eifersüchtig, weil sie glaubt, Fella sei in ihren Bruder Hubert verliebt. Aber Felicitas hatte sich „nur aus Laune darauf verlegt, dem Buben den Kopf zu verdrehen". Aber er ist noch viel weniger zu packen als sie. Fella ist es auch, die den ersten Kontakt mit Leonhard herstellt, den sie und Lilly oft vom Fenster beobachten und wegen seines langsamen und wiegenden Ganges den „Matrosen" taufen. Dadurch lernt Leonhard auch bald Trix und durch diese Mary kennen.

12 Voracek (S. 322) verweist auf die Zusammenführung von „Fella" und „Trix" zu einer, technisch nicht ganz passenden, Obszönität, die er als „ausgemachten Altherrenwitz" bezeichnet. Es beweist dies aber die prinzipielle Richtigkeit eines Forschungsansatzes, wonach auch hier (vgl. z. B. (→) Farben der Romane) angenommen werden muß, daß kein Wort bei Doderer zufällig da steht, daß sein Schaffensprozeß ungeheuer planvoll und detailliert war, daß alles Siglencharakter hat. Bei keinem Autor ist der etymologische Ansatz so gerechtfertig und eminent wichtig wie bei Doderer (neben natürlich Joyce und Nabokov!), in dem Sinne, nicht unbewußte Mechanismen herauszukehren, sondern den Prozeß des Schreibens und der bewußt versteckten Information zu zeigen. Auch in dieser Hinsicht fordert Doderer nicht nur den aufmerksamen, sondern geradezu den forschenden Leser.

13 Vgl. TC IV 121.

Szilágyi, Rajmund DD 998 Ungar, Chauffeur Gézas, Freund Pintas, fährt Géza auch mit Quapp zusammen hinaus im entscheidenden ‚Feuer'-Kapitel. DD 1009 heißt er Rajmond.

Szindrowits, Herr DD 1193 Direktor des Verlages Pornberger (!) und Graff, will das Manuskript des Ruodlip von der Vläntsch in einer ‚Sexualwissenschaftlichen Reihe' veröffentlichen. Er besucht deshalb am 14. Juli 1927 mit Kollege Abheiter den armen René.

Tarbuk, Frau DD 952 Wohnt im gleichen Haus wie Renatas Freundin Sylvia in der Alserbachstraße (Hochparterre). Durch ihre geschlossene Tür dringt stets ein „parfümiert sauberer Duft".

Tlopatsch, Fritz DS 270/DD 427 Tscheche, Hofrat im Finanzministerium, klein, rund, stets übermäßig verbindlich. Eine wichtige Person, hat großen Einfluß, ja Macht im Musikwesen schon vor 1911, auf dem Höhepunkt 1927. Er ist die „Siebenschein'sche Hausgottheit". Als er auf dem Tischtennistee auftaucht, steht er schnell im Mittelpunkt. Spielt Klavier und Geige. Er war „eine Instanz. Man unterlag seinem Urteil." Als Quapp nicht vor ihm buckelt, ist sie „im musikalischen Wien … erledigt". Er ist Sekretär einer sehr bedeutenden Konzertvereinigung. Unsympathischer Angeber, katzbuckelt vor Geld (Lasch, den er für einen Mann „von Geist und Kultur" zu halten vorgibt), rühmt sich seiner Beziehungen (Dr. Trapp), vernichtend, wenn er auf Widerstand oder Desinteresse stößt.

Trabert, Frau DD 48 Vermieterin Geyrenhoffs in Döbling. Ihr verstorbener Mann war Hofrat und Direktor der metereologischen Zentralanstalt gewesen.

Trapp, Herr DD 207 Dr. jur., Rechtsanwalt, Tyrann, Hausbesitzer, arrogant. Er ist ein undiskutabler Typus, ungezogen und selbstherrlich, kann nur reden, aber nicht zuhören. Zudem reich, man hält Hausmädchen und Diener.

Trapp, Frau DD 207 Seine unterdrückte Ehefrau. „Groß, blond, mit grauen Strähnen, im Gesicht sozusagen verwittert und auch sonst aus dem Leim gegangen." Kennt Friederike aus frühester Jugend. Doderer nennt sie auch ‚Trappe', ‚Trappin' oder ‚Edamer Käse' (wegen Verlaufenheit der Gesichtszüge).

Trapp, Angelika DD 110 Deren Tochter, Studentin, labil, mit Dr. Neuberg verlobt (er nennt sie Angi), bis Herr Direktor

Dulnik kommt. Ein langweiliges, manchmal zickiges Geschöpf, über deren Aussehen seltsamerweise nichts berichtet wird. Daß sie am Schluß Dulnik heiratet, sagt alles. Sie ist eine dumme Gans, also das Gegenteil von Grete, dazu ein Plappermaul, die sich schon darüber aufregt, daß eben diese einmal mit ihrem Hans Neuberg im Café sitzt.

Trembloner, Herr DD 331 Kollege Holders bei der Zeitung, er ist verantwortlich für den Wirtschaftsteil. „Hinter diesem stand der beinahe sagenhafte Oplatek." Hinter dem übrigens steht Levielle.

Tscharmann, Herr DD 905 Wirt in Schattendorf, in seinem Lokal verkehren die ‚Frontkämpfer'. Aus diesem heraus werden Pepi und sein Onkel erschossen, der Wirt und sein Sohn wie Schwiegersohn werden es gewesen sein.

Tuberl, Dr. DD 636 Assistenzarzt im Krankenhaus, in das Mary K. nach dem Unfall eingeliefert wurde. Er hilft Emma Drobil, Marys Anschrift zu ermitteln. Er will selbst Lungenspezialist werden.

Tugendhat, Frau DD 375 Sie heißt, wie sie aussieht, ihre Tugend ist „maßlos aufreizend", zumindest für Kajetan. Sie ist – natürlich – auch sehr üppig gebaut („sicher über 75"). Schlaggenberg spricht ihr einen „austrocknenden, saugenden Reiz" zu, „der naturgemäß oben beim Fenster herausschaut". Sie ist die Mutter eines ‚Genealogisten' beim Allianz-Konzern.

W., Herr von DS 196 Sohn des seinerzeitigen Justizministers, ungemein häßlich, aber von scharfer Intelligenz. Den Buschmann hat er durch sein Auftreten auf „die Art zu leben" und damit auf eine Verwandtschaft des Wienerischen mit dem Englischen aufmerksam gemacht.

W., Karl von DS 410 Enkel des Ministers, Etelka verführt ihn, obwohl sie mit Grauermann verheiratet ist, diesen mit Fraunholzer und mit Imre von G. betrügt. Auf dem Fest führen sie, sich küssend, einen tragischeren Eklat herbei, als es der Kuß vierzehn Jahre zuvor im Hause Schmeller vermocht hatte.

W., Herr von DD 537 Karls jüngerer Bruder, „ein guter Tänzer".

Wangstein, Herr DD 329 Ein „ganz bescheidener Schriftleiter" im Allianz-Konzern, aber doch mit mehr Macht als andere. Er wird als „umgänglicher, fetter Mann mit rosa Wülstchen im Genick" beschrieben.

Waschler, Herr DD 1231 Hausmeister im Hause Gürtzner-Gontard, er wirkt durch seine „autoritative Amtsmiene" auf den Hofrat „stets erheiternd". Er ist am 15.7.27 Spiritus Rector bei der Versorgung von Verwundeten im Hausflur, zusammen mit Dr. Schedik.

Wedderkopp, Gustav DS 591 Deutscher, wohlhabender Zigarrenhändler aus Wiesbaden. Er sah „so aus, wie er hieß, und das möge genügen," er war von „specknackiger Unentwegtheit", ein „fröhlicher Genickler", so wie Körber in DD. Wedderkopp will – und wird – Editha heiraten. Für sein Geschäft wird die Zigarettenschmuggelaffäre inszeniert, die zum Glück an Thea nebst Verwandtschaft scheitert und die ansonsten auch unseren Melzerich hätte in den Strudel reißen können, den Editha hier – auch vertreten durch Mimi – bewußt und skrupellos einsetzen will.

Weilguny, Herr DD 643 Freund der Künstlerin Lilly Likarz und Zeichner. Ein schlanker junger Mann mit vollkommenen Handbewegungen und schönen Händen, raucht Pfeife. Ein Dandy. Er steht Fräulein Likarz nicht nach „an Perfektion des äußeren Tortengusses". Konkurrenz zu Imre bei der Zeitung, gefördert von Levielle. Verkehrt später, erstaunlicherweise, auch bei Mary K.

Weinmann, Risa DD 126 Frühere Chefin des Café Kaunitz, sah aus „wie ein in die Märchen von Tausend-und-eine-Nacht und somit auch in die orientalische Üppigkeit verschlagenes Schneewittchen: Milch und Blut, drall und gut, um und um". Stark profitorientiert, kann Zähne zeigen.

Weinmann, Herr DD 128 Ihr Gatte, Kanzleibeamter mittleren Ranges, parasitäres, kleines Wesen. „Korrekt (im Inkorrekten)" als Geldeintreiber und „Zusteller von Waren" tätig, also Galerist.

Wett, Cornelia DS 146 Kammersängerin, kraftvolle Persönlichkeit, löwenhaft, blondmähnig („Überfülle hochblonden Haares"), schräg stehende Augen, Vertraute Grauermanns. Figürlich sehr sichtbarlich „unsere Brünhilde". Sie singt am 3.8.1925 wunderschön in der Dorfkirche in Prein. Sie und Pista sind sehr vertraut, haben ein Liebesverhältnis, er spricht sich auch mit ihr über Etelka aus. Doch deren Tod zerreißt das Band zwischen ihnen. Sie erscheint auch in DE-Div III.

Weygand, Fräulein DS 268 Großtante Stephan Grauermanns, wohnhaft in Hietzing in einer alten Villa „voll seltsamer Sachen", ist eine bedeutende Köchin. Sie leidet manchmal unter Gesichtsneuralgie.

Wiesinger, Frau DD 382 Musiklehrerin Quapps, Pianistin. „Kleines, gestupstes Gesicht hinter Brillen", vom Autor meist „die Wiesinger" oder „Fräulein Wiesinger" genannt. Sie erscheint, „im Gefolge Tlopatsch's", auch beim Tischtennistee. Lang, schmale Schultern, „unten breit, im Ganzen von eines Heuschobers Gestalt". Sie ist, seit früher Jugend, „an der Psychoanalyse selbst erkrankt; für eine Heilwissenschaft jedenfalls ein beachtenswertes Resultat".

Williams, Dwight DD 25 Dr. phil, Professor schon mit fünfunddreißig Jahren, eine Kapazität im Kreis der Gelehrten, Zoologe mit Spezialgebiet Schmetterlingsforschung. Geboren in Buffalo, USA, Studienaufenthalt in Brasilien, dann „schmetterlingshalber" im Spätherbst 1925 nach London gezogen, schließlich im Frühjahr 1926 ebenfalls „schmetterlingshalber" nach Wien. In England Geliebter von Madame Libesny, in deren Haus in Battersea er zur Miete gewohnt hat, jetzt von Emma Drobil. Ein „blonder, frischer, knochiger Mann". Guter Erzähler, ruhiger, ausgewogener Mensch und sehr klug. Er und die Drobila wissen gut, daß sie füreinander „die richtigen" sind. Auch er betet Mary K. an, schon als er nur ihr Photo kennt. Emma weiß dies, und „es sprach bei ihr für Dwight". Am 19. Mai 1927 stellt Dwight die Drobila dem René als seine „Braut" vor. Sie heiraten im Spätsommer 1927. Mit Madame Libesny auch „Kernpunkt von DD" (TC IV 80).

Wöss, Frau DS 587 Hausmeisterin beim Rittmeister, der die ungeheure Dummheit begeht, sich mit ihr zu zerstreiten.

Wöss, Leopold DS 590 Genannt Poldi von seiner Schwiegermutter, Frau Podiwinsky, gegenüber Dritten nur als „Herr Wöss" benannt.

Wolf, Lea DD 56 Gattin eines Arztes, gescheit und fesch. Eine anziehende Frau, wenn auch ihr Gesichtsausdruck zwar wach ist, aber „stets an der Grenze einer sozusagen ganz ungeheuerlichen Unverschämtheit" liegt. Hübsch, „zumindest aber sehr reizvoll". „Ihre große und wohlgeformt-üppige Gestalt war die beste von allen diesen Frauen." Schlaggenberg führt sie in seiner, „gelinde gesagt undiskutablen", Liste. Obwohl sie ihm mit 73 kg nicht dick genug ist.

Wutschkowski, Herr DD 423 Ein „dunkler junger Mann mit einem Nager-Gebiß“, taucht beim Tischtennisstee am 14.5.27 auf, sonst nie mehr.

Xidakis, Herr DD 1039 Grieche, Freund des Protopapadakis, verkehrt wie dieser im Café Alhambra und mit Anny. Auch ein Gauner, Falschspieler und Leichenfledderer. Er sieht besser aus als sein Freund, schmalhüftig, mittelgroß, breite Brust, griechische Nase, aber bei näherem Hinsehen ein „Schafsgesicht“.

Zajicek, Frau DS 216 Aufwärterin bei Zihal, als solche auch in EF.

Zdarsa, Elly DD 550 Fünf Jahre jüngere Schwester Nikis. Leonhard sieht in „ihre dunkle Achselhöhle, die aber schon eine rechte Finsternis war“, später vergräbt er sein Gesicht darin. Erotisch steht er zwischen ihr, Malva Fiedler und Trix K., schläft aber mit keiner der drei Frauen. Es kommt jedoch durchaus zu engen Kontakten, die bei Elly „saugnapfartig“ sind, sowie später fast zum Verkehr. Diesen stört Niki, der später zynisch behauptet, von ihr „hätt' sich einer was feines holen können“. Elly ist schlank, hat wachsbleiche Arme und unreine Haut.

Zdarsa, Nikolaus DD 516 Genannt Niki, Arbeitskollege Leonhards in der Gurtweberei, Motorradfahrer. Man fährt gemeinsam nach Stinkenbrunn im Burgenland in das dortige Haus von Nikis Familie, das, wie oft betont, „schattig“ ist. Niki ist dabei, als Leonhard seinen getöteten Freund Karl Zeitler findet.

Zdarsa, Herr DD 543 Vater Nikis, Witwer. Träger eines Geißbartes, deshalb auch oft gleich so genannt. „Er war kein Spielverderber und überhaupt tolerant.“ Geheimnisvolle Person, „man erfuhr es nie, was er war“. Unter dem „Bärtl“ vermutet der Verfasser „eine abnorm schwächliche Bildung des Kinns“.

Zepler, Hector DD 333 Mitarbeiter der Allianz-Zeitung, gehörte „sozusagen den Spitzen der Redaktion“ an. Gründer und Chef einer Art von IG Druck.

Zeitler, Karl DS 845/DD 987 Polizist, Freund Leonhards, ein „hübscher gerader Polizeibeamter“ mit einem „dichten dunklen Haarwirbel über der Stirne“. Polizist „mit Begeisterung“. Er ist im gleichen Alter wie Leonhard. Er hat „lokal-historische“ Interessen. Zeitler wird am 15. Juli 1927 erschossen, bei Mitschuld des teuflischen Meisgeier. „Erst heute vormittag entdeck ich, welche große Bedeutung dem Ober-Wachmann Zeitler zukommt“ (TC IV 335, vgl. für die Schuld Meisgeiers 337: „ Zeitler, durch Meisgeier zu Fall gebracht, liegt erschossen beim Kanalgitter“). Im Text ist dies nicht so klar. Karl Zeitler ist der junge geistesgegenwärtige Polizist, der Melzer und Thea geholfen hat, Mary nach dem Unfall zu versorgen und zu retten. Wir wissen es seit DD 992, und hier, und nur hier in DD, ist, wenn auch ohne Namensnennung, von Melzer und Thea die Rede.

Ziesler, Hauptmann DS 77 Vorgesetzter Melzers als Leutnant, auch Laska bekannt, der ihn als „gemütlicher Bursch“ bezeichnet.

Zihal, Julius DS 20 Amtsrat des K. K. Zentral-Tax-und Gebühren-Bemessungsamtes in Pension, tritt zum ersten Mal in EF auf, das seine ‚Menschwerdung‘ beinhaltet. Er hat sich seitdem nicht geändert. Er bewohnt 1911 bei Paulas Tante Resi als Mieter das obere Stockwerk bis zur Pensionierung. Später zieht er, „angeblich aus Gründen der Budget-Equilibrierung“, um, worüber EF detailliert berichtet, hier allerdings ohne „angeblich“! Er ist glücklich verheiratet (1913 verlobt) und bereits Mensch geworden – in EF war er zunächst noch herzlich dumm (Literatur!) und apperzeptionsbeschränkter Voyeur. Er kommt einmal im Quartal zur Jause zu Besuch, gibt Ratschläge zihalistischer wie unzihalistischer Natur und ist der nette ältere Herr von nebenan, der seinen kleinen Garten so pflegt, daß es heißt, „sein Wasser-Tragen sei ein Vortrag“ und laufe „in Bahnelementen“ ab. Er hält eine hervorragende Rede bei Theas und Melzers Hochzeits-Déjeuner, der wir die beste Definition des Glücks verdanken. Mit dieser endet DS.

Zihal, Rosa DS 359 geb. Oplatek, auch Roserl genannt. Schwester von Frau Rokitzer und der unverheirateten Tabak-Trafikantin. Vor der Eheschließung war sie Postoberofficialin. Sie ist zwölf Jahre jünger als der Gatte, aber kein Zihaloid. Erwähnenswert sind offensichtlich „die Konturen ihrer in mehreren imposanten und gefälligen Stockwerken aufgebauten Persönlichkeit (besonders die Bel-Étage zog manches Kenner-Auge auf sich)“. Sie verfügt ebenso und entsprechend auch über umfangreiche Hüften, denn die „Stockwerke“ sind „wohlgeordnet". Sie kommt auch in EF vor, wo sie Anteil an Julius Zihals Menschwerdung hat.

Zilcher, Karl DD 147 Arbeitskollege und Freund Leonhards, wohnhaft Ecke Hannovergasse, Brigittenau. Ihm wird von Leonhard finanziell geholfen, er ist auch am 15. Juli 27 bei der Leiche Karl Zeitlers dabei.

Zilcher, Anna DD 149 Eine kleine und untersetzte knollige Person, zwei Kinder, schnell böse (wegen Geldsorgen), Leonhard findet sie „abscheulich".

Ziska DD 160 Ungarin, Dienstmädchen bei Grauermanns.

Zurek, Herr DD 1043 Junger Galerist, Schüler und Bewunderer von Vater Rottauscher. Auch genannt der ‚Salbenschädel'. Ein großer, starker Bursche, breite Stirn, kräftiges rundes Gesicht, aber fette Haut.

Zwicker, Heinrich DD 515 Sein zweiter Vorname ist ‚Jasomirgott'! Heimatforscher in der Brigittenau und Begründer des dortigen Heimatmuseums. Er hat die Vorarbeiten und Sammlungen Karl Zeitlers ausgewertet.

Zwicklitzer, Herr DD 673 Schulkamerad Hubert K.s, auch ein Bewunderer von Mary, wenn nicht sogar verliebt in sie, aber „weniger schüchtern als sein Kollege Geiduschek". Er beherrscht, wie dieser, gut Latein. Er übersetzt spontan, wie sechzehn Jahre zuvor René Stangeler, jedoch umgekehrt: vom Deutschen ins Lateinische.

Anhang: Personen ganz ohne Namen

Bräutigam DS 574 Nämlich der von Hedwig Loiskandl, strebsam, ‚Kieberer' bei der Polizei, muß erst Inspektor werden, bevor geheiratet wird.

Bub DD 1186 Er sitzt verzweifelt an einem Tisch in einem Park bei Schulaufgaben, Licea und ihre (Kajetans) Bande helfen ihm.

Bub, kleiner DD 588 Er kommt in die Wirtsstube und sucht Gach.

Dirigent DD 1003 Auch ‚Maestro' genannt. Er dirigiert populäre Symphonie-Konzerte, ist der „vielleicht einzige Mensch des musizierenden Wiens", dem der Hofrat Tlopatsch völlig gleichgültig ist und dem dieser nicht schaden kann. Quapp wird von ihm geprüft und fällt durch. „Sie geigen ja am Rande eines Abgrundes, möchte ich sagen. Das ist geigerische Epilepsie."

Frau mit den Milchflaschen DD 1243 Geyrenhoff schaut vom Fenster der Wohnung des Hofrats „wieder auf sie hinab". Eine für Doderer ungewöhnliche Erzählperspektive des unangekündigten und ‚falschen' Rückblicks, denn zuvor war sie noch nicht erwähnt worden. Ältere Frau, die tot in einer Lache aus Blut und Milch liegt, die beiden Flaschen, die sie getragen hatte, waren zerbrochen. G-ff hatte zugesehen, wie sie erschossen wurde, von wem, ist unklar.

Frauenzimmer DD 423 Im ‚Eintopf', Eulenfeld unbekannt, mit einer Haarfarbe, die als natürlich „unmöglich mehr hingenommen werden konnte".

Geigenlehrer DD 438 Es ist der Quapps, und diese nennt auf Befragen seinen Namen, aber nicht dem Leser, sondern dem Hofrat Tlopatsch und anderen auf der Tischtennisparty. Die Reaktion ist sehr bezeichnend. Die Mutter Quapps hingegen schwört auf den Lehrer. Laut Kajetan hinkt er „wie Hephaistos" und hat ein „ungeheuer gescheites Buch über die Technik des Geigenspiels" geschrieben.

‚Graf' DD 545 Ungar, „der die kühnen und fremdartigen Merkmale seiner Nation wie eine bloßliegende Ur-Schichte im Gesicht" trägt und „dessen nahezu zarter Körper wenig über fünfzig Kilogramm wiegen mochte". Er hatte viermal „eines der schwersten europäischen Hindernis-Rennen gewonnen". Im Krieg war er Husaren-Oberleutnant. Er trifft sich auf Pintas Hütte mit diesem, Sevczik und anderen Faschisten zur, allerdings mehr informellen („So machen das die Ungarn nicht"), Vorbereitung des Kampfes gegen Béla Kun. Gach kennt ihn. Die Ausdrucksweise des ungarischen Husaren, auch sein Hang zum leger eingestreuten lateinischen Begriff, erinnert stark an den deutschen Husaren.

Gouverneur DD 1143 Oberster Chef der ‚Bodencreditanstalt', Geyrenhoff kennt ihn persönlich. Er erinnert ihn an Cobler. Er transferiert das Vermögen Friederikes weg von dieser Bank zu der Effektenbank, bei der Altschul Direktor ist. Jahre später bricht die ‚Boden' zusammen. Friederike ist der Mann „unheimlich". Er heißt wohl Sieghart.

Hofrat DS 857 Vorgesetzter Melzers, „Humanist in jedem Sinne", er rät Vater Rokitzer sehr zu Melzer als Schwiegersohn („Ja, da kann ich Ihnen und ihr nur gratulieren"), ist auch auf der Hochzeit Gast. Zihalist höherer Art.

Landmädchen DS 425 Ein „treues“, hilft dem kranken, alten Stangeler seit vielen Jahren „mit Geschick“.

Mädchen DD 728 Eine „halbwüchsige Dirn, vielleicht dreizehn oder vierzehn“. Sie bringt Jan Herzka und René Stangeler auf Burg Neudegg den Tee. Ihr Lächeln läßt René vermuten, daß Herzka den Domestiken „eine weise Berieselung durch Trinkgelder zuteil werden“ läßt.

Magazineurswitwe DD 118 Vermieterin Leonhards (Wohnung in der Treustraße), über siebzig Jahre alt, fromm. „I' bet' für Ihna.“ Der Gatte war bei der Donau-Dampfschiffahrts-Gesellschaft.

Ober DD 1326 Im Café auf der Grinzinger Allee, er und der Inhaber „kennen ihren Baron“. Als dieser betrunken einschläft, am 15. Juli 1927, sagt er zu Körger: „Herr Doktor können beruhigt sein ..., der Herr Baron machen manchmal ein kleines Schlaferl.“

Person DD 132 Noch eine, allerdings anders („sehr dünne, fast ausgeronnene, sehr schwarzhaarige Person mit tiefen Ringen unter den Augen“) aussehende Verwandte der Schoschi, anderen Namens; singt spätabends, oder eher morgens, im Café Kaunitz, dort auch als ‚singender Lungenwurm‘ bekannt.

Pianist DD 1039 Ein „eigensinniger alter Musiklehrer in Pension“, spielt im Café Alhambra. Die bräunliche Haut „immer feucht“, aber „Kopf und Antlitz gut geschnitten“.

Polizeiinspektor DD 1309 Ein älterer Polizeibeamter, tritt mit zwei Wachleuten hinzu, als Leonhard, Karl Zilcher und Niki sich über den erschossenen Karl Zeitler gebeugt haben. Er stellt die große Frage: „Wie war das alles möglich?“

Privatdozent DD 1226 Ein Herr „mittleren Alters“, der am 15.7.1927 Leonhard, Mayer und Fessl hilft, das große Tor der Universität zu schließen.

Scout DD 888 Ungefähr fünfzehnjähriger Junge, gehört zum Kreis um Kajetans Bande. Er hat breite Schultern, schmale Hüften, lange schlanke Beine. Er hält Wache, im Mondlicht einem alten Römer (?) ähnelnd. „Diese Silhouette hatte man vor zweieinhalbtausend Jahren schon gesehen.“

Sommerkellner DS 534 Alter in Prein, erklärt Melzer Zusammenhänge.

Tante DD 405 Es handelt sich um die „alte Wiener Tante“ Quapps/Kajetans. Aber nur Quapp besucht sie, ihrer Mutter zuliebe, regelmäßig.

Wirt DD 70 Wirt des Beisls ‚Hohe Warte' in der Döblinger Hauptstraße. Geyrenhoff verkehrt dort und schätzt das Gulasch. Früherer Korporal bei den Ulanen, nimmt vor G-ff immer Haltung an. Fescher, stattlicher Mann, furchtlos trotz Einbeinigkeit.

Zihaloid DS 393 Namenlose Cousine des Amtsrats, wohnhaft in St. Valentin (kurz vor Prein). Verwitwete Gaskassiererin. Thea besucht sie vom 1. bis 28. August 1925 und hilft ihr bei der Stachelbeerernte, wobei sie „aufreibende körperliche Arbeit" zugeschoben bekommt, und zwar „mit der allergrößten Selbstverständlichkeit". Dies tut ihr gut, denn als sie zurückkehrt, kann sich Paula „nicht genug tun in Ausrufen der Freude über das gute Aussehen der Freundin".

Politischer Schriftsteller

Heimito von Doderer sei ein politischer Schriftsteller *par excellence* gewesen, schreibt Györgi Sebestyén.[1]

Dem ist zunächst nicht so, wenn wir vom Romanverfasser sprechen. Politik hat in EF und DS keinen Platz, weder Kaiserreich noch Krieg kommen vor, in DD gibt es zwar das Zentralereignis des Sturmes auf den Justizpalast, aber außer diesem und einigen konspiratorischen Treffen der Rechten ist Politik nicht existent. Zudem ist die Dynamik der Entstehung des Sturmes schwach entwickelt, es werden mehr seine Randerscheinungen beachtet (Frau mit den Milchflaschen, Imres Tod, herausgerissene Bogenlampen) als er selbst. Die Beschreibung der gesellschaftlichen Kräfte (Menge – Schutzbund – Polizei) ist schwach und realitätsfern: Erstere ist zu generell ins Schlechte, letztere zu generell ins Gute maskiert. Daß der – sozialdemokratische – Schutzbund gut wegkommt, ist schon eher an den Tatsachen orientiert, hat auch dazu beigetragen, Doderer in der Rezeption der Betroffenen gut aussehen zu lassen. Es wird kaum darauf hingewiesen, daß der Zorn der Menge be-

1 Erinnerungen an Doderer; in: ders., Studien zur Literatur, Eisenstadt 1980, S. 176; kursiv dort.

rechtigt war (immerhin waren ein Kind und ein Invalide erschossen worden), und nicht, daß die siebenundachtzig Todesopfer, darunter viele Frauen und Kinder, überwiegend der Polizei zu verdanken waren.[2]

In DG gibt es den Abglanz der Kriegsgefangenschaft, sonst nichts. Und diese war noch nicht einmal Politik, sondern Autobiographie. Daß der Leser von DW, einem Roman, der sich über 30 Jahre unter einem einzigen Kaiser hinzieht, noch nicht einmal die Regierungsform ahnen könnte, wüßte er sie nicht, ist da recht typisch. GR handelt zwar auch von Lenin und der russischen Revolution, im Mittelpunkt stehen Kindheit und Jugend, vor allem die Gefangenschaft Stangelers. Dann aber auch die Geschichte einer leidenschaftlichen Verbindung, von Verrat und Bürgerkrieg. Wenn überhaupt, dann ist dieser Roman politisch im Aufzeigen der Pervertiertheit jeglicher Ideologie.

Doderers praktisches Verhältnis zur Politik wird durch seine Dummheit im beginnenden Nationalsozialismus charakterisiert.[3] Daß er diesen gravierenden Fehler einsieht, ist eine Sache, daß er sich in keiner signifikanten Weise mit Politik befaßt hat, eine andere. Dies erstaunt besonders bei einem Geschichtswissenschaftler, der seine prinzipielle wissenschaftliche Kompetenz schon durch die Dissertation 1925, dann die arbeitsintensive Abschlußarbeit am österreichischen Institut für Geschichtsforschung 1950 hinreichend unter Beweis gestellt hat. Wenn er in einem Aufsatz von 1958 aber nach der Formulierung Webers „die wesentliche Spaltung von politischer und eigentlicher Geschichte" beklagt[4] und darauf verweist, daß die Romanliteratur statt Geschichtsprofessoren „wie Ranke, Niebuhr oder Mommsen ... das Wesentliche unserer Tage aufzeichnen" werde, ist er auch hier durch die Fülle der Literatur gerade zum Dritten Reich und seiner Entstehung einfach zu widerlegen. Auch der

2 Dies stützt sich auf die Darstellungen von Karl Kraus und Gerald Stieg, der letztere wertet allerdings teilweise zu ungerecht, s. (→) Dämonen, bes. Anm. 11. Auch Elias Canetti war ja unter den Teilnehmern der Demonstration, und seine direkten wie indirekten Darstellungen widersprechen Doderer.

3 S. (→) Dämonen, Juden, Ruass, Trethofen.

4 Weber 1963, S. 210, hier auch das folgende Doderer-Zitat.

Theoretiker glänzt durch Ahnungslosigkeit und Begriffsschwäche.

Dies zeigt sich schon im frühen Werk und Tagebuch. Schmidt-Dengler bemerkt dazu: „Die Versuche, sich als politischer Essayist zu profilieren, sind allerdings eher kläglich.“[5] Seine Bewertung des Aufstandes vom 15.7.1927 (ein „auf den ersten Blick so unscheinbares historisches Ereignis“, wie Weber formuliert[6]) als „Cannae der österreichischen Freiheit“ ist fragwürdig. Seine Bewertung der dabei entfesselten Dynamik ist mehr als das: Er ist als Prosaist dieser nicht gewachsen und entgeht dem durch eine Zusammenfassung von Einzelaspekten bis hin zum Idyllischen (Leonhard, G-ff – G-G, Quapp-Géza, Mayrinker). Sein Essay über ‚Sexualität und totaler Staat‘ ist eine Glanzleistung des Am-Thema-Vorbeiredens, die Definition von Sexualität und „Pseudo-Sexualität“ (WD 281) ist barer Unsinn, die Verknüpfung von sexueller Devianz[7] etwa oder Apperzeptionsverweigerung mit totalitären Strukturen geht das Thema auf einer mehrfach falschen Ebene an. Es gibt nur subjektive, gefühlsmäßige Begriffsbildung und -anwendung, weder ‚Sozialismus‘ noch ‚Nationalismus‘, noch ‚totaler Staat‘ sind in Kenntnis von Forschung und Lehre verwendet. Es fehlt das tertium comparationis ebenso wie jegliche Anschauung von Macht, erst recht totalitärer. Absolute Macht unterliegt weder psychologischen noch erkenntnistheoretischen Kriterien, sie bildet sich und erhält sich ausschließlich für sich selbst, Begründungen werden in der entwickelten Phase weder gesucht noch gegeben.[8] Das totalitäre System würde, wäre es denn diskursfähig, auf den Vorwurf

5 Schmidt-Dengler 1996, S. 1285.

6 Weber 1963, S. 211; im folgenden begründet er aber die Richtigkeit der Wahl für DD. Schmidt-Dengler 1995 (2), S. 24, hält den 15.7.1927 in der Tat für „ein Schlüsseldatum der österreichischen Geschichte“. Und was ist dann der ‚Anschluß‘? Wurde der Grundstein zu diesem etwa 1927 gelegt?

7 Gut zusammengefaßt von Hesson, S. 63: „Doderer was firmly convinced that totalitarianism and sexual deviancy sprang from the same irrational thinking.“

8 Vgl. Löffler 1972, passim. Bei einer sehr treffsicheren und klaren Definition des Sozialismus übrigens (TT III 632, wörtlich auch in REP 231) werde ich das Gefühl nicht los, sie sei abgeschrieben.

der Deperzeption fragen: So what? Es hält längst an einem anderen Punkt.[9]

Wenn Doderer den Staat Platons als Beispiel „einer völlig ausgebildeten und konsequent durchdachten Theorie des totalen Staates“ bezeichnet (WD 290), scheint dies Urteilsfähigkeit zu verraten. Die folgenden Ausführungen allerdings zeigen, daß er nicht zu Ende gedacht hat. Die verwirklichten Herrschaftsformen sind im Gegensatz zu seiner Auffassung dem „pseudologischen Ursprunge“ durchaus gerecht geworden.

Zugute gehalten muß ihm werden, daß er sich nach dem Untergang des Nationalsozialismus mit seinem Fehlverhalten in Tagebuch und Werk auseinandergesetzt hat. Dabei denke ich vor allem an die (→) späten Erzählungen, aber auch an DD („Furchtbares hat sich begeben in meinem Vaterlande und in dieser Stadt, meiner Heimat, zu einer Zeit, da die Geschichten, die ich hier erzählen will, längst geendet hatten“ DD 21[10]). So zeigen die gegen jede Art von Ideologie gerichteten Ausführungen Gézas (DD 980f.) wie das Konzept der ‚Dämonen‘ als Ideologie schlechthin (in der richtigen Erkenntnis, es gebe keine andere als schlechte Ideologie) ein Gereiftsein aus der eigenen Verwicklung. Dies jedoch berührt eine generelle politik-philosophische Kurzsichtigkeit nicht.

Fassen wir zusammen: Doderer war ein unpolitischer Schriftsteller *par excellence*.

9 Michael Bachem (1975) scheint dies zu erkennen, wenn er von der „konsolidierten Apperzeptionsverweigerung des totalen Staates“ sagt: „Paradoxically, this is precisely the mechanism that distinguished the old Zihal“ (S. 76); aber er versäumt es, den naheliegenden Schluß zu ziehen, der sich aus diesem Vergleich ergibt: daß es kein realistischer begrifflicher Ansatz für ein politisches System ist.

10 Aber laut Weber 1963, S. 212, schon 1936 formuliert. Es ist unklar, worauf bezogen. Der 15. Juli 1927 oder die Jahre 1934ff., in denen sich der Staat gegen eine Übernahme wehrte?

Psychiater

„Die Kraft des Psychiaters im Umgange liegt bekanntlich darin, daß er jeden mindestens für so verrückt hält, wie er selbst ist." Der hier zugrundeliegenden Hypothese, wonach Psychiater verrückt sein müssen, entspricht auch die Aussage: „Zilek war kein Psychiater, sondern bei ganz gesundem, ja recht gutem Verstande." (DM 135, 161 f.)

Schon im Divertimento VII, rund 10 Jahre zuvor, hatte Doderer ähnlich gegen die Psychiater formuliert, „deren Kunst ja bekanntlich darin besteht, einen Gesunden, dessen sie habhaft werden können, nunmehr ad hoc verrückt zu machen, so daß ihr Gutachten am Ende doch recht behält" (DE 186). Dies ist also fast schon ein Topos. Dennoch kommen in den Erzählungen (DE-Div I vor allem, wo wir einen recht feinfühligen Psychiatriedozenten treffen) die Psychiater nicht immer so schlecht weg wie in DM.

Die beim Untergang Prof. Horns im Toben der Elemente irrtümlich in Zwangsjacken gesteckten unbeteiligten Personen „verbrachten dann viele Monate auf der Psychiatrie, wo man sie den widerlichsten Injections-Kuren unterzog, bis sie wirklich verrückt waren. Sodann entließ man sie als geheilt (es sei denn, sie wären sehr wohlhabend gewesen, was alsdann ihre Einweisung in teure Privatanstalten zur Folge hatte." (DM 268) So bringt Doderer seine Meinung auf den Punkt, hält Prof. Horn ja auch schlicht für „dumm". Dem entspricht auch der von Doderer geschaffene Begriff „psychiatrieren" (DD 137), was bei der Polizei so abläuft wie heute der Alkoholtest. Aber es gibt bei Doderer eine positive oder zumindest nicht ablehnende Freud-Rezeption,[1] und auch der Besitzer von Freud's Branntweinschank,

1 WD 129 spricht kenntnisreich von der ‚Freud'schen Sublimierung'. Vgl. Schmidt-Dengler 1995 (2), S. 13: „... mit kritischem Respekt gelesen". Ich stehe hier mit Schmidt-Dengler auch in Gegensatz zu Voracek (→ Freud in Personenverzeichnis). Insbesondere bin ich nicht der Meinung, daß man aus Doderer wegen seiner Bemerkungen zu Horn & Konsorten einen Gegner der Psychoanalyse machen kann, wie es Dettmering getan hat, der von „Idiosynkrasie gegen die Psychoanalyse" spricht. Diese hätte sich aber durchaus ergeben können,

ein „guter alter Hebräer“ (DD 912), verweist nicht abwertend auf den Analytiker, wenn überhaupt, was ich bezweifle.

Doderer selbst ist mit tiefenpsychologischen Kriterien nur schwer beizukommen, obwohl er selbst „in seinen Aufzeichnungen zentrale psychoanalytische Termini“ verwendete.[2] Die ‚Schlange‘ ist bei ihm nicht nur ein Tier, sondern auch eine Metapher, aber kein Phallussymbol. Und daß die Vornamenlosigkeit des alten Stangeler „wohl auf eine ungelöste ödipale Konstellation“ hindeute,[3] ist schon deshalb blanker Unsinn, weil es eine Erklärung der anderen reichlich fehlenden Vornamen ausschließt.

Raxalpe

Topographische Realität: Die Raxalpe (2.009 m) liegt knapp 10 km nordwestlich von Prein an der Rax entfernt, wo sich oberhalb des Dorfes der Riegelhof befindet. „*Prein* (Kirche 689 m), als Sommerfrische besucht, liegt an der Südseite der Raxalpe in waldiger Gegend.“[1] Hier in Prein, in der Sommer-

wenn Doderer die Ausführungen über den Doppeladler der Monarchie als „prägenital-symbiotische Erscheinungsform der vereinigten Eltern“ (S. 97) noch hätte lesen können. Daß solche und ähnliche Thesen auch auf falschem Hinlesen beruhen, zeigt das Zitat von der gleichen Seite: „In Abwehr dieser Gefahr klammert er {Zihal} sich an die vertrauten Umstände seiner Umgebung: ... seine Wohnung, in der er sich befindet wie im Mutterleib.“ Weit gefehlt, im Gegenteil: Das erste, was Zihal nach der Pensionierung tut, ist umziehen. Das zu lesen, was man lesen will, ist eine typisch psychoanalytische Vorgehensweise. Den Höhepunkt der Komik erklimmt Dettmering dann, wenn er zunächst Melzer über den Begriff der Zwillingsbildung ein homoerotisches Verhältnis zu E. P. unterstellt und dessen Zusammenbruch über den Fortfall eines entsprechenden, „um Mary aufgerichteten Schutzwalles“ direkt in deren Unglück übergehen läßt. Ja, so geht's, so geht's dahin.

2 Düsing, S. 182.

3 Voracek in der Zusammenfassung seiner Dissertation in: EINSÄTZE, S. 96.

1 Österreich. Handbuch für Reisende von Karl Baedeker, 30. Auflage Leipzig 1926, S. 185.

residenz der Familie, wuchs Doderer in den Sommerferien vor dem Ersten Weltkrieg auf, hier schrieb er nach seiner Rückkehr am 16.8.1920. „Ich hatte große Tage am Riegelhof: ‚Bresche', ‚Umweg', ‚Geheimnis', ‚Stiege' ... nicht wenig wenn man's ansieht; dabei ist's nicht alles." (TC V 163)

Raxalpe und Riegelhof, 80 km südwestlich von Wien, für den Schriftsteller voller Erinnerungen an Kindheit und Jugend, tauchen immer wieder zentral auf. Und wie man unschwer spüren kann, voller glücklicher Erinnerungen. „Ein schöner ebner Platz in der Prein, sommers, in den Wäldern; am Grund des Höllensteintales. Der Bach sprudelt. Ich war zu wenig in den Wäldern heuer; ich hielt mich beim Hause auf." (TT IV 88–14.12.1951)

Prein liegt nur 12 km entfernt von dem anderen im Werk wichtigen Ferienort, Semmering auf dem gleichnamigen Berg,[2] das eine nicht viel kleinere (acht Nennungen in DS, siebzehn in DD, dreizehn in DW) Rolle im Werk spielt. Und zwar als Urlaubsziel für Melzer (DS 72,78), Mary K. (DD 663, 671) und Dwight/Emma (DD 638). Vor allem aber: DW 9–12 beschreibt die zentrale Fahrt Robert Claytons mit seiner jungen Frau über den Semmering mit seinen Steigungen, Biegungen und Galerien sehr genau. Dabei wird die Entfremdung zwischen den Jungvermählten deutlich.[3] Sehr ähnlich findet sich die Beschreibung auch im zweiten Teil des Roman No. 7 als Rückblick (DW 243–245). Aber über diese erinnernde Verbindung hinaus wird auch DG mit DW verbunden werden, wenngleich es hier um eine andere Bahn geht als die über den Semmering:

- „Die Strecke wandte sich und bald immer wieder. Es war, als stiege man über eine gewundene Treppe zum Dach eines Gebäudes empor." (DW 10)
- „Die Strecke drehte sich da einst, und bald immer wieder. Es war, als stiege man über eine gewundene Treppe zum Dach eines Gebäudes empor." (DG 112)

2 Die Semmeringbahn wurde im Dezember 1998 von der Unesco zum Weltkulturerbe erklärt. Auf dem Semmering verbrachten nicht nur reiche Wiener Bürger ihren Sommerurlaub, sondern auch Künstler wie Gerhart Hauptmann, Karl Kraus, Oskar Kokoschka, Arthur Schnitzler und Stefan Zweig.

3 S. hierzu Wolff 1969, S. 97ff.

Und auch eine spätere Formulierung Monica Bachlers findet sich fast wörtlich in Teil II des Romanes No. 7 wieder, womit die Interdependenz im Roman wie im Gesamtwerk deutlich wird:

- „Die Sonne lehnt sich an einzelne Felszähne. Die Wälder sind weiter weg wie Moos." (DW 245)
- „Die Sonne lehnt sich südlich-warm an Felszähne. Die Wälder sind in der Tiefe und Ferne wie Moos." (DG 112)

Robert Clayton, der diesen Weg auf der Hochzeitsreise im August 1877 mit Harriet genommen hat, steht, als er ihn im Frühsommer 1910, also 33 Jahre später, enthusiastisch beschreibt, kurz davor, mit Monica unter Begleitung Chwostiks die gleiche Route zu nehmen. Dieser Ausflug wird ihn und die junge Ingenieurin zusammenbringen und den Tod seines Sohnes Donald herbeiführen, der fast dreiunddreißig Jahre zuvor auf der Verlängerung dieser Reise gezeugt worden ist. Hier schließt sich ein Kreis im Roman. Die Determination des ganzen Werkes zeigt sich nicht nur im frühen Hinweis auf die tödliche Wasserwand, dem verflechtenden Ankündigen, sondern auch in solchen sich nach vielen Jahren und Seiten schließenden inhaltlichen und sprachlichen Kreisen. Über die Semmering-Fahrt ist aber DW auch direkt mit DS verbunden, denn Melzer verbindet seine schicksalhafte Reise mit Laska (s.u.) auch mit Gedanken an Asta und an Prein, das ja über die Semmeringbahn (in Payerbach aussteigen, DS 76) ebenfalls erreichbar ist. So zeigt sich auch in der Formulierung von der „ziehenden und sausenden Finsternis eines Tunnels" (DW 111) die formale Verflechtung mit DS, wo es „das hohle, ziehende Sausen in den Semmering-Tunnels" (DS 78, ähnlich DS 99) ist.

Prein selbst und der Riegelhof kommen in DS hingegen kein einziges Mal mit Namensnennung vor. Doch sind sie ab dem ersten Satz von Teil 2 unverkennbar und stark präsent. „Und jetzt befand er sich seit dem Beginne der Sommerferien am Lande und auf der elterlichen Villa, und die Zeit war – mit immer den gleichen abschließenden Felswänden über dem Ende des Tals und immer den gleichen verdämmernden Bergen gegen die Tiefebene zu – über die Mitte des August vorgeschritten." (DS 165) Nichts anderes ist der Ort dieser Ferientage im August 1911 als der Ort von Stangelers Kindheit und Jugend. Und der Tennisplatz, auf dem so heiß gespielt wird („‚Er hat den Semski geschlagen', hieß es" – DS 183) und unweit dessen René und Geyrenhoff, also zwei Alter egos des Dichters zusammentreffen (DS 175–183), ist der Tennisplatz der elterlichen Villa.[4]

Das alte Wirtshaus bei der Mühle („Die Mühle steht. Das Wasser rauscht. Es macht den Wirtsgarten daneben angenehm kühl im Sommer" DS 186), in dem das lange und wichtige Gespräch (DS 187–204) zwischen Geyrenhoff und seinen Freunden am späten Abend des 20.8.1911 stattfindet, ist der Alpengasthof Oberer Eggl.[5]

Doderer–Stangeler steht 1911 kurz vor dem 15. Geburtstag. Alles, was hier noch kommt, ist Erinnerung; und natürlich ist der Berg, den Asta und Melzer einer-, Editha und René andererseits zusammen beschreiten und an dessen Fuß René Editha oder sie ihn verführt (DS 206), der Beginn des Aufstiegs zur Raxalpe. Ob es nun so heißt oder nicht. „Und Wälder, Wälder dazwischengeschüttet mit ihrer Ferne und Tiefe, als wären sie nichts, nichts mehr als das gefallene Tuch um die Füße enthüllten Standbilds." (DS 207) Die Besteigung der Raxalpe bringt aber nicht nur dem jungen Stangeler erotische und sexuelle Erfüllung. Auch für Renés Schwester Etelka und Pista Grauermann bilden die gemeinsamen „Klettereien", die „Stunden ge-

4 Abbildung des Tennisplatzes (Rasen wie in DW, → Tennis) in Fleischer 1995, S. 36; dort S. 24 der Riegelhof selbst. Der Platz liegt wenige Meter über dem Haus. Eine hervorragende Aufnahme von diesem, die unsere Aussage illustriert, mit dem Blick auf die Raxalpe, in: BEGEGNUNG, Abb. 19.

5 Ich verdanke diese Information einer mündlichen Mitteilung von Engelbert Pfeiffer. Dieser Gasthof, fünf Minuten zu Fuß vom Riegelhof entfernt, erscheint auch in TT III 818, allerdings ohne Hinweis auf DS, vielmehr auf einen Aufenthalt Doderers mit seinem Lehrer Albrecht Reif. Der Gasthof Preinerwand „im oberen Dorf, 35 Z. zu 2–3 M., 3–5 S., gut", so der Baedeker, S. 184f., kommt in DS nicht „gut" weg, hier ist von ihm die Rede als von einem „anspruchsvollen und schlechten Hotel am Talschluß, also ein geringes Stück weiter oben, wo durch lange Zeit der Komfort etwa darin bestand, daß über der Schank für Bauern sich die befremdende Aufschrift ‚Kurierzimmer' zeigte" (DS 186). Eben diese Schank verweist darauf, daß das dramatische Entwicklungen zeugende Fest im Dorfgasthof am 29. August 1925, also 14 Jahre und 9 Tage später, dort stattfindet.

sammelter Mühe unter dem heftigen Himmelsblau beim tiefen Schweigen der Abstürze" den „Auftakt ihrer Liebe" (DS 124). Daß diese dramatisch endet, hat mehr mit Etelka als mit Pista zu tun, man könnte auch sagen, daß Editha der Drohung der näheren Verbindung mit einem Träger des Namens Stangeler zu ihrem Glück entkommen ist, gäbe es da nicht noch die gute und liebenswürdige Schwester Asta, die mit Melzer trotz mancher Anläufe vor dem Panorama der Raxalpe eben nicht zu einer tieferen Beziehung gelangen kann, weil der wieder einmal zögert.

In DS taucht die Raxalpe als Ferienziel für Melzer auf, und zwar auf der so wichtigen Fahrt mit Major Laska, welche die Voraussetzung für Freundschaft und Bärenjagd darstellt. „Es war sein fester Vorsatz, den nächsten Urlaub in Wien und zum Teil auch im Rax- und Semmering-Gebiet zu verbringen." (DS 789) In DD kommt sie nur ein einziges Mal mit Namen vor, und dies hat seinen guten Grund. „So stand er denn jetzt am ebenhin querenden Weg, wandte sich aber diesmal nach links und nicht gegen die lichter verteilten Bäume zu und gegen die Wände der Raxalpe; sondern ungefähr nach Osten." (DD 1335, ein Aufschein davon schon DD 162, ganz offensichtlich derselbe Ort – „Am steilen Hang bald ein ebenhin querender Weg" DD 162) Leonhard ist es, und hier wird auch er zum Alter ego des Dichters. Auch wenn er sich von der Jugenderinnerung abwendet, er ist es doch: Stangeler–Doderer, und „während solcher Generalpause brach der Himmel auf wie die Schale einer Frucht und gebar den glühenden Gott". Doderer hat die Jugend wiedergewonnen und zugleich überwunden. „Der Wald schwieg wie ein Grabgewölbe." (DD 1334) So aber verbindet die Topographie auch die wichtigsten männlichen Protagonisten von DS und DD und bildet eine Klammer.

Die genau gleiche Stelle oder nicht, es ist der gleiche Berg, der gleiche Wald, und es ist der gleiche junge Mann. René oder Leonhard oder Heimito oder sogar (mit einem kleinen Anteil) Melzer. Diese Stelle kann auch gut illustrieren, auf welch brüchigem Ast ein Interpretationsansatz sitzt, der das Erinnern, das Autobiographische nicht kontinuierlich implementiert. Die Bemerkungen von Karin Drda-Kühn[6] zum Zitat DD 162f. geraten in ein Tasten am Thema ‚gestaltete' Natur vs. ‚freie' Natur. Es ist

6 S. 111f., die nächsten beiden Zitate finden sich auf S. 124.

jedoch der Unterschied von erinnerungsloser zu erinnerter Landschaft, der die Dramatik erzeugt. Auch der Wald ist bei Doderer weniger „archetypische Ursprungslandschaft“ und „Symbol des Unbewußten“ als starke und wichtige Jugenderinnerung.

Chwostik aber, im rund 15 Jahre später entstandenen Roman ‚Die Wasserfälle von Slunj‘, hat schon als Junge mit den Eltern die Raxalpe bestiegen (DW 29) und macht viel später den Führer bei einem gleichen Ausflug mit den Claytons und Milo, „die Ersteigung der Raxalpe ... ein Unternehmen, das man in späteren Jahren oft wiederholte“ (DW 120). Dieser Ausflug wiederum findet 1879, also 32 Jahre vor den oben angeführten Szenen, auf und um dem Riegelhof statt. Der zweite Ausflug mit Robert Clayton, aber einer anderen Frau, liegt dagegen nur ein Jahr vor dem Datum aus DS. Und nirgendwo sonst als bei der Raxalpe, nämlich in Prein, „am ‚Preiner G'scheid‘“ (DW 296), sind Robert Clayton und Monica Bachler zum ersten Mal als Liebespaar für einige Tage zusammen. In DS war es Grabmayr, der beabsichtigte, „um vier Uhr früh auf die Rax-Alpe zu gehen“ (DS 188).

Hier schließt sich schließlich auch ein Kreis von Roman zu Roman. Und so spricht auch einiges dafür, daß der „einsame Gasthof“ im zweiten Teil des Romans No. 7, in dem Alfons und Elsa herrliche Tage verbringen, der gleiche ist.

- „Die spitzen Wipfel der Fichten am steil abfallenden Hang unter ihr schlossen sich in den weiteren Entfernungen zu einem moosigen Ganzen zusammen, das in steilen Stürzen zu Tal wogte, die unten sich voreinanderwarfen und dunkel verschränkten ... Sie gehörte hierher, Monica, auf diesen Balkon vor einem der Zimmer des Berggasthofes unterhalb der Paßstraße ...“ (DW 286)
- „Der einsame Gasthof an der Paßstraße ließ bei allen Fenstern den Geruch vom würzig blühenden Moose aus den wie ein geworfenes Tuch überall dunkel hingebreiteten Wäldern in die Zimmer.“ (DG 48, vgl. auch die oben zitierte Parallele)

Auch in dem historischen Roman ‚Ein Umweg‘ wird die Raxalpe vom Grafen Manuel zu Jagdzwecken bestiegen („Auf die Gams sollte es gehen“ EU 164). Dabei weist diese Jagd auch seltsam viele Parallelen auf zu der Schlüsselszene (→ Melzer und Farben der Romane) der Bärenjagd Melzers mit Major Laska im

Herbst 1910, welche allerdings nicht auf die Raxalp führt, sondern auf die Treskavica.

Bei Manuel sind zwei Jungen „als Träger und Büchsenspanner" dabei (EU 165), bei Melzer/Laska zwei bosnische Offiziersburschen. Hier gibt es Enzianschnaps, da Cognac. Und so wie die Gams entkommt, da Manuel im Augenblick, da er schießen sollte, an ganz anderes denkt als an sie (EU 168), so entkommt auch der Bär, den Laska und Melzer nicht gut genug vor die Flinte kriegen (DS 84).

Diese Raxalpe ist nur eine von unzähligen Hinweisen darauf, daß bei Doderer alles in autobiographischem Kontext steht oder streng autobiographisch ist, stärker vielleicht, als er selbst wahrhaben wollte. Diese Nahtstellen von Biographie und Dichtung im einzelnen aufzuspüren ist eine eigene Aufgabe, der wir hier nicht (→ aber Erinnerung) nachgehen können. Wichtig ist, es sei wiederholt, daß es sich nicht um ein autobiographisches Erzählen handelt, sondern daß Eindrücke – bewußter wie unbewußter Natur – verarbeitet und eingearbeitet werden.[7]

So viel nur zusammenfassend: Es gibt kein Werk Doderers ohne solche Elemente, noch nicht einmal die ‚historischen' Werke EU und DE-Abenteuer sind davon ausgenommen. Doderer ist hier[8] ebenso deutlich zu finden wie als Stangeler, Schlaggenberg u. a. in DS und DD.

Die Raxalpe jedoch, die als einziges topographisches Datum neben Wien in fünf Romanen nicht nur auftaucht, sondern zentrale Bedeutung hat (EU, DS, DD, DW, DG), gehört zu den wichtigsten Erinnerungen Doderers, ist vielleicht sogar topographisch Wien ebenbürtig. Und wir finden sie vom Früh- bis zum Spätwerk, ein durchgehendes, verbindendes Element. So wie Erinnerung an sexuelle Erlebnisse, das erste in der Adamsgasse mit einer älteren Prostituierten hat schon die „Flügeltür", immer wieder die Konnotation von ‚hohen' und ‚weißen' ‚Flügeltüren' hat.

„Im Spätwerk erobert er den Raum der Kindheit."[9] Oder eher im ganzen Werk? Diese Erinnerung ist aber auch die an ein

7 Einzelne Verweise finden sich bei einzelnen Stichworten, z. B. (→) Alter Egos und Krebse.

8 Vgl. Wolff 1996, S. 60 und 63 f.

9 Hopf, S. 455.

verlorenes und nur in ihr wiederholbares Glück. Wir können davon ausgehen, daß Doderer ebenso wie Nabokov[10] in diesen Jahren und an diesem Ort eine unbeschwerte und glückliche Zeit hatte.

René Stangeler

Er ist das deutlichste (→) Alter ego Doderes, aber anders als Schlaggenberg, Geyrenhoff, Dr. Döblinger und wie sie alle heißen. Er ist von Anfang an da, durchzieht das Werk von SK bis DD, also über eine Spanne von mehr als dreißig Jahren, dem Entstehungsdatum nach; die anderen tauchen einmal, zweimal auf und sind dann wieder verschwunden. Ihm eignet die größte biographische Nähe zu Doderer (Schulzeit, Ferien, Studium, Krieg, Gefangenschaft, Flucht, Liebe zu Grete, Vaterbild) ebenso wie die größte Ähnlichkeit: „Es hatte dieses Gesicht mit den leicht schräg stehenden Augen die Tendenz, sich wie ein geschürzter Knoten zusammenzuziehen, und zwar um einen Punkt, der etwa bei der Nasenwurzel liegen mochte." (DS 315)

„Schräg gestellte Augen" (DS 106) hat der „schiefäugige Scholar" (DD 1104, „schiefäugig" schon in GR 390) ebenso übrigens wie E. P., Cornelia Wett („löwenhaft blinzelnd" DS 412) und Paula Schachl in DS,[1] Manon Veik und ihre verstorbene Tochter Louison ebenso wie Conrads Mutter in EM. Solche Augen waren für den selbst durch seine schrägen Augen leicht an einen Asiaten (oder eher noch Mongolen!) erinnernden

10 Ort und Zeit bei Nabokov sind natürlich andere. Aber die Parallelität ist unübersehbar: Beide wuchsen in sehr reichen und angesehenen Familien, die zu den besten des jeweiligen Umfeldes gehörten, auf. Beide verbrachten glückliche Sommer auf einer eigens dafür erbauten Residenz. Beide Familien verloren im Krieg (plus Revolution bei VN) alles und wurden quasi bettelarm. Beide Dichter faßten dessen ungeachtet den Entschluß, Schriftsteller zu werden, beide gelangten im Alter mit einem Roman (DS – Lolita) zu Ruhm und ausreichendem (HvD) bzw. hohem (VN) Einkommen.

1 Davies, S. 243 ff., stellt das ‚Löwenhafte' in Zusammenhang mit dem ‚Animalischen'.

Dichter ein erotisches Signal, eines von vielen. Dazu liegen die Augen noch tief im Kopf („Totenkopf" – DD 182).

Der „lümmelige, schlaksige" (DS 106) junge Mann kriegt alles mit, was um ihn herum geschieht („Langohr Stangeler" – DS 693), er apperzipiert und setzt um. Mary K. hat ihn „unten auf dem Platze vor dem Bahnhof gesehen" (DS 26) in einer Haltung, die fotografische Aufnahmen des jungen Doderer exakt beschreibt. Sommer nennt ihn zu Recht einen ‚Poseur'.[2] Er wird nicht mit sich fertig, ist weder erwachsen noch ein Jugendlicher, strebt nach Anerkennung, will etwas Besonderes sein (wie alle Stangelers, TT III 145), ist zerrissen, schwankend, störrisch und zögerlich. Aber eben interessiert an seiner Welt.

Aber nicht nur hier, als Knabe, dann als Fähnrich und in der Gefangenschaft, scheint der junge Doderer mächtig auf. Stangeler–Doderer kommt schon vor in SK (passim), JB (als René, erst Hans Schlaggenberg, so auch als „Gymnasiast Schlaggenberg" in SK), schließlich in EU (als Fähnrich René von Landsgeb), DE, DS und DD mit dem endgültigen Namen, als „Dragonerfähnrich" auch im letzten Werk (DG 151). Kein Alter ego ist so vielfältig vorhanden wie dieses. Es entspricht dies der Gewichtung der frühen Jugend, des ständigen autobiographischen Metatextes im Werk Doderes, dessen gesamtes Schreiben sich immer um diese verlorene Jugend dreht. Die hier auch verloren bleibt, wenn sie denn im Schreiben wiedererobert und wiedergefunden wird. Es rinnt ihm durch die Finger. Dies macht die enorme und zentrale Bedeutung der Schlange (→ Tropidonotus Lindwurm) aus, die der (→) Raxalpe, der weißen (→) Möbel, der (→) Krebse, der (→) Büffets, der (→) Stiege, der (→) Gerüche und der (→) Farben. Wer das nicht erkennt, kann Doderers Prosa immer noch genießen, aber nicht apperzipieren, durchdringen.

Stangeler ist launisch, aufbrausend, kann arrogant sein (nie allerdings zu Melzer, mit dem ihn eine seltsame unausgesprochene Freundschaft verbindet), er ist cholerisch. Aber auch hoch intelligent, er weiß viel über Kunst (vor allem Musik, z. B. DS 546), gibt damit aber nie an.

Er ist sexuell sehr aktiv, nicht nur mit Grete, die er ständig betrügt. Er pflegt geradezu eine erotische „Raffsucht" (DS

2 Sommer 1997, S. 63.

209): Er betrügt ohne Probleme seine Grete mit Käthe Storch, Mimi – ohne zu ahnen, daß es nicht Editha ist –, dann tatsächlich wieder, nach vierzehn Jahren, mit Editha.[3] Wenn immer er gerade mit einer anderen Frau geschlafen hat, ist er am stärksten in Grete verliebt und es zieht („... der Pfeil flog voran ... Zu Grete." – DS 669) ihn zu dieser! Gleich drauf empfindet er „plötzlich die Treue (die man ihm doch wahrlich nicht wird nachsagen können) sehr heftig, wie ein neues Gefühl" (DS 672). Es kommt dem Leser manchmal so vor, als ob die Liebe bei ihm immer nur als plötzliches, dann aber starkes Gefühl aufträte. „‚Erst seit heute nachmittag', sagte René im Ton einer Mitteilung alltäglichster Art" (zu Melzer, DS 676).

Auch die durch den Manuskriptfund aufscheinenden ‚Deviationen' sind für ihn durchaus von persönlichem Interesse, wenn auch nicht so stark wie für Jan Herzka. „Stangeler ist besitzender Sadist, ihn reizt die Demut." (TT III 507) Aber Grete schiebt der Verwirklichung einen Riegel vor. „‚Dann werde ich Dir ein paar derartige Ohrfeigen geben, daß Dir das Peinigen für alle Zeiten vergeht.'" (DD 1054)

Zu Renés wenigen Freunden zähle ich (auch diese Freundschaft wird nicht ausgesprochen) Geyrenhoff, mit dem er schon früh unweit des Tennisplatzes im Sommerhof ein wichtiges Gespräch führt (DS 178ff.), in dessen Folge der Sektionsrat ihm Lavendelwasser schickt. Ihr ganzes Leben lang wird dieses die beiden verbinden. „So standen wir denn beide seit 1911 im gleichen Geruch." (DD 53) René verhindert bewußt einen engeren Kontakt Geyrenhoffs zu seiner Familie, er will ihn für sich behalten (DD 50).

Stangeler verlebt eine behütete Jugend im reichen, aber nicht unproblematischen Elternhaus (DD 492), legt „knapp vor Ausbruch des Krieges" (DS 147) seine Reifeprüfung ab, wird eingezogen und gerät in – langandauernde – Gefangenschaft. Er promoviert, aus dieser heimgekehrt, zum Dr. phil. in Geschichtswissenschaft (Absolvent des Institutes für Österreichische Geschichtsforschung, DD 49), verfaßt Aufsätze (z.B. über

3 Interessant die Daten: Am 21.8.1911 schläft René mit Editha, am 22.8.1925 mit Mimi, glaubend, es sei Editha, am 2.9.1925 mit Editha, jetzt wissend, daß es elf Tage zuvor Mimi war.

Gilles de Rais), bearbeitet das Herzka-Manuskript (wird damit lt. Grete ‚Hexenreferent', (DD 809) und hat eine Zukunft vor sich, „fällt mit äußerem Übergewicht in die weite Welt hinaus" (TC IV 162). Genau das aber will er nicht: Titel, Festanstellung, Ehefrau, Kinder.

All dies sind Stationen auf dem Weg zur Menschwerdung, denn noch ist René stark in einer zweiten Wirklichkeit befangen, die vor allem ein totales Ausgerichtetsein nach innen, eine Verschlossenheit gegenüber der Umwelt ist. Nur wenigen Menschen wie Grete oder Melzer gestattet er einen gelegentlichen Blick in sein Inneres. Der Leser erlebt den Abschluß dieses Prozesses nicht mehr, nur den Weg. Natürlich erlebt er diesen doppelt, denn Doderers Menschwerdung vollzieht sich ja im Prozeß des Schreibens ebenso wie die seines Alter egos in der Prosa. Die mannigfaltigen Parallelen zwischen Doderer und Stangeler hier nachzuvollziehen, ist nicht sinnvoll, dazu lese man die Biographien.[4]

Roman als Heimat

Dickleibige Romane lassen sich wohl auch als Wohnungen sehen, in denen wir uns einrichten und es uns gut sein lassen. Manchmal bewohnen wir sie für Wochen, gar Monate, und manchmal gelingt uns ihre Apperzeption auch durch Identifikation.

Viele kurze Romane hingegen – mehr moderne vielleicht, ich weiß es nicht und möchte auch keinen Vorurteilen hinterherlaufen[1] – erscheinen eher als Hotelzimmer, oft genug nur als die von Hotels für ein paar Stunden. Und wie wir uns in solchen Herbergen nur der Illusion der Privatheit hingeben, genährt durch Elemente wie Bett, Bilder, ein Buch auf dem Nachttisch, die ja, obwohl äußerst privater Natur, eine solche nur vorspiegeln, in Wirklichkeit aber deren Parodie erzeugen, da am Tage

4 Für die beiden gemeinsame Zerrissenheit und Widersprüchlichkeit s. Anm. 4 zu (→) Tod.

1 Dies wäre sehr wohl eine empirische Studie wert, aber hier ist eine Begründung nicht nötig.

zuvor wie an dem danach Fremde darin gewohnt haben und wohnen werden, so sind auch diese Kunstwerke geschaffen. Wir sind nicht wirklich Gast, sondern nur kurz darin und bald wieder nicht mehr. Und wer erinnert und verinnerlicht gar schon ein Hotelzimmer? Und gar ein virtuelles? Der Eindruck ist schnell vergangen.

Dickleibige Romane schaffen einen Kosmos, in dem wir uns befinden und der uns umschließt. Je umfangreicher, desto eher. Ich denke an Balzac, Dickens, Fielding, Hašek, Henry James,[2] Joyce, Thomas Mann, Musil, Nabokov,[3] Proust, Sterne, Tolstoi. Aber jeder Kosmos steht für sich, jeder ist neu. Und in jedem wollen wir als Leser möglichst lange verweilen, erfreut über „jede Gelegenheit, noch ein Weilchen darinzubleiben“.[4] Denn dieser Kosmos zieht uns nicht nur durch Form und Inhalt in seinen Bann, sondern er erklärt auch durch seine innere Schlüssigkeit und Totalität wie auch Abgeschlossenheit die = seine = unsere Welt.

Anders, aber dadurch noch stärker bei Doderer. Bei ihm sind nicht nur viele Romane paarweise durch zumindest eine gemeinsame Figur verbunden,[5] sondern die beiden großen Romane haben neben aufeinander abgestimmten und miteinander verflochtenen Kriterien wie Topographie, Chronologie und Personal auch eine gemeinsame weibliche Protagonistin, Mary K. Sie ist die große Frauenfigur Doderers[6] in den weit über 2.000 Seiten des verbundenen Großwerkes, einmal geliebt, erfolglos, von Melzer (von Oscar auch, und dies durchaus auf Gegenseitigkeit), einmal dann in der Reife, nach vollzogener Menschwerdung und erfolgreich von Leonhard. Ein prinzipieller Gegensatz zwischen beiden Helden besteht nicht, beide werden

2 Viele, viele Kosmen bei vielen Romanen (Mann, James, Tolstoi), im Grunde immer nur einer bei vielen Romanen (Balzac, Dickens, Fielding), einer bei einem (Hašek, Joyce, Proust, Sterne).

3 Bei Nabokov sehe ich *Ada* als getrennten Kosmos, sonst aber die beiden der russischen und der amerikanischen Zeit.

4 Vollmann, S. 413.

5 → Personal.

6 Es fällt auf, daß große Frauenfiguren eher bei Dichtern auftauchen, die selbst keine glücklichen Beziehungen hatten und vice versa. Also bei Doderer, nicht bei Joyce und Nabokov, wohl aber bei letzterem eine sehr sympathische, vielleicht dann doch große, nämlich Lolita.

„ain ainiger gantzer" Mensch, und bei beiden ist eine Frau ganz besonders wichtig, bei Melzer Thea (viel mehr doch als zuvor Asta und Mary), bei Kakabsa nur die letztere. Durch diese Bekanntheit von Personal und Umgebung hat der erstmalige wie der normale Doderer-Leser ein Erlebnis von Déjà vu, er kehrt, bei durchaus neuer Wohnung, in ein bekanntes Ambiente heim. Das wird verstärkt durch eine kohärente Sprache im Spätwerk und durch kohärente Eigenschaften wie Verfremdung, Verflechtung, Humor, Idiosynkrasien, Sprachphantasie.

Einer der Gründe für die riesige Beliebtheit des auch Doderer bekannten Holmes-Kanon ist dieses Erlebnis. Heimkehr des Lesers in eine bekannte Welt, bekannt auch durch die Sekundärliteratur, die den Wohnraum Baker Street 221b („wo es immer 1895 sein wird"[7]) in Text und Zeichnung rekonstruiert. Wiedererkennen ist Wohlbefinden, denn es schafft die Leichtigkeit der Jugend, welche ohnehin das über allem schwebende, alles zusammenhaltende Thema Doderers (wie Nabokovs oder Prousts) ist.

Erheben wir uns nicht darüber. Es ist nicht das schlechteste, in einer virtuellen Wohnung wie dem Dodererschen Großwerk Heimat zu finden. Und wenn tatsächlich unglückliche Kindheit und Jugend den Typus des wirklichen Viel-Lesers erzeugt, dann liegt hier der Grund. So wird dann nicht die Leichtigkeit rekonstruiert, sondern, im Gegenteil, konstruiert.

Diese Wohnung läßt sich auch zu größeren topographischen Einheiten wie Dorf, Stadt oder Landschaft ausbauen. So rechtfertigt sich die Bemerkung Webers, „daß sich der Leser in allen Milieus, die da durchschritten werden, wenn nicht wie zu Hause, so doch unter Vertrauten fühlen und damit teilnehmen kann an der Aura der – nicht gefühlsselig, sondern existentiell zu verstehenden – Stadt-Wohnlichkeit, auf die ‚Die Dämonen' wie überhaupt Doderers größere Wiener Romane angelegt sind".[8] Daß auch ein architektonisches Element von der Bedeutung der (→) Strudlhofstiege eine eigene Heimat konstruieren kann, ist evident. Sie steht nicht nur im Mittelpunkt des Romans, sie schafft einen eigenen abgeschlossenen Kosmos von (→) Aura

7 Vincent Starrett, The Private Life of Sherlock Holmes, London 1961, S. 62.

8 Weber 1987, S. 83.

und (→) Erinnerung in sich wie im nach ihr benannten Roman. DS gewinnt so „den Anschein der Zweckmäßigkeit, Abgeschlossenheit und Unveränderlichkeit".[9]

Ein Vergleich Doderers mit Dickens ist ebenso überfällig wie – schon oft erwähnt – mit Joyce, Nabokov, Proust. Die Nähe von *The Posthumous Papers of the Pickwick Club* zu DM – Skurrilität, Albernheit, Ausgelassenheit, Häufung von absonderlichen Figuren und Namen, Abkürzungsmanie[10] – ist evident. Beide Dichter übrigens haben Romanfragmente hinterlassen, die einen ganz anderen Romantyp ebenso verkörpern sollten wie den Höhepunkt ihres Schaffens. In der sprachlichen Komik mit Ausprägung ins Skurrile, Groteske stellt sich Doderer auch in eine Linie mit Vorgängern und Nachfolgern wie Laurence Sterne, Jaroslav Hašek und Eckhard Henscheid.[11]

Zurück zum Heimatcharakter eines in sich geschlossenen Kosmos. Ich bin der festen Überzeugung, daß auch ein Kosmos wie der um das von Carl Barks geschaffene Entenhausen seine geradezu überbordende Beliebtheit (neben wiederum dem skurrilen Humor Barks'[12]) der Geschlossenheit, der Kohärenz und dem Wiedererkennungsfaktor verdankt.

9 Piontek, S. 169. In den Aussagen über die Dualität von Stiege und Garten (Paulas!) kann ich Piontek (S. 146 ff.) allerdings nicht folgen. Ich sehe in diesem Garten nicht das komplementäre zweite Romanzentrum zur Stiege.

10 Helmstetter 1995 spricht von inszenierter „Abkürzung und Verdoppelung" (S. 405).

11 Zu der indirekten Verwandtschaft Henscheids zu Doderer via Dostojewski s. → Einflüsse/Zitate.

12 Dazu kommt das die Wiedererkennung erleichternde Bild. Dies gilt auch für die konstanten Illustrationen bei Doyle, Dickens, Hašek. Vgl. dazu meinen Aufsatz Ja; das war sehr wichtig. Sondersituationen der Literatur: Text und Bild als Einheit, in: Ein Holmes-Repertorium, Privatdruck Köln 1998. Dennoch möchte ich mir Doderer nicht illustriert vorstellen. Der Film nach DS war schon ein Desaster.

Roman muet

Doderer hat das Konzept der schweigenden Prosa, des „hinweis-, reflexions- und erklärungslosen Romans",[1] in den Tagebüchern – nicht jedoch in seinen literaturtheoretischen Anmerkungen[2] – entwickelt und durchaus konsistent beschrieben. Die „schweigende, gestaltlose Erzählung stellt den äußersten Gegensatz dar zum Schreiben über irgendetwas ... auf welch letztere Weise Sprache heute nicht mehr möglich ist, ohne journalistisch zu werden."[3]

Er bezeichnete mit diesem Begriff, der erst nach 1962 endgültig entstanden ist, also im Verlauf der Arbeit an DG, eine Art der Prosa, bei der einerseits der Verfasser sich mit Erklärungen, Bewertungen, Verfremdungen und Anmerkungen zurücknimmt, andererseits die handelnden Personen das Gewebe der Handlung nur jeweils subjektiv erleben, aber das Schürzen des dramatischen Knotens ihnen verborgen bleibt. „‚Roman muet', schweigend-sprechende Ausbreitung und Zusammenziehung des ‚fatologischen Gewebes'."[4] Der (→) Leser weiß nicht deshalb mehr als jede der Personen, weil es ihm erklärt worden ist, sondern weil er die subjektiven Wahrnehmungen mehrerer Personen zusammenzieht. Sofern er natürlich – Doderers spezielles Anliegen – äußerst aufmerksam liest. Nur so kann er z. B. die Bedeutung, zunächst überhaupt die Identität des weißen Nachtkastens in DW und DG wahrnehmen oder nachvollziehen, wann René mit Editha und wann mit Mimi geschlafen hat (DS). Oder, und darauf vor allem hebt die Dodererische Begriffsbildung ab, wer Zienhammer bei seinem Denunziantentum beobachtet hat. Oder daß Alfons der Sohn Zienhammers ist (DG).

1 TC V 223–233 (15.2.60–25.3.60).

2 In WD kommt weder ‚roman muet' noch ‚schweigender Roman' oder ‚stummer Roman' ein einziges Mal vor, obwohl die literaturtheoretischen Essays bis 1962 entstanden sind. Ein Indiz für die späte Begriffsfindung.

3 TC V 465 (27.6.1963). „Immer mehr soll das Stoffliche, die Mitteilung in den Hintergrund treten. Damit bahnt sich eine Entwicklung an, die konsequent zum ‚roman muet' der Spätzeit führt." Schmidt-Dengler 1970, S. 600, zu JB.

4 Weber 1995 (1), S. 272.

Doderer hat sich jedoch nicht an sein Konzept gehalten. Einerseits bricht der alte Verfremder, Erklärer, Leseransprecher und -einbezieher und Verfasser von Fußnoten im Text immer wieder durch. Andererseits macht die Fiktion, daß die handelnden Personen nur kleine Teile der Mechanik des Geschehens erfassen („Überhaupt ist das Thema der Unwissenheit ... hier cardinal“ TC V 421–23.4.1964), noch keinen ‚schweigenden Roman‘ aus,[5] solange der Verfasser sich ständig einmischt und auch in anderer Form gegen seine eigenen Prämissen verstößt. Dies ist in DW noch ganz ausgeprägt der Fall, ein weiteres Indiz für die späte Entstehung des Begriffs.

5 Ich bin hier in Einzelheiten offensichtlich anderer Meinung als Weber 1963, S. 30–62; sein Konzept des ‚monographischen‘ (DB, EM, EF) vs. ‚totalen‘ (DS, DD) Romans – letzterer eng verbunden mit der Technik der (→) ‚episodären Zentrierung‘ – ist zwar nachvollziehbar. Es fragt sich jedoch, ob diese oder die umfassende Einbeziehung einer Vielfalt von Personen statt einzelner einen Roman zum totalen macht oder ob dies nicht vielmehr auch eine Frage der gerade von ihm, Weber, so stark betonten Form ist. Mir erscheint EM durchaus als ‚totaler‘ Roman, insofern die Entwicklung eines Menschen in sich und in seiner Umwelt umfassend und schlüssig dargestellt wird. Ich bin auch in der Bewertung von Doderers Romantheorie oft durchaus anderer Ansicht als Weber. Dies gilt nicht nur für seine Ausführungen zum Naturalismus und der Totalität bei Doderer, sondern auch für die zur einerseits Priorität der Form, andererseits Verschmelzung. Denn auch diese ist wie die Totalität eine Selbstverständlichkeit. Jedenfalls sind beide Begriffe jedoch in keinem Falle falsch, ebensowenig wie ihre Anwendung auf Doderer. Es fragt sich jedoch, ob dies eine spezifische Komponente seines Schreibens ist. Ich stimme Weber aber in wesentlichen Fragen zu. Niemand hat die Besonderheiten Dodererschen Schreibens so früh geprüft und interpretiert. Formulierungen wie die, wonach „das Romanwerk Heimito von Doderers mit einem Wort, das seine historische Stelle gleichermaßen wie seine Unvergleichlichkeit bestimmt, die Einholung der Wirklichkeit durch die Form und zugleich die Einholung der Form durch die Wirklichkeit“ bedeutet, oder daß „die Wirklichkeit als Wirklichkeit erst faßbar [werde], indem sie sich als Form artikuliert, und die Form sich erst realisiert, indem sie sich als Wirklichkeit konkretisiert“, verraten ein Verständnis des Werkes, das sich in großen Teilen der Sekundärliteratur nur schwer finden läßt.

Die gleiche Mischung von partieller Unwissenheit der Protagonisten und Einmischung des Erzählers findet sich auch in DS und DD. Weiß Quapp, was sich erbschaftsmäßig und erkenntnismäßig um sie zusammenzieht? Nein. Weiß es der Leser? Ja. Die „Bezüge, den Trägern unbekannt“ (TC V 232f.), beweisen weniger ein Konzept als die Freude des Verfassers am Verstecken und am Einmischen. Und wie nun steht es gerade im letzten Punkt mit DG, dem Fragment des „stummen Romans“?

- „Es muß hier erwähnt werden ...“ DG 31
- „Solche Nummern hatten zu jener Zeit nur vier Ziffern.“ DG 45
- „Groß-Schweyntzkreuth in Niederösterreich steht auf keiner Landkarte. Der Name ist erfunden. Die Schweyntzkreuzer werden ihn zu deuten wissen.“ DG 67
- „Inspektion der Wohnung durch den Autor: ...“ DG 76

Hinweislos? Reflexionslos? Erklärungslos?[6] Ist es nicht vielmehr so, daß Doderer so begeistert von seinem Einfall hinsichtlich der Vaterschaft und der Zeugenschaft beim denunziatorischen Verhalten von Zienhammer und den versteckten Hinweisen auf deren Folgen ist, daß er flugs eine Theorie darum entwickelt hat? Seine Vorliebe für das Konzept der (→) Stille hat dann noch das Ihrige dazu getan.

Das ist alles Handwerk des Dichters und keine eigene Begriffsbildung wert. In der ersten Wirklichkeit, der Prosa, steckt die überragende Qualität des Schriftstellers, nicht in seinen theoretischen Versuchen.

Dies gilt über die hier behandelte Begrifflichkeit hinaus auch für Doderers Romantheorie insgesamt, wenn man von einer solchen überhaupt sprechen kann. Seine Ausführungen hierzu, vor allem in WD und den Tagebüchern, behandelt vor allem von Dietrich Weber,[7] erscheinen mir oft selbstquälerisch, überinterpretierend und widersprüchlich. Vor allem seine immer wieder auftretenden Anmerkungen zum eigenen Naturalismus treten

6 Auch Haslinger 1966 (1) kommt trotz vielfältiger Bemühung zu keinem anderen Schluß, als daß zwischen Idee und Realisierung eine solche Kluft besteht, daß man nur von einem ‚Weg‘ sprechen kann.

7 Weber 1963, S. 18ff.

auf der Stelle.[8] Sie enthalten aber auch Leerformeln. Als solche betrachte ich vor allem Formulierungen wie „Es brauchte nur einer wirklich sich zu erinnern und er wäre ein Dichter“ (WD 148 – eben nicht, erst die Form macht diesen Inhalt zur Dichtung, im gleichen Vortrag spricht Doderer ja zu Recht von der „Priorität der Form vor den Inhalten“ – ebd., 163) oder die Umkreisung des Begriffes vom „totalen Roman“ (bes. WD 173), der nie klar wird,[9] aber in sehr ausgefallenen und interessanten Facetten teildefiniert wird, so z. B., angeblich im Anschluß an Gütersloh, mit seinem „tangentialen Ausgang“ (WD 174), ständigem Wechsel der Tonart und kontinuierlicher Improvisation.

Als ob nicht jeder Roman Totalität im Sinne umfassender, schlüssiger und interdependenter Verwandlung des Zeitlichen ins Ewige, Schaffen einer universalen ersten und zweiten = metaphorischen Welt und schließlich Überwindung der Autobiographie in der Erklärung der Welt zumindest versuche, erreiche er sie auch nur selten. Haben Doderer, Proust und Joyce ‚totale‘ Romane verfaßt, Kafka, James und Nabokov nicht?

Wenn wir aber Doderers ausgefallene Definitionsansätze ernst nähmen und den totalen Roman so definierten, wie er es, den Begriff umkreisend, tat, könnten wir zu keinem anderen Schluß gelangen als dem, daß er solche oder einen solchen (DD ?) geschrieben habe. Das aber wäre kein Informationsgewinn, sondern ein Zirkelschluß.

Eine ähnliche Skepsis muß der vom Schriftsteller immer wieder beschworenen „Priorität der Form vor den Inhalten“ (WD

8 Ein besonders dümmliches Zitat zu diesem Thema stammt von einem Goethe-Forscher, der in einem einzigen, dem (Anm. 39 zur Einleitung, Weber 1963) zitierten Satz beweist, daß er weder Kafka noch Doderer verstanden hat. Daß dieser Forscher Hans Schwerte heißt und sich, leider zu spät, als eifriger Nazi erwiesen hat, ist denn doch auch eine Erwähnung wert.

9 Auch Luehrs (1997, S. 117) konzediert, daß „recht unklar bleibt, was Doderer eigentlich unter dem totalen Roman versteht“. Doderer selbst distanziert sich 1946 (Schlußphase von DS) von diesem Begriff, der für seinen „Horizont sehr erweiternd“ war, aber „verknüpft mit einer Zeit, während welcher ich umgetrieben leben mußte“ (TT III 481); insgesamt ist Wolff zuzustimmen, wenn er sagt: „Nicht der ‚totale Roman‘, sondern Erinnerung und Komposition bestimmen das Spätwerk.“ (Wolff 1969, S. 13)

163) oder der Form gar als „Entelechie des Inhalts" (WD 172)[10] gelten. Denn seine Einlassungen im Tagebuch beweisen zumindest eine Gleichwertigkeit in seinem Ansatz. Deshalb auch meint Schmidt-Dengler, es sei „ratsam, Doderer bei solchen Standard-Sätzen ... nicht ganz zu trauen".[11]

Insgesamt erscheint der (→) Schriftsteller bei Doderer als das Produkt einer Mischung aus Fleiß, Gründlichkeit, universalem Wissen und Warten auf den „Erinnerungs-Stoff".[12] Daß er vor allem ein Besessener sein muß, hat Doderer nie gesagt, es war ihm vielleicht zu emotional. Er hat es jedoch zweifellos gelebt, und zwar von den Anfängen in Sibirien bis zum Totenbett. Was neben den Werken, die ihn in einer künftigen Zeit sicher noch größer erscheinen lassen als heute, von seiner Romantheorie bleibt, sind das Streben nach Totalität des Romans als umfassendem Kunstwerk und das Prinzip von der Untrennbarkeit der Form vom Inhalt. Daß am Schluß dann gerade bei ihm die Dialektik zwischen und Verschmelzung von beiden zu einem „lebendigen Ganzen"[13] diese hohe Kunst erzeugten, ist evident. Doderer war ein Sprachkünstler von hohen Graden, die Sprachkunst ist es, die seine Lektüre so erregend und befriedigend zugleich sein läßt.

Ruass

„‚Ruass' (Ruß) ist ein treffender Wiener Ausdruck für Gesindel jeder Art oder Gesellschaftsschicht. Man braucht nur im leisesten anstreifen, schon hat man einen Fleck." (TC IV 440)

Meisgeier ist genau dieses und ein bestes Beispiel: Bei ihm verbindet sich an Idiotie grenzender Schwachsinn mit äußerster Rücksichtslosigkeit, Brutalität und Aggression. Politisch ganz rechts angesiedelt, ist er sogar als eine Metapher für Hitler gesehen worden.[1] Daß Doderer den fanatischen Sozialistenhasser

10 Ausführlich dazu Weber 1963, S. 18ff., insbes. S. 27ff.
11 Schmidt-Dengler 1998 (3), S. 252.
12 Weber 1963, S. 23, zu einem Zitat aus WD (160).
13 Weber 1963, S. 27.
1 Bruce Irvin Turner, zit. von Michael Bachem 1986, S. 13.

Meisgeier – im Grunde haßt dieser alle, auch die Gegner der Demonstranten, aber letztere eben am meisten – als ein Monstrum dargestellt hat, beweist nun doch, daß er nicht, wie Stieg meint,[2] den „Sozialistenhaß" pflegt. Dieser Meisgeier bewegt sich nicht ohne Grund am entscheidenden und seinem Todestag, dem 15.7.27, im Kanalnetz, wie eine Krake nach oben greifend und auf kindische Weise Unheil anrichtend, bis ein Polizeioffizier ihn erschießt (DD 1270/1297[3] in Anspielung auf die Parallele zum ‚Geierkraken' – DD 818).

Fast so brutal und rücksichtslos sind im Roman Teile der Menschenmenge, die den Justizpalast in Brand steckt und Zivilisten ebenso verprügelt oder gar umbringt wie Polizisten. Niki sagt es zum Inspektor: „... ich hab kann Arbeiter mehr g'sehn. Der Ruass war los, der ganze Ruass aus'm Prater." (DD 1310, ganz ähnlich DD 1308) Vorher hat er es schon fast wörtlich zu Leonhard gesagt, und dabei hat es der Verfasser noch spezifiziert: „ – ein trefflicher Wiener Volksausdruck für das Unterste vom Untersten, das Letzte vom Letzten, daran man nicht im leisesten anstreifen könne, ohne sich fettig zu beschmutzen, wie an einer rußigen Platte" (DD 308). Der von Schmidt-Dengler konstatierte Kontrast ‚Brandgeruch' – Großer Brand' versus ‚Kampfergeruch' – Kleiner Brand'[4] kann am Begriff ‚Ruass' auch ergänzt werden zu ‚Brand' = ‚Ruass' = ‚Unterklasse' versus ‚Kampfer' = ‚Kühle' = ‚mittleres bis oberes Bürgertum'. Denn der Kampfergeruch im Kapitel ‚Das Feuer' wird allen bürgerlichen Schichten zugesprochen, aufsteigend von Mayrinkers (DD 1286) über Gürtzner-Gontard (DD 1272) und Friederike Ruthmayr (DD 1299) bis zum Prinzen Croix, dem Arbeitgeber Leonhards (DD 1219).

Deutlicher als die Hochsprache trifft die Dialekt-Formulierung den Kern dessen, was Doderer zum Ausdruck bringen wollte, und nicht umsonst ist dies eine der wenigen Stellen, an

2 Stieg, S. 132 (neben Weiber- und Judenhasser), → Juden.

3 Der Tod Meisgeiers und Annas wird subjektiv, von der Getöteten aus, 27 Seiten vor der objektiven Schilderung Geyrenhoffs geschildert. Dies ist eine der Stellen, an denen man Doderers Mut zu einer Modernität hervorheben muß, die ihm so oft von oberflächlichen Lesern abgesprochen wird. Er ist ein durchaus radikal moderner Autor.

4 1995 (2), S. 25.

denen er Dialekt eingesetzt hat.[5] Es unterliegt keinem Zweifel, daß er ihn beherrschte. Gerade die sparsame Verwendung garantiert die Balance. Im Moment der Krise vergißt Leonhard nicht ohne tieferen Sinn „auf den Dialekt und seine anbiedernde tierische Wärme" (DD 1309). Er hat sich endgültig von seiner Klasse und ihrer Sprache getrennt.

Doch dies alles, wie immer brillant formuliert, verwischt nicht, daß die Darstellung historisch falsch ist. Die wegen des Freispruchs der politischen Mörder aufgeregte Menge hat, „ohne die Rasenflächen zu schonen" (DD 1233),[6] zwar einen nicht unbeträchtlichen Sachschaden angerichtet, die Toten des Tages aber gehen mehrheitlich auf das Konto der Polizei, die nur bei Doderer „notgedrungen nunmehr zur Truppe geworden" ist (DD 1277). Der politisch unbedarfte Schriftsteller hat einmal mehr bewiesen, daß er trotz Quellenstudiums seine vorgefaßte Meinung nicht in Frage zu stellen bereit ist. Angesichts der Materialsammlung von Karl Kraus[7] ist unerklärlich, warum Doderer nicht anders gewertet hat. Die ohnehin fragwürdige Formulierung vom ‚Cannae der österreichischen Freiheit' (DD 1328) hat wohl nicht auf die bloße Tatsache abgehoben, daß Menschen demonstrieren. Das wäre sogar für einen Erzkonservativen ein zu starkes Stück. Ob diese demonstrierende Menge am Tod von Menschen schuldig ist, läßt Doderer, man denke an die Frau mit den Milchflaschen, offen („ob nun von einer Pistolen-Kugel der Polizei getroffen oder einem der Geschosse ihrer Gegner, blieb unerfindlich" – DD 1243) , bei Karl Zeitler jedoch ist der Eindruck schon eindeutiger oktroyiert. Auch die gegen Kapitelende – nicht zuvor – beschriebene Verbrüderung zwischen ‚Schutzbund' und Polizei bis zum Bild des roten,

5 Interessante Bemerkungen dazu, insbesondere zu der Überwindung des ‚Verbrechertums' durch die ‚dämonen-bannende Kraft der Hochsprache', bei Kató 1986, insbes. S. 47. Natürlich findet auch die Entwicklung Leonhards vom Arbeiter zum Bibliothekar in der Sprache ihr Korrelat. Dialekt, und zwar das ordinäre breite Wienerisch, spricht die ‚Grammel' (DD 1212). Meisgeier selbst, der oft auftaucht, aber wenig spricht, hat nur einen leichten Dialekt.

6 Es ist zu hoffen, daß diese Formulierung des guten Sektionsrates ihm in ironischer Absicht in den Mund gelegt worden ist.

7 S. hierzu und generell die Anm. 11 zu (→) Dämonen.

weißgefütterten Mantels – die Metapher ist hier wahrlich überanstrengt (DD 1310f.) – und der Wandlung der „militanten Parteitruppe' zu einem „Samariter-Korps" (DD 1311, vgl. DD 1271) ist entweder Naivität oder gewünschte Verhüllung. Der scharfe Gegensatz zwischen ‚Schutzbund' und Menge ist ein künstlicher.

Daß nach den Ereignissen des 15. Juli 1927 ein Dialog zwischen den Parteien nicht mehr möglich war, was langfristig zu den Unruhen von 1934 (auch Ermordung von Dollfuß, Verbot der Sozialdemokratischen Partei) und dem ‚Anschluß' 1938 führte, ließe den Ausdruck ‚Cannae' dann doch als akzeptabel erscheinen, wir sind aber hier auf Vermutungen angewiesen. Nicht akzeptabel ist aber die zu sehr um Ausgeglichenheit und gleichmäßige Schuldverteilung bemühte Darstellung, welche letztendlich doch – Sprache ist verräterisch – weder im Formalen noch im Inhaltlichen diese Ausgeglichenheit hat.

Richtig ist, daß die Demonstrationen ein repressives Verhalten nicht erzeugt, sondern bewiesen haben. Die Polizeiführung hat gezeigt, daß sie für eine autoritäre, wenn nicht gar totalitäre politische Struktur bereitstand. Dies nicht erkannt zu haben ist eine Tragik des Schriftstellers, welche mit der anderen, dem Versagen vor dem verwirklichten Totalitarismus, in eins fällt.

Schriftsteller

„Nichts ist er, garnichts, und man suche nichts hinter ihm. Er ist ein Herr unbestimmten Alters, der einem dann und wann im Treppenhause begegnet." (WD 175[1]) Also ist Doderer an diesem Thema nicht interessiert. Oder doch? Im ‚Repertorium' gibt es 23 Eintragungen, mehr als zu jedem anderen Stichwort.

1 In einer TV-Verfilmung von Thomas Manns Felix-Krull-Roman geht der Dichter selbst, gespielt von niemand anderem als Vico von Bülow, an einer Stelle genau so die Treppe hinab, als hätte der Drehbuchverfasser auf Doderers Definition abgehoben. Daß der Schriftsteller einem so oft im Treppenhaus begegnet, hat natürlich auch damit zu tun, daß er „in unsignifikanter Weise im zweiten oder meistens im fünften Stockwerke wohnt" (TT III 148–4. 8. 1942).

„Erst bricht man Fenster, dann wird man selbst eines." (DE 490) Dies ist die beste zusammenfassende Beschreibung der Situation des Schriftstellers. Der Dichter öffnet dem Leser (→) Fenster zur Welt und wird im Abschluß seines Werkes selbst zu einem, durch das man in diese hinausschaut und sie apperzipiert. Damit ist auch der Zusammenhang zur (→) Apperzeption gegeben, die einen Prozeß darstellt, durch den zunächst der Schriftsteller gehen muß, um einer sein zu können, und durch die dann mit ihm die – aufnahmebereiten und aufmerksamen – (→) Leser gehen. Die Entstehung der Grundlagen des Romanciers nämlich vollzieht sich in drei Akten:

1) Die Wendung zum apperzeptiven Leben
2) Das Sichtbarwerden des deperzeptiven Epizentrums
3) Die Vergesellschaftung dieses Epizentrums ... mit den anderen hinzugewonnenen Objekten (TC V 306–14.12.1961).

„Die Bosheit solcher Leute ist notorisch", heißt es dann in EF 9, mit besonderem Bezug auf den fast schon notorischen Dr. Döblinger als einen der möglichen Prototypen des Schriftstellers. Er mischt überall mit, hört zu, bringt die Menschen zum Reden und ist insgesamt von aufgetümmelter Bosheit. In Wirklichkeit ist der Schriftsteller weniger wie der seltsame Dr. Döblinger, auch nicht wie der apperzeptionsgestörte Sonderling Kajetan von Schlaggenberg, sondern eher enorm fleißig und gründlich, „die lautloseste aller Kirchenmäuse" (TT III 771), ein Arbeiter, kein Lümmler, vielmehr „ein Mensch, der alles zu wissen hat". Und einer, der die Sprache beherrscht. Denn: „Alles kommt aus der Sprache ... Alles geht in die Sprache, beim Schriftsteller." (TT III 366)

Diese aber, Wissen und Schreibenkönnen, sind nur conditiones sine qua non, zum Schriftsteller wird man nur durch Selbst-Apperzeption: „Mein eigentliches Werk besteht, allen Ernstes, nicht aus Prosa oder Vers: sondern in der Erkenntnis meiner Dummheit." (TC IV 64–12.8.1951) Natürlich ist auch dieser Schriftsteller ein Idealtyp.[2] Und wenn auch gemäß Dietrich We-

2 Zu diesem gehört aber nicht die Disziplin; lange vor der Diskussion um die ‚Sekundärtugenden' heißt es im Tagebuch knapp und klar: „In der Disziplin seh' ich keine Idealität, nur eine Krücke." (TT III 569–22.5.1947)

ber[3] „Doderers Romantheorie im wesentlichen eine Typologie des idealisch gedachten Schriftstellers“ ist, so gilt doch für das Produkt eher das Umgekehrte: Nicht der Idealtyp bestimmt die Qualität des Romans, sondern dieser selbst ist der Maßstab, und hinter ihm verschwindet der Verfasser ins dunkle.

Späte Erzählungen

Die Stimmung der späten (in Wirklichkeit *ganz* späten) Erzählungen, die hier als die der letzten sechs Lebensjahre definiert werden, ist eine besondere. Absurd, rätselhaft, trostlos, seltsam schwebend. Sie faszinieren und lassen doch unbefriedigt in ihrer Erratik, Schroffheit, Unabgeschlossenheit, Ungerundetheit. Objektivieren lassen sich solche Eindrücke am ehesten über die Farbenwahl und -häufigkeit, der bei Doderer stets metaphorische Komponenten innewohnen.

Wichtigkeits- und Häufigkeitshypothesen wie in Farben der Romane lassen sich für die Erzählungen jedoch schon aufgrund ihrer Kürze nicht formulieren. Deshalb auch scheinen Farben weniger als Metatext auf. Dennoch ist es möglich, einzelnen Werken Farben zuzuordnen. Auch eine Statistik über die Farben aller Erzählungen ist wenig aussagekräftig. Für die – längeren – Divertimenti soll sie dennoch im Ansatz versucht werden.

In diesen, Frühwerken bis auf Nr. V und Nr. VII, findet sich

- die Dominanz von Weiß: 64 von 189 = 34 % (Romane 27 %)
- die Dominanz von Schwarz / Weiß: 82 von 189 = 43 % (Romane 38 %)
- 1,57 Farbnennungen pro Seite (Romane 0.61)

Die Divertimenti sind also farbiger als die Romane.[1] *Hypothese 1*

Die nach *Weiß* am meisten genannte Farbe ist hier, wie in EF, *Grün*, was von 45 Nennungen 39mal mit Natur zu tun hat (38mal Gras, Bäume, Laub, einmal Wasser). Die anderen Nennungen von

3 Weber 1963, insbes. S. 18 ff., hier S. 19.
1 Der/die farbigste aller Romane/Novellen, LA, war ursprünglich als Divertimento geplant, würde diesen Effekt also noch verstärken.

‚Grün' sind bezogen auf Licht, Dekoration, Kleidung und, im übertragenen Sinne, Abneigung („nicht grün" DE 131). Die Naturnennungen sind stets friedlicher und positiver Natur, in Divertimento IV ist von „grünem Frieden", der „grünen, friedlichen Insel" und dem „grünen, seligen Frieden" die Rede (DE 112, 116, 126). Die Divertimenti sind trotz teilweise weniger friedlichem Inhalt überwiegend durch positive Farbanmutungen gekennzeichnet, Rot zum Beispiel kommt als ‚Ernstfarbe' nicht vor, wenn es denn mal blutet, bestenfalls die Nase (DE 13).[2]

Die Divertimenti haben weniger metaphorische Farbverwendungen als die Romane, was ebenfalls durch ihre relative Kürze begründet ist. *Hypothese 2*

Erzählungen, die zeitlich zwischen Früh- und Spätwerken liegen, haben je individuelle Farbhäufungen oder wenige Farben, ‚Die Lerche' (1946) z.B. hat nur eine Farbnennung, nämlich *Blau*, im Topos von der diesmal „tiefblauen gassenlang gezogenen Himmelsfahne" (DE 306, → Natur). Die durchaus brachialischen Erzählungen ‚Wutanfälle', ‚Kürzestgeschichten', ‚Das Wohl der Familie', ‚Der Peinigl', ‚Untergang einer Hausmeisterfamilie' und ‚Der Oger' (zwischen 1954 und 1958 entstanden) sind extrem farblos, haben *Rot* (Blut), *Weiß* („weißgekachelt") und *Schwarz* („schwarzgekleidet") je einmal, also nur 0,2 Farbnennungen pro Seite. ‚Die Peinigung der Lederbeutelchen' andererseits hat *Rot* sechsmal und *Weiß* einmal.

Bei den späteren Erzählungen haben wir mehrere eindeutig als schwarz zu bezeichnende Werke, schwarz nicht im platten Sinne des schwarzen Humors, sondern schwarz als düster und niedergeschlagen, todesorientiert. Es handelt sich hier vor allem um folgende Stücke: ‚Sonatine I' und ‚Sonatine III' (1961), (→) ‚Trethofen' (1961), ‚Tod einer Dame im Sommer' (1962–63) und ‚Unter schwarzen Sternen' (1961–63), letzteres schon im Titel. Auch die Zählung der Häufigkeiten bestätigt dies deutlich (links im Vergleich vier frühe Erzählungen, ‚Golf von Neapel', ‚Im Irrgarten', ‚Ein sicherer Instinkt' und ‚Die Dogge Wanda', alle von 1932). Diese wurden gewählt, da sie im Umfang eher vergleichbar sind als die Divertimenti.

2 Es gibt jedoch (→) Ernstfarben in der Erzählung ‚Das letzte Abenteuer'.

	Vier frühe Erzählungen	Vier späte Erzählungen
Weiß	4 = 19 %	6 = 24 %
Schwarz	1 = 5 %	11 = 44 %
Andere Farben	16 = 76 %	8 = 32 %

Diese Zahlen sind deutlich. Der Anteil schwarz/weiß zu bunt dreht sich fast um von 24 % / 76 % auf 68 % / 32 %!

Mit dem Näherkommen seines Lebensendes entwickelt Doderer gerade in den hier genannten Kurzprosastücken eine ausschließliche Beschäftigung mit menschlichen Defiziten, der Blick auf Natur, Erotik, Farbe, Buntheit des Lebens, auch auf die Farben von Haaren, Kleidern, Möbeln ist verstellt. Zwar kommen noch Himmel und Bäume vor, aber sie werden nicht mehr ‚blau' und ‚grün' genannt. Es ist seltsam, daß dieses Phänomen in den Romanen der Zeit (DM, DW, DG) nicht zu beobachten ist. Eine Erklärung könnte darin liegen, daß die Erzählungen in ihrer Kürze eher einen ungeschminkten Blick auf die Gefühlswelt des Verfassers erlauben, während die Romane in Länge und Technik Disziplin und Beherrschung verlangen. Doderer konnte sich bei den Erzählungen auch stärker von momentanen Empfindungen leiten lassen und diese unmittelbarer umsetzen als bei den inhaltlich wie formal langfristig geplanten und konzipierten Romanen. Die Erzählungen sind daher deutlich düsterer und angsterfüllter, todesorientierter und weniger bunt.

Wenn wir die anderen späten Erzählungen noch hinzunehmen, nämlich ‚Das vergrabene Pfund', ‚Die Schwarzkunst', ‚Umzug in's Villenviertel', ‚Bett und Bart', ‚Tanz im ‚Café Kratzki' oder ‚Die Fülle der Halbstarken' sowie ‚Erzählung', bei den frühen die Divertimenti I-IV und VI,[3] ergibt sich folgendes Bild:

	Neun frühe Erzählungen	Zehn späte Erzählungen
Weiß	65 = 39 %	8 = 22 %
Schwarz	16 = 9 %	17 = 46 %
Andere Farben	87 = 52 %	12 = 32 %

Die Summe aller ‚späten' Erzählungen ergibt damit den gleichen *Schwarz/Weiß*-Anteil wie den der vier zunächst unter-

3 Es ist dies aus einer umfangreicheren, noch unpublizierten Untersuchung gekürzt entnommen, dort sind alle Einzelzahlen belegt.

suchten, nämlich 68 %. Aber *Schwarz* kommt hier öfter vor als *Weiß*.

Dabei ist das dreimal vorkommende ‚Grün' von ‚Umzug' nur auf den ersten Blick das von Natur, beim schärferen Hinsehen eher das einer getäuschten, letzten Hoffnung.

Auch die zuletzt untersuchten späten Werke haben den Blick von früheren Themen wie Natur und Erotik abgewandt, sind jedoch insgesamt nicht so endgültig deprimiert und voller Selbstkritik,[4] Todessehnsucht, so schwarz wie ‚Trethofen', ‚Unter schwarzen Sternen' und ‚Tod einer Dame im Sommer'. In den Erzählungen gibt es also eine statistisch signifikante Entwicklung von bunt zu schwarz-weiß, und hierunter wieder am stärksten zu *Schwarz*, die nicht mit den Inhalten, sondern mit Alter und Stimmung des Dichters zusammenhängt.[5] *Hypothese 3*

Die Themen sind es nicht, welche das Bunte ins Untergewicht kommen lassen. Der „hohe Sommer" setzt eben keine „blauen Himmelsfahnen" mehr (DE 450), der „Botanische Garten" (DE 452) ist eben nur metaphorisch ‚grün', auch in ‚Bett' fehlen die Farbadjektive. Eindeutig haben die späten Erzählungen ein Übergewicht von *Schwarz* und *Weiß*, sind sogar, einzigartig unter allen Romanen und allen anderen Erzählungen, schwarz dominiert. So endet auch ‚Tod' mit „schwarzen Vögeln".

All diesen ‚schwarz-weißen' oder eben gar ‚schwarzen' Erzählungen ist jedoch weiterhin im Gegensatz zu den späten Ro-

4 Für den politischen Aspekt s. → Trethofen.

5 Von einer durchgehenden Analyse der Tagebücher in diesem Zusammenhang wurde abgesehen. Es ist jedoch nicht uninteressant, daß eine stichpunktartige Zählung in TC V folgendes ergibt: erste zwanzig Seiten (1954–1956, Beendigung von DD): 12 Farbnennungen, davon die Mehrzahl ‚grün'; letzte zwanzig Seiten (1966, Arbeit an DG): 1 Farbnennung (‚grün').
Es ist auch zu vermerken, daß Doderer in allen Tagebüchern ständig Farben nennt und daß diese Zählung um drei Zitate aus dem Werk bereinigt ist. Es hätte zudem auf den letzten zwanzig Seiten nicht an Anlässen zur Farbnennung gefehlt. Die Tendenz ist also identisch.
Insgesamt ist ‚Grün' die meistgenannte Farbe in TC IV und die weit überwiegende Farbe (Erinnerung!) in TC V. Hier findet sich mehr ‚Grün' als alle anderen Farben zusammen!

manen und allen anderen Erzählungen außer ‚Der Oger' (1958), ‚Eine Person aus Porzellan' (1935) und ‚Peinigung der Lederbeutelchen' (1932) eigen, daß sie über alle Maßen rätselhaft sind und aus dem Gesamtwerk Doderers hervorragen wie spitze Steine.

Auch wenn sie im einzelnen interpretierbar sein mögen, strömen sie doch insgesamt etwas Unnachvollziehbares aus, etwas ungemein Kaltes, Undurchdringliches, Unnatürliches, Unkohärentes. Sie erschrecken den Leser auch beim wiederholten Lesen. Es ist seltsam, wenn man von

- einem verprügelten „Maler oder Maurer" liest (Sonatine I),
- einem fünfzehnjährigen Tantenvoyeur und Petardenzünder (Sonatine III),[6]
- den sich gegenseitig tretenden Dörflern und dem seufzenden Wirt (Trethofen),
- einem unmäßig fressenden Paare (Das vergrabene Pfund),[7]
- mit ‚Redner-Armen' spielenden Kindern (Die Schwarzkunst),
- lärmbedingter Quelläugigkeit (Umzug ins Villenviertel),
- Zusammenhang zwischen Bart und Potenz (Bett und Bart),
- Kellnerverprügelung (Tanz im ‚Café Kratzki' oder Die Fülle der Halbstarken),
- oder gar den beiden Gringos nackt auf dem Kaminsims (Unter schwarzen Sternen).

Über die Absurdität hinaus, die sie mit den oben genannten drei Erzählungen und teilweise auch (aber nur in der Skurrilität, nicht in der Rätselhaftigkeit) mit dem aus der gleichen Schaf-

6 Wichtig in diesem Zusammenhang die Anmerkungen Dietrich Webers (1987, S. 105) über die musikalische Begründung dieser drei Sätze, die auch die sprachliche Form beeinflußt hat. Vgl. dazu auch Treml, bes. S. 122 ff.

7 Lt. mündlicher Mitteilung von Dietrich Weber die Verarbeitung einer bayerischen Anekdote aus dem Erfahrungsschatz von Frau Maria Doderer. Der Begriff kommt schon früher vor, ebenfalls auf eine unterdrückte Musikbegabung bezogen, nämlich Etelka Stangelers. DS 147: „Jedes vergrabene Pfund entsendet einmal eine kleine Pestilenz an die Oberfläche der Seele, ebenso wie diese Oberfläche blind und undurchsichtig wird, wenn man dort die Pfunde über Gebühr auswalzt und ausmünzt."

fensperiode stammenden Roman DM teilen, sind sie aber auch von einer ganz speziellen Trost- und Hoffnungslosigkeit.

Teile der späten Erzählungen sind nicht nur von Alter und Angst geprägt, sondern dienen auch der Abrechnung mit dem Verhalten des Dichters im Nationalsozialismus. Dies gilt besonders für (→) ‚Trethofen' und ‚Unter schwarzen Sternen'.

Beides mindert weder noch erhöht es die Qualität. Wenn wir diese Erzählungen wie Kurzgeschichten definieren mit den Kriterien der

- Knappheit
- Abwesenheit von Reflexion
- Verzicht auf Anfang und Ende,

dann zeigt sich, wie perfekt sie formal gearbeitet sind. Ein Beginn wie „Der Apotheker Fellerer im altehrwürdigen bayrischen Freising war ein Redner; und davon geht hier alles aus." (DE 334) ist ebenso lapidar wie poetisch und prägnant. Und wer kann unbeeindruckt sein von einer Erzählung namens ‚Erzählung',[8] in der das Nichts und die Dummheit aufscheinen, Ängste und Versagen, Nichtwissen und doch Tapferkeit.

„Ohne daß es irgend wäre im voraus zu vermuten oder auch nur zu ahnen gewesen, urplötzlich, Knall und Fall, und, nicht genug an dem, zur allerfrühesten Morgenstunde, voll Hohn, Haß und Bitternis –

Ja, was denn nun eigentlich?!!

Ja – das weiß ich nicht."

Diese Geschichte teilt mit den hier erwähnten wie überhaupt mit großen Teilen von DE das Schicksal nicht genügender Beachtung. Ich fand nur zwei Erwähnungen, nämlich den Hinweis von Loew-Cadonna[9] auf diesen „plotlosen" Text, der „seine experiment-ähnliche Sonderstellung dem Umstand" verdankt, „daß er laut eine Begebenheit ankündigt, ohne sie dann zu artikulieren: noch in ihrem Fehlen zeigt sich eine (mögliche) Story". Ferner beschäftigt sich Schmidt-Dengler[10] mit dieser Erzählung

8 Mit 42 Wörtern /208 Zeichen doch nur Doderers zweitkürzeste Erzählung, nach ‚Das Frühstück'. Aber diese ist nur ein humorvolles Wortspiel.
9 1991, S. 91f.
10 1995 (1), S. 160.

und kommt zu dem Schluß, daß diesem „Kabinettstück ... im besonderen ... die Suspendierung jeglichen Kausalzusammenhanges eigen (ist), der Verzicht, aus allem einen Grund abzuleiten". Wenn so Loew-Cadonna das Hauptgewicht auf ein intelligentes Spiel mit dem fehlenden Plot und Schmidt-Dengler auf ein intelligentes Spiel mit fehlender Kausalität legt, dann sehe ich in dem Stück vor allem nackte Verzweiflung über die Unmöglichkeit von Schreiben und von Lesen. Aber auch etwas anderes und Wichtigeres: Hier hat jemand die Summe seiner Erfahrung und seiner Frustrationen in einer Nußschale zusammengefaßt.

Stille

Stille gehört wie (→) Kühle zu den Bedingungen eines Glücksgefühls.[1]

Monica Bachler empfindet dabei tiefstes Glück. „Zeitweise reichte ihre wachsende Stille und Sammlung schon an jene der Gewächse heran, die in Töpfen und Kübeln auf dem gepflasterten Hofe des Pförtnerhauses in einer Wasserlache standen, welche, so klein sie war, vermochte, den Himmel zu spiegeln." (DW 312) In der Berufung des Himmels und des Wassers ist das Glücksgefühl auch metaphorisch deutlich zu spüren.

Der Begriff hat eine Eintragung im ‚Repertorium' („umgreifende Stille ... zwischen allen Geräusch-Kontinenten, die in Wahrheit nur Inseln sind"), aber auch und ebenso definitorisch bedeutsam ihr Gegenteil, der Lärm, an den „der Großstädter gewöhnt wie der Fischer an's Brandungsgeräusch des Meeres" sei (REP 235, 144).

Im Sommer, der Glückszeit Doderers in Wien wie in den Bergen,[2] ist auch die Stille am größten oder gar nur dann vor-

1 Hierauf hat Sommer 1994, S. 98, als erster verwiesen.

2 In allen Romanen und vielen Kurzgeschichten ist es zu spüren, wie wichtig der Sommer für die Erzeugung eines Glücksgefühles bei den Protagonisten ist. Stets dann aber liegt die Verbindung zu Kühle (Kampfer!) einer- und Stille andererseits offen zutage. Besonders deutlich spürt man dies in DS. Vgl. das Stichwort (→) Jahreszeiten.

handen. DS ist von der Stille[3] wie von der (→) Chronologie her der Roman des Sommers. Teil 2 und Teil 3 spielen ausschließlich im Sommer (1911 und 1925), die Teile 1 und 4 weitgehend, mit Marys Unfall, auf den alles zuläuft, als dem Tag des Herbstbeginns.

„Eine solche große Stadt in ihrem vielen Lärm und Lichte ist zu beneiden um die duftigen, gepflegten, geheimen Hohlräume, welche sie enthält, wie verborgene ... Kammern ihrer Seele. Und die *stille Kühle* in den Stiegenhäusern. Man kann sagen, man betrat sie nicht einfach von der Straße: man schied vielmehr von der Straße ab" (DS 122, noch Mai, aber schon „heißer Himmel") – „... in der gelassenen Stille bei summendem Sommer überall in den Lüften ... Durch die stille Gasse unten kommend, hörte man jetzt den Brunnen rauschen ... Die Stadt im Hochsommer." (DS 173) Hier ist Sehnsucht und Konzentration, denn „der hohe Sommer in der Stadt ist des Schriftstellers Zeit" (DE-Tod einer Dame 450).

Und er ist ebenso eine Zeit der Erinnerung für Doderer, wie die Stille voller Bilder der Erinnerung ist. Stille ist – wie Kühle – Erinnerung ans Glück oder an glückliche Momente, Streiflicht auf Kindheit und Jugend.

So ist aber auch ‚Stille' wie ‚Kühle' fast nur antithetisch vorhanden. Nicht die Kühle des Herbstes oder die Stille des Waldes ist es, um die es geht, sondern die Kühle im Sommer und die Stille im Lärm.

Stille ist darüber hinaus verbunden mit der Erreichung von Apperzeption und damit Teil des Prozesses der Menschwerdung. Das Divertimento No. VII beschäftigt sich mit der Erkenntnis und Überwindung der Dummheit beim Ich-Erzähler. Dabei geht es von Lautstärke (Posaunen) zu Stille. Unter Bezug auf diese Lautstärkenvariation hat Wendelin Schmidt-Dengler[4] die Bedeutung von Lärm und Stille bei Doderer und deren planmäßige metatextuelle Verarbeitung untersucht. Das Ergebnis zeigt wieder einmal die Genauigkeit der Planung bei Doderer und einmal mehr, wie genau man ihn lesen muß.

3 97 Nennungen, 44 für ‚Kühle'! Bei DD sind es 123 und 75.
4 1997 (2).

In DD entsprechen Lärm und politische Situation im Kapitel ‚Das Feuer' sich direkt, in vielen Kurzgeschichten und DM, dort, wo die Wut (und/oder Aggression) am tiefsten ist, ist der Lärm am größten. Hervorzuheben sind hier

- Acht Wutanfälle
- Das Wohl der Familie
- Untergang einer Hausmeisterfamilie zu Wien im Jahre 1857
- Trethofen
- Tanz im ‚Café Kratzki' oder Die Fülle der Halbstarken
- Erzählung.

Sonatine I jedoch ist trotz reichlicher Aggression eine stille Erzählung, worauf Reinhold Treml hingewiesen hat.[5] Daß Aggression und Stille in Momenten auch kommensurabel sind, zeigt ein Abschnitt des Romans von Wut und Lärm: „Die Stille wurde nach allem groß ... Statt Orgelklang Abendsonne. Auch diese schien gleichsam sonor, bei aller Lautlosigkeit, die nur von leichtem Rascheln unterbrochen ward, wenn Childerich III. ein Blatt in seinem Folianten wandte." (DM 337)

„Nur die Stille ist groß, der Rest ist Schwäche", zitiert Doderer Alfred de Vigny (TT III 66 1, aber auch schon T II 960). Einem solchen Konzept der Stille entsprechend ist das Divertimento VI entstanden, ca. 1926, welches nach meiner Überzeugung das zarteste und poetischste Divertimento und ein exzellentes Beispiel dafür ist, wie klar Doderers Prosa schon früh ist. Diese Erzählung handelt von Blindheit und Sehendwerden, aber auch von Geräuschen und Stille, nicht zuletzt von Erinnerung an die – blinde – Kindheit. Dabei gelingt Doderer eine Abbildung der Stille im Formalen, ein Schweben der Sprache, das dem Schwebenden, Tastenden der Aufnahme von Geräuschen durch Viktoria entspricht.

„Viktoria lauschte. Wie wuchs ihr Herzschlag, jetzt stampfte er schon in den Ohren, trat fast als Geräusch nach außen ... Sie lauschte zurück in ihre Kinderwelt, die Klänge geboren hatte, ohn' Unterbruch ... Sie lauschte zurück in diese verlorene Heimat während ihr Gesicht ganz plötzlich von einer Tränenwelle heiß wurde." (DE 152)

5 Diese Untersuchung ist extrem wichtig für das Verständnis des Erzählers Doderer. S. auch (→) Späte Erzählungen.

Die Schlüsselstelle „Viktoria lauschte. Nie ruht Geräusch in der Stille, flüsternde Stimmen sprechen sie erst recht aus. Sei es schon völlig still: der Weltkörper selbst scheint ein leises Summen tief unter alles zu legen, welches nun erst in's Gehör tritt" (DE 145), bezogen auf das blinde Kind, kehrt bei der dreiundzwanzigjährigen sehenden Frau leicht variiert wieder: „Viktoria lauschte. Nie ruht Geräusch in der Stille. Sei es schon völlig still: der Weltkörper selbst scheint ein leises Summen tief unter alles zu legen, welches nun aus der Stille ins Gehör tritt." Die Variation bezeichnet den Unterschied: Niemand flüstert mehr, um sie zu schonen. Aber sie besagt auch die Bedeutung der Stille für ein poetisches Konzept. Darum auch spricht Doderer zweimal von „reiner" Stille.

Diese war Viktorias Erleben und des Dichters Traum.

Strudlhofstiege

Es handelt sich bei der titelgebenden Treppenanlage um ein architektonisches Kunstwerk von außerordentlicher Klarheit und Ruhe. „Die Strudlhofstiege ist ein humanistisches, ein dichterisches Werk." (WD-Ouvertüre 267)[1] Die Strudlhofstiege, im Zentrum von DS, ist auch quantitativ (mit beinahe 500 Erwähnungen) ein Zentrum des Romans, für den sie doch inhaltlich kaum etwas, aber im Kontext (→) Natur, (→) Aura und (→) Erinnerung, ebenso aber als Ort der Erkenntnis, ein Leitmotiv darstellt.

Daß der Skandal am 23. August 1911 auf ihr stattfindet, gibt dem Buch nicht seinen Namen. Sondern die besondere Aura dieses rund 25 m Höhendifferenz überwindenden funktionalen Wunderwerks, das Vergangenheit und Gegenwart magisch in eins fließen läßt, ist sein Thema. Diese erzeugt den genius loci (auch als der „entschleierte", DS 490, die „Göttin" DS 769), von

1 In diesem Essay von 1962 (WD 263 ff.) finden sich umfassende Erläuterungen zur tatsächlichen Historie der Stiege. Weniger gründlich erklärt Stangeler sie Melzer, DS 490 ff. Die besten Abbildungen, davon einmal mit dem Dichter und einmal im Winter, auf dem Umschlag von BEGEGNUNG.

dem Doderer so gerne spricht und aus dem sie geboren ist.[2] „Ich habe hier etwas schon lange Geahntes gefunden, es ist großartig“, sagt René Stangeler nach dem Auftritt auf der Stiege zu Asta (DS 293).

Mary K., die einzige Hauptfigur von DS *und* DD neben eben Stangeler, wurde auf der im gleichen Jahr eröffneten – dem Planer Johann Theodor Jäger ist DS gewidmet – Stiege an einem „warmen Herbstabend“ des Jahres 1910 vom jungen Ehemann geküßt. Dies wird am Rande erwähnt (DS 57), Mary geht im Gegensatz zu den meisten anderen Protagonisten im Roman nicht (mehr) über die Treppe, aber die Verbindung ist geschaffen. Diese auf Mary bezogene Geschichte ist Teil des fatologischen Gewebes, welches auch die ‚Tiefe der Jahre‘ als weiten Rückgriff auf die Vergangenheit bedeutet.

Die Aura[3] aber hat neben allgemeiner Geschichte und persönlicher Erinnerung auch mit der perfekten Harmonie von Architektur und Natur zu tun. „Denn die Strudlhofstiege brachte es zu jener Zeit noch manchmal fertig, mitten im städtischen Verkehre völlig verlassen zwischen Sonnenkringeln und Blätterschatten zu liegen, jetzt schon zunehmend im Schatten, während das Erglühen der Abendpforte vom Ende der Gasse oben sonor durchbrach.“ (DS 500) Die Stiege hat ihre Aura für den vornamenlosen Protagonisten des Romans in gleicher Weise wie für das Alter ego René: „So hatte sich Melzer damals gesehen ... auf dem Absatz der Strudlhofstiege, zwischen grün-

2 S. besonders DS 355 und 490 sowie Weber 1963, S. 108. Hier – bis S. 123 – findet sich die erste und heute noch grundsätzlichste Auseinandersetzung mit ihrer tiefen metaphorischen und philosophischen Bedeutung. Weber bezeichnet sie auch als „Inkarnation des Umweges“ und damit als „Symbol und Prinzip des Lebens“ (S. 109 und S. 120), ohne hierbei auf die Erzählung gleichen Namens hinzuweisen, ‚Ein Umweg‘. Aber auch in dieser erfüllt sich – wie in DS so viele (Marys Unfall, Melzers Menschwerdung) – ein solches Schicksal eben langfristig, aber nicht weniger unausweichlich.

3 Umfassend ausgeführt von Dietz, S. 72ff. ‚Aura‘ ist ein Begriff, der gerade in der Topographie Doderers eine bedeutende Rolle spielt, → Topographie der Wiener Romane. Zu der speziellen Aura hier gehört auch, daß Stangeler die Treppenanlage wie „eine der Bühnen des Lebens“ erscheint, „durchaus opernhaft“ (DS 129). TT III 768 spricht von der Stiege als „aufsteigende Erinnerung“.

lichen Blätterschatten und allmählich schräger und sanfter einfallenden Sonnenstrahlen, denn es ging schon auf dreiviertelfünf." (DS 294) Melzer geht nicht nur ständig über die Stiege, zuletzt noch eine gute Stunde vor Marys Unfall und in Richtung auf den Althanplatz, sondern kommt „immer" von der Stiege (DS 764), so eng ist er ihr verbunden.

Sie ist, wie alles, Autobiographie. „Neu heraufgetaucht aus den Wassern der Zeit ..." (WD 263) heißt nicht nur aus denen der Geschichte, sondern aus denen Doderers. Sie ist in ihm seit 1916. Und verläßt ihn nicht bis zum Abschluß der Arbeit an seinem Roman. Dann aber endgültig: Sie hört, seltsamer und unerklärter Weise, auf zu existieren, ist in DD nicht mehr existent oder nur, unerwähnt, im Hintergrund des Bewußtseins von Protagonisten und Lesern. So ist sie auch für René Metapher der Erinnerung. Nur so kann er sagen: „Eine Brücke zwischen zwei Reichen. Es ist, als stiege man durch einen verborgenen Eingang in die schattige Unterwelt des Vergangenen." (DS 285)

Natürlich enthält sie auch in reichem Maße Metaphorik, sie ist sowohl für Melzer wichtig auf dem Wege zur Menschwerdung als auch für René Stangeler Hilfe beim Prozeß der laufenden Selbsterkenntnis. Viele der Gespräche gerade zwischen Melzer und Stangeler finden auf der Strudlhofstiege statt. Dabei wird insgesamt wesentlich von oben gesehen („... wie sich diese Stiegen hinabsenkten – DS 325) und mehr ab- als aufgestiegen,[4] aber das mindert nicht den metaphorischen Charakter des in der Treppe gefangenen Aufstiegs zu einer anderen Apperzeption, zur ersten Wirklichkeit.

„Langsam ging Melzer hinauf, durch die Schichten gleichsam emportauchend, als stiege er vom Grunde, nicht also wie hinabtauchend in die Tiefe der Zeit." (DS 355) So eignen dem Aufwie dem Abstieg je verschiedene Metabedeutungen. An einer zentralen Stelle, in der Stiege, die Freundschaft Melzer – René,

4 S. z.B. DS 275, 285, 473, 663, 764. In der berühmten Szene jedoch, als einziger im Werk, überschneiden sich Auf- und Abgang. René, Paula und Pista nähern sich von unten (DS 288), Asta und Melzer von oben (DS 290), Ingrid und Semski stehen in der Mitte, der alte Schmeller steht oben (DS 291). Es ist ein Stück Theater und die Stiege die perfekte Bühne. Auch dies mag den Hintergrund für Renés Bemerkung vom ‚lang Geahnten, Großartigen' bilden.

Natur, Einsamkeit und Stille zusammenwirken (DS 694f.), kommt es zu dem seltenen Ereignis, daß beide zusammen die Stiege nach oben beschreiten, wo sie sich verabschieden und Melzer René nachsieht, der davongeht, „einen Mondstreifen kreuzend". „Dann wandte sich Melzer zur Stiege und tauchte hinab, Rampe nach Rampe, und fühlte jetzt erst, allein, auf halber Höhe haltend, den Hauch des Grüns in der Nacht, als hätte dieser Duft vollkommener Stille und Einsamkeit bedurft, um hervorzutreten." So „wird sie zu einem Symbol für die Kunst und mithin auch für ein Leben, das sich nicht von bloßen Zwecken leiten läßt".[5]

Zur Aura von Licht und Schatten gehört auch der „erdige" Geruch (DS 129); zur Gänze ist sie in dem DS vorangestellten Gedicht (zuerst in TT III 270) eingefangen:

„Wenn die Blätter auf den Stufen liegen
herbstlich atmet aus den alten Stiegen
was vor Zeiten über sie gegangen.
Mond darin sich zweie dicht umfangen
hielten, leichte Schuh und schwere Tritte,
die bemooste Vase in der Mitte
überdauert Jahre zwischen Kriegen.

Viel ist hingesunken uns zur Trauer
und das Schönste zeigt die kleinste Dauer."

Tabak

Bei Doderer, selbst starker Konsument vor allem von Zigaretten – die Pfeife hatte mehr dekorativen Charakter –, wird nicht nur schwer gezecht, sondern auch viel geraucht:

- Zigarren („Ich bediente mich gern. In kindischer Weise – ich weiß es noch heute genau! – erschienen mir bei einer derartigen Besprechung Zigarren als passender" – DD 1165). Es sagt dies Geyrenhoff, der auch sonst gerne Zigarren raucht.
- Zigaretten („Der rundliche Duft dieser Papyrossen mit dem langen Mundstück hatte irgendeine Beziehung zum Juchten-

5 Schmidt-Dengler 1995 (2), S. 8.

leder der elegant geschnittenen Stiefel, welche der Stabsarzt trug." – DG 56)

- Pfeife („... unvermeidlicher Capstan bei Grabmeyer" – DS 237)

Capstan raucht auch Robert Clayton auf der Hochzeitsreise 1877 (DW 7), und als er genau fünfundzwanzig Jahre später im Haus seiner verstorbenen Frau im „kleinen braunen Kabinette ihres Oheims" sitzt – „Man saß hier wie im Innern einer Cigarrenkiste" –, raucht er immer noch „in Ruhe eine Pfeife" (DW 148).[1]

Dieser Capstan erinnert an England und noch weitere Fernen: „‚Na, jetzt bist complett, Tschentlemann' sagte die Wirtin, als die blauen Wolken des Capstan über dem Tische schwebten. Der Magistratsrat schnupperte angenehm berührt. ‚Das riecht nach weit weg', sagte er, ‚nach Übersee.' Es waren die einzigen Worte, welche der alte Herr während der ganzen Zeit sprach." (DW 295)

Natürlich raucht auch sein – so ganz anders geratener – Sohn Donald Pfeife. Doch er läßt die gerade Pfeife nicht wie sein Vater „ganz steil vom Mund hängen" (DW 149, vgl. auch DW 59), sondern er „hielt die Pfeife zwischen den Zähnen, so daß sie fast waagerecht hervorstand (nicht wie bei seinem Vater – es gab einige solcher Unterschiede, aber eben nur kleine)" (DW 187).[2] Später wird er, als seine sprachlose Traurigkeit um den Verlust Monicas, der er zu oft wortlos und lächelnd, die Pfeife in der Hand, gegenübersaß (DW 206, 221, 223, 227), ihn immer näher an den Tod heranführt, vier Pfeifen statt der benutzten Streichhölzer wegschmeißen („Die vierte Pfeife war futsch" DW 374), auch dies wieder metaphorisch und eine Trennung vom Leben.[3]

1 Doderer hat den sprachlichen Kontrast, fast Widerspruch, daß man in einer Zigarrenkiste Pfeife raucht, sicherlich genossen. Es erinnert ein bißchen an die Holmes-Saga, in der die Zigarren in der Kohlenschütte lagern statt in der Kiste. Doderer hat Doyle ja gut gekannt und zitiert (→ Einflüsse).

2 Natürlich ist das nur wieder Irreführung des Lesers. Der Roman behandelt auch die Zerstörung des schwachen Sohnes durch den starken Vater (→ Liebe und Ehe). Auch die Pfeife verweist darauf metaphorisch. Insgesamt kommt der Begriff 26mal in DW vor.

3 Doderer starb an Darmkrebs, rauchte aber bis zuletzt.

Die Pfeife, welche Donald beim Auslaufen aus dem Beiruter Hafen „im Bogen von der Reeling" wirft (DW 325), wobei die Augen der Kruhlow „durch eine Sekunde den Ausdruck von jenen eines scheuenden Pferdes" zeigten – das sind so metatextuelle Interpolationen, wie Doderer sie liebte, denn natürlich verweist es auf ein böses Ende –, ist laut TC V 256 eine „Peterson", „und einen silbernen Ring hatte sie auch". Diese Stelle ist eine von manchen, die blitzartig die Durchdringung von Werk und Tagebuch erhellen. Letzteres ist weder Abfall noch Vorübung, es ist die Fortsetzung des Romans, die Detaillierung, die Fußnote, und umgekehrt. Ein Plan, dieses Detail ins Werk zu heben, hat wohl nie bestanden. Aber es mußte gesagt werden, und sei es nur für den Dichter selbst.[4]

Julius Zihal raucht natürlich Zigarren. „Zihal war Junggeselle. Man sah und hörte von ihm nicht viel. Er rauchte Virginier ..." (DS 216) ‚Natürlich' vom Typus her, die Zigarre ist wesentlich zihalistischer als die Zigarette oder gar die Pfeife (man denke an den Gegensatz von Intellektualiät und Zihalismus!). Die Alliteration spielt hier wie überhaupt im Werk keine wesentliche Rolle, auch wenn die Aufwärterin des Amtsrates eine Frau Zajicek ist.

Auch „die Pastré-Kinder hatten's nun einmal mit dem Tabak" (DS 602, vgl. DS 639). Und mit ihnen die Männer in ihrem Leben; fast hätte der Tabakschmuggel, ein (→) MacGuffin, den Editha aus Liebe zu einem von ihnen, der später ihr Ehemann werden sollte, anleierte, auch Melzer, der den Tschibuk vorzog, in Schwierigkeiten gebracht. Doch Theas wache Verwandtschaft wußte es zu verhindern.

Ein ungewöhnliches Epizentrum in der Tat!

4 Das Ineinanderlaufen von Tagebuch und Werk ist ein Dodererscches Spezialphänomen. Die Lektüre beider nebeneinander zeigt dies kontinuierlich. Doderer selbst betont dies oft, vgl. TT III 102, hier spricht er vom „Hineinverschwinden" des Romans ins Tagebuch, aber auch von der „Aussonderung des neuen Gebildes". Das Tagebuch erzeugt die Prosa, stößt sie aus, aber saugt sie auch auf. Vgl. ferner Einleitung. Auf eine Ähnlichkeit zu Kafka in dieser Hinsicht verweist Fischer, S. 44.

Tennis

ist ein für Doderer, den Schriftsteller, wichtiger Sport. Er selbst hat ihn in der Jugend ausgeübt[1], seine wirkliche Sportleidenschaft jedoch, das Bogenschießen, scheint in der Prosa hauptsächlich allegorisch auf. Nur einmal nimmt René, der übrigens nie versucht hatte, „das Tennis zu erlernen (DS 180), „Bogen und Köcher ... vom Haken" (DS 439). Aber in allen Teilen der Wiener Trilogie sowie in EM wird Tennis gespielt und spielt Tennis ein Rolle.[2]

DW: Es gibt einen Tennisplatz in der Villa in der Prinzenallee, „welchen Bob Clayton hatte anlegen lassen" (DW 141). Es war dies natürlich ein Rasenplatz, welchem bei feuchtem Wetter die ‚Fangnetze' abgenommen wurden (DW 240), der jedoch sonst unbedeckt blieb. Robert Clayton lädt die jungen Leute vom Metternich-Club zum Tennisspielen mit Donald als Schiedsrichter ein (DW 224), aber dazu kommt es nicht. Er wird selbst diese Rolle mit großem Vergnügen – er thront eben zu Recht über dem Geschehen – übernehmen und in Abwesenheit des nach England geschickten Sohnes dessen ‚Verlobte' Monica Bachler verführen (DW 276). Dieses, Donald mitgeteilt (DW 284), führt zu dessen erstem Straucheln, auf das zweite und tödliche vorausweisend. Als er auf seine Reise geht, werden diese Tennispartien mit vergrößerter Selbstverständlichkeit fortgeführt.

„Die Tennispartien der Gymnasiasten im Park der Villa nahmen allmählich eine andere Struktur an. Man saß beim Tee um Robert und Monica herum wie um den Hausherrn und die Hausfrau." (DW 307) Es ist so, als ob Monica hier schon wohnte. „Die Tennisbälle erzeugten auf den gespannten Seiten der Rackets einen runden, vollen, kräftigen Ton. Jetzt hörte sie Robert als Schiedsrichter den Stand des Spiels ansagen: ‚Thirty all.'" (DW 312) Doderer fügt genau hier die Überleitung zu der metaphorischen Bedeutung des Spiels an, die in diesem Roman

1 Auch dies eine Parallele zu Nabokov, nur daß dieser es auch im Alter noch perfekt beherrschte. So auch Humbert Humbert, sonst nun gerade keine Spiegelung des Autors, also auch so ein partielles AE.

2 Tischtennis nur einmal, dafür spielt es eine wichtige Rolle in DD, → Tischtennistee.

mit Donalds Untergang ursächlich zusammenhängt; denn so wie er es nicht geschafft hat, als Schiedsrichter zu fungieren, hat er es nicht geschafft, mit der dazu bereiten Monica zu schlafen. In beiden Fällen übernimmt der Vater seinen Platz, das letztere endet in Donalds Tod. „Aber so stand nicht das eigentliche Spiel, welches unsre Teilnahme hat, nicht gleich und gleich; es stand überhaupt nicht, es fiel. Die Entscheidung war ja gefallen." (DW 312 nach „Thirty all")

Sogar erotisch bringt das Tennisspiel etwas für den Voyeur Doderer: „... weil er {sc. László} sich der hübschen Gaudinger widmen wollte, die oftmals seine Tennispartnerin zu sein pflegte. Am Platze fiel Nicolette insofern auf, als sie ihre weißen Röcke (für die Begriffe von damals) sehr kurz trug. Warf sie das Bein, dann konnte man es oft bis über's Knie hinauf sehen, László wartete schon immer darauf, ja er versuchte sogar das durch entsprechendes Placieren der Bälle zu erreichen." (DW 351)[3] Schlußendlich ist der Tennisplatz für Zdenko sogar etwas wie die Madelaine[4] für Marcel Proust, das Symbol verlorener Zeit: „Es gab den Tennisplatz so wenig mehr wie Frau Henriette und den M. C. und die kleine Vase mit der Nelke." (DW 383)

DS: Der zweite Teil der Wiener Trilogie hat dann zwei Erwähnungen eines Tennismatches, die beide erstaunlich eng neben zentralen Ereignissen stehen.

Nach der ersten Szene auf dem Althanplatz, die schon in ihrer Formulierung deutlich auf das Unglück verweist, welches

3 Diese Formulierung ist nicht so einfach nachzuvollziehen. Das Bein wird weder beim Volley noch beim Overhead-Smash „geworfen", sondern nur bei Suzanne Lenglen. László muß ein sehr guter Tennisspieler gewesen sein.

4 Es ist hier an der Zeit, auf eine vorbildliche Arbeit im Sinne der vorliegenden hinzuweisen: Ulrike Sprenger, Proust ABC, Leipzig 1997; zum Stichwort ‚Madeleine' S. 141 ff. (mit Photo der ansehnlichen Autorin beim Selbstversuch). Ebenso erwähnenswert ist: A. Nicholas Fargnoli und Michael Patrick Gillespie, James Joyce A to Z, London 1995. Es gibt durchaus gemeinsame Stichworte, z. B. ‚alcohol and drinking', ‚art', ‚literary influences', ‚music' und ‚sex and sexuality'. Andere wesentliche Arbeiten sind vor allem Rolf Vollmann, Shakespeares Arche, Nördlingen 1988, und Frank Schäfer, Lichtenberg ABC, Leipzig 1998 (stark biographisch orientiert). Die stärkste Anregung zum vorliegenden Buch in seiner Systematik gab Vollmann.

den End- und Zentralpunkt des Romanes darstellt (DS 48 auf DS 831), geht Mary in ihren Tennisclub im Augarten. Die Schilderung des sich anschließenden Doppels mit Oskar nimmt immerhin sechs Seiten in Anspruch, und dieses Spiel (die K.s verlieren es „haushoch" – DS 54) endet in einer Szene, die zurückweist auf die Strudlhofstiege im Jahre 1910 kurz nach deren Vollendung. Die Frischvermählten haben sich hier „ganz unvermittelt geküßt", „an einem warmen Herbstabend, da es nach den Blättern roch, die auf den steinernen Stufen lagen" (DS 57). Das Spiel liegt also zwischen der Vorahnung eines Unglücks und dem Rückblick auf großes Glück. Auch nach Oskars Tod spielt Mary „wieder Tennis" (DS 560).

Die zweite Erwähnung eines Tennisspiels, in dem Grabmayr Semski schlägt (DS 183[5]), ist eng verbunden mit dem zentralen metaphorischen Erlebnis Stangelers mit der Schlange (Sigle der Erinnerung) und Melzers Erinnerung an Major Laska. Schließlich aber auch mit dem Treffen Stangeler – Geyrenhoff, welches den Lavendelgebrauch verewigen sollte. Einmal Vorahnung und Erinnerung, das andere Mal Erinnerungschiffre und Erinnerung. Es kann das Spiel für Doderer nicht unwichtig gewesen sein.

DD: Als Mary im Bett neben ihrer Tochter liegend den Schmerz um das verlorene Bein empfindet („Sie umfaßte den warmen Stumpf des Oberschenkels" – DS 984), kommt ein Traum herauf, der sich auch auf die gerade beschriebene Szene aus DS bezieht: „Die Plätze des Tennisclubs ‚Augarten', dem sie einst angehört hatte. Der helle, sandige Kies. Die weißen Linien. Sie lief." (DD 984f.) Von hier schweifen ihre Gedanken zum Tag des Unglücks, dann zu Leonhard.

EM: „Man spielte Tennis ... Allermeist aber fegte die Jugend über den rötlichen Sand." Conrad ist ein „vortrefflicher" Spieler. Und auf diesem Tennisplatz, durch diesen Sport lernt er Marianne kennen. Also ist auch in diesem frühen Werk das Tennisspiel in wesentliche Vorgänge eingebettet. Der „alte Veik" sitzt ebenso „stundenlang auf jener erhöhten Plattform" (alles EM

5 Zu Lage und für eine Abbildung des Platzes (auch ein Rasenplatz) s. (→) Raxalpe, Fußnote 4; zur Bedeutung der Reaktion von Mary und Oskar auf das Spiel s. Sommer 1994, S. 67f. Sommer hat als einziger das Thema überhaupt wahrgenommen.

150f.) wie Robert Clayton. Conrad, ein hervorragender Spieler, verliert bald jedes Interesse an diesem Sport, da er sich nur noch der Suche nach dem Mörder, der Suche nach sich selbst, der Menschwerdung widmet.

Nur wer das Spiel versteht, kann eine so brillante Formulierung auf einer so ungewöhnlichen Vergleichsebene bringen wie: „In die Wunde hinein drang Edithas süße, verfälschte Sprache. Verfälscht, nicht gemindert. Auch der geschnittene Ball beim Tennis erhält durch die ‚Fälsche' keine Minderung, sondern eine Mehrung seines taktischen Wertes." (DS 105)

Theater

Falls Doderer das Theater liebte, hat er es gut verschwiegen. Wahrgenommen hat er es in der Tat kaum. Seine literarischen Einflüsse sind auch bei Autoren, die vorwiegend oder hälftig für die Bühne geschrieben haben, weitgehend prosaorientiert. Man schaue sich die vier Wilde-Zitate in den Wiener Romanen (→ Einflüsse/Zitate) an oder auch die vier Erwähnungen Wildes in WD: Acht von acht beziehen sich auf den Prosaisten, keines auf den Dramatiker.

Auch die Protagonisten Doderers gehen kaum in die Oper (außer Geyrenhoff und Friederike), nie ins Theater, das Burgtheater ist nur wegen seines Schnürbodens von Interesse für Laura Konterhonz (DD 417), oder man geht daran vorbei (DD 359, vgl. auch DS 160). Das Alter ego Schlaggenberg hat sich um Malerei „ebensowenig bekümmert als etwa um das Theater" (DD7). Geyrenhoff trifft per Zufall, wiederum am Burgtheater vorbeigehend, auf Dr. Mährischl (DD 1036), im Café gegenüber spricht er mit Direktor Altschul (DD 1155). Mehr Kulisse also, ein topographisches Datum statt eines Tempels der Kunst. Nur Mary geht mit Trix ins Theater, ausgerechnet in München jedoch (DD 536). Und Mimi aus Pflicht und in Vertretung Edithas ins Burgtheater (man gibt den ‚Wilhelm Tell' – DS 647). Die große Ausnahme ist natürlich Nestroy. Aber auch den kennt man als Text, er wird zitiert, aber nicht erlebt. Shakespeare hat eine einzige Nennung in der Prosa, zwei Nennungen am Rande in WD. Zeitgenössische Autoren kommen bei Doderer nicht vor. Besonders schmerzhaft wirkt hier die Abwesenheit von Beckett, mit dem ihn so manches verband: hohe Priorität von Namen – grotesker Humor – Wiederholungen – Erinnerung als ständiger Prozeß.

Dementsprechend hat Doderer auch keine Ahnung von der Kunstgattung Film. Daß er einen ihm in Technik, Spannung, Anspielungsfreude und Boshaftigkeit so ähnlichen Künstler wie Hitchcock nicht kannte, ist schade. Daß beide je einmal einen Bischof auftreten lassen (‚Bischof – tollgeworden' hat einen, der gar keiner ist, *Family Plot*, Hitchcocks letzter Film, einen, der völlig unmotiviert aus der Kirche entführt wird), verdient dennoch eine Anmerkung.[1] Daß er auch die expressionistischen Filme, die in seiner Jugend entstanden, nicht erwähnt, ist ungewöhnlich. Ihm blieb vieles fremd, mit dem er sich einfach nicht befassen wollte. Arroganz verbindet sich mit Ignoranz bei der Bezeichnung „blödes Pimperltheater" für den Fellini-Film ‚La Dolce Vita'.[2]

Heimito von Doderer nahm die zeitgenössische (→) Musik wie Kunst generell in all ihren Ausprägungen nicht wahr, sein Kunstverständnis wie -wissen waren, es sei hier deutlich gesagt, limitiert und konservativ, wenn nicht gar reaktionär.

„Ich gehe nie ins Theater!" sagt er mit tiefer Überzeugung in einem Interview.[3] So, als vertrete er die Meinung Frau Lehners in ‚Das vergrabene Pfund', wonach eine Opernsängerin eine „Komödiantin" sei (DE 333).

1 Für andere Parallelen s. Fußnote 25 zu (→) Eckpfeiler sowie MacGuffin und Trethofen. Hitchcock und Nabokov haben übrigens interessanterweise lange über eine Zusammenarbeit gesprochen. S. Stacy Schiff, Vera (Mrs. Vladimir Nabokov), New York 1999, S. 289 (Fußnote).

2 Fleischer 1996, S. 480. Und doch gibt es so viele Gemeinsamkeiten, z. B. → Chronologie von DS/DD.

3 Zu hören auf der CD Heimito von Doderer 1896–1966, Radio Österreich, Wien 1996, Disc 1, Nr. 1: Gespräch mit Heinz Fischer-Karwin, Dezember 1956. Im gleichen Interview sagt er auch klipp und klar, er sei bis dato nur einmal, gezwungenermaßen beim Militär, ins Kino gegangen.

Theologie

Obwohl Doderer am 28. April 1940[1] zum Katholizismus konvertierte, also Religion wahrnahm und offensichtlich auch wichtig, kommen bei ihm weder Glaube noch Kirche vor. Er ist theologisch fast noch uninteressierter als politologisch.

Wenn in die Kirche gegangen wird, dann, soweit es sich nicht um die ‚kleinen Leute' handelt wie Familie Schachl, zum Musikvortrag. Cornelia Wett singt – mit drei „Kunstgenossen von der Staatsoper in Wien" (DS 409) – in der Preiner Dorfkirche. Allerdings dann schon in ergreifender Vollendung. Durch die Kirchentür „wogte das ehrwürdige Lied aus dem tonüberfüllten bescheidenen Kirchlein in die gedämpfte Sonne heraus, während drinnen metallener Tenor, ungeheurer Baß Pfeiler und Mauern schwingen machte und Cornelias Sopran hoch im Gehör schwebte, die Gewölbekappen fast in himmlische Freiheit eröffnend".

Auch durch ihre Vertreter auf Erden tritt die Religion nicht in Erscheinung. Der Bischof in der Erzählung ‚Bischof – tollgeworden' ist gar keiner, sondern ein im Verlauf eines frechen Diebstahls verkleideter Devotionalienhändler. Und es gibt zwar eine kirchliche Hochzeit Melzers (DS 904),[2] aber ein Pfarrer tritt dabei nicht in Erscheinung.

Was bleibt? Der „Mesner oder Küster" (in der Erzählung (→) Trethofen wird er sinnlos zu Boden getreten), der auch ansonsten, fast nur in dieser Kombination, auch als „Mesner oder Kirchendiener" (→ ab ovo) sein Unwesen treibt. Nicht viel in der Tat.

Doderer also war an Religion desinteressiert. Seine ständige Anrufung Thomas von Aquins ändert daran nichts. Abgesehen von der Möglichkeit, daß dies eine Doderer-typische Marotte war,[3]

1 Wolff 1996, S. 75, dort auch ein aufschlußreiches Zitat; Fleischer 1996, S. 298, spricht in ungewohnter Milde von einem „ehrlich gemeinten Bekenntnis".

2 Vgl. dazu auch Le Rider 1975, S. 27f. Dieser stellt zu Recht fest, daß religiöse Gefühle und der Name Gottes weder in TT III noch DS auftauchen.

3 Anderer Meinung ist (unter der Überschrift ‚Thomas und die Detektive') Loew-Cadonna (1991 [1], S. 148ff.), allerdings nur in bezug auf den formalen Aspekt des Schreibens und nicht den des Glaubens.

wird außer der (→) Analogia entis wenig Thomas zitiert. Auch der jährliche Ritus eines frommen Beginns und Endes der Tagebücher[4] ändert an dieser meiner Meinung nichts.

Eine Aussage, ob Doderer gläubig war oder, wenn, für welchen Zeitraum, ist hiermit nicht verbunden und steht auch nicht an.

Tiere

Tiere kommen bei Doderer nur selten vor, wenn jedoch, dann meist in wichtiger Funktion.

Die Dogge Wanda (1932) rettet Eva durch Vorahnung eines Blitzeinschlages das Leben, und als Eva dessen gewahr wird und den Kopf des Hundes zärtlich zwischen die Hände nimmt, „sah sie in die runden Augen des Tieres, die in ihrer abgründigen Tiefe und Leere nur ein versprengtes Teil schienen von dem hoch hineinspiegelnden himmlischen Blau" (DE 239). In ‚Puntschi kommt auf den Hund' (1929) sieht ein Hund als Protagonist die Welt, hier hat das Tier keine wichtige Funktion, die Erzählung gehört zu den schwächsten überhaupt.

Ein Bussard schraubt sich an entscheidender Stelle von ‚Ein Umweg', als Graf Manuel auch auf gegenteiliges Drängen seines Freundes endgültig ausschließt, etwas anderes als die Wahrheit sagen zu wollen, „mit reglosen Schwingen, das rostbraune Gefieder gespreitet, ohne sichtbaren Flügelschlag gegen den Wind … in weiten, geruhigen Kreisen" in „das Blau" (EU 187). Natürlich ist er die Metapher für Freiheit und Lösung des Protagonisten von der Meinung seiner Umwelt.

Das gleiche gilt für die Erzählung ‚Die Lerche' (1948). Mary läßt eine gefangene Lerche fliegen. „Dann schwirrte die Lerche heftig hervor und zog sogleich in einer ganz steilen Bahn aufwärts gegen den Himmel." Mary wird dabei selbst frei, in ihr hat sich etwas gelöst. „Denn eigentlich hatte der entschwindende Vogel sie selbst aus einem Käfig entlassen." (DE 310) Eine wesentliche Entwicklung zu Freiheit und Unabhängigkeit vom Urteil anderer ist dadurch ausgelöst worden, wie zur Lösung von der Dummheit.

4 Schmidt-Dengler 1976, S. 571.

Ansonsten: Fehlanzeige. Insbesondere Haustiere kommen in den Romanen nicht vor. Kaulquappen, Krebse, Molche, Schlangen, Frösche und ähnliches jedoch scheinen als Metaphern und Siglen, nämlich für (→) Erinnerungen des Dichters, in EM, DS, DD und DW häufig auf.[1]

Auffällig ist die Begegnung Finys und Feverls mit einem Nilpferd (Hippopotamus) in einem burgenländischen See. „Sie sahen es, als sie an's Ufer gekommen waren, weit draußen stehen, ein massiger Leib, die vier Beine ganz im Wasser: so ruhte es, nach vorn gekippt. Dann aber, beim Wälzen, entstand ungeheures Gebraus." (DW 96) Es war dann aber doch nur ihr Arbeitgeber Globusz, von dem eine herrliche Formulierung, die nichts mit diesem Thema zu tun hat, sagt: „Das warm dröhnende Organ, zusammen mit einem Lachen, welches behaglich im Gesichte stand wie der Sonnenschein in einem Dorfteich ..." (DW 89).

Natürlich wird gejagt (Wildschwein und Bär in DS, ein Gamsbock in EU) und geritten, in allen Teilen der Wiener Trilogie, wie wir sie definiert haben,[2] auch in DG (z.B. DG 179) und LA, aber nie als etwas Wesentliches und Entscheidendes. Und nur ein einziges Mal tritt ein Pferd als Individuum auf, mit Namen und Gesicht. Dies geschieht in einer Szene von DS, in der Eulenfeld eine „braune leichte ungarische Stute" mit Namen Ilonka leihweise durch den Prater reitet (DS 901).[3] Und in einem ominösen Buch[4] taucht ein Gorilla auf als Metapher für „das elementar Schreckliche des Lebens".[5]

Sehr oft jedoch werden Tiernamen als Menschennamen verwandt.[6]

1 Vgl. auch TC IV 17. Für Schlangen → Tropidonotus Lindwurm und für Krebse → Krebse.

2 Also DW – DS – DD; nicht nur durch den Rittmeister Eulenfeld, sondern durch viele Personen, vornehmlich in DW und DD.

3 Es fällt auf, daß in DS ‚Reiten' einmal in besonders eleganter Formulierung als Metapher für das Lenken von Menschen verwandt wird, natürlich vom fanatischen Reiter Eulenfeld ausgehend. „So ließ denn der Rittmeister schon am Montag die diesbezügliche Familie Pastré zur Gänze in die Zirkel reiten" (DS 895).

4 S. Anm. 22 zu (→) Einflüsse/Zitate.

5 Vgl. Sommer 1995, S. 41.

6 So z.B. Wänzrich in EF, Wänzrödl in DM.

Vielfältiger noch ist die Verwendung von Begriffen aus der Fauna für Zwecke der Präzision im Wege der Charakterisierung von Personen. Hier gibt es alles:[7]

• Adler	Vater Stangeler	DS 424
• Bernhardiner	Eulenfeld	DS 617
• Bullterrier	Dr. Körger	DD 1323
• Drache	Wewerka	DW 92
• Eichkater	E. P.	DS 41
• Geier	Meisgeier	DD 43
• Insekt	Angela di Ly (Scheichsbeutel)	DS 352
• Krebs	Melzer	DS 339
• Lämmlein	Thea Rokitzer	DS 586
• Libelle	Fella Storch	DD 502
• Marder	Irma Siebenschein	DD 185
• Mäuslein	Mutter Gebaur	DD 1047
• Maus	Frau Martha Märischl	DD 266
• Ratte	Frau Siebenschein	DS 669
• Reptil	Gräfin Charagiel	DD 1067
• Schaf	Melanie von Gürtzner	DD 1243
• Stier	Vater Stangeler	DS 111
• Wasserratten	Fini und Feverl	DW 53

Und ständig werden Tiere, wie der ‚Gorilla', metaphorisch hinzugezogen. Eine Aufzählung solcher Stellen wäre zu platt, begnügen wir uns mit einem weiteren, witzigen, sprachlich interessanten Beispiel: „Kein Mücklein war mehr da, aus dem man einen Vogel hätte machen können (von einem Elefanten ganz zu schweigen)." (DS 613)

Und einem sehr ernsten: Die Krakenmetaphorik („Geierkrake", DD 818, vgl. „Geierschnabel" DD passim, seinen, des Geierschnabels = Meisgeiers Tod unter dem Kanalgitter und

7 Es werden nur Beispiele genannt, in denen Menschen direkt als Tier bezeichnet oder direkt mit einem solchen aussehensmäßig verglichen werden, wie: „Sie war ein Reptil mit aufrechtem Gang" (DD 1067) oder „... sie sah ein wenig schafsartig aus" (DD 1243). Nicht z.B. „schwimmen wie die Fischottern" oder „flink wie die Wiesel" (DW 28 und 94). Alle Beispiele hierfür und umfangreiche Erläuterungen bei Voracek, insbes. S. 439ff. Hierfür wie für die Verwendung von einzelnen *Tiereigenschaften* s. auch Davies, S. 263ff.

durch dieses – DD 1270) durchzieht DD als Ausdruck des Grauens, als Angst vor dem Angriff des Bösen, des Unterirdischen, Verborgenen, durchs Kanalgitter hindurch. Sie impliziert die Angst, ergriffen und hinuntergezogen zu werden. Sogar im komischen Bereich (DD 901 f., wo eine Betonröhre krakenförmig aus dem WC hochsteigt) ist das Grauen impliziert. Wir ersparen es uns hier, psychoanalytisch zu werden.

Timurisation

Der von Doderer geschaffene Begriff – er gehört zu den im Stichwort (→) ab ovo behandelten idiosynkratischen, die nur in einem Werk vorkommen – wird zurückgeführt auf „Timur, Timur-Lenk, der Lahme, geboren zu Samarkand 1333, gestorben auf einem Zuge gegen China nach 1402" (DM 287).

Der Timurisation ist ein ganzes Kapitel von DM gewidmet,[1] das einundzwanzigste nämlich. Hier geht es vornehmlich um die der Familie Kronzucker, es finden jedoch noch „zwei oder drei" (DM 292) weitere langfristig („wochenlang") vorbereitete Gruppen-(→)Brachialitäten dieser Art statt. Dahinter steht stets der ominöse und ordinäre Dr. (Caetanus) Döblinger, der ja nicht nur im Werk als Verfasser (DM 107) und Fälscher (DM 350, jeweils Fußnote) zitiert wird, sondern es außerdem verfaßt hat.

Der Begriff bezeichnet die *radikale* und *schnelle* Entleerung einer Wohnung „nach dem Prinzip der verbrannten Erde" (DM 288), wobei jedoch nichts zerstört und niemand verletzt wird, sondern der gesamte Inhalt der Räumlichkeiten sorgfältig verpackt und verlagert wird. „Über die Insassen einer zu timurisierenden Wohnung gedachte man glatt hinweg zu gehen" (DM 289), dies schließt jedoch nicht aus, daß in der Schnelligkeit des Vorgangs auch Menschen betroffen sind, wie es bei der den titelgebenden Timurisation mit „einigen eben zu Besuch weilenden

1 Aber nichts in der Sekundärliteratur. Dies ist eine spezifische Situation für das Frühwerk und DM. Die meisten Autoren wollen sich nicht mit der Skurrilität und Komik bei Doderer abgeben, manche haben auch schlicht und einfach den (→) Humor nicht verstanden.

... Angehörigen" der Fall ist, die „als Sperrgut verpackt ... auf den Dachboden verlagert" werden (DM 292).

Außerhalb von DM geschehen keine so benannten Timurisationen, jedoch könnte z. B. die Erstürmung und Reinigung der Hausmeisterwohnung in ‚Untergang einer Hausmeisterfamilie zu Wien im Jahre 1857, eventuell als solche bezeichnet werden. Auch hier (DE 321 ff.) geschieht alles „blitzschnell", „waren alle Möbel auf den Gang getragen" und werden sogar die Einwohner hinausgeworfen (nämlich die Schwiegermutter, „die wie eine Ratte pfiff") oder „hinausgestopft" (nämlich die Hausmeisterin).

Daß letzteres „durch ein kleines Fenster in den Lichthof" geschieht, läßt ohne Zögern Timur-Lenk aufscheinen. Andere (→) Brachialitäten dürfen hiermit nicht in einen Topf geworfen werden, da zur Timurisation nicht nur die gruppendynamisch angewandte Gewalt, sondern auch die Entleerung eines Objektes gehört. Man könnte noch eine gewisse Verwandtschaft zur ‚Organisation Negria' (DS 11) sehen, die es bei gleicher Grundtendenz („in „Gemeinschaftsarbeit" jemanden „halb zu Grunde zu richten" – DS 719) jedoch eher darauf anlegte, die Wohnung des Opfers zu füllen als zu leeren.

Tischtennistee

Dieser findet am 14. Mai 1927 im Hause Siebenschein statt. Und zwar aufgrund einer Verabredung, welche auf einem Ausflug der (→) ‚Unsrigen' um die Mitte April, knapp vor Ostern getroffen wird. Grete schlägt die Gründung eines Tischtennisklubs vor (DD 310). Die Idee selbst basiert auf Gézas „geschickt ... deckender" (DD 309) Abwehr einer ganz widerlichen Unhöflichkeit des Antisemiten Körger gegenüber Grete.[1]

Dieses Fest selbst, dessen Schilderung fast das gesamte 13. Kapitel des ersten Teiles umfaßt (45 von 82 Seiten unter dem Ti-

1 S. dazu DD 309, und Schupp, S. 166 f., sowie Michaelis, S. 185; s. auch (→) Die Unsrigen; dieser grobe und widerliche Antisemitismus (auf Dummheit begründete Deperzeption und zweite Wirklichkeit) gehört ohne Zweifel zu den ideologischen Verbohrtheiten, die der Begriff (→) ‚Dämonen' in erster Linie meint.

tel ‚Der Eintopf' – das Stichwort könnte auch so überschrieben werden), bringt so viele Personen zusammen wie sonst kein Ereignis in DS oder DD, nämlich mit dem am Schluß, auf dem Wege zur Oper (Friederike!), gleichzeitig mit Dr. Schedik, hinzukommenden Sektionsrat und Chronisten Geyrenhoff dreißig. Es finden sich „bei den sieben Scheinen" zusammen:

Beppo Draxler, Otto Eulenfeld, Bill Frühwald, Georg Geyrenhoff, Imre Gyurkirc, Jan Herzka, Herr Holder, Robert Höpfner, Kurt Körger, Laura Konterhonz, Egon und Lily Kries, Cornel und Titi Lasch, Siegfried und Clarisse Markbreiter, Hans Neuberg und Angelika Trapp, Géza Orkay, Dr. Schedik, Kajetan Schlaggenberg, Charlotte Schlaggenberg, Ferry und Irma Siebenschein, René Stangeler und Grete, Fritz Tlopatsch, Fräulein Wiesinger, Herr Wutschkowski sowie eine strohblonde Dame ohne Namen, die zu den ‚Düsseldorfern', einer Vorform der ‚Unsrigen',[2] gehört, welche auch sonst hier weitgehend vertreten sind.

Als das Fest sich schon dem Ende zuneigt, kommen noch Minna Glaser und zwei Mitglieder des österreichischen Hochadels hinzu (einer davon der Mucki Langingen, wie sich viel später zeigt), die weder in DD noch bei diesem Anlaß eine große Rolle spielen. Sie führt nur der Fakt hierhin, daß sie Mitglieder der ‚Düsseldorfer' sind.

Dieses Fest bildet gleichzeitig (DD 663) auch das Ende der ‚Unsrigen', die ja erst wenig mehr als zwei Monate zuvor ihr Gründungsfest hatten und die hier noch, bis auf Emma Drobil, Dwight Williams und Hedwig Glöckler, fast vollzählig vertreten sind.

Als Tischtennisspieler treten auf

- Orkay – Körger (21:18, 22:20, 21:19)
- René – Grete (ohne Ergebnis)
- Imre – Egon Kries (21:6, 21:8, 21:16)
- Imre – Körger (ausgeglichen)
- Clarisse – Lily (ohne Ergebnis, Clarisse hält den Schläger „wie manche Damen das Löffelchen zu halten pflegten, besonders wenn sie Schlagobers aßen" DD 435)
- Draxler – Imre (21:11, 21:9, 21:14, 21:17, den letzten Satz gewinnt der ‚Arpade')

2 S. zum Begriff ‚Vorform' (→) Die Unsrigen.

Es sei dies alles als Beispiel für die Detailversessenheit Doderers genannt. Die Ergebnisse sind wie große Teile der ganzen Veranstaltung von wenig Bedeutung für die Entwicklung des Romans. Jedoch gemahnt die Analyse im Rahmen (→) Tennis daran, daß auch solche sportlichen Nebensachen für Doderer von hoher Bedeutung sein können, die sogar mit dem allgegenwärtigen Thema (→) Erinnerung in Zusammenhang stehen können.

Wichtig sind eher die hier beginnende Ernsthaftigkeit des Tatbestandes, daß Hans Neuberg und Angelika Trapp keine Zukunft haben können, die ‚Blamage' Quapps bei Tlopatsch und das Gespräch Jan Herzkas mit Stangeler über das Thema der Hexenprozesse, das dann zwangsläufig zum Mittel-, wenn auch nicht Höhepunkt des Romanes führt. Insofern stellt sich auch dieses ‚sportliche' Ereignis wie die in DW – DS – DD und auch EM wichtigen Tennismatches in einen wesentlich größeren Zusammenhang, dem auch die Überschrift des Kapitels, allerdings bewußt, nicht gerecht wird.

Es werden drei Entwicklungen an diesem Tage und bei diesem Treffen, vor allem aber in diesem Personenkreis aufgezeigt:

- Die Trennung Neubergs von Angelika, seine Befreiung für sich und ihre für Dulnik
- Die innere Trennung Quapps vom Dämon des Geigenspiels, die in ihrer finanziellen Unabhängigkeit und Ehe mit Géza kulminiert
- Das Zusammenfinden Herzkas und Stangelers im gemeinsamen, sei es auch durchaus persönlich verschieden, bei Herzka auch dämonisch motivierten Interesse am Mittelalter, das im Manuskriptfund den Höhepunkt findet.

Schließlich wird auch die wachsende Ungeduld des Chronisten mit seinem penetranten Neffen zu einem Ereignis, die ihn „mit einer bösen Zweideutigkeit" formulieren läßt, welche „mich selbst erstaunen machte. Ich wußte plötzlich, daß ich am Rande meiner Konzilianz viel näher mich befand, als ich bisher hatte ahnen können. Ich ließ Dr. Körger stehen und ging durch die Flügeltür in das Zimmer, wo die verlassenen grünen Tische standen." (DD 462)

Dies geschieht in Reaktion auf eine Bemerkung Körgers,[3] die den bis dahin relativ unerklärlichen Titel des Kapitels (‚Der Eintopf') nahebringt: „... ist es uns nicht gelungen, diesen Eintopf auf das herrlichste zu servieren?" Natürlich meint er die Verschiedenheit, auch rassische, der Gruppe. Ob dies zum Titel langt?[4]

Geyrenhoff erkennt den Dämon, ohne um diese Bezeichnung zu wissen. Dazu ist er zu naiv. Aber auch wieder zu feinfühlig, um von der verbohrten Ideologie seines stiernackigen Neffen (deutlicher kann man nicht auf die Nazis anspielen, als es Doderer mit Körger in Reden wie Aussehen tut) nicht abgestoßen zu werden.

Tod

In vielen Romanen und großen Erzählungen Doderers steht nicht nur der Tod einer Hauptperson am Ende, sondern auch die gesamte Handlung läuft mit absoluter Folgerichtigkeit geradezu darauf zu.

- Für Conrad Castiletz (EM) bleibt nach der Vollendung seiner Suche keine Alternative. Er ist ans Ende seiner Reise, im Primär- wie Metatext, gekommen. „Der Tod, den Doderer

3 „Körger ... has strong fascist sympathies", sagt Jones (S. 18) und fährt fort: „The bizarre Rittmeister Eulenfeld shares these sympathies, but ... is perhaps less a real fascist." Oder gar keiner, würde ich meinen, → Die Unsrigen, Juden.

4 Schupp widmet dem einen Abschnitt, S. 172ff., wiederum in der Nachfolge Webers (1963), der sagt, in diesem Kapitel „verschwindet die Gruppe der Unsrigen in einer kaum übersehbaren Gesellschaft, wie sie zu Beginn aus einer solchen hervorgegangen ist" (S. 155). Dem steht entgegen, daß in der Vielzahl von Personen doch die zur Gruppe gehörenden eindeutig dominieren, wenn auch ebenso eindeutig zum letzten Mal. Ingrid Werkgartner Ryan (S. 51) verweist auch auf die Reaktion Körgers auf Gretes Wort von der „Sekurität" (DD 452), das, antisemitisch interpretiert, durchaus starken Drohcharakter hat. Im ersten Entwurf von DD sollte ‚Der Eintopf' sogar die Überschrift des ersten Teils sein. S. T II 819, vgl. aber Hesson, S. 31.

kompositorisch auch in diesem Roman sehr sparsam und sehr kontrolliert einsetzt, ist durch dezente Zeichen im Roman tatsächlich lange präsent, bevor er den Helden – am Schluß des Buches und für den Leser noch immer unvermittelt – einholt."[1] Conrad stirbt, weil es keinen Grund mehr gibt zu leben.

- Brandters Tod (EU) ist nur aufgeschoben, wie es der Titel der Novelle schon deutlich sagt. Er stirbt, weil er töten muß. Und er bleibt, weil er sterben will. „Er hätte gewiß fliehen können ... Jedoch er blieb." (298, in diesem Werk, 226 spricht Doderer auch von den „Talen des Todes".)

  Aber auch Graf Manuel ist auf den Tod gerichtet, mag er ihn auch nicht bewußt oder unbewußt aktiv suchen. Er weiß nach der Unvereinbarkeit von gesellschaftlicher Position und Leidenschaft keinen Ausweg, das Leben ist ihm nicht mehr wichtig. Dazu kommt die Scham. „Nach diesem Augenblicke kam nichts mehr, das Nichts." (295) Im Tagebuch verweist Doderer auf die autobiographische Komponente von Manuels Tod wie bei anderen Alter egos: „Manuel, Castiletz, Donald: das sind die Formen meiner möglichen Untergänge." (TC V 255)

- Ruy de Fanez' Tod (LA) wird durch viele Zeichen, „in dem Sinne, daß dahinter auch der Tod stehen konnte" (S. 388f.), darunter auch die zunehmende Verwendung seiner (→) Ernstfarben ‚Braun' und ‚Grün' (21- und 35mal, davon 6 Nennungen in direktem Zusammenhang), angedeutet, zuletzt aber durch den einzigen Auftritt der mythischen Figur des Todes selbst. Er singt als Spielmann, der aus dem Nichts auftaucht, ein Lied mit Ruy, dann verschwindet er ins Nichts, plötzlich eine Fiedel haltend (uralter Topos) und statt seiner Augen „zwei leere Höhlen" (443) auf Ruy richtend.[2] Dieser sucht in der Verteidigung der Bauern den Tod, den ihm der

1 Luehrs 1998, S. 109. Doderer selbst sagt in T II S. 1054: „Deshalb muss, durch das halbe Buch schon, der Autor einen Tod heranzüchten, der dann bereit ist, endlich im gegebenen Augenblick den notwendigen Sensenschwung zu tun."

2 Er ist nicht, wie Edith Király im Anschluß an Eva Gruber meint (S. 145), mit seinem ‚Totenkopf' ein neues Alter ego wie Stangeler, es ist der Tod selbst.

Drache verweigert. Er reitet mit diesem Ziel alleine zum überfallenen Dorf. Nirgendwo wird das Sterben so poetisch und klar wie bei Ruy. „Aber schon sah er nichts mehr als ein tief leuchtendes Grün, stark wie die Sonne, auf dem braunen Grunde eines letzten Ermattens." (449)

- Donald Claytons Tod (DW) wird durch das ganze Werk hindurch angekündigt. Die Zeugung folgt dem Erleben der Wasserwand („eine senkrechte, weiße Wand von enormer Höhe" – 16), was beide erschreckt („Was an dem gesehenen Bilde auf Clayton und Harriet innerlich tief und für den Augenblick fast vernichtend einwirkte, ist schwer zu sagen" – 17). Als Junge wird das Erschrecken auf Donald fortgeschrieben („Der See hatte sich geschwenkt wie um eine Achse; aus dem waagrecht Hingestreckten seines Spiegels wurde eine senkrechte und furchtbar aufragende Wand von unermeßlicher Höhe" – 131), als Mann „verlor er das Gleichgewicht" bei der Nachricht von Monicas Hinwendung zum Vater (284), das er dann endgültig beim Untergang über den Fällen verliert (387f.). Daß nur ein winziger Teil des Geländers schadhaft ist, ausgerechnet dort, wo Donald strauchelte (391), verweist auf die nicht ungewöhnliche Kombination von Zufall und Schicksal, die auch schon bei Castiletz zu finden war. Da sind die Erzählungen aus Barock und Dreißigjährigem Krieg schon realistischer und weniger ironisch in ihrer Dramatik, der Tod tritt nicht so nebenbei, aber doch ebenso zwangsläufig heran. Sie sind aber auch nicht so radikal modern, haben die Konvention noch nicht so abgestreift wie DW.
- Auch in DG verweist vieles auf den Tod Rottensteins, diesmal, und das ist ein ganz neues Element im Werk, auch durch Mord. Es ist der Charakter Zienhammers, der diesen Mord an Rottenstein als vermeintlichem Zeugen „unvermeidbar macht". Der titelgebende ‚Grenzwald' selbst ist nach Dietrich Weber eine Metapher für ‚Der Tod'.[3]

Es gibt auch eine Reihe von Erzählungen, die sich mit dem Tod auseinandersetzen, nämlich ‚Tod einer Dame im Sommer' (1963),

3 Weber 1995 (1), S. 269; bei Weber 1995 (2), S. 97f., finden sich nähere Einzelheiten, auch zum Tod Thamars und zur Interpretation des Begriffs ‚Grenzwald' als Metapher für Tod.

,Unter schwarzen Sternen' (1962/63), die Hebel-Nacherzählungen (1926), ,Zwei Lügen' (1932), ,Begegnung im Morgengrauen' (1933) und ,Eine Person von Porzellan' (1935), aber bei allen außer ,Unter schwarzen Sternen' fehlt die Zwangsläufigkeit, die frühe Ankündigung, die dramatische Zuspitzung auf das Finale hin.

So bleiben die fünf erwähnten Prosastücke in ihrer Kombination von Tod und Notwendigkeit auch deshalb bemerkenswert, weil sie nicht, wie so oft im Werk Doderers, eine Gemeinsamkeit über zusammenhängende Entstehungszeiten aufzeigen. Hier ist der gemeinsame Nenner bei mehr als dreißig Jahren nur das Thema. Der zentrale Doppelroman, DS/DD, hat nichts davon. Denn daß Etelka Stangeler mit vergleichbarer Zwangsläufigkeit sich selbst bis zum Selbstmord zugrunde richtet, steht in einem ganz anderen Kontext.

Nicht der autobiographische ist hier gemeint, wenn auch die Spiegelung unverkennbar ist. Es ist das Fehlen des Schicksalsmomentes, die Abwesenheit von Zufälligkeit und Drittverschulden'.

Wenn wir allerdings auch bei Castiletz, Brandter, Manuel, Ruy und Donald ein Moment der aktiven, bewußten Suche nach dem Ende erkennen wollen, was als alternative Interpretation ebenso Sinn ergibt,[4] dann bildet sich doch eine kontinuierliche Reihe. Hier sind Menschen nicht nur von den Parzen auf ihr eigenes, zu frühes Ende hin gelenkt worden, sondern sie haben dieses, mit der Sinnlosigkeit ihrer eigenen (fortdauernden) Existenz konfrontiert, bewußt gesucht. Damit wird der Tod auch zur Erlösung.[5]

4 Es gehört zu den Besonderheiten einer Beschäftigung mit Doderer, daß vermeintlich klare Interpretationen auch ins Gegenteil verkehrt Sinn ergeben können. Die Ambivalenz des Werkes ist manchmal so deutlich, daß sie eine bewußt angelegte sein muß. Doderer war in vielen Dingen ein ambivalenter, habituell zerrissener Mensch, wie es in aller Deutlichkeit und über viele Roman hinweg (→) René Stangeler spiegelt: der Urtypus der Zerrissenheit und das Abbild seines Erfinders.

5 Darauf hat auch Weber 1995 (3), S. 72, hingewiesen.

Topographie der Wiener Romane

In einem Koordinatensystem, das so geprägt ist von vielfältigen offenen und versteckten Bezügen und Ortsbestimmungen direkter und metaphorischer Art wie das Doderers, ist Topographie wichtig und zentral, steht dazu selten alleine, sondern ihrerseits verbunden mit ganz anderen Beschreibungen und Themen wie Natur, Gerüchen, Rückbesinnung und Erinnerung, Personen, Farben, Zeit und Autobiographie.

Doderer war von Topographie ebenso angetrieben wie von Chronologie. So wie er ein Fanatiker des jeweils korrekt beschriebenen Wetters war (er pflegte sich beim Wiener Metereologischen Institut rückzuversichern, → Eckpfeiler), so war er ein Fanatiker stadtplanerischer Stimmigkeit. Aber auch die Reisen über den Semmering und Ausflüge bei der Raxalpe waren stets korrekt behandelt. So wie seine grandiosen Naturbeschreibungen aus städtischem wie ländlichem Kontext stammen, auch in der Gegensätzlichkeit, und sein erster Gedichtband nicht untypisch mit ‚Gassen und Landschaft' überschrieben war.

Für Doderer hing Topographie mit (→) ‚Aura' zusammen, und deshalb ist sie untrennbar mit der dynamischen Entwicklung der Handlungsstränge verbunden. Diesen Strängen und Geschehen sind Orte zuge“ordnet“, was nicht nur für die (→) Strudlhofstiege gilt, sondern für alle Orte der Wiener Romane. „Jede noch so handlungsstarke Situation ist, zumindest in seinen Wiener Romanen, eingebettet in eine intensive Erfassung der Aura eines Ortes.“[1] Dies gilt aber auch für die Topographie außerhalb Wiens, insbesondere wenn ihr eine Kindheits- oder

1 Schmidt-Dengler 1997 (2), S. 93; Irmgard Egger hat in einem Aufsatz über die ‚Großstadtwahrnehnumg Doderers' den Begriff der Aura zu einem faszinierenden Vergleich Doderers mit Walter Benjamin und auch, eingeschränkt, Alfred Döblin genutzt. „René als Flaneur, als Nicht-Zielgerichtetem wird als erstem im Roman die mimetische Erfahrung der Stiege und ihrer Aura zuteil ...“! (S. 25) Ja, René–Doderer, der Prototyp des Flaneurs im Sinne Benjamins! Für die besondere Aura der (→) Strudlhofstiege s. dort.

Jugenderinnerung zugrunde liegt, am stärksten natürlich die (→) Raxalpe.[2]

Topographie ist auch ‚Er-innerung', der Dichter bildet Vergangenes im Kopf auch räumlich ab und holt es sich so heran. „Ich denk' an die Kreuzung der Währingerstraße mit der Nußdorferstraße und Spital-Gasse: in Herbst-Sonne. Mir wird da ganz merkwürdig zu Mute: immer noch glauben wir, unser Kostbarstes, die zarten Tresors im vergangenen, das könne nicht untergehen ...–- es kann." (TT III 783–19.8.1950) So verschmilzt äußere Topographie mit der im Kopf, für René war „diese äußere Ortskunde zugleich eine innere und die Grenze beider Gebiete nicht ausgemacht sicher". Es folgt dem eine Erinnerung an die Jugendzeit im Preiner Sommer. Die Schlucht „führte da – inwärts – in keinen dem Gymnasiasten angenehmen Bereich. Hier roch's wie nach Kröten, Unwürmern, Schlamm und feuchtem Geringel." (DS 166)

Der Aufbau von Teilen der Stadt im Kopf des Autors wie des Lesers entspringt darüber hinaus nicht nur dem autobiographischen und stimmungsmäßigen Gestus, sondern auch dem der Totalität des Abbildens und dem der Metaebene.[3] Ferner der Grundtendenz, die Werke zu einem Kosmos zu integrieren, zu verflechten. Also: Die Eckpunkte Dodererscher Prosa, nämlich Interdependenz, Erinnerung und Metaphorik, scheinen auch in der Topographie deutlich auf:

- Interdependenz als Topographie, die über mehrere Prosawerke hinweg greift
- Autobiographie als Hintergrund der für die Handlung wichtigen Straßen und Plätze; Erinnerung ist die „Grundlage des

2 Ein Beispiel für die Genauigkeit der räumlichen Planung im nicht erlebten Raum bildet die bei Loew-Cadonna (1991[1]) abgebildete Karte Heilbronns, auf der Doderer den Tatverlauf von EM topographisch fixiert hat.

3 Blaschek-Hahn 1988 (S. 53, Anm. 87): „... erfüllt die genaueste topographische Beschreibung, die sich in allen Romanen findet, eine wichtige Funktion zur Konkretisierung phänomenaler Gestalt; sie ist Präzisierungs- und Profilierungsvehikel und darf keinesfalls als ‚Stimmungsbild' oder gar ‚Heimat-romantik' mißverstanden werden." Aber wohl doch auch verstanden, meine ich!

Erzählens", und Topographie ist eine Methode zur „Wiedereroberung der Außenwelt".[4]

- Metaphorik: Wesentliche Teile der Topographie beinhalten auch eine metatextuelle Komponente; diese zeigt sich z.B. darin, daß das umsiedlungsbedingte Überschreiten des Donaukanals stets wesentliche Fortschritte in der Persönlichkeitsbildung bedingt oder erzeugt.

Alle drei Kriterien treffen auf die Wiener Romane zu. Dennoch ist es falsch, wie es z.B. Politzer getan hat,[5] Wien als mystischen Orientierungspunkt für Doderer zu bezeichnen. In Doderers Vorstellung von schriftstellerischer Präzision paßt nichts anderes als Genauigkeit im Topographischen. Die mystische Komponente kommt erst nach der Präzision, im übrigen oft bei der Beschreibung von ländlicher Topographie zum Tragen (Semmering, Raxalpe, Krebsfangen). Die Stadt hat Platz für Mystisches, man denke an das Einhorn oder die Strudlhofstiege, aber ist insgesamt rationaler gegründet.

Wenn wir die Wien-Trilogie DW/DS/DD, die Romane Doderers, in denen Wien, seine Bezirke, Denkmäler, Straßen, Gassen, Kirchen, Parks, Plätze und der Fluß eine wesentliche Rolle spielen, darauf abklopfen, erkennen wir auch, daß Handlungsschwerpunkte Ortsschwerpunkten, und zwar über ganz Wien verteilt, zugeordnet sind:

- Die (→) Strudlhofstiege im Alsergrund (IX. Bezirk) mit ihrer ganz besonderen Aura steht durch den ‚Skandal' und wichtige Gespräche im Zentrum von DS, vor allem aber als Vehikel von Denken, Erinnerung und Hinabtauchen in die Tiefe der Zeit.
- Am Althanplatz (IX.) geschieht Mary K.s Unfall (DS), er ist auch der Wohnort der Siebenscheins und Ort von Tischtennistee und Verschwörung Levielle/Lasch im Haus Nr. 6. Er

4 Die Zitate sind Dodererschе. Auf die Bedeutung der Erinnerung im Rahmen der Topographie hat zum ersten Mal Hopf (bes. S. 436f.) hingewiesen.

5 „Vienna is for Doderer what Paris was for Balzac and Jules Romains, Dublin for Joyce or Prague for Kafka's *Der Prozeß*: an almost mystical point of orientation." (S. 55)

ist aber auch der Ort, an dem sich die Liebe Leonhards zu Mary erfüllt (DD).

- Der ganze Alsergrund ist sowohl in DS ruhiges Zentrum des Geschehens mit Konsularakademie und Cafés wie in DD mit dem „Haus zum blauen Einhorn" der Ort der Reflexion, der Verzweiflung am und zum Tod und des ‚kleinen' Brandes.
- Der Schmerlingplatz (I.), der Wohnort des Hofrats Gürtzner-Gontard, ist der Ort, an dem G-ff und der Hofrat die Geschehnisse um den Brand des Justizpalastes beobachten. Hier sammelt sich auch die Bande Kajetans (DD).
- Döbling (XIX.), der Ursprung des Dichters = Dr. Döblinger, ist für Geyrenhoff der Ort des Schreibens und dient der Bande der ‚Unsrigen' als Treffpunkt (DD).
- Heiligenstadt (XIX.) ist der Wohnort Quapps, sie eilt in ihrer Menschwerdung „über den Berg" dorthin (DD).
- Die Treustraße in der Brigittenau (XX.) und die Adamsgasse (III.[6]) stehen für die Herkunft Kakabsas (DD) und Chwostiks (DW), aus der beide sich befreien; der erstere in die Reisnerstraße (III.), der letztere in die – ungenannte – Untere Donaustraße (II.).
- Der Prater (II. Bezirk – auch der wichtigste in DG) ist der Wohnort von Claytons, der im gleichen Bezirk gelegene Augarten ein Ort des Friedens für Mary und Oskar.
- Hietzing ist Ausgangspunkt der Zerstörung Donalds, in der gleichen Wohnung in der Auhofstraße (XIII.), in der Zdenko von Henriette, dem „heißen Gletscher", verführt wird. Aber es ist auch Ort der Empfänge des Commerzialrates Gollwitzer, bei denen viele wichtige Entwicklungen (→ Krebse) stattfinden.

Die hier genannten innerstädtischen Bezirke (I, II, III, IX, XIX und XX) grenzen ohne Ausnahme an den Donaukanal,[7]

6 Weber 1987, S. 107, verweist auf die starken autobiographischen Bezüge gerade zum III. Bezirk, die in DW geflossen sind. In seinem Aufsatz von 1985 betont er die Komplementarität von Offenheit und Geschlossenheit, Innenrichtung (Beginn) und Außenrichtung (Ende) in DD.

7 Von Hilfe bei alldem war Othmar Leixner, Wien. Ein Führer durch die Donaustadt, Wien 1926. Einige Namen sind heute geändert, z. B. der Althanplatz.

dieser selbst ist für Doderer immer einer der wichtigsten Referenzpunkte in seinem Wien wie dem der Wiener Romane gewesen.

Auf ihn schaut in der Szene am Anfang von DS Mary K., über den Kanal gingen K.s zum Tennisspielen in den Augarten, über den Kanal zieht Chwostik vom III. in den II. Bezirk, aber auch Leonhard vom XX. in den III. Bezirk, jeweils im Verlauf ihrer Reifung (bei Chwostik ist es Menschwerdung). Am Kanal sitzen Leonhard und die Mädchen, wartet Thea am 21.9.1925 auf Melzer, verschwindet Meisgeier am 15.7.1927 in die Unterwelt.

„Scharf schneidet der sogenannte Donau-Kanal – in Wahrheit ein uralter und sehr tiefer, rasch fließender Arm des gespaltenen Hauptstromes – die Stadtteile hüben und drüben. Von dem Hause, wo Siebenscheins wohnen, sind's bis zur Brücke und über diese bis zum anderen Ufer des Flusses nur dreihundertfünfzig Schritte: sie enden in einer veränderten Lebensluft. Beide Stadtteile sind alt, der Alsergrund wohl noch älter als die Brigittenau." (DD 515)[8]

Nach dem Umzug über den Kanal aber denkt der über diesen „Wechsel" (DD 1219) reflektierende Leonhard nicht an den Gegensatz zwischen Treugasse und Reisnerstraße, sondern daran, „daß es zahllose Jenseits im Diesseits gab, Häuser, Paläste, Villen, Gartenwege, Schwimmbassins oder Weiher, Althanplätze oder Treustraßen".

Aber schon viel früher, unter dem Eindruck Friederike Ruthmayrs, ist die Entwicklung Leonhards im Topographischen angelegt: „Er fühlt' es, wie die Empfindung ihn über alles hinaushob, was sonst sein Leben erfüllte, sogar über die Erinnerung an die Donauschlepper hinaus und über das Mädchen von der Buchhandlung, und über Anny Gräven: weit hinaus. Und über den Donaukanal. Einen Atemzug lang stand er jetzt in Gedanken auf dem Platz vor dem Franz-Josephs-Bahnhof, mit dem Rücken gegen das altmodische Bahngebäude, und sah auf

8 Ähnlich liebevoll tut Doderer in EF des „Donau-Armes" Erwähnung, „der mitten durch Wiens innere Stadtgegenden graugrün fließt, eine endlos hinlaufende bogenförmige Kulisse der herantretenden Häuser und großen Baulichkeiten eröffnend, zwischen denen da und dort die Brücken über das tief eingesenkte Bett springen." (EF 37f.)

die Häuser hinüber, auf eines dort besonders, an der Ecke … Was sollte das nun, was sollte das hier?" (DD 146)[9]

So verweist Doderer schon früh[10] auf Leonhards langen Weg zu Mary K., denn deren Haus ist es, auf das er, wissend-unwissend, schaut, von dem der Weg zu Croix ein Teil ist, sei es auch ein Teil, ohne den es den großen Schritt nicht gäbe. Auch hier verbinden sich Brigittenau und Alsergrund über den Fluß hinweg, in beiden Formulierungen, so weit sie buchräumlich auch voneinander getrennt sind.

Es kann hier keine komplette Topographie dieser Romane gegeben werden. Um diese Orte räumlich nachvollziehen zu können, nehme sich der Leser einen Stadtplan in die Hand und gehe durch die beschriebenen Stadtteile (und auch Außenbezirke) Wiens.[11]

- DS hat als Mittelpunkt den Alsergrund und in diesem die Strudlhofstiege.
- DD hat als Hauptpunkte in der Stadt den Alsergrund – ohne Stiege – und den I. Bezirk, eine wichtige Rolle spielen Döbling und die Brigittenau.
- In DW spielt der II. Bezirk eine dem Alsergrund in DS vergleichbare Rolle, und Hietzing hat hier wichtige Einzelfunktionen.

Doderer jedoch darüber hinaus in der topographischen Qualität mit Joyce zu vergleichen, mit dessen *Ulysses* in der Hand man ja bekanntlich Dublin durchwandern kann, halte ich aus zwei Gründen für irreführend:

9 Zu Recht schon zitiert von Norris (S. 86, Anm. 110). Dieses dicke Werk (500 Seiten) bringt interessante Aspekte zur Topographie, die hier nur ein kleiner Teil ist, beschränkt sich aber für DS-DD-DW zu ausschließlich auf den I., II. und IX. Bezirk.

10 Es ist dieser lange Atem unter anderem, der seine Kunst ausmacht. Alles wird angekündigt, der Brand des Justizpalastes, der Unfall Marys, der Tod Donalds, → Verflechtung.

11 Weber 1987, S. 8, weist darauf hin, daß man als einen der „Fälle Doderer" ihn als den „Fall eines Chronisten seiner Stadt par excellence, den Fall eines Viennologen, mit dessen Hilfe man Wien bereisen kann" sehen kann. Ich würde hier nur hinzufügen, daß dies immer nur für Teile der Stadt und ihrer Außenbezirke gilt. Ganz Wien wäre, würde es kartographisch verschwinden, anhand von Doderers Werken nicht rekonstruierbar.

Erstens ist Joyce viel mehr ein Autor der Großstadt als Doderer, der sehr stark und poetisch Natur außerhalb der Stadt beschrieb (mehr in DS und DW als in DD) und weite Teile seines Werkes auf dem Land spielen läßt.

Zweitens ist Doderer dort, wo er topographische Hintergründe gibt, zwar ebenso umfassend und präzise wie Joyce (dies gilt auch für die chronologische Besessenheit und Präzision im ‚Ulysses', → Leser). Im Gegensatz zu diesem, dessen Obsession sich aus dem Verlust ergibt, gibt er solche nur für einen Ausschnitt der Heimatstadt. Er mußte ja auch nicht die ganze Stadt sich zurück- und ins Gedächtnis holen, er lebte ja bis zu seinem Tode dort. Vor dem Krieg zunächst lange in Döbling, also dem Wohnort seines Alter ego Geyrenhoff. Und zwar insgesamt an sieben verschiedenen Adressen, so oft zog er dort um.[12] Dann 1938 bis 1948 in der Josefstadt (VIII. Bezirk), von dort zog er in die Währinger Straße[13] und damit in den Alsergrund.[14] Dieser ist auch der am ehesten und leichtesten zu erwandernde Bezirk. Nußdorfer Straße und Währinger Straße bilden im übrigen die in DD so zentrale ‚grüne Kreuzung'.[15]

Der so auf Doderers Spuren wandelnde Leser wird dementsprechend bald bemerken, daß dies kein langer Weg ist, so er denn die gelegentlichen Ausflüge des Personals in die Vorstädte[16] und Vororte ausläßt. Die Ereignisse von DS und DD

12 Das Atelier, auf das G-ff sich im ersten Satz von DD bezieht („Seit Jahr und Tag wohne ich nun in Schlaggenbergs einstmaligem Zimmer"), befand sich in der Oberkirchergasse 45.

13 Pfeiffer 1982, S. 79f.

14 Nr. 50; vgl. zu Doderers Wohnorten und vielen topographischen Hintergründen seines Lebens wie zur Topographie des Alsergrundes generell wie auch der Wohnorte Doderers von Geburt bis Tod: Pfeiffer 1982 und 1996.

15 S. dazu Schmidt-Dengler 1986 (2), S. 534f., und (→) Farben der Romane.

16 Doderer äußert sich zu diesen und ihrem Zusammenhang mit Sprache, Hausmeisterunwesen und leichter bis schwerer Kriminalität, dem „Urschleim", in ‚Die enteren Gründ', WD 248ff. Er definiert „enterisch" als „ebenso ‚unheimlich' wie jenseitig" (WD 248), die ‚enteren Gründ' damit als die „jenseits nicht nur des ummauerten Stadtkerns, sondern auch der Vorstadtpalisaden liegenden Gegenden". Das sei „die Metaphysik der Wiener Vorstadt" (ebd.). Sie verbindet sich mit dem Dialekt (die Sprache erreicht „ihre größte Bösartigkeit in gewissen Gegenden Erdbergs ...").

spielen sich in einem engen Viereck ab, das von Alserbachstraße (mit Böhmischem Bahnhof = Althanplatz) im Norden, Nußdorferstraße und Währingerstraße im Westen, Strudlhofgasse im Süden und Porzellangasse im Osten umschrieben wird. Dies ist das Herz des Alsergrundes, des IX. Bezirks von Wien. Hier finden sich neben vielen anderen

- die Konsularakademie, in der René Stangeler Pista Grauermann mit einem Brief seiner Schwester besucht – heute USA-Botschaft – (Boltzmanngasse[17])
- ‚Die Flucht nach Ägypten' (Liechtensteinstraße, Ecke Alserbachstraße), → Alkohol
- das ‚Haus zum blauen Einhorn' (Liechtensteinstraße), → Einhorn
- das Café Brioni, in dem René und Paula oft sitzen, wobei einmal Grauermann dabei ist und René das ‚Bild im Schaufenster' seiner untreuen Schwester sieht
- das Haus Althanplatz 6, in dem – Türnummer 14 – Siebenscheins leben, aber auch die Familie K. und Storchs
- der Wohnort von Melzer und E. P. (Porzellangasse)
- die Generaldirektion der Tabakregie, der Arbeitsplatz Melzers nach dem Krieg (ebenfalls Porzellangasse)
- die Straße, in der ‚Freud's Branntweinschank' liegen soll, wo Imre und der Meisgeier vor Sylvia und Renata aufeinanderstoßen (Liechtensteinstraße)
- die Pfarrkirche, in der Thea und Melzer heiraten (Lichtental)
- der Ort, an dem eine sehr wichtige Unterhaltung zwischen Melzer und Asta endet (Währinger Straße)
- und schließlich die Strudlhofstiege selbst.

DD hat noch ein zweites und eigenes topographisches Zentrum um den Justizpalast und die mit seiner Marodierung verbundene Gegend. Dort, am Schmerlingplatz, lebt der Hofrat Gürtzner-Gontard, von dessen Fenster Geyrenhoff die Ereignisse, auch

17 Achleitner sagt hierzu, es würde „im ganzen Buch (sc. DS) Bolzmanngasse falsch, also ohne ‚tz', geschrieben". Dies ist natürlich Unsinn. Gerade Doderer wird man bei solchen Unkorrektheiten nicht erwischen können. In DS kommt die falsche Schreibweise dreimal vor (DS 314, 325, 752), jeweils mit dem Zusatz „(sic)" versehen. Einmal ohne diesen und korrekt mit ‚tz' (DS 43).

die alte Frau, die in ihrem (→) Blut liegt, beobachtet, im gleichen Haus auch der Medizinalrat Dr. Schedik.

Dennoch bleibt im Zentrum der Wiener Romane DS und DD der Alsergrund und in DS dessen Zentrum, die Strudlhofstiege, jenes wunderschöne Gebilde, das nach den Worten Schmidt-Denglers „zu einem Symbol für Kunst" wird und für „ein Leben, das sich nicht von bloßen Zwecken leiten läßt".[18]

In DS kommt der Begriff *Strudlhofstiege* komplett 82mal vor, als *Stiege* oder *Stiegen* 396mal. In DD nicht ein einziges Mal (das Ende von DW findet im Jahr des Anfangs von DS statt). Dies ist nur als bewußtes Ausklammern zu bezeichnen, denn viele Personen, insbesondere Stangeler und Geyrenhoff, gehen dauernd um sie herum und – unerwähnt – über sie. Aber sie hat aufgehört zu existieren. Doderer könnte sie auch verdrängt oder bewußt mit ihr und dem Roman innerlich abgeschlossen haben.[19] Mir kommt dies nicht sehr glaubhaft vor. Während das Weglassen von Melzer und Thea ein Motiv hat (TC IV 56 zeigt, wie Doderer darüber nachgedacht hat), ist das Weglassen der Stiege nicht rational zu erklären. Auch im Tagebuch nach Vollendung von DS taucht sie noch auf (z.B. TT III 719–18.1.1950), aber am 12.3. schon heißt es: „Fern liegt mir heut' die ‚Stiege'", der Roman, aber vielleicht war es auch der innerliche Abschluß mit ihr und ihrer Aura. Ich sehe es dennoch eher als typische Idiosynkrasie.

Für die Umgebung, also den Rest des IX. Bezirks, gilt diese Beendigung der Existenz jedenfalls nicht. Die Häufigkeiten vielgenannter Straßen und Plätze im Alsergrund zeigen sich wie folgt:

18 Schmidt-Dengler 1995 (2), S. 8. Die Geschichte der Stiege wird im Roman oft angesprochen, so z.B. in der Erklärung Stangelers für Melzer, aber nirgendwo so gründlich wie in Doderers ‚Ouvertüre zu Die Strudlhofstiege', in: WD 263ff.

19 Alternativ könnte Doderer mit dem Roman oder der Stiege selbst innerlich abgeschlossen haben. Aber warum sollte das der Fall sein, dem Personenverzeichnis ist zu entnehmen, wie umfangreich (39 Nennungen) die Überschneidungen auch hier sind. Außer mit Melzer und Thea Rokitzer, auch die sind wie vom Erdboden verschluckt.

	DS	DD	
Alserbachstraße	16	12	
Althanplatz	3	16	
Boltzmanngasse	4	1	
Liechtensteinstraße	13	11	
Nußdorferstraße	3	1	
Porzellangasse	41	4	
Währingerstraße	3	1	
Summe	83	46	
Strudlhofstiege	478	0	Sehr seltsam!

Besonders absurd wird es, wenn René, der eine deutliche Beziehung zu dieser Anlage hat, enger als alle anderen Protagonisten von DS, in DD über die umliegende Topographie spricht (z.B. die Liechtensteinstraße, DD 239), aber die Stiege keines Wortes würdigt. Oder wenn Leonhard, Niki und Karl Zilcher (DD 1311) über Währingerstraße und Boltzmanngasse zur Alserbachstraße und dann zur Ecke Porzellangasse gelangen (wo sie René daherkommen sehen) und die Strudlhofgasse unerwähnt rechts liegenlassen. Denn ihre Existenz ist zweifelsohne für den aufmerksamen (→) Leser evident.

Aber in DD sind noch andere topographische Daten bedeutend:

Die Brigittenau[20] wird als Ursprung Leonhards breit beschrieben. Tagebucheintragungen vom 12. bis 15. Mai 1951 zeigen, wie Doderer sich mit der Topographie für die Vorbereitung der DD auseinandersetzt. „Die Engerth-Straße, die Stufen am Strom: dies ist der Ort des Auftrittes zwischen Leonhard und Trix. Ein neuer genius loci, den ich da entdecke. Ich muß dort hinab. Ich werde auf diesen steinernen Stufen sitzen. Der Beginn eines Schriftsteller-Lebens. Der Beginn meines Buches." (TC IV 128)

Quapp wohnt lange in der Eroicagasse (XIX.), der grünen (→ Farben der Romane), zieht dann über den Berg nach Heiligenstadt, später nach Hietzing. Die Oberkirchergasse in Döbling ist der Platz, an dem Geyrenhoff seine Chronik verfaßt, auf

20 Ihr entspricht natürlich in DW die Adamsgasse. So wie Chwostik sich aus dieser erhebt, emporarbeitet, so Leonhard aus jener, obwohl dies zum Teil eine Überkreuzung ist, → Claytons und Chwostik.

dem ‚Graben' trifft dieser auf Levielle. Und neue Stadtgegenden geraten zu Erlebnissen und Eindrücken: „In der Wohnung der Frau Oberstleutnant Gebaur stößt Herzka auf etwas ihm vollständig Neues. Auch ganz andere Stadtgegend; VII. Bezirk, Kandlgasse" (TC IV 367, vgl. auch S. 369: nochmals Kandlgasse und auch: „Praterstraße: die Gräven").

Der Donaukanal in DS (Mary K.s Blick vom Fenster mit der berühmten Beschreibung der Mietwagen und ihrem „Abfädeln" DS 12) erhält auch höchste metaphorische Wichtigkeit in DD und DW. Der Besuch Chwostiks bei Dr. Eptinger, der ihm nicht nur wohnungsmäßig eine neue Basis verleihen wird, sondern vor allem ihm mit dem Blick auf ein Bild der kleinen Rita Bachler ein neues „Fenster" öffnet („Links hinter ihm blaut das Bild", DW 39), bietet ihm beim Eintritt ins Haus auch noch diesen Blick: „Man sah auf den Donaukanal hinaus." (DW 38)[21] In dessen noch unmittelbarere Nähe wird der „alte Pepi" später ziehen. Aber auch er zieht wie Leonhard über den Flußarm, und auch hier ist es ein bedeutendes Ereignis in seinem Lebensablauf: Es verändert alles um ihn und in ihm, er erhält eine neue Aura.[22] Es ist dies ein wesentlicher Schritt von der zweiten in die erste Wirklichkeit. Einen ähnlichen bedeutenden Unterschied hat Doderer in London gesehen („Die Prinz-Albert-Brücke über die Themse führt aus der sehr spürbaren Atmosphäre von Chelsea in eine völlig andere Aura, nach Battersea nämlich" WD-Gründ' 250), ohne die Parallele zu DD, das schon sieben Jahre vorlag, zu ziehen.

Der Alsergrund kommt auch in DW vor (DW 205), aber nur am Rande und ein einziges Mal, als Sitz einer Druckerei. Dieser Roman hat, zusätzlich zu den gemeinsamen Punkten wie in erster Linie dem Donaukanal, seine eigene Topographie, seine eigenen bedeutsamen Plätze und Straßen. Es sind dies vor allem

21 Dazu Achleitner, S. 128: „Heimito von Doderer erledigt dieses Thema mit einem Klammersatz ... und gibt dem ‚Kanal' jene Würde zurück ...".

22 Überschrift von DD II/2: „Am anderen Ufer" !! Und Quapp entwickelt sich lebens-(finanz-)mäßig ebenso wie liebesmäßig, und sie zieht über den Berg. Überschrift DD III/ 2: Überm Berg. Dies ist auch ein „Umziehen" von der zweiten in die erste Wirklichkeit. So mit Verzögerung auch Zihal in EF.

- die Adamsgasse (27 Nennungen!) als ursprünglicher Wohnort Chwostiks und Ort der Prostitution, in der auch Doderer als junger Mann Erfahrungen sammelte[23]
- die Haupt-Allee im Prater, auf der Harriet Clayton zu reiten pflegt (stets spritzen „die rötlichen Brocken der Gerberlohe", z.B. DW 33)
- die Prinzenallee, ebenfalls im Prater, in der die Villa der Claytons steht (DW 49)
- die Reitlehgasse in Döbling, Wohnung der Bachlers (DW 87)
- die Auhofstraße 123 in Hietzing, in der Monika Bachler wohnt und in der Zdenko von deren Freundin und Mutter seines Klassenkameraden Heinrich, Henriette Frehlinger, verführt wird (DW 225 f.)
- die neue Wohnung Chwostiks in einer Straße, die parallel zum Donaukanal läuft, „gegen die Eisenbahnbrücke zu" (DW 82), unweit des Praters, deren Name uns aber nicht mitgeteilt wird. Es könnte gut die Untere-Donau-Straße gewesen sein.

Aber auch andere Straßen, Gassen, Plätze und Bezirke werden oft und gerne, und alle mit Namen, erwähnt. DW hat ebenso viele Namen von Straßen, Gassen und Plätzen wie DS und DD, wenn auch, mit ganz wenigen Ausnahmen wie z.B. ‚Graben', durchaus andere. Jedoch ist die Topographie hier insgesamt zerfaserter und, jedenfalls im Vergleich mit DS, weiter gefächert:

- Wieden, Seidlgasse, Landstraßer Hauptstraße, Wollzeile, Ringstraße (DW 70)
- Donaukanal, innere Stadt, Kohlmarkt (DW 78)
- Schottentor, Grinzing, Döblinger Hauptstraße (DW 88)
- Wollzeile, Dom, Graben, Hofburg, Mariahilferstraße, Prater (DW 189)
- Colloredogasse (DW 199)
- Weißgerberstraße (DW 201)
- Erdbergerstraße, Sophienbrückengasse, Hauptallee im Prater (DW 218)
- Razumovskygasse, Marxergasse (DW 223)
- Hietzing, Auhofgasse und Fiechtnergasse (DW 226).

23 TC IV 521.

Dabei fällt noch deutlicher auf, daß Doderer, wie auch zuvor in DS und DD, mit besonderer Freude die Abfolge von Straßen schildert, Begehungen und Befahrungen, in denen neben der Information über den Weg auch viele Topoi und nichttopographische Beobachtungen[24] wie Natur, Zeit, Farben, Gerüche, Verhalten aufscheinen:

„Die Stunde war früh, erst kurz nach vier. Milohnic ging ein Stück zu Fuß durch die Stadt. Dem eleganten, kräftigen Andreas hätte wirklich niemand sein Alter angemerkt. Das dichte Haar war schwarz. Wir sehen es jetzt, weil er für ein paar Schritte den Hut mit dem Stock und den Handschuhen in der Hand trägt. Er verläßt die Josefstadt gegen das Parlament zu, kreuzt den Ring und geht am Volksgarten entlang und am Burgtheater vorbei. In der Schottengasse, am Hof und Graben bleibt er mehrmals vor den Schaufenstern stehen.“ (DW 238)

Topographie wird als dynamischer und in Beziehungsgeflechte eingebetteter dynamischer Prozeß erlebt, nicht als Bestandsaufnahme, sondern als Vorgang und Erlebnishintergrund. Diese Tendenz zur Dynamisierung topographischer Umstände durch Bewegung in ihnen ist so stark, daß sogar nicht menschenbezogene Topographie in bewegten Bildern beschrieben wird:

„Es ist eine belebte lange und breite Straße, vom Stadtzentrum gerade heraus*führend*; an einer bestimmten Stelle *biegen* an ihr die Straßenbahnschienen weg, welche da bisher *liefen* ... Man bemerkt nach hundert Schritten, die man noch zwischen gleichhin*laufenden* hohen Fronten tat, daß da und dort die Häuser vor- und ein*springen*; auch *sinkt* plötzlich die eine Gassenseite herab bis auf eines oder zwei Stockwerke. Hier steht das Haus ‚Zum blauen Einhorn'... wo die Dachkanten hoch und gleichhin *laufen* und der Abendhimmel als gleichförmiges Band zwischen ihnen. Jedoch, hinter dem Hause ‚Zum blauen Einhorn' *öffnen* sich noch einige Gäßchen, und rückblickend erkennt man nun das bereits Abgeschiedene der Lage.“ (DD 88)

24 So z.B. DW 70 (Chwostik geht zu Fuß zum Hausherrn, er riecht nach Milos Eau de Cologne), DW 189 (Donald fährt zum Commercialrat, er riecht nach Lavendel) und das folgende Beispiel. Ähnliches gibt es auch für Zdenko, aber nirgendwo für Robert Clayton. Wo dieser Tatmensch hinwill, da ist er, der Weg ist *nicht* das Ziel.

Auf 18 Zeilen (einschließlich der hier weggelassenen Passagen) finden sich acht dynamische Verben, keines von ihnen im Zusammenhang unnormal, wohl aber in der Häufung. Ebenso wie Doderer es liebte, dynamische Prozesse in ‚stehenden Bildern'[25] erstarren zu lassen, dynamisierte er Starres begrifflich.

Auch Imre („... zu wandern, würde man besser sagen" DD 939 und dann bis 946) und Quapp gehen ständig irgendwo hin (DD III/ 2 ‚Überm Berg' könnte auch ‚Übern Berg' heißen), ebenso René (DD 1316–1319, er denkt wie manche andere auch beim Gehen nach).

Generell sind auch Medien der Bewegung wichtig, und solche Bewegung tritt oft als schnelle auf. Dies gilt für Automobile, Schiffe, Straßenbahnen und Eisenbahnen.

Lasch wirft den „schweren" (DD 432) Wagen „recht gewalttätig um die Ecke" (DD402), der Rittmeister „fuhr viel zu schnell, warf den Wagen um die Straßenecken" (DS 92), der Blick auf eine entschwindende Straßenbahn ist das letzte, was Mary sieht, bevor sie in eine herankommende läuft. Und Eisenbahncoupés sind Ort solch zentraler Zweisamkeiten wie der zwischen Laska und Melzer (DS 75 ff.: Entwicklung der Freundschaft) als auch zwischen Robert und Harriet Clayton (DW 7ff.: Entwicklung der Entfremdung). Doderer liebt es offensichtlich, Bewegung in dynamischen Begriffen (‚werfen' ist dynamischer als ‚lenken' oder ‚fahren') zu beschreiben. Dabei gelingen ihm solche Höhepunkte wie der folgende: „Sie spürte eine leichte Verlegenheit des Gehörs, etwas wie Watte in den Ohren, erkannte aber nicht die Ursache davon: das rasche Durchmessen eines bedeutenden Höhenunterschiedes ...Die Lampe an der Decke ... bestrahlte mäßig diese Kammer mit den Polstersitzen, die mit ihren beiden Bewohnern durch die Dunkelheit eilte." (DW 11)

In EF übrigens, wo man eine ausgeprägte Topographie nicht nur wegen des Wiener Bezuges, sondern auch aus zihalistischen Gründen, also solchen der äußersten Sorgfalt und Pedanterie, erwarten könnte, werden Straßen und Plätze zwar, wenn auch selten, beschrieben (einmal sogar ausführlich der Ort des ‚Tandelmarktes' – EF 37ff.), aber nicht mit Namen genannt. Hier

25 Z. B. DS 283 f. Wendelin Schmidt-Dengler hat sich 1998 mit diesem Thema in einem noch unveröffentlichten Vortrag in Köln anläßlich der Verleihung des 3. Doderer-Preises ausführlich beschäftigt.

kann also von Topographie nicht die Rede sein. EF ist auch keineswegs ein ‚Wiener' Roman,[26] der Ort des Geschehens ist hier nur im Kopf. Auch die mangelnde Komplexität der Personen außer der des Protagonisten und die eindimensionalen Beziehungen zwischen den handelnden Personen lassen dieses Werk in erzählerischem Ansatz wie Qualität außerhalb der großen Prosastücke. EF ist nur äußerst komisch (Sprachkomik, die Komik liegt ausschließlich im Begrifflichen und Techniken wie der der Wiederholung). Es kann ansonsten auch nicht mit DM verglichen werden, wo über Skurrilität, Komik und Groteske hinaus ein komplexes Romangebilde entworfen worden ist.

Ähnliches gilt, topographisch, auch für DG, wo allerdings die Rotensterngasse (Alfons ist hier aufgewachsen und besucht hier den Vater, „eine wenig freundliche Gasse des tiefgelegenen Stadtteils nahe der Donau" DG 23) wichtig ist und einen Namen hat. Auch dieser Roman ist durchaus kein ‚Wiener' Roman. Allein diese drei vollendeten Kunstwerke sind es, die ohne Doderers präzise und dichterische Ortsbestimmungen und -entwicklungen nicht denkbar sind.

Trethofen

Das gibt es bei Doderer sonst nicht, daß einer so krachend zur Tür hereinfällt mit seiner Biographie. „Die mittleren Jahre meines Lebens verbrachte ich als Inspektor eines Brandschaden-Versicherungsinstitutes vielfach im Außendienst, wodurch ich eine große Zahl von Städtchen, Marktflecken und Dörfern kennenlernte." (DE-Trethofen 330[1])

Daß die Ich-Form gewählt wird, ist nicht typisch für Doderer. Von den Romanen ist nur ein einziger so verfaßt, DD, und auch nur

26 Jan Papiór zählt in der Nachfolge von Weber 1963 zu denjenigen, die EF mit DS und DD zusammenfassen wollen. Wenn er dabei darauf verweist, daß EF hilft, „das komplexe und minuziöse Bild der österreichischen Hauptstadt abzurunden" (S. 60), muß er ein anderes Buch gelesen haben.

1 Im folgenden wird angesichts des Umfangs der Erzählung auf die Angabe von Seitenzahlen verzichtet.

teilweise. Zudem sind die hauptsächlichen Chronisten Geyrenhoff – zum Teil – und Schlaggenberg – zur Gänze – Alter egos des Verfassers und entwickeln nur begrenzt eine unabhängige Identität. Von den Erzählungen sind es knapp ein Drittel, vor allem späte, zuvorderst das Divertimento No. VII,[2] aber die Ich-Erzähler in DE gewinnen nie richtig Gestalt, sind nur die Folie, Empfänger von Informationen und auch da, wo sie handeln, seltsam gesichtslos, symbolträchtig, fremdbestimmt. Keine Biographie, kein Rückblick vor allem, nicht etwa wenig, sondern schlicht und einfach nichts![3]

Insgesamt gibt es bei den so verfaßten Erzählungen alternative Modelle.

- Der Schriftsteller und Mensch Doderer ist klar der Erzähler (‚Der Buchhändler', ‚Unter schwarzen Sternen').
- Es ist nicht auszumachen, ob eine Nähe besteht (‚Ein sicherer Instinkt').
- Es besteht definitiv keine Nähe zu diesem (‚Aimée', ‚Trethofen').

Strukturell besonders interessant ist ein Vergleich mit ‚Eine Person von Porzellan'. Diese Erzählung hat bei ähnlicher Länge, aber ganz verschiedenen Entstehungsjahren (1935 zu 1961) einen identischen inhaltlichen Aufbau: Ankunft an einem fremden Ort – Aufdämmernde Erkenntnis – Schock – Rascher Abschied. Der Begriff des „Schocks" entstammt der späten Erzählung, in der frühen ist es die Übelkeit, die ihn verkündet. Der Abschied ist bei beiden fast gleich formuliert:

- „... ging ich rasch davon." (DE 306)
- „Rasch zog ich davon." (DE 332)

Jedoch ist der fiktive Erzähler von ‚Eine Person von Porzellan' an keinem Detail festzumachen, er bleibt völlig fremd. Ganz an-

2 Außerdem ‚Heimkehr in die Jugend', ‚Ein sicherer Instinkt', ‚Feldbegräbnis einer Liebe', ‚Komplize wider Willen', ‚Aimée', ‚Acht Wutanfälle' 3/4/7/8, ‚Neun Kürzestgeschichten' 1/2/3/7/8/9, ‚Eine Person von Porzellan', ‚Sonatine III', ‚Umzug ins Villenviertel', ‚Bett und Bart', ‚Der Buchhändler', ‚Erzählung', ‚Die Peinigung der Lederbeutelchen', ‚Tod einer Dame im Sommer', ‚Unter schwarzen Sternen'.

3 ‚Unter schwarzen Sternen' und ‚Tod einer Dame im Sommer' müssen hier ausgenommen werden, aber diese müssen ohnehin ausgenommen werden, es sind extrem singuläre Erscheinungen im Werk Doderers und bis heute auch kaum erforscht. Erstere jedoch verbindet sich mit ‚Trethofen', wie ich zu zeigen beabsichtige, zu einer Einheit.

ders der geschwätzige Versicherungsinspektor von ‚Trethofen'. Es ist also weniger die Überraschung ob der Ich-Form, sondern eher die ob der kurzen, präzisen Mitteilung von Details des Ich-Erzählers über sich und auch noch gleich zu Beginn seines Berichts.

Aber auch bei anderen Personen, keinen Ich-Erzählern, in der langen wie kurzen Prosa werden ja Informationen oft nur zögerlich gegeben, werden Nachnamen verschwiegen, Vornamen sind angeblich unbekannt oder werden Hunderte von Seiten nach Einführung der Person beiläufig mitgeteilt, Berufe, Kindheit und Jugend, Eigenheiten, Aussehen, Haarfarbe: Wer nicht genau aufpaßt und hinliest, merkt es wohlmöglich nie.

Hier jedoch: Der konzentrierte Mitteilungsdrang, gleich zu Beginn. Und das krachende Mittelmaß beruflicher Art und Anschauung der Dinge. Kein naiv-geschwätziger Sektionsrat (Geyrenhoff), kein sexualneurotischer (Schlaggenberg) oder aufgetümmelt boshafter (Döblinger) Schriftsteller berichtet, kein leicht verrückter[4] und im übrigen nicht festzustellender Apperzeptionsverweigerer (‚Die Posaunen von Jericho'), sondern ein durchschnittlicher Mann mittleren Alters, zwar ohne Namen, die Kurzform verlangt auch nicht danach, aber identifizierbar, mit einem durchaus durchschnittlichen Beruf, Einkommen und entsprechender Einstellung zur Umwelt. Er ist mit einer präzisen Sprache gesegnet, wenn ihr auch eine gewisse Schwere, Bodenhaftigkeit und Altertümlichkeit eignet, die weniger elegant ist als die von DD und nicht im geringsten so skurril wie die der um die gleiche Zeit entstandenen DM.[5]

4 „Im Finalsatz des siebenten Divertimento muß ich wirklich zu einer Art selbsterleuchtender Idiotie finden." (TC IV 35)

5 Als Ganzes ist ‚Trethofen' schon skurril, aber eher inhaltlich denn sprachlich. Gerade hinter der Maske des Skurrilen verbirgt Doderer aber gern seine Ängste. Sogar die geliebten und in extremer sprachlicher Skurrilität beschriebenen (→) Brachialitäten gehen auf Kindheitsängste um einen radikal tretenden und prügelnden Vater zurück. Nirgendwo wird dies so deutlich wie bei den späten Erzählungen und DM. Vgl. auch (→) Farben der Romane und Späte Erzählungen, speziell zur Schwärze der nach 1960 entstandenen Kurzprosa. Im übrigen entsteht der erwähnte Eindruck der Schwerfälligkeit besonders bei dem von Doderer gelesenen Text, der uns neben vielen anderen dankenswerterweise überliefert ist (CD Edition Radio Literatur, Radio Österreich, 1996).

In dieser kurzen Erzählung, die Doderer wenige Jahre vor seinem Tod im Alter von vierundsechzig Jahren geschrieben hat, herrscht totale Ordnung, Aufgeräumtheit, zumindest beim Erzähler. Meint man. Er bringt sich, eben die Reisetasche geöffnet habend, mit ein paar Bürstenstrichen vor dem Abendessen in Ordnung, die berufliche Aufgabe wird sorgsam erfüllt (Nach Feststellung des Sachverhalts ...), das Automobil wird nicht um die Kurven geworfen,[6] sondern diese werden sorgfältig genommen, er fährt gemachsam nach Trethofen zurück.

Doch nicht so schnell oder eben nicht so gemachsam: Dahinter droht die Unordnung, verbirgt sich das Unglaubliche, kommt das Chaos unvermittelt dazu, lauert – wie in den Filmen Alfred Hitchcocks, den formal wie inhaltlich viel mit dem Zeitgenossen verbindet – der Schock des Fremden, der Gefahr im bislang so bürgerlichen, ordentlichen Ambiente. Unvermittelter, überraschender als sonst bei Doderer.

Und doch ist es nichts, das wir nicht gerade von ihm gut kennen würden. Denn was hereinbricht, sind Brachialitäten schwerster Art: Ein Holzscheit zerstört das Zimmerfenster, ein – natürlich schwarzgekleideter – Mesner[7] wird so stark getreten,

6 Wie etwa beim Rittmeister: „Und wie Eulenfeld den Wagen um die Kurven warf, nachlässig, roh und sicher, da drückte es ihn gegen sie hin". (DS 303)

7 Der Mesner ist ein Topos bei Doderer. Und ein eigentümlicher dazu, denn normalerweise, außerhalb der vorliegenden Erzählung, tritt er nur als Pleonasmus auf, meist nämlich Küster oder Mesner, so in DE-Bischof, so auch in DS 405 (DS 417 hat die Umkehrung Mesner oder Küster), oder als Mesner oder Kirchendiener (DD 325). Chwostik, der Hauptfigur von DW, eignet ein mesner- oder küsterhafter Zug (DW 24), Scheichsbeutel hätte einen Mesner oder Küster machen können (DS 405). Ähnliche Pleonasmen finden sich viele bei Doderer, z.B. der Pierrot oder Harlekin (viermal in EM, nur als Pierrot zehnmal in DS für die Vermieterin Melzers, zu alldem → ab ovo). Interessant ist es, daß die Varietät Küster oder Mesner gemäß DS 405 unter den zihaloiden Phänomenen übrigens gar nicht selten angetroffen wird. Im übrigen wird der Mesner oder Küster als ein seltsamerweise am Rande des Übersinnliches hausendes Wesen so beschrieben: „zeigen sich dafür meist erkenntlich durch eine sanfte und gedämpfte Lebensart, gehen auch stets dunkel gekleidet, glattrasiert, ... und man findet, wie ich beobachtet zu haben meine, bei ihnen häufig

daß er längelang nach vorne fiel, ein Zuschauer geht vorbei, ohne „irgend Notiz zu nehmen“, und die Dörfler treten und ohrfeigen sich kräftig und ohne Unterbrechung, wobei das Gespräch zwischen allen Beteiligten im ständigen Flusse blieb. Hier haben wir die totale Unordnung, das totale Chaos vor uns, aber als selbstverständlich akzeptiert und verstanden. Dies kann auch als Metapher für die politische Vergangenheit Österreichs und des Dichters genommen werden.[8] Hierfür könnte auch die Lage des Dorfes inmitten einer vollkommen ebenen Gegend als Indiz gesehen werden, wobei Plattheit mehr für zeitliche Nähe und Dummheit steht als für geographische Beschaffenheit.

Und all dies gemahnt an die Erzählung ‚Unter schwarzen Sternen‘, auch eine schwarze und im gleichen Jahr begonnen, und, ausgenommen den klaren privatgeschichtlichen Horizont von Krieg und Nationalsozialismus auf der ersten textuellen Ebene, mindestens ebenso verschlüsselt.[9] Auch hier herrscht Chaos („zur Gigantonamie gelangter Un-sinn“ DE 467); aber hier wird dem Ich-Erzähler konkret gesagt: Ich mache Dich darauf aufmerksam, daß Du hier dem Leichenbegängnisse einer Kultur assistierst. (DE 468)

Der Inspektor und Chronist von ‚Trethofen‘ sieht die Brachialitäten mit wachsendem Erstaunen und, ob der Unfähigkeit oder Unwilligkeit des Wirtes zu einer auch nur ansatzweisen Erklärung, wachsendem Grimm. So wird er selbst, cholerisch auf dessen dummes = apperzeptionsverweigerndes „Ja, so gehts, so gehts dahin“ reagierend, zum Angreifer, stülpt dem Wirt einen Eimer mit Tünche über den Kopf, und zwar treffenden Schwunges. Das klingt nach ironischem Abstand, ist aber begleitet von „Groll“ und Schreien. Er fährt schließlich rasch da-

eine Vorliebe für schwarze, breitgeschlungene Krawatten, während der Kragen fast immer von der gerade gangbaren Form abweicht, und eine gewissermaßen historisierende Neigung andeutet.“ (DE-Bischof 289f.)

8 Diesen Hinweis verdanke ich Prof. Wendelin Schmidt-Dengler.

9 Im Gegensatz zu den Romanen (insbesondere DD, DM, DW, DG) gibt uns Doderer in den Tagebüchern nur wenig Material zu den Erzählungen, meist kommen sie nicht vor. ‚Unter schwarzen Sternen‘ wird als einzige mehrmals erwähnt: TC V 290, 355, 356 und 369. Zu der Rätselhaftigkeit der ganz späten Erzählungen s. → Farben der Romane, Späte Erzählungen.

von, unter Nachdenken über das Faszinierende an einer troglodytischen[10] Lebensweise. Und das Motto, das Doderer dem Ganzen voranstellt (Wos der Brauch ist, legt man Küh ins Bett), bestätigt eben dieses im voraus: Es gibt Menschen, die sich durch nichts an ihrer Dummheit irre machen lassen.[11] Und es ist die Resignation darüber. „Ja, so geht's schon dahin", eine Formulierung, die sich im Werk nur hier findet, obwohl sie so typisch für den Dichter klingt.

Wenn (ungerichtete) (→) Wut und Grimm einen schweren Fall von Apperzeptionsverweigerung darstellen, dann ist das in ‚Trethofen' zu Beobachtende ein schwerer Fall von kollektiver Apperzeptionsverweigerung. Wenn das aber nicht, oder nicht nur, Vergangenheit ist, sondern hauptsächlich die vom alten Doderer erwartete Zukunft, dann hilft es freilich nicht mehr, dem Wirt den zufällig dastehenden Eimer mit Farbe über den Kopf zu stülpen. Das, was der Ich-Erzähler erlebt, ist der Einbruch der Unvernunft in das gesamte Leben, ist deren Verbreitung ins Allgemeine und das Zum-Normal-Fall-Werden dieser Irrationalität. Die private Dummheit wird zum politischen Phänomen. Das zwanzigste Jahrhundert wird „in Nacht und Barbarei versinken", wenn es die Aufgabe der Demokratie nicht lösen kann. Denn der Westen hat den ‚Behemoth' des totalen Staates zunächst nur durch „militärische Schlagkraft ... zurückgestemmt" (TT 396f. – 4.2.1946).

Insofern ist diese Geschichte, die, vor allem vom Verfasser vorgelesen,[12] stark und direkt zum Lachen reizt, eine Geschichte voller Angst und erfüllt von schwerem, todesgerichtetem Pessimismus und Verzweiflung. Der skurrile, geradezu absurde Humor, der sie durchzieht, wie überhaupt verstärkt das Alterswerk, ist die Maskierung dieser Not am Leben. Brachialitäten sind ebenso Zustandsbeschreibung wie Aggression aus Verzweiflung über den Zustand der Welt, die sich zunehmend chaotisch und unvernünftig darbietet. Und nicht veränderbar

10 Dieser Begriff wird sonst nur noch auf Julius Zihal und auf die Hausmeisterin Wewerka nebst Schwiegersohn angewendet, und zwar 17mal in EF, fünfmal in DW (→ Troglodyt).

11 Erinnert dies aber nicht auch an den ebenso auf den ersten Blick sinnlos erscheinenden (→) Kühfuß?

12 S. (→) Theater, Anm. 3.

dazu. Oder sie sind, auf einer anderen, zweiten, zusätzlichen Ebene gelesen und interpretiert, die Mahnung ans Ende von Vernunft und damit Menschenwürde.

‚Trethofen' ist, in Farben gesehen (Schwarz und Weiß kommen je zweimal vor, eine bunte Farbe im Gegensatz zu fast allen Werken, auch Erzählungen Doderers nicht), eine schwarze Geschichte. Holzschnittartig düster, unfreundlich, unfröhlich trotz witziger Formulierungen. Hier gibt es weder einen lackblauen Himmel noch grüne Baumkronen, Natur kommt nicht vor, wir sehen die Farblosigkeit eines bösen Traumes.

In ‚Späte Erzählungen' wird gezeigt, daß das ungewöhnliche Übergewicht von Schwarz und Weiß in ‚Trethofen' (nämlich 100 %) gar nicht so einzigartig ist. Ähnliches gilt auch für alle späten Erzählungen, insbesondere ‚Sonatine I / III', ‚Tod einer Dame im Sommer' und ‚Unter schwarzen Sternen'. Bei diesen – einschließlich ‚Trethofen' – beträgt nämlich der Anteil von Schwarz und Weiß 68 % (gegenüber 24 % bei frühen – 1932 – Erzählungen und 34 % bei den frühen Romanen und Novellen).[13]

Mit der oben schon erwähnten Erzählung ‚Unter schwarzen Sternen' verbindet ‚Trethofen' über die Farbe, die Farbstatistik und das Entstehungsjahr auch die äußerste, schärfste Absurdität. Auch als Drohung vor dem Lauf der Zeit, vor der Politik als Ende der Menschheit. Wie in ganz wenigen Erzählungen bei Doderer (außer den beiden noch ‚Eine Person von Porzellan', ‚Der Oger' und Teile von DM) springt hier weit über das Skurrile hinaus die absolute Absurdität, die schiere Unmöglichkeit des Geschehens ins Gesicht. Der Ort Trethofen und das, was darin passiert, sind so wenig in der realistischen Umwelt ansiedelbar wie die Versammlung der Gäste um die Gringos und deren Präsentation auf dem Kaminsims.

In beiden Erzählungen hat die Unvernunft (hier ausgesprochen, nicht versteckt, die der Politik und des Krieges) nicht nur Einfluß, sondern sie hat das Kommando übernommen und das Chaos gezeugt. Irrationalität und Apperzeptionsverweigerung werden zum Normalfall. So sind auch beide Erzählungen Abrechnung mit der politischen Vergangenheit des Verfassers, die ihn in eine zweite Wirklichkeit geführt hat.

13 Vgl. auch (→) Farben der Romane.

Auch stilistisch und in einzelnen Formulierungen finden sich manche Ähnlichkeiten, die über andere Parallelen hinaus durchaus bewußt gesetzt worden sind:

‚Trethofen'	‚Unter schwarzen Sternen'
Ich-Erzähler	dto.
Ausgefallenes Sprichwort als Motto	dto. im Text
Wo's der Brauch ist, legt man Küh ins Bett.	Wer es versteht und den Weg weiß, der lebt auch in der Hölle behaglich.
Ists der Brauch?	So wills der geistreiche Brauch
Rasch zog ich davon.	... ging bald rasch auf der finsteren Straße dahin.
... kam rasch vorbei.	... kam vorbei.

Diese Erzählungen machen in ihrer Rätselhaftigkeit schon uninterpretiert mehr schaudern als lachen. Wenn wir gar über die oben erwähnte politische Vergangenheit hinaus als ein mögliches Interpretationsmuster das Jahrhundert nehmen, das von zügellosen Aggressionen nur so geprägt ist und dem eine Retroglodytisierung durchaus zugesprochen werden kann, dann entpuppt sich diese kurze Erzählung als ein Minikosmos unserer gemeinsamen Gegenwart. Der Troglodyt und mit ihm die – der totalen und allgemeinen Dummheit entspringende – apperzeptionsverweigernde Aggressivität prägen und durchdringen diese auch bei in Einzelfällen überstandener Gefahr.

Daß dann die Dörfler, während sie sich treten und ohrfeigen, ihre Unterhaltung dabei nicht im geringsten unterbrechen,[14] erinnert an oder verweist auf die Tatsache, daß unter dem Nationalsozialismus nicht nur im KZ die Orchester spielten, auch um die Schreie der Gepeinigten zu übertönen, sondern daß auch der gesamte Kulturbetrieb mit Literatur, Musik und Kunst, Diskurs und Vortrag weiterlief, als wäre nichts geschehen. So entwickelt sich die „troglodytische Lebensart" zum Bösen für die, „die einen Ansatz dazu schon besitzen und mitbringen, der dann nur noch einer gewissen Entwicklung bedarf". Diese deutliche For-

14 Es ist wichtig, dies festzuhalten. Das Treten und Schlagen ersetzt nicht die Unterhaltung, wie es z. B. Voracek (S. 429) behauptet.

mulierung schließt ‚Trethofen' ab. Sie verweist gemeinsam mit den „Besonderheiten" des Dorfes auf den Nationalsozialismus, dem auch Doderer, zu leicht, verfiel, der in seinem Ich-Erzähler die Aggressivität „zugleich, ich muß mir's gestehen, bewunderte".

Was in ‚Trethofen' historisch unspezifisch angedeutet wird, soll dann in ‚Unter schwarzen Sternen' konkretisiert werden. Denn hier ist der Nationalsozialismus direkt und ausdrücklich anwesend, hier wird gleichzeitig gesprochen und musiziert (Beethovens Klavier-Trio opus 70, DE 471). Die schöne Tochter des Generalstabsarztes stirbt in Theresienstadt, und die potentielle Denunziation ist in Gestalt des schwarzschnauzbärtigen und verstockten Oberstleutnant P., der den Unvorsichtigkeiten des Obersten aufmerksamer zu lauschen scheint, als uns gefallen konnte (DE 47), drohend gegenwärtig. Die in ‚Trethofen' noch geschichtslose und unspezifische Bedrohung ist in ‚Unter schwarzen Sternen' ganz gegenwärtig und führt den Tod der Tochter des Arztes und, durch Selbstmord, den der Gringos herbei. Diese beiden Erzählungen sind zusammen zu lesen und können als deutlich pessimistisches Testament des Dichters verstanden werden.

Aber auch als Abrechnung mit dem eigenen Versagen. Daß gerade die ersten Worte von ‚Trethofen' von den mittleren Jahren sprechen, verweist auf Doderer, der mit 36 Jahren der Nationalsozialistischen Partei beitrat und sich mit 40 Jahren von ihr zu distanzieren begann.[15] Hier ist also der Inspektor eines

15 „... infolge meiner vor neun Jahren schon Anfang 1937 abgebrochenen einstmaligen Sympathien zur Welt des Nazismus ..." (TT 441–2.5.1946). Vgl. Fleischer 1996, S. 231 und 284. Der von Doderer mehrfach zitierte Begriff des ‚Behemoth' findet sich vor allem in den ‚Tangenten'. Er geht auf das alte Testament (Hiob 40) zurück. Die Kirchenväter, die Doderer gekannt haben dürfte, wandten ihn auch auf den Satan an; die einzige mir bekannte Anwendung auf den Nationalsozialismus findet sich bei Franz Neumann, Behemoth. The Structure and Practice of National Socialism 1933–1944, New York 1944. Dieses Werk kann Doderer schlechterdings nicht gekannt haben. Martin Mosebach hat mich darauf hingewiesen, daß der Begriff im Paar mit dem des ‚Leviathan' bei Carl Schmitt auftaucht. Dessen Name wiederum findet sich seltsamerweise weder in den Essays noch den Tagebüchern Doderers.

Brandschaden-Versicherungsinstitutes selbst zum Brandstifter geworden, hat als Verfasser aber genug Distanz gewonnen. Diese Abrechnung mit seiner eigenen Dummheit und Apperzeptionsverweigerung kommt im Tagebuch früh, im Werk überwiegend in seinen letzten Jahren vor.[16] Auch im zur gleichen Zeit entstandenen ‚Der Grenzwald' ist ein Widerhall dieser Selbstreflexion zu verspüren.

„Kein Buch hat Doderer so sehr unter das Zeichen des Gerichts über eine Untat gestellt wie dieses ... Am Rande sei vermerkt, daß dies alles zu der Zeit zu Papier gebracht wurde, als Verbrechern wie Eichmann der Prozeß gemacht wurde ... So kann diese Figur eines Zienhammer sehr wohl auch einer Abrechnung mit der eigenen Vergangenheit entsprungen sein, einer Abrechnung, die freilich sehr verhüllt durchgeführt wird und geradezu diskret mit der eigenen Psyche umgeht."[17]

So diskret wie in ‚Trethofen', wo die politische Dummheit Doderers nur sehr indirekt anklingt. Es gibt eine Erzählung aus dem Jahr 1946, die diese These ergänzen mag. In ‚Die Lerche' ist es eine junge Mary, ein Vorschein der Mary K., welche ein dummes Gespräch mit der Dummen führt, nämlich ein politisches Gespräch (DE 307). Diese Dummheit, die sich aus dem Politischen geradezu zwangsläufig ableitet, mag die Dummheit des Verfassers gewesen sein, der sich auf den politischen Diskurs eingelassen hat. Nicht Mary ist die dumme Person, sondern Doderer.

Er hat den ‚Behemoth' zu spät erkannt.

16 Man könnte dem DD entgegenhalten; ich meine aber, daß DD eher gereinigt ist vom alten Geist, der Schritt zur Distanzierung durch das Werk ist noch nicht vollzogen. Vor einer ganz gegensätzlichen Interpretation von Sigurd Paul Scheichl stehe ich einigermaßen fassungslos. Daß er in der letzten Fußnote seiner Ausführungen (Anm. 28, S. 107) auf einen – wiederum ihm entgegengesetzten – Standpunkt bei Hilde Spiel hinweist, versöhnt ein wenig.

17 Schmidt-Dengler 1986 (1), S. 23.

Troglodyt

Der ,Troglodyt' ist ein Höhlenmensch. Im gesamten Werk kommt nur ein solcher und so als Individuum benannt vor, nämlich Julius Zihal. Siebzehnmal in EF wird er als ,Troglodyt' oder sein Verhalten, seine Wesensart als ,troglodytisch' bezeichnet. Wie ein neues Spielzeug benutzt Doderer den Ausdruck, manchmal in fast lächerlicher Summierung, sei diese auch eine durchaus bewußte Erzähltechnik.[1]

Die ,Menschwerdung' des Pensionisten Zihal ist natürlich auch eine Entwicklung weg vom Troglodytentum, eine von „troglodytischer Blödheit" (EF 75) gleich Apperzeptionsverweigerung zu Erkenntnis gleich Apperzeption, vom Höhlenmenschen zum freien. „Zum ersten Male ... trug er am hellen, freien Tag die bestimmtesten Absichten eines ganz anderen und dunkleren Stockwerks (unter dem Zwerchfelle) durch die Straßen der Stadt, schlich er nicht mehr in troglodytischen Höhlen daheim oder tastete draußen nur erkundigend oder bloß mit Katalogen." (EF 115) Außerdem ist sie natürlich die vom Voyeur zum Ehemann, vom Ex-Amtsrat zum bewußten Pensionisten, vom Dummen zum Klugen (oder nur halb Klugen?), vor allem aber vom Schauen zum Erkennen. Diese Menschwerdung kann insgesamt durchaus auch als Ent-Troglodytisierung bezeichnet werden, so wie es auch bei Münsterer stattfinden wird.

Den Begriff finden wir dann noch achtmal in DW, allerdings nur als Adjektiv und nur (Gemeinheiten!) für den Dunstkreis hausmeisterischen Werkens und Wirkens. Die Hausmeisterin Frau Wewerka ist ein „troglodytisches Knollengewächs" (DW 28), welches „in troglodytischer Enge hauste" (DW 30), der Schwiegersohn Münsterer muß aus finanziellen Gründen ebenfalls in der „troglodytischen Höhle und Hölle" (DW 55) wohnen, er weist selbst als Person „troglodytische Zurückgebliebenheit" (DW 58) auf. Aber hier, bei der Wewerka, ist keine Entwicklung beschrieben und wohl auch aus prinzipiellen Gründen wie bei jedem (→) Hausmeister unmöglich.

Bei Münsterer jedoch ist das Gegenteil der Fall. Hier wird jemand vom troglodytisch angehauchten Individuum – wenn

1 S. dazu (→) Wiederholung und ab ovo, besonders Fußnote 1.

auch nicht direkt Troglodyten – und apperzeptionsunfähigen Nichtmenschen zum Menschen, fähig zu Erkenntnis, Freundschaft und Sozialverhalten, eine ganz ähnliche Entwicklung wie bei Zihal, nur nicht wie bei diesem durch eine Frau ausgelöst, sondern durch das Beispiel Chwostik. Dieser „sah Münsterer lange an und blickte in dieses entwirrte und ruhig gewordene Antlitz, als läge hier der gelöste Knoten dieser letzten Zeit vor ihm zu Tage". So wird DW beschlossen.

Aus durchaus anderen, nicht speziesbezogenen Gründen gilt das gleiche für das troglodytische Aggregat, welches das Dorf (→) Trethofen in der gleichnamigen, düster-skurrilen Erzählung darstellt. Nur wird hier nichts besser, sondern alles ist denkbar schlimm und barbarisch. Hier ist die kollektive Apperzeptionsverweigerung als gewählte (?) Form des zwischenmenschlichen Umganges nicht mehr heilbar. Hier triumphieren die nackte Dummheit und ödeste Ideologie. Der Ich-Erzähler verweist zwar darauf, daß „jeder troglodytischen Lebensart, beruht sie nur fest in sich selbst, etwas schlechthin faszinierendes eignet" (DE 332), aber das vermag den Schock des Davonziehenden nur wenig zu mildern.

Tropidonotus Lindwurm

„Da René sich nicht rührte, kroch der Tropidonotus-Lindwurm gemachsam seines Weges weiter, gegen einen tief eingerissenen Seitengraben der Schlucht, wo ein kleines Gerinnsel dem Bach zufloß." (DS 169) Die wichtige Szene ist angesiedelt im August 1911. Der Lindwurm ist eine Ringelnatter. Auch sie ist ein wesentlich autobiographisches Element, eine zentrale Chiffre von Erinnerung. Weniger eine Metapher der Erinnerung und schon gar nicht ein Penissymbol.

„Im Sommer des Jahres 1911 begegnete mir in einer sonst unbegangenen Schlucht unweit meines Elternhauses im Gebiete der Raxalpe, wo ich als Gymnasiast die Ferien verbrachte, eine Ringelnatter (Tropidonotus natrix) von derart ungeheuerlichen Ausmaßen, daß ich – sehr gegen meine damaligen Gewohnheiten! – jeden Fangversuch unterließ. Das Tier hing geradezu in Girlanden quer über einen eingerissenen Wildbach, und während es sich vorwärts schob, war der hühnereigroße Kopf mit den gelben Backen längst am diesseitigen Ufer angelangt, während der Schwanz drüben noch ein kleines Geröll vom Steilhang rieseln machte. Vorsichtig geschätzt hatte diese Schlange eine Länge von nahe an zwei und einem halben Meter." (WD 17)

Von diesem Punkt an verschmelzen Doderers Faszination durch echte Schlangen und unechte Drachen in eins. Nur angesichts eines so stark prägenden Erlebnisses ließ er das Visier zwischen erzählter und erlebter Erinnerung so deutlich herab wie an dieser Stelle, in der Inhalt wie Sprache äußerste Ähnlichkeit verraten. Die außerdem im Essay über die „Wiederkehr der Drachen" gleich die Richtung angibt.[1]

Renés Schlange, die achtmal in DS vorkommt und an die er sich nach genau 15 Jahren, am 30.8. 1925 (DS 521), erinnert, ist ein Leitmotiv im Werk Doderers, der das Autobiographische in exemplarischer Weise verkörpert. René und die Schlange verschmelzen im Prozeß des Schauens wie des Erinnerns in eins. „René fühlte jede Bewegung der Natter, als sei er's selbst, der sie ausführte, nur gleichsam umgeschlagen in sein Inneres." (DS 169) Und gleichermaßen empfindet es Melzer, der die Schlange nach Erinnerungen an die Jagd mit Laska und damit an seine Ernstfarbe ‚Rot' und Blut sieht. Diese Schlange „erschien ihm wie eine Bewegung seines eigenen Inneren, wie geheimste Gedanken, die zu enthüllen unvorstellbar war" (DS 80).

Wenn es noch eines Beweises bedürfte, daß (→) Melzer mehr ist als der „Spagat", ja daß er über René sogar ein Alter ego des Dichters ist, hier wäre er.

Melzers Schlange, kaum weniger wichtig als die Stangelers, ist eine Haselnatter, ein „kaum ellenbogenlanges Schlänglein" (DS 79), die er auch (DS 80) als „Haselwurm" bezeichnet. Sie ist untrennbar verbunden mit der Erinnerung an Laskas Tod, eines der Schlüsselerlebnisse des Majors und eine der Schlüsselstellen von DS.

Schon in EM begegnet sie uns als, wenn auch viel kleinere, Ringelnatter, hier kommt sie „über das Wasser geschwommen"

1 Lt. Schmidt-Dengler 1995 (2), S. 11, behandelt Doderer in seinen journalistischen Arbeiten von 1926 bis 1931 „vor allem Themen der Alltagsgeschichte, aber auch der Drachenkunde".

und wird von den Knaben getötet (EM 26f.). Castiletz hat die Chance verpaßt, sich frei zu entscheiden. Er macht mit. Auch für ihn bedeutet die Schlange einen wesentlichen Punkt in seiner Autobiographie, aber anders als René wird er erst am Ende seines Lebens frei und Mensch. Sein Freund Günther aber, ihm schon früh überlegen, spricht mit Kennerschaft von Drachen (EM 24).

„Der Drache gehört nach jener alten Anschauung zur dritten Ordnung der Schlangen." (WD 19) Wenn eine Schlange zu groß wird, der Leib zu dick, paßt sie „nicht mehr in unsere Vorstellung von einer Schlange. Es ist ein Lindwurm." (ebd.) Er taucht jedoch auch als Großwaran auf (WD 21 und DD 1182). Die ‚Wiederkehr der Drachen' gibt Doderer Gelegenheit zu Ausführungen über das Hineinragen der Vergangenheit in die Gegenwart wie des Urwaldes in die Großstadt. Im Spätwerk wird diese Funktion der Krake übernehmen, dessen Arme durchs Kanalgitter langen und mit dem Meisgeier eins werden. So wird er auch wie dieser erschossen. So wie die beiden in eins verschmelzen (DD), so verwischt der Unterschied zwischen Schlange und Drache (DS), ebenso wie die nicht riesige Schlange, die Stangeler sieht, an sich ein Tropidonotus natrix, zum Tropidonotus Lindwurm wird.

Der Drache, der „ein Ungeheuer ist, ein Einzelfall und kein bestimmbares Tier" (WD 24), ist nicht Symbol, sondern (mehrfach belegte) Chiffre für Autobiographie, Vergangenheit, Kindheit,[2] Erinnerung, Unbewußtes, Archaisches, aber auch Wissenschaft. Wer ihm ins Auge sieht, sieht sich selbst ins Innere. „Es waren die Augen des Wurms ... So tief führten diese Augen hinein, und wie durch Wälder, welche nicht in Tagen, Wochen oder Monaten, sondern in ganzen Jahrtausenden nur zu durchreiten waren. Sie umschlossen, wie der Wald von Montefal hier dieses eine Abenteuer, so alle auf Erden möglichen Abenteuer überhaupt, somit das ganze Leben, das in solchen Wäldern tief befangen blieb und in ihnen stand wie der Traum in einem schlafenden Leibe." (LA 399) Der Blick in die Augen des Drachen ist der Blick in den grünen, tiefen Abgrund der Erinnerung, die Tiefe des langen eigenen Lebens.

2 „Tropidonotus-Indianer", „Tropidonotus-Reservation" (DS 678 und 680).

Als Graf Manuel in ‚Ein Umweg' an die schöne blonde Hanna denkt, der er verfallen ist, statt auf den Gemsbock zu schießen, können sich dies die Knechte nur damit erklären, daß er einen „Tatzelwurm"[3] gesehen habe. „El endriago, el dragon! Der Drache! Der Lindwurm!" Erklärt wird es dann kurz darauf so: „Ein Wurm mit Pranken oder Tatzen, daher denn ‚Tatzelwurm' geheißen, ein kleiner Bergdrache, ein geschupptes, glattes Wesen von grauer Farbe, mit breitem Schädel und katzenhaft starkem und scharfem Gebisse", aber „eines der scheuesten Geschöpfe der Bergwelt" (EU 171 ff.). Im folgenden beschäftigt sich EU noch des weiteren mit Drachen, und insbesondere erhalten wir eine umfassende Vorlesung darüber aus dem Mund von niemand Geringerem als dem Athanasius Kirchers (EU 194 ff., vgl. auch WD 30 ff.), der sich speziell über die Historie dieser Tiere in Indien, Arabia und der Schweiz ausläßt. Später entdeckt Manuel im Buch den ‚Draco helveticus bipes et alatus' , den ‚zweibeinigen und geflügelten Schweizer Drachen'. Daß er damit seinen Scherz treibt, wird ihm die zweite Chance zur Liebe verderben.

Herr Ruy dann, in noch weiter zurückliegender Zeit,[4] kämpft tatsächlich gegen einen Drachen, so wie es Graf Manuel selbst gerne getan hätte und wie „manch ein ritterlicher Vorfahr frommer Überlieferung nach gekämpft" (EU 197) hat. Dabei erfährt er die Möglichkeit des Todes als wahrscheinlich, er sieht dabei aber „zugleich in seinem Innern eine weite und lichte Leere, wie jemand, der ein Haus noch nicht lange bewohnt und eines Tages darin neue, bisher nicht bemerkte und betretene Räume entdeckt" (LA 399).[5]

Sowohl ‚Ein Umweg' als auch ‚Das letzte Abenteuer' sind in dreierlei Hinsicht miteinander und nur miteinander vergleichbar:

3 In meiner Jugend gab es in Köln, auf der Zülpicher Straße, ein Kino, das genauso hieß, ich hatte damals nur eine lose Ahnung von dem Begriff.

4 LA und EU sind die einzigen Erzählungen aus historischer Zeit, erstere unbestimmt, letztere genau datiert, denen man noch das Manuskript aus DD hinzufügen könnte. Die Freude jedoch des Historikers Doderer an alten Zeiten und vor allem alter Sprache ist deutlich zu spüren; so wenn in EU ein „Chronist aus jener Zeit" zitiert wird, der „recht artig ... schreibt" (EU 149).

5 Michael Vrüsch knüpft daran einige interessante Parallelen zu Heidegger.

1. Sie spielen in einer lange vergangenen Zeit (1650 resp. Mittelalter).
2. Drachen stehen im Zentrum oder Epizentrum der Erzählung.
3. Eine unerfüllte, da verbotene Liebe (EU) und eine nicht ausgesprochene Werbung (LA) bilden den Mittelpunkt, einmal die Manuels zu Hanna, einmal die Ruys um die Herzogin. Der Verzicht Manuels ist dem ebenso gesellschaftlich begründeten Verzicht Melzers auf Mary an die Seite zu stellen. Der Verzicht Ruys gemahnt nicht so sehr an den mangelnden Mut Melzers bei Asta, sondern an das trägheitsbedingte Zögern Donald Claytons bei Monica. Mit einigem Mut und unter Außerachtlassung historischer Sozialetikette und -gebräuche ließe sich durchaus sagen, daß Ruy wie Manuel an die zauderliche, unentschlossene, melancholisch grübelnde Hamletnatur erinnern, die auch Melzer und Donald Clayton charakterisiert, → Zaudern.

Und zugleich sind diese historischen Erzählungen mit allen anderen Werken Doderers zu vergleichen, in denen Drachen oder Natur, Farben, Möbel, Tiere und vieles andere die Tiefe der Erinnerung als Chiffre wie Metapher beinhalten. „Aber unten tief am Grunde seiner Stimme lag's für Zienhammer wie ein Drache, der sich rührte, lagen zugleich Angst und Furcht." (DG 145) Nicht der wirkliche Drache, noch nicht einmal die wirkliche Schlange nur erzeugen solche Ängste oder auch warme Gefühle des Erinnerns, sondern auch deren Metaphern oder Abbilder. Schon als Sechsjährigem erschien dem Dichter ein „Gummibandel" als ein „Lindwurm", und er weiß es noch (TT III 764–13.7.1950).

Die Wiederkehr der Drachen ist der Blick nach innen.

Hilde Spiel[6] vergleicht auch Geyrenhoffs Chronik, DD, mit einem „riesenhaften Tatzelwurm, der sich, kraftschnaubend und in allen Farben des Regenbogens schillernd, auf vielen Füßen und mit gewaltigen Windungen seines Leibes über die Szene bewegt, hoch aufgetürmt über allem niedrigen Gekräuch wie jene urweltlichen Drachen und Echsen, die ein immer wiederkehrendes Motiv in Doderers Traum- und Mythenwelt sind". Nicht nur ‚über die Szene' jedoch wälzt sich der Drache, sondern weit nach hinten, bis in die Kindheit.

6 S. 290; sie interpretiert hier aus dem „Herumwurmisieren Geyrenhoffs in der großen dicken Chronik" (DS 505).

Trópoi

Der alte Schmeller hat einen „Brutalismus, der geschwinde seine Kreuzungen im Innern befuhr (... hoi trópoi, wie's die alten Griechen nannten, die Wende-Stellen, und das war für sie gleichbedeutend mit unserem Wort ‚Charakter')" (DS 258).

Sonst aber verbindet diesen Menschen nichts mit Melzer, der am meisten in DS und stets „blitzschnell" (DS 311) seine („verflixten" DS 318) Trópoi befährt.

Also scheint der Begriff unentbehrlich für einen Entwicklungsroman, für den Roman, der das Gehen von der zweiten in die erste Wirklichkeit im Zentrum stehen hat. Dieser Übergang geschieht, und anders geht es nicht bei Doderer, meint man, über die Trópoi.

Auch Eulenfeld (DS 622), Pompejus (DS 448), Mary K. (DS 777) und Grete Siebenschein (DS 729) befahren die Wendestellen. Im Leben Etelkas „hat es zwei Wendepunkte gegeben" (DS 151). Der erste fand in Konstantinopel statt, als sie Fraunholzer kennenlernte. Der zweite auf dem Dorffest in Prein, als dieser ihre – doppelte – Untreue erkannte. Dieser zweite Wendepunkt führte unausweichlich zum Selbstmord. Auch Zihal hat sie: „... während der Amtsrat rumpelnd über einen weiteren biographischen Kreuzungspunkt fuhr" (EF 30).

Von dieser Ausnahme abgesehen, findet sich der Begriff Trópoi aber nur in DS. Er ist also doch entbehrlich und stellt sich damit in eine Reihe mit verschiedenen Idiosynkrasien ähnlicher Art. Als Begriff zwar, aber dann doch nicht als Konzept. Denn solche Wendepunkte gibt es im überall im Werk:

- Conrad Castiletz' Versagen am Teich (EM)
- Herzkas bewußter Anblick der Gebaur (DD)
- Marys Entschluß zur Rehabilitation (DD)
- Donald Claytons mangelnder Mut bei Monica (DW).

Helga Blaschek-Hahn[1] stellt das „Phänomen Tropos" (Überschrift zum 1. Kapitel) in den begrifflichen Mittelpunkt ihres

1 Blaschek-Hahn 1988, S. 16 und 18; das 2. Kapitel ist mit ‚Tropos-Geschehen: Ein Spiel' überschrieben.

Buches mit „phänomenologischen Betrachtungen“ zu DW, obwohl der Begriff bei Doderer nur in DS vorkommt. Auch sie definiert im Rückgriff auf Hegel Trópoi als „Momente in einem Bewegungs- und Begegnungsgeschehen. Flüchtig nur aufblitzend, hinterlassen sie doch Spuren, bezeichnen. Sie markieren Unterscheidungs- und Entscheidungspunkte, Richtungswechsel und Kehrtwendungen.“

Doderers Trópoi sind Punkte der Richtungsänderung, von denen es keine Rückkehr mehr gibt, sie stellen Weichen für schicksalshafte Entwicklungen bis zur Menschwerdung oder bis zum Untergang. So sind sie bei Conrad Castiletz wie Donald Clayton eng verbunden mit dem (→) Tod, bei Melzer oder Mary K. mit der (→) Menschwerdung.

Verfasser von DD

Das Riesenwerk ist eine Gemeinschaftsarbeit von Doderer, Doderer–Geyrenhoff und Doderer–Schlaggenberg, also von Doderer, Doderer–Alter ego I und Doderer–Alter ego II. Dies ist weit entfernt von einer Spielerei, es heißt vielmehr, eine Grundfrage der modernen Literatur, nach Urs Widmer „die Frage, wer denn die Geschichte erzähle und mit welcher Konsequenz“,[1] auf die Spitze zu treiben. Eine Frage, der sich mit besonderer Intensität Beckett und Nabokov gestellt haben.[2] „Gleichwohl wird noch alles auf die Spitze getrieben werden müssen ... auch wegen unseres Buches.“ (DD 462)[3]

Oft auch erstattet der eine Chronist dem anderen Bericht (DD 453), die Gespräche zwischen den Verfassern Doderer–Geyrenhoff und Doderer–Schlaggenberg umfassen wesentliche

1 Widmer, S. 130.

2 Leider kannte Doderer gerade diese beiden, soweit bekannt ist, nicht, obwohl ihn mit Nabokov biographisch und formal einiges verband. S. Register.

3 Vgl. vor allem DD 377f., den Dialog zwischen Schlaggenberg und Geyrenhoff, in dem beide sich geradezu streiten. Absurd und skurril, aber auch mit Ernsthaftigkeit werden hier Verantwortlichkeiten umhergeschoben.

Teile des Werkes.[4] Aber auch andere Personen tun dies dem Chronisten Geyrenhoff gegenüber, der darüber hinaus von Frau Selma Steuermann „unterstützt" wird, die sogar für ihn „geradezu spioniert" (DD 10) und von Lovis Konietzki „sehr beeinflußt" (DS 231) wird. Frau Steuermann soll (DD 670) sogar mitverfaßt haben, denn sie wird „redigiert", ebenso wird René Stangeler zur „Mitarbeit" gewonnen (DD 10[5]). Im ‚Epilog auf den Sektionsrat Geyrenhoff' spricht Doderer von der Beschränktheit des Sektionsrates (→) Geyrenhoff sowie der „Korruptheit seiner Mitarbeiter", wobei er „Selma Steuermann, Frau Friederike und einige andere" ausnimmt, aber speziell für „die Schlaggenberg und Stangeler, die Körger, Eulenfeld und Orkay" spezifiziert und ihnen insgesamt „revolutionäre(n) Verrat" vorwirft (TT III 1 f.). Diese ‚Mitarbeit' war bei den drei zuletzt Genannten natürlich keine des Verfassens, wohl aber des Zusammentragens von Informationen. Doch wird erneut auf die Hilfe Stangelers und sogar Selma Steuermanns bei „Redaktion und Ergänzung" verwiesen (DD 377 f.). Sogar Frau Kapsreiter, die „Mutter des ganzen Romans" (TC IV 406), die „Urmutter" (TC IV 395), trägt zwei Kapitel bei (die ‚Nachtbücher' I und II), die sich formell stark abheben und Grauen, Ängste und Tod beinhalten und voraussagen. Diese Einschübe aber haben mit der Frage nach den Verfassern wenig zu tun.

Das alles ist natürlich über die Grundfrage nach der auktorialen Kompetenz auch Dodererscher Verschleierungs- und Verfremdungstick. Jedenfalls sind René Stangeler und Frau Steuermann keine Kapitel zuzuweisen. Schon in DS wird aus dieser Chronik („die er allerdings nicht allein verfaßte; der Schriftsteller Kajetan von S. und ein ganzer Kreis von Menschen sollen da mitgewirkt haben" – DS 176) zitiert, wobei das Zitat (177 Mitte bis 181 oben) dann tatsächlich in DD nicht mehr, auch nicht ähnlich, aufscheint. Es scheint also die Chronik ursprünglich umfangreicher geplant gewesen zu sein. Zu diesen mitwirkenden Menschen zählt laut DS auch Lovis Konietzki, dessen „Intellekt unvergleichlich differenzierter war wie der al-

4 S. (→) Chronologie, für die verfremdende Trennung zwischen Doderer und seinen Protagonisten s. (→) ab ovo, Verfremdung.

5 TT III 64 spricht von „Mitwirkung und Beiträge(n) Schlaggenbergs und Stangelers".

ler anderen jungen Männer hier, Buschmann und Geyrenhoff durchaus mit eingeschlossen" (DS 231). Dieser junge Mann, der zum Kreis gehört, der sich am 20. August 1911 in einer zentralen Stelle von DS auf G-ffs Zimmer trifft (→ Chronologie DS/DD), hat G-ff „sehr beeinflußt, ohne daß gerade diese Quelle von Geyrenhoff oder Kajetan von S. je genannt worden wäre".

Die gemäß klarer Aussage (z. B. DD 435) oder gemäß Vermutung (z. B. allwissender Erzähler)[6] von Doderer oder Schlaggenberg oder G-ff verfaßten Kapitel zeigen auch im Stil einen klaren Unterschied. Der Stil des Sektionsrats ist manchmal etwas umständlicher, ungeschliffener, unprofessioneller, bürokratischer, wenn auch keineswegs zihalistisch.[7] Er leidet, so sieht es jedenfalls und sehr kritisch sein Schöpfer, an einem intellektuellen Defizit: „Aber bei Geyrenhoff ist doch allezeit die gute Meinung der stärkere Teil gewesen gegenüber seiner Fähigkeit zur Begriffsbildung. Eben deshalb hat man zuletzt nur verhältnismäßig kleine Teile seiner ‚Chronik', oder was es schon hätte werden sollen, hier aufgenommen." (DD 670) Doderer spielt hier natürlich wieder mit dem Leser, von ‚kleinen Teilen' kann ja nun wirklich nicht die Rede sein.

G-ff schreibt aber auch wärmer, spielt mit Sprache und Namen, übertreibt, spielt mit altertümelnden Redewendungen, be-

6 Swales (S. 87) weist darauf hin, daß nur DD und DE-Posaunen einen tatsächlichen persönlichen Erzähler haben, die anderen Werke hätten den „authorial narrator", who „tends to prefer the more detached form of the first person plural". Das ist schlicht und einfach falsch, s. z. B. ‚Trethofen' und ‚Unter schwarzen Sternen'. Dietrich Weber (1963) beschäftigt sich ebenfalls mit diesem Thema. Mit seiner Aussage, warum der Autor die Erzählung in die Hand nimmt (S. 143, 152), kann sich Swales nicht anfreunden: „On the subject of authorial narration in Doderer, I find myself in considerable disagreement with Dietrich Weber ... I cannot accept Weber's thesis that the author has to take over the narration in DD in order to overcome the limitations of the personal narrators. Weber argues ... kritisierendes Ich ... 143 ... and yet surely in almost every other authorial intrusion the voice we are hearing is that of a ‚kritisierendes Ich'" (S. 94, Anm. 1). Ich kann bei Weber in dieser Frage absolut keinen Widerspruch feststellen.

7 Davies spricht von seinen „often long and convoluted sentences" (S. 150); dies trifft aber auch auf Schlaggenberg zu.

nutzt Humor und Manierismen oder eine „tick-artige" Sprache, über die dann Schlaggenberg sich amüsiert („Der Sektionsrat Geyrenhoff hat so einige Redensarten, aber Variationen darauf fallen ihm nie ein" – DD 1282). Insgesamt steht der Chronist stilistisch seinem Erfinder Doderer ebenso nah wie dessen Alter ego Schlaggenberg. Der erstere verkörpert die liebenswürdige und etwas umständliche, aber auch manieristische, der zweite wie sein fragwürdiges AE Doktor Döblinger (das AE eines AEs) die scharfe, präzise, aber auch dunkle, also ideologisierte Seite seines Denkens und Schreibens. Jedoch eignet dem Chronisten weder die analytische noch die psychologische Fähigkeit seines Erfinders, der diesen Begriff wiederum, mit seinen Protagonisten in Prosa wie Tagebuch im Dialog begriffen, zurückweisen würde. Beispiele von einer einzigen Romanseite (DD 183) zeigen den Hang zum Manierismus beim Sektionsrat mit hinreichender Deutlichkeit:

- „... Herkunft des Herrn René ..."
- „... auf einer dieser funebren Marmorkonfektionen ..."
- „... zweitausenddreihundertachtundfünfzig Krankheiten ..."
- „Man befragte – mit ‚man' meine ich natürlich Frau Irma! – ..."

Schlaggenbergs Sprache ist kälter, objektiver, nur im erotischen Kontext ebenfalls manieriert / humorvoll, enthält eher einen Hang zu Brachialitäten, Bosheiten und Aggression. Sie entspricht den auch im Leben bei ihm feststellbaren „Popanzereien", „Umtrieben" und „Blödheiten" (DD 670f.). Als gutes Beispiel hierfür lese man Teil I, Kapitel 3, laut DD 435 („... hier sei auf das von Schlaggenberg unzart, aber wahrheitsgetreu verfaßte Kapitel ‚Topfenkuchen' verwiesen"), zur Gänze und eindeutig Kajetans Werk. Formulierungen wie

- „Sie ergriff nunmehr eine Art doppelter Hängematte und läutete nach dem Mädchen" (DD 85) oder
- „Im Verhältnis zur Anzahl der Gäste hätte das Café eigentlich etwa fünfhundert bis siebenhundert Telefonzellen haben müssen" (DD 89)

verweisen deutlich auf den ebenso boshaften wie albernen Teil Doderers, der unter dem Namen ‚Schlaggenberg' auftritt. Dies trifft ja auch zur Gänze auf dessen Ebenbild Dr. Döblinger und das skurrile Werk DM zu, das er ohnehin verfaßt hat.

Schlaggenberg zieht auch in boshafter Manier über den Mitautor Geyrenhoff her, kritisiert seine „eben so zartfühlende wie allzu breite Art" (DD 552f.), wenn auch nicht gerade, wie beider Erfinder, seine mangelnde Intelligenz. Der Chronist beschwert sich denn auch über Schlaggenbergs „Unverschämtheiten" (DD 489), was diesem nicht verborgen bleibt: „Nun genug. Der Herr von Geyrenhoff klagt oft über Unverschämtheiten in diesem Manuskript." (DD 1041)

Mit Seite 498 verabschiedet sich eben dieser Herr von Geyrenhoff still von uns, um sich auf Seite 828 deutlich wieder zurückzumelden: „Ich habe lange nicht das Wort genommen." Geyrenhoff spricht, auch dies von Dostojewski übernommen (→ Einflüsse/Zitate), in den von ihm verfaßten Teilen von sich nur als G-ff, woraus sich ein weiteres Zuordnungsindiz ergibt.

Die Verantwortlichkeit für die einzelnen Kapitel verteilt sich wie folgt. Wenn mehrere Namen genannt sind, folgen Autorschaften aufeinander, direkt gemeinsam verfaßte Kapitel sind nicht erkennbar. Name in Klammern steht für: Begründete Vermutung.

Kapitel	*Verfasser*	*Wichtigste(r) Hinweis(e)*
Ouvertüre	Geyrenhoff	7
Teil 1		
1	(Schlaggenberg)	
2	Geyrenhoff	47
3	Schlaggenberg	435
4	(Doderer)	
5	Geyrenhoff	113, 115
6	(Schlaggenberg)	
7	Geyrenhoff	183
8	Geyrenhoff	219
9	(Schlaggenberg)	
10	Geyrenhoff	278
11	(Schlaggenberg)	
12	Geyrenhoff	348
13	Geyrenhoff (mit Assistenz)	389, 435
Teil 2		
1	Geyrenhoff	471, 489
2	(Doderer)	
3	Doderer	552f., 573, 603, 610,
4	Doderer	649f., 670
5	(Doderer)	
6	(Doderer)	

7	Ruodlieb von der Vläntsch	806
8	Doderer	812 (Valéry)
9	Geyrenhoff	828
Teil 3		
1	Geyrenhoff	851
	Schlaggenberg	852
2	Doderer	863, 873
3	(Schlaggenberg)	
4	Geyrenhoff	921 (Valéry)
5	Kapsreiter	Überschrift
6	Geyrenhoff	959
7	Schlaggenberg	1040f.
8	Geyrenhoff	1057
9	Geyrenhoff	1104–1179 (1126)
	Schlaggenberg	1180–1201 (1181)
10	Kapsreiter	Überschrift
11	Doderer	1208–1229, 1249–1270, 1299–1333[8]
	Geyrenhoff	1229–1249, 1270–1280, 1296–1299
	Schlaggenberg	1280–1296
12	Geyrenhoff	1337

Der „Sturz vom Steckenpferd", also die Beendigung der Chronistenrolle Geyrenhoffs (DD 838f. und DD 960, 962), spielt in diesem Zusammenhang keine Rolle.

Bei einer Hinzuziehung der Tagebücher und ‚tickartigen Vorlieben' Doderers (→ ab ovo) ergeben sich zusätzliche Bestätigungen aus drei Beobachtungen:

1. In TC IV 118 heißt es: „Wenn er sich selbst nennt: ‚G-ff'." Die Nennungen in DD 245, 304, 352, 481, 829, 961, 968, 1133 und 1232 bestätigen die oben gezeigten Zuordnungen.
2. Der Gebrauch von ‚ab ovo' verweist auf Sektionsrat Geyrenhoff als Verfasser; demnach bestätigen DD 76, 222 und 1181 obige Zuordnungen.

8 Diese Zuschreibung beruht auf dem ‚Ich' bei G-ff, der Fußnote DD 1282 und dem Ton Schlaggenbergs sowie der klaren, ruhigen Sprache ohne Bosheiten bei Doderer. Auch die Erwähnung Dr. Döblingers (1258) läßt nur Doderer als Verfasser zu: G-ff kennt ihn nicht, und Schlaggenberg trat ja „gelegentlich" unter diesem Namen auf. Dieses Kapitel, das wichtigste von DD, ist somit als einziges klar mehreren Verfassern zuzuschreiben.

3. Wenn Schlaggenberg und G-ff entfallen, bleibt nur Doderer übrig. Ein besonders erhellendes Beispiel ergibt sich für Teil III, Kapitel 2 (‚Überm Berg'). Die Zuordnung dieses Kapitels ist zunächst einmal besonders schwierig. Die Lösung ergibt sich ex negativo: DD 863 („... um die sich Kajetan nie kümmerte ...") schließt ihn als Verfasser aus, DD 873 („... – wirklich ‚ab ovo' die Sache darstellend (um diesen von dem Sektionsrat Geyrenhoff mit Vorliebe gebrauchten Ausdruck zu verwenden)") schließt Geyrenhoff aus. Wer bleibt übrig? Doderer!

Verflechtung

Verflechtung oder Interdependenz ist einer der drei (→) Eckpfeiler Dodererschen Schreibens. In ihm manifestiert sich sowohl der Glaube an einen Zusammenhang der Welt als auch der Versuch, den totalen Roman als Abbild einer umfassenden und zusammenhängenden Wirklichkeit zu schaffen. Diese Abbildfunktion des so definierten totalen Romans hängt eng zusammen mit der Existenz des (→) fatologischen Gewebes, die Verflechtung in der Prosa ist also auch Widerspiegelung ebendieses Gewebes.

Sie tritt in verschiedenen Formen auf, durchzieht aber das gesamte Werk als:

- Verflochtene (→) Chronologie: Ein Roman geht in den anderen chronologisch über. DS-DD– DW
- Verflechtung der Personen: Alle sind miteinander verbunden, direkt oder indirekt, kennen sich. Jeder kennt jeden und der Rittmeister zumal („Sollt' ich meinen ..." DS 322[1]). DS-DD
- Verflechtung über Personen (→ Personal[2]). DB-JB-SK-EM-EF-DS-DD-DW-DE
- Verflechtung der Epizentren: Nebeneinander herlaufende Erzählzentren überschneiden und kreuzen sich ebenso wie die in ihnen befindlichen Personen. (EM)-DS-DD-DW-DG

1 Weber (1963), S. 171, verweist auf Stangeler – Mayrinker als eines von vielen solcher Beispiele. Im noch nicht so bezeichneten (→) roman muet wie in DG gibt es viele Beispiele, aber eben nicht nur.

2 Zu ergänzen wären noch Achaz von Neudegg (DD / DG), Mucki Langingen (DD / EF / DG), Frau Zajicek (DS / EF).

- Verflechtung von Gegenwart und Zukunft: Sprachliche und inhaltliche Hinweise. EM- DS-DD-DW-DG
- Verflechtung durch (→) Topographie. Gemeinsame Topographie Wien (EF-DS-DD-DW-DG-EU), Raxalpe (EU-DS-DD-DW)[3]

Am engsten sind die drei großen Wiener Romane DW/DS/DD verbunden, die hier als ‚Wiener Trilogie' definiert worden sind, nämlich personell, chronologisch, topographisch sowie auch über ihre Erzählzentren (z.B Eulenberg in DS/DD) und das Ineinanderlaufen von Gegenwart und Zukunft (Marys Unfall in DS, in DD die Entdeckung Karl Zeitlers). Dieser ist der – Leonhard betreffende – Transmissionsriemen zwischen DS und DD: Er hilft beim Unfall Marys und wird der beste Freund Leonhards, der Mary gewinnt. Jeder ist mit jedem schicksalhaft verbunden. Dies ist am intensivsten in DW der Fall. Die „zwei fremde Marktweiber" (DW 294), die Chwostik neben Donald sieht, waren nicht nur seine Untermieterinnen, sondern haben auch „seinen Stern" (DW 254) gerettet. Das gesamte Werk enthält solche Verbindungen.

Jedoch mit Ausnahmen. Daß Leonhard in DS nicht vorkommt, ist chronologisch nachvollziehbar. Daß Melzer und Thea in DD nicht vorkommen, ist absurd. Sie kennen die Hälfte der Personen von DD, sind mit vielen davon befreundet. Hier zeigt sich die Radikalität Doderers. Nachdem er (TC IV 56f. – 6.7.1951) noch überlegt, ihrer beider „Geschichte in DD weiter zu erzählen", entschließt er sich gut ein halbes Jahr später (TC IV 89–16.12.1951), Melzer ganz fallenzulassen. „Melzer kommt überhaupt nur als handlungs-transcendenter, durchaus externer Hintergrunds-Punkt in Frage." Am gleichen Tag übrigens, dem 16.12.1951, spricht Doderer von der „Autarkie" von DS, daß DD „– als das ältere Manuskript – nie als Fortsetzung veranlagt war" und daß DS DD „gut fundiert" habe. Auch fällt auf, daß in DS 684 von einem späteren Bericht Melzers über das Gespräch mit René am 2.9.1925 die Rede ist, den Schlaggenberg und Geyrenhoff bezeugen könnten. Dies kommt in DD tatsächlich nicht

3 Oder man denke an das in Topographie der Wiener Romane behandelte Beispiel, in dem Leonhard Kakabsa auf Marys Haus schaut, ohne es zu wissen (der Leser weiß es), oder an das, was in Monica Bachlers Wohnung geschieht (→ roman muet).

vor. Eben solches geschieht auch mit einem Zitat aus DD (177ff.), das es dann dort nicht gibt.

Die totale Interdependenz der Dodererschen Romane zeigt sich auch in ihrer totalen Determination, ihrem Zielgerichtetsein, im Hineinziehen der Zukunft in die Gegenwart.

- Dies geschieht durch Ankündigung: „Als Mary K.'s Gatte noch lebte … und sie selbst noch auf zwei sehr schönen Beinen ging (das rechte hat ihr, unweit ihrer Wohnung, am 21. September 1925 die Straßenbahn über dem Knie abgefahren) …" DS 9 verweist auf DS 843.
- Im gleichem Maße verweist DS 48 („Mary stand am Ufer") mit einer fast wörtlichen Formulierung auf DS 831 (→ Mary K.). Dem voran geht quasi linear die Formulierung „… draußen lehnt ein warmer Spätsommermorgen an den Scheiben …" (DS 20), die auf DS 772 verweist: „Von draußen lehnte ein erster, noch fast sommerlich warmer Herbstmorgen an den Scheiben …" Beides geschieht in Marys Wohnung, das letztere Zitat geht dem Unfall voraus.
- „Und plötzlich schloff der Zug dröhnend in den Schlauch, dessen Wände aus Rauch zu bestehen schienen." (EM 60) Die gleiche Formulierung in EM 254 verbindet den Mord mit dessen Aufklärung. Ähnlich verweist DS 78 („Das hohle, ziehende Sausen in den Semmering-Tunnels …") auf DW 9ff.
- Per Zitat: DS 77 („Glücklich ist, wer vergißt") verweist auf DS 909.
- Durch verfremdendes Einmischen des Verfassers: „… doch gehört dies in die Geschichte von Zihals Verlobung, wofür eine andere Abteilung, wollte sagen, ein anderes Buch zuständig ist." (DS 583)
- Durch noch nicht sprechende (roman muet!) Andeutung: „Die Einmündung aber zeigte sich bald abgeschlossen durch eine senkrechte weiße Wand von enormer Höhe …" DW 16 verweist auf DW 387, das frühe Stolpern Donalds (Erschrecken) verweist auf das Stolpern beim Untergang, das Stolpern zum Tod.
- Per metaphorischen Verweis: „Es sieht aus wie ein Brand, besonders später, bei schon rötlichem Scheine." DD 11 verweist auf DD 1292: „„Sieht aus, als ob die Stadt ein rotes Wimmerl hätt', sagte Géza."
- Durch Rückblick: „… daß dieses Mädchen die gleiche war, welche später im Haus zum blauen Einhorn durch mehrere

seltsame Tage gewohnt hat ..." (DD 16) verweist auf das zeitlich vorhergehende DS 130ff.

Die totale Verflechtung wird auch ermöglicht durch die Totalität der Beobachtung. Nicht nur die für den Fortgang der Handlung – was immer das ist – wichtigen Menschen, Ereignisse und Gegebenheiten werden beschrieben, sondern alles, was über den Weg läuft. Und so wird auch alles zum Teil des Werkes und bildet in seiner Summe das Werk. Eine Hierarchie von Wichtigkeiten gibt es ebensowenig wie eine Hierarchie von erzählerischen Epizentren. Auch hier steht Doderer so nahe an Joyce, von dem Senn sagt: „Alles ist verflochten zu einem Gewebe von Bezügen, das die Handlung mitbestimmen hilft, ganz so, als würde hier noch unterstrichen, daß in diesem Universum nichts endgültig weggeschmissen werden kann."[4]

Eine der nur schwer zu entdeckenden, ja von Doderer mit heimlicher Freude versteckten Verflechtungen zwischen zwei Romanen, die sonst keine inhaltlichen Überschneidungen haben, gibt es zwischen DD und DG:

Cornel Lasch kauft nach Kriegsende zweihundert Waggons mit Kunstsohlen, die dann, gut versichert, abbrennen. Er sagt, des Versicherungsbetruges beschuldigt, aus, er habe „annehmen müssen, der Posten sei als Heizmaterial für industrielle Zwecke gekauft worden" (DD 398). Ventruba junior stellt fest, daß die „Massen der Ersatzstoffe zur Schuhsohlenerzeugung samt dem fertigen Produkt ... bereits weg gebracht" waren. „Man hatte sie für industrielle Heizzwecke verkauft." (DG 7)

Mit dem ersten Teil von Roman No 7 ist DG vielflächtig verbunden, auch über die Schüler, zu denen unter anderen der „Doderer mit den Schlitzaugen" (DG 9, ohne solche DW 229) gehört. Deutlich auch durch das Nachtkastl, den weißen einbeinigen Schwenktisch, den Zeugen der weißen Explosion zwischen Monica und Chwostik (DW 254). Er taucht, ungeklärt, siebenmal im Fragment auf. Diese Verflechtung geschieht aber auch über einzelne Formulierungen, die sonst im Gesamtwerk nicht auftauchen; so z.B. über die „Brocken roter Gerberlohe", die beim Ausritt im Prater „auf der Reitbahn spritzen" (DG 194, ganz ähnlich DW 33, 142–144).

4 Senn, S. 99.

Die Verflechtung der Handlung und der Epizentren innerhalb eines Romans ist umfassend, es seien nur zwei besonders interessante, da wieder versteckte Beispiele angeführt: Dr. Trapp berichtet (DD 210) über eine Bande, von welcher der aufmerksame Leser weiß, daß es Eulenfelds war. Und René berichtet (DD 197f.) über den knapp vermiedenen Zusammenstoß mit einer Dame, die der aufmerksame Rezipient wiederum genau erkennen kann. Diese wie eine Vielzahl von anderen Beispielen setzen eben den idealen (→) Leser voraus.

Verflechtung ist auch das Gewebe von Gegensätzen und Komplementarität. Besonders spürbar ist dies in DS und DD:

DS	*DD*
Menschwerdung Melzer	Menschwerdung Kakabsa[5]
Liebe Melzer – Thea Rokitzer	Liebe Kakabsa – Mary K.
René macht alles falsch	René macht alles richtig
Beziehung René – Grete ist schlecht	Die Beziehung ist gut
Kriminelles: Tabakschmuggel	Kriminelles: Testamentsunterschlagung
Dieser scheitert	Diese scheitert
Unfall Marys	Rehabilitation Marys
Eindeutiger Titel	Mehrdeutiger Titel

Verfremdung

Doderer verweist ständig darauf, daß dies ja ein Buch und nicht die Wirklichkeit sei, daß zwischen dem Text und dem Rezipienten der Verfasser steht. Er spricht den Leser ständig zwischendurch an, bezieht ihn ein und informiert ihn direkt von Autor zu Leser. Er kommentiert und kritisiert sich selbst und den Prozeß der Entstehung seiner Prosa. Er

- macht aufmerksam – „Der Name ist erfunden" DG 188
- wirft sich selbst fragend ein – „Wie aber nun mit Zienhammer, zum Teufel, und endlich einmal, wie ging's also wirklich zu?" DG 135

5 TC IV 126: „Auch Leonhard schwebt über dem Abgrunde seiner eigenen Unwissenheit, wie Melzer's Geier über den schwindelnden Höhen der Trescavica planina." → Leonhard Kakabsa.

- ironisiert – „Wie alle Männer von dieser Lebensweise ... war er im Grunde der Meinung, daß eine anständige Frau für so was garnicht da ist (Stiefel! Stiefel!).“ DW 233[1]
- verweigert sich – „Wir wissen Melzers Vornamen nicht.“ DS 892
- führt in die Irre – „Nicht er redigierte, sondern er wurde redigiert ... genau so wie Frau Selma Steuermann zum Beispiel.“ DD 670[2]
- betont – „Das Fräulein Ingenieur (!) Bachler ...“ DW 193 „... Herrn Doktor (!!) Stangeler ...“ DS 753
- verweist auf sich in der dritten Person – „Der Verfasser dieser Berichte ...“ DW 379
- verweist auf den Leser und sich gemeinsam – „Die beiden letzteren Herren scheinen uns schon irgendwo begegnet zu sein.“ DW 176
- verweist auf den Autor und den Verleger gemeinsam – „... beinahe wäre hier vom Autor geschrieben worden ... Aber diesmal hätte ihm der Verleger wahrlich ohne Nachsicht heimgeleuchtet.“ EM 368
- bringt sich überraschend ein – „Ich habe mich nie danach erkundigt ...“ DS 368
- stellt sich in Frage, korrigiert sich im laufenden Text – „... und so auch die Schlacht bei Kunaxa 415 vor Christus – nein, sie war 401 (wir haben jetzt wieder im Büchel nachgeschaut und mußten das schon früher einmal tun; Ploetz, Hauptdaten der Weltgeschichte).“ DG 151[3]
- widerspricht sich: „... hierfür hat er dem Doctor Döblinger noch eine besondere Begründung gegeben, die wir etwas später kennen lernen werden.“ (EF 99) Von wegen später, diese Erklärung findet sich früher, nämlich EF 14.
- beschimpft den Leser – „Der Leser ist selbst schon ordinär genug, um zu wissen, daß Ada die Erbtante ist.“ DW 318

1 Darauf bezogen etwas später: „Hätte man nicht eben doch den Stiefel in Anwendung bringen sollen?“ (DW 255)

2 S. z.B. auch Fußnote 2 zu (→) Tabak.

3 Man könnte dieses und viele andere der hier angeführten Beispiele auch als Teilhabe am Schaffensprozeß definieren. Sommer spricht von „Dialog zwischen Leser und Autor“ (Sommer 1994, S. 31 und 31 ff.), → Leser.

- lobt den Leser – „Der Leser hat bereits gemerkt, wo's hinaus will." DS 113
- beschimpft sein Alter ego – „Ich lasse diese Stelle hier stehen, weil sie bezeichnend für die Art erscheint, wie Kajetan sich erfrechte" – DD 1282, dies von Geyrenhoff, einem anderen AE! Umgekehrt kritisiert Kajetan den Stil Geyrenhoffs, indem er von seiner „eben so zartfühlenden wie allzu breiten Art" spricht. DD 552f.
- kritisiert seinen Stil – „Man weiß bereits alles: der Amtsrat wird ihn kaufen, den Sechsundsechziger – nun, man wußte also doch noch nicht alles: denn er hat ihn schon gekauft, inzwischen, wozu unsere ... Abschweifung wahrlich genug Zeit bot." EF 45
- nimmt Kritik voraus – „Die Kritik wird mit Recht sagen, dem Autor sei es nicht gelungen, diese beiden Figuren ‚schärfer zu profilieren und voneinander abzuheben'. Nicht nur nicht gelungen; er hat es garnicht einmal versucht! Hat sich was mit ‚profilieren' bei diesen Menschen! Von allem Anfang an hab' ich sie miteinander verwechselt, und nie gewußt, wie eine einzeln ausschaut, sondern immer nur, wie beide zusammen." DW 293
- bittet – „Gönn' es, oh Leser, dem Autor!" DW 111
- kommentiert den Schaffensprozeß – „Wir erfinden für ihn den Namen ..." DW 152
- relativiert den Erzählverlauf – „Wir lehnen es ab, das zu untersuchen." DW 267
- ironisiert – „Falls der Leser vergessen haben sollte, daß ich noch immer stumm und bedrückt auf meinem Bett sitze, so wird es ihm hiermit freundlichst in Erinnerung gebracht." SK-Dilettanten 60
- nimmt sich vor – „... den werden wir uns doch endlich auch einmal vorknöpfen müssen!"[4] DW 191
- bringt sich selbst ein in den Roman als Fremder – „Die schlimmsten unter ihnen waren Ventruba, Rottenstein (Freiherr von) und Doderer." DW 229[5]
- zitiert sich selbst mit Seitenangabe – „ohngeachtet der Filz-

4 Was dann nicht geschieht.

5 In DG 9 werden sie einzeln beschrieben, so „der Doderer mit den Schlitzaugen". Vgl. auch Heimo in DD (Manuskript).

patschen – Aktion von pagina 100." DW 369 – „... dem Stiefsohn der auf Seite 111 mit Vehemenz ausgeschleuderten Wewerka." DW 379

- redet von sich in der 3. Person – „Inspektion der Wohnung durch den Autor: ..." DG 76
- verweist auf ein anderes Werk (nämlich hier EF) – „Die Art des Zustande-Kommens jener Verbindung ist für unsere Sachen hier ohne Bedeutung und bildet sozusagen ein Buch für sich." DS 359
- ist vom eigenen Text überrascht – „Wir legen hier gleichsam die Ohren zurück. Diese Stiefel erscheinen doch stark akzentuiert. Es sind uns Stiefel im Laufe dieser Erzählung nicht nur einmal begegnet." DW 356
- ist erstaunt über die Entwicklung – „... aber was versteh' ich überhaupt schon!? (Eingebung? Inspiration? Beginnender Zivil – Verstand? Zivil – Geist?!!)" DS 354
- erinnert sich – „wir haben einen Amtsrat Zihal gekannt, der uns bei Gelegenheit dessen versicherte, daß er keine Romane lese, denn er sei ein ernster Mensch." DG 135
- bezweifelt sich selbst – Zihal bewohnt 1911 bei Paulas Tante Resi als Mieter das obere Stockwerk bis zur Pensionierung. Später zieht er, „angeblich" aus Gründen der Budget-Equilibrierung, um (DS 356ff.), worüber EF schon detailliert berichtet hat, hier allerdings ohne „angeblich" (EF 14ff.)
- distanziert sich von seinen Personen – „Er übertrieb doch stark, unser Amtsrat, das kam ja so heraus, als hätt' er verschiedenerlei Informationen (denn immer gebrauchte er ja den Plural), das schwoll ja schon bis zur Würde, Dekor, Haupt- und Staatsaktion!" DS 745
- verweist den Leser darauf aufzupassen – „Es wird von Vorteil sein, wenn wir dieses Datum im Auge behalten." DM 85
- verschmilzt erzählte Zeit und Erzählzeit – „Ich seh' ihn selten in letzter Zeit," sagt Quapp über Geyrenhoff (DD 871). Der Leser hat ihn auch lange nicht gesehen, nämlich 327 Seiten lang.[6]

Diese Technik der Verfremdung ist in den frühen Werken nur selten zu finden, obwohl Beispiele aus SK und EM enthalten sind, wird aber mit fortgehendem Schaffen immer häufiger.

6 Leonhard Kakabsa ist auch fast 400 Seiten lang verschwunden.

„Gönn' es, oh Leser, dem Autor! Gönn' ihm den Hochgenuß zweier geradezu ungeheuerlicher Ohrfeigen, durch welche die Wewerka aus dem Buche hier hinaus und blitzartig bis an den Horizont befördert wird, wo sie platzt und grauslich zersprüht." DW, dem dieses Zitat entnommen ist (111), hat auch sonst als letztes vollendetes Werk ein gerüttelt Maß an Verfremdungen. Auch Finy und Feverl, die zwei sympathischen und „geläuterten" Huren, werden aus dem Buch befördert, aber „moderat; mit Patschen, Filz-Patschen. Mit Stiefeln net" (DW 100).

Die Verfremdung ist einerseits Teil der Strategie Doderers, den (→) Leser als vollwertigen Partner zu betrachten, andererseits hält er ihn ironisch auf Distanz und vermindert so das Risiko einer zu starken inhaltlichen Identifikation à la ‚Traumwelt', also das naive, unreflektierte Leseerlebnis. Er will nicht der allwissende Erzähler sein, er teilt mit, daß er Umstände nicht kennt, Nachnamen, Vornamen, Zeiten, Abfolgen. Dies trägt auch zusätzlich zu einer Relativierung seiner Position bei wie das Einfügen von Alter egos und zusätzlichen Erzählern wie den diversen Mitautoren in DD und den Dr. Döblinger in DM. Ebenso wie das Behandeln seiner Figuren, als seien sie unabhängig von ihm oder sogar stärker als er, das sich immer wieder im Tagebuch zeigt. „Es ist merkwürdig, daß Friederike jenen Bibliotheksgang noch im gleichen Sommer umbauen läßt, so daß G-ff diesen Raum, den er vor E nie gesehen hat, auch nach E nie mehr zu sehen bekommt." (TC IV 430) Oder seine Eintragungen über Frau Kapsreiter, der nachstrebend er ein eigenes Nachtbuch plant. „Auch ich sollte ein Nachtbuch führen wie die Kaps." (TC IV 254)

Sogar die Überschriften von DD haben teilweise Verfremdungsfunktion: DD hat 35 Kapitel (in drei Teilen plus ‚Ouvertüre'), deren Überschriften integraler Bestandteil der Gesamtstruktur und jeweils von Bedeutung sind. Dabei spielt auch hier der Verfasser mit dem Leser, wie er es so gerne tut. So behandelt das 6. Kapitel des 1. Teils (‚Ein Winter mit Quapp') tatsächlich auf siebzehn Seiten nur drei Tage,[7] nämlich den 9., 10. und 11. Januar 1927 mit einem Hinweis auf den restlichen Januar im letzten Abschnitt. Die Überschrift, die auf den ersten Blick als

7 Weber 1963, S. 158f., spricht von nur einem Tag.

glatte Irreführung erscheint, scheint bei näherem Hinlesen dann doch nur die Wichtigkeit dieser Tage zu betonen, in denen Kajetan zurückdenkt, die Geschwister Schlaggenberg (wir wissen es noch nicht anders) sich wiedersehen („Sie lagen einander in den Armen" – DD 169) und sich gründlich aussprechen. Schließlich wird Quapp den „miniaturen Triumph" (DD 180) erleben, ein einziges Mal ihre Geige wirklich zu beherrschen: „Ein Ton erfüllte das Zimmer, der jeden geigerisch gewitzten Musikanten hätte aufhorchen lassen. Die Italienerin, endlich an der richtigen und innersten Stelle ihres Lebens berührt und getroffen, jauchzte auf und strömte ihr geheimnisvolles Leben in Fülle aus." (DD 177). Das Kapitel ‚Dort unten' bezieht sich auf die Kavernen, glaubt man mit gutem Grund. Es ist aber gemäß einem unpublizierten Brief Doderers vom 19.3.1961 an D. Weber[8] nach Huysmans (Là bas) benannt. Das faschistische Ungarn geht hier ein und aus.[9]

Generell gehorchen die Überschriften keiner Gesetzmäßigkeit. Sie sind sachlich (‚Das Feuer'), metaphorisch (‚Vor verschlossenen Türen'), obszön-witzig (‚Topfenkuchen') oder kommentierend (‚Ein entzückendes Konzil'). Auch dies ist Spiel und Verfremdung, nie aber Zufall. Alles bei Doderer gehorcht einem Plan. Nun gut, sagen wir: Fast alles, oder noch besser: Alles, was wichtig ist. Ansonsten zog der Schriftsteller übrigens überschriftlose Kapitel vor. Nur DM stellt sich DD mit phantasievollen und ungewöhnlichen Überschriften zur Seite.

Die totale und endgültige Verfremdung aber geschieht im Epilog eben dieses fragwürdigen Werkes.[10] Im Buch wird dieses selbst als „vorstehender Bericht" (DM 359) bezeichnet, als „Mordsblödsinn" (DM 363) und („‚Hören Sie, Doctor', sagte er, ‚mit dem Schluß Ihres Romanes kann ich mich nicht einverstanden erklären. Das geht doch zu weit'" DM 362) als Roman vom Leser im Buch kritisiert. Er empfand solche Verfremdung, und dies gilt für die meisten der oben zitierten Beispiele, auch, und durchaus zu Recht, als urkomisch.

8 Zit. bei Hesson, S. 129f., Anm. 94.
9 Jones verweist darauf, daß sowohl Géza von Orkay als auch Imre von Gyurkicz „fugitives from fascism" sind (S. 18).
10 Ich gebrauche solche Bezeichnungen öfter. Damit keine Mißverständnisse aufkommen: Ich liebe DM!

Es bleibt unerfindlich, warum Doderer wenige Monate vor seinem Tod im Tagebuch vermerkt: „Man hört oft das Wort ‚Verfremdung'. Vielleicht brauchen das die Herren Deutschen Dichter wirklich." (TC V 517)

Wasser

„Das Wasser ist zugleich das Element, in dessen Zeichen der ganze Roman steht."[1] Oder vielleicht das ganze Werk? Hier sollen statistisch nur die vier letzten Romane beispielhaft untersucht werden:

	DS	DD	DW	DG
Meer / See	37	52	48	4
Bach / Fluß	48	38	24	20
Teich / Tümpel / Weiher	13	26	20	2
Brunnen	22	4	0	2
Wasserfall	0	1	8	0
Summe Nennungen	120	121	99	28
Nennungen / Seite	0,13	0,09	0,25	0,12

Ohne Zweifel ist also DW der Spitzenreiter, obwohl der Begriff „Wasserfall" oder „-fälle" nicht so dominant ist. Aber man sieht, daß Erscheinungsformen stehenden oder fließenden Wassers (Nennungen für ‚Wasser' selbst über 400 in den vier Romanen) von großer Bedeutung sind. Solches Vorkommen ist oft poetischen Charakters auch im Rahmen von Doderers meisterhaften Schilderungen von (→) Natur und Stadt.

- „... bis herab, auf die Plattform, wo sich um's Gewäsch und Geträtsche des Brunnens die sommerliche Einsamkeit dick sammelt, oder bis ganz unten zur Vase oder zur Maske, die in eine warme stille Gasse schaut und ebenso unbegreiflich ist wie ein lebendiges, sei sie gleich aus Stein." DS 332

1 Weber 1995 (2), S. 89, bezogen auf DW; er fährt fort: „Von der ersten bis zur letzten Szene gibt es hier Wasser. Und zwar so gut wie in jeglicher Gestalt. Nicht nur als Wasserfall, sondern ebenso als Meer wie als See, als Strom wie als Fluß, als Bach wie als versumpfender Wasserarm, als Teich wie als Tümpel, als künstliches Ziergewässer wie als stehende Lache."

- „Da und dort unten trommelt das Wasser in dumpfem Basse, hell rinnende und plätschernde Diskante liegen darüber.“ DD 27
- „So bleibt alles im Grün und im Blinken des Wassers befangen.“ DW 5
- „Der Wald endete, auf dieser Seite des Bachbetts nur. Drüben wanderte er weiter, in das offene Land, hohen Laubgekuppels, tiefen Grüns, ungebrochener Kraft.“ DG 225

Allen Werken ist gemeinsam, daß ein – kleiner – Teil der Nennungen metaphorischen Charakter hat:

- „See von Verkehr“ DS 48
- „Jetzt stürzte ich in den Gletscher-Fluß ihrer Arme.“ DD 1120
- „Denn wie Tümpel waren ihre sehr beruhigten Zustände.“ DW 48
- „... gerade da, vom finstersten Zorn erfüllt, und einem Hasse aus dem tiefsten Brunnen der Ohnmacht ...“ DS 442
- „Die Straße brauste gleichmäßig wie ein Wasserfall.“ DD 977

‚Wasserfall‘ wird außer in DW ausschließlich metaphorisch verwandt.[2] Eine durchgängige metatextuelle Verwendung findet sich natürlich bei Schlangen und Krebsen, wichtigen Erinnerungschiffren. Erstere sind mehr im Wasser zu Hause denn auf dem Land. Die erste Begegnung Castiletz‘ wie Renés mit einer Schlange findet im Kontext ‚Wasser‘ statt: sowohl in EM („Eine Schlange kam über das Wasser geschwommen“ EM 48) als auch in DS, als diese „quer über dem Bachbett“ hängt (DS 168). Auch ‚Wasser‘ selbst kann eine Chiffre der Erinnerung sein, wenn auch nicht so stark wie diese beiden Tiere selbst. „Es lagen diese Ursprünge und Einsprünge tief unter den inzwischen darüber geflossenen Wassern vieler Jahre.“ (DS 359)[3] Diese Erinnerungsmetapher ‚Wasser‘ ist eng verbunden der Farbe ‚grün‘, sei

2 In DW natürlich nicht. Aufzählung in Fußnote 10 zu (→) Claytons und Chwostik.

3 WD 158 spricht von den „Wassern der Zeit“! Hier auch die „Ferne der Zeiten“, das „Grab der Jahre“ und die „Tiefe der Zeiten“. Doch nichts trifft das Gemeinte so deutlich wie der Untertitel von DS.

es über ‚Aquarium', ‚Moos', ‚Unterwasser-Licht' ‚Algen' und ‚Tang' oder andere Sub-Metaphern.[4]

Ein Blick auf LA, das ‚farbigste' Prosastück,[5] kann noch ergänzend zeigen, wie stark die metaphorische Verwendung von Wasserbegriffen bei Doderer sein kann.

- „Man zog wie auf dem Grund eines tiefen Wassers dahin, das unendlich schien wie das Meer, jedoch regungslos wie ein Felsengebirg." LA 393
- „Wie zwei kleine Waldtümpel lagen sie vor Ruy, deren brauner, mooriger Grund, durch die Sonne herauftretend, doch die ganze schwindelnde Tiefe des Himmels weist, die er spiegelt." LA 399

Das Auge des Drachen weist nicht nur auf den (→) Tod des Ritters hin, dessen (→) Ernstfarbe ‚Braun' schon hier aufscheint, sondern auch auf (→) Erinnerungen des Dichters, die als „Unterwasser-Licht" in DD (→ Farben der Romane) direkt für Elemente der Autobiographie stehen. „Schwimmst wie ein Blatt am Wasser, mit Adhäsion an der Oberfläche, und augenlos über der Tiefe" (REP 279 unter ‚Zustand, unser normaler'[6]) zielt nicht nur auf die „Befangenheit der Figuren im Nicht-Wissen"[7] ab, sondern auch auf den „Bach der Erinnerungen" (DG 9), die Tiefe der Jahre, der Zeiten, der Vergangenheit. „Das Wasser der Zeit stand klar, Schicht über Schicht, ja, Jahrzehnt über Jahrzehnt ..." (DG 22) Sogar wenn Melzer sich „mit Schmerz danach" sehnt, „den Anker des Gedächtnisses auch in festeren Grund zu senken" (DS 54), ist die Metapher auf Wasser bezogen.

So ist der Begriff bei Doderer in der Regel stets positiv besetzt; es ist denn kein Wunder, daß alle Personen, die beruflich mit dem Element in Verbindung stehen, sympathisch sind. Dazu gehören Strommeister wie Schiffskapitäne (→ England, Anm. 1).

4 S. dazu (→) Farben der Romane sowie Piontek, S. 136ff.
5 S. Anm. 23 zu (→) Farben der Romane.
6 Weber 1997 hat dieses Zitat zum Titel seiner Untersuchung gemacht.
7 Weber 1997, S. 20.

Wiederholung

Die Wiederholung von – ungewöhnlichen – Begriffen oder Sätzen ist ein beliebtes Stilmittel beim „Wiederholungskünstler" (Loew-Cadonna). Oft geht sie mit der (→) Verfremdung, vor allem der selbstironischen und/oder witzigen, Hand in Hand: „Wir legen hier gleichsam die Ohren zurück. Diese Stiefel erscheinen doch stark akzentuiert. Es sind uns Stiefel im Laufe dieser Erzählung nicht nur einmal begegnet." (DW 356)

Dann aber ist sie ein Mittel zur sprachlichen wie formalen (→) Verflechtung der Inhalte. Wiederholung schafft Interdependenz. Dietrich Weber hat darauf hingewiesen,[1] daß Doderer die (fast) wörtliche Wiederholung sogar ganzer Abschnitte zur Sichtbarmachung von Handlungs- und Personenkontinuitäten anwendet. Darüber hinaus dienen sie aber auch dem Sichtbarmachen der Totalität und des Zusammenhangs der Dinge, des (→) fatologischen Gewebes und der (→) Verflechtung. Die Beispiele (→) Mary K., Donald (→) Clayton, Brand (→ Verflechtung), die Semmeringfahrt (→ Raxalpe), Viktoria (→ Stille) sind auch Beispiele für Wiederholungen, die als Erzähltechnik bewußt eingesetzt werden. Ihnen können mühelos andere angefügt werden wie das folgende besonders deutliche.

„Im Hintergrunde, bei den Obstbäumen, stand Thea" (DS 722 f. dreimal): Die Hinwendung zu dieser attraktiven Frau statt der Gespräche mit anderen wird immer dringlicher, ihre Schönheit hat eine steigende, mahnende Wirkung. Sie löst in Melzer wiederum eine Kette von Erinnerungen und Assoziationen aus („melzerische autobiographische Selbstdurchbohrung" – DS 724), dann aber wird die Liebe über Entzücken und Schmerz zur Gewißheit. Die Wiederholung hat die Aura dieses Schmerzes.

Meist sind Wiederholungen bestimmter Begriffe oder Sätze nur für jeweils ein Werk symptomatisch. Auch die häufige Anwendung in einem Roman führt nicht zur weiteren, auch einmaligen, in einem anderen. Begriffliche Vorlieben sind also stets wieder beschränkt. Dies hat in einzelnen Fällen handlungs- oder personenbedingte Gründe, ist jedoch oft einfach nur mit einer gewissen wechselnden Vorliebe zu erklären, einer Doderer-

1 Weber 1963, S. 82 ff., vgl. auch Loew-Cadonna 1986, speziell zu DW.

schen Begriffs-‚Mode'. Ausnahmen bilden nur wenige Begriffe, dann aber stets nur für einen Werkkomplex und somit auch eingeschränkt.

Vor allem gilt dies für komische oder skurrile, spezifisch Dodererrsche Begriffe oder Sätze, die nur einer Person in den Mund gelegt werden können und die für sich genommen schon komisch sind, aber durch Wiederholung noch komischer wirken. Dazu gehören die ‚(lauter) Gemeinheiten' und der ‚Troglodyt' (EF), ‚ad notam' (DS) und ‚ab ovo', „I bet' für Ihna" (DD), die Stiefel (nur zum Treten) oder als auch erotisches Kleidungsstück (DW), ‚ordinär' (DM). Wiederholungen haben auch einen per se komischen Effekt, und zwar dann, wenn sie genau in dem Moment erscheinen, da der Leser sie erwartet. Man kennt das vor allem aus Filmen wie denen von Mel Brooks und Woody Allen, wo man auf gewisse Handlungsabläufe oder Begriffe wartet, um zu lachen. Kommen sie nicht, ist man enttäuscht.[2]

Wirklichkeiten

Die erste Wirklichkeit ist das Ziel, die Hin-Nahme der tatsächlichen Welt per Apperzeption. Die zweite Wirklichkeit, die Limitierung der Apperzeption auf die angenommene Welt, ist zu vermeiden. In der endgültigen Zuspitzung führt die Beschränkung der Wahrnehmung auf die zweite Wirklichkeit zur Ideologisierung, und dem ist Doderer ja eine Zeit lang selbst erlegen, sowohl hinsichtlich politischer Apperzeption (Nationalsozialismus) als auch sexuell-erotischer (Dicke Damen). Auf beiden Gebieten hatte er ein Apperzeptionsdefizit.

Der Prozeß der (→) Menschwerdung (ob nun die zweifelhafte des Amtsrates Julius Zihal im Subtitel von EF oder die von

2 Darauf macht auch Marco Michels aufmerksam, S. 49 ff. Diese Arbeit leidet wie viele, die sich mit Doderers Humor beschäftigen, an Humorlosigkeit. Sie ist sogar fast absichtlich so unironisch formuliert, als wolle sie sich vom Objekt distanzieren. Das Schaubild von ‚Humor' auf S. 24 ist selbst unfreiwillig komisch. Vergessen hat Michels das Stichwort ‚Kalauer'.

Melzer[1] in DS, Jan Herzka in DD, Castiletz in EM, Münsterer in DW usw. usw.) ist in erster Linie der Schritt von der zweiten in die erste Wirklichkeit, das Zum-ganzen-Menschen-Werden („Undt mir ist, als wuerdt ich aus zweien halbeten mannern wyder ain ainiger gantzer", DD 805[2]).

Dieses Topos-System von Wirklichkeiten, welches das ganze Werk durchzieht und vor allem in den Tagebüchern eine große Rolle spielt, scheint mir etwas überstrapaziert. Doderer hatte eine seltsame Neigung, theoretische Konzepte und Begriffe zu sehr ins Zentrum zu stellen und zu universalen Erklärungsmustern zu machen, wie sich auch in der Verwendung des ohnehin fragwürdigen Begriffes der ‚Apperzeptionsverweigerung' für die Erklärung totalitärer Phänomene wie überhaupt in seinen Äußerungen als (→) Politischer Schriftsteller[3] zeigt oder in der Übersteigerung des Begriffes (→) roman muet im Spätwerk.

Zihals Menschwerdung ist nicht nur die vom Voyeur zum Ehemann, sondern auch die vom Idioten (Meinung zu Literatur, EF 14) zum klugen (Rede am Ende von DS), vom (→) Troglodyten zum kommunikativen Menschen. Insofern ist Menschwerdung auch Enttroglodytisierung, jedoch bei Zihal eine seltsam gedämpfte: trotz Titel zweifelhaft. Dieser zweifelhafte Prozeß geht in der ersten Phase aus vom Sturze, geschieht jedoch dann äußerlich in der zweiten Phase durch Fieber, Krankheit und Träume, aus denen er verändert erwacht. „Er fühlte sich wohl, unbegreiflich wohl." (EF 141) Und dann geschieht der Besuch der verehrten Frau. Jetzt ist er es geworden – dritte Phase. Wirklich? Überzeugend?

Daß Doderer selbst zwei Wirklichkeiten in sich trug, betont Schröder zu Recht: „Die Forderung nach totaler Selbstver-

1 Sommer (1996, S. 46) spricht (bei Melzer) von der „freiwilligen Gefangenschaft einer zweiten Wirklichkeit", in die er sich begibt. Zu Marys zweiter Wirklichkeit s. ebd, S. 95 ff. und 122; zu Jan Herzkas s. TC V 97. Zum Begriff der ersten Wirklichkeit Schmidt-Dengler 1995, 2, S. 1 sowie generell und am ausführlichsten Weber 1963, S. 181 ff. Schon aufgrund seiner Gründlichkeit kann ich mich hier kurz fassen.

2 Vgl. dazu Löffler 1991, S. 80.

3 Die Vereinfachung mag durch den Wunsch, die eigene Rolle verstehen zu können, begründet gewesen sein.

wandlung ... spaltet ihn in zwei Wirklichkeiten."[4] Daß aber der Begriff (→) Alter ego bei ihm stets die zweite Wirklichkeit impliziert (Stangeler, Herzka, Ruy, Manuel, Hohenlocher, Castiletz, Heimo, Schlaggenberg und andere, sogar Donald Clayton), erscheint dann leicht als ‚self fulfilling prophecy'.

Während die zweite Wirklichkeit in DD begrifflich mehrfach erläutert wird und auch sonst stark im Mittelpunkt steht (Michael Hamburger spricht davon, daß „einige dreißig" Personen aus DD in der zweiten Wirklichkeit gefangen seien)[5], ist sie in DS und DW vorhanden, aber wird nicht erläutert.[6]

Zu diesen Befangenen gehören natürlich auch Schlaggenberg (Ersatz des wirklichen Lebens durch Schreiben, von Camy durch Dicke Damen)[7] und Geyrenhoff, der fälschlich glaubt, das Leben kontrollieren zu können, und deshalb abstürzen muß, jedenfalls als Chronist. Der Geyrenhoff des letzten Kapitels, der mit achtundzwanzig Jahren Abstand (DD1337) auf die Geschehnisse zurückblickt, ist hingegen ein gereifter Mensch, apperzeptionsfähig und der zweiten Wirklichkeit entronnen, falls sie ihn je beherrscht hat.

Zweite Wirklichkeiten können Dämonen sein, müssen es aber nicht. Die Illusion Quapps über ihre Berufung als Geigenspielerin ist zweite Wirklichkeit, aber nicht ihr Dämon. Dazu ist sie nicht ideologisch genug, zudem könnte sie ihn nicht so einfach erbschaftshalber in die Ecke stellen. Aber ihre Loslösung von dieser Apperzeptionsschwäche, dieser Unterwerfung unter etwas im Grunde gar nicht Gewolltes, kann durchaus als Menschwerdung bezeichnet werden.

Die Dummheit Dr. Körgers jedoch ist zweifellos ein solcher Dämon, der schlimmsten, nämlich extrem ideologischen und blickverzerrenden Sorte zudem, und als systematische Apper-

4 Schröder, S. 80.

5 Hamburger 1966, S. 4; das kommt davon, wenn man meint, dodererscher sein zu müssen als Doderer.

6 Das mag wieder mit der Funktion von DD für die Vergangenheitsbewältigung des Verfassers zu tun haben. Wolff verweist darauf (1969, S. 82ff.), daß in DW keine Kommentare mehr nötig seien. Aber was ist dann mit DS, bei dessen Lektüre der fiktive in der Reihenfolge des Erscheinens lesende Leser den Begriff noch nicht kennt?

7 Vgl. Swales, S. 91ff.

zeptionsverweigerung (ideologiehalber) überdies so beschaffen, daß eine Überwindung der zweiten Wirklichkeit und Menschwerdung voraussichtlich ausgeschlossen werden können.

Wut und Grimm

Wut und Grimm, vor allem ungerichtet, sind ein Fall von Deperzeption. „Die Wut ist die katastrophalste Form der Apperceptions-Verweigerung, welch' letztere ja sonst nur in den vielen Hunderten von Formen der Dummheit umherschleicht." (DM 230)[1]

Die Begriffe ‚Wut' und ‚Grimm' werden stets synonym, oft nebeneinander, verwandt, gelegentlich auch als „giftiger Ärger" bezeichnet (DM 260, hier auch: „bebende Wut"). Bei Doderer gibt es zwar die (→) Groteske ohne Wut, aber die Wut nie ohne Groteske.

Für Wut und Grimm gibt es eine Vielzahl von Auslösern, die unter (→) Brachialitäten systematisch behandelt worden sind.

Wut und Grimm äußern sich manchmal in stiller Form: „... und von da an ward es dunkel in mir. Dennoch hielt ich mich ... eisern in der Hand." (DE – Acht Wutanfälle 314) Meistens rufen sie jedoch heftige bis sehr heftige Wutanfälle hervor, die (in REP 272–275, dort in Großbuchstaben) auch wie folgt systematisiert sind:

- Wutanfälle
- Wutanfälle, grundlose
- Wutanfälle, künstliche
- Wutanfälle, frei steigende

Die letzteren „sind die allerschlimmsten ... In solchen Wut-Fällen hilft nur mehr Gebrüll. Man fahre brüllend aus seinem Gehäus" (REP 274f.).

Wutanfälle kommen in erster Linie in den entsprechenden Kurz- und Kürzestgeschichten vor (DE 310–323), in EF („Sein

1 Wenn man aber Wut als Antwort auf die „Unverfrorenheit und Unverschämtheit der modernen ... Barbaren" sieht, wie es Swiatlowski tut (S. 45), dann ist sie eher Apperzeption als deren Verweigerung.

Grimm war ohne Boden" EF 114) sowie in DM, der auch ein ‚Roman der Wut' ist. DM ist jedoch nicht als Metapher zu sehen,[2] aber auch keine Allegorie. Es ist vielmehr und ausschließlich eine Groteske, der Roman der Wut, unendlich komisch und von überwältigender Originalität, dabei brillant geschrieben und aufs feinste komisch ziseliert. Sowohl den Wutanfällen in DM als auch dem Roman als ganzem Kunstwerk vergleicht sich in der Literatur nichts. DM ragt hervor, und wem dieses Buch nicht gefällt, dem ist nicht zu helfen.

„Ich leide unter schweren Wutanfällen, die mich entsetzlich anstrengen und sehr mitnehmen", sagt Bachmeyer (DM 10), aber hauptsächlich ist es Childerich III., der von „cholerischen Protuberanzen" (DM 92) bedeckt ist. Er erlitt häufig auch „eine neue Art von Wutanfällen, die ganz kurz zu sein pflegten und die Dauer von einer halben Minute kaum überschritten, aber von äußerster Schärfe waren". Diese Wut wird auch umschrieben als „mächtige Stämme eines in seine rückwärtige Finsternis sich erstreckenden Waldes der Wut" (DM 93). Ihr korrelieren deutlich und spezifisch auch Farben.

- *Ebenholzschwarze Wut* findet sich bei Lorenz Castiletz (EM 6 und 45). Auch der durchaus friedliche Herr von Lissenbrech wird, und zwar bei Betrachtung seiner „Heersäulen" aus Zinnsoldaten, gelegentlich vom Zorn gepackt, und zwar von einem „tiefen, unheilbaren, nach innen gekehrten, nach innen abstürzendem". EM 197
- „Es war die langhinstürzende Woge des Grimms, *weiß beschäumt,* weiß wie des Freiherrn stets weiße und seltsam cholerisch wirkende Krawatte: ein weißer Schlips. Spezialmode für Choleriker." DM 125
- Agnes ist „*weiß im Gesicht vor Wut.* Es war nahe daran, daß sie im Grimme vom Nabelsausen wäre gepackt worden: solch ein gräßlicher Knödel *grauer Wut* drehte sich ihr im Leibe." DM 91
- „... in welchem sich der *dunkel-violette*, ja fast *schwarze* See des Grimmes jahrhundertetief gesammelt hatte." DM 329

2 Koch, S. 185, zu Recht gegen Schmidt. Daß es „möglich" sei, den Roman „allegorisch zu begreifen", findet sich auf der folgenden Seite. Ich meine, daß der ‚Mordsblödsinn' (DM 363) beides ausschließt.

- Childerich läuft „*rot* an: dann schien's bereits eine tiefere Zentralglut als jene Wutandränge der Knabenzeit." DM 94

Die folgenden Gegenmittel sind bekannt, sofern der dem Anfall Unterliegende es nicht vorzieht, durch Brüllen, Toben oder Brachialitäten sich abzureagieren:

1. „In einer Zimmerecke mit dem Gesicht zur Wand Stellung zu nehmen und einen Csárdás zu tanzen" REP 273
2. Behandlung nach Prof. Horn:[3]
2.1 im Wutaggregat (Wutmarsch!) einfacher Natur: DM 11 ff.
2.2 im Wutaggregat (Wutmarsch!) serieller Natur: DM 138 ff.
2.3 im Wuthäuslein (DBP): DM 216 ff.
2.4 in der Wutbahn, Wutstrecke (DM 284 f.), dem Höhepunkt Hornschen Praktizierens, der Mobilisierung des Wuthäuschens
3. Beutelstich nach Regierungsrat Dr. Schajo.
4. Abgeleitete serielle Methode nach Doctor Döblinger und Zilek: DM 212 ff. („Der Verein für rhythmisch-richtiges Gehen löst Dich aus den Krallen der Wut!")
5. Verprügelung (DM 29 ff.) oder „Maulschellierung" (DM 15) des dem Wutanfalle Unterliegenden. So auch bei Childerich III., der, „ein Kegel des Grimms", emporfuhr, durch „zwei saftige Ohrfeigen", heruntergelangt von Doctor Döblinger (DM 254)
6. Die „Orgel des Grimms", erbaut vom rohen Burschik (DM 129 ff.). Deren Höhepunkt ist der „Grimmblock", der, drei Tonnen schwer, beim Herabsausen einen „weithin bodenerschütternden dumpfen Aufschlag" erzeugt; ergänzt vom „Bergsturz" und vom „Turm ‚Lawine' mit seinen Schottermassen". Das Ganze auch wirkend als ein „Tempel des Grimms". Ob dies ein therapeutisches Mittel oder nur einen Ausdruck wie Schreien, Toben, Brüllen und diverse Brachialitäten darstellt, ist nicht ganz klar.
7. Zusammenbringung mit einer schönen, geliebten Frau (DM 276).

3 Es ist interessant, daß dieser, eine der Hauptfiguren von DM, zwar in Franken, dem Ort der Handlung, praktiziert, aber seine Ausbildung und ersten Erfahrungen als Arzt in Wien erhalten hat. Er ist jedoch nicht Sigmund Freud. Diesen hat nur Nabokov gehaßt, nicht Doderer.

Doderer hatte es mit der Wut, wenn diese auch im Tagebuch wie Werk (also außer EM – DM – DE – REP) nur selten auftaucht. Aber er wußte sie, die vom Vater her ihn bedrückte (vgl. Lorenz Castiletz und den alten Stangeler), nicht nur gut, sondern vor allem sehr grotesk und komisch zu verarbeiten. So nahm er ihr die Spitze.

Zaudern

Dieser Begriff (oder Zögern) kommt im statistischen Sinn im Prosawerk nicht vor, auch die Tagebücher widmen sich dem Phänomen nicht nennenswert. Aber zaudernde Charaktere vom Archetypus Hamlet gibt es in fast jedem Roman Doderers:

- Castiletz verwirkt seine Chance zu einer anderen Lebensgestaltung durch Zögern, sich von den anderen Jungen abzuheben.
- Manuel zaudert, die Klassenschranken zu überspringen und seinen Dämon zu gewinnen, damit zu überwinden.
- Ruy zögert sowohl als Drachentöter wie als Bewerber, dann aber nicht mehr, als es darauf ankommt zu helfen (gegen die Regeln). Ebendies bringt ihm den Tod.
- Melzer zögert sowohl bei Mary als auch Asta, seine Liebe zur Erklärung zu bringen; fast noch bei Thea, wäre nicht der Anlaß mit Macht erschienen.
- Mary zögert, aus ihrem gleichmäßigen Leben auszubrechen. Später, bei Leonhard, dann aber nicht mehr.
- René schwankt und zaudert in seinem ständigen Bemühen um Besonderheit, sein Leben gradlinig in die Hand zu nehmen.
- Donald zögert bei Monica und verliert dadurch sie wie sein Leben.

Nicht-Zögerer sind außer den dummen oder nicht Mensch gewordenen Personen (zu dumm zur Menschwerdung!) nur Robert Clayton, Leonhard und – eben die entwickelte – Mary. Diese greifen zu, manchmal auch unreflektiert, und erreichen ihr Ziel.

Der Typus Hamlet spiegelt sich im Kosmos Doderers auf vielfältige Weise wider. In seiner Gesamtheit – bis auf die hohe Klugheit –, verbunden mit langen Phasen von Melancholie, Schweigen, Erinnerungen, aber auch der verwandten Unentschlossenheit, dem Zögern, dem überlangen Bedenken, findet er sich in

- Melzer
- Ruy de Fanez
- Manuel
- Donald Clayton.

Hamlet ist weder nur Zauderer noch ganz Zauderer. „Hamlet's quintessence is never to be wholly committed to any stance or attitude, any mission, or indeed to anything at all." Er besteht aus Gegensätzen, und in dieser Zerissenheit ist auch Stangeler ein Hamlet. Aber dieser, viel klüger als Melzer, ist immer noch klüger als René. Und das gibt ihm das Bewußtsein seines Wertes, die Freiheit, die Stangeler noch sucht. Er ist Mensch schon lange geworden. „Hamlet will not do anything prematurely; something in him is determined not to be overdetermined. His freedom partly consists in not being too soon, not being early."[1] Vielleicht ist es der zum Menschen gewordene René, den dies auch beschreiben könnte.

Zeitungen

„Es gibt Menschen, welche den ganzen Tag die Zeitungen in der Hand halten, die man aber höchlich überrascht, wenn man ihnen etwas von dem sagt, was darin steht: sie haben davon nichts gesehen, nichts gelesen. Woraus hervorgeht, daß die Zeitungslektüre bei ihnen keineswegs die Funktion einer Kenntnisnahme hat, sondern eine Art physiologischen Vorgang darstellt: sie steht mit den Absenzen, Digestionen und Evaporisationen im Zusammenhange und alles in allem mit der Schläfrigkeit. Eine Tabak-Trafikantin, die nicht weiß, was in der Zeitung steht, erscheint nur auf den ersten Blick paradox, auf den zweiten jedoch natürlich." (DS 580)

Melzer kauft zwar gerne Zeitungen, liest sie aber nicht. „Als er das Zimmer verließ, sah er eine Zeitung, zu Wien am Süd-

1 Bloom, S. 407, das Zitat zuvor findet sich auf S. 406.

bahnhof gekauft, frisch gefaltet und ungelesen neben der kleinen Ledercasette am Diwan liegen. Er ließ sie da. Der Anblick befriedigte ihn." (DS 527)[1] Nun kennen wir (→ Einflüsse/Zitate) Melzer ja als Menschen mit wenigen Büchern, es wundert also nicht, daß er auch kein eifriger Zeitungsleser ist. Aber solchen ergeht es auch nicht besser, insbesondere wenn ihnen die Sprache der Zeitungen „durch's Hirn schwappt, wie das Spülwasser durch eine Klomuschel" (DS 495).

Daß Schlaggenberg bei der Zeitung arbeitet (DD 329ff.), ist ja nur vorübergehend, wirkt sich aber dennoch auf seine psychische Konstitution nicht unbedingt stärkend aus. Die Herstellungsstätte, ein „brodelnder Vulkan des Zeitgeschehens" (DD 333), ist weitgehend ein Ort des Wahnsinns. Die Journalisten (Cobler, Holder, Dr. Trembloner und wie sie alle heißen) kommen durchweg nur schlecht weg.

Noch skeptischer ist Doderer gegenüber Wochenzeitschriften illustrierter Natur. Diese („Leichenfledderer und Beutelschneider des Geistes" – DM 339)[2] dienen nach seiner Meinung weitgehend der Befriedigung eines Bedürfnisses nach Glorifizierung der Herrschenden bei „breiten Schichten" (DM 339), sind darüber hinaus auch zu der Erzeugung schwerer Wutanfälle (offensichtlich bei weniger breiten Schichten) geeignet: „Auch als später schon sieben Wuthäuslein sich in Tätigkeit befanden, gab es immer noch wartende Patienten, die in illustrierten Zeitschriften blätterten und durch manche der Photographien darin in noch größere Wut gerieten." (DM 281) Diesen Zufallslesern – auch heute noch weit verbreitet, im Grunde haben die meisten Menschen ihr Illustriertenwissen beim Arzt oder Anwalt erworben – stehen die regelmäßigen gegenüber, „ältere Frauen". Zu ihnen gehört die Kaps. „Außer solchen Wochenblättern las Frau Kaps nichts. Hingegen führte sie ein Tagebuch." (DD 892)

Darüber hinaus kommen Zeitungen und Zeitschriften im Werk nur als Möblierung von Caféhäusern, gelegentlich auch Beiseln vor (DW 203/306, DD 56/126/682, DS 58/234/277, DG 13/18, EF 20/49/123).

1 Für andere Beispiele, daß „Melzer Zeitungen anscheinend nur erwirbt, um sie dann *nicht* zu lesen", s. Sommer 1994, S. 51.

2 Eine der wenigen Parallelen zu Karl Kraus. Vgl. zu diesem Thema Sommer 1994, S. 177ff.

Zienhammer

Wäre da nicht Zienhammer, fehlte der Schurke im Kosmos. Zwar gibt es (→) Kriminalität, aber eher leichter Natur. Gauner treten reichlich auf:

- Brandter (EU) ist ein Lump, aber Opfer der Brutalität seiner Zeit und des Krieges.
- Meisgeier (DD) ist das Böse an sich, ein Dämon, ein Krake, aber ein dumpfer Charakter von äußerst geringer Intelligenz, kaum menschlich, der Reflexion ebensowenig mächtig wie der Sprache.
- Levielle (DD) ist ein übler Intrigant und mehr noch von der Sucht nach gesellschaftlicher Anerkennung getrieben als von der reichlichen Geldgier.
- Nadwoniek alias Blau (DG) ist schon ein wirklich böser Mensch, aber gewinnt nicht genug Kontur.

Dies kann man von Heinrich Zienhammer trotz des fragmentarischen Charakters von DG nicht behaupten. Er gewinnt reichlich und widerlich Kontur. Er verkörpert das Böse nicht durch ein Berufsverbrechertum, auch nicht durch eine kontinuierliche Suche nach Bereicherung oder Macht. Sein Schurkentum ist das der Feigheit, des Sich-durch-Windens, der Verlogenheit und schließlich des widerlichen Denunziantentums. Angetrieben wird er von der „Besessenheit, es ‚richtig und vorteilhaft' zu machen" (TC V 457).[1] Er ist der Prototyp des Opportunisten. Dieser Opportunismus macht ihn zu einer spezifischen Form des modernen Schurken, aber doch zu einem.[2]

Auch ist er ein Mensch ganz ohne Gewissen. Er reflektiert nicht seine Charakterlosigkeit, seine Angst davor, erwischt zu werden, enthält kein Quentchen Selbstkritik. Nur so auch ist er

1 Ausführlich dazu Schmidt-Dengler 1998 (3), insbes. S. 258 ff.

2 Weber 1995 (2), S. 94, zitiert Doderer vielfach aus dem Tagebuch mit anderer Meinung („kein Schurke, „keinesfalls böse", nur „Funktionär" und „fatologisches Nichts"), aber ich beuge mich hier nicht der Ansicht des Verfassers. So wie auch bei der Wertung (→) Melzers als Spagat nicht.

zu morden bereit. Wir können uns gut vorstellen, daß er den Mord an Rottenstein, der nicht mehr beschrieben wurde,[3] nur unter dem Aspekt der Gefahr für sich selbst plant, ohne Reflexion über die Tat als solche. Er ist dazu nicht fähig.

Es erinnert dies an einen absolut amoralischen Protagonisten wie Ripley in der nach ihm benannten Trilogie von Patricia Highsmith. In der Darstellung Zienhammers finden wir eine ähnliche Haltung: Doderer beschreibt ihn ohne Werturteil, der Leser soll sich eines bilden, und ohne jegliche Distanzierung. In dieser unkommentierten, wertfreien Deskription gelingt Doderer das, was er fürs Ganze anstrebte: der roman muet.

Zihalismus

Wichtigtuerei, amtliches Getue, Gespreiztheit, Aufbauen einer in sich schlüssigen geordneten Welt ohne wechselhaften Bezug zur Umwelt wird als zihalistisches Verhalten bezeichnet. Zihalismus ist das Primat des Dekors über den Gehalt. Dazu gesellt sich adäquat eine Sprache, die sich durch einen hohen Grad an Umständlichkeit, Geschlossenheit und Aufgeblähtheit auszeichnet. Julius Zihal gebraucht sie als Amtsrat (im K. K. Zentral-Tax-und-Gebühren-Bemessungsamt) wie als pensionierter Amtsrat ständig und hat ihr, wie dem entsprechenden Auftreten, so den Namen gegeben.

Ein (sächlich, also auch das) Zihaloid ist Träger solchen Verhaltens und solcher Sprache. Das erste Zihaloid ist aber nicht Zihal, er kann als der Ursprung dieser Begriffswelt nicht selbst aus ihr abgeleitet werden, sondern nur für sich existieren. Daß sein Name selbst onomastisch[1] auf Zihals voyeuristisches Verhalten (nur in EF) abhebt, bedeutet aber nicht, daß alle von ‚Zihal' abgeleiteten Begriffe solchen Voyeurismus enthalten.

3 S. Weber 1995 (1), S. 271.

1 Ausführlich dazu Voracek, S. 253 f., auch zum Chiffrencharakter.

Diese Unabhängigkeit vom Wortursprung gilt auch für die weiteren Begriffsableitungen wie zihaloform, Zihaloideen und die lateinischen Übersetzungen[2] wie

- ‚Zihalismus endemicus' (DS 596, DS 746)
- ‚more zihalistico-austriaco-hispanico' (DS 708).

Solche Ableitungen beziehen sich nur auf den aufgeblähten, amtsrätlichen Teil seines Wesens, nicht auf den das Fernrohr gebrauchenden. Insgesamt gesehen, wird aus dem Beamten erst durch die entsprechende Sprache der Zihalist. Wenn es in DG heißt, daß die „Scharfsinnigkeit" des Beamten sich vor allem auf eins richte, „die eigene Unzuständigkeit" (DG 141), so ist dies durchaus zihalistisch formuliert, jedoch das beschriebene Verhalten ist nicht zihalistisch, sondern nur exemplarisch.

In EF wird Julius Zihal eingeführt, der, gerade Witwer geworden, sich dem Betrachten nackter oder sich ausziehender Frauenpersonen zuwendet, bis er vom Stuhl fällt, erpreßt wird und schließlich in den Hafen einer glücklichen Ehe einläuft. Rosl Oplatek ist selbst, obwohl Ober-Officialin bei der Post, nicht zihalistisch, ruht vielmehr „fest und mütterlich in sämtlichen wohlgeordneten Stockwerken und kernigen Blöcken ihrer Person" (EF 142). In diesem Werk, dem umständlich-skurrilen Vorspiel und Seitenzweig zu DS, scheint aber keiner[3] der oben erwähnten Begriffe auf, sondern nur Zihal, seine Sprache sowie das Amtsdeutsch oder besser Amtsösterreichisch. Solches jedoch wäre im nachhinein, nach an DS geschultem Begriffsverstand, durchaus als ‚zihalistisch' zu bezeichnen.[4] In DS selbst wird dann der Zihalismus zum Symptom, sei es auch nur in (→) episodärer Zentrierung, denn im Mittelpunkt des Romans steht er ebensowenig wie Julius Zihal; aber es wimmelt hier von Zihaloiden und Zihalismen.

2 S. dazu (→) Hausmeister. Doderer beschränkte die regelmäßige und umfassende lateinische Übersetzung und deren Variierung auf ihm widerliche Phänomene. Zum Zusammenhang zwischen ‚Hausmeister' und ‚Zihalismus' s. Liden, S. 237.

3 EF 12 hat zwar „zihalistische Redseligkeit", aber dies beinhaltet keine Typisierung, sondern bedeutet nur: ‚Zihals Redseligkeit'.

4 Beispiele für letzteres EF 10, 24f., 36, 62f., 85, 101–104.

Mimi Scarlez baut ein „Dämmchen der Ordnung“ gegen ihre Zwillingsschwester Editha und wird deshalb als ein Fall von „Zihalismus endemicus“ diagnostiziert (DS 596).

Es gibt einen Zihalismus höherer Ordnung: „Und nur der höhere Zihalismus kann ihnen (sc. den ‚Gemeinheiten‘) entgehen, durch Restringierung des Unfugs bis auf ein äußerstes Minimum, diesfalls, hieramts und überhaupt. Dieser höhere Zihalismus wird dort, wo sich auch bei genauester Perlustrierung keine Möglichkeit zeigt, den Atomkern einer Haupt- und Staatsaktion, mindestens aber einer diesfälligen Amtshandlung, zu implizieren, und also zu Dekor, zu Form zu gelangen, auf den Rest stolz verzichten und ihn durch geeignete Maßnahmen allenfalls inhibieren.“ (DS 457)

„Nun hat aber der höhere Zihalismus die bemerkenswerte Neigung und Fähigkeit über sich selbst hinauszusteigen, sich selbst anzugranteln, ja zu ironisieren.“ (DS 505) Hier handelt es sich um den Sektionsrat Geyrenhoff, also Doderer selbst, dem im Zusammenhang mit dem „Herumwurmisieren in der großen dicken Chronik“ Zihalismen zugeordnet werden. Nicht unähnlich dem „höheren“ ist aber grundsätzlich auch der „niedere Zihalismus“, der „neu herantretenden, unerhörten Erscheinungen gegenüber ... vor allem mit dem Bestreben, die Form zum Siege über den Inhalt zu führen (ein wesentlicher kultureller Antrieb)“, reagiert (DS 699).[5]

Daß bei vorliegendem amtsbedingtem Zihalismus auch nach der Pensionierung eine sprachliche Besserung nicht eintritt, beweist treffend Zihal selbst. Denn als er von Paula Pichler um seinen Rat in Sachen Zigarettenbeschaffung angegangen wird, zihalisiert er wie folgt: „‚Ein solcher Ankauf‘, sagte er, ‚kann weder als rechtswidrig noch als bedenklich angesehen werden, vorausgesetzt, daß der gesetzliche Preis, nicht mehr und nicht weniger als dieser, erlegt wird. Jedoch kann der an sich zulässige Kauf den Verdacht unzulässiger Manipulationen oder Spekulationen mit dem erstandenen Posten in gewissen Fällen zweifellos nahelegen.‘“ (DS 578) In seinem Verliebtsein in zihalistische Formulierungen „übertrieb (er) doch stark, unser Amtsrat“, so distanziert sich der Verfasser vom Protagonisten des früheren Werkes (DS 745).

5 Das „Primat der Form über den Inhalt“, die Form als „Entelechie des Inhalts“ ist hier nicht gemeint.

Der Begriff ‚zihaloid' wird wie folgt eingeführt, wobei Doderer automatisch in eine quasizihalistische Sprache verfällt, ein gutes Beispiel für die Beeinflussung des Verfassers durch seine Figuren, was bei ihm sehr häufig anzutreffen ist: „Zu St. Valentin, nahe am Oberösterreichischen, lebte damals dem Amtsrate Zihal eine Verwandte, die's nicht nur im formal-genealogischen Sinne war, sondern in einer den geltenden Bestimmungen und Vorschriften für den Begriff ‚verwandt' viel tiefer entsprechenden Weise: ein Chemiker würde Verbindungen von solchem Salze etwa Zihaloide, ein Botaniker vielleicht Zihaloideen benennen." (DS 392) Demzufolge wird von ihr in Zukunft nur noch als dem „St. Valentiner Zihaloid" (z.B. DS 570) gesprochen. Andere Zihaloide sind:

- Scheichsbeutel, ein „Zihaloid jedenfalls ohne Kern, eine entkernte Frucht barocker Kultur", hätte zudem „einen Küster oder Mesner machen können" (DS 401, 405)
- der Amtsdiener Melzers in der Tabakregie, ein „gutartiges Zihaloid", „bewies ein bemerkenswertes Gefühl für Abtönungen ..." (DS 695, 699)
- die Oplatek, „bei aller Vernünftigkeit ... doch eine Art Zihaloid" DS 582[6]
- die Hausmeisterin Eulenfelds, „erschien sie denn am gleichen Tage noch mit zihaloider Miene im Vorzimmer ..." (DS 590)
- der Hofrat bei der Tabakregie und Vorgesetzte Melzers, er „war ein Humanist in jedem Sinne (beim höheren Zihalismus eine Selbstverständlichkeit)" (DS 857).

Melzer selbst hingegen war, obgleich Amtsrat, „kein Zihaloid" (DS 700), ja sogar von „a-zihaloider Natur" (DS 741). Es kann dies damit zusammenhängen, daß er ja früherer Major und mehr aus Not Beamter ist denn aus Anlage. Obwohl kein schlechter, wie der Vorgesetzte bezeugt. Der Begriff des Zihalismus kommt außerhalb von DS nicht vor, noch nicht einmal im eng verbundenen und auf DS aufbauenden DD, auch kaum zihalistisches Benehmen, jedoch zihalistische Sprache findet sich in DM:

„Seine beispiellosen Wutanfälle standen mit Amtsgängen in keinem Zusammenhang, sie waren also *keine amtswegigen.*" (DM 25)

6 Es ist dies eine andere Oplatek als die spätere Frau Zihal, der ich ja das Zihaloide abgesprochen habe.

Hier richtet sich die Sprache nicht am Subjekt aus, sondern am Objekt, ein in der Literaturgeschichte nicht sehr häufig anzutreffender Vorgang, vergleichbar nur dem ebenfalls eher seltenen Doderer-Phänomen der Beeinflussung des Dichters durch seine Protagonisten, die sich immer wieder im Tagebuch findet (→ Verfremdung). Der Höhepunkt zihalistischer Sprache als stilistisches Element, wenn sie auch nicht so genannt wird, findet sich in EF. Dieses Werk ist formal eine Mischung aus bombastischer, altertümlicher Sprache, Ironie, Albernheiten („Daß eine Übersiedlung dreiteilig aufgebaut ist, steht wohl außer Zweifel, und dies hat sie zum Beispiel mit dem Sonatensatze durchaus gemeinsam. Im besonderen sind zu unterscheiden: erstens der Auszug; zweitens der Umzug; drittens der Einzug ...“ – EF 17f., „Seelen verstorbener Wanzen“ – EF 44). Skurrile Formulierungen wie diese und skurrile Personen (Wänzrich) finden sich in Hülle und Fülle. Dieses schmale Werk ist vergleichbar nur mit DM. Den Höhepunkt zihalistischer Sprache als Einzelfall finden wir in DS, in der auf der Amtssprache aufgebauten Definition des Glücks als Eintreten von ‚Übergenuß‘. Sie basiert auf der Terminologie: „Erwächst für einen Beamten (Diener), dessen Aktivitätszulage vierteljährlich flüssig gemacht wurde, während des Vierteljahres der Anspruch auf eine höhere Aktivitätszulage, so ist dieser bei der nächsten Liquidierung des Gehaltes zu berücksichtigen. Dagegen ist ein allfälliger den Beamten (Diener) treffender Rückersatz in ebensovielen Monatsraten hereinzubringen, als ein *Übergenuß* stattgefunden hat.‘ Der letzte Satz wirkte drückend. Das Wort ‹Übergenuß› war recht geeignet, sich auch in's Privatleben einzuschleichen.“ (EF 37) Der Begriff entstammt also einer Sprache, die für den Amtsrat einzigartige Autorität ausstrahlt und von ihm im Lesen entsprechender Texte studiert wird wie von anderen Literatur, die Zihal im übrigen als „ernster Mensch“ (EF 99) nicht konsumiert.

Er selbst verarbeitet, so angekündigt, diesen Begriff in seiner Rede zur Hochzeit Thea Rokitzers und Melzers wie folgt: „Glücklich ist nicht, wer vergißt, was nicht mehr zu ändern ist; so etwas kann überhaupt nur in einer Operette vorkommen. Eine derartige Auffassung würde nicht weniger wie ein Unterbleiben der Evidenz bedeuten, beziehungsweise als solches anzusehen sein. Glücklich ist vielmehr derjenige, dessen Bemessung seiner eigenen Ansprüche hinter einem diesfalls herabgelangten höheren Entscheid so weit zurückbleibt, daß dann naturgemäß ein erheblicher Übergenuß eintritt.“ Hiermit[7] und dem Zusatz „Was soll man hier noch sagen! Und paßte es nicht wirklich auf den Majoren?“[8] endet das Buch. So wie dieses, letzte, Stichwort.

7 Zur Verwandtschaft dieser Aussage mit Schopenhauer s. Weber 1966, S. 27. Dieser Aufsatz ist zur Definition des Dodererschen Glücksbegriffes sehr wichtig, umfangreicher ausgeführt findet sich diese bei Koch. Das Zitat ist bereits früher, 870 Seiten zuvor, angekündigt (DS 77), also die Rede doppelt vorweggenommen.

8 An anderer Stelle (Löffler 1991, Fußnote 11) habe ich nachgewiesen, daß auch hier eine erotische Deutung knapp sechshundert Seiten zuvor versteckt war. Da Melzer sich eine Frau mit „Gutartigkeit und langen, hohen Beinen“ wünscht (DS 329), beides hat Thea in hohem Maße, erhält er ihren „beträchtlichen Busen“, den er gar nicht ‚beansprucht‘ hat, als ‚Übergenuß‘ dazu.

Literatur

Abkürzungen der Werke

Zitiert wird für die erzählende Prosa nach der neunbändigen Gesamtausgabe der Werke bei C. H. Beck, München 1995. Die anderen Werke sind ebenfalls in diesem Verlag erschienen.

DB	Die Bresche. Ein Vorgang in vierundzwanzig Stunden in: Frühe Prosa
DE	Die Erzählungen (Beispiel: DE-Die Lerche)
DD	Die Dämonen. Nach der Chronik des Sektionsrates Geyrenhoff
DG	Der Grenzwald
DM	Die Merowinger oder Die totale Familie
DS	Die Strudlhofstiege oder Melzer und die Tiefe der Jahre
DW	Die Wasserfälle von Slunj
EF	Die erleuchteten Fenster oder Die Menschwerdung des Amtsrates Julius Zihal
EM	Ein Mord den jeder begeht
EU	Ein Umweg
GR	Das Geheimnis des Reichs in: Frühe Prosa
JB	Jutta Bamberger. Ein Fragment aus dem Nachlaß in: Frühe Prosa
LA	Das letzte Abenteuer in: Die Erzählungen
SK	Die sibirische Klarheit. Texte aus der Gefangenschaft in: Frühe Prosa
T I	Tagebücher 1920–1939. Band I: Tagebücher 1920–1934, hrsg. von W. Schmidt-Dengler, M. Loew-Cadonna, G. Sommer, 1996
T II	Tagebücher 1920–1939 Band II: Tagebücher 1935–1939, dto.
TT III	Tangenten.Tagebuch eines Schriftstellers, 1940–1950, 1964
TC IV	Commentarii 1951–1956, hrsg. von Wendelin Schmidt-Dengler, 1976
TC V	Commentarii 1957–1966, hrsg. von Wendelin Schmidt-Dengler, 1986
REP	Repertorium. Ein Begreifbuch von höheren und niederen Lebenssachen, hrsg. von Dietrich Weber, 1969
WD	Die Wiederkehr der Drachen. Aufsätze / Traktate / Reden, hrsg. von Wendelin Schmidt-Dengler, 1977

Anm. 1: Die Primärliteratur wird immer im Text nachgewiesen, in Klammern, unter Weglassung der Sigle S., also zum Beispiel als DD 1000. Bei Tagebucheintragungen wird zusätzlich auf das Datum verwiesen, wenn dieses irgendwie signifikant ist. Also zum Beispiel TC IV 244–4.2.1955. Andere, journalistische und lyrische Texte werden in Fußnoten nachgewiesen. In der Literatur zu Doderer finden sich über acht verschiedene Siglen für ein und dasselbe Werk. Dieses wird als Standard vorgeschlagen.

Anm. 2: Sekundärliteratur wird in den Fußnoten nachgewiesen, mit S. und, bei mehreren Beiträgen eines Verfassers, der Jahreszahl, bei mehreren Beiträgen im Jahr zuzüglich Zählung gem. Literaturverzeichnis, z.B. Haslinger 1996 (2), S. 10. Aufsätze und Bücher, die nicht direkt Doderer betreffen und/oder nur einmal angeführt werden, sind lediglich am Ort selbst erfaßt.

Sekundärliteratur

I. Sammelbände zu Doderer

SYMPOSIUM	Heimito von Doderer 1896–1966. Symposium anläßlich des 80. Geburtstages, Salzburg 1976
ERINNERUNGEN	Erinnerungen an Heimito von Doderer, hrsg. von Xaver Schaffgotsch, München 1972
BEGEGNUNG	Begegnung mit Heimito von Doderer, hrsg. von Michael Horowitz, Wien/München 1983
L'ACTUALITE	L'Actualité de Doderer. Actes du colloque international tenu à Metz (Novembre 1984), Metz 1986
ERGEBNISSE	Internationales Symposium Heimito von Doderer. Ergebnisse, Wien 1986
UNTERSUCHUNGEN	Untersuchungen zum Werk Heimito von Doderers, hrsg. von Jan Papiór, Poznan 1991
ZEUGNISSE	Heimito von Doderer 1896–1966. Selbstzeugnisse zu Leben und Werk. Ausgew. und hrsg. von Martin Loew-Cadonna, München 1995
FENSTER	Erst bricht man Fenster, dann wird man selber eins. Zum 100. Geburtstag von Heimito von Doderer, hrsg. von Gerald Sommer und Wendelin Schmidt-Dengler, Riverside 1997

EINSÄTZE — Excentrische Einsätze. Studien und Essays zum Werk Heimito von Doderers, hrsg. von Kai Luehrs, Berlin/New York 1998

FLÜGEL — Flügel und Extreme. Aspekte der geistigen Entwicklung Heimito von Doderers, hrsg. von Kai Luehrs-Kaiser und Gerald Sommer. Schriften der Heimito von Doderer-Gesellschaft, Bd. 1, Würzburg 1999

II. Aufsätze und Bücher

Friedrich Achleitner Von der Unmöglichkeit, Orte zu beschreiben. Zu Heimito von Doderers *Strudlhofstiege*, in: EINSÄTZE, S. 126ff.

Michael Bachem Chaos, Order and Humanization in Doderer's early works, in: Modern Language Studies V, 2, 1975, S. 68ff.

Doderers Metaphern des Bösen, in: ERGEBNISSE, S. 7ff.

Andrew W. Barker Das Romanschaffen Heimito von Doderers im Bannkreis des Faschismus, in: ERGEBNISSE, S. 15ff.

Heimito von Doderers ‚Ein Umweg'. Gedanken zu einem ‚Barockroman' der dreißiger Jahre, in: UNTERSUCHUNGEN, S. 75ff.

Helga Blaschek-Hahn Übergänge und Abgründe. Phänomenologische Betrachtungen zu H. v. Doderers Roman ‚Die Wasserfälle von Slunj', Würzburg 1988, Unipress, Reihe Philosophie, Bd. 3,

... Aber das Ganze ist doch ein Mordsblödsinn' (Von Sinn und Unsinn in Doderers Dichtungen), in: UNTERSUCHUNGEN, S. 21ff.

Harold Bloom Shakespeare. The Invention of the Human. London 1998

Torsten Buchholz Musik im Werk Heimito von Doderers. Europäische Hochschulschriften Bd. 1573, Frankfurt am Main 1996

José A. Palma Caetano Ein Interview, in: ERINNERUNGEN, S. 33ff.

Angela Davies A Study of Structure, Narrative Technique and Imagery in Heimito von Doderers ‚Die Strudlhofstiege', Diss. London 1982 (ungedruckt)

Peter Dettmering Trennungsangst und Zwillingsphantasie in Doderers Roman ‚Die Strudlhofstiege', in: ders., Dichtung und Psychoanalyse II, Sammlung Dialog Bd. 73, München 1974

Christopher Dietz „Wer nicht riechen will, muß fühlen." Geruch und Geruchssinn im Werk Heimito von Doderers, unveröffl. Magisterarbeit Wien 1998

Karin Drda-Kühn Die Realisierung des Irrealen. Eine Untersuchung zur Naturästhetik Heimito von Doderers, unveröffl. Dissertation Darmstadt 1986

Wolfgang Düsing Erinnerung und Identität. Untersuchungen zu einem Erzählproblem bei Musil, Doderer und Döblin, München 1982

Irmgard Egger Den Faden aus dem Gewebe. Zur Großstadtwahrnehmung in den Wiener Romanen Heimito von Doderers, in: FENSTER, S. 23 ff.

Roswitha Fischer Studien zur Entstehungsgeschichte der ‚Strudlhofstiege' Heimito von Doderers. Wiener Arbeiten zur Deutschen Literatur, Bd. 5, Wien 1975

Wolfgang Fleischer Heimito von Doderer. Das Leben. Das Umfeld des Werkes in Fotos und Dokumenten, Wien 1995

Das verleugnete Leben. Die Biographie des Heimito von Doderer, Wien 1996

Michael Hamburger Über Heimito von Doderer, in: Literatur und Kritik, 1966, Heft 6, S. 1 ff.

Introduction to: The Demons, paperback edition in 3 volumes, London/New York 1986, vol. 1, S. VIII ff.

Adolf Haslinger Doderers Weg in den Grenzwald. Einige Andeutungen zum Konzept des ‚roman muet', in: SYMPOSIUM, S. 83 ff. – 1966 (1)

Wiederkehr und Variation. Bildkette und Bildgefüge in Doderers Roman ‚Die Strudlhofstiege', in: Sprachkunst als Weltgestaltung. Festschrift für Herbert Seidler, Salzburg-München 1966 – 1966 (2)

Simone Haubold Denken wie vor der Mündung eines Revolvers. Studien zum Tagebuchwerk und zum Begriff des Denkens bei Heimito von Doderer, Freiburg 1988, unveröffentlichte Magisterarbeit

Rudolf Helmstetter Das Ornament der Grammatik in der Eskalation der Zitate. ‚Die Strudlhofstiege', Doderers moderne Poetik des Romans und die Rezeptionsgeschichte, München 1995

Der doppelte Doderer und die andere Moderne, in: EINSÄTZE, S. 12 ff.

Elizabeth C. Hesson Twentieth Century Odyssey. A Study of Heimito von Doderer's *Die Dämonen*, Columbia 1982. Studies in German Literature, Linguistics and Culture, vol. 9

Karl Hopf Von der Strudlhofstiege zum Grenzwald. Die Funktion der Topographie in den Romanen Heimito von Doderers, in: Österreich in Geschichte und Literatur 16 (1972), S. 436 ff.

Karl August Horst Situation und Totalität bei H. von Doderer, in: ders., Das Spektrum des modernen Romans. Eine Untersuchung, 2. Aufl. München 1964, S. 153 ff.

David L. Jones Proust and Doderer as Historical Novelists. Comparative Literature Studies, Vol.X, No.1, 1973, S. 9 ff.

Elisabeth Kató Grammatischer Kosmos. Sprachen und Sprache bei Heimito von Doderer, Diss. Wien 1985 (ungedruckt)

Vom Ruass und von den Boschewisten. Doderer, der Dialekt und die Dialektsprecher, in: ERGEBNISSE, S. 42 ff.

‚O Grenzenloser Grimm, der mich erfaßt'. Doderer und die Lyrik, in: UNTERSUCHUNGEN, S. 115 ff.

Friedhelm Kemp „Mein zartes Gesetz ohne Namen". Selbstrettung eines Desperaten: Heimito von Doderers Tagebuch eines Schriftstellers, in: EINSÄTZE, S. 273 ff.

Edith Király Späte Abenteuer. Variationen über das Motiv des Helden in *Die Dämonen* und *Das letzte Abenteuer*, in: FENSTER, S. 137 ff.

Ulrich Klein Die Rolle übertragenen Sprechens (Vergleich, Metapher, Bild) bei Heimito von Doderer, in: Wirkendes Wort 19, 1969, S. 324 ff.

Roland Koch Die Verbildlichung des Glücks. Untersuchungen zum Werk Heimito von Doderers, Tübingen 1989

Erwin Koller Von Abergeil bis Zilken. Zur Wortwahl und Wortbildung in Doderers Roman „Die Merowinger", in: Studien zur Literatur des 19. und 20. Jahrhunderts in Österreich. Festschrift für A. Doppler, Innsbruck 1981, S. 219 ff.

Jacques Le Rider Melzer in Heimito von Doderers Roman ‚Die Strudlhofstiege'. Magisterarbeit Paris 1975, ungedruckt

Der Fall Otto Weininger. Wurzeln des Antifeminismus und Antisemitismus, Wien/München 1985

Simone Leinkauf Diarium in principio. Das Tagebuch als Ort der Sinngebung. Untersuchungen zu Leitbegriffen im Denken Heimito von Doderers anhand seiner veröffentlichten und unveröffentlichten Tagebücher. Europäische Hochschulschriften, Bd. 1324, Frankfurt am Main 1992

Ulla Lidén Der grammatische Tigersprung. Studien zu Heimito von Doderers Sprachterminologie, Umea 1990

Eberhard von Lochner Eric Voegelin und Heimito von Doderer. Politische Wissenschaft und Literatur im Kampf gegen die ‚Zweite Realität', in: FLÜGEL, S. 151 ff.

Henner Löffler Macht und Konsens in den klassischen Staatsutopien. Eine Studie zur Ideengeschichte des Totalitarismus, Köln 1973. Demokratie und Frieden. Veröffentlichungen des Forschungsinstituts für Politische Wissenschaft und Europäische Fragen der Universität Köln. Herausgegeben von Prof. Dr. F. A. Hermens, Bd. 13

Dicke Damen. Oder: Ein schwerer Fall von Busenfetischismus, in: Von Büchern und Menschen, Frankfurt am Main 1991, S. 70 ff.

Martin Loew-Cadonna Vom Soda-Whisky zum Whisky-Soda – Anmerkungen zum Wiederholungskünstler Doderer, in: ERGEBNISSE, S. 59 ff.

Zug um Zug. Studien zu Heimito von Doderers Roman ‚Ein Mord den jeder begeht'. Wiener Arbeiten zur Deutschen Literatur, Bd. 15, Wien 1991 – 1991 (1)

Suspense-Ladungen in Doderers Erzählen, in: UNTERSUCHUNGEN, S. 91 ff. – 1991 (2)

Kai Luehrs Fledermausflügel im Bücherkasten. Wirkungen Lukács' im Werk Heimito von Doderer, in: FENSTER, S. 107 ff.

Leuchtbild der Topographie. Stadt als Erkenntnismetapher in Doderers Roman Ein Mord den jeder begeht, in: EINSÄTZE, S. 108 ff.
Claudio Magris Doderers erste Wirklichkeit, in: SYMPOSIUM, S. 41 ff.
Malcolm McInnes Doderer versus Hausmeister, in: German Life and Letters XLI (1987), S. 131 ff.
Marlies Michaelis Vorstellungen von Hexen und Dämonen in Doderers Roman *Die Dämonen* vor dem Hintergrund des *Hexenhammers*, in: EINSÄTZE, S. 175 ff.
Marco Michels Formen des Humors im Werk Heimito von Doderers. Magisterarbeit Gießen 1998 (ungedruckt)
Martin Mosebach Stumme Musik der Geometrie. Zur Epik Heimito von Doderers, in: SINN UND FORM, 48. Jahrgang 1996, S. 789 ff.
Vladimir Nabokov Lectures on Literature, San Diego/New York/London 1980
Yvonne Margaret Norris The Function of Space in Heimito von Doderers Novel ‚Die Dämonen'. Ph.D. Thesis o.O. 1981, ungedruckt
Jan Papiór Die Struktur der Romane Heimito von Doderers, in: UNTERSUCHUNGEN, S. 59 ff.
Engelbert Pfeiffer Heimito von Doderer in Döbling, in: Literatur und Kritik. Österreichische Monatsschrift, Heft 123, 1978, S. 158 ff.
Heimito Doderers Alsergrund-Erlebnis. Biographischer Abriß. Topographie. Interpretation, Wien 1982
Heimito von Doderers Kanalgittermetaphorik, in: Das Heimatmuseum Alsergrund, 30. Jg., 1989, Nr. 120, S. 9 ff.
Die Heimito-von-Doderer-Gedenkstätte im Bezirksmuseum Alsergrund, Sonderheft von: Das Heimatmuseum Alsergrund, 37. Jg., 1996, Nr. 145
Slawomir Piontek Der Mythos von der österreichischen Identität. Überlegungen zu Aspekten der Wirklichkeitsmythisierung in Romanen von Albert Paris Gütersloh, Heimito von Doderer und Herbert Eisenreich, Frankfurt am Main 1999
Heinz Politzer Heimito von Doderer's *Demons* and the Modern Kakanian Novel, in: The Contemporary Novel in German, Berkeley 1967, S. 37 ff.
Anton Reininger Die Erlösung des Bürgers. Eine ideologiekritische Studie zum Werk Heimito von Doderers, Bonn 1975. Bonner Arbeiten zur Deutschen Literatur, hrsg. von Benno von Wiese, Bd. 30
Sigurd Paul Scheichl Heimito von Doderer ‚Unter schwarzen Sternen', in: Abgelegte Zeit. Österreichiche Literatur der fünfziger Jahre, Beiträge zum 9. Polnisch-Österreichischen Germanistenkolloqium Lodz 1990, Zirkular 28, Wien 1992, S. 97 ff.
Wendelin Schmidt-Dengler Heimito von Doderers ‚Jutta Bamberger'. Entstehung, Aufbau, Thematik, in: Zeitschrift für deutsche Philologie 89 (1970), S. 576 ff.

Nachwort des Herausgebers zu TC IV, 1976, S. 563 ff.
Nachwort des Herausgebers, in: Das letzte Abenteuer. Ein Ritter-Roman, Stuttgart 1981
Heimito von Doderer. Rückzug auf die Sprache, in: Österreichische Literatur der dreißiger Jahre, hrsg. von K. Amann und A. Berger, Wien/Köln/Graz 1985, S. 291 ff.
Doderers Krisen, in: L'ACTUALITE, S. 11 ff. – 1986 (1)
Nachwort des Herausgebers zu TC V, 1986, S. 531 ff. – 1986 (2)
Bruchlinien. Vorlesungen zur Österreichischen Literatur 1945–1990, Salzburg/Wien 1995 – 1995 (1)
Heimito von Doderer 1886–1996, in: ZEUGNISSE, S. 7 ff. – 1995 (2)
Nachwort des Herausgebers, in: DE, S. 497 ff. – 1995 (3)
Nachwort zu TC II, München 1996, S. 1273 ff.
‚Analogia Entis' oder das ‚Schweigen unendlicher Räume'? Die positive Theologie Doderers und die negative Bernhards, in: ders., Der Übertreibungskünstler. Zu Thomas Bernhard, Wien 1997 – 1997 (1)
Posaunenklänge. Lautes und Leises bei Doderer, in: FENSTER 1997 (2)
Heimito von Doderer, ‚Die Wasserfälle von Slunj', in: Der literarische Einfall. Über das Entstehen von Texten. Wien 1998. Profil. Magazin des Österreichischen Literaturarchivs 1/1998 – 1998 (1), S. 35 ff.
Antrieb und Verzögerung. Zur Funktion der Parenthese in Doderers Epik. Anmerkungen zur Strudlhofstiege und zu den Dämonen, in: EINSÄTZE, S. 136 ff. – 1998 (2)
Das Verbrechen, die Verbrecher und der Autor als Leser. Zu Heimito von Doderers Romanfragment *Der Grenzwald*, in: EINSÄTZE, S. 247 ff. – 1998 (3)

Hans Joachim Schröder Apperzeption und Vorurteil. Untersuchungen zur Reflexion Heimito von Doderers, Heidelberg 1976

Ulrike Schupp Ordnung und Bruch. Antinomien in Heimito von Doderers Roman *Die Dämonen*, Hamburger Beiträge zur Germanistik 18, Frankfurt am Main 1994

Gustav Seibt Menschwerdung im Roman. Ein Salut für Heimito von Doderer, zuerst in FAZ 7. 9. 1986, Abdruck in: ders., Das Komma in der Erdnußbutter. Essays zur Literatur und Literarischen Kritik, Frankfurt am Main 1997

Fritz Senn Nichts gegen Joyce. Joyce versus Nothing. Aufsätze 1959–1983, hrsg. von Franz Cavigelli, Zürich 1983

Gerald Sommer Vom ‚Sinn aller Metaphorie'. Zur Funktion komplexer Bildgestalten in Heimito von Doderers Roman ‚Die Strudlhofstiege' – Dargestellt anhand einer Interpretation der Entwicklung der Figuren Mary K. und Melzer, Frankfurt am Main 1994. Europäische Hochschulschriften, Bd. 1452
Von der Pose zur Haltung. Anmerkungen zu Heimito von Doderers Wandlung vom Poseur zum Menschen, in: FENSTER, S. 57 ff.

Hilde Spiel Heimito von Doderer, in: dies., Welt im Widerschein. Essays, München 1960, S. 283 ff.

Gerald Stieg Frucht des Feuers. Canetti, Doderer und der Justizpalastbrand, Wien 1990

M. W. Swales The Narrator in the Novels of Heimito von Doderer, in: Modern Language Review 61, 1966, S. 85 ff.

Zbigniew Swiatlowski Ermunterung zum Sehendwerden, in: UNTERSUCHUNGEN, S. 35 ff.

Reinhold Treml Doderers Sonatine: ‚List' des Erzählers und Tiefe der Jahre, in: FENSTER, S. 121 ff.

René Tschirky Heimito von Doderes ‚Posaunen von Jericho'. Versuch einer Interpretation, Berlin 1971

Rolf Vollmann Die wunderbaren Falschmünzer. Ein Roman-Verführer. 1800 bis 1930, Frankfurt am Main 1997

Martin Voracek Rand der Wissenschaft, Beginn des Magischen. Eine Literar-Onomastische Studie zu den Figurennamen im Werk Heimito von Doderers. Diss. Wien 1992, 2 Bde. (ungedruckt)

Michael Vrüsch Wirklichkeit und Existenz. Doderers Wirklichkeits- und Literaturverständnis zwischen Ideologie und Erfahrung, Europäische Hochschulschriften Bd. 1685, Frankfurt am Main 1998

H. M. Waidson Heimito von Doderers Demons, in: German Life and Letters, N. S: 11 (1957/58), S. 214 ff.

Roderick H. Watt Sexual Constellations in the Novels of Heimito von Doderer, in: EINSÄTZE, S. 64 ff.

Dietrich Weber Heimito von Doderer. Studien zu seinem Romanwerk, München 1963

Doderers Ästhetik des Glücks, in: SYMPOSIUM, S. 59 ff.

A Commentary on Heimito von Doderer, in: Dimension. Contemporary German Arts and Letters, vol. I, No. 2, 1968, S. 363 ff.

Doderers Wien, in: Literatur und Kritik. Österreichische Monatsschrift, April/Mai 1985, S. 122 ff.

Heimito von Doderer, Autorenbücher 45, München 1987

Nachwort zu ‚Der Grenzwald', München 1995, S. 269 ff. – 1995 (1)

Fatologisches Gewebe, in: Auctor in Fabula und andere Literaturwissenschaftliche Unterhaltungen, hrsg. von Ulrich Ernst, Wuppertal 1995 – 1995 (2)

Zwei oder drei Dinge, die ich von ihm weiß, ebd. 1995 (3)

Schwimmst wie ein Blatt am Wasser, mit Adhäsion an der Oberfläche und augenlos über der Tiefe. Zu Doderers Arbeit am Roman No 7, in: FENSTER, S. 9 ff.

Ingrid Werkgartner Ryan Zufall und Freiheit in Heimito von Doderers ‚Dämonen', Graz/Wien 1986

Urs Widmer Die sechste Puppe im Bauch der fünften Puppe im Bauch der vierten – und andere Überlegungen zur Literatur, Zürich 1995

Lutz W. Wolff Wiedereroberte Außenwelt. Studien zur Erzählweise Heimito von Doderers am Beispiel des ‚Romans No. 7', Diss. Berlin 1969

Heimito von Doderer, Hamburg 1996

Dorothea Zeemann Jungfrau und Reptil. Leben zwischen 1945 und 1972, Frankfurt am Main 1982

Register

Anzeigen